Groot Nieuws voor U

Het nieuwe testament in de omgangstaal

Nederlands Bijbelgenootschap
Katholieke Bijbelstichting

Amsterdam/Boxtel 1974

The New Testament in Today's Dutch

Vertaling A. W. G. Jaakke
Begeleidingskommissie K. Fens, Drs. G. Luttikhuizen,
  Prof. Dr. R. Schippers, Prof. Dr. J. Smit Sibinga
Illustraties Annie Vallotton
Bandontwerp Aldert Witte
Zetwerk Internationaal Zetcentrum B.V., Wormerveer
Druk H. Veenman & Zonen N.V., Wageningen

Zevende druk, 241ste–270ste duizendtal

© *tekst* 1972 Katholieke Bijbelstichting, Boxtel
  1972 Nederlandsch Bijbelgenootschap, Amsterdam
© *illustraties* American Bible Society, New York 1966

ISBN 90 6126 101 5

Niets uit deze uitgave mag worden verveelvoudigd en/of openbaar gemaakt door middel van druk, fotokopie, mikrofilm of op welke andere wijze ook, zonder voorafgaande schriftelijke toestemming van de uitgevers.

Verantwoording

Doel van elke vertaling is de oorspronkelijke tekst zo nauwkeurig mogelijk weer te geven. Nu zijn er de laatste jaren in binnen- en buitenland nogal wat vertalingen verschenen die dit doel nastreven en die desondanks toch sterk van elkaar verschillen. Hieruit blijkt dat het met de trouw aan de oorspronkelijke tekst en de nauwkeurige weergave van het origineel niet zo eenvoudig ligt.

Velen verstaan onder een nauwkeurige vertaling een vertaling die zowel wat het woordgebruik als wat de zinsbouw betreft het origineel op de voet volgt, en de tekst zoveel mogelijk woord voor woord weergeeft. Voor lezers echter die niet in staat zijn de oorspronkelijke tekst te lezen of gebruik te maken van uitvoerige kommentaren, blijft zo'n vertaling dikwijls ondoorzichtig en leidt ze tot misverstanden. In de eerste plaats omdat zinsbouw en grammatikale struktuur van beide talen – die waaruit en die waarin vertaald wordt – nu eenmaal niet gelijk zijn, en het handhaven van de vreemde struktuur de lezer grote moeilijkheden bezorgt. In de tweede plaats omdat de betekenisschakering van woorden in de ene taal niet samenvalt met die van woorden in een andere taal. Daar komt nog bij dat woorden altijd voorkomen in verbinding met andere, en dat kombinaties van woorden die in de ene taal heel normaal zijn, hoogst ongebruikelijk of zelfs onmogelijk zijn in een andere taal.

Terwijl een vertaling die naar formele gelijkheid met het origineel streeft, zich dus weinig om deze feiten bekommert, poogt een vertaling die streeft naar wat wel "dynamische gelijkwaardigheid" wordt genoemd, er ten volle rekening mee te houden. Een dergelijke vertaling – en de vertaling die u thans in handen hebt, is er zo een – wil bereiken dat de hoorder of lezer de boodschap van het nieuwe testament even duidelijk kan verstaan als degenen tot wie ze oorspronkelijk was gericht. De getrouwheid van deze vertaling aan de oorspronkelijke tekst bestaat dus hierin dat ze de inhoud en de bedoeling van het origineel zó tot uitdrukking probeert te brengen, dat de hoorders en de lezers van vandaag op dezelfde wijze kunnen reageren als de oorspronkelijke hoorders en lezers.

Dynamische gelijkwaardigheid betekent niet, dat het nieuwe testament omgezet wordt in de huidige denk- en kultuurpatronen. De vertaling brengt dan ook geen gegevens in de tekst die uit andere bronnen stammen. Alleen wordt soms, als de duidelijkheid het vereist, iets in het Nederlands uitgedrukt, wat in het origineel wel besloten ligt, maar daarin niet met zoveel woorden gezegd behoefde te worden. Bij de keuze van woorden en zinsbouw is getracht eenvoudig maar goed Nederlands te gebruiken.

De bijbelgenootschappen hopen, dat deze dynamisch gelijkwaardige vertaling, die zich voegt in de rij van gelijksoortige vertalingen in het Duits, Engels, Fins, Frans en Spaans, de boodschap van het nieuwe testament voor velen hoorbaar, leesbaar en verstaanbaar zal maken.

J. T. Nelis, s.s.s.
W. C. van Unnik

Inleiding

Het nieuwe testament is een verzameling van 27 geschriften afkomstig van een tiental auteurs en geschreven in de tweede helft van de eerste eeuw en mogelijk iets later. Hoezeer deze geschriften onderling ook verschillen, alle vertellen zij dat in de persoon van Jezus Christus God tot de mensen gekomen is om hen te laten zien dat hij hen liefheeft en dat hij hen wil maken tot burgers van zijn rijk, een rijk van recht en vrede. Dit is voor de schrijvers van het nieuwe testament hèt grote nieuws, hèt evangelie. Maar tegelijkertijd zijn zij ervan overtuigd, dat God al eeuwen lang bezig is met de mens, door middel van het volk Israël en met precies dezelfde bedoeling. Daarvan spreekt wat wij het oude testament noemen: de verzameling van heilige boeken voor de Joden, en het eerste deel van de bijbel van de christelijke kerk. De komst van Jezus Christus is voor de nieuwtestamentische schrijvers niet anders dan hoogtepunt en vervulling van het oude testament.

Het nieuwe testament begint met de vier evangeliën in engere zin; vier boeken die in wezen hetzelfde beschrijven: wat Jezus deed en leerde, hoe hij stierf en weer tot leven kwam. Vooral in de eerste drie, die van Mattëus, Marcus en Lucas, is de gelijkheid opvallend, dikwijls zelfs woordelijk; het vierde, dat van Johannes, staat meer apart. Toch schrijven ze alle vier vanuit een eigen gezichtspunt. Daarom hebben zij ieder hun eigen plaats en eigen funktie.

Na de evangeliën komt "De Handelingen van de apostelen", dat ons de verbreiding schildert van het grote nieuws te beginnen bij Jeruzalem tot in Rome, de hoofdstad van het toenmalige Romeinse keizerrijk. Daarop volgen de brieven van Paulus. Deze gaan in op de problemen die de eerste christengemeenten hadden ten aanzien van de vraag wat het christen-zijn betekent voor hun denken en leven. Dan komt de brief aan de Hebreeërs. Eigenlijk is dit geen brief, maar de schrijver geeft een diepgravende verhandeling over de verhouding van oude testament en Jezus Christus.

Vervolgens de zeven "algemene zendbrieven" of "katholieke brieven". Ze heten zo omdat ze voor het merendeel niet aan één bepaalde gemeente gericht zijn. Zij ademen weer een heel andere geest dan de brieven van Paulus, maar ook hier gaat het de schrijvers om de problemen van het christen-zijn in deze wereld.

Het nieuwe testament wordt besloten met een geschrift dat in aard en opzet totaal verschilt van alle andere. Het behoort tot een groter geheel van Joodse literatuur: de eschatologisch-apokalyptische;

d.w.z. de literatuur die handelt over de laatste dingen vóór het Godsrijk daadwerkelijk op aarde komt. In "Openbaring" wordt de komst van de heerschappij van God en Christus beschreven in een aantal visioenen, beelden en symbolen; voor de moderne lezer moeilijk toegankelijk.

Enkele formele opmerkingen:
Tussen vierkante haken staan die tekstgedeelten, die in de meest betrouwbare handschriften van het nieuwe testament niet te vinden zijn.
Omdat de vers-indeling, die uit de zestiende eeuw stamt, nogal eens het verloop van de gedachte verstoort, is aan de nummering van de verzen niet strikt de hand gehouden. In zulke gevallen zijn de verscijfers bij elkaar gezet ($^{1-2}$; $^{16-17}$). Ook de opschriften behoren niet tot de bijbeltekst. De indeling in hoofdstukken is al zeer oud: derde tot vijfde eeuw.
Bij de spelling van de namen is de lijst van bijbelse persoons- en eigennamen gevolgd, in 1968 opgesteld in opdracht van de Katholieke Bijbelstichting en het Nederlands Bijbelgenootschap.
Achterin zijn een woordenlijst en een alfabetisch register opgenomen. In de woordenlijst worden moeilijke en weinig bekende begrippen verklaard, en een aantal namen van plaatsen en personen toegelicht om de lezer wat meer historische achtergrondinformatie te geven. Met behulp van het register kan men bepaalde onderwerpen, plaatsen, personen en gebeurtenissen vinden; de cijfers achter de trefwoorden verwijzen naar de bladzijden.
Om de gelijkheid van de eerste drie evangeliën na te kunnen gaan, zijn onder de vetgedrukte opschriften tussen ronde haken de gelijkluidende tekstgedeelten aangegeven.
De tekst is verlucht met tekeningen van de Zwitserse tekenares Annie Vallotton.

Inhoud

Verantwoording	3
Inleiding	5

Het Evangelie

volgens Matteüs	9
volgens Marcus	82
volgens Lucas	133
volgens Johannes	210

De Handelingen van de apostelen — 267

De Brieven

De brieven van Paulus

aan de christenen in Rome	332
aan de christenen in Korinte, I	361
aan de christenen in Korinte, II	389
aan de christenen in Galatië	407
aan de christenen in Efeze	417
aan de christenen in Filippi	427
aan de christenen in Kolosse	434
aan de christenen in Tessalonica, I	440
aan de christenen in Tessalonica, II	446
aan Timoteüs, I	450
aan Timoteüs, II	458
aan Titus	464
aan Filemon	467
De brief aan de Hebreeërs	469
De brief van Jakobus	491
De eerste brief van Petrus	498
De tweede brief van Petrus	506
De eerste brief van Johannes	511
De tweede brief van Johannes	518
De derde brief van Johannes	519
De brief van Judas	521

De Openbaring van Johannes — 523

Woordenlijst	554
Register	564

Het Evangelie volgens Matteüs

De stamboom van Jezus
(Lucas 3 : 23-38)

1 Dit zijn de voorouders van Jezus Christus, die afstamt van David en via David van Abraham:
²Abraham was de vader van Isaak, Isaak van Jakob en Jakob van Juda en zijn broers. ³Juda was de vader van Peres en Zerach; Tamar was hun moeder. Peres was de vader van Chesron, Chesron van Aram, ⁴Aram van Amminadab, Amminadab van Nachson en Nachson van Salmon. ⁵Salmon was de vader van Boaz; Rachab was zijn moeder. Boaz was de vader van Obed; Ruth was zijn moeder. Obed was de vader van Isaï ⁶en Isaï de vader van koning David.

David was de vader van Salomo; zijn moeder was de vrouw van Uria. ⁷Salomo was de vader van Rechabeam, Rechabeam van Abia, Abia van Asa ⁸en Asa van Josafat. Josafat was de vader van Joram, Joram van Uzzia, ⁹Uzzia van Jotam, Jotam van Achaz en Achaz van Hizkia. ¹⁰Hizkia was de vader van Manasse, Manasse van Amon, Amon van Josia en ¹¹Josia van Jechonja en zijn broers. Toen werd het Joodse volk weggevoerd naar Babylon.

¹²Daarna gaat de stamboom zo verder: Jechonja was de vader van Sealtiël, Sealtiël van Zerubbabel, ¹³Zerubbabel van Abihud en Abihud van Eljakim. Eljakim was de vader van Azor, ¹⁴Azor van Sadok, Sadok van Achim en Achim van Eliud. ¹⁵Eliud was de vader van Eleazar, Eleazar van Mattan, Mattan van Jakob, ¹⁶Jakob van Jozef; Jozef was de man van Maria en zij was de moeder van Jezus die Christus wordt genoemd.

¹⁷Er zijn dus driemaal veertien geslachten:
veertien vanaf Abraham tot David,
veertien vanaf David tot de wegvoering naar Babylon,
en veertien vanaf de wegvoering naar Babylon tot Christus.

De geboorte van Jezus
(Lucas 2 : 1-7)

¹⁸Zo is het gegaan bij de geboorte van Jezus Christus:
Maria, zijn moeder, was verloofd met Jozef, maar voordat ze getrouwd waren, bemerkte Maria dat ze in verwachting was door toedoen van de heilige Geest. ¹⁹Nu was haar verloofde Jozef een

man die de wil van God deed: hij wilde geen publiek schandaal en besloot in alle stilte met Maria te breken. [20]Maar toen hij met dat plan rondliep, kreeg hij een droom. Een engel van de Heer verscheen hem en zei: "Jozef, afstammeling van David, neem Maria gerust tot vrouw, want het kindje dat zij verwacht, is van de heilige Geest. [21]Zij zal een zoon krijgen en u moet hem Jezus noemen, want hij zal zijn volk bevrijden van hun zonden."
[22]Door dat alles werd vervuld wat de Heer door de profeet Jesaja gezegd had:
[23]"Het meisje zal zwanger worden
en een zoon krijgen,
en ze zullen hem Immanuël noemen,
wat betekent: God staat ons bij."
[24]Toen Jozef wakker was geworden, deed hij wat de engel van de Heer hem had opgedragen: hij trouwde met Maria. [25]Maar hij had geen omgang met haar totdat zij haar zoon had gekregen. En Jozef noemde hem Jezus.

De ster in het oosten

2 Jezus werd tijdens de regering van koning Herodes geboren, in Betlehem, een stad in de landstreek Judea. Kort daarna kwamen een paar geleerden uit het oosten in Jeruzalem aan.
[2]"Waar kunnen we de koning van de Joden vinden?" vroegen zij. "Hij moet pas geboren zijn. Wij hebben zijn ster in het oosten zien opgaan en zijn hiernaartoe gekomen om hem onze hulde te brengen."
[3]Koning Herodes hoorde hiervan en raakte helemaal in verwarring, en niet alleen hij, maar ook heel Jeruzalem. [4]Hij liet alle opperpriesters en alle schriftgeleerden van het volk bij zich komen en wilde van hen weten waar de Christus zou worden geboren.
[5]"In Betlehem in Judea," antwoordden ze, "want de profeet Micha heeft geschreven:
[6]'Betlehem, gelegen in het land van Juda,
jij bent lang niet de onbelangrijkste stad van Juda,
want uit jou komt de man
die als een herder mijn volk Israël zal leiden.'"
[7]Toen liet Herodes de geleerden in alle stilte bij zich roepen en vroeg hun nauwkeurig naar het tijdstip waarop de ster was verschenen. [8]Daarna stuurde hij hen naar Betlehem. "Probeer zoveel mogelijk van dat kind te weten te komen," zei hij. "En als u het hebt gevonden, kom het me dan vertellen, dan ga ik hem ook mijn hulde

brengen." ⁹Na dit onderhoud met de koning gingen ze op weg. En de ster die ze hadden zien opkomen, ging voor hen uit, totdat hij boven de plaats was gekomen waar het kind was; daar bleef hij stilstaan. ¹⁰Toen ze de ster weer ontdekten, waren ze erg blij. ¹¹Ze gingen het huis binnen en vonden het kind met zijn moeder Maria. Ze knielden voor hem neer en brachten hem hulde. Toen maakten ze hun koffers open en boden hem geschenken aan: gouden voorwerpen, wierook en kostbare balsem. ¹²En in een droom kregen ze van God de waarschuwing, niet meer bij Herodes langs te gaan; daarom gingen ze langs een andere weg naar hun land terug.

De vlucht naar Egypte

¹³Na hun vertrek kreeg Jozef een droom. Een engel van de Heer verscheen hem en zei: "Jozef, sta op, neem het kind en zijn moeder mee en vlucht naar Egypte, en blijf daar tot ik het u zeg. Want Herodes wil het kind laten opsporen en doden." ¹⁴Jozef stond midden in de nacht op, nam het kind en zijn moeder mee en week uit naar Egypte. ¹⁵Daar bleef hij tot de dood van Herodes.
Zo ging in vervulling wat God door zijn profeet Hosea had gezegd:
    "Ik heb mijn Zoon uit Egypte geroepen."

De kindermoord

¹⁶Toen Herodes merkte dat hij door de geleerden was misleid, werd

hij woedend. Hij gaf bevel om in Betlehem en omstreken alle jongetjes van twee jaar en jonger te doden. Deze leeftijd kwam precies overeen met het tijdstip waarnaar hij de geleerden had gevraagd. ¹⁷Zo kwam uit wat God door zijn profeet Jeremia had gezegd:
¹⁸"In Rama hoort men luid huilen en jammeren:
want Rachel huilt om haar kinderen
en wil niet getroost worden;
ze zijn dood."

De terugkeer

¹⁹Na de dood van Herodes kreeg Jozef, die nog steeds in Egypte was, weer een droom. Een engel van de Heer verscheen hem en zei: ²⁰"Neem het kind en zijn moeder mee en ga naar Israël terug. Want zij die het kind om het leven wilden brengen, zijn gestorven." ²¹Jozef stond op, nam het kind en zijn moeder mee en keerde naar Israël terug.

²²Maar toen hij hoorde dat Archelaüs zijn vader Herodes was opgevolgd als koning van Judea, voelde hij er niets voor om daar te gaan wonen. In een nieuwe droom kreeg hij de raad uit te wijken naar de landstreek Galilea. ²³Daar aangekomen, vestigde hij zich in een stad die Nazaret heet. Zo ging in vervulling wat God door zijn profeten gezegd had: "Men zal hem een Nazoreeër noemen."

Johannes de Doper
(Marcus 1 : 1–8; Lucas 3 : 1–18; Johannes 1 : 19–28)

3 In die tijd begon Johannes de Doper in de woestijn van Judea met zijn verkondiging: ²"Mensen, begin een nieuw leven, want het koninkrijk van God is dichtbij." ³Over deze Johannes sprak de profeet Jesaja toen hij zei:
"In de woestijn roept hij luid:
Maak de weg voor de Heer vrij,
zorg dat hij over rechte paden kan gaan."
⁴Johannes droeg kleren van kameelhaar en een leren riem om zijn middel, en hij at sprinkhanen en honing van wilde bijen. ⁵Toen liep Jeruzalem naar hem uit, en ook heel Judea en heel de Jordaanstreek. ⁶De mensen bekenden dat ze verkeerd geleefd hadden en lieten zich door hem dopen in de rivier de Jordaan.

⁷Ook heel wat Farizeeërs en Sadduceeërs kwamen zich laten dopen. Maar toen Johannes hen zag, zei hij: "Huichelaars, wie heeft u wijs gemaakt dat u de dreigende wraak van God kunt ontlopen? ⁸Toon liever door daden dat u een nieuw leven wilt beginnen! ⁹U

kunt uzelf niet geruststellen met de gedachte: 'Wij stammen af van Abraham.' Want neem van mij aan: God kan van deze stenen kinderen voor Abraham maken. ¹⁰De bijl ligt al klaar bij de wortels van de bomen. Elke boom die geen goede vruchten voortbrengt, wordt omgehakt en in het vuur gegooid. ¹¹Ik doop u met water, teken van een nieuw leven. Maar hij die na mij komt, is veel machtiger dan ik. Ik ben er zelfs niet goed genoeg voor, slavenwerk voor hem te doen. Hij zal u dopen met heilige Geest en met vuur. ¹²Hij scheidt het kaf van het koren en veegt zijn dorsvloer schoon; het koren slaat hij op in zijn schuur, maar het kaf verbrandt hij in onblusbaar vuur."

Johannes doopt Jezus
(Marcus 1 : 9–11; Lucas 3 : 21–22; Johannes 1 : 32–34)

¹³Jezus ging van Galilea naar de Jordaan om zich door Johannes te laten dopen. ¹⁴Maar Johannes probeerde hem ervan af te brengen: "Ik hoor door ú gedoopt te worden, en u komt naar mij?" ¹⁵"Doe het nu maar," antwoordde Jezus, "want we moeten alles doen zoals God het heeft beschikt." Toen gaf Johannes toe.

¹⁶Zodra Jezus was gedoopt, kwam hij uit het water. ¹⁷En de hemel ging open en hij zag de Geest van God als een duif op hem neerkomen. En uit de hemel klonk een stem: "Hij is mijn enige Zoon, de man naar mijn hart."

Jezus wordt door de duivel op de proef gesteld
(Marcus 1 : 12–13; Lucas 4 : 1–13)

4 De Geest voerde Jezus naar de woestijn, waar de duivel hem op de proef zou stellen. ²Veertig dagen en nachten vastte hij; toen had hij honger. ³Op dat ogenblik kwam de duivel hem op de proef stellen: "Als je de Zoon van God bent, zeg dan dat deze stenen moeten veranderen in brood." ⁴Maar Jezus antwoordde: "Er staat geschreven:

'Een mens leeft niet van brood alleen;
hij leeft ook van elk woord dat God tot hem spreekt.'"

⁵Daarna nam de duivel hem mee naar de heilige stad Jeruzalem en bracht hem op de nok van het tempeldak. ⁶"Als je de Zoon van God bent," zei hij, "spring dan naar beneden! Want er staat geschreven:

'God heeft zijn engelen opgedragen over u te waken;
zij zullen u in hun armen dragen
en zorgen dat u aan geen steen uw voeten zult stoten.'"

⁷Maar Jezus antwoordde: "Er staat ook geschreven:
'Stel de Heer, uw God, niet op de proef.'"
⁸Tenslotte bracht de duivel hem op een heel hoge berg, en van daar uit liet hij hem alle koninkrijken van de wereld zien met al hun pracht en praal. ⁹"Dat zal ik je allemaal geven," zei hij, "als je op je knieën valt en mij aanbidt."
¹⁰"Weg, Satan," beval Jezus hem, "want er staat geschreven:
'Aanbid de Heer, uw God, en dien hem alleen.'"
¹¹Toen liet de duivel hem met rust. En engelen kwamen hem helpen.

Jezus begint zijn werk in Galilea
(Marcus 1 : 14–15; Lucas 4 : 14–15)

¹²Toen Jezus hoorde dat Johannes gevangen was genomen, week hij uit naar Galilea. ¹³Hij vestigde zich niet in Nazaret maar ging in Kafarnaüm wonen, een stad aan het meer van Galilea, in het gebied van Zebulon en Naftali. ¹⁴Zo kwam uit wat God door de profeet Jesaja gezegd heeft:
¹⁵"Land van Zebulon,
  land van Naftali,
  land dat ligt aan de weg naar zee
  aan de overkant van de Jordaan,
  Galilea waar de heidenen wonen:
¹⁶uw bevolking die in duisternis leefde,
  heeft een groot licht gezien,
  en de zon is opgegaan over hen
  die in het donkere land van de dood woonden."
¹⁷Van toen af begon Jezus zijn boodschap bekend te maken: "Begin een nieuw leven, want het hemelse koninkrijk is dichtbij."

De eerste leerlingen
(Marcus 1 : 16–20; Lucas 5 : 1–11)

¹⁸Toen hij langs het meer van Galilea liep, zag hij twee broers, Simon (bijgenaamd Petrus) en Andreas, hun net in het water uitgooien. Het waren vissers. ¹⁹"Ga met mij mee," riep hij hun toe, "dan zal ik jullie leren, hoe mensen te vangen." ²⁰Meteen lieten ze hun netten liggen en gingen met hem mee.

²¹Een eind verderop zag hij twee andere broers, Jakobus en Johannes, de zonen van Zebedeüs. Met hun vader zaten ze in hun boot de netten te herstellen. Jezus riep hen. ²²Meteen stapten ze de boot uit, lieten hun vader achter en volgden hem.

Jezus onderwijst en geneest
(Lucas 6 : 17-19)

²³Jezus trok heel Galilea door. In hun synagogen onderwees hij de mensen in zijn leer, verkondigde hun het grote nieuws over het koninkrijk en genas hen van alle ziekten en kwalen. ²⁴Hij werd zelfs bekend in heel Syrië. Ze brachten hem hun zieken: mensen die leden aan allerlei kwalen en gebreken, bezetenen, lijders aan vallende ziekte en verlamden, en hij maakte ze beter. ²⁵Massa's mensen liepen achter hem aan; ze kwamen uit Galilea, het Tienstedengebied, Jeruzalem, Judea en van de overkant van de Jordaan.

De bergrede

5 Bij het zien van al die mensen ging hij de berg op. Toen hij zat, kwamen zijn leerlingen bij hem. ²Hij nam het woord en begon hen in zijn leer te onderwijzen:

Wie gelukkig zijn
(Lucas 6 : 20-23)

³"Gelukkig de armen die op God hopen:
hun bezit is het hemelse koninkrijk;
⁴gelukkig die verdriet hebben:
God zal hen troosten;
⁵gelukkig die nederig zijn:
zij zullen het land bezitten;

⁶gelukkig die ernaar hongeren en dorsten dat God recht doet:
God zal hen bevredigen;
⁷gelukkig die met anderen medelijden hebben:
God zal ook met hen medelijden hebben;
⁸gelukkig die een zuiver hart hebben:
zij zullen God zien;
⁹gelukkig die zich inzetten voor de vrede:
God zal hen zijn kinderen noemen;
¹⁰gelukkig die vervolgd worden omdat ze recht doen:
hun bezit is het hemelse koninkrijk;
¹¹gelukkig als men u uitscheldt, u vervolgt en u op alle manieren belastert, omdat u mijn volgelingen bent: ¹²juich van blijdschap, want een grote beloning staat u te wachten in de hemel. Zo heeft men ook de profeten van vroeger vervolgd."

Zout en licht
(Marcus 9 : 50; Lucas 14 : 34-35)

¹³"U bent het zout voor deze wereld. Als het zout zijn smaak verliest, is er niets anders om het weer zout te maken. Het deugt nergens meer voor. Je kunt het alleen weggooien op straat waar de mensen erover heen lopen.

¹⁴"U bent het licht voor deze wereld. Een stad die op een berg ligt, kan niet verborgen blijven. ¹⁵U steekt geen olielamp aan om hem onder een korenmaat te zetten. Nee, u zet hem op de standaard, dan straalt hij licht uit voor allen die in huis zijn. ¹⁶Zo moet ook u als een lamp uw licht laten uitstralen voor de mensen. Dan kunnen zij het goede zien dat u doet, en zullen ze uw Vader in de hemel prijzen."

De wet

¹⁷"U moet niet denken dat ik gekomen ben om de wet op te heffen of de boeken van de profeten af te schaffen. Ik kom niet om af te breken maar om te voltooien. ¹⁸Neem van mij aan: zolang hemel en aarde bestaan, zal geen letter uit de wet geschrapt worden totdat alles voorbij is. ¹⁹Wie het dus niet zo nauw neemt met één van deze geboden, al is het nog zo klein, en anderen leert hetzelfde te doen, zal in het hemelse koninkrijk niet in tel zijn. Maar wie de geboden onderhoudt en anderen leert hetzelfde te doen, die zal een grote naam hebben in het hemelse koninkrijk. ²⁰Ik zeg u: als uw trouw aan de wet die van de schriftgeleerden en de Farizeeërs niet overtreft, zult u het hemelse koninkrijk zeker niet binnenkomen."

Verzoening

²¹"U hebt gehoord dat tegen uw voorouders gezegd is: 'Bega geen moord. Wie iemand vermoordt, moet zich verantwoorden voor de rechtbank.' ²²Maar ik zeg u: ieder die kwaad is op een ander, moet zich voor de rechtbank verantwoorden. Als iemand een ander uitmaakt voor nietsnut, moet hij zich verantwoorden voor de Hoge Raad, en als iemand een ander gek noemt, moet hij ervoor boeten in het hellevuur.

²³"Als u uw gave naar het altaar brengt en u herinnert zich dat u met een ander ruzie hebt, ²⁴laat dan uw gave voor het altaar staan; ga het eerst met die ander goed maken en kom dan terug om uw gave te brengen.

²⁵"Probeer het vlug met uw tegenstander eens te worden, als u met hem op weg bent naar de rechter. Anders zou hij u in handen van de rechter kunnen geven, en de rechter zou u uitleveren aan de cipier, en de cipier zou u in de gevangenis zetten. ²⁶En neem van mij aan: daar komt u niet uit voor u de laatste cent hebt betaald."

Echtbreuk

²⁷"U hebt gehoord dat er gezegd is: 'Pleeg geen echtbreuk.' ²⁸Maar ik zeg u: wie naar de vrouw van een ander kijkt en haar wil hebben, heeft in zijn hart al echtbreuk met haar gepleegd.

²⁹"Als uw rechteroog er de oorzaak van is dat u van de rechte weg afdwaalt, ruk het dan uit en gooi het weg. Het is beter dat één van uw lichaamsdelen verloren gaat dan dat heel uw lichaam in de hel gegooid wordt.

³⁰"En als u door uw rechterhand tot verkeerde dingen komt, hak hem dan af en gooi hem weg. Het is beter dat één van uw lichaamsdelen verloren gaat dan dat u met heel uw lichaam in de hel terecht komt."

Echtscheiding

(Matteüs 19 : 9; Marcus 10 : 11–12; Lucas 16 : 18)

³¹"Er is ook gezegd: 'Wie van zijn vrouw gaat scheiden, moet haar een scheidingsakte meegeven.' ³²Maar ik zeg u: wie van zijn vrouw gaat scheiden zonder dat ze ontrouw is geweest, maakt haar tot een echtbreekster als ze opnieuw trouwt. En de man die met haar trouwt, begaat ook echtbreuk."

Ja is ja, nee is nee

³³"U hebt ook gehoord dat tegen uw voorouders gezegd is: 'Breek uw beloften niet, maar houd u aan wat u voor God hebt gezworen.' ³⁴Maar ik zeg u, helemaal niet te zweren; bij de hemel niet, want de hemel is de troon van God; ³⁵bij de aarde niet, want de aarde is zijn voetbank; bij Jeruzalem niet, want Jeruzalem is de stad waar de grote Koning woont. ³⁶Ook bij uw hoofd moet u niet zweren, want u kunt niet één haar wit of zwart maken. ³⁷Het moet zo zijn dat uw ja ja is en uw nee nee. Wat u meer zegt, is uit den boze."

Vergeld geen kwaad met kwaad
(Lucas 6 : 29-30)

³⁸"U hebt gehoord dat er gezegd is: 'Oog om oog, tand om tand.' ³⁹Maar ik zeg u: neem geen wraak op wie u kwaad doet. Als iemand u op de rechterwang slaat, draai hem dan ook de linkerwang toe. ⁴⁰En als iemand u een proces aandoet en als onderpand uw tuniek wil hebben, geef hem dan ook uw jas. ⁴¹En dwingt iemand van de bezettingsmacht u, een kilometer zijn bepakking te dragen, ga dan twee kilometer met hem mee. ⁴²Als iemand u iets vraagt, geef het hem; en wil iemand iets van u lenen, weiger het hem niet."

Haat en liefde
(Lucas 6 : 27-28; 32-36)

⁴³"U hebt gehoord dat er gezegd is: 'Heb uw vrienden lief en haat uw vijanden.' ⁴⁴Maar ik zeg u: heb uw vijanden lief en bid voor hen die u vervolgen. ⁴⁵Dan pas zult u echte kinderen zijn van uw Vader in de hemel. Want God laat zijn zon opgaan over slechte en goede mensen en hij laat het regenen voor rechtvaardigen en onrechtvaardigen. ⁴⁶Hoe kunt u verwachten dat God u zal belonen, als u alleen liefhebt wie u liefhebben? Dat doen zelfs de tollenaars! ⁴⁷En hoe kunt u denken iets buitengewoons te doen, als u alleen uw kennissen groet? Dat doen de heidenen ook! ⁴⁸U moet volmaakt zijn, juist zoals uw Vader in de hemel volmaakt is."

Hoe anderen te helpen

6 "Zorg dat u uw godsdienstige verplichtingen niet doet om op te vallen bij de mensen. Anders zal uw Vader in de hemel u er niet voor belonen. ²Helpt u iemand in nood, maak het dan niet wereldkundig zoals schijnheilige mensen doen. Die vertellen hun goede daden rond in de synagogen en op straat, alleen maar om

door de mensen geprezen te worden. Neem van mij aan: ze hebben hun loon al ontvangen. ³Als ú dus iemand in nood helpt, zorg dan dat uw linkerhand niet weet wat uw rechter doet. ⁴Uw hulp kan dan verborgen blijven. En uw Vader die ziet wat verborgen is, zal u belonen."

Hoe te bidden
(Lucas 11 : 2-4)

⁵"Wanneer u bidt, doe het dan niet zoals de schijnheilige mensen. Want die staan graag midden in de synagogen of op de hoeken van de straten te bidden; daar kan iedereen ze zien. Neem van mij aan: ze hebben hun loon al ontvangen. ⁶Wanneer ú dus bidt, ga dan uw kamer binnen; en als u de deur achter u hebt dichtgedaan, bid dan tot uw Vader die door niemand gezien wordt. En uw Vader die ziet wat verborgen is, zal u belonen.

⁷"Bid niet met veel omhaal van woorden zoals de heidenen doen. Want die denken dat God naar hen luistert omdat ze zoveel woorden gebruiken. ⁸Doe dus niet zoals zij. Want uw Vader weet wat u nodig hebt; hij weet dat, nog vóór u hem erom vraagt. ⁹Zo moet u dus bidden:

   'Onze Vader in de hemel,
     uw naam worde geheiligd,

¹⁰uw koninkrijk kome,
uw wil geschiede,
op aarde zoals in de hemel.
¹¹Geef ons heden ons dagelijks brood
¹²en vergeef ons onze schulden
zoals ook wij anderen hun schulden vergeven,
¹³en stel ons niet op de proef
maar verlos ons van de duivel.'
¹⁴Als u anderen hun fouten vergeeft, zal uw hemelse Vader ook u vergeven. ¹⁵Maar vergeeft u anderen niet, dan zal uw Vader uw fouten ook niet vergeven."

Het vasten

¹⁶"Als u vast, kijk dan niet somber zoals schijnheilige mensen doen. Want die trekken een ernstig gezicht, alleen maar om anderen te laten zien dat ze vasten. Neem van mij aan: ze hebben hun loon al ontvangen. ¹⁷Maar als ú vast, was dan uw gezicht en kam uw haren; ¹⁸dan merkt niemand dat u vast, behalve uw Vader die door niemand gezien wordt. En uw Vader die ziet wat verborgen is, zal u belonen."

De ware rijkdom
(Lucas 12 : 33-34)

¹⁹"Vergaar geen schatten hier op aarde, waar mot en roest ze aantasten en waar dieven inbreken en ze weghalen. ²⁰Vergaar liever schatten in de hemel. Daar tasten mot en roest ze niet aan en breken dieven niet in om ze weg te halen. ²¹Want waar uw schat is, daar bent u ook met uw hart."

Het oog, de lamp voor het lichaam
(Lucas 11 : 34-36)

²²"Het oog is een lamp voor het lichaam. Is uw oog helder, dan heeft het hele lichaam licht. ²³Maar is uw oog slecht, dan zit het hele lichaam in het donker. Als dus het licht in u is uitgegaan, wat is het dan donker!"

God en het geld
(Lucas 16 : 13)

²⁴"Niemand kan bij twee heren tegelijk in dienst zijn: of hij mag de een niet en de ander wel, of hij draagt de een op de handen en heeft een hekel aan de ander. U kunt God en het geld niet tegelijk dienen."

Vrij van zorgen
(Lucas 12 : 22-31)

²⁵"Daarom zeg ik u: maak u geen zorgen over het eten en drinken dat u nodig hebt om te leven, en over de kleren voor uw lichaam. Tenslotte is leven belangrijker dan eten en drinken, en het lichaam van meer belang dan kleding. ²⁶Let eens op de vogels in de lucht: ze zaaien niet, ze maaien niet en slaan geen voorraden op in schuren. Uw hemelse Vader zorgt dat ze te eten krijgen! En bent u niet veel meer waard dan de vogels? ²⁷Trouwens, wie van u kan door al zijn zorgen zijn leven ook maar een klein stukje verlengen?

²⁸"En waarom u zorgen maken over kleding? Kijk eens hoe de veldbloemen groeien: ze werken niet en maken geen kleding. ²⁹Maar ik zeg u: koning Salomo was in zijn staatsiegewaad niet zo mooi gekleed als één van deze bloemen. ³⁰Het is God die het gras zo mooi kleedt, datzelfde gras dat vandaag nog op de wei staat en morgen al in de oven wordt gegooid. Zal God u dan niet veel beter kleden? Maar uw geloof is zo klein! ³¹Loop dus niet te tobben: 'Wat moeten we eten of wat moeten we drinken of waarmee moeten we ons kleden?' ³²Want dat zijn allemaal zaken die heidenen zich afvragen! Uw vader in de hemel weet dat u dat allemaal nodig hebt. ³³Richt eerst uw aandacht op zijn koninkrijk en op de eisen die hij stelt, dan zult u ook al dat andere krijgen. ³⁴Maak u dus geen zorgen over de dag van morgen. Morgen ziet u wel weer; u hebt al genoeg aan de zorgen van vandaag."

Niet oordelen
(Lucas 6 : 37-38; 41-42)

7 "Oordeel niet over anderen; dan zal God niet oordelen over u. ²Want God zal u op dezelfde manier beoordelen als waarop u anderen beoordeelt, en hij zal u meten met de maat waarmee u anderen meet. ³Waarom kijkt u naar de splinter in het oog van een ander, en merkt u de balk niet op in uw eigen oog? ⁴Hoe durft u tegen hem te zeggen: 'Laat mij die splinter eens uit uw oog halen,' terwijl u zelf een balk in uw oog hebt. ⁵Huichelaars die u bent! Verwijder eerst die balk uit uw eigen oog, dan ziet u pas scherp genoeg om die splinter uit het oog van de ander te halen.

⁶"Geef wat heilig is niet aan de honden, want ze komen terug om u te verscheuren; gooi uw parels niet voor de zwijnen, want ze vertrappen die met hun poten."

Gebed wordt verhoord
(Lucas 11 : 9-13)

⁷"Vraag en u zult krijgen; zoek en u zult vinden; klop en er zal u worden opengedaan. ⁸Ja, ieder die vraagt, zal krijgen, en wie zoekt, zal vinden, en wie aanklopt, hem zal worden opengedaan. ⁹Is er onder u een vader die zijn kind een steen zal geven als het om brood vraagt? ¹⁰Of een slang als het om vis vraagt? ¹¹Ondanks uw slechtheid weet u aan uw kinderen dus goede dingen te geven. Hoeveel meer zal dan uw Vader in de hemel goede dingen geven aan wie hem erom vragen!

¹²"Behandel de mensen zoals u door hen behandeld wilt worden. Want daar komt het volgens de wet en de profeten op neer."

De twee wegen
(Lucas 13 : 24)

¹³"U moet het koninkrijk van God binnengaan door de nauwe poort. Want de poort en de weg die naar de ondergang leiden, zijn ruim en breed, en velen gaan die weg. ¹⁴Maar de poort en de weg die naar het leven leiden, zijn nauw en smal, en maar weinigen vinden die weg."

Valse profeten
(Lucas 6 : 43-44)

¹⁵"Pas op voor de valse profeten. Ze komen naar u toe in de gedaante van makke schapen, maar in werkelijkheid zijn het roofzuchtige wolven. ¹⁶U kunt hen herkennen aan hun daden. Men plukt geen druiven van doornstruiken en geen vijgen van distels. ¹⁷Een goede boom draagt goede vruchten, een slechte boom draagt slechte vruchten. ¹⁸Een goede boom kan geen slechte vruchten voortbrengen en een zieke boom geen goede. ¹⁹Iedere boom die geen goede vruchten draagt, wordt omgehakt en in het vuur gegooid. ²⁰Zo kunt u de valse profeten herkennen aan hun daden."

Ik heb u nooit gekend
(Lucas 13 : 25-27)

²¹"Wie tegen mij roepen: 'Heer, Heer!' komen niet allemaal het hemelse koninkrijk binnen, maar alleen zij die de wil van mijn hemelse Vader doen. ²²Op de dag van het oordeel zullen velen tegen mij zeggen: 'Heer, Heer, in uw naam hebben wij de boodschap van God verkondigd, in uw naam hebben we duivelse geesten uit-

gedreven en veel wonderen gedaan.' ²³En dan zal ik hun openlijk zeggen: 'Ik heb u nooit gekend; verdwijn uit mijn ogen, boosdoeners.'"

Tweeërlei fundament
(Lucas 6 : 47-49)

²⁴"Ieder die mij hoort en alles doet wat ik zeg, kun je vergelijken met iemand die zo verstandig was zijn huis op de rots te bouwen. ²⁵De regen viel neer, de rivieren stroomden over, de winden waaiden en beukten tegen het huis. Maar het bleef overeind, want het was gebouwd op de rots.

²⁶"Ieder die mij hoort maar niet doet wat ik zeg, kun je vergelijken met iemand die zo dom was zijn huis op zand te zetten. ²⁷De regen viel neer, de rivieren stroomden over, de winden waaiden en beukten tegen het huis. En het huis stortte volledig in."

Jezus spreekt met gezag

²⁸Toen Jezus was uitgesproken, waren de mensen stomverbaasd over wat hij hun geleerd had. ²⁹Want hij sprak met gezag; dat in tegenstelling met hun schriftgeleerden.

Jezus geneest een melaatse
(Marcus 1 : 40-45; Lucas 5 : 12-16)

8 Toen Jezus de berg afdaalde, volgden massa's mensen hem. ²Daar kwam een man aan die melaats was. Hij knielde voor Jezus neer en zei: "Heer, als u wilt, kunt u mij rein maken." ³Jezus stak zijn hand uit en raakte hem aan. "Ik wil het; word rein," antwoordde hij. Ogenblikkelijk was de man van zijn melaatsheid genezen. ⁴"Denk erom," beval Jezus hem, "zeg niemand iets, maar ga u aan de priester laten zien en breng het offer dat Mozes heeft voorgeschreven. Dan bent u officieel rein."

Jezus geneest de knecht van een Romeins officier
(Lucas 7 : 1-10)

⁵Toen Jezus Kafarnaüm binnenging, kwam een Romeins officier naar hem toe die zijn hulp inriep: ⁶"Heer, mijn knecht ligt thuis ziek op bed. Hij is verlamd en lijdt vreselijke pijnen."

⁷"Ik zal komen en hem beter maken," antwoordde Jezus hem.

⁸"Heer, wie ben ik dat u bij me thuis komt? Geef alleen een bevel en mijn knecht wordt beter. ⁹Want ik sta onder bevel van anderen, maar heb ook zelf soldaten onder me. En zo beveel ik de een: 'Ga!'

en hij gaat, en een ander: 'Kom!' en hij komt, en tegen mijn knecht zeg ik: 'Doe dit!' en hij doet het."

¹⁰Jezus was verbaasd over wat hij hoorde en zei tegen de mensen die hem volgden: "Ik verzeker u: iemand met zo'n geloof ben ik in Israël nog niet tegengekomen. ¹¹Ja, tallozen zullen komen uit het oosten en het westen en aan tafel zitten met Abraham, Isaak en Jakob in het hemelse koninkrijk. ¹²Maar die in het koninkrijk zouden moeten wonen, worden eruit gegooid, de diepste duisternis in. Daar zullen ze huilen en knarsetanden." ¹³En tegen de officier zei Jezus: "Ga naar huis; het zal gebeuren, zoals u gelooft." En op datzelfde moment was de bediende beter.

Andere genezingen
(Marcus 1 : 29–34; Lucas 4 : 38–41)

¹⁴Toen Jezus bij Petrus thuis kwam, vond hij de schoonmoeder van Petrus met koorts op bed liggen. ¹⁵Hij raakte haar hand aan en haar koorts verdween. Ze stond op en ging voor hem zorgen. ¹⁶'s Avonds bracht men hem veel mensen die bezeten waren. Hij dreef de duivelse geesten met een enkel woord uit en maakte alle zieken beter. ¹⁷Door dat alles ging in vervulling wat de profeet Jesaja gezegd had: "Hij neemt onze kwalen op zich en draagt onze ziekten."

Wie Jezus willen volgen
(Lucas 9 : 57–60)

¹⁸Jezus zag dat er een massa mensen om hem heen stond en hij gaf opdracht het meer over te steken. ¹⁹En er kwam een schriftgeleerde naar hem toe die zei: "Meester, ik zal u volgen waar u maar heengaat."

²⁰"Vossen hebben hun holen, vogels hun nesten," antwoordde Jezus hem, "maar de Mensenzoon heeft zelfs geen kussen om zijn hoofd op te leggen."

²¹"Heer," verzocht een ander, één van zijn leerlingen, hem, "sta mij toe eerst mijn vader te begraven."

²²"Volg mij," zei Jezus tegen hem, "en laat de doden hun doden begraven."

De storm op het meer
(Marcus 4 : 35–41; Lucas 8 : 22–25)

²³Jezus stapte in de boot en zijn leerlingen gingen met hem mee ²⁴Er brak een hevige storm op het meer los, zo erg dat de golven

over de boot sloegen. Jezus lag te slapen. ²⁵Zijn leerlingen schoten op hem toe en maakten hem wakker. "Heer, red ons," riepen ze, "we vergaan!" ²⁶"Waarom zijn jullie zo bang?" zei hij. "Wat zijn jullie kleingelovig!" Hij stond op en sprak de wind en de golven bestraffend toe, en het meer werd zo glad als een spiegel. ²⁷De mensen waren verbaasd en vroegen zich af: "Wat is dat voor iemand? Zelfs de wind en de golven gehoorzamen hem!"

De genezing van twee bezetenen
(Marcus 5 : 1–20; Lucas 8 : 26–39)

²⁸Toen hij aan de overkant was gekomen in het gebied van de Gadarenen, kwamen hem uit de richting van de begraafplaats twee bezetenen tegemoet; ze waren zo wild dat niemand over die weg durfde te gaan. ²⁹"Wat moet je van ons, Zoon van God?" schreeuwden ze. "Kom je ons straffen al vóór de dag van het oordeel?"

³⁰In de verte liep een grote kudde varkens op zoek naar voedsel. ³¹"Als je ons wilt uitdrijven, stuur ons dan in die varkens," verzochten de twee duivelse geesten hem. ³²"Ga!" zei Jezus tegen hen. Ze verlieten de twee mannen en namen bezit van de varkens. Meteen zette de hele kudde het op een lopen, de helling af, het meer in, en alle varkens verdronken in de golven.

³³De varkenshoeders vluchtten weg; in de stad aangekomen, vertelden ze alles, ook wat er met de twee bezetenen gebeurd was. ³⁴De hele stad liep uit, Jezus tegemoet. En toen ze hem zagen, vroegen ze hem hun gebied te verlaten.

De genezing van een verlamde man
(Marcus 2 : 1–12; Lucas 5 : 17–26)

9 Jezus stapte in een boot, stak het meer weer over en ging naar zijn woonplaats terug. ²Daar kwamen ze bij hem met iemand die verlamd was en op een draagbed lag. Toen Jezus zag hoe groot hun geloof was, zei hij tegen de verlamde: "Houd moed, uw zonden zijn vergeven." ³Maar enige schriftgeleerden dachten bij zichzelf: "Die man beledigt God." ⁴Jezus wist wat ze dachten en zei: "Waarom denkt u kwaad van mij? ⁵Wat is eenvoudiger te zeggen: 'Uw zonden zijn vergeven,' of: 'Sta op en loop'? ⁶Maar ik zal laten zien dat de Mensenzoon de macht heeft hier op aarde zonden te vergeven." Daarop richtte hij zich tot de verlamde man: "Sta op, pak uw draagbed op en ga naar huis." ⁷Hij stond op en ging naar huis.

⁸Bij het zien hiervan waren de mensen diep onder de indruk en ze prezen God, omdat hij zoveel macht aan mensen gaf.

Jezus roept Matteüs
(Marcus 2 : 13–17; Lucas 5 : 27–32)

⁹Jezus verliet die plaats en onderweg zag hij een tollenaar. De man heette Matteüs en zat bij zijn tolhuis. "Volg mij," zei Jezus tegen hem. Hij stond op en ging met Jezus mee.

¹⁰Toen Jezus bij hem thuis zat te eten, aten veel tollenaars en andere lieden die de wet overtraden, met hem en zijn leerlingen mee. ¹¹De Farizeeërs zagen dat en vroegen aan zijn leerlingen: "Waarom eet jullie meester met tollenaars en overtreders van de wet?" ¹²Jezus hoorde het en zei: "Gezonde mensen hebben geen dokter nodig, zieke wel. ¹³Denk eens na over de betekenis van de woorden: 'Barmhartigheid wil ik, geen offers.' Want ik ben niet gekomen om hen uit te nodigen die de wet stipt naleven, maar hen die de wet overtreden."

Het vasten
(Marcus 2 : 18–22; Lucas 5 : 33–39)

¹⁴De leerlingen van Johannes de Doper gingen naar Jezus toe en zeiden: "Wij en ook de Farizeeërs vasten dikwijls, maar uw leerlingen niet. Hoe komt dat?" ¹⁵Jezus antwoordde: "Kunnen gasten op een bruiloft soms verdrietig zijn zolang de bruidegom nog bij hen is? Maar er komt een dag dat de bruidegom van hen wordt weggehaald, en dan zullen ze vasten.

¹⁶"Niemand verstelt een oude jas met een lap die nog niet is gekrompen, want de nieuwe lap trekt de jas kapot en de scheur wordt alleen maar erger. ¹⁷Zo doet ook niemand jonge wijn in oude wijnzakken. Doet hij het toch, dan scheuren de zakken; de wijn loopt weg en de zakken worden onbruikbaar. Nee, jonge wijn doe je in nieuwe zakken en dan blijven beide bewaard: de wijn èn de zakken."

Het dochtertje van het hoofd van een synagoge
De genezing van een vrouw
(Marcus 5 : 21–43; Lucas 8 : 40–56)

¹⁸Hij was nog met hen in gesprek, toen het hoofd van een synagoge bij hem kwam en voor hem neerknielde. "Mijn dochtertje is net gestorven," zei hij, "maar als u haar de hand komt opleggen, wordt ze weer levend." ¹⁹Jezus stond op en ging met hem mee, en de

leerlingen volgden hem.

²⁰Nu was daar een vrouw die al twaalf jaar last had van bloedingen. Het lukte haar Jezus van achteren te naderen en de zoom van zijn mantel aan te raken. ²¹"Om beter te worden hoef ik alleen

maar zijn mantel aan te raken," dacht ze bij zichzelf. ²²Maar Jezus draaide zich om, en toen hij haar zag, zei hij: "Houd moed! Uw geloof heeft u gered." En van dat ogenblik af was de vrouw genezen.

²³Bij het huis van het hoofd van de synagoge aangekomen, zag Jezus de fluitspelers en heel veel jammerende mensen. ²⁴"Eruit, jullie!" beval hij. "Het meisje is niet dood, ze slaapt alleen maar." Ze lachten hem vierkant uit. ²⁵Toen ze verwijderd waren, ging hij de kamer van het meisje binnen. Hij nam haar bij de hand en zij stond op. ²⁶En dat nieuws werd in de hele omgeving bekend.

De genezing van twee blinden

²⁷Toen hij daar was weggegaan, begonnen twee blinden hem achterna te lopen. "Zoon van David, heb medelijden met ons!" riepen ze. ²⁸Toen Jezus was thuisgekomen, gingen de twee blinden naar hem toe. "Geloven jullie dat ik jullie wens kan vervullen?" vroeg hij hun. "Zeker, Heer," antwoordden ze. ²⁹Hij raakte hun ogen aan en zei: "Wat jullie geloven, zal gebeuren." ³⁰En ze konden weer zien. "Pas op, laat niemand het te weten komen!" beval hij hun streng. ³¹Maar eenmaal vertrokken, maakten ze hem in de hele omgeving bekend.

Jezus geneest een man die niet kan praten

³²Toen ze weg waren, werd er een man bij hem gebracht die niet kon praten: een duivelse geest had hem in zijn macht. ³³Zodra de geest was uitgedreven, kon de man weer spreken. De menigte stond verbaasd: "Zoiets hebben we in Israël nog nooit beleefd!" ³⁴Maar de Farizeeërs zeiden: "Die macht om duivelse geesten uit te drijven heeft hij van Satan."

Jezus' medelijden met de mensen

³⁵Zo trok Jezus rond van stad tot stad en van het ene dorp naar het andere. In hun synagogen onderwees hij de mensen in zijn leer; hij verkondigde het grote nieuws over het koninkrijk en genas alle ziekten en kwalen. ³⁶Telkens wanneer hij de mensenmenigte zag, kreeg hij diep medelijden met ze, want ze zagen er uit als een kudde schapen zonder herder, moe en verzwakt. ³⁷Dan zei hij tegen zijn leerlingen: "Er valt veel te oogsten, maar we hebben zo weinig arbeiders. ³⁸Vraag de heer en meester van het land toch of hij arbeiders stuurt om zijn oogst binnen te halen."

De twaalf apostelen
(Marcus 3 : 13–19; Lucas 6 : 12–16)

10 Jezus riep zijn twaalf leerlingen bij zich en gaf hun macht om de duivelse geesten uit te drijven en alle soorten ziekten en kwalen te genezen. ²Dit zijn de namen van de twaalf apostelen: in de eerste plaats Simon, bijgenaamd Petrus; dan zijn broer Andreas, en de broers Jakobus en Johannes, de zonen van Zebedeüs. ³Filippus en Bartolomeüs; Tomas en de tollenaar Matteüs; Jakobus, de zoon van Alfeüs, en Taddeüs; ⁴Simon, de verzetsman, en Judas Iskariot, de man die Jezus heeft verraden.

Jezus stuurt de twaalf erop uit
(Marcus 6 : 7–13; Lucas 9 : 1–6)

⁵Jezus stuurde deze twaalf mannen erop uit met de volgende aanwijzingen: "Sla geen weg in die naar de niet-Joden leidt en ga geen stad in waar Samaritanen wonen. ⁶Eerst moet je gaan naar de verloren schapen van het volk Israël. ⁷Maak hun bekend: 'Het hemels koninkrijk is dichtbij.' ⁸Maak zieken beter, wek doden op, genees melaatsen en drijf de duivelse geesten uit. Jullie hebben gekregen zonder er iets voor te doen, geef dan ook weg zonder er iets voor te vragen.

⁹"Steek geen geld bij je, geen goud-, zilver- of kopergeld; ¹⁰neem geen reistas mee, geen extra stel kleren of schoenen en geen reisstaf. Want een arbeider heeft er recht op dat men hem onderhoudt.

¹¹"Als jullie in een stad of dorp aankomen, kijk dan uit naar iemand die jullie wil ontvangen en verblijf bij hem totdat je die plaats weer verlaat. ¹²Ga je het huis binnen, groet dan de bewoners en wens hun vrede. ¹³Als ze jullie ontvangen, handhaaf dan je vredewens voor hen. Ontvangen ze je niet, trek dan je vredewens in. ¹⁴Willen de bewoners van een stad of een huis je niet ontvangen en weigeren ze naar je te luisteren, verlaat dan dat huis of die stad en sla het stof van je voeten af. ¹⁵Geloof mij: op de dag van het oordeel zal de bevolking van Sodom en Gomorra er beter af komen dan de bewoners van die stad."

De tegenstand die ze zullen ondervinden
(Marcus 13 : 9-13; Lucas 21 : 12-17)

¹⁶"Luister, ik stuur jullie als schapen onder wolven. Wees dus zo voorzichtig als slangen en zo eenvoudig als duiven. ¹⁷Pas op, want de mensen zullen jullie uitleveren aan de gerechtelijke autoriteiten en je afranselen in hun synagogen. ¹⁸Ze zullen je brengen voor bestuurders en koningen om mij; dat geeft je de gelegenheid om tegenover hen en de volken van mij te getuigen. ¹⁹Wanneer ze jullie aan de gerechtelijke autoriteiten uitleveren, maak je dan geen zorgen hoe je moet spreken of wat je moet zeggen. Op zo'n moment geeft God je in wat je zeggen moet. ²⁰Want jullie zijn het niet die spreken, maar door jullie spreekt de Geest van jullie Vader.

²¹"Men zal zijn eigen broer verraden en de dood insturen, vaders zullen hetzelfde doen met hun kinderen. Kinderen zullen zich keren tegen hun ouders en hen doden. ²²Ja, iedereen zal jullie haten, omdat je mij aanhangt. Maar wie volhoudt tot het einde, zal gered worden.

²³"Wanneer ze jullie vervolgen in de ene stad, vlucht dan naar de andere. Neem van mij aan: de Mensenzoon zal komen voordat jullie de laatste stad in Israël hebben bereikt.

²⁴"De leerling staat niet boven zijn meester en de knecht niet boven zijn baas. ²⁵De leerling moet niet meer willen zijn dan zijn meester en de knecht niet meer dan zijn baas. Als ze het hoofd van de familie al uitmaken voor Beëlzebul, waar zullen ze de rest van de familie dan niet voor uitmaken?"

Geen angst
(Lucas 12 : 2–7)

²⁶"Wees dus niet bang voor hen. Wat verborgen is, zal ontdekt, en wat geheim is, bekend worden. ²⁷Wat ik je bij donker zeg, vertel dat door bij daglicht. En wat je toegefluisterd wordt, kondig dat af van de daken. ²⁸Wees niet bang voor de mensen; die kunnen wel je lichaam maar niet je ziel doden. Vrees liever God, want hij kan je met ziel en lichaam laten omkomen in de hel. ²⁹Je kunt twee mussen kopen voor een stuiver. Toch vallen ze geen van tweeën naar beneden zonder dat uw Vader het wil. ³⁰En bij jullie zijn zelfs de haren op je hoofd geteld. ³¹Wees dus niet bang. Jullie zijn heel wat meer waard dan veel mussen samen."

Openlijk voor Christus uitkomen
(Lucas 12 : 8–9)

³²"Ieder die tegenover de mensen er openlijk voor uitkomt dat hij bij mij hoort, voor hem zal ik hetzelfde doen tegenover mijn Vader in de hemel. ³³Maar wie tegen de mensen zegt mij niet te kennen, over hem zal ik hetzelfde zeggen tegen mijn hemelse Vader."

Geen vrede, maar het zwaard
(Lucas 12 : 51–53; 14 : 26–27)

³⁴"Denk niet dat ik gekomen ben om vrede op aarde te brengen. Nee, ik kom geen vrede brengen maar het zwaard. ³⁵Ik ben gekomen om verdeeldheid te brengen tussen vader en zoon, tussen moeder en dochter, tussen schoonmoeder en schoondochter. ³⁶Ja, familieleden zullen vijanden worden.

³⁷"Wie van zijn vader of moeder meer houdt dan van mij, verdient niet mijn leerling te zijn. Ook wie van zijn zoon of dochter meer houdt dan van mij, verdient niet mijn leerling te zijn. ³⁸En wie zijn kruis niet opneemt om mij te volgen, kan mij niet toebehoren. ³⁹Wie aan zijn leven vasthoudt, zal het verliezen, maar wie zijn leven durft te verliezen, zal het vinden."

Beloningen
(Marcus 9 : 41)

⁴⁰"Wie jullie ontvangt, ontvangt mij, en wie mij ontvangt, ontvangt hem die mij gezonden heeft. ⁴¹Wie een afgezant van God ontvangt omdat het een afgezant van God is, zal het loon van een afgezant krijgen. Wie een rechtvaardig man ontvangt omdat het een rechtvaardig man is, zal het loon krijgen dat een rechtvaardige toekomt.

⁴²En wie een glas koel water geeft aan één van mijn geringste volgelingen omdat het een leerling van mij is, zo iemand zal zeker beloond worden, neem dat van mij aan."

Jezus en Johannes de Doper
(Lucas 7 : 18–35)

11 Toen Jezus deze richtlijnen aan zijn twaalf leerlingen had gegeven, verliet hij die plaats om in de steden van de Joden onderricht te geven.

²Johannes, die nog steeds in de gevangenis zat, hoorde wat Jezus allemaal deed. Hij stuurde een paar van zijn leerlingen naar Jezus toe ³om hem te vragen: "Bent u de man die komen zou of moeten we een ander verwachten?"

⁴"Ga naar Johannes terug," antwoordde Jezus hun, "en vertel hem wat jullie zien en horen: ⁵blinden zien, verlamden lopen, melaatsen hebben een gave huid, doven horen, doden worden opgewekt en het evangelie wordt gebracht aan de armen. ⁶Gelukkig de man die niet aan mij twijfelt!"

⁷Na hun vertrek begon Jezus tot de mensen te spreken over Johannes: "Toen u de woestijn introk, wat verwachtte u toen te zien? Een rietstengel door de wind heen en weer bewogen? ⁸Nee. Maar wat dan wel? Een man in verfijnde kleren? Mensen die zo gekleed gaan, wonen in paleizen! ⁹Maar waarom verliet u dan uw steden? Om een profeet te zien? Ja. Maar ik zeg u: u zag meer dan een profeet. ¹⁰Want Johannes is het over wie de Schrift zegt:

'Ik stuur mijn gezant voor u uit
om ruim baan voor u te maken.'

¹¹"Geloof mij, een groter man dan Johannes de Doper heeft er nooit geleefd. Toch is de geringste in het hemelse koninkrijk groter dan hij. ¹²Vanaf het ogenblik dat Johannes optrad tot nu toe heeft het hemelse koninkrijk het zwaar te verduren; geweldige machten proberen het te nemen. ¹³De wet van Mozes en alle profeten tot Johannes hebben gesproken over het koninkrijk. ¹⁴En als u hun boodschap wilt aannemen, weet dan: Johannes is Elia die komen moest. ¹⁵Wie oren heeft, moet ook luisteren!

¹⁶"Waarmee zal ik de mensen van nu vergelijken? Ze lijken op kinderen die spelen op het marktplein, en de ene groep roept tot de andere: ¹⁷'We maakten muziek voor jullie en jullie wilden niet dansen; we zongen droevige liedjes en jullie wilden niet treuren.' ¹⁸Toen Johannes kwam, onthield hij zich van eten en drinken, en iedereen zei: 'Die man is gek.' ¹⁹Maar toen de Mensenzoon kwam en wel at en dronk, zei iedereen: 'Kijk eens, iemand die eet en drinkt, en omgaat met tollenaars en slechte mensen!' Maar God is wijs, en zijn werken maken dat waar."

Jezus veroordeelt zijn tijdgenoten
(Lucas 10 : 13-15)

²⁰Toen begon Jezus verwijten te maken aan het adres van de steden waar hij de meeste van zijn wonderen gedaan had, omdat zij geen ander leven waren gaan leiden.

²¹"Wacht maar, Chorazin, wacht maar, Betsaïda! Want als ik in Tyrus en Sidon de wonderen had gedaan die ik bij jullie deed, zouden hun inwoners al lang het boetekleed hebben aangetrokken, zich met as hebben bestrooid en een ander leven zijn gaan leiden. ²²Neem van mij aan: op de dag van het oordeel zullen Tyrus en Sidon er beter af komen dan jullie.

²³"En dan jij, Kafarnaüm, denk jij hemelhoog verheven te worden? Je zult afdalen tot in het schimmenrijk! Want als in Sodom de wonderen gedaan waren die bij jou gedaan zijn, zou het nu nog bestaan! ²⁴Maar ik geef je de verzekering dat op de dag van het oordeel de bevolking van Sodom er beter af zal komen dan jij."

Jezus dankt zijn Vader
(Lucas 10 : 21-22)

²⁵In die tijd riep Jezus uit: "Vader, Heer van hemel en aarde, ik dank u, omdat u eenvoudige mensen hebt laten zien wat u voor wijzen en geleerden verborgen hebt gehouden. ²⁶Ja, Vader, u deed dit, omdat u het zo het beste vond.

MATTEÜS 11, 12

²⁷"Mijn Vader heeft mij alles in handen gegeven. Niemand kent de Zoon behalve de Vader, en niemand kent de Vader behalve de Zoon, en degene aan wie de Zoon de Vader wil bekendmaken.

²⁸"Laten allen die gebukt gaan onder zware lasten, bij mij komen: ik zal u verlichting geven. ²⁹Neem mijn juk op u en laat mij uw leermeester zijn, want ik ben mild en nederig. Bij mij zult u rust vinden. ³⁰Want het juk dat ik u opleg, is zacht en de last die ik u te dragen geef, is licht."

Jezus en de sabbat
(Marcus 2 : 23-28; Lucas 6 : 1-5)

12 Op een sabbat liep Jezus door de korenvelden. Zijn leerlingen hadden honger en begonnen aren te plukken waarvan ze de korrels opaten. ²De Farizeeërs zagen het en zeiden tegen Jezus: "Kijk eens, uw leerlingen doen iets wat op sabbat niet mag." ³"Hebt u niet gelezen wat David deed toen hij en zijn mannen honger hadden?" antwoordde hij. ⁴"Hij ging het huis van God binnen en at met zijn mannen de altaarbroden op, die alleen de priesters mogen eten. ⁵En hebt u ook niet in de wet van Mozes gelezen dat priesters die op sabbat in de tempel dienst doen, wel de sabbatwet overtreden maar toch niet schuldig zijn? ⁶Ik verzeker u: er is hier iets veel groters dan de tempel. ⁷Als u toch eens begreep wat de Schrift bedoelt met deze tekst: 'Ik wil barmhartigheid en geen offers' – als u dat begreep, dan veroordeelde u onschuldige mensen niet.

⁸"Want de Mensenzoon is Heer over de sabbat."

Een genezing op sabbat
(Marcus 3 : 1–6; Lucas 6 : 6–11)

⁹Jezus verliet die plaats en ging naar één van hun synagogen. ¹⁰Daar was een man met een verlamde hand. Om Jezus in de val te laten lopen, vroeg men hem of de wet toestond, iemand op sabbat te genezen. ¹¹Hij antwoordde hun: "Veronderstel: iemand van u heeft een schaap. Het valt op sabbat in een kuil. Zal hij het dan niet vastpakken en uit de kuil trekken? ¹²Maar een mens is heel wat meer waard dan een schaap! Daarom staat de wet toe anderen op sabbat te helpen." ¹³Toen zei hij tegen de man: "Steek uw hand uit." Hij stak hem uit en zijn hand werd zo gezond als de andere. ¹⁴Maar de Farizeeërs trokken zich terug om te overleggen, hoe ze Jezus uit de weg konden ruimen.

Jezus is de Dienaar van God

¹⁵Toen Jezus van hun plannen hoorde, week hij uit naar een andere plaats en de mensen volgden hem in grote aantallen. Hij maakte alle zieken beter ¹⁶en verbood ze streng, hem bekend te maken. ¹⁷Daarmee kwam uit wat God door zijn profeet Jesaja gezegd heeft:
   ¹⁸"Hier is mijn dienaar; hem heb ik gekozen.
   Hij is mijn lieveling, de man naar mijn hart.
   Ik zal hem mijn Geest geven
   en hij zal de volken mijn recht verkondigen.
   ¹⁹Hij zal niet twisten en niet schreeuwen.
   Geen mens zal op straat zijn stem horen klinken.
   ²⁰Het geknakte riet zal hij niet breken,
   de nog rokende pit zal hij niet doven.
   Hij zal volhouden totdat het recht van God
   de overwinning heeft behaald.
   ²¹Alle volken zullen op hem hun hoop stellen."

Jezus en Beëlzebul
(Marcus 3 : 20–30; Lucas 11 : 14–23)

²²Men bracht hem een man die blind was en niet kon praten: een duivelse geest had hem in zijn macht. Jezus genas hem zodat hij weer kon zien en spreken. ²³Alle mensen waren stomverbaasd: "Als dat niet de Zoon van David is!" ²⁴De Farizeeërs hoorden het en zeiden: "Hij kan de duivelse geesten alleen maar uitdrijven dank zij Beëlzebul, de aanvoerder van de geesten." ²⁵Jezus wist wat ze

dachten en zei: "Elk rijk waarin verdeeldheid heerst, zal te gronde gaan, en een stad of familie die onderling verdeeld is, zal niet blijven bestaan. ²⁶Als dus Satan Satan verjaagt, dan is zijn rijk innerlijk verdeeld. Hoe kan het dan standhouden? ²⁷U beweert dat ik dank zij Beëlzebul de duivelse geesten uitdrijf, maar dank zij wie drijven uw volgelingen ze dan uit? Daarom zullen zij u zelf veroordelen! ²⁸Het is dank zij de Geest van Gód dat ik de geesten uitdrijf, en dat betekent dat het koninkrijk van God bij u gekomen is.

²⁹"Hoe kan iemand het huis van een sterk man binnendringen en er de inboedel weghalen? Eerst zal hij die sterke man moeten vastbinden en dan kan hij zijn huis leeghalen.

³⁰"Wie niet voor mij is, is tegen mij, en wie mij niet helpt om de schapen bij elkaar te drijven, jaagt ze uiteen. ³¹Daarom zeg ik u: elk kwaad en iedere belediging van God zal de mensen vergeven worden, maar een belediging van de heilige Geest vindt geen vergeving. ³²Als iemand kwaadspreekt van de Mensenzoon, zal hij vergeving krijgen, maar lastert hij de heilige Geest, dan zal God het hem niet vergeven, hier op aarde niet en in de komende wereld ook niet."

De boom en zijn vruchten
(Lucas 6 : 43–45)

³³"Aangenomen dat een boom goed is – dan zijn zijn vruchten het ook; is een boom slecht, dan ook zijn vruchten. Want de vruchten vertellen u alles over de boom. ³⁴Huichelaars, hoe kunt u die slecht bent, iets goeds zeggen? Want waar het hart vol van is, loopt de mond van over. ³⁵Iemand die goed is, haalt uit zijn goede voorraadkamer goede dingen te voorschijn; iemand die slecht is, haalt uit zijn slechte voorraadkamer slechte dingen te voorschijn.

³⁶"Ik verzeker u: op de dag van het oordeel moeten de mensen verantwoording afleggen over elk nutteloos woord dat ze gezegd hebben. ³⁷Uw eigen woorden zullen u vrijspreken; uw eigen woorden zullen u veroordelen."

Het teken van Jona
(Marcus 8 : 11–12; Lucas 11 : 29–32)

³⁸"Meester, wij willen een teken van u zien," zeiden enkele schriftgeleerden en Farizeeërs tegen hem. ³⁹"Slechte en trouweloze mensen vragen van mij een teken," antwoordde Jezus hun, "maar ze zullen geen ander teken krijgen dan het teken van de profeet Jona. ⁴⁰Zoals Jona drie dagen en drie nachten in de buik van het zeemonster was, zo zal de Mensenzoon drie dagen en nachten doorbrengen

in de diepte van de aarde. ⁴¹Op de dag van het oordeel zullen de inwoners van Nineve opstaan samen met deze mensen en hen veroordelen. Want zij begonnen bij de prediking van Jona een nieuw leven. En hier is meer dan Jona. ⁴²De koningin van het Zuiden zal op de dag van het oordeel verrijzen samen met deze mensen en hen veroordelen. Want zij kwam van het andere eind van de aarde om te luisteren naar de wijsheid van Salomo. En hier is meer dan Salomo."

De terugkeer van een duivelse geest
(Lucas 11 : 24-26)

⁴³"Wanneer een duivelse geest iemand heeft verlaten, trekt hij door barre streken, op zoek naar rust. Hij vindt die niet ⁴⁴en daarom zegt hij: 'Ik ga terug naar het huis dat ik heb verlaten.' Bij zijn komst vindt hij het huis nog onbezet, schoon en aan kant. ⁴⁵Dan gaat hij zeven andere geesten halen, nog slechter dan hijzelf. Ze nemen er hun intrek en blijven er wonen. En dat laatste is voor die man nog erger dan het eerste. Zo zal het ook gaan met deze slechte mensen."

De ware verwantschap met Jezus
(Marcus 3 : 31-35; Lucas 8 : 19-21)

⁴⁶Jezus was nog met de mensen in gesprek, toen zijn moeder en zijn broers kwamen. Ze bleven buiten wachten om hem te kunnen spreken.
⁴⁷"Uw moeder en uw broers staan buiten te wachten," zei iemand tegen hem; "ze willen u spreken."
⁴⁸"Wie is mijn moeder, wie zijn mijn broers?" antwoordde Jezus hem. ⁴⁹Toen wees hij naar zijn leerlingen: "Daar heb je mijn moeder en mijn broers! ⁵⁰Want ieder die de wil doet van mijn Vader in de hemel, die is mijn broer, mijn zuster en mijn moeder."

De zaaier
(Marcus 4 : 1-9; Lucas 8 : 4-8)

13 Diezelfde dag verliet Jezus het huis en ging hij aan het meer zitten. ²Daar stroomden de mensen in zulke aantallen toe dat hij in een boot stapte. Terwijl hij daarin zat, bleef de hele menigte op de oever staan. ³Hij vertelde hun veel en gebruikte daarvoor gelijkenissen:

"Er was eens een boer die ging zaaien. ⁴Bij het zaaien viel een gedeelte langs de weg. Er kwamen vogels die dat zaad opaten. ⁵Een ander gedeelte viel op de rotsgrond. Daar lag weinig aarde. Het zaad kwam snel op, want de grond was niet diep. ⁶Maar toen de zon was opgekomen, verschroeide het jonge groen en omdat het geen wortels had, verdorde het. ⁷Een ander deel viel tussen de distels. De distels kwamen op en verstikten het zaad. ⁸De rest van het zaad viel in goede grond en zette vrucht: een deel bracht honderdmaal zoveel op, een ander deel zestig- en weer een ander deel dertigmaal. ⁹Wie oren heeft, moet ook luisteren!"

Het doel van de gelijkenissen
(Marcus 4 : 10-12; Lucas 8 : 9-10)

¹⁰"Waarom gebruikt u gelijkenissen als u de mensen toespreekt?" kwamen de leerlingen Jezus vragen.
¹¹"Omdat God jullie heeft willen inwijden in de geheimen van zijn koninkrijk, maar hen niet," antwoordde hij hun. ¹²"Want wie iets heeft, krijgt nog meer, zodat hij meer dan genoeg heeft. Maar wie niets heeft, hem wordt wat hij heeft, nog afgenomen. ¹³Daarom spreek ik hun toe met behulp van gelijkenissen. Want zij zien, maar zijn als mensen die niet zien; zij horen, maar zijn als mensen die niet horen en niet begrijpen. ¹⁴Op hen slaat wat de profeet Jesaja zei:

'Met uw oren zult u horen, maar niets verstaan;
met uw ogen zult u kijken, maar niets zien.
¹⁵Want het hart van dit volk is afgestompt,
ze hebben hun oren toegestopt
en hun ogen gesloten.
Want anders zouden ze zien met hun ogen,
horen met hun oren
en begrijpen met hun hart,
zouden ze tot mij terugkeren
en door mij worden genezen.'

¹⁶"Maar jullie zijn gelukkig te prijzen omdat je ziet met je ogen en hoort met je oren. ¹⁷Het is waar, talloze profeten en andere rechtvaardige mensen zouden graag gezien hebben wat jullie zien, maar ze kregen het niet te zien, zouden graag gehoord hebben wat jullie horen, maar ze kregen het niet te horen."

Jezus legt zijn woorden uit
(Marcus 4 : 13-20; Lucas 8 : 11-15)

¹⁸"Luister nu goed naar wat de gelijkenis van de zaaier betekent. ¹⁹Ieder die de boodschap over het koninkrijk hoort, maar niet be-

grijpt, lijkt op het zaad dat langs de weg viel. De duivel komt en neemt weg wat in het hart van die man is uitgezaaid. ²⁰Het zaad dat op de rotsgrond terecht kwam, slaat op iemand die de boodschap blij aanneemt zodra hij die hoort. ²¹Maar het zit niet diep bij hem; het is een man zonder volharding. Wordt hij verdrukt en vervolgd om zijn geloof in de boodschap, dan geeft hij het onmiddellijk op. ²²Het zaad dat tussen de distels terecht kwam, stelt degene voor die de boodschap hoort; maar materiële zorgen en de valse schittering van de rijkdom verstikken de boodschap, en ze draagt geen vrucht. ²³Maar het zaad dat in goede grond viel, zijn degenen die de boodschap horen én begrijpen. Zij dragen vrucht, sommigen honderd-, anderen zestig- en weer anderen dertigmaal zoveel."

Het onkruid

²⁴Jezus vertelde hun nog een andere gelijkenis. "Het hemelse koninkrijk lijkt op een boer die goed zaad in zijn akker zaaide. ²⁵Maar 's nachts toen de mensen sliepen, kwam zijn vijand en zaaide onkruid tussen het koren en verdween weer. ²⁶Toen het jonge groen opkwam en vrucht begon te zetten, kwam ook het onkruid te voorschijn. ²⁷De knechts gingen naar de boer toe en vroegen: 'Heer, hebt u wel goed zaad in uw akker gezaaid? Waar komt anders al dat onkruid vandaan?' ²⁸Hij antwoordde: 'Dat heeft een vijand van me gedaan.' Zijn knechts zeiden: 'Wilt u dat we het onkruid er tussen uit halen?' ²⁹'Nee,' zei hij, 'want als jullie het er tussen uit halen, trek je ook het koren mee uit. ³⁰Laat het koren maar samen opgroeien met het onkruid tot de oogst. En als de oogsttijd is gekomen, zal ik tegen de arbeiders zeggen: Haal eerst het onkruid bij elkaar en bind het tot bossen samen om het te verbranden; verzamel dan het koren en sla het op in mijn schuur.'"

Het mosterdzaadje
(Marcus 4 : 30–32; Lucas 13 : 18–19)

³¹Hij vertelde hun nog een gelijkenis: "Het hemelse koninkrijk lijkt op een mosterdzaadje, het kleinste van alle zaden. Iemand plantte zo'n zaadje in zijn land. ³²Als het opkomt, wordt het groter dan alle andere planten: het wordt een boom, zodat de vogels in zijn takken komen nestelen."

Het gist
(Lucas 13 : 20–21)

³³Nog een andere gelijkenis vertelde hij hun: "Het hemelse ko-

ninkrijk lijkt op gist. Een vrouw neemt wat van het gist en doet het in drie maten meel, en tenslotte blijkt het deeg helemaal gerezen."

Het gebruik dat Jezus van gelijkenissen maakt
(Marcus 4 : 33-34)

³⁴Dat alles vertelde Jezus de menigte met behulp van gelijkenissen. Zonder gelijkenissen te gebruiken vertelde hij hun niets. ³⁵Daarmee kwam uit wat de profeet gezegd heeft:
  "Als ik spreek, gebruik ik gelijkenissen.
  Ik zal verkondigen wat verborgen is gebleven
  sinds de schepping van de wereld."

De uitleg van de gelijkenis van het onkruid

³⁶Jezus stuurde de mensen weg en ging naar huis. De leerlingen gingen naar hem toe. "Leg ons de gelijkenis van het onkruid op de akker uit," vroegen ze.
³⁷Hij antwoordde: "De man die het goede zaad uitzaaide, is de Mensenzoon, de akker is de wereld. ³⁸Het goede zaad zijn de mensen die behoren tot het koninkrijk. Het onkruid zijn degenen die tot de partij van de duivel behoren. ³⁹De vijand die het onkruid zaait, is de duivel zelf. De oogst is het einde van de wereld, en de arbeiders die de oogst binnenhalen, zijn de engelen. ⁴⁰Juist zoals het onkruid bij elkaar wordt gehaald en in het vuur verbrand, zo zal het gaan bij het einde van de wereld: ⁴¹de Mensenzoon zal zijn engelen uitsturen en zij zullen uit het koninkrijk bijeenbrengen alles wat tot kwaad aanzet en al degenen die kwaad doen, ⁴²en zij zullen hen in de brandende oven gooien, waar ze zullen huilen en knarsetanden. ⁴³Dan zullen de rechtvaardigen in het koninkrijk van hun Vader stralen als de zon. Wie oren heeft, moet ook luisteren!"

De verborgen schat

⁴⁴"Het hemelse koninkrijk lijkt op een schat die in de grond verborgen zit. Iemand vindt die schat en bedekt hem weer met grond. Hij is zo blij, dat hij alles gaat verkopen wat hij heeft om met het geld dat stuk grond te kopen."

De parel

⁴⁵"Ook lijkt het hemelse koninkrijk op een handelaar die mooie parels zoekt. ⁴⁶Op zekere dag ontdekt hij een heel kostbare. Dan

gaat hij alles verkopen wat hij heeft om die parel te kunnen kopen."

Het visnet

⁴⁷"Het hemelse koninkrijk lijkt ook op een visnet dat in zee is uitgegooid en waarin allerlei vissen terechtkomen. ⁴⁸Wanneer het net vol is, trekken de vissers het op de oever. Ze gaan daar zitten om de goede vissen bij elkaar in een kuip te doen; de slechte gooien ze weg. ⁴⁹Zo zal het ook gaan bij het einde van de wereld. De engelen zullen erop uit gaan en de slechte mensen tussen de goede uithalen ⁵⁰en ze in de brandende oven gooien. Daar zullen ze huilen en knarsetanden."

Nieuw en oud

⁵¹"Begrijpen jullie dat allemaal?" vroeg Jezus.
"Ja, Heer," antwoordden ze.
⁵²Hij zei: "Daarom kan iedere schriftgeleerde die leerling is in het hemelse koninkrijk, vergeleken worden met een huisvader die uit zijn voorraadkamer nieuw en oud te voorschijn haalt."

Geen erkenning in Nazaret
(Marcus 6 : 1–6; Lucas 4 : 16–30)

⁵³Toen Jezus deze gelijkenissen verteld had, verliet hij die plaats ⁵⁴en ging naar de stad waar zijn familie woonde. Daar onderwees hij in hun synagoge de mensen in zijn leer. Hij deed dat zó, dat ze er versteld van stonden: "Waar heeft hij die wijsheid opgedaan en hoe kan hij die wonderen doen? ⁵⁵Hij is toch de zoon van de timmerman hier? Is Maria niet zijn moeder, en zijn Jakobus, Jozef, Simon en Judas geen broers van hem? ⁵⁶En wonen al zijn zusters niet in onze stad? Waar heeft hij dat dan allemaal vandaan?" ⁵⁷En ze moesten niets van hem hebben. Maar Jezus zei tegen hen: "Een profeet is overal geëerd behalve in zijn eigen stad en bij zijn familie." ⁵⁸En hij deed er niet veel wonderen, omdat ze geen geloof hadden.

De dood van Johannes de Doper
(Marcus 6 : 14–29; Lucas 9 : 7–9)

14 In die tijd hoorde Herodes, de vorst van Galilea, wat er zoal over Jezus verteld werd. ²Tegen zijn dienaars zei hij: "Die Jezus is geen ander dan Johannes de Doper die uit de dood is opgestaan. Vandaar dat die wonderlijke krachten in hem werken."

³Want wat was het geval? Herodes had Johannes laten arresteren, boeien en in de gevangenis zetten vanwege Herodias, de vrouw van

zijn broer Filippus. ⁴Want Johannes had tegen Herodes gezegd: "U mag niet met haar trouwen." ⁵Herodes wilde Johannes doden, maar liet dat na uit angst voor het volk dat hem voor een profeet hield.
⁶Toen Herodes zijn verjaardag vierde, danste de dochter van Herodias voor de genodigden en ze viel zo bij Herodes in de smaak ⁷dat hij zei: "Je krijgt alles wat je maar wilt; ik zweer het je." ⁸Op voorstel van haar moeder zei ze toen: "Geef mij hier op een schaal het hoofd van Johannes de Doper." ⁹De koning werd bedroefd, maar omdat hij een eed had gedaan in het bijzijn van zijn gasten, gaf hij bevel, het haar te geven. ¹⁰Hij liet Johannes in de gevangenis onthoofden, ¹¹en toen het hoofd op een schaal werd binnengebracht, liet hij het aan het meisje geven en dat bracht het naar haar moeder. ¹²De leerlingen van Johannes gingen naar de gevangenis waar ze het lijk weghaalden om het te begraven. Daarna kwamen ze Jezus inlichten.

Jezus geeft een grote menigte te eten
(Marcus 6 : 30–44; Lucas 9 : 10–17; Johannes 6 : 1–14)

¹³Bij het vernemen van dat nieuws stapte Jezus in een boot en trok zich terug naar een eenzame plaats zonder dat anderen er bij waren. De mensen hoorden het, verlieten hun woonplaatsen en gingen hem over land achterna. ¹⁴Toen hij uit de boot stapte, zag hij een massa

mensen. Hij kreeg medelijden met ze en genas hun zieken.

¹⁵Tegen de avond gingen zijn leerlingen naar hem toe. "Het is hier een eenzame plaats en het is al laat," merkten ze op. "Stuur de mensen weg, dan kunnen ze naar de dorpen gaan en voedsel kopen."

¹⁶"Ze hoeven niet weg te gaan," zei Jezus. "Jullie moeten hun eten geven."

¹⁷"We hebben hier maar vijf broden en twee vissen," antwoordden ze.

¹⁸"Breng die hier," zei hij.

¹⁹Op zijn bevel gingen de mensen op het gras zitten. Toen nam hij de vijf broden en de twee vissen, sloeg zijn ogen op naar de hemel en dankte God. Hij brak de broden in stukken en gaf die aan de leerlingen, en de leerlingen gaven die weer door aan de mensen. ²⁰Iedereen had te eten en niemand kwam te kort. De leerlingen haalden de brokken op die over waren: ze vulden er twaalf manden mee. ²¹Het aantal mannen dat gegeten had, bedroeg vijfduizend, vrouwen en kinderen dus niet meegerekend.

Jezus loopt over het meer
(Marcus 6 : 45–52; Johannes 6 : 16–21)

²²Jezus liet zijn leerlingen in de boot stappen om hem naar de overkant vooruit te varen. Hij zou intussen de mensen naar huis sturen.

²³Toen hij dat gedaan had, ging hij de berg op om er te bidden zonder dat anderen erbij waren. Het was al laat geworden en hij was daar alleen. ²⁴De boot had zich al ver van de kust verwijderd. De golven beukten het schip, want de wind was tegen. ²⁵Tussen drie en zes uur in de nacht kwam hij over het meer naar de leerlingen toegelopen. ²⁶Toen ze hem over het meer zagen lopen, raakten ze in paniek. "Een spook!" schreeuwden ze van angst.

²⁷"Houd moed," riep Jezus hun onmiddellijk toe, "ik ben het; wees niet bang!"

²⁸"Heer, als u het bent," zei Petrus, "geef me dan bevel over het water naar u toe te komen."

²⁹"Kom!" zei Jezus.

En Petrus stapte de boot uit en liep over het water naar Jezus toe. ³⁰Maar toen hij merkte hoe hard de wind waaide, werd hij bang. Hij begon te zinken en riep: "Heer, help!" ³¹Meteen stak Jezus zijn hand uit en pakte hem vast. "Wat heb jij een klein geloof!" zei hij. "Waarom twijfelde je?" ³²Toen ze in de boot waren gestapt, ging de wind liggen. ³³De leerlingen in de boot vielen voor hem op de knieën en zeiden: "Werkelijk, u bent de Zoon van God."

Jezus geneest de zieken in Gennesaret
(Marcus 6 : 53–56)

³⁴Toen ze het meer waren overgestoken, kwamen ze in het gebied van Gennesaret. ³⁵Zodra de inwoners van die plaats hem herkenden, stuurden ze boodschappers naar heel de omgeving. De mensen brachten hun zieken naar Jezus toe ³⁶en vroegen hem of de zieken alleen maar even de zoom van zijn mantel mochten aanraken. En allen die hem aanraakten, werden beter.

De wet van God en de tradities van de mensen
(Marcus 7 : 1–13)

15 Farizeeërs en schriftgeleerden uit Jeruzalem gingen naar Jezus toe en vroegen: ²"Waarom storen uw leerlingen zich niet aan de tradities van onze voorouders? Want ze wassen hun handen niet als ze gaan eten."
³"En waarom storen jullie je niet aan het gebod van God maar houden jullie wel vast aan je tradities?" antwoordde hij. ⁴"Want God zegt: 'Eer uw vader en uw moeder,' en: 'Ieder die zijn vader of moeder vervloekt, moet ter dood worden gebracht.' ⁵Maar jullie leren: 'Als iemand tegen zijn vader of moeder zegt: Het geld waarmee ik u kan ondersteunen, heb ik bestemd als een offer aan God, ⁶hoeft hij zijn vader of moeder niet te helpen.' Zo hollen jullie het gebod van God uit met je eigen traditie. ⁷Huichelaars, heel raak heeft de profeet Jesaja over jullie gezegd:
⁸'Dit volk eert mij met woorden,
maar hun hart is ver van mij vandaan.
⁹Hun eredienst heeft geen enkele waarde,
want de wetten die zij voorschrijven,
zijn louter menselijke wetten!'"

Rein en onrein
(Marcus 7 : 14–23)

¹⁰Jezus riep de mensen bij zich. "Luister en begrijp mij goed!" zei hij. ¹¹"Niet wat de mond binnengaat, maar wat de mond uitkomt, maakt iemand onrein."
¹²Zijn leerlingen gingen naar hem toe. "Weet u dat de Farizeeërs zich geërgerd hebben toen ze u dat hoorden zeggen?" vroegen ze. ¹³"Elke plant die mijn hemelse Vader niet geplant heeft, wordt uitgetrokken," antwoordde hij. ¹⁴"Laat ze maar. Het zijn blinden die

blinden geleiden. En als de ene blinde de andere geleidt, vallen ze allebei in de kuil."

[15]"Leg ons die gelijkenis uit," verzocht Petrus hem.
[16]"Missen ook jullie nog altijd elk inzicht?" vroeg hij. [17]"Begrijp je niet dat alles wat de mond binnengaat, in de buik terechtkomt en op zekere plaats wordt afgescheiden? [18]Maar wat de mond uitkomt, komt uit het hart; dat zijn de dingen die de mens zondig maken. [19]Want uit het hart komen de slechte gedachten voort: moord, echtbreuk, ontucht, diefstal, valse verklaringen en kwaadsprekerij. [20]Dat zijn de dingen die iemand onrein maken. Maar het eten met ongewassen handen maakt iemand niet onrein."

De Kananese vrouw
(Marcus 7 : 24-30)

[21]Vandaar trok Jezus verder naar het gebied van Tyrus en Sidon. [22]Uit die streken kwam een Kananese vrouw aanlopen. "Heer, Zoon van David," riep ze, "heb medelijden met mij. Mijn dochter is bezeten en is er vreselijk aan toe." [23]Maar hij gaf haar geen antwoord.
"Stuur haar weg," verzochten zijn leerlingen hem. "Ze blijft ons achterna roepen."
[24]"Ik ben alleen naar de verloren schapen van het volk van Israël gestuurd," antwoordde hij.
[25]Maar de vrouw viel voor hem op de knieën. "Heer, help mij," zei ze.
[26]"Het is niet juist het brood te pakken dat voor de kinderen bestemd is en het de hondjes voor te gooien," antwoordde hij.
[27]"Dat is zo, Heer," beaamde ze, "maar ook de hondjes eten de kruimels die van de tafel van hun baas vallen."

²⁸"Vrouw, wat hebt u een groot geloof!" antwoordde Jezus haar. "Uw wens zal worden vervuld." En vanaf dat ogenblik was haar dochter genezen.

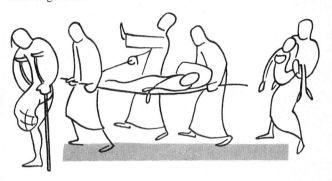

Jezus geneest veel zieken

²⁹Jezus verliet dat gebied weer, trok langs het meer van Galilea en ging de berg op. Toen hij daar zat, ³⁰stroomden de mensen in groten getale naar hem toe. Ze brachten verlamden, kreupelen, blinden en stommen mee en nog veel andere zieken en legden die aan zijn voeten neer. En hij genas ze. ³¹De mensen waren verbaasd te zien dat stommen spraken, kreupelen gezonde voeten hadden, verlamden liepen en blinden zagen. En ze prezen de God van Israël.

Jezus geeft voor de tweede maal een grote menigte te eten
(Marcus 8 : 1–10)

³²Jezus riep zijn leerlingen bij zich en zei: "Ik heb medelijden met die mensen; ze zijn al drie dagen bij me en hebben niets te eten. En ik wil ze niet met een lege maag naar huis sturen, anders raken ze onderweg uitgeput."
³³"Waar halen we in een verlaten streek het brood vandaan om die menigte voldoende eten te geven?" antwoordden de leerlingen.
³⁴"Hoeveel broden hebben jullie?"
"Zeven, en een paar visjes."
³⁵Hij zei dat de mensen op de grond moesten gaan zitten. ³⁶Toen nam hij de zeven broden en de visjes, dankte God, brak ze in stukken en gaf die aan de leerlingen, die ze doorgaven aan de mensen. ³⁷Iedereen at totdat hij genoeg had. De leerlingen haalden de brokken op die over waren: ze vulden er zeven manden mee. ³⁸Het aantal

mannen dat gegeten had, bedroeg vierduizend, vrouwen en kinderen dus niet meegerekend. ³⁹Toen stuurde Jezus de mensen weg; hij stapte in de boot en ging naar het gebied van Magadan.

De vraag om een teken
(Marcus 8 : 11–13; Lucas 12 : 54–56)

16 De Farizeeërs en de Sadduceeërs gingen naar Jezus toe. Ze wilden hem op de proef stellen en vroegen hem om een teken van God. ²Hij antwoordde: "['s Avonds zegt u: 'Het weer ziet er goed uit, want de lucht is vuurrood,' ³en 's morgens zegt u: 'Slecht weer vandaag, want de lucht is donkerrood.' U bent dus wel in staat het weer te voorspellen, maar de tekenen van deze tijd kunt u niet uitleggen?] ⁴Slecht en ontrouw volk! Het vraagt om een teken, maar het krijgt geen ander teken te zien dan het teken van de profeet Jona." En hij liet hen staan en ging weg.

Het onbegrip van de leerlingen
(Marcus 8 : 14–21)

⁵Bij het oversteken van het meer waren de leerlingen vergeten brood mee te nemen. ⁶"Pas goed op voor het gist van de Farizeeërs en de Sadduceeërs!" zei Jezus tegen hen. ⁷Ze bleven er met elkaar over praten: "Dat zegt hij omdat we geen brood bij ons hebben." ⁸Jezus wist het. "Waarom praten jullie erover dat je geen brood bij je hebt?" vroeg hij. "Kleingelovigen! ⁹Hebben jullie het nog altijd niet door? Ben je dan de vijf broden vergeten waarmee vijfduizend man gevoed werd en het aantal manden dat jullie ophaalden? ¹⁰En ben je de zeven broden vergeten waarmee vierduizend man gevoed werd en het aantal manden dat jullie toen ophaalden? ¹¹Hoe is het mogelijk dat jullie niet doorhebben, dat ik het niet over broden heb! Nee, ik waarschuw jullie voor het gist van de Farizeeërs en de Sadduceeërs." ¹²Toen begrepen ze dat hij niet wilde waarschuwen voor het gist dat in brood gebruikt wordt, maar voor de leer van de Farizeeërs en de Sadduceeërs.

Petrus verklaart dat Jezus de Christus is
(Marcus 8 : 27–30; Lucas 9 : 18–21)

¹³In de omgeving van Caesarea Filippi gekomen, vroeg Jezus zijn leerlingen: "Voor wie houden ze de Mensenzoon eigenlijk?"
¹⁴"Sommige mensen zeggen: Johannes de Doper," antwoordden ze, "anderen Elia, weer anderen Jeremia of een van de profeten."
¹⁵"En jullie, voor wie houden jullie mij?"

¹⁶Simon Petrus gaf het antwoord: "U bent de Christus, de Zoon van de levende God!"
¹⁷"Je bent een gelukkig man, Simon Barjona!" zei Jezus tegen hem. "Want mensen hebben je dat geheim niet onthuld, maar mijn hemelse Vader. ¹⁸En ik zeg je dit: jij bent Petrus, de rots; en op die rots zal ik mijn kerk bouwen, en de machten van dood en duivel zullen het tegen die kerk moeten afleggen. ¹⁹En ik zal je de sleutels geven van het hemelse koninkrijk: wat je op aarde verbindend verklaart, zal ook in de hemel verbindend verklaard worden, en wat je op aarde onverbindend verklaart, zal ook in de hemel onverbindend verklaard worden."

²⁰En zijn leerlingen verbood hij, iemand te vertellen, dat hij de Christus was.

Jezus spreekt over zijn lijden en dood
(Marcus 8 : 31-9 : 1; Lucas 9 : 22-27)

²¹Van toen af begon Jezus zijn leerlingen duidelijk te maken dat hij naar Jeruzalem moest gaan en veel te lijden zou krijgen van de leden van de Raad, de opperpriesters en de schriftgeleerden; hij zou worden gedood en op de derde dag opstaan uit het graf. ²²Petrus nam hem apart en begon hem de les te lezen: "Dat verhoede God, Heer; dat zal u niet overkomen!" ²³Maar Jezus keerde hem de rug toe: "Weg, uit mijn ogen, Satan! Je bent me een sta-in-de-weg, want voor jou telt niet wat God wil, maar wat de mensen willen."

²⁴Toen zei Jezus tegen zijn leerlingen: "Wie met mij mee wil gaan, moet zichzelf vergeten, zijn kruis dragen en mij volgen. ²⁵Want wie zijn leven wil redden, zal het verliezen, maar wie zijn leven om mij verliest, zal het vinden. ²⁶Wat heeft een mens eraan, als hij de hele wereld wint maar zichzelf schade toebrengt? Of wat kan hij geven in ruil voor zijn leven?

²⁷"De Mensenzoon zal, vergezeld van zijn engelen, komen met de glorie van zijn Vader, en dan zal hij iedereen loon naar werken geven. ²⁸Ik verzeker jullie: onder de mensen hier zijn er die niet zullen sterven voordat ze de Mensenzoon hebben zien komen in zijn koninkrijk."

Jezus op de berg met Mozes en Elia
(Marcus 9 : 2-8; Lucas 9 : 28-36)

17 Zes dagen later nam Jezus Petrus en de broers Jakobus en Johannes apart en bracht hen op een hoge berg. ²En hij ver-

anderde voor hun ogen: zijn gezicht begon te stralen als de zon en zijn kleren werden wit als het licht. ³Daar zagen ze Mozes en Elia die met hem in gesprek waren. ⁴"Heer, het is goed dat wij hier zijn," zei Petrus tegen Jezus. "Als u wilt, maak ik drie tenten, één voor u, één voor Mozes en één voor Elia." ⁵Hij was nog aan het spreken toen een heldere wolk boven hen neerdaalde, en uit de wolk klonk een stem: "Dit is mijn enige Zoon, de man naar mijn hart; luister naar hem." ⁶Bij het horen van die stem vielen de leerlingen voorover, zo hevig schrokken ze. ⁷Jezus kwam naar hen toe en raakte hen aan. "Sta op; wees niet bang," zei hij. ⁸Ze sloegen hun ogen op en zagen niemand anders dan alleen Jezus.

De vraag over Elia
(Marcus 9 : 9–13)

⁹Onder het afdalen van de berg legde Jezus hun een verbod op: "Vertel niemand van dit visioen voordat de Mensenzoon uit de dood is opgewekt."
¹⁰"Hoe kunnen de schriftgeleerden dan zeggen dat eerst Elia moet komen?" vroegen de leerlingen hem.
¹¹"Inderdaad, Elia komt ook eerst," antwoordde hij, "en zal alles in orde maken. ¹²Maar ik zeg jullie: Elia is al gekomen; alleen, ze hebben hem niet herkend, maar met hem gedaan wat ze wilden. Zo zal ook de Mensenzoon door hun toedoen moeten lijden."
¹³Toen begrepen de leerlingen dat hij op Johannes de Doper had gedoeld.

Jezus geneest een jongen die aan vallende ziekte lijdt
(Marcus 9 : 14–29; Lucas 9 : 37–43a)

¹⁴Na hun terugkeer bij de menigte kwam er een man naar Jezus toe en knielde voor hem neer.
¹⁵"Heer, heb medelijden met mijn zoon; hij lijdt aan vallende ziekte en is er erg aan toe. Dikwijls valt hij in het vuur en in het water. ¹⁶Ik heb hem bij uw leerlingen gebracht, maar zij konden hem niet helpen."
¹⁷"Wat is dit toch een ongelovig en verkeerd slag mensen!" zei Jezus. "Hoe lang moet ik nog bij jullie zijn? Hoe lang moet ik het nog bij jullie uithouden? Breng hem maar hier."
¹⁸En hij sprak de duivelse geest streng toe en deze verliet de jongen. Die was vanaf dat ogenblik genezen.
¹⁹Met Jezus alleen, vroegen de leerlingen hem: "Waarom hebben wij die geest niet kunnen uitdrijven?"
²⁰"Omdat jullie zo'n klein geloof hebben," antwoordde hij. "Neem van mij aan: als je geloof zo groot is als een mosterdzaadje, kun je tegen die berg zeggen: ga van hier naar daar, en hij zal gaan. Ja, je zou alles kunnen! [²¹Alleen door te bidden en te vasten kan men dat soort geesten uitdrijven.]"

Jezus spreekt voor de tweede maal over zijn lijden
(Marcus 9 : 30–32; Lucas 9 : 43b–45)

²²Toen zijn leerlingen in Galilea bij elkaar waren, zei Jezus tegen hen: "De Mensenzoon wordt uitgeleverd en valt in handen van mensen ²³die hem zullen doden, maar op de derde dag zal hij worden opgewekt ten leven."

De leerlingen waren er erg verdrietig over.

De tempelbelasting

²⁴Bij hun komst in Kafarnaüm kwamen de ontvangers van de tempelbelasting op Petrus toe en vroegen: "Betaalt uw meester de tempelbelasting niet?"
²⁵"Zeker wel," antwoordde Petrus.

Bij zijn thuiskomst was Jezus hem voor met de vraag: "Wat denk je, Simon? Wie moeten aan de koningen van de aarde belasting of schatting betalen: de burgers van het land of de vreemdelingen?" ²⁶"De vreemdelingen," antwoordde Petrus.
"Dat betekent dus," zei Jezus, "dat de burgers zijn vrijgesteld! ²⁷Maar we zullen hen niet voor het hoofd stoten. Ga naar het meer, werp je hengel uit en pak de eerste vis die je aan de haak slaat, open zijn bek en je zult een zilverstuk vinden. Neem dat mee en betaal hun daarmee onze belasting."

Wie is de belangrijkste?

(Marcus 9 : 33–37; Lucas 9 : 46–48)

18 Op dat moment kwamen de leerlingen Jezus vragen: "Wie is de belangrijkste in het hemelse koninkrijk?" ²Hij riep een kind en zette het midden in de kring. ³"Ik verzeker jullie," zei hij, "het hemelse koninkrijk kom je alleen binnen als je van gezindheid verandert en wordt als kinderen. ⁴De belangrijkste in het hemelse koninkrijk is hij die zich zo klein maakt als dit kind. ⁵En wie in mijn naam zo'n kind gastvrij ontvangt, ontvangt mij."

Verleiding tot zonde

(Marcus 9 : 42–48; Lucas 17 : 1–2)

⁶"Maar als iemand één van deze kleinen die in mij geloven, van de goede weg afbrengt, kan hij beter met een molensteen om zijn nek verdrinken in het diepste van de zee. ⁷Ongelukkig de wereld waarin zoveel is dat de mensen van de goede weg afbrengt! Natuurlijk, het is onvermijdelijk, maar wee degene die er de oorzaak van is!

⁸"Als je door je hand of je voet tot verkeerde dingen komt, hak hem dan af en gooi hem weg. Je kunt beter verminkt of kreupel het eeuwige leven binnengaan dan met beide handen of voeten in het eeuwige vuur worden gegooid. ⁹En als je oog er de oorzaak van is dat je van de goede weg afdwaalt, ruk het dan uit en gooi het weg. Je kunt beter met één oog het leven binnengaan dan met

Het verloren schaap
(Lucas 15 : 3-7)

¹⁰"Kijk niet neer op deze kleinen. Ik zeg jullie: zij hebben in de hemel beschermengelen die altijd bij mijn hemelse Vader zijn. [¹¹Want de Mensenzoon is komen redden wat verloren ging.]

¹²"Wat denken jullie? Wat zal iemand doen die honderd schapen heeft, waarvan er een is zoek geraakt? Zal hij de negenennegentig andere niet op de berghelling achterlaten en op zoek gaan naar het ene dat verdwaald is? ¹³Neem van mij aan: als hij het vindt, is hij blijer over dat ene schaap dan over die negenennegentig andere

die niet verdwaald waren. ¹⁴Zo is het ook met jullie Vader in de hemel: hij wil niet dat één van deze kleinen verloren gaat."

Hoe iemand terechtwijzen

¹⁵"Als je je broeder verkeerd ziet doen, praat dan met hem onder vier ogen en wijs hem terecht. Luistert hij naar je, dan heb je hem teruggewonnen. ¹⁶Luistert hij niet, haal er dan één of twee anderen bij. Want er staat geschreven: 'Elke beschuldiging staat vast door de bevestiging van één of twee getuigen.' ¹⁷Luistert hij ook niet naar hen, leg het dan voor aan de gemeente. En als hij ook dan niet luistert, behandel hem dan als een heiden en als een tollenaar."

Binden en ontbinden

¹⁸"Ik verzeker jullie: alles wat jullie op aarde verbindend verklaren, zal ook verbindend verklaard worden in de hemel, en wat jullie onverbindend verklaren op aarde zal ook onverbindend verklaard worden in de hemel.

¹⁹"Ook dit zeg ik je nog: alles waar jullie met zijn tweeën hier op aarde eensgezind om vragen, zal je krijgen van mijn Vader in de hemel. ²⁰En waar twee of drie mensen in mijn naam bij elkaar zijn, ben ik er ook bij."

Hoe dikwijls vergiffenis schenken

²¹"Heer," vroeg Petrus aan Jezus, "hoe dikwijls moet ik iemand vergeven, als hij me telkens opnieuw kwaad doet? Zeven keer?" ²²"Nee," antwoordde Jezus, "geen zeven keer, maar zeventig maal zeven keer! ²³Daarom is het hemelse koninkrijk te vergelijken met een koning die afrekening wilde houden met zijn dienaars. ²⁴Toen hij daarmee begonnen was, werd een dienaar voorgeleid die hem miljoenen schuldig was. ²⁵Maar de man kon het niet betalen en daarom gaf de koning bevel hem als slaaf te verkopen, samen met zijn vrouw en kinderen en al zijn bezittingen om hem zo de schuld

te laten voldoen. ²⁶De man viel voor de koning op zijn knieën en smeekte: 'Geef me uitstel; ik zal u alles betalen.' ²⁷De koning kreeg medelijden met hem; hij schonk hem de schuld en liet hem vrij.

²⁸"Buiten ontmoette de man een kollega die hem een kleine som schuldig was. Hij greep hem bij de keel en zei: 'Betaal me je schuld.' ²⁹De ander viel op zijn knieën en smeekte: 'Geef me uitstel; ik zal je alles betalen.' ³⁰Maar hij weigerde en liet de ander zelfs gevangenzetten totdat hij zijn schuld betaald had. ³¹Toen de andere dienaars dat zagen, waren ze diep verontwaardigd en gingen alles aan hun koning vertellen. ³²De koning liet de dienaar bij zich roepen: 'Schurk die je bent! Door heel je schuld heb ik een streep gehaald omdat je een beroep op me deed. ³³Had jij dan geen medelijden moeten hebben met die ander zoals ik het had met jou?' ³⁴En in zijn woede gaf de koning hem in handen van de beulen totdat hij de hele schuld zou hebben betaald. ³⁵Zo zal mijn Vader in de hemel met ieder van jullie doen, als je je broeder niet van harte vergeeft."

Echtscheiding
(Marcus 10 : 1–12)

19 Toen Jezus zijn toespraak beëindigd had, verliet hij Galilea en ging naar de landstreek Judea aan de andere kant van de rivier de Jordaan. ²Daar volgden de mensen hem in grote aantallen. En hij genas ze.

³Er gingen ook Farizeeërs naar hem toe. Ze wilden hem vastzetten en vroegen: "Mag een man van zijn vrouw scheiden om wat voor reden dan ook?"

⁴"Hebt u niet gelezen," antwoordde hij, "dat God in het begin

de mens schiep als man en vrouw ⁵en dat hij zei: 'Daarom verlaat een man zijn vader en moeder om zich met zijn vrouw te verenigen en wordt hij met haar één lichaam.' ⁶Zij zijn dus niet langer twee, maar vormen één lichaam. Wat God heeft samengevoegd, mogen mensen dus niet scheiden.''

⁷"Waarom heeft Mozes de man dan voorgeschreven zijn vrouw een scheidingsakte mee te geven, wanneer hij haar wegstuurt?" vroegen de Farizeeërs.

⁸"U mocht van Mozes scheiden van uw vrouwen, omdat u zo onverbeterlijk bent," antwoordde hij. "Maar in het begin was het niet zo! ⁹Ik zeg u: een man die van zijn vrouw scheidt en een ander trouwt, begaat echtbreuk, behalve in het geval van ontrouw."

¹⁰"Als de verhoudingen tussen man en vrouw zo liggen, kun je beter niet trouwen," zeiden de leerlingen tegen hem.

¹¹"Niet iedereen staat open voor wat ik nu ga zeggen," antwoordde hij, "alleen zij aan wie God het geeft. ¹²Er zijn mensen die niet kunnen trouwen, omdat ze nu eenmaal zo geboren zijn. Er zijn er die niet kunnen trouwen, omdat ze door mensen onhuwbaar zijn gemaakt. Maar er zijn er ook die niet trouwen met het oog op het hemelse koninkrijk. Laat wie het kan, er voor openstaan."

Jezus zegent de kinderen
(Marcus 10 : 13-16; Lucas 18 : 15-17)

¹³Op een keer brachten de mensen hun kinderen bij hem. Ze wilden dat hij hun de handen zou opleggen en voor hen bidden. De leerlingen wezen hen af, ¹⁴maar Jezus zei: "Laat die kinderen toch bij mij komen; houd ze niet tegen! Want voor mensen als zij is het hemelse koninkrijk." ¹⁵En hij legde hun de handen op en vervolgde zijn weg.

De rijke jongeman
(Marcus 10 : 17-31; Lucas 18 : 18-30)

¹⁶Er kwam iemand naar hem toe met de vraag: "Meester, wat voor goeds moet ik doen om het eeuwige leven te krijgen?"

¹⁷"Waarom vraagt u mij over wat goed is? Er is er maar één die goed is! Als u het eeuwige leven wilt binnengaan, onderhoud dan de geboden."

¹⁸"Welke?"

"Dood niet, pleeg geen echtbreuk, steel niet, leg geen valse verklaringen af, ¹⁹eer uw vader en uw moeder en heb uw naaste lief als uzelf."

²⁰"Al die geboden heb ik onderhouden; wat kan ik nog meer doen?"
²¹"Als u volmaakt wilt zijn, ga dan al uw bezittingen verkopen, geef het geld aan de armen en u zult een kapitaal hebben in de hemel. En kom dan terug om mij te volgen."
²²Toen de jongeman dat hoorde, ging hij terneergeslagen weg. Want hij was erg rijk.
²³"Neem van mij aan," zei Jezus tegen zijn leerlingen, "het zal een rijke heel wat moeite kosten, het hemelse koninkrijk binnen te komen. ²⁴Nog sterker: het is voor een kameel gemakkelijker door het oog van een naald te gaan dan voor een rijke het koninkrijk van God binnen te komen."
²⁵Toen de leerlingen dat hoorden, stonden ze verslagen. "Wie kan dan nog gered worden?" vroegen ze.
²⁶Jezus keek hen aan en zei: "Menselijk gezien is dat onmogelijk, maar voor God is alles mogelijk."
²⁷"Wij hebben wèl alles verlaten om u te volgen," zei Petrus tegen hem, "wat zullen wij krijgen?"
²⁸"In de tijd dat alles weer nieuw wordt en de Mensenzoon in volle glorie op zijn troon is gezeten," antwoordde Jezus, "zullen ook jullie die mij gevolgd zijn, gezeten op twaalf tronen, rechtspreken over de twaalf stammen van Israël. ²⁹En ieder die huizen, broers, zusters, vader, moeder, kinderen of landerijen verlaat om wille van mij, zal honderdmaal zoveel terugkrijgen en het eeuwige leven ontvangen. ³⁰Velen die vooraan staan, komen het laatst aan de beurt, en die achteraan staan, het eerst."

De arbeiders in de wijngaard

20 "Het hemelse koninkrijk is te vergelijken met de eigenaar van een wijngaard die 's morgens vroeg op weg ging om arbeiders te huren voor zijn wijngaard. ²Hij kwam met hen overeen, dat hij hun als dagloon een zilverstuk zou uitbetalen, en stuurde ze naar zijn wijngaard. ³Om negen uur ging hij weer de straat op en zag op het marktplein nog andere mannen die geen werk hadden. ⁴'Kom ook werken in mijn wijngaard,' zei hij tegen hen, 'ik zal jullie een eerlijk loon geven.' En zij gingen. ⁵Om twaalf uur en om drie uur deed de eigenaar hetzelfde. ⁶Het was vijf uur in de middag toen hij weer de straat opging en nog mensen zonder werk vond. 'Waarom staan jullie hier de hele dag zonder werk?' vroeg hij. ⁷'Omdat niemand ons huurde,' antwoordden ze. 'Komen jullie ook maar naar mijn wijngaard,' zei hij.

⁸"Toen het avond was geworden, zei de eigenaar van de wijngaard tegen zijn opzichter: 'Roep de arbeiders en betaal hun loon uit, te beginnen met die het laatst en eindigend met die het eerst zijn gekomen.' ⁹De arbeiders die om vijf uur begonnen waren, kwamen naar voren en kregen elk een zilverstuk uitbetaald. ¹⁰Toen zij die 's morgens vroeg begonnen waren, naar voren kwamen, dachten ze meer te ontvangen, maar ook zij kregen een zilverstuk. ¹¹Ze namen het aan, maar begonnen tegen de eigenaar te mopperen: ¹²'Die het laatst gekomen zijn, hebben een uur gewerkt en u laat hun evenveel uitbetalen als ons die de hele dag zwaar hebben moeten werken in de hitte.' ¹³Maar hij zei tegen één van hen: 'Vriend, ik zet je toch niet af. Ben je met mij niet een zilverstuk als dagloon overeengekomen? ¹⁴Neem dan wat je toekomt en ga. Ik wil aan de laatstgekomenen evenveel geven als aan jou. ¹⁵Mag ik met mijn geld doen wat ik wil? Of ben je afgunstig omdat ik goed ben voor anderen?' ¹⁶Zo zullen de laatsten de eersten en de eersten de laatsten zijn."

Jezus spreekt voor de derde maal over zijn lijden
(Marcus 10 : 32–34; Lucas 18 : 31–33)

¹⁷Op weg naar Jeruzalem nam Jezus de twaalf apart. ¹⁸"Zoals jullie zien," zei hij tegen hen, "zijn we nu op weg naar Jeruzalem. Daar zal de Mensenzoon in handen vallen van de opperpriesters en de schriftgeleerden, en ze zullen hem ter dood veroordelen ¹⁹en hem uitleveren aan de Romeinen. Ze zullen hem bespotten en geselen en aan het kruis slaan, maar op de derde dag zal hij worden opgewekt ten leven."

Niet heersen maar dienen
(Marcus 10 : 35–45)

²⁰Toen ging de vrouw van Zebedeüs met haar beide zoons naar hem toe en knielde voor hem neer om hem een gunst te vragen. ²¹"Wat kan ik voor u doen?" vroeg hij haar.
"Beloof dat mijn twee zoons naast u mogen zitten in uw koninkrijk, de een rechts, de ander links van u."
²²"Jullie weten niet wat je vraagt! Kunnen jullie de beker drinken die ik moet drinken?"
"Ja, dat kunnen wij."
²³"Jullie zullen mijn beker drinken, maar het ligt niet in mijn macht te bepalen wie rechts of links van mij zal zitten. Mijn Vader maakt uit voor wie die plaatsen zijn."

²⁴Toen de tien anderen ervan hoorden, werden ze kwaad op de twee broers. ²⁵Maar Jezus riep hen bij zich: "Jullie weten wat de mensen doen die hun volk besturen: erover heersen, en je weet wat de grote heren doen: het tiranniseren. ²⁶Zo moet het bij jullie niet gaan. Nee, als iemand van jullie de voornaamste wil zijn, moet hij jullie dienen, ²⁷en als iemand van jullie de eerste plaats wil innemen, moet hij voor jullie slavenwerk doen. ²⁸Neem een voorbeeld aan de Mensenzoon: hij is niet gekomen om zich te laten bedienen, maar om zelf te dienen en zijn leven te geven in ruil voor het leven van veel anderen."

Jezus geneest twee blinde mannen
(Marcus 10 : 46–52; Lucas 18 : 35–43)

²⁹Toen ze Jericho uit gingen, werd Jezus gevolgd door een grote menigte mensen. ³⁰Twee blinden, die langs de weg zaten, hoorden dat Jezus voorbijkwam. "Heer, Zoon van David," schreeuwden ze, "heb medelijden met ons!" ³¹De menigte zei hun dat ze hun mond moesten houden. Maar des te harder riepen zij: "Heer, Zoon van David, heb medelijden met ons!" ³²Jezus bleef staan en riep hen bij zich: "Wat kan ik voor u doen? Wat wilt u?" ³³"Zien, Heer!" antwoordden ze. ³⁴Jezus had medelijden met hen en raakte hun ogen aan. Meteen konden ze zien, en ze volgden hem.

Jezus trekt Jeruzalem binnen
(Marcus 11 : 1–11; Lucas 19 : 28–38; Johannes 12 : 12–19)

21 Ze naderden Jeruzalem en kwamen bij Betfage in de buurt van de Olijfberg. Jezus stuurde twee leerlingen weg met de opdracht: ²"Ga naar het dorp hier voor je. Daar zul je dadelijk een ezelin vinden die met haar veulen staat vastgebonden. Maak ze los en breng ze hier. ³En mocht iemand je wat vragen, vertel hem dan: 'De Heer heeft ze nodig en laat ze straks terugbrengen.'"

⁴Dat gebeurde om in vervulling te laten gaan wat de profeet gezegd heeft:

⁵"Maak aan de bevolking van Sion bekend:
Let op, uw koning is in aantocht;
hij is nederig en rijdt op een ezel,
op een veulen, het jong van een lastdier."

⁶De leerlingen gingen er op uit en deden zoals hij hun had opgedragen: ⁷ze brachten de ezelin en haar veulen mee. De leerlingen legden hun mantels over de dieren en Jezus ging erop zitten. ⁸Een massa mensen spreidden hun mantels uit op de weg, anderen legden takken

neer die ze van de bomen sneden. ⁹Grote aantallen mensen liepen voor hem uit en gingen achter hem aan en riepen:

"Hosanna voor de Zoon van David,
God zegene de man die komt in naam van de Heer!
Hosanna voor God in de hemel!"

¹⁰Toen Jezus Jeruzalem binnentrok, was de hele stad in opschudding. "Wie is dat toch?" vroegen de inwoners. ¹¹"Dat is Jezus, de profeet uit Nazaret in Galilea," antwoordde de menigte.

Jezus in de tempel
(Marcus 11 : 15-19; Lucas 19 : 45-48; Johannes 2 : 13-22)

¹²Jezus ging de tempel binnen en joeg er kopers en verkopers weg; hij gooide de tafels van de geldwisselaars om en de stoelen van de duivenhandelaars. ¹³"Er staat geschreven: 'Mijn huis moet huis van gebed heten,'" zei hij tegen hen, "maar jullie hebben er een rovershol van gemaakt."

¹⁴Blinden en lammen kwamen bij hem in de tempel en hij genas ze. ¹⁵De opperpriesters en de schriftgeleerden zagen wat voor wonderlijke dingen hij deed en hoe de jongens op het tempelplein riepen: "Hosanna voor de Zoon van David." Ze maakten zich er kwaad

over [16]en zeiden tegen hem: "Hoort u niet wat ze roepen?" "Zeker," antwoordde Jezus, "maar hebt u nooit gelezen: 'U hebt ervoor gezorgd dat kinderen en zuigelingen uw lof zingen'?" [17]En hij liet hen staan, verliet Jeruzalem en ging naar Betanië. Daar overnachtte hij.

De les van de vervloekte vijgeboom
(Marcus 11 : 12-14, 20-24)

[18]'s Morgens vroeg toen hij naar Jeruzalem terugkeerde, had hij honger. [19]Langs de weg zag hij een vijgeboom staan. Hij ging er op af maar zag er alleen bladeren aan zitten. "Nooit ofte nimmer zul je meer vruchten dragen!" zei hij tegen de boom. En op datzelfde ogenblik verdorde de vijgeboom. [20]De leerlingen zagen het en stonden verbaasd. "Hoe komt die vijgeboom opeens zo verdord?" vroegen ze. [21]"Ik verzeker jullie," antwoordde Jezus hun, "als je gelooft zonder te twijfelen, zul je kunnen doen wat ik met die boom gedaan heb; en dat niet alleen, je zou zelfs tegen die berg daar kunnen zeggen: 'Ga omhoog en stort je in zee,' en het zou gebeuren. [22]Als je gelooft, zul je alles krijgen waar je in je gebed om vraagt."

De vraag naar Jezus' bevoegdheid
(Marcus 11 : 27-33; Lucas 20 : 1-8)

[23]Jezus ging naar de tempel en onderwees er in zijn leer. De opperpriesters en de leden van de Raad kwamen op hem toe en vroegen: "Met welk recht doet u dit allemaal? Wie heeft u het recht daartoe gegeven?"
[24]"Ik heb eerst een vraag aan u," antwoordde hij. "Als u mij daarop antwoord geeft, vertel ik u met welk recht ik dat doe. [25]Mijn vraag is: waar haalde Johannes het recht vandaan om te dopen? Kreeg hij dat van God of van de mensen?"
Ze begonnen met elkaar te overleggen: "Antwoorden we: 'Van God,' dan zegt hij: 'Waarom hebt u Johannes dan niet geloofd?' [26]En zeggen we: 'Van de mensen,' dan hebben we het volk te vrezen, want iedereen ziet in Johannes een profeet." [27]Daarom gaven ze hem als antwoord: "We weten het niet."
"Dan vertel ik u ook niet met welk recht ik dat doe," zei Jezus.

De twee zoons

[28]"Wat vindt u van het volgende? Een vader had twee zoons. Hij ging naar de oudste en zei: 'Jongen, ga vandaag in mijn wijngaard werken.' [29]'Nee, ik heb geen zin,' antwoordde hij. Maar later kreeg

hij spijt en ging toch. ³⁰Toen ging de vader naar zijn andere zoon en vroeg hem hetzelfde. 'Ja, vader,' antwoordde die maar hij ging niet. ³¹Wie van de twee heeft nu gedaan wat zijn vader hem vroeg?"
"De oudste," antwoordden ze.
"Neem van mij aan," zei Jezus tegen hen, "de tollenaars en de publieke vrouwen zullen het koninkrijk van God eerder binnenkomen dan u. ³²Want Johannes wees u de weg die naar God leidt, maar u hebt hem niet geloofd. De tollenaars en de publieke vrouwen geloofden hem wel. U zag dat, maar toch bent u daarna niet tot andere gedachten gekomen en hem gaan geloven."

De slechte pachters
(Marcus 12 : 1-12; Lucas 20 : 9-19)

³³"Luister naar een andere gelijkenis. Er was eens een landeigenaar die een wijngaard aanlegde. Hij trok rond het land een muurtje op, groef een kuil voor de wijnpers en bouwde een uitkijkpost. Hij verpachtte hem aan wijnbouwers en ging op reis naar het buitenland. ³⁴Toen de oogsttijd was gekomen, stuurde hij dienaars naar de pachters om zijn deel van de opbrengst in ontvangst te nemen. ³⁵Maar zij grepen zijn dienaars vast: ze sloegen de een, doodden de ander, een derde werd door hen gestenigd. ³⁶Opnieuw stuurde de eigenaar dienaars, nog meer dan de eerste keer, maar zij ondergingen hetzelfde lot. ³⁷Tenslotte stuurde hij zijn zoon. 'Voor mijn zoon zullen ze wel ontzag hebben,' dacht hij. ³⁸Maar toen de wijnbouwers de zoon zagen aankomen, zeiden ze tegen elkaar: 'Dat is de erfgenaam. Vooruit, als we hem uit de weg ruimen, is de erfenis voor ons.' ³⁹Ze grepen hem vast, sleurden hem de wijngaard uit en doodden hem.

⁴⁰"Wanneer nu de eigenaar van de wijngaard terugkomt, wat zal hij dan met die pachters doen?"
⁴¹"Hij zal die schurken op een vreselijke manier laten doden," antwoordden ze. "En de wijngaard zal hij aan pachters verhuren die wel de oogst op tijd afleveren."
⁴²"Hebt u nooit deze woorden uit de Schrift gelezen?" vroeg Jezus hun:
   "'De steen die de bouwlui onbruikbaar vonden,
   werd de belangrijkste steen.
   Het is het werk van de Heer,
   we staan ervan te kijken!'
⁴³"Daarom zeg ik u: het koninkrijk van God zal u worden afgenomen en gegeven aan een volk dat de vruchten ervan opbrengt. [⁴⁴Wie

op deze steen valt, valt te pletter; en de man op wie deze steen valt, wordt vermorzeld.]"

⁴⁵Toen de opperpriesters en de Farizeeërs deze verhalen gehoord hadden, begrepen ze dat hij het over hen had. ⁴⁶Ze wilden hem arresteren, maar waren bang voor het volk, want dat zag een profeet in hem.

Het bruiloftsfeest
(Lucas 14 : 15-24)

22 Opnieuw richtte Jezus zich tot hen met behulp van gelijkenissen:
²"Het hemelse koninkrijk valt te vergelijken met een koning die het bruiloftsfeest van zijn zoon voorbereidde. ³Hij stuurde zijn dienaars om de gasten voor het feest uit te nodigen, maar zij wilden niet komen. ⁴Opnieuw stuurde hij andere dienaars met de opdracht: 'Ga naar de genodigden en zeg: Ik heb de maaltijd klaar gemaakt, mijn stieren en de mestkalveren zijn geslacht, alles staat klaar. Kom toch naar het bruiloftsfeest!' ⁵Maar zij gaven hieraan geen gehoor; ieder ging zijn eigen weg, de een naar zijn akker, de ander naar zijn zaak; ⁶weer anderen grepen de dienaars vast, mishandelden en doodden hen. ⁷De koning werd woedend. Hij stuurde zijn troepen op hen af, liet die moordenaars om het leven brengen en hun stad in brand steken. ⁸Tegen zijn dienaars zei hij: 'Voor het bruiloftsfeest stond alles klaar, maar de genodigden waren het niet waard. ⁹Ga dus naar de kruispunten van de wegen en nodig iedereen die je tegenkomt uit voor de bruiloft.' ¹⁰Zij gingen erop uit, naar de wegen, en brachten alle mensen binnen die ze ontmoetten, goede en slechte. Zo liep de bruiloftszaal vol met gasten.

¹¹"Toen de koning binnenkwam om zijn gasten te zien, merkte hij iemand op die geen feestkleding droeg. ¹²'Vriend, hoe kom je hier binnen zonder je voor de bruiloft gekleed te hebben?' vroeg de koning hem. Maar de man zweeg. ¹³'Bind hem aan handen en voeten,' zei de koning tegen zijn dienaars, 'en gooi hem naar buiten, de duisternis in. Daar zal hij huilen en knarsetanden.'"

¹⁴En Jezus besloot: "Want veel mensen zijn uitgenodigd, maar weinig zijn hun keuze waardig."

God en de keizer
(Marcus 12 : 13-17; Lucas 20 : 20-26)

¹⁵De Farizeeërs gingen weg en overlegden met elkaar hoe ze Jezus met een strikvraag konden vangen. ¹⁶Ze stuurden hun leerlingen

en een paar aanhangers van de Herodiaanse partij naar hem toe. "Meester," zeiden zij, "wij weten dat u een eerlijk man bent en onomwonden leert wat God wil. Het doet u niets wat men van u denkt, want u ziet niemand naar de ogen. ¹⁷Zeg ons dus wat u van de volgende kwestie denkt: mogen wij aan de keizer van Rome belasting betalen, ja of nee?"
¹⁸Maar Jezus had hun valse opzet door. ¹⁹"Waarom wilt u mij erin laten lopen, huichelaars? Laat me eens een belastingpenning zien." Ze gaven hem een zilverstuk.
²⁰"Wiens afbeelding en naam staat er op?"
²¹"Van de keizer."
"Geef dan de keizer wat de keizer, en God wat God toekomt."
²²Verbaasd over dat antwoord, lieten ze hem met rust en gingen weg.

Leven na de dood?
(Marcus 12 : 18-27; Lucas 20 : 27-40)

²³Diezelfde dag gingen de Sadduceeërs naar Jezus. De Sadduceeërs beweren dat er geen opstanding is na de dood.
²⁴"Meester," zo begonnen ze, "Mozes zegt: 'Als iemand kinderloos sterft, moet zijn broer met de weduwe trouwen en voor een nageslacht zorgen.' ²⁵Nu waren er eens zeven broers. De eerste trouwde, maar stierf kinderloos en liet zijn vrouw achter aan zijn broer. ²⁶De tweede overkwam hetzelfde als de eerste, en zo ging het ook met de derde tot en met de zevende. ²⁷Het laatst van allen ging de vrouw dood. ²⁸De vraag is nu: wanneer ze van de dood opstaan, van wie wordt zij dan de vrouw? Want ze hebben haar alle zeven als vrouw gehad!"
²⁹"U bent ernaast," antwoordde Jezus hun, "omdat u de Schrift niet kent en ook de macht van God niet. ³⁰Wanneer ze opstaan uit de dood, trouwen mannen en vrouwen niet met elkaar, maar zijn ze als de engelen in de hemel. ³¹En wat de opstanding van de doden betreft: hebt u het verhaal niet gelezen waarin God tegen u zegt: ³²'Ik ben de God van Abraham, de God van Isaak en de God van Jakob'? God is geen God van doden maar van levenden!"
³³Toen de mensen dat hoorden stonden ze verbaasd over wat hij hun leerde.

Het grootste gebod
(Marcus 12 : 28-34; Lucas 10 : 25-28)

³⁴De Farizeeërs hoorden dat Jezus de Sadduceeërs tot zwijgen had gebracht. Ze kwamen weer bij elkaar, ³⁵en één van hen, een wetgeleerde, probeerde hem in de val te lokken met de vraag: ³⁶"Meester, wat is het grootste gebod in de wet?"
³⁷"U moet de Heer, uw God, liefhebben met hart en ziel, en in al uw gedachten," antwoordde Jezus hem. ³⁸"Dat is het grootste en voornaamste gebod. ³⁹Het tweede gebod is even belangrijk als het eerste: u moet uw naaste liefhebben als uzelf. ⁴⁰De hele wet van Mozes en alles wat de profeten geleerd hebben, steunt op deze twee geboden."

De Christus, Zoon en Heer van David
(Marcus 12 : 35-37; Lucas 20 : 41-44)

⁴¹Toen de Farizeeërs bij elkaar waren, vroeg Jezus hun: ⁴²"Wat denkt u van de Christus? Van wie stamt hij af?"
"Van David," antwoordden ze.
⁴³"Maar hoe kan David hem dan 'Heer' noemen?" zei Jezus. "Want onder ingeving van de Geest zegt David:
⁴⁴'De Heer heeft tegen mijn Heer gezegd:
  Ga hier rechts van mij zitten,
  totdat ik al uw vijanden aan u heb onderworpen.'
⁴⁵"Als David de Christus 'Heer' noemt, hoe kan de Christus dan een afstammeling van David zijn?"
⁴⁶Maar geen van hen kon hem antwoord geven, en van die dag af durfde niemand hem meer iets te vragen.

Jezus veroordeelt de schriftgeleerden en de Farizeeërs
(Marcus 12 : 38-40; Lucas 11 : 39-52; 20 : 45-47)

23 Toen zei Jezus tegen het volk en tegen zijn leerlingen: ²"De schriftgeleerden en de Farizeeërs zijn bekleed met het gezag van Mozes. ³Houd u dus stipt aan alles wat zij u zeggen, maar neem geen voorbeeld aan hun daden. Want wat zij zeggen, brengen ze niet in praktijk. ⁴Zij binden zware pakken samen en leggen die op de schouders van de mensen, maar zelf willen ze geen vinger uitsteken om bij het dragen te helpen. ⁵Alles wat ze doen, doen ze om op te vallen bij de mensen. De banden met schriftteksten, die zij op hun voorhoofd en aan hun armen dragen, maken ze extra breed, en de kwasten aan hun kleren maken ze extra lang. ⁶Ze zijn gesteld op de beste plaatsen aan tafel en op de voorste banken in

de synagogen. ⁷Ze willen graag gegroet worden op de pleinen en met 'rabbi' worden aangesproken. ⁸Maar u moet zich geen 'rabbi' laten noemen, want er is er maar één die uw leermeester is en u bent allemaal broeders van elkaar. ⁹Ook moet u niemand hier op aarde 'vader' noemen, want u heeft er maar één, uw Vader in de hemel. ¹⁰En laat u geen 'leider' noemen, want uw enige leider is Christus. ¹¹De belangrijkste onder u moet de anderen dienen. ¹²Wie zichzelf verheft, zal vernederd, maar wie zichzelf vernedert, zal verheven worden.

¹³"Wacht maar, schriftgeleerden en Farizeeërs! Huichelaars! Want u sluit voor de mensen de deur naar het koninkrijk van God. Zelf gaat u niet naar binnen, en u verhindert het anderen die wel naar binnen willen.

[¹⁴"Wacht maar, schriftgeleerden en Farizeeërs! Huichelaars! Want u eigent u de huizen van de weduwen toe en om de schijn op te houden zegt u ellenlange gebeden. Daarom zult u extra streng gestraft worden!]

¹⁵"Wacht maar, schriftgeleerden en Farizeeërs! Huichelaars! Want u vaart de zee over en doorkruist het land om één bekeerling te maken, en als u sukses hebt, maakt u hem tweemaal rijper voor de hel dan uzelf.

¹⁶"Wacht maar, blinde leiders! U zegt: 'Zweert iemand bij de tempel, dan telt dat niet. Maar zweert hij bij het goud van de tempel, dan wel.' ¹⁷Wat bent u dom en blind! Want wat is meer waard, het goud of de tempel waardoor dat goud gewijd is? ¹⁸U zegt: 'Zweert iemand bij het altaar, dan heeft dat niets te betekenen, maar zweert hij bij de gave die op het altaar ligt, dan wel.' ¹⁹Wat bent u blind! Want wat is meer waard, de gave of het altaar waaraan die gave zijn wijding ontleent? ²⁰Wie dus zweert bij het altaar, zweert niet alleen bij het altaar, maar ook bij alles wat erop ligt, ²¹en wie zweert bij de tempel, zweert niet alleen bij de tempel maar ook bij hem die in de tempel woont. ²²En wie zweert bij de hemel, zweert bij de troon van God en bij hem die erop gezeten is.

²³"Wacht maar, schriftgeleerden en Farizeeërs! Huichelaars! Want u geeft aan God het tiende deel van kruiden als munt, dille en komijn, maar de belangrijkere voorschriften in de wet onderhoudt u niet, zoals recht, naastenliefde en trouw. Zeker, u moet het ene doen, maar het andere niet laten. ²⁴Blinde leiders! U filtert uw drinken om er een mug uit te halen maar een kameel slikt u door.

²⁵"Wacht maar, schriftgeleerden en Farizeeërs! Huichelaars!

Want u maakt bekers en schalen van buiten schoon, maar van binnen zitten ze vol roofzucht en onmatigheid. ²⁶Blinde Farizeeër, maak bekers en schalen eerst van binnen schoon, dan worden ze het van buiten ook!

²⁷"Wacht maar, schriftgeleerden en Farizeeërs! Huichelaars! Want u lijkt op gewitte grafkelders die er van buiten mooi uit zien maar van binnen vol liggen met knekels en vergane resten. ²⁸Zo ziet ook u er uiterlijk heel eerlijk uit, maar innerlijk zit u vol huichelarij en verachting voor de wet.

²⁹"Wacht maar, schriftgeleerden en Farizeeërs! Huichelaars! Want u bouwt gedenktekens voor de profeten en versiert de monumenten van hen die rechtvaardig geleefd hebben, ³⁰en u zegt: 'Als wij geleefd hadden in de tijd van onze voorouders, hadden we niet met hen meegedaan en de profeten niet gedood!' ³¹Zo verklaart u dus in uw eigen nadeel, dat u nakomelingen bent van hen die de profeten hebben gedood. ³²Maak maar af wat uw voorouders zijn begonnen!

³³"Slangen en slangengebroed! Hoe zou u kunnen ontkomen aan de veroordeling tot de hel? ³⁴Luister daarom goed: ik stuur profeten, wijze mannen en leraars naar u toe; sommigen van hen zult u doden en aan het kruis slaan, anderen geselen in uw synagogen of achtervolgen van de ene stad naar de andere. ³⁵Uiteindelijk zult u gestraft worden voor al het onschuldige bloed dat op aarde vergoten is, vanaf de moord op de rechtvaardige Abel tot en met de moord op Zacharias, de zoon van Berekja, die u gedood hebt tussen het tempelhuis en het altaar. ³⁶Geloof me, de mensen van nu zullen voor dit alles boeten."

Jezus' liefde voor Jeruzalem
(Lucas 13 : 34-35)

³⁷"Jeruzalem, Jeruzalem! U doodt de profeten en stenigt de mannen die God u gestuurd heeft. Hoe dikwijls heb ik uw kinderen niet willen verzamelen zoals een hen haar kuikens bijeenbrengt onder haar vleugels! Maar u hebt niet gewild. ³⁸Ja, uw huis zal leeg achterblijven. ³⁹Want ik zeg u: u zult mij van nu af niet meer zien totdat u zegt: 'God zegene hem die komt in naam van de Heer.'"

Jezus voorspelt de verwoesting van de tempel
(Marcus 13 : 1-2; Lucas 21 : 5-6)

24 Jezus verliet de tempel. Zijn leerlingen gingen naar hem toe en wezen hem op het gebouwencomplex van de tempel.

² "Jullie staan van al die pracht te kijken, is het niet?" zei Jezus hun. "Maar neem van mij aan: geen steen zal op de andere blijven staan; alles wordt met de grond gelijk gemaakt."

Rampen en vervolgingen
(Marcus 13 : 3-23; Lucas 21 : 7-24)

³Hij ging op de Olijfberg zitten en zijn leerlingen kwamen bij hem. Verder was er niemand.
"Wilt u ons vertellen wanneer dat gaat gebeuren," vroegen ze hem, "en aan wat voor teken wij kunnen zien dat uw komst en het einde van de wereld op handen zijn?"
⁴"Let goed op en laat niemand jullie op een dwaalspoor brengen," antwoordde Jezus hun. ⁵"Want er zullen heel wat lieden komen die mijn naam zullen misbruiken en beweren: 'Ik ben de Christus.' Daarmee zullen zij veel mensen op een dwaalspoor brengen. ⁶Je zult horen over oorlogen en over oorlogen die dreigen. Maar raak niet in paniek. Dat moet allemaal gebeuren, maar het is het einde nog niet. ⁷Het ene volk zal strijden tegen het andere, het ene rijk tegen het andere; er zullen hongersnoden zijn en aardbevingen, dan hier en dan daar. ⁸Maar dat zijn nog maar de weeën die aan de geboorte voorafgaan.

⁹"Ze zullen jullie uitleveren, mishandelen en ter dood brengen; alle volken zullen je vijandig behandelen, omdat je aanhangers van mij bent. ¹⁰Velen zullen hun geloof overboord zetten. De mensen zullen elkaar over en weer verraden en haten. ¹¹Heel wat mensen zullen zich voordoen als profeten en zo velen op een dwaalspoor brengen. ¹²En omdat de verachting voor de wet toeneemt, zal de liefde bij velen verkoelen. ¹³Maar wie volhoudt tot het einde, zal gered worden. ¹⁴Eerst zal dit grote nieuws over het koninkrijk van God verkondigd worden over de hele wereld, zodat alle volken ervan weten, en dan zal het einde komen.

¹⁵"Je zult in deze heilige plaats 'de verschrikking van de verwoesting' zien staan. De profeet Daniël heeft erover gesproken. – Lezer, probeer het te begrijpen. – ¹⁶Laten de bewoners van Judea dan de bergen in vluchten. ¹⁷Wie op het dak van zijn huis is, moet niet naar beneden gaan om zijn huisraad mee te nemen, ¹⁸en wie zich op het land bevindt, moet niet naar huis terugkeren om zijn jas te gaan halen. ¹⁹Ongelukkig de vrouwen die in die tijd in verwachting zijn en ongelukkig de moeders die dan een kind aan de borst hebben. ²⁰Bid God dat je niet hoeft te vluchten in wintertijd of op een sabbat. ²¹Want de ellende zal dan zo groot zijn als de

wereld nog nooit heeft meegemaakt, van het begin af tot nu toe. En zo'n grote ellende zal ook nooit meer voorkomen. ²²Als God de duur ervan niet zou verkorten, zou geen sterveling het overleven. Maar ter wille van de uitverkorenen zal God de duur ervan verkorten.

²³"Geloof het niet, als iemand tegen je zegt: 'Kijk, hier is de Christus,' of: 'Daar is hij.' ²⁴Want er zullen mensen komen die beweren dat ze de Christus zijn of een profeet, en ze zullen wonderen doen en bewijzen geven waarmee ze zelfs de uitverkorenen zullen misleiden, als dat mogelijk is. ²⁵Ik heb het jullie allemaal van te voren gezegd.

²⁶"Als ze tegen je zeggen: 'Kijk, hij is in de woestijn,' blijf dan rustig thuis; of als ze tegen je zeggen: 'Kijk, daar houdt hij zich verborgen,' geloof het dan niet. ²⁷Want de komst van de Mensenzoon is als de bliksem die oplicht in het oosten en straalt tot in het westen.

²⁸"Overal waar een dood dier ligt, verzamelen zich de gieren."

De komst van de Mensenzoon
(Marcus 13 : 24–27; Lucas 21 : 25–28)

²⁹"Vlak na de ellende van die dagen zal de zon verduisteren, de maan zal niet langer schijnen, de sterren zullen van de hemel vallen en de kosmische krachten zullen geschokt worden. ³⁰Dan zal het teken van de Mensenzoon aan de hemel verschijnen. Alle volkeren op aarde zullen jammeren en ze zullen de Mensenzoon zien komen op de wolken van de hemel met grote macht en majesteit. ³¹De grote trompet zal klinken, en hij zal zijn engelen uitsturen en zij zullen zijn uitverkorenen bijeenbrengen uit oost en west, uit noord en zuid, van het ene einde van de aarde tot het andere."

De les van de vijgeboom
(Marcus 13 : 28–31; Lucas 21 : 29–33)

³²"Leer van de vijgeboom deze les. Wanneer zijn takken zacht worden en de blaadjes uitkomen, weet je dat de zomer dichtbij is. ³³Zo weet je ook dat het einde vlak voor de deur staat, wanneer je dat allemaal ziet gebeuren. ³⁴Neem van mij aan: deze generatie zal het allemaal nog beleven. ³⁵Hemel en aarde gaan voorbij maar mijn woorden blijven van kracht."

Wees waakzaam

(Marcus 13 : 32-37; Lucas 17 : 26-30, 34-36; 12 : 41-46)

36"Niemand weet wanneer die dag of dat uur zal komen; de engelen in de hemel niet en ook de Zoon niet, alleen de Vader weet het. 37En zoals het ging in de tijd van Noach, zo zal het ook gaan wanneer de Mensenzoon komt. 38Want in de tijd vóór de regenvloed gingen de mensen rustig door met eten en drinken en trouwen tot de dag dat Noach de ark inging, 39en zij begrepen niet wat er aan de hand was, totdat de regenvloed losbrak die iedereen wegspoelde. Zo zal het ook gaan bij de komst van de Mensenzoon. 40Twee mannen zullen op het land werken: de een wordt weggenomen, de ander blijft achter; 41twee vrouwen malen meel met een molen: de een wordt weggenomen, de ander blijft achter. 42Waak dus, want je weet de dag niet waarop jullie Heer zal komen. 43Je begrijpt dat als de heer des huizes wist op welk uur in de nacht de dief kwam, hij zou opblijven en niet in zijn huis zou laten inbreken. 44Daarom moeten ook jullie klaar staan, want de Mensenzoon komt op een moment waarop je hem niet verwacht.

45"Welke dienaar is zo trouw en verstandig dat zijn heer hem aan het hoofd van het personeel kan stellen om het op tijd te eten te geven? 46Gelukkig die dienaar als zijn heer bij zijn thuiskomst ziet dat zijn dienaar daarmee bezig is. 47Want neem van mij aan: zijn heer zal hem de zorg over heel zijn bezit toevertrouwen. 48Maar als het een slechte dienaar is, denkt hij in zijn hart: 'Mijn heer komt voorlopig niet terug,' 49en hij zal de andere dienaars beginnen te slaan en gaan eten en drinken met dronkaards. 50Dan komt de heer van die dienaar terug op een dag waarop hij hem niet verwacht en op een moment dat hij niet weet. 51Zijn heer zal hem laten onthoofden en hem het lot van de huichelaars laten ondergaan. Daar zal hij huilen en knarsetanden."

De verstandige en de domme bruidsmeisjes

25 "Dan zal het hemelse koninkrijk lijken op tien bruidsmeisjes die hun olielampen pakten en de bruidegom tegemoet gingen. 2Vijf van hen waren dom, vijf verstandig. 3Toen de vijf domme meisjes hun olielampen pakten, vergaten ze extra olie mee te nemen, 4maar de vijf die verstandig waren, namen met hun lampen ook extra olie in flesjes mee. 5Toen de bruidegom maar niet kwam, werden ze slaperig en sliepen in. 6Midden in de nacht werd er geroepen: 'Daar komt de bruidegom! Naar buiten, hem tegemoet!' 7Alle meisjes stonden op en maakten hun lampen in orde. 8'Geef ons

wat van jullie olie,' zeiden de domme meisjes tegen de verstandige, 'want onze lampen gaan uit.' ⁹'Nee,' antwoordden die, 'want dan komen we allemaal te kort. Ga maar naar de winkel als je olie wilt hebben.' ¹⁰Toen zij weg waren om olie te kopen, kwam de bruidegom. De bruidsmeisjes die klaar stonden, gingen met hem naar binnen om bruiloft te vieren, en de deur werd gesloten. ¹¹Even later kwamen de andere bruidsmeisjes terug. 'Heer, heer, laat ons binnen,' riepen ze. ¹²Maar hij zei: 'Ik ken jullie niet.'"

¹³En Jezus besloot: "Waak dus, want je weet dag noch uur."

Het verhaal over de drie dienaars
(Lucas 19 : 11–27)

¹⁴"Het is als met een man die op reis ging. Hij riep zijn dienaars bij zich en vertrouwde hun zijn eigendommen toe. ¹⁵Aan de een gaf hij vijfduizend gouden munten, aan een ander tweeduizend en aan een derde duizend, ieder naar zijn kapaciteiten. Toen vertrok hij. ¹⁶Onmiddellijk ging de dienaar die vijfduizend goudstukken had gekregen, er zaken mee doen en hij verdiende er vijfduizend bij. ¹⁷Zo deed ook de tweede en hij verdiende er tweeduizend bij. ¹⁸Maar de dienaar die duizend goudstukken had gekregen, ging een kuil graven en verstopte het geld van zijn heer.

¹⁹"Een hele tijd later keerde hun heer terug en hij riep hen ter verantwoording. ²⁰De dienaar die vijfduizend goudstukken had gekregen, kwam en overhandigde hem nog vijfduizend: 'Heer, u hebt mij er vijfduizend gegeven, kijk, ik heb er nog vijfduizend bij verdiend.' ²¹'Uitstekend,' zei zijn heer. 'Je bent een goed en trouw dienaar. Omdat je een kleine som geld goed hebt beheerd, zal ik

je nu een veel groter bedrag toevertrouwen. Kom en deel in mijn geluk.' ²²Toen kwam de dienaar die er tweeduizend had gekregen: 'Heer, u hebt mij er tweeduizend gegeven, kijk, ik heb er tweeduizend bij verdiend.' ²³'Uitstekend,' zei zijn heer. 'Je bent een goed en trouw dienaar. Omdat je een kleine som geld goed hebt beheerd, zal ik je nu een veel groter bedrag toevertrouwen. Kom en deel in mijn geluk.' ²⁴Toen kwam ook de man die er maar duizend had gekregen: 'Heer, ik weet dat u streng bent; u maait waar u niet gezaaid hebt en u strijkt op waar u niet hebt uitgezet. ²⁵Ik was bang en ben daarom uw geld in de grond gaan verstoppen. Hier hebt u het weer terug.' ²⁶'Jij slechte en luie dienaar!' antwoordde zijn heer hem. 'Je wist dat ik zou maaien waar ik niet gezaaid heb en opstrijken waar ik niet heb uitgezet. ²⁷Je had mijn geld naar de bankiers moeten brengen en dan zou ik mijn geld met rente hebben opgevraagd. ²⁸Neem hem die duizend goudstukken af en geef het aan hem die er al tienduizend heeft! ²⁹Want iedereen die erbij verdiend heeft, krijgt nog meer en heeft het rijk. Maar wie er niets bij verdiend heeft, hem zal het weinige dat hij had, nog worden afgenomen. ³⁰En wat die onbruikbare dienaar betreft, gooi hem eruit, de duisternis in! Daar zal hij huilen en knarsetanden!'"

De Mensenzoon oordeelt de volken

³¹"Wanneer de Mensenzoon in al zijn majesteit verschijnt vergezeld van al zijn engelen, neemt hij plaats op zijn hemelse troon. ³²Zijn engelen zullen alle volken voor zijn troon verzamelen, en hij zal ze in twee groepen scheiden zoals de herder de schapen scheidt van de bokken. ³³De schapen stelt hij op aan zijn rechterkant, de bokken aan zijn linkerkant. ³⁴Dan zal de Koning tegen wie rechts van hem staan, zeggen: 'Mijn Vader heeft u gezegend. Kom en neem bezit van het koninkrijk dat voor u gemaakt is vanaf de schepping van de wereld. ³⁵Want ik had honger en u gaf mij te eten, ik had dorst en u gaf mij te drinken, ik was een vluchteling en u verleende mij onderdak, ³⁶ik ging schamel gekleed en u gaf mij kleren, ik was ziek en u verzorgde mij, ik zat gevangen en u kwam mij bezoeken.' ³⁷En de rechtvaardigen zullen hem vragen: 'Heer, wij hebben u nooit hongerig of dorstig gezien; hoe hebben we u dan te eten en te drinken kunnen geven? ³⁸We hebben nooit gezien dat u vluchteling was of schamel gekleed ging; hoe hebben we u dan onderdak kunnen verlenen en kleren kunnen geven? ³⁹We hebben nooit gezien dat u ziek was of in de gevangenis zat; hoe hebben we u dan kunnen bezoeken?' ⁴⁰Dan zal de Koning antwoorden:

'Luister goed naar wat ik u zeg: al wat u gedaan hebt voor één van mijn broeders hier, al was het de onbelangrijkste, hebt u voor mij gedaan!'

⁴¹"Daarna zal hij zich richten tot wie links van hem staan: 'Ga weg van mij, God heeft u verworpen! Weg naar het eeuwige vuur dat gemaakt is voor de duivel en zijn engelen! ⁴²Want ik had honger en u gaf mij niet te eten, ik had dorst en u gaf mij niet te drinken, ⁴³ik was een vluchteling en u verleende mij geen onderdak, ik ging schamel gekleed en u gaf mij geen kleren, ik was ziek en zat in de gevangenis en u bezocht mij niet.' ⁴⁴Dan zullen ook zij hem vragen: 'Heer, wanneer zagen wij dat u honger of dorst had, dat u een vluchteling was of schamel gekleed ging, ziek was of in de gevangenis zat, en hebben we u niet geholpen?' ⁴⁵En hij zal antwoorden: 'Geloof mij: toen u één van deze geringste mensen geen hulp bood, weigerde u mij te helpen!' ⁴⁶Zij zullen eeuwig gestraft worden, maar de rechtvaardigen eeuwig leven."

Het komplot tegen Jezus
(Marcus 14 : 1-2; Lucas 22 : 1-2; Johannes 11 : 45-53)

26 Toen Jezus zijn toespraak beëindigd had, zei hij tegen zijn leerlingen: ²"Jullie weten dat het over twee dagen Pasen is en dat de Mensenzoon wordt uitgeleverd en aan het kruis geslagen."

³Op dat ogenblik kwamen de opperpriesters en de leden van de Raad bijeen in het paleis van de hogepriester Kajafas, ⁴en zij maakten plannen om Jezus op een listige manier gevangen te nemen en te doden. ⁵"Maar we moeten het niet doen op het feest," zeiden ze, "anders komt het volk in oproer."

Jezus wordt gezalfd
(Marcus 14 : 3-9; Johannes 12 : 1-8)

⁶Jezus was in Betanië te gast bij Simon de Melaatse. ⁷Toen hij zat te eten, kwam er een vrouw binnen met een fles dure balsemolie en zij goot die uit over zijn hoofd. ⁸De leerlingen zagen het en zeiden kwaad: "Waar is die verkwisting goed voor? ⁹We hadden die balsem voor een flinke som kunnen verkopen en het geld aan de armen kunnen geven."

¹⁰Jezus wist het. "Waarom hebben jullie kritiek op die vrouw?" vroeg hij hun. "Het is goed wat ze mij gedaan heeft. ¹¹Arme mensen zul je altijd wel bij je hebben, maar mij heb je niet altijd! ¹²Toen zij deze balsemolie over mijn lichaam uitgoot, maakte ze mij klaar voor mijn begrafenis. ¹³Ik verzeker je: overal in de wereld waar

dit evangelie verkondigd wordt, zal ook worden verteld wat zij gedaan heeft. Zo zal zij in de herinnering blijven voortleven."

Het verraad door Judas
(Marcus 14 : 10–11; Lucas 22 : 3–6)

¹⁴Toen ging één van de twaalf, Judas Iskariot, naar de opperpriesters. ¹⁵"Wat krijg ik, als ik u Jezus in handen speel?" vroeg hij. Ze betaalden hem dertig zilverstukken uit. ¹⁶En van dat ogenblik af keek hij uit naar een gunstige gelegenheid om Jezus te verraden.

De voorbereidingen voor het paasmaal
(Marcus 14 : 12–16; Lucas 22 : 7–13)

¹⁷Het was de eerste dag van het feest van het Ongegiste Brood. "Waar wilt u het paasmaal eten?" kwamen de leerlingen Jezus vragen. "Dan kunnen wij het gaan klaarmaken." ¹⁸Jezus gaf hun een adres in de stad op: "Ga daar naar toe en zeg: 'De meester laat u weten: mijn uur nadert; ik wil met mijn leerlingen bij u het paasmaal eten.'" ¹⁹De leerlingen deden zoals Jezus hun gezegd had en maakten het paasmaal klaar.

Jezus voorspelt het verraad van Judas
(Marcus 14 : 17–21; Lucas 22 : 21–23; Johannes 13 : 21–27)

²⁰Toen het avond was geworden, ging Jezus met de twaalf aan tafel. ²¹Onder het eten zei hij: "Ik heb jullie iets te zeggen: één van jullie zal mij verraden."
²²De leerlingen werden erg verdrietig en de een na de ander vroeg: "U bedoelt mij toch niet, Heer?"
²³"Degene die met mij zijn brood in deze schaal doopt, zal mij verraden," antwoordde hij. ²⁴"De Mensenzoon gaat weg, zo staat het over hem geschreven, maar wee de man die de Mensenzoon verraadt! Hij had beter niet geboren kunnen worden."
²⁵"Bedoelt u mij soms, rabbi?" vroeg Judas, de verrader.
"Zoals je zegt," antwoordde Jezus.

De avondmaalsviering
(Marcus 14 : 22–26; Lucas 22 : 15–20; 1 Korintiërs 11 : 23–25)

²⁶Onder het eten nam Jezus brood, sprak een gebed van dank, brak het brood in stukken en gaf die aan de leerlingen: "Neem en eet het op; het is mijn lichaam." ²⁷Toen nam hij een beker, dankte God en gaf hun de beker door met de woorden: "Drink er allen uit, ²⁸want het is mijn bloed waardoor het verbond met God word

bekrachtigd, mijn bloed dat voor vele mensen zal vloeien om vergeving voor hun zonden te verkrijgen. ²⁹Geloof mij, van nu af zal ik geen wijn meer drinken tot de dag dat ik met jullie nieuwe wijn zal drinken in het koninkrijk van mijn Vader." ³⁰Toen zongen zij de lofpsalmen en gingen op weg naar de Olijfberg.

Jezus voorspelt dat Petrus hem zal verloochenen
(Marcus 14 : 27–31; Lucas 22 : 31–34; Johannes 13 : 36–38)

³¹"Deze nacht zullen jullie mij allemaal in de steek laten," zei Jezus tegen hen. "Want er staat geschreven: 'Ik zal de herder doden en zijn schapen uit elkaar jagen.' ³²Maar wanneer ik uit de dood ben opgestaan, zal ik vóór jullie uit gaan naar Galilea."
²²"Al laat iedereen u in de steek, ik nooit," wierp Petrus tegen.
³⁴"Ik verzeker je, Petrus," antwoordde Jezus, "in deze nacht, nog vóór de haan kraait, zul je driemaal beweren dat je mij niet kent."
³⁵Maar Petrus riep uit: "Ik zal nooit beweren dat ik u niet ken, ook al moet ik met u sterven!" En de andere leerlingen beweerden allemaal hetzelfde.

Jezus bidt in Getsemane
(Marcus 14 : 32–42; Lucas 22 : 39–46)

³⁶Hij kwam met zijn leerlingen bij een plek die Getsemane heet. "Blijven jullie hier zitten," zei hij tegen hen, "ik ga daar verderop bidden." ³⁷Petrus en de twee zonen van Zebedeüs nam hij met zich mee. Verdriet en angst begonnen zich van hem meester te maken. ³⁸"Ik ben doodsbenauwd. Blijf hier en waak met mij," zei hij tegen hen. ³⁹Hij liep nog wat verder, liet zich voorover op de grond vallen en bad: "Vader, als het mogelijk is, neem dan deze beker van mij

weg. Alleen: niet zoals ik wil, maar zoals u wilt." ⁴⁰Toen keerde hij terug naar de drie en vond hen in slaap. "Ach, kunnen jullie nog geen uur met mij waken?" vroeg hij aan Petrus. ⁴¹"Blijf wakker en bid dat je niet toegeeft aan de verleiding. De geest is gewillig maar het vlees is zwak." ⁴²Hij verwijderde zich voor de tweede maal en bad: "Mijn Vader, als het niet anders kan, zal ik die beker drinken; wat u wilt, moet gebeuren." ⁴³Hij keerde terug en vond ze weer in slaap; ze konden hun ogen niet openhouden. ⁴⁴Hij liet hen nu met rust, ging weer weg en bad voor de derde maal hetzelfde.

⁴⁵Toen keerde hij naar de leerlingen terug. "Nog aan het slapen en uitrusten?" zei hij. "Het beslissende uur is gekomen! De Mensenzoon wordt verraden en valt in handen van zondige mensen. ⁴⁶Sta op en laten we gaan. Daar komt de verrader al aan."

Jezus wordt gearresteerd
(Marcus 14 : 43-50; Lucas 22 : 47-53; Johannes 18 : 3-11)

⁴⁷Hij was nog niet uitgesproken of Judas, één van de twaalf, kwam er aan. Hij was in gezelschap van een grote troep mannen die gewapend waren met zwaarden en stokken. Ze waren erop uitgestuurd door de opperpriesters en de leiders van het volk. ⁴⁸De verrader had een teken met hen afgesproken: "De man die ik groet met een kus, die is het. Hem moeten jullie arresteren." ⁴⁹Hij ging recht op Jezus af en zei: "Dag, rabbi," en kuste hem. ⁵⁰"Vriend, doe waarvoor je hier bent!" antwoordde Jezus hem. Toen kwamen ze naar voren, pakten Jezus beet en hielden hem vast. ⁵¹Op dat moment trok één van de leerlingen zijn zwaard, haalde uit naar de dienaar van de hogepriester en sloeg hem een oor af.

⁵²"Steek je zwaard weer bij je, op de plaats waar het thuis hoort," beval Jezus hem. "Want iedereen die het zwaard trekt, zal ook door het zwaard omkomen. ⁵³Denk je soms dat ik mijn Vader niet te hulp zou kunnen roepen? Als ik hem erom vroeg, zou hij me dadelijk bijstaan met meer dan twaalf legers engelen. ⁵⁴Maar hoe zou dan de Schrift in vervulling gaan? Die zegt, dat het zo moet gebeuren!"

⁵⁵Toen richtte hij zich tot de troep mannen: "Ben ik soms een misdadiger dat jullie met zwaarden en stokken erop uit zijn getrokken om mij gevangen te nemen? Elke dag zat ik in de tempel te onderwijzen en toen arresteerden jullie mij niet. ⁵⁶Maar dit gebeurt allemaal om te laten uitkomen wat de profeten hebben geschreven."

Toen lieten alle leerlingen hem in de steek en vluchtten weg.

Jezus voor de Hoge Raad
(Marcus 14 : 53–65; Lucas 22 : 54–55, 63–71; Johannes 18 : 13–14, 19–24)

⁵⁷Ze voerden Jezus gevangen weg naar het huis van de hogepriester Kajafas, waar de schriftgeleerden en de leden van de Raad bij elkaar gekomen waren. ⁵⁸Petrus volgde hem op enige afstand tot de binnenplaats van het huis van de hogepriester. Hij ging naar binnen en nam plaats tussen het dienstvolk om te zien hoe het zou aflopen. ⁵⁹De hogepriester en de hele Raad probeerden een valse aanklacht tegen Jezus te vinden waarop ze hem ter dood zouden kunnen veroordelen, ⁶⁰maar ze konden niets vinden, ofschoon er heel wat mensen waren die hem vals beschuldigden. ⁶¹Tenslotte kwamen er twee mannen naar voren die verklaarden: "Hij heeft beweerd: 'Ik kan de tempel van God afbreken en drie dagen later weer opbouwen.'"
⁶²De hogepriester stond op en vroeg: "Hebt u niets te zeggen op de beschuldiging die zij tegen u inbrengen?"
⁶³Maar Jezus zweeg.
"Ik bezweer u bij de levende God," hernam de hogepriester, "zeg ons, bent u de Christus, de Zoon van God?"
⁶⁴"Zoals u zegt," antwoordde Jezus. "Maar ik verzeker u: van nu af zult u de Mensenzoon zien zitten aan de rechterzijde van de almachtige God en hem zien komen op de wolken van de hemel."
⁶⁵Toen scheurde de hogepriester zijn ambtsgewaad en riep uit: "Hij heeft God beledigd! Waarvoor hebben we nog getuigen nodig? U hebt nu zelf gehoord dat hij God lastert. ⁶⁶Wat is uw uitspraak?"
"Hij is schuldig en verdient de doodstraf," antwoordden zij. ⁶⁷Toen spuugden sommigen hem in het gezicht en gaven hem stompen, ⁶⁸anderen sloegen hem en riepen: "Laat eens zien, Christus, dat je een profeet bent. Wie heeft je geslagen?"

Petrus zegt dat hij Jezus niet kent
(Marcus 14 : 66–72; Lucas 22 : 56–62; Johannes 18 : 15–18, 25–27)

⁶⁹Petrus zat nog steeds buiten op de binnenplaats. Er kwam een dienstmeisje naar hem toe. "Jij hoort ook bij die Jezus uit Galilea," zei ze. ⁷⁰Maar hij beweerde van niet, waar iedereen bij was. "Ik weet niet wat je bedoelt," zei hij. ⁷¹Hij verliet de binnenplaats en ging naar de poort, maar daar zag een ander dienstmeisje hem. "Hij hoort ook bij Jezus van Nazaret," zei ze tegen de mensen die daar stonden. ⁷²Maar Petrus ontkende opnieuw: "Ik zweer dat ik die man niet ken." ⁷³Even later kwamen de omstanders naar hem toe. "Het is waar, jij bent ook één van zijn aanhangers," zeiden ze. "Trouwens, het is aan je spraak te horen!" ⁷⁴Petrus begon te

vloeken en te zweren: "Ik ken die man niet." ⁷⁵Onmiddellijk kraaide er een haan. Meteen schoot het Petrus te binnen dat Jezus gezegd had: "Nog vóór de haan kraait zul je driemaal beweren dat je mij niet kent." En hij ging naar buiten en huilde bittere tranen.

Jezus wordt voor Pilatus gebracht
(Marcus 15 : 1)

27 's Morgens vroeg namen alle opperpriesters en leden van de Raad tegen Jezus het volgende besluit: hij moest ter dood worden gebracht. ²Ze lieten hem geboeid wegvoeren en leverden hem uit aan Pilatus, de goeverneur van de keizer.

De dood van Judas
(Handelingen 1 : 18-19)

³Toen Judas, de verrader, zag dat Jezus ter dood veroordeeld was, kreeg hij wroeging. Hij bracht de dertig zilverstukken terug naar de opperpriesters en de leden van de Raad. ⁴"Ik heb verkeerd gedaan, ik heb een onschuldige verraden," zei hij. "Wat hebben wij daarmee te maken?" antwoordden zij. "Dat is uw zaak." ⁵Toen gooide Judas de zilverstukken de tempel in, liep weg en hing zich op.
⁶De opperpriesters raapten het geld op. "We mogen het niet in de offerkist doen," zeiden ze, "want er kleeft bloed aan." ⁷En ze besloten er het land van de pottenbakker voor te kopen. Dat wilden ze gebruiken als begraafplaats voor de vreemdelingen. ⁸Daarom heet dat stuk land nog steeds "de Bloedakker".

⁹Zo ging in vervulling wat de profeet Jeremia had gezegd: "Zij pakten de dertig zilverstukken – de prijs die de Israëlieten hem waard vonden – ¹⁰en zij betaalden die voor het land van de pottenbakker. Zo had de Heer het mij opgedragen."

Jezus voor Pilatus
(Marcus 15 : 2-15; Lucas 23 : 3-5; 13-25; Johannes 18 : 28-19 : 16)

¹¹Jezus stond voor de goeverneur en die vroeg hem: "Bent u de koning van de Joden?" "Zoals u zegt," antwoordde Jezus. ¹²De opperpriesters en de leden van de Raad begonnen hem te beschuldigen, maar Jezus zweeg. ¹³Pilatus vroeg: "Hoort u niet waarvan ze u allemaal beschuldigen?" ¹⁴Maar Jezus gaf hem geen enkel antwoord, en dat verbaasde de goeverneur zeer.

¹⁵Nu liet Pilatus bij elk paasfeest een gevangene vrij. Het volk had daarbij de keus. ¹⁶Op dat moment zat er een berucht man

gevangen. Hij heette Barabbas. ¹⁷Omdat de mensen nu toch te hoop waren gelopen, vroeg Pilatus: "Wat willen jullie? Moet ik Barabbas vrijlaten of Jezus die Christus wordt genoemd?" ¹⁸Want Pilatus wist dat ze hem hadden uitgeleverd, omdat ze afgunstig op hem waren.

¹⁹Toen Pilatus op zijn rechterstoel zat, stuurde zijn vrouw hem een boodschap. "Houd je er buiten," waarschuwde ze hem, "die man is onschuldig. Vannacht heb ik in een droom veel om hem geleden."

²⁰Intussen hadden de opperpriesters en de leden van de Raad de menigte bewerkt: ze moesten Barabbas kiezen en de dood van Jezus eisen.

²¹"Wie van de twee willen jullie nu vrij hebben?" vroeg Pilatus hun opnieuw.

"Barabbas!"

²²"Maar wat moet ik dan doen met Jezus die Christus wordt genoemd?"

"Kruisigen!" riepen ze als één man.

²³"Maar waarom? Wat voor kwaad heeft hij dan gedaan?"

Maar zij schreeuwden nog harder: "Aan het kruis met hem!"

²⁴Pilatus merkte dat hij zo niet verder kwam; de onrust werd alleen maar groter. Daarom liet hij een schaal met water brengen en waste voor de ogen van de menigte zijn handen. "Ik ben onschuldig aan de dood van deze man," zei hij. "Het is jullie zaak."

²⁵Maar al het volk riep: "Wij en onze kinderen nemen de gevolgen van zijn dood op ons!"

²⁶Toen gaf Pilatus het volk zijn zin: Barabbas liet hij vrij, maar Jezus liet hij geselen. Daarna gaf hij hem over aan de soldaten die hem moesten kruisigen.

De bespotting

(Marcus 15 : 16–20; Johannes 19 : 2–3)

²⁷De soldaten namen Jezus mee in het paleis van Pilatus en haalden er de hele kompagnie bij. ²⁸Ze trokken zijn kleren uit en deden hem een helrode mantel om. ²⁹Ze vlochten een krans van doorntakken en zetten die op zijn hoofd en in zijn rechterhand gaven ze hem een stok. Toen knielden ze voor hem neer en zeiden spottend: "Hulde aan de koning van de Joden!" ³⁰En ze spuugden naar hem, trokken de stok uit zijn hand en sloegen hem ermee op zijn hoofd. ³¹Na deze bespotting deden ze hem de mantel af, trokken hem zijn kleren weer aan en leidden hem weg om hem te kruisigen.

De kruisiging
(Marcus 15 : 21–32; Lucas 23 : 26–43; Johannes 19 : 17–27)

³²Buiten de stad kwamen ze een man tegen die uit Cyrene kwam. Hij heette Simon. Hem dwongen ze de kruisbalk te dragen. ³³Zo kwamen ze aan op een plek die Golgota heette. Dat betekent Schedelplaats. ³⁴Ze gaven hem wijn te drinken, vermengd met bittere kruiden. Toen hij ervan geproefd had, wilde hij het niet.

³⁵Ze sloegen hem aan het kruis en verdeelden zijn kleren door erom te loten. ³⁶Ze gingen zitten en hielden bij hem de wacht. ³⁷Boven zijn hoofd brachten ze een opschrift aan met de reden van zijn veroordeling. Er stond: "Dit is Jezus, de koning van de Joden." ³⁸Samen met Jezus werden twee andere mannen aan het kruis geslagen, opstandelingen, de een links, de ander rechts van hem.

³⁹Voorbijgangers beledigden hem en schudden hun hoofd. ⁴⁰"Jij, die de tempel afbreekt en in drie dagen opbouwt," riepen ze, "red nu jezelf, als je de Zoon van God bent, en kom van het kruis af!" ⁴¹De opperpriesters, de schriftgeleerden en de leden van de Raad deden met deze spot mee: ⁴²"Anderen heeft hij geholpen, maar zichzelf helpen kan hij niet. Als hij werkelijk koning van Israël is, moet hij maar van het kruis afkomen, dan zullen we in hem geloven. ⁴³Hij vertrouwt op God en zegt dat hij Gods Zoon is. Laat die hem dan redden, als hij hem liefheeft!" ⁴⁴Zo hoonden hem ook de opstandelingen die met hem waren gekruisigd.

De dood van Jezus
(Marcus 15 : 33–41; Lucas 23 : 44–49; Johannes 19 : 28–30)

⁴⁵Van twaalf uur tot drie uur 's middags werd het over het hele land donker. ⁴⁶Om drie uur schreeuwde Jezus luidkeels: *"Eli, Eli, lama sabachtani?"* Dat betekent: "Mijn God, mijn God, waarom hebt u mij verlaten?"

⁴⁷Een paar omstanders die het hoorden, zeiden: "Hij roept om de profeet Elia." ⁴⁸Meteen ging één van hen een spons halen, doopte die in landwijn, stak hem op de punt van een stok en probeerde hem ervan te laten drinken. ⁴⁹"Wacht," zeiden anderen, "nu kunnen we zien of Elia hem te hulp komt." ⁵⁰Opnieuw schreeuwde Jezus luidkeels en hij stierf.

⁵¹Op dat moment scheurde het gordijn in de tempel in tweeën, van boven tot onderen. Er volgde een aardbeving en de rotsen braken in stukken. ⁵²Graven gingen open en velen die vroom waren gestorven, kregen weer het leven. ⁵³Zij verlieten hun graven en gingen na Jezus' opstanding naar de heilige stad Jeruzalem waar heel

wat mensen hen hebben gezien.

⁵⁴De kommandant en zijn soldaten, die Jezus bewaakten, hadden de aardbeving gevoeld en werden erg bang. "Die man was vast en zeker de Zoon van God," zeiden ze. ⁵⁵Op een afstand stonden veel vrouwen toe te kijken. Ze waren Jezus van Galilea af gevolgd en hadden hem gediend. ⁵⁶Er waren onder anderen Maria van Magdala, Maria de moeder van Jakobus en Jozef, en de moeder van de zonen van Zebedeüs.

Jezus wordt begraven
(Marcus 15 : 42-47; Lucas 23 : 50-56; Johannes 19 : 38-42)

⁵⁷'s Avonds kwam een welgesteld man van Arimatea. Hij heette Jozef en was ook een leerling van Jezus. ⁵⁸Hij ging naar Pilatus en vroeg hem om het lichaam van Jezus. Pilatus gaf opdracht het aan hem af te staan. ⁵⁹Jozef haalde het lichaam van het kruis af, wikkelde het in schoon linnen ⁶⁰en legde het in zijn eigen grafkamer die hij pas in de rotsen had laten uithakken. Hij rolde een grote steen voor de ingang en ging weg. ⁶¹Maria van Magdala en de andere Maria waren daarbij aanwezig; ze zaten tegenover het graf.

De wacht bij het graf

⁶²De volgende dag, dat is de dag na de voorbereiding op de sabbat,

gingen de opperpriesters en de Farizeeërs naar Pilatus: ⁶³"Excellentie, wij herinneren ons dat die bedrieger bij zijn leven heeft gezegd: 'Na drie dagen zal ik opstaan.' ⁶⁴Kunt u geen opdracht geven het graf te bewaken tot die derde dag? Want anders komen zijn volgelingen zijn lichaam weghalen en zeggen dan tegen de mensen: 'Hij is van de dood opgestaan.' En die laatste leugen zou nog erger zijn dan de eerste."

⁶⁵"Een wacht kunt u krijgen," antwoordde Pilatus, "treft u zelf maar de veiligheidsmaatregelen die u nodig vindt."

⁶⁶Zij gingen naar de grafkamer en beveiligden die door de steen te verzegelen en er de wacht bij te plaatsen.

De opstanding
(Marcus 16 : 1–10; Lucas 24 : 1–12; Johannes 20 : 1–10)

28 De sabbat was voorbij; bij het eerste ochtendlicht van de zondag gingen Maria van Magdala en de andere Maria naar het graf kijken. ²Plotseling was er een geweldige aardbeving, want een engel van de Heer daalde af van de hemel. Hij ging naar het graf toe, rolde de steen weg en ging erop zitten. ³Zijn gezicht was als een bliksemflits en zijn kleren waren wit als sneeuw. ⁴De bewakers schrokken zo hevig dat ze voor dood bleven liggen.

⁵"Wees niet bang," zei de engel tegen de vrouwen. "Want ik weet dat u Jezus zoekt die aan het kruis is geslagen. ⁶Hij is hier niet, want hij is opgestaan zoals hij gezegd had. Kom en bekijk de plaats waar hij heeft gelegen. ⁷Maar ga nu snel aan zijn leerlingen zeggen: 'Hij is van de dood opgestaan en gaat nu vóór jullie uit naar Galilea; daar zullen jullie hem zien.' Dat is wat ik u te zeggen had."

⁸Zij verlieten snel het graf, bang en heel blij tegelijk, en liepen vlug door om het nieuws over te brengen aan zijn leerlingen.

⁹Toen kwam Jezus de vrouwen tegemoet. "Vrede," zei hij tegen hen. Zij gingen naar hem toe, knielden voor hem neer en hielden zijn voeten vast. ¹⁰"Wees niet bang," zei hij. "Ga mijn broeders vertellen dat ze hiervandaan naar Galilea moeten gaan. Daar zullen ze mij zien."

Het verhaal van de wacht

¹¹Toen de vrouwen onderweg waren, gingen een paar van de wachters naar de stad en vertelden de opperpriesters alles wat er gebeurd was. ¹²De opperpriesters kwamen met de leiders van het volk bij elkaar en besloten tot de volgende maatregel. Zij gaven de soldaten een behoorlijke som geld ¹³en zeiden: "Jullie moeten zeggen: ''s Nachts kwamen zijn leerlingen en toen wij sliepen, hebben zij zijn lichaam weggehaald.' ¹⁴En mocht dat ter ore komen van de goeverneur, dan zullen wij hem wel overreden en zorgen dat jullie ongemoeid blijven." ¹⁵De wachters pakten het geld aan en deden zoals hun was opgedragen. En dat is het verhaal dat onder de Joden werd verspreid en nog verspreid wordt tot op de dag van vandaag.

De laatste opdracht aan de apostelen

(Marcus 16 : 14-18; Lucas 24 : 36-49; Johannes 20 : 19-23; Handelingen 1 : 6-8)

¹⁶De elf leerlingen gingen naar Galilea, naar de berg waar Jezus met hen had afgesproken, ¹⁷en toen ze hem zagen, knielden ze voor hem neer, maar sommigen twijfelden nog. ¹⁸Jezus kwam dichterbij en zei: "God heeft mij alle macht gegeven in de hemel en op aarde. ¹⁹Trek erop uit en maak alle volken tot mijn leerlingen en doop ze in de naam van de Vader en van de Zoon en van de heilige Geest. Leer hun alles onderhouden wat ik jullie heb opgedragen. ²⁰En, luister goed: ik ben altijd bij jullie, tot aan de voleinding van de wereld."

Het Evangelie volgens Marcus

Johannes de Doper
(Matteüs 3 : 1–12; Lucas 3 : 1–18; Johannes 1 : 19–28)

1 Het evangelie van Jezus Christus, de Zoon van God. ²Het begon zoals het bij de profeet Jesaja staat beschreven:
"Hier is mijn gezant, zegt God;
ik stuur hem voor u uit
om ruim baan voor u te maken.
³In de woestijn roept hij luid:
Maak de weg voor de Heer vrij,
zorg dat hij over rechte paden kan gaan."
⁴Dat slaat op Johannes, die in de woestijn leefde en er doopte en preekte. "Begin een nieuw leven en laat u dopen," zei hij tegen de mensen; "dan zal God vergeven wat u verkeerd hebt gedaan." ⁵Uit de landstreek Judea en uit de stad Jeruzalem kwamen alle mensen naar Johannes luisteren. Ze bekenden dat ze verkeerd geleefd hadden en lieten zich door hem dopen in de rivier de Jordaan.

⁶Johannes droeg kleren van kameelhaar, en een leren riem om zijn middel; en hij at sprinkhanen en honing van wilde bijen. ⁷Hij maakte bekend: "Na mij komt er iemand die veel machtiger is dan ik. Ik ben er zelfs niet goed genoeg voor slavenwerk voor hem te doen. ⁸Ik doopte u met water, maar hij zal u dopen met heilige Geest."

Johannes doopt Jezus
(Matteüs 3 : 13–17; Lucas 3 : 21–22)

⁹In die tijd kwam ook Jezus daar aan, uit Nazaret in Galilea, en hij liet zich door Johannes dopen in de Jordaan. ¹⁰Zodra hij uit het water op de oever was gekomen, zag hij de hemel opengaan en de Geest als een duif op hem neerdalen. ¹¹En er klonk een stem uit de hemel: "Jij bent mijn enige Zoon, de man naar mijn hart."

Jezus in de woestijn
(Matteüs 4 : 1–11; Lucas 4 : 1–13)

¹²Meteen dreef de Geest hem vandaar weg, de woestijn in. ¹³Daar bleef hij veertig dagen. Al die tijd stelde Satan hem op de proef; wilde dieren omringden hem, maar er kwamen engelen om hem te helpen.

De eerste leerlingen

(Matteüs 4 : 12-22; Lucas 4 : 14-15; 5 : 1-11)

¹⁴Na de arrestatie van Johannes ging Jezus naar Galilea en verkondigde het grote nieuws van God. ¹⁵"De tijd is rijp," zei hij; "het koninkrijk van God is dichtbij. Begin een nieuw leven en geloof dit evangelie."

¹⁶Toen hij langs het Meer van Galilea liep, zag hij Simon en zijn broer Andreas hun netten in het meer uitgooien. Het waren vissers. ¹⁷"Ga met me mee," zei Jezus tegen hen, "dan zal ik jullie leren, hoe mensen te vangen." ¹⁸Meteen lieten ze hun netten liggen en gingen met hem mee.

¹⁹Een eind verder zag hij Jakobus en Johannes, de zonen van Zebedeüs. Ze zaten in hun boot de netten te herstellen. ²⁰Zodra Jezus hen zag, riep hij hen, en ze lieten hun vader Zebedeüs met de andere vissers in de boot achter en volgden hem.

Jezus drijft een duivelse geest uit

(Lucas 4 : 31-37)

²¹Ze kwamen in Kafarnaüm, en toen het sabbat was ging hij de synagoge binnen en onderwees er in zijn leer. ²²De mensen waren stomverbaasd over wat hij te zeggen had. Want hij sprak met gezag, dat in tegenstelling met de schriftgeleerden.

²³Juist op dat moment was er in hun synagoge een man die in de macht was van een duivelse geest. ²⁴"Wat moet je van ons, Jezus van Nazaret?" schreeuwde hij. "Ben je gekomen om ons te vernietigen? Ik weet wel wie je bent: je bent de heilige van God!"

²⁵"Houd je mond en ga uit de man weg," zei Jezus hem streng. ²⁶De geest deed de man stuiptrekken en ging met een luide schreeuw uit hem weg. ²⁷De mensen stonden allemaal versteld: "Wat is hier aan de hand? Iemand die iets nieuws leert, en nog wel met gezag! Hij beveelt de duivelse geesten en ze gehoorzamen hem!" ²⁸En al gauw werd hij overal in Galilea bekend, tot in de verste uithoeken.

Jezus geneest veel zieken
(Matteüs 8 : 14-17; Lucas 4 : 38-41)

²⁹Ze verlieten de synagoge en gingen regelrecht naar het huis van Simon en Andreas, samen met Jakobus en Johannes. ³⁰De schoonmoeder van Simon lag met koorts op bed. Zodra Jezus er was, vertelden ze het hem. ³¹Hij ging naar haar toe, pakte haar bij de hand en hielp haar opstaan. Haar koorts verdween, en zij ging voor de gasten zorgen.

³²'s Avonds, toen de zon onder was, brachten ze hem alle zieken en bezetenen. ³³De hele stad verzamelde zich voor de deur van het huis. ³⁴Veel zieken genas hij van allerlei kwalen. Hij verdreef veel duivelse geesten en liet niet toe dat ze iets zeiden, omdat ze wisten wie hij was.

Jezus trekt door Galilea
(Lucas 4 : 42-44)

³⁵Heel vroeg – het was nog donker – stond hij op en ging het huis uit op weg naar een eenzame plaats. Daar bad hij. ³⁶Simon en zijn vrienden gingen hem achterna, ³⁷en toen ze hem gevonden hadden, zeiden ze: "Iedereen kijkt naar u uit." ³⁸Maar hij antwoordde: "Kom, we gaan naar de dorpen in de omtrek; ook daar moet ik het grote nieuws verkondigen, want dat is mijn opdracht." ³⁹Zo trok hij heel Galilea door, sprak in de synagogen en dreef de duivelse geesten uit.

Jezus geneest een melaatse
(Matteüs 8 : 1-4; Lucas 5 : 12-16)

⁴⁰Er kwam een man naar hem toe die melaats was. Hij knielde voor Jezus neer en smeekte: "Als u wilt, kunt u mij rein maken." ⁴¹Jezus had medelijden met hem. Hij stak zijn hand uit en raakte hem aan. "Ik wil het; word rein," zei hij. ⁴²Meteen verdween zijn melaatsheid en was hij genezen. ⁴³Jezus stuurde hem onmiddellijk weg. ⁴⁴"Denk erom: zeg tegen niemand iets," zei hij streng, "maar ga u aan de priester laten zien en breng voor uw genezing het offer

dat Mozes heeft voorgeschreven. Dan bent u officieel rein." ⁴⁵Maar eenmaal vertrokken, begon de man overal rond te bazuinen wat er gebeurd was. Daarom kon Jezus niet langer openlijk in een stad verschijnen. In plaats daarvan bleef hij buiten de steden op eenzame plaatsen. Van alle kanten kwamen de mensen hem daar opzoeken.

Jezus geneest een verlamde man
(Matteüs 9 : 1–8; Lucas 5 : 17–26)

2 Een paar dagen later ging hij naar Kafarnaüm terug, en het werd bekend dat hij thuis was. ²Er verzamelden zich zoveel mensen dat er nergens plaats meer was, zelfs niet vóór de deur. Toen hij hun over Gods boodschap sprak, ³kwam een aantal mensen hem een verlamde brengen; ze droegen hem met vier man, ⁴maar doordat het zo vol was, konden ze niet bij hem komen. Daarom namen ze boven de plek waar hij zat, de dakbedekking weg en toen ze een opening gemaakt hadden, lieten ze de lamme op zijn slaapmat naar beneden zakken. ⁵Bij het zien van hun geloof zei Jezus tegen de verlamde: "Jongeman, je zonden zijn vergeven." ⁶Maar daar zaten ook een paar schriftgeleerden, en die dachten bij zichzelf: ⁷"Hoe durft hij dat te zeggen? Die man beledigt God!

Want God is de enige die zonden kan vergeven!" ⁸Jezus wist onmiddellijk wat zij dachten en zei: "Waarom denkt u zo bij uzelf? ⁹Wat is gemakkelijker tegen deze verlamde man te zeggen: 'Je zonden zijn vergeven,' of: 'Sta op, pak je slaapmat op en loop'? ¹⁰Maar ik zal u laten zien dat de Mensenzoon de macht heeft om op aarde zonden te vergeven." Toen richtte hij zich tot de lamme: ¹¹"Ik zeg je: sta op, pak je slaapmat op en ga naar huis." ¹²Meteen stond hij op, pakte zijn slaapmat op en ging weg. Het gebeurde waar iedereen bij was. De mensen stonden allemaal versteld; ze prezen God en zeiden: "Zoiets hebben we nog nooit gezien."

Jezus roept Levi
(Matteüs 9 : 9–13; Lucas 5 : 27–32)

¹³Hij verliet het dorp weer en ging naar het meer. Heel de menigte ging naar hem toe en hij onderwees ze in zijn leer. ¹⁴Onderweg zag hij Levi, de zoon van Alfeüs. De man was tollenaar en zat bij zijn tolhuis. "Volg mij," zei Jezus. Levi stond op en volgde hem.

¹⁵Op een keer was Jezus te gast bij een maaltijd in Levi's huis. Heel wat tollenaars en andere lieden die het met de wet niet zo nauw namen, aten met Jezus en zijn leerlingen mee. Hij had namelijk

veel volgelingen. ¹⁶Nu waren daar enkele schriftgeleerden die tot de Farizeeërs behoorden. Toen ze zagen dat hij at met overtreders van de wet en tollenaars, vroegen zij aan zijn leerlingen: "Waarom eet hij met tollenaars en overtreders van de wet?" ¹⁷Jezus hoorde het en zei: "Gezonde mensen hebben geen dokter nodig, zieke wel. Ik ben niet gekomen om hen uit te nodigen die de wet stipt naleven, maar hen die de wet overtreden."

Het vasten
(Matteüs 9 : 14–17; Lucas 5 : 33–39)

¹⁸De leerlingen van Johannes de Doper en de Farizeeërs onderhielden een vastentijd. "Waarom vasten de volgelingen van Johannes en de Farizeeërs wel," kwamen sommigen Jezus vragen, "maar uw leerlingen niet?" ¹⁹"Kunnen op een bruiloft de genodigden soms vasten?" antwoordde hij hun. "Natuurlijk kunnen ze dat niet zolang de bruidegom bij hen is. ²⁰Maar er komt een tijd dat de bruidegom van hen wordt weggehaald, en op die dag zullen ze vasten.
²¹"Niemand verstelt een oude jas met een lap die nog niet gekrompen is. Doet hij het wel, dan trekt die nieuwe lap de oude jas kapot, en de scheur wordt alleen maar erger. ²²Zo doet ook niemand jonge wijn in oude wijnzakken. Doet hij het wel, dan scheurt de wijn de zakken kapot, en zowel de wijn als de zakken gaan verloren. [Nee, jonge wijn hoort in nieuwe zakken!"]

Jezus, Heer van de sabbat
(Matteüs 12 : 1–8; Lucas 6 : 1–5)

²³Op een sabbat liep Jezus door de korenvelden. Onderweg begonnen zijn leerlingen korenaren te plukken. ²⁴"Kijk eens wat ze doen!" zeiden de Farizeeërs tegen hem. "Dat mag niet op sabbat." ²⁵"Hebt u nooit gelezen," vroeg Jezus hun, "wat David deed toen hij en zijn mannen honger leden en ze niets te eten hadden? ²⁶Hij ging het huis van God binnen – Abjatar was toen de hogepriester – en at van de altaarbroden die alleen de priesters mogen eten. Bovendien gaf hij er ook van te eten aan zijn mannen." ²⁷En Jezus besloot: "De sabbat is er voor de mensen, en niet omgekeerd. ²⁸De Mensenzoon is dus ook Heer over de sabbat."

Een genezing op sabbat
(Matteüs 12 : 9–14; Lucas 6 : 6–11)

3 Hij ging naar de synagoge terug. Daar was een man met een verlamde hand. ²Ze hielden hem scherp in het oog om te zien

of hij die man op de sabbat zou genezen; dan konden ze een aanklacht tegen hem indienen. ³"Kom eens in het midden staan," zei Jezus tegen de man met de verlamde hand. ⁴Toen vroeg hij de aanwezigen: "Mag men op sabbat goed doen of moet men dat nalaten? Mag men op sabbat iemands leven redden of moet men hem laten sterven?" Maar zij hielden hun mond. ⁵Jezus was kwaad toen hij de kring rondkeek, maar tegelijk was hij verdrietig over hun verblinding. "Steek uw hand uit," beval hij de man. Hij stak hem uit en zijn hand was weer in orde. ⁶Onmiddellijk verlieten de Farizeeërs de synagoge en maakten met de aanhangers van de partij van Herodes plannen om hem uit de weg te ruimen.

Jezus bij het Meer van Galilea

⁷Jezus week met zijn leerlingen uit naar het Meer van Galilea. Een grote massa mensen volgde hem. Ze kwamen uit Galilea, Judea ⁸en Jeruzalem; uit Idumea en van de overkant van de Jordaan en uit de streken van Tyrus en Sidon. Omdat ze hoorden wat hij allemaal deed, kwamen ze in grote aantallen naar hem toe. ⁹Jezus zei zijn leerlingen een bootje voor hem klaar te houden; de mensen zouden hem wel eens onder de voet kunnen lopen. ¹⁰Want hij maakte zoveel mensen beter, dat allen die iets mankeerden begonnen op te dringen om hem aan te raken. ¹¹En wanneer de duivelse geesten hem zagen, vielen ze voor hem neer en schreeuwden: "Jij bent de Zoon van God." ¹²Maar Jezus verbood hun streng, bekend te maken wie hij was.

Jezus kiest zijn twaalf apostelen
(Matteüs 10 : 1–4; Lucas 6 : 12–16)

¹³Jezus ging de berg op en riep een aantal mannen bij zich die hij zelf had uitgekozen, en zij kwamen bij hem. ¹⁴Zo vormde hij een groep van twaalf personen die hem moesten vergezellen. "Ik zal jullie erop uit sturen om het evangelie te verkondigen," zei hij, ¹⁵"en jullie zullen de macht hebben om de duivelse geesten uit te drijven." ¹⁶Hij stelde de groep van twaalf zo samen: Simon (die hij voortaan Petrus noemde), ¹⁷Jakobus en zijn broer Johannes, de zonen van Zebedeüs. (Hun gaf hij de bijnaam Boanerges, dat betekent "mannen van de donder".) ¹⁸Verder Andreas, Filippus, Bartolomeüs, Matteüs, Tomas, Jakobus de zoon van Alfeüs, Taddeüs, Simon de verzetsman ¹⁹en tenslotte Judas Iskariot, de man die Jezus heeft verraden.

Jezus en Beëlzebul
(Matteüs 12 : 22–32; Lucas 11 : 14–23; 12 : 10)

²⁰Jezus ging naar huis, en weer verzamelde zich zo'n grote massa mensen dat hij en zijn leerlingen niet eens de gelegenheid kregen om te eten. ²¹Toen zijn familieleden hiervan hoorden, gingen ze hem halen, want er werd al gezegd: "Die man is gek geworden."

²²Schriftgeleerden die uit Jeruzalem gekomen waren, zeiden: "Beëlzebul huist in hem, en dank zij Beëlzebul, de aanvoerder van de duivelse geesten, kan hij die geesten uitdrijven." ²³Jezus riep hen bij zich en zei met behulp van gelijkenissen: "Hoe kan Satan nu Satan uitdrijven? ²⁴Als er in een koninkrijk verdeeldheid heerst,

kan het zich niet handhaven. ²⁵En als een familie verdeeld is, valt ze uiteen. ²⁶En als Satan zichzelf gaat bestrijden en er in zijn rijk verdeeldheid heerst, kan hij zich niet handhaven maar is zijn einde gekomen.
²⁷"Niemand kan zo maar het huis van een sterke man binnendringen en er de inboedel weghalen; eerst moet hij die sterke man zien vast te binden en dan kan hij zijn huis leeghalen.
²⁸"Ik verzeker u: wat voor kwaad de mensen ook begaan en hoe erg ze God ook beledigen, het zal hun allemaal vergeven worden, ²⁹maar als iemand de heilige Geest lastert, kan hij nooit vergeving meer krijgen; zijn schuld is er een voor altijd." (³⁰Jezus zei dat, omdat er van hem gezegd werd: "Er huist een duivelse geest in hem.")

Jezus en zijn familie
(Matteüs 12 : 46-50; Lucas 8 : 19-21)

³¹Toen kwamen daar zijn moeder en zijn broers; ze bleven buiten staan en lieten hem roepen. ³²Om Jezus heen zat een grote groep mensen.
"Buiten staan uw moeder en uw broers," zeiden ze tegen hem; "ze willen u zien."
³³"Mijn moeder? Mijn broers?" vroeg hij. "Wie zijn dat?" ³⁴En hij liet zijn blik gaan langs de mensen die in een kring om hem heen zaten, en zei: "Dit zijn mijn moeder en mijn broers! ³⁵Want ieder die doet wat God van hem verlangt, is mijn broer, mijn zuster en mijn moeder."

De zaaier
(Matteüs 13 : 1-9; Lucas 8 : 4-8)

4 Weer ging Jezus bij het meer de mensen onderwijzen in zijn leer. En ze kwamen in zulke grote aantallen naar hem toe dat hij in een boot stapte. Zo zat hij op het meer, en de hele menigte stond op de oever. ²Hij leerde hun erg veel en deed dat met behulp van gelijkenissen. ³"Luister!" zei hij. "Er was eens een boer die ging zaaien. ⁴Bij het zaaien viel een gedeelte langs de weg. Er kwamen vogels die dat zaad opaten. ⁵Een ander deel viel op de rotsgrond. Daar lag weinig aarde. Het zaad kwam snel op, want de grond was niet diep. ⁶Maar toen de zon was opgekomen, verschroeide het jonge groen, en omdat het geen wortels had, verdorde het. ⁷Een ander gedeelte viel tussen de distels. De distels kwamen op en verstikten het zaad, zodat het niets opbracht. ⁸De rest van het

zaad viel in goede grond; het kwam op, groeide en zette vrucht: een deel bracht dertigmaal zoveel op, een ander deel zestig- en weer een ander deel honderdmaal." ⁹En hij besloot: "Wie oren heeft, moet ook luisteren!"

Het doel van de gelijkenissen
(Matteüs 13 : 10-17; Lucas 8 : 9-10)

¹⁰Toen Jezus alleen was, kwamen de twaalf leerlingen en anderen uit de kring rond Jezus hem vragen of hij de gelijkenissen wilde uitleggen. ¹¹"Jullie zijn ingewijd in het geheim van het koninkrijk van God," zei hij, "maar de buitenstaanders moeten het doen met gelijkenissen, ¹²zodat

'zij met hun ogen zullen kijken, maar niets zien;
met hun oren zullen horen, maar niets verstaan.
Anders zouden ze tot God terugkeren
en zou hij hun zonden vergeven.'"

Jezus legt zijn woorden uit
(Matteüs 13 : 18-23; Lucas 8 : 11-15)

¹³"Als jullie deze gelijkenis niet begrijpen, welke begrijp je dan wel?" vroeg Jezus hun. ¹⁴"De boer die ging zaaien, zaait het woord van God. ¹⁵Soms komt het woord langs de weg terecht: dat zijn zij die het woord van God horen, maar nauwelijks hebben ze het gehoord, of Satan komt en neemt het woord weg dat in hen is uitgezaaid. ¹⁶Anderen lijken op het zaad dat op de rotsbodem is gevallen. Als ze de boodschap horen, nemen ze die blij aan. ¹⁷Maar

het zit niet diep, het zijn mensen zonder volharding. Worden ze onderdrukt of vervolgd om hun geloof in de boodschap, dan geven ze het meteen op. ¹⁸Weer anderen zijn als het zaad dat tussen de distels terechtkwam. Ook dat zijn mensen die de boodschap hebben gehoord, ¹⁹maar materiële zorgen, de valse schittering van de rijkdom en de begeerte naar al dat soort dingen nemen hen zo in beslag, dat de boodschap verstikt wordt en geen vrucht draagt. ²⁰Het zaad tenslotte dat in goede grond gezaaid werd, zijn de mensen die de boodschap horen en in zich opnemen. En zij brengen dertig-, zestig- en honderdmaal zoveel op."

Openbaarheid
(Lucas 8 : 16-18)

²¹Ook zei hij tegen de mensen: "Brengt iemand soms een olielamp binnen om die onder een korenmaat te zetten of onder het bed? Zet hij hem niet op een standaard? ²²Want iets wordt alleen weggeborgen om het voor de dag te halen en een geheim wordt alleen bewaard om het openbaar te maken. ²³Wie oren heeft, moet ook luisteren!"

²⁴En hij ging door: "Let goed op wat u nu hoort! God zal u meten met de maat waarmee u meet; ja, hij zal u nog wat meer geven. ²⁵Wie iets heeft, krijgt nog meer, maar wie niets heeft, hem wordt wat hij heeft, nog afgenomen."

Het groeiende zaad

²⁶Jezus zei: "Het koninkrijk van God kun je vergelijken met een man die zaad in zijn akker zaaide. ²⁷'s Nachts slaapt hij en overdag is hij op en ondertussen kiemt het zaad en groeit het op zonder dat hij weet hoe. ²⁸Uit eigen kracht brengt de aarde vrucht voort: eerst de halm, dan de aar, vervolgens de korrels in de aar. ²⁹En wanneer de korrels rijp zijn, gaat de boer met zijn sikkel onmiddellijk aan de slag, want de oogsttijd is gekomen."

Het mosterdzaadje
(Matteüs 13 : 31-32, 34; Lucas 13 : 18-19)

³⁰En hij vervolgde: "Waarmee zullen we het koninkrijk van God vergelijken? Welk beeld kunnen we gebruiken? ³¹Het is als het mosterdzaadje, het kleinste van alle zaden op aarde. ³²Iemand zaait het in, en eenmaal in de grond komt het op en het wordt groter dan alle andere planten. Het krijgt zo grote takken dat de vogels uit de lucht kunnen neerstrijken in zijn schaduw."

³³Met zulke en andere gelijkenissen verkondigde hij de mensen zijn boodschap, voorzover ze die konden begrijpen. ³⁴Zonder gelijkenissen te gebruiken vertelde hij hun niets, maar als hij met zijn leerlingen alleen was, legde hij hun alles uit.

Jezus stilt de storm
(Matteüs 8 : 23–27; Lucas 8 : 22–25)

³⁵Dezelfde dag, toen het al avond was, zei hij tegen hen: "Laten we naar de overkant van het meer gaan." ³⁶De mensen bleven op de oever achter; de leerlingen stapten in de boot – Jezus was er al in – en namen hem mee naar de overkant. Er waren ook andere boten bij. ³⁷Er stak een harde valwind op en de golven sloegen over het schip, zodat het vol liep met water. ³⁸Jezus lag achterin

te slapen, zijn hoofd op een kussen. Ze maakten hem wakker en zeiden: "Meester, doet het u niets dat we vergaan?" ³⁹Jezus werd wakker en sprak de wind en de golven bestraffend toe: "Rustig! Wees stil!" En de wind ging liggen en het meer werd zo glad als een spiegel. ⁴⁰"Waarom zijn jullie zo bang?" vroeg hij hun. "Hebben jullie nu geloof of niet?" ⁴¹Zij waren diep onder de indruk

en zeiden tegen elkaar: "Wat is dit toch voor iemand? Zelfs de wind en de golven gehoorzamen hem!"

Jezus in het gebied van de Gerasenen
(Matteüs 8 : 28–34; Lucas 8 : 26–39)

5 Eenmaal aan de overkant van het meer, kwamen ze in het gebied van de Gerasenen. ²Nauwelijks was hij de boot uit, toen van de begraafplaats een man op hem af kwam die in de macht van een duivelse geest was ³en tussen de graven woonde. Niemand kon hem meer vastbinden, zelfs niet met kettingen. ⁴Want dikwijls hadden ze hem aan handen en voeten gebonden, maar telkens wist hij zijn boeien te verbreken en zijn kettingen los te rukken. Niemand was zo sterk dat hij hem aankon. ⁵Dag en nacht zwierf hij rond tussen de graven en over de heuvels. Hij stootte allerlei kreten uit en sloeg zichzelf met stenen.

⁶Toen hij Jezus in de verte zag aankomen, snelde hij op hem af en knielde voor hem neer. ⁷"Jezus, Zoon van de allerhoogste God, wat wil je van me?" brulde hij. "Ik smeek je in Godsnaam, val me niet lastig!" ⁸(Want Jezus had tegen hem gezegd: "Duivelse geest, ga uit hem weg!") ⁹"Hoe heet je?" vroeg Jezus hem. "Legio," antwoordde hij, "want we zijn met velen." ¹⁰En hij smeekte Jezus, hen niet uit deze streek te verjagen.

¹¹Nu was daar op de helling van een heuvel een grote kudde varkens op zoek naar voedsel. ¹²"Stuur ons naar die varkens," verzochten de geesten Jezus, "dan kunnen we bij ze intrekken." ¹³Jezus liet ze gaan. De geesten gingen uit de man vandaan en trokken in bij de varkens, en de kudde stortte de helling af het meer in – het waren er ongeveer tweeduizend – en ze verdronken in het water.

¹⁴De varkenshoeders vluchtten weg en vertelden het nieuws in

het dorp en in de omliggende gehuchten. De inwoners kwamen kijken wat er gebeurd was. ¹⁵Bij Jezus gekomen, zagen ze de bezetene die altijd legio duivelse geesten in zich had, gekleed en bij zijn volle verstand op de grond zitten. Ze werden er bang van. ¹⁶De mannen die het gezien hadden, vertelden hun wat er gebeurd was met de bezetene en de varkens. ¹⁷Toen begonnen zij er bij Jezus op aan te dringen hun streek te verlaten.

¹⁸Toen Jezus in de boot stapte, vroeg de man die bezeten was geweest, of hij met hem mee mocht. ¹⁹Jezus weigerde. "Ga naar huis, naar uw familie," beval hij hem, "en vertel ze wat de Heer allemaal aan u gedaan heeft en hoe goed hij voor u is geweest!" ²⁰En de man ging weg en begon in het Tienstedengebied bekend te maken wat Jezus allemaal aan hem gedaan had, en iedereen stond er versteld van.

Het dochtertje van het hoofd van een synagoge
De genezing van een vrouw
(Matteüs 9 : 18–26; Lucas 8 : 40–56)

²¹Jezus stak met de boot het meer weer over, terug naar de overkant. Hij bleef aan de oever en daar kwamen de mensen in grote aantallen naar hem toe. ²²Er kwam ook een man die Jaïrus heette. Hij was hoofd van een synagoge. Toen hij Jezus zag, viel hij voor hem op de knieën ²³en smeekte dringend: "Mijn dochtertje ligt op sterven. Kom alstublieft mee om haar de handen op te leggen; dan wordt ze beter en blijft in leven." ²⁴Jezus ging met hem mee. Een grote menigte liep achter hem aan en drong steeds meer op.

²⁵Er was een vrouw bij die al twaalf jaar ernstig aan bloedingen leed. ²⁶Ze had heel wat te verduren gehad van veel doktoren en had al haar geld eraan uitgegeven, maar het had allemaal niets geholpen; ze was alleen maar achteruit gegaan. ²⁷Omdat ze gehoord had wat er over Jezus verteld werd, werkte ze zich door de menigte heen tot ze vlak achter hem was. ²⁸Ze zei bij zichzelf: "Ik hoef alleen maar zijn kleren aan te raken; dan zal ik beter worden." En ze raakte zijn kleren aan. ²⁹Meteen hield de bloeding op en zij voelde dat zij van haar kwaal af was. ³⁰Op hetzelfde moment merkte Jezus dat er kracht uit hem was weggestroomd. Hij draaide zich om naar de mensen en vroeg: "Wie heeft mijn kleren aangeraakt?" ³¹"Kijk eens naar al de mensen die om u samendringen," zeiden zijn leerlingen tegen hem. "Hoe kunt u dan vragen: Wie heeft mij aangeraakt?" ³²Jezus keek rond om te zien wie het gedaan had. ³³De vrouw, die wist wat er met haar gebeurd was, kwam

bevend van angst naar voren, viel voor Jezus neer en vertelde hem de hele waarheid. ³⁴Maar hij zei: "Vrouw, uw geloof heeft u gered. Ga in vrede; u bent voorgoed van uw kwaal genezen."

³⁵Hij was nog niet uitgesproken of ze kwamen van het huis van Jaïrus met de mededeling: "Uw dochter is gestorven. Waarom zou u de meester nog langer lastig vallen?" ³⁶Jezus schonk geen aandacht aan wat ze vertelden maar zei tegen Jaïrus: "Wees niet bang; geloof maar!" ³⁷Hij wilde niet dat iemand met hem meeging behalve Petrus en de broers Jakobus en Johannes. ³⁸Toen ze bij het huis van Jaïrus kwamen, zag Jezus de opwinding onder de mensen: ze huilden en jammerden luid. ³⁹Hij ging naar binnen en zei tegen hen: "Waarom bent u zo opgewonden en waarom huilt u? Het kind is niet dood; het slaapt alleen maar." Ze lachten hem vierkant uit. ⁴⁰Maar Jezus zette iedereen buiten, nam de ouders van het kind en zijn drie leerlingen mee en ging de kamer binnen waar het kind lag. ⁴¹Hij pakte haar bij de hand en zei tegen haar: *"Talita koem,"* dat betekent: "Meisje, ik zeg je: sta op." ⁴²Meteen stond het meisje op en begon te lopen. (Ze was twaalf jaar.) De ouders en de leerlingen waren buiten zichzelf van verbazing. ⁴³Jezus vroeg hun nadrukkelijk, ervoor te zorgen dat niemand dat te weten zou komen. Hij zei ook nog: "Geef het meisje te eten."

Geen erkenning in Nazaret
(Matteüs 13 : 53–58; Lucas 4 : 16–30)

6 Jezus ging vandaar weg naar de stad waar zijn familie woonde, en zijn leerlingen gingen met hem mee. ²Op sabbat begon hij onderricht te geven in de synagoge. Er waren veel mensen. En toen ze hem hoorden, waren ze stomverbaasd: "Waar haalt hij dat allemaal vandaan? Hoe komt hij aan die wijsheid? Hoe kan hij zulke wonderen doen? ³Jezus, is dat niet die timmerman, de zoon van Maria en de broer van Jakobus, Joses, Judas en Simon? En zijn zusters, wonen die hier ook niet?" En ze moesten niets van hem hebben. ⁴Jezus zei tegen hen: "Een profeet is overal geëerd behalve in zijn eigen stad en bij zijn familie." ⁵En hij kon er geen enkel wonder doen, alleen maar een paar zieken genezen door hun de handen op te leggen. ⁶En hij was verbaasd over hun ongelovige houding.

Jezus stuurt zijn leerlingen erop uit
(Matteüs 10 : 5–15; Lucas 9 : 1–6)

Jezus begon de dorpen rond Nazaret door te trekken en onderwees

de mensen in zijn leer. ⁷En hij riep zijn twaalf leerlingen bij zich; hij stuurde ze twee aan twee op pad en gaf hun macht over de duivelse geesten. ⁸"Neem voor onderweg niets mee behalve een reisstaf," droeg hij hun op; "geen brood, geen reistas, geen geld op zak; ⁹aan je voeten alleen sandalen, en geen extra kleren." ¹⁰En hij vervolgde: "Als je ergens je intrek hebt genomen, blijf er dan tot je weer verder gaat. ¹¹Kom je ergens waar ze je niet willen ontvangen en waar ze weigeren naar je te luisteren, ga daar dan weg en sla het stof van je voeten, als een waarschuwing aan hun adres."
¹²Zij gingen op weg en riepen de mensen op, een nieuw leven te beginnen. ¹³Ze dreven veel duivelse geesten uit en maakten veel zieken beter door hen met olie te zalven.

De dood van Johannes de Doper
(Matteüs 14 : 1–12; Lucas 9 : 7–9)

¹⁴Ook koning Herodes hoorde ervan, want Jezus' naam was erg bekend geworden. "Johannes de Doper is opgestaan uit de dood," werd er beweerd. "Daarom kan hij die wonderen doen." ¹⁵Anderen zeiden: "Het is Elia," en weer anderen: "Het is een profeet zoals je die vroeger had."

¹⁶Toen Herodes ervan hoorde, zei hij: "Het is natuurlijk Johannes! Ik heb hem laten onthoofden, maar hij is weer uit de dood opgestaan!" ¹⁷Want hij had Johannes laten arresteren en gevangen zetten om Herodias, de vrouw van zijn broer Filippus. Herodes had haar getrouwd ¹⁸en Johannes had tegen hem gezegd: "U mag niet trouwen met de vrouw van uw broer." ¹⁹Daarom had Herodias het op Johannes gemunt en wilde ze hem uit de weg ruimen, maar ze kreeg er de kans niet toe, ²⁰want Herodes had diep ontzag voor Johannes. Hij wist dat het een man was die altijd recht door zee ging en de wil van God boven alles stelde. Daarom nam hij hem tegen haar in bescherming. Als hij naar Johannes luisterde raakte hij in verlegenheid; toch mocht hij hem graag horen.

²¹Op zekere dag zag Herodias haar kans schoon. Herodes vierde zijn verjaardag en gaf een feest waarop hij de leden van zijn regering, de hoge officieren en de belangrijkste figuren van Galilea uitnodigde. ²²De dochter van Herodias kwam de feestzaal binnen en voerde dansen uit. Ze viel zo bij Herodes en zijn gasten in de smaak dat de koning tegen het meisje zei: "Je mag vragen wat je wilt, ik zal het je geven." ²³Hij zwoer zelfs een dure eed: "Alles wat je maar vraagt, zal ik je geven, al was het de helft van mijn koninkrijk!" ²⁴Het meisje ging de zaal uit naar haar moeder en vroeg: "Wat

zal ik vragen?" "Het hoofd van Johannes de Doper," antwoordde haar moeder. ²⁵Meteen ging ze weer naar binnen en liep haastig op de koning toe: "Ik wil dat u me op een schaal het hoofd van Johannes geeft, nu dadelijk." ²⁶De koning was diepbedroefd, maar hij kon niet meer terug, want hij had een eed gedaan waar al zijn gasten bij waren. ²⁷Hij stuurde meteen een soldaat van de wacht met het bevel het hoofd van Johannes te brengen. De soldaat ging naar de gevangenis en onthoofdde Johannes. ²⁸Hij bracht het hoofd op een schaal binnen en gaf het aan het meisje en het meisje gaf het aan haar moeder. ²⁹Toen de volgelingen van Johannes hoorden dat hij dood was, kwamen ze zijn lijk halen en begroeven het.

Jezus geeft een grote menigte te eten
(Matteüs 14 : 13-21; Lucas 9 : 10-17; Johannes 6 : 1-14)

³⁰De apostelen keerden van hun tocht terug en verzamelden zich bij Jezus. Ze vertelden wat ze allemaal gedaan hadden en wat ze aan de mensen hadden geleerd. Er was zo'n geloop van mensen dat Jezus en zijn leerlingen niet eens tijd vonden om te eten. ³¹Daarom zei hij tegen hen: "Kom mee, ook jullie moeten eens naar een eenzame plaats waar je alleen bent en wat kunt uitrusten." ³²En ze gingen met de boot naar een eenzame plaats waar ze alleen konden zijn.

³³Maar veel mensen hadden hen in de boot zien vertrekken en hen ook herkend. Uit alle dorpen liepen ze er over land snel heen en kwamen eerder aan dan Jezus en zijn leerlingen. ³⁴Bij het uitstappen uit de boot zag hij een grote menigte. Hij kreeg medelijden met de mensen, want ze waren als schapen zonder herder. En hij begon hun veel te leren. ³⁵Toen het al laat begon te worden, kwamen zijn leerlingen hem zeggen: "Het is al vrij laat en deze plek is zo afgelegen. ³⁶Stuur de mensen weg, dan kunnen ze in de dorpen en gehuchten in de buurt wat eten kopen."

³⁷"Waarom geven jullie hun niet te eten?"

"Moeten wij dan voor zo'n tweehonderd gulden brood gaan kopen om hun allemaal eten te geven?"

³⁸"Hoeveel broden hebben jullie? Ga eens kijken!"

Ze gingen kijken en zeiden: "Vijf, en twee vissen."

³⁹Jezus zei tegen zijn leerlingen ervoor te zorgen dat de mensen in groepen op het gras gingen zitten. ⁴⁰De mensen deden dat, in groepen van honderd en van vijftig. ⁴¹En hij nam de vijf broden en de twee vissen, sloeg zijn ogen op naar de hemel en dankte God. Toen brak hij de broden in stukken en gaf ze aan de leerlingen

om ze uit te delen aan de mensen. Ook de twee vissen verdeelde hij onder de mensen. ⁴²En ze aten allemaal tot ze genoeg hadden. ⁴³De leerlingen haalden op wat er over was: twaalf manden vol brood en vis. ⁴⁴Alleen al het aantal mannen dat gegeten had, bedroeg vijfduizend.

Jezus loopt over het meer
(Matteüs 14 : 22-33; Johannes 6 : 15-21)

⁴⁵Meteen hierna liet Jezus zijn leerlingen in de boot stappen om alvast naar Betsaïda aan de overkant te varen. Intussen zou hij de mensen naar huis sturen. ⁴⁶Hij nam afscheid van zijn leerlingen en ging de berg op om er te bidden. ⁴⁷Het was al laat geworden; de boot bevond zich midden op het meer en Jezus was aan land, alleen. ⁴⁸Hij zag hoe ze zwoegden aan de riemen, want de wind was tegen. Tussen drie en zes uur in de nacht kwam hij over het meer naar hen toelopen en ging ze voorbij. ⁴⁹Toen de leerlingen hem over het meer zagen lopen, dachten ze dat het een spook was en ze schreeuwden. ⁵⁰Ze zagen hem allemaal en raakten in paniek. Maar hij riep hun onmiddellijk toe: "Houd moed, ik ben het; wees niet bang!" ⁵¹En hij stapte bij hen in de boot, en de wind ging liggen. Zij waren met stomheid geslagen en helemaal in de war. ⁵²Ze hadden niets begrepen van het wonder met de broden; ze waren geestelijk blind.

Jezus geneest de zieken in Gennesaret
(Matteüs 14 : 34-36)

⁵³Toen ze het meer waren overgestoken, kwamen ze ter hoogte van Gennesaret en legden daar aan. ⁵⁴Nauwelijks waren ze aan land gegaan of hij werd herkend. ⁵⁵En hoorden de mensen dat hij hier of daar was, dan liepen ze de hele streek door en droegen op draagbaren hun zieken naar hem toe. ⁵⁶Waar hij maar kwam, in dorpen, steden of gehuchten, overal legden ze op de marktpleinen hun zieken neer en vroegen hem, de zieken alleen maar even de zoom van zijn mantel te laten aanraken. En allen die hem aanraakten werden beter.

De wet van God en de tradities van de mensen
(Matteüs 15 : 1-9)

7 Een groep Farizeeërs samen met enkele schriftgeleerden uit Jeruzalem gingen naar Jezus toe. ²Zij merkten dat sommige van zijn leerlingen aten met "onreine", dat wil zeggen: met ongewassen handen.
³Want de Farizeeërs en de Joden in het algemeen gaan pas eten als ze eerst hun handen hebben gewassen. Zij houden daarbij vast aan een heel oude traditie. ⁴Iets wat van de markt komt, eten zij pas als ze het eerst met water schoon gespoeld hebben. En zo hebben ze nog vele andere gewoonten waaraan ze zich houden, zoals het omspoelen van bekers, potten en pannen.

⁵Daarom vroegen de Farizeeërs en de schriftgeleerden: "Waarom leven uw leerlingen niet volgens de traditie van onze voorouders, maar eten zij met ongewassen handen?" ⁶Jezus antwoordde: "Hoe raak heeft de profeet Jesaja over huichelaars als u gezegd:
'Dit volk, zegt God, eert mij met woorden,
maar hun hart is ver van mij vandaan.
⁷Hun eredienst heeft geen enkele waarde:
de wetten die zij voorschrijven,
zijn louter menselijke wetten!'"
⁸En hij ging verder: "U legt de wet van God naast u neer, maar houdt vast aan de traditie van mensen. ⁹U bent o zo vindingrijk als het erom gaat, de wet van God buiten werking te stellen om aan uw eigen traditie te kunnen vasthouden. ¹⁰Zo heeft Mozes gezegd: 'Eer uw vader en uw moeder,' en: 'Wie zijn vader of moeder vervloekt, moet ter dood gebracht worden!' ¹¹Maar u beweert: 'Als iemand iets bezit waarmee hij zijn vader of moeder kan ondersteu-

nen, maar zegt: 'Ik heb het voor God bestemd,' ¹²dan hoeft hij zijn vader of moeder niet meer te helpen.' ¹³Zo holt u de wet van God uit met uw starre traditie. En dat is maar één voorbeeld uit vele."

Rein en onrein
(Matteüs 15 : 10–20)

¹⁴Jezus riep de mensen opnieuw bij zich: "Luister allemaal en begrijp het goed! ¹⁵Niemand wordt onrein door wat van buiten af in hem komt, maar omgekeerd, door wat uit hem naar buiten komt. [¹⁶Wie oren heeft, moet ook luisteren!]"

¹⁷Hij liet de menigte staan en ging naar binnen. Zijn leerlingen vroegen hem wat hij met die gelijkenis bedoelde. ¹⁸"Ook jullie missen dus elk inzicht?" zei hij. "Begrijp je niet dat wat bij de mens van buiten naar binnen gaat, hem onmogelijk zondig kan maken? ¹⁹Want het komt niet in zijn hart terecht, maar in de buik en gaat op een zekere plaats het lichaam ook weer uit." (Volgens Jezus kan men dus alles eten.) ²⁰En hij ging verder: "Dat wat uit de mens naar buiten komt, maakt hem zondig. ²¹Want uit zijn innerlijk, uit zijn hart komen de slechte gedachten voort: ontucht, diefstal, moord, ²²echtbreuk, hebzucht, kwaadwilligheid, bedrog, onmatigheid, jaloersheid, lasterpraat, trots, onverschilligheid. ²³Al dit slechte komt uit de mens naar buiten, al dit slechte maakt hem onrein."

Jezus in het gebied van Tyrus en Sidon
(Matteüs 15 : 21–28)

²⁴Vandaar ging Jezus op weg naar het gebied van Tyrus. Hij ging een huis binnen en wilde niet dat iemand het te weten kwam, maar hij kon niet verhinderen dat de mensen hem ontdekten. ²⁵Een vrouw met een bezeten dochtertje hoorde over hem vertellen. Meteen kwam ze naar hem toe, knielde voor hem neer en smeekte hem haar dochtertje te bevrijden van die duivelse geest. ²⁶De vrouw was een buitenlandse, afkomstig uit Fenicië in Syrië.

²⁷"Eerst moeten de kinderen eten krijgen," antwoordde Jezus haar. 'Het is niet juist het brood te pakken dat voor de kinderen bestemd is en het de hondjes voor te gooien."

²⁸"Dat is zo, Heer, maar ook de hondjes eten onder tafel de kruimels op die de kinderen laten vallen."

²⁹"Goed gesproken," zei Jezus tegen haar. "Ga maar; de duivelse geest heeft uw dochtertje verlaten." ³⁰De vrouw ging naar huis terug

en vond haar dochtertje op bed liggen. De duivelse geest had haar inderdaad verlaten.

Jezus geneest een doofstomme

³¹Jezus verliet het gebied van Tyrus weer en ging via de stad Sidon naar het Meer van Galilea terug midden in het Tienstedengebied. ³²En ze brachten hem een dove die ook bijna niet kon praten, en vroegen hem de man de hand op te leggen. ³³Jezus nam hem apart op een afstand van de mensen. Hij stopte zijn vingers in de oren van de man en raakte met wat speeksel zijn tong aan. ³⁴Toen sloeg hij zijn ogen op naar de hemel, zuchtte diep en zei tegen hem: *"Effata"*; dat betekent: "Ga open." ³⁵Op hetzelfde ogenblik gingen zijn oren open, kwam zijn tong los en kon hij normaal spreken. ³⁶Jezus zei tegen de mensen het niemand te vertellen, maar hoe strenger hij het hun verbood, des te meer maakten zij het bekend. ³⁷Iedereen was stomverbaasd. "Geweldig wat hij allemaal doet!" riepen ze uit. "Hij maakt dat doven horen en stommen spreken!"

Jezus geeft vierduizend mensen te eten
(Matteüs 15 : 32-39)

8 Kort daarop was er weer een groot aantal mensen bij elkaar. Omdat zij niets te eten hadden, riep Jezus zijn leerlingen bij zich: ²"Ik heb medelijden met die mensen; ze zijn al drie dagen bij me en hebben niets te eten. ³En ik kan ze niet met een lege maag naar huis sturen, anders raken ze onderweg uitgeput. Er zijn er bij die van heel ver zijn gekomen."
⁴"Waar haalt iemand in deze verlaten streek het brood vandaan om al die mensen voldoende eten te geven?" vroegen zijn leerlingen hem.
⁵"Hoeveel broden hebben jullie?"
"Zeven."
⁶"Laten de mensen op de grond gaan zitten," beval hij.
Toen nam hij de zeven broden, dankte God, brak ze in stukken en gaf die aan zijn leerlingen om ze uit te delen aan de mensen en de leerlingen deden dat. ⁷Ze hadden ook een paar visjes. Hij dankte God ervoor en liet ook die door de leerlingen uitdelen. ⁸En de mensen aten tot ze genoeg hadden. Er waren er ongeveer vierduizend. ⁹De leerlingen haalden de brokken op die over waren en vulden er zeven manden mee. Toen liet Jezus de mensen naar huis gaan. ¹⁰Meteen daarna stapte hij met zijn leerlingen in de boot en ging naar de streek van Dalmanuta.

De vraag om een teken
(Matteüs 16 : 1–4)

¹¹De Farizeeërs kwamen op hem af en begonnen een twistgesprek. Ze wilden hem in de val lokken en vroegen hem om een teken van God. ¹²Jezus zuchtte diep. "Waarom willen de mensen van tegenwoordig toch een teken zien?" zei hij. "Neem van mij aan: een teken krijgen ze beslist niet te zien!" ¹³En daarmee liet hij hen staan. Hij stapte weer in de boot en zette koers naar de overkant.

Het onbegrip van de leerlingen
(Matteüs 16 : 5–12)

¹⁴De leerlingen waren vergeten extra brood mee te nemen en hadden maar één brood aan boord. ¹⁵"Pas goed op voor de Farizeeërs en Herodes en voor het gist dat in hen werkt," waarschuwde Jezus hen. ¹⁶Zij bleven er met elkaar over praten: "Dat zegt hij omdat we geen brood bij ons hebben." ¹⁷Jezus wist het. "Waarom praten jullie erover dat je geen brood bij je hebt? Hebben jullie het dan nog altijd niet door? Missen jullie dan elk begrip? Zijn jullie dan stekeblind? ¹⁸Jullie hebben toch ogen, zie je dan niet? En oren, hoor je dan niet? ¹⁹Toen ik die vijf broden in stukken brak voor vijfduizend man, hoeveel manden vulden jullie toen met

brokken? Weet je dat niet meer?"
"Twaalf."
²⁰"En die andere keer met de zeven broden voor vierduizend mensen, hoeveel manden vol haalden jullie toen op?"
"Zeven."
²¹"En jullie begrijpen het nog niet?"

Jezus geneest een blinde

²²Ze gingen naar Betsaïda. Daar bracht men een blinde bij Jezus en men vroeg hem of hij hem wilde aanraken. ²³Jezus nam de blinde bij de hand en leidde hem het dorp uit. Met spuug raakte hij de ogen van de man aan en hij legde hem de handen op. "Ziet u al iets?" vroeg hij. ²⁴De man keek op en antwoordde: "Ik kan mensen zien, maar het lijkt wel of ik bomen zie rondlopen." ²⁵Jezus legde nog eens zijn handen op de ogen van de man en nu zag hij scherp. Zijn ogen waren weer in orde en voortaan kon hij alles duidelijk zien. ²⁶Jezus stuurde hem naar huis en zei: "Ga niet terug naar het dorp."

Petrus verklaart dat Jezus de Christus is
(Matteüs 16 : 13-20; Lucas 9 : 18-21)

²⁷Jezus ging met zijn leerlingen op weg naar de dorpen in de omtrek van Caesarea Filippi.
"Voor wie houden de mensen me eigenlijk?" vroeg hij hun onderweg.
²⁸"Sommigen zeggen dat u Johannes de Doper bent, anderen: Elia en weer anderen: één van de profeten."
²⁹"En jullie, voor wie houden jullie mij?"
Petrus gaf het antwoord: "U bent de Christus." ³⁰En Jezus drukte hun op het hart hierover met niemand te praten.

Jezus spreekt over zijn lijden en dood
(Matteüs 16 : 21-28; Lucas 9 : 22-27)

³¹Toen begon Jezus hun duidelijk te maken dat de Mensenzoon veel zou moeten lijden. Hij moest verworpen worden door de leden van de Raad, de opperpriesters en de schriftgeleerden en gedood worden, en na drie dagen zou hij opstaan uit het graf. ³²Hij zei dat heel openlijk. Petrus nam hem apart en begon hem de les te lezen.
³³Maar Jezus keerde hem de rug toe, zag zijn leerlingen en strafte Petrus af: "Weg, uit mijn ogen, Satan, want voor jou telt niet wat God wil, maar wat de mensen willen."

³⁴Toen riep hij zijn leerlingen en de andere mensen bij zich: "Wie met mij mee wil gaan, moet zichzelf vergeten, zijn kruis dragen en mij volgen. ³⁵Want wie zijn leven wil redden, zal het verliezen, maar wie zijn leven verlicst om mij en het evangelie, zal het redden. ³⁶Wat heeft een mens eraan, als hij de hele wereld wint, maar zichzelf schade toebrengt? ³⁷Wat kan hij geven in ruil voor zijn leven? ³⁸Als iemand zich over mij en mijn boodschap schaamt tegenover deze trouweloze en zondige mensen, zal ook de Mensenzoon zich over hem schamen, wanneer hij vergezeld van de heilige engelen komt met de glorie van zijn Vader."

9 En hij vervolgde: "Ik verzeker u: onder de mensen hier zijn er die niet zullen sterven voordat zij het koninkrijk van God hebben zien komen met kracht."

Jezus op de berg met Mozes en Elia
(Matteüs 17 : 1–13; Lucas 9 : 28–36)

²Zes dagen later nam Jezus Petrus, Johannes en Jakobus met zich mee en bracht hen op een hoge berg. Daar was hij met hen alleen. ³En hij veranderde voor hun ogen: zijn kleren werden helder wit, zo wit als niemand ter wereld ze kan wassen. ⁴Ook zagen ze Elia en Mozes die met hem in gesprek waren. ⁵"Rabbi, goed dat wij hier zijn!" zei Petrus tegen Jezus. "We zullen drie tenten maken, één voor u, één voor Mozes en één voor Elia." ⁶Hij wist niet wat hij zeggen moest, zo waren hij en de anderen geschrokken. ⁷Opeens daalde er een wolk boven hen neer en uit de wolk klonk een stem: "Dit is mijn enige Zoon; luister naar hem." ⁸Toen ze rondkeken, zagen ze plotseling niemand meer; alleen Jezus was nog bij hen.

⁹Onder het afdalen van de berg verbood Jezus hun met iemand te praten over wat ze gezien hadden, voordat de Mensenzoon uit de dood was opgestaan. ¹⁰Ze hielden zich hieraan, maar wisselden wel van gedachten over de betekenis van de woorden "opstaan uit de dood". ¹¹"Waarom zeggen de schriftgeleerden dan dat Elia eerst moet komen?" vroegen ze hem.

¹²"Ja, Elia komt ook eerst en hij zal alles weer in orde maken," antwoordde Jezus hun. "Maar wat staat er over de Mensenzoon geschreven? Moet hij niet veel lijden en veracht worden? ¹³Nu, ik zeg jullie, Elia is al gekomen en ze hebben met hem gedaan wat ze wilden, precies zoals over hem geschreven staat."

Jezus geneest een jongen die lijdt aan vallende ziekte
(Matteüs 17 : 14-21; Lucas 9 : 37-43a)

¹⁴Toen ze bij de andere leerlingen terugkwamen, zagen ze een groot aantal mensen om hen heenstaan. Een paar schriftgeleerden waren met hen aan het diskussiëren. ¹⁵Toen de mensen Jezus zagen aankomen, waren ze verrast en liepen vlug naar hem toe om hem te begroeten. ¹⁶"Waar gaat het gesprek over?" vroeg Jezus aan zijn leerlingen. ¹⁷Het antwoord kwam van iemand uit de menigte: "Meester, ik kwam mijn zoon bij u brengen. Hij is in de macht van een duivelse geest en kan niet praten. ¹⁸Als die geest hem overmeestert, gooit hij mijn jongen tegen de grond. Het schuim staat hem dan op de mond, hij knarst met de tanden en wordt helemaal stijf. Ik vroeg uw leerlingen die geest uit te drijven, maar ze konden het niet." ¹⁹"Wat is dit toch een ongelovig volk!" zei Jezus. "Hoe lang moet ik nog bij jullie zijn, hoe lang moet ik het nog bij jullie uithouden? Breng hem maar hier!" ²⁰Dat deden ze. Toen de geest Jezus zag, deed hij de jongen ineenkrimpen. Deze viel op de grond en rolde heen en weer met het schuim op de mond.

²¹"Hoe lang heeft hij dit al?" vroeg Jezus aan de vader.
"Van kindsbeen af," antwoordde de man. ²²"Dikwijls was het bijna zijn dood, doordat die geest hem in het vuur of in het water gooide. Maar als u iets kunt doen, heb dan medelijden en help ons."
²³"Als u kunt?" zei Jezus "Alles kan voor wie gelooft."
²⁴Onmiddellijk riep de vader van de jongen uit: "Ik geloof, maar niet genoeg. Help mij!"

²⁵Toen Jezus merkte dat de mensen steeds meer opdrongen, sprak hij de duivelse geest streng toe: "Geest, die stom en doof maakt, ik beveel je: ga uit hem weg en kom niet meer terug." ²⁶En de geest gaf een luide schreeuw, deed de jongen heftig stuiptrekken en ging uit hem weg. De jongen bleef als dood liggen en bijna iedereen zei dan ook: "Hij is dood." ²⁷Maar Jezus pakte hem bij de hand en hielp hem overeind, en hij stond op.

²⁸Toen Jezus een huis was binnengegaan en de leerlingen met hem alleen waren, vroegen ze hem: "Waarom konden wij die geest niet uitdrijven?" ²⁹"Dat soort kun je alleen met gebed verjagen, en met niets anders," antwoordde Jezus.

Jezus spreekt voor de tweede maal over zijn dood
(Matteüs 17 : 22-23; Lucas 9 : 43b-45)

³⁰Zij gingen vandaar weg en trokken door Galilea. Hij wilde niet dat iemand het te weten kwam, ³¹want hij was bezig zijn leerlingen

onderricht te geven. "De Mensenzoon wordt uitgeleverd en valt in handen van mensen die hem zullen doden," zei hij tegen hen, "maar drie dagen na zijn dood zal hij opstaan uit het graf." ³²Ze begrepen niet wat hij zei, maar durfden hem ook niet om uitleg vragen.

Dienen
(Matteüs 18 : 1–5; Lucas 9 : 46–48)

³³Ze kwamen in Kafarnaüm. Thuis vroeg hij hun: "Waar hadden jullie het onderweg over?" ³⁴Ze hielden hun mond, want onderweg hadden ze erover geruzied wie de belangrijkste was. ³⁵Jezus ging zitten en riep de twaalf bij zich: "Wie de eerste wil zijn, moet alle anderen laten voorgaan en ieder ander dienen." ³⁶En hij trok een kind naar zich toe, zette het midden in de kring en sloeg er zijn arm omheen. ³⁷"Wie in mijn naam zo'n kind gastvrij ontvangt, ontvangt mij," zei hij, "en wie mij ontvangt, ontvangt mij niet alleen, maar ook hem die mij gezonden heeft."

Voor en tegen Christus
(Lucas 9 : 49–50)

³⁸"Meester," zei Johannes tegen hem, "we zijn iemand tegengekomen die duivelse geesten uitdreef onder het aanroepen van uw naam. We hebben het hem verboden, omdat hij zich niet bij ons wilde aansluiten."
³⁹"Leg hem niets in de weg," antwoordde Jezus, "want iemand die onder het aanroepen van mijn naam wonderen doet, kan mij niet kort daarna vervloeken. ⁴⁰Wie niet tegen ons is, is vóór ons. ⁴¹Geloof mij: als iemand jullie een glas water geeft omdat je bij Christus hoort, zal hij er zeker voor beloond worden."

Verleiding tot zonde
(Matteüs 18 : 6–9; Lucas 17 : 1–2)

⁴²"Wie één van deze kleinen die geloven, van de goede weg afbrengt, kan beter met een molensteen om zijn nek in zee worden gegooid. ⁴³Als je door je hand tot verkeerde dingen komt, hak hem dan af. Je kunt beter verminkt het eeuwige leven binnengaan dan met beide handen in de hel terechtkomen, in het vuur dat nooit uitgaat. [⁴⁴Daar blijven de wormen knagen en gaat het vuur nooit uit.] ⁴⁵En als je door je voet op het verkeerde pad komt, hak hem dan af. Je kunt beter kreupel het eeuwige leven binnengaan dan met beide voeten in de hel terechtkomen. [⁴⁶Daar blijven de wormen knagen

en gaat het vuur nooit uit.] ⁴⁷En als je oog er de oorzaak van is dat je van de rechte weg afdwaalt, ruk het dan uit. Je kunt beter met één oog het koninkrijk van God binnengaan, dan met beide ogen in de hel gegooid worden. ⁴⁸Daar blijven de wormen knagen en gaat het vuur nooit uit.

⁴⁹"Iedereen moet door het vuur van de vervolging gaan en zo gezouten worden. Zout is een goed middel, ⁵⁰maar als het zijn kracht verliest, is er niets waarmee je het weer zout kunt krijgen. Zorg dat je gezouten bent, en leef met elkaar in vrede."

Echtscheiding
(Matteüs 19 : 1–12; Lucas 16 : 18)

10 Jezus ging vandaar weg en trok naar het gebied van Judea en naar de overkant van de Jordaan. Ook nu stroomden de mensen naar hem toe en hij onderwees hen in zijn leer zoals altijd.

²Er kwamen ook Farizeeërs. Ze wilden hem vastzetten en vroegen: "Mag een man van zijn vrouw scheiden?"
³"Wat heeft Mozes u hierover voorgeschreven?" vroeg hij hun.
⁴"Mozes staat toe dat de man een scheidingsakte opstelt en zijn vrouw wegstuurt," antwoordden zij.
⁵"Weet u waarom Mozes u dat voorschrift heeft gegeven?" zei Jezus. "Omdat u zo onverbeterlijk bent! ⁶Maar in het begin bij de schepping maakte God ze als man en vrouw. ⁷Daarom verlaat een man zijn vader en moeder ⁸en wordt hij met zijn vrouw één lichaam. Zij zijn dus niet langer twee, maar vormen één lichaam. ⁹Wat God heeft samengevoegd, mogen mensen dus niet scheiden."

¹⁰Toen ze weer thuis waren, kwamen de leerlingen erop terug. ¹¹Jezus zei tegen hen: "Een man die zijn vrouw wegstuurt en met een ander trouwt, pleegt echtbreuk tegenover zijn eerste vrouw, ¹²en de vrouw die haar man in de steek laat en met een ander trouwt, pleegt ook echtbreuk."

Jezus zegent de kinderen
(Matteüs 19 : 13–15; Lucas 18 : 15–17)

¹³De mensen brachten hun kinderen bij hem; ze wilden dat hij hen zou aanraken, maar de leerlingen wezen hen af. ¹⁴Toen Jezus dat zag, werd hij kwaad: "Laat die kinderen toch bij me komen; houd ze niet tegen! Want het koninkrijk van God is voor wie zijn zoals zij. ¹⁵Ik verzeker jullie: wie het koninkrijk van God niet aanvaardt zoals een kind dat doet, komt er niet binnen." ¹⁶En hij sloeg

zijn armen om hen heen, legde ze de handen op en zegende hen.

De rijke jongeman
(Matteüs 19 : 16–30; Lucas 18 : 18–30)

17Toen hij zijn weg vervolgde, kwam er een man op hem toe die voor hem neerknielde en vroeg: "Goede meester, wat moet ik doen om het eeuwige leven te krijgen?"
18"Waarom noemt u mij goed? Niemand is goed; alleen God!
19Overigens, u kent de geboden: dood niet, pleeg geen echtbreuk, steel niet, leg geen valse verklaringen af, zet niemand af, eer uw vader en uw moeder."
20"Meester, daaraan heb ik me allemaal gehouden, van mijn jeugd af aan."
21Jezus keek hem met liefde aan: "Nog één ding kunt u doen. Ga alles wat u hebt verkopen en geef het geld aan de armen en u zult een kapitaal hebben in de hemel. Kom dan terug om mij te volgen."
22Toen hij dat hoorde, betrok zijn gezicht. Teleurgesteld ging hij weg, want hij was erg rijk.
23Jezus keek de kring van zijn leerlingen rond. "Wat is het voor rijke mensen toch moeilijk om het koninkrijk van God binnen te komen!" zei hij. 24Zijn leerlingen stonden versteld over die uitspraak, maar Jezus herhaalde: "Wat is het moeilijk het koninkrijk van God binnen te komen! 25Ja, voor een kameel is het gemakkelijker door het oog van een naald te gaan dan voor een rijke het koninkrijk van God binnen te komen." 26Toen stonden ze verslagen. "Wie kan dan nog gered worden?" vroegen ze. 27Jezus keek hen aan en antwoordde: "Menselijk gezien is dat onmogelijk, maar bij God niet. Voor God is alles mogelijk."
28"Wij hebben wèl alles verlaten om u te volgen," merkte Petrus op. 29"Zeker," zei Jezus, "en luister daarom goed. Iedereen die zijn huis verlaat, afscheid neemt van zijn broers, zijn zusters, zijn vader, zijn moeder of zijn kinderen en zijn bezittingen verlaat om mij te volgen en het evangelie te verkondigen, 30die krijgt nu al honderdmaal zoveel terug aan huizen, broers, zusters, moeders, kinderen en bezittingen; maar dat niet zonder vervolgingen. En in de wereld van de toekomst ontvangt hij eeuwig leven. 31Maar velen die vooraan staan, komen het laatst aan de beurt, en die achteraan staan, het eerst."

Jezus spreekt voor de derde maal over zijn lijden
(Matteüs 20 : 17-19; Lucas 18 : 31-33)

³²Ze waren nu op weg naar Jeruzalem. Jezus ging voorop. Zijn leerlingen waren ontsteld en de mensen die achter hen aan gingen waren bang. En hij nam de twaalf nog eens apart en begon hun te vertellen over wat hem te wachten stond: ³³"Zoals jullie zien, zijn we nu op weg naar Jeruzalem. De Mensenzoon zal daar in handen vallen van de opperpriesters en de schriftgeleerden. Zij zullen hem ter dood veroordelen en hem uitleveren aan de Romeinen. ³⁴Ze zullen hem bespotten en bespugen en hem geselen en hem tenslotte doden, maar drie dagen na zijn dood zal hij opstaan uit het graf."

Niet heersen maar dienen
(Matteüs 20 : 20-28)

³⁵Jakobus en Johannes, de zonen van Zebedeüs, gingen naar hem toe.
"Meester, wij willen u iets bijzonders vragen."
³⁶"Wat willen jullie? Wat moet ik voor jullie doen?"
³⁷"Als u op uw troon bent gezeten in al uw majesteit, dat wij dan naast u komen te zitten, de een rechts, de ander links van u."
³⁸"Jullie weten niet wat je vraagt. Kunnen jullie de beker drinken die ik moet drinken? Kunnen jullie gedoopt worden met de doop waarmee ik mij laat dopen?"
³⁹"Ja, dat kunnen we."
"Zeker, jullie zullen de beker drinken die ik moet drinken en gedoopt worden met de doop waarmee ik mij laat dopen. ⁴⁰Maar het ligt niet in mijn macht te bepalen wie er rechts of links van mij zal zitten. Nee, God maakt uit voor wie die plaatsen zijn."

⁴¹Toen de tien anderen hiervan hoorden, werden ze boos op Jakobus en Johannes. ⁴²Maar Jezus riep hen bij zich: "Jullie weten wat de mensen doen die verondersteld worden hun volk te besturen: erover heersen, en je weet wat de grote heren doen: het tiranniseren. ⁴³Zo mag het bij jullie niet gaan. Als iemand van jullie de voornaamste wil zijn, moet hij jullie dienen. ⁴⁴En als iemand van jullie de eerste plaats wil innemen, moet hij voor iedereen slavenwerk doen. ⁴⁵Neem een voorbeeld aan de Mensenzoon: hij is niet gekomen om zich te laten bedienen, maar om zelf te dienen en zijn leven te geven in ruil voor het leven van veel anderen."

Jezus geneest de blinde Bartimeüs
(Matteüs 20 : 29-34; Lucas 18 : 35-43)

⁴⁶Ze kwamen in Jericho en toen hij en zijn leerlingen de stad weer uitgingen met een grote menigte mensen achter hen aan, zat daar langs de weg een blinde te bedelen, een zekere Bartimeüs, de zoon van Timeüs. ⁴⁷Toen hij hoorde dat Jezus van Nazaret langs kwam, begon hij te roepen: "Jezus, Zoon van David, heb medelijden met me!" ⁴⁸Men zei hem dat hij zijn mond moest houden. Maar hij

schreeuwde des te harder: "Zoon van David, heb medelijden met me!" ⁴⁹Jezus bleef staan en zei: "Roep hem hier." "Laat de moed niet zakken!" riepen ze de blinde toe. "Sta op: hij roept je." ⁵⁰Hij gooide zijn mantel af, sprong overeind en kwam naar Jezus toe. ⁵¹"Wat kan ik voor u doen?" vroeg Jezus. "Wat wilt u?"
"Weer zien, rabbi!" antwoordde de blinde.
⁵²"U kunt gaan," zei Jezus; "uw geloof heeft u gered." Ineens kon hij weer zien, en hij volgde Jezus op zijn weg naar Jeruzalem.

Jezus trekt Jeruzalem binnen
(Matteüs 21 : 1-11; Lucas 19 : 28-40; Johannes 12 : 12-19)

11 Ze naderden Jeruzalem en kwamen bij Betfage en Betanië in de buurt van de Olijfberg. Jezus stuurde twee van zijn

leerlingen weg ²met de opdracht: "Ga naar het dorp hier vóór je. Meteen als je er binnenkomt, vind je er een jonge ezel vastgebonden staan. Er heeft nog geen mens op gezeten. Maak hem los en breng hem hier. ³Mocht iemand je wat vragen, zeg dan: 'De Heer heeft hem nodig en laat hem hier zo weer terugbrengen.'" ⁴Zij gingen erheen, en vonden buiten aan de weg de jonge ezel, vastgebonden aan een poort, en maakten hem los. ⁵"Wat moet dat?" riepen een paar mannen daar hun toe. "Waarom maken jullie die ezel los?" ⁶Zij antwoordden zoals Jezus hun gezegd had. Toen lieten ze de leerlingen hun gang gaan. ⁷Die brachten het ezelsveulen naar Jezus toe, legden hun mantels over het dier en Jezus ging erop zitten. ⁸Veel mensen spreidden hun mantels uit op de weg en anderen legden takken groen neer die ze in de velden hadden afgesneden. ⁹En de mensen die voor Jezus uit liepen en die achter hem aan gingen, riepen uit:

"Hosanna!
¹⁰God zegene de man die komt in naam van de Heer!
God zegene het koninkrijk van onze voorvader David,
dat nu terugkomt!
Hosanna voor God in de hemel!"

¹¹En Jezus trok Jeruzalem binnen en ging naar de tempel, waar hij alles in zich opnam. Maar omdat het al laat geworden was, ging hij met de twaalf de stad uit naar Betanië.

Jezus vervloekt de vijgeboom
(Matteüs 21 : 18-19)

¹²Toen ze de volgende morgen weer uit Betanië weggingen, had Jezus honger. ¹³In de verte zag hij een vijgeboom in blad staan en hij ging kijken of hij wat vijgen kon vinden. Maar toen hij bij de boom kwam, zag hij niets dan blaren, want voor vijgen was het de tijd nog niet. ¹⁴"Geen mens zal van jou ooit nog vijgen eten!" zei hij tegen de vijgeboom. Zijn leerlingen hoorden hem dat zeggen.

De tempel is het huis van God
(Matteüs 21 : 12-17; Lucas 19 : 45-48; Johannes 2 : 13-22)

¹⁵Toen ze in Jeruzalem kwamen, ging hij naar het tempelplein en begon daar de kopers en verkopers weg te jagen. Hij gooide de tafels van de geldwisselaars omver en de stoelen van de duivenhandelaars ¹⁶en hield de mensen tegen die met hun handelswaren het tempelplein over wilden. ¹⁷En hij las hun de les: "Weten jullie niet

dat er geschreven staat: 'Mijn huis moet Huis van gebed heten voor alle volken'? Maar jullie hebben er een rovershol van gemaakt!"

¹⁸De opperpriesters en de schriftgeleerden hoorden ervan en zochten naar wegen om hem uit de weg te ruimen. Want ze waren bang voor hem, omdat het hele volk verbaasd stond over wat hij te zeggen had.

¹⁹Tegen de avond gingen Jezus en zijn leerlingen weer de stad uit.

De les van de vervloekte vijgeboom
(Matteüs 21 : 20–22)

²⁰De volgende morgen kwamen ze weer langs die vijgeboom en ze zagen dat hij verdord was tot op de wortel. ²¹Petrus moest denken aan wat Jezus tegen de vijgeboom gezegd had.

"Kijk, rabbi," zei hij, "de vijgeboom die u vervloekt hebt, is helemaal verdord."

²²"Geloof me," antwoordde Jezus hun, "als je op God vertrouwt, ²³kun je tegen die berg daar zeggen: 'Ga omhoog en stort je in zee.' En je krijgt het gedaan, als je niet bij jezelf twijfelt maar gelooft dat gebeuren zal wat je zegt. ²⁴Daarom zeg ik jullie: als je in je

gebed om iets vraagt, moet je geloven dat je het al gekregen hebt en dan krijg je het ook. ²⁵En als jullie aan het bidden zijn, vergeef dan wat je tegen iemand hebt; dan zal je Vader in de hemel je fouten ook vergeven. [²⁶Maar als jullie anderen niet vergeven, zal je Vader in de hemel je fouten ook niet vergeven.]"

De vraag naar Jezus' bevoegdheid
(Matteüs 21 : 23-27; Lucas 20 : 1-8)

²⁷Zo kwamen ze weer in Jeruzalem. En toen hij over het tempelplein rondwandelde, gingen de opperpriesters, de schriftgeleerden en de leden van de Raad op hem toe.
²⁸"Met welk recht doet u dit allemaal?" vroegen ze. "Wie heeft u het recht gegeven om zo op te treden?"
²⁹"Ik heb eerst een vraag aan u," zei Jezus. "Als u mij daarop antwoord geeft, vertel ik u met welk recht ik deze dingen doe. ³⁰Vertelt u mij eens: van wie kreeg Johannes de bevoegdheid om te dopen: van God of van de mensen?"
³¹Zij begonnen met elkaar te overleggen: "Zeggen we: 'Van God,' dan zegt hij: 'Waarom hebt u Johannes dan niet geloofd?' ³²En we kunnen moeilijk zeggen: 'Van de mensen.'" (Ze waren namelijk bang voor het volk, want iedereen was er heilig van overtuigd dat Johannes een profeet was.) ³³Daarom antwoordden ze: "We weten het niet."
"Dan vertel ik u ook niet met welk recht ik dit allemaal doe," zei Jezus.

De slechte pachters
(Matteüs 21 : 33-46; Lucas 20 : 9-19)

12 Jezus begon ze toe te spreken in gelijkenissen: "Er was eens een man die een wijngaard aanlegde. Hij trok rond het land een muurtje op, groef een kuil voor de wijnpers en bouwde een uitkijkpost. Hij verpachtte hem aan wijnbouwers en ging op reis naar het buitenland. ²Toen de oogsttijd was gekomen, stuurde hij een dienaar naar de pachters om zijn deel van de opbrengst in ontvangst te nemen. ³Maar zij grepen de dienaar vast, gaven hem een pak slaag en lieten hem met lege handen gaan. ⁴De eigenaar stuurde er een andere dienaar op uit, maar ook die sloegen ze op zijn hoofd en overlaadden hem met beledigingen. ⁵Hij stuurde een derde, maar die werd zelfs gedood. En zo nog veel anderen: sommigen werden door de wijnbouwers geslagen, anderen door hen gedood. ⁶Wie kon hij toen nog sturen? Hij had alleen zijn enige zoon nog. Ten-

slotte stuurde hij die. 'Voor mijn zoon zullen ze wel ontzag hebben,' dacht hij. [7]Maar de wijnbouwers zeiden tegen elkaar: 'Dat is de erfgenaam. Kom, laten we hem uit de weg ruimen, dan is de wijngaard van ons!' [8]Ze grepen hem vast, vermoordden hem en sleurden het lijk de wijngaard uit.

[9]"Wat zal de eigenaar van de wijngaard nu doen? Hij zal zelf komen, de pachters ter dood laten brengen en de wijngaard aan andere pachters verhuren. [10]Hebt u nooit deze woorden uit de schrift gelezen?

'De steen die de bouwlieden onbruikbaar vonden,
 werd de belangrijkste steen.
[11]Het is het werk van de Heer;
 we staan ervan te kijken!'"

[12]Ze wilden hem arresteren, want ze begrepen dat hij met dat verhaal hen op het oog had. Maar ze waren bang voor het volk. Daarom lieten ze hem met rust en gingen weg.

God en de keizer
(Matteüs 22 : 15–22; Lucas 20 : 20–26)

[13]Ze stuurden enkele Farizeeërs en een paar aanhangers van de partij van Herodes naar hem toe om hem in zijn eigen woorden te vangen. [14]Bij hem gekomen zeiden ze: "Meester, we weten dat u een eerlijk man bent en dat het u niets doet wat men van u denkt. U ziet geen mens naar de ogen; onomwonden leert u wat God wil. Onze vraag is: mogen we aan de keizer van Rome belasting betalen, ja of nee?" [15]Jezus had hun huichelachtige opzet door. "Waarom wilt u mij erin laten lopen?" zei hij. "Laat mij eens een zilverstuk zien." [16]Dat deden ze. "Wiens afbeelding en naam staan erop?" vroeg hij.

"Van de keizer," antwoordden ze.

[17]"Geef dan de keizer wat de keizer, en God wat God toekomt." En ze verbaasden zich over hem.

Leven na de dood?
(Matteüs 22 : 23–33; Lucas 20 : 27–40)

[18]Er gingen een paar Sadduceeërs naar hem toe. (De Sadduceeërs beweren dat er geen leven na de dood is.) [19]"Meester," zo begonnen ze, "Mozes heeft ons als volgt voorgeschreven: 'Als een man sterft en zijn vrouw kinderloos achterlaat, moet zijn broer trouwen met de weduwe en voor een nageslacht zorgen.' [20]Nu waren er eens zeven broers. De oudste trouwde maar stierf kinderloos. [21]De vol-

gende trouwde met de weduwe, maar stierf ook zonder kinderen. Zo ging het ook met de derde ²²en uiteindelijk stierven ze alle zeven kinderloos; tenslotte ging ook de vrouw dood. ²³Nu vragen we u: wanneer ze bij de opstanding weer levend worden, van wie wordt zij dan de vrouw? Want ze hebben haar alle zeven als vrouw gehad!" ²⁴"U bent ernaast," antwoordde Jezus hun. "En weet u waarom? Omdat u de Schrift niet kent en ook de macht van God niet! ²⁵Want wanneer de mensen uit de dood opstaan, zijn ze als de engelen in de hemel; mannen en vrouwen trouwen dan niet met elkaar. ²⁶"En wat de opstanding van de doden betreft: hebt u in het boek van Mozes niet het verhaal over de brandende braamstruik gelezen? God zegt daar tegen Mozes: 'Ik ben de God van Abraham, de God van Isaak en de God van Jakob.' ²⁷God is geen God van doden maar van levenden. U hebt het helemaal mis!"

Het grootste gebod
(Matteüs 22 : 34-40; Lucas 10 : 25-28)

²⁸Een schriftgeleerde had naar dat gesprek tussen Jezus en de Sadduceeërs geluisterd. Hij vond dat Jezus hun een raak antwoord had gegeven en stelde hem de vraag: "Wat is het allerbelangrijkste gebod?" ²⁹Jezus antwoordde: "Dit is het belangrijkste: 'Luister, volk van Israël! Alleen de Heer is onze God. ³⁰U moet de Heer, die uw God is, liefhebben met hart en ziel, in al uw gedachten en met inzet van al uw krachten.' ³¹En het tweede gebod is: 'U moet uw naaste liefhebben als uzelf.' Een belangrijker gebod dan deze twee is er niet." ³²"Heel goed, meester," zei de schriftgeleerde. "Het is waar wat u zegt. De Heer is de enige God en er is geen ander dan hij. ³³En hem liefhebben met heel je hart en verstand en met inzet van al je krachten en je medemens liefhebben als jezelf is veel en veel belangrijker dan God offers brengen door het verbranden of slachten van dieren." ³⁴Jezus merkte aan dit antwoord dat de man een goed inzicht had, en zei daarom tegen hem: "U bent heel dicht bij het koninkrijk van God." Hierna durfde niemand Jezus meer vragen te stellen.

De vraag over de Christus
(Matteüs 22 : 41-46; Lucas 20 : 41-44)

³⁵Tijdens zijn onderricht in de tempel, vroeg hij: "Hoe kunnen de schriftgeleerden eigenlijk zeggen dat de Christus van David moet afstammen? ³⁶Want David zelf zegt onder ingeving van de heilige Geest:

'De Heer heeft tegen mijn Heer gezegd:
Ga hier rechts van mij zitten,
totdat ik al uw vijanden aan u heb onderworpen.'
[37]David zelf noemt de Christus 'Heer'; in hoeverre kan de Christus dan een afstammeling van David zijn?"

Jezus waarschuwt voor de Farizeeërs
(Matteüs 23 : 1-36; Lucas 20 : 45-47)

Talloze mensen luisterden graag naar Jezus. [38]Toen hij ze onderwees in zijn leer, zei hij: "Pas op voor de schriftgeleerden! Ze lopen graag rond in lange gewaden, ze zien graag dat de mensen hen groeten op de markt [39]en ze zijn uit op de beste plaatsen in de synagoge en aan tafel. [40]Zij eigenen zich de huizen van de weduwen toe en om de schijn op te houden zeggen ze ellenlange gebeden. Zij zullen extra streng gestraft worden!"

Rijk en arm
(Lucas 21 : 1-4)

⁴¹Toen Jezus in de tempel tegenover de offerkist zat, zag hij hoe de mensen er geld in deden. Veel rijken gooiden er heel wat geld in. ⁴²Maar daar kwam een arme weduwe die er twee koperen munten ter waarde van een stuiver in liet vallen. ⁴³Jezus riep zijn leerlingen bij zich. "Neem van mij aan," zei hij, "die arme weduwe heeft meer in de offerkist gedaan dan al die anderen. ⁴⁴Want die konden van hun overvloed best wat missen, maar zij moest het van haar armoede doen, en toch gooide ze er alles in wat ze had: ze gaf al het geld waarvan ze moest leven."

Jezus voorspelt de verwoesting van de tempel
(Matteüs 24 : 1-2; Lucas 21 : 5-6)

13 Toen Jezus de tempel uit ging, zei een van zijn leerlingen tegen hem: "Meester, kijk eens wat prachtig, dat hele complex van stenen gebouwen!" ²"Zie je al die grote gebouwen?" antwoordde hij. "Nu, daarvan blijft geen steen op de ander staan; alles wordt met de grond gelijk gemaakt."

Rampen en vervolgingen
(Matteüs 24 : 3-28; Lucas 21 : 7-24)

³Op de Olijfberg gekomen, ging hij recht tegenover de tempel zitten. Alleen Petrus, Jakobus, Johannes en Andreas waren bij hem. ⁴"Kunt u ons vertellen wanneer dat zal gebeuren," vroegen zij hem, "en aan wat voor teken we kunnen zien dat dit alles zijn einde tegemoet gaat?"
⁵"Let goed op!" begon Jezus hun te zeggen. "Laat niemand jullie op een dwaalspoor brengen! ⁶Want er zullen veel mensen komen die mijn naam misbruiken en beweren: 'Ik ben het,' en ze zullen velen op een dwaalspoor brengen. ⁷Raak niet in paniek, als je hoort over oorlogen en over oorlogen die dreigen. Dat moet allemaal gebeuren, maar het einde is het nog niet. ⁸Het ene volk zal strijden tegen het andere, het ene rijk tegen het andere. Er zullen aardbevingen zijn, dan hier, dan daar, en hongersnoden. Maar dat zijn nog maar de weeën die de geboorte voorafgaan.
⁹"Let op de gevaren die je bedreigen! Want ze zullen jullie uitleveren aan de gerechtelijke autoriteiten en je afranselen in de synagogen; en je zult staan voor bestuurders en koningen om mij, om tegenover hen van mij te getuigen. ¹⁰Want eerst moet het grote nieuws aan alle volken bekendgemaakt worden. ¹¹En wanneer ze

je arresteren en voor de rechtbank brengen, maak je dan geen zorgen wat je moet zeggen. Zeg wat God je op dat ogenblik ingeeft, want jullie zijn het niet die spreken, maar de heilige Geest. ¹²Men zal zijn eigen broer verraden en de dood insturen; vaders zullen hetzelfde doen met hun kinderen. En kinderen zullen zich keren tegen hun ouders en hen doden. ¹³Ja, iedereen zal jullie haten, omdat je mij aanhangt. Maar wie volhoudt tot het einde, zal gered worden.

¹⁴"Wanneer je 'de verschrikking van de verwoesting' ziet staan op de plaats waar het niet mag – lezer, probeer het te begrijpen – laten de bewoners van Judea dan de bergen invluchten. ¹⁵Wie op het dak van zijn huis is, moet niet naar beneden komen en binnen nog iets halen. ¹⁶En wie zich op het land bevindt, moet niet naar huis terugkeren om zijn jas te pakken. ¹⁷Ongelukkig de vrouwen die in die tijd in verwachting zijn en ongelukkig de moeders die dan een kind aan de borst hebben. ¹⁸Bid God dat je niet hoeft te vluchten in wintertijd. ¹⁹Want de ellende zal dan zo groot zijn als de wereld nog nooit heeft meegemaakt vanaf het begin toen God de wereld schiep tot nu toe. En zo'n grote ellende zal ook nooit meer voorkomen. ²⁰Als God de duur ervan niet zou verkorten, zou geen sterveling het overleven. Maar ter wille van de uitverkorenen heeft hij de duur ervan verkort.

²¹"Geloof het niet als iemand dan tegen je zegt: 'Kijk, hier is de Christus,' of: 'Daar is hij.' ²²Mensen zullen beweren dat ze de Christus of een profeet zijn en zij zullen wonderen doen en bewijzen geven waarmee ze zelfs de uitverkorenen zullen misleiden als dat mogelijk is. ²³Ja, let op; ik heb het je allemaal van te voren gezegd."

De komst van de Mensenzoon
(Matteüs 24 : 29–31; Lucas 21 : 25–28)

²⁴"Maar in de tijd na deze ellende zal de zon verduisteren, de maan zal niet langer schijnen, ²⁵de sterren zullen van de hemel vallen en de kosmische krachten zullen geschokt worden. ²⁶En dan zullen ze de Mensenzoon zien komen op de wolken met grote macht en majesteit. ²⁷Hij zal de engelen uitsturen en zij zullen de uitverkorenen bijeenbrengen van de vier windstreken van de aarde, van het ene einde van de wereld tot het andere."

De les van de vijgeboom
(Matteüs 24 : 32–35; Lucas 21 : 29–33)

²⁸"Leer van de vijgeboom deze les. Wanneer zijn takken zacht worden en de blaadjes uitkomen, weet je dat de zomer dichtbij is. ²⁹Zo

weet je ook dat het einde vlak voor de deur staat, wanneer je dat allemaal ziet gebeuren. ³⁰Neem van mij aan: deze generatie zal het allemaal nog beleven. ³¹Hemel en aarde gaan voorbij, maar mijn woorden blijven van kracht."

Wees waakzaam
(Matteüs 24 : 36-44)

³²"Niemand weet wanneer die dag of dat uur zal komen, de engelen in de hemel niet en ook de Zoon niet, alleen de Vader weet het. ³³Let op en wees paraat! Want je weet niet wanneer het beslissende moment er is. ³⁴Het gaat als met een man die van huis weggaat om een verre reis te maken. Hij belast elk van zijn dienaars met een eigen taak en draagt de portier op te waken. ³⁵Waak dus: want u weet niet wanneer de heer des huizes terugkeert: 's avonds of midden in de nacht of bij het kraaien van de haan of bij het eerste morgenlicht. ³⁶Als hij plotseling komt, zorg dan dat hij u niet slapend aantreft. ³⁷En wat ik tegen jullie zeg, zeg ik tegen allemaal: waak."

Het komplot tegen Jezus
(Matteüs 26 : 1-5; Lucas 22 : 1-2; Johannes 11 : 45-53)

14 Nog twee dagen en dan was het Pasen, het feest van het Ongegiste Brood. De opperpriesters en de schriftgeleerden bleven zoeken naar een listige manier om Jezus gevangen te nemen en te doden. ²"We moeten het niet op het feest doen," zeiden ze, "anders komt het volk in oproer."

Jezus wordt gezalfd
(Matteüs 26 : 6-13; Johannes 12 : 1-8)

³Jezus was in Betanië te gast bij Simon de Melaatse. Toen hij zat te eten, kwam er een vrouw binnen met een fles dure balsemolie, gemaakt uit pure nardus. Ze brak de hals van de fles en goot de inhoud uit over zijn hoofd. ⁴Enkele aanwezigen maakten er zich kwaad over. "Waar is die verkwisting goed voor?" zeiden ze tegen elkaar. ⁵"We hadden die dure balsem voor meer dan driehonderd gulden kunnen verkopen en het geld aan de armen kunnen geven!" En ze bleven op haar vitten. ⁶"Laat haar toch met rust!" zei Jezus. "Waarom hebt u kritiek op haar? Het is goed wat ze me gedaan heeft. ⁷Arme mensen zult u altijd wel bij u hebben, en u kunt ze helpen wanneer u maar wilt, maar mij hebt u niet altijd. ⁸Zij heeft gedaan wat zij doen kon: zij heeft mijn lichaam met deze balsem

overgoten als voorbereiding op mijn begrafenis. ⁹Ik verzeker u: overal in de wereld waar het evangelie verkondigd wordt, zal ook verteld worden wat zij gedaan heeft. Zo zal zij in de herinnering blijven voortleven."

Het verraad door Judas
(Matteüs 26 : 14-16; Lucas 22 : 3-6)

¹⁰Judas Iskariot, één van de twaalf leerlingen, ging naar de opperpriesters om hun Jezus in handen te spelen. ¹¹Toen ze hoorden wat hij van plan was, waren ze er blij over en beloofden hem een bedrag aan geld. En hij begon uit te zien naar een gunstige gelegenheid om Jezus te verraden.

De voorbereiding van het paasmaal
(Matteüs 26 : 17-19; Lucas 22 : 7-13)

¹²Het was de eerste dag van het feest en op deze dag slachtte men het paaslam. "Waar wilt u het paasmaal eten?" vroegen de leerlingen aan Jezus. "Dan kunnen we het gaan klaarmaken." ¹³Hij stuurde twee van zijn leerlingen weg: "Ga naar de stad; jullie zullen daar een man tegenkomen die een kruik water draagt. Volg hem naar het huis ¹⁴waar hij binnengaat en zeg tegen de eigenaar: 'De meester vraagt: Waar is de zaal waar ik met mijn leerlingen het paasmaal kan eten?' ¹⁵Die zal jullie boven een ruime, ingerichte kamer laten zien waar het een en ander gereed staat. Daar kun je alles voor ons klaarmaken." ¹⁶De leerlingen gingen naar de stad en vonden alles zoals Jezus het hun verteld had. En zo maakten ze het paasmaal klaar.

Jezus voorspelt dat Judas hem zal verraden
(Matteüs 26 : 20-25; Lucas 22 : 21-23; Johannes 13 : 21-30)

¹⁷Toen het avond was geworden, ging Jezus met zijn twaalf leerlingen naar het bovenvertrek. ¹⁸En toen ze aan tafel zaten en aan het eten waren, zei hij: "Geloof mij: één van jullie zal mij verraden, iemand die nu met mij eet." ¹⁹De leerlingen werden verdrietig en begonnen de een na de ander te vragen: "U bedoelt mij toch niet?" ²⁰Maar hij antwoordde: "Het is één van jullie twaalf, iemand die met mij zijn brood in deze schaal doopt. ²¹Ja, de Mensenzoon gaat weg, zo staat het over hem geschreven, maar wee de man die de Mensenzoon verraadt. Hij had beter niet geboren kunnen worden."

De avondmaalsviering
(Matteüs 26 : 26-30; Lucas 22 : 15-20; 1 Korintiërs 11 : 23-25)

²²Onder het eten nam Jezus brood, sprak een gebed van dank, brak het brood in stukken en gaf die aan zijn leerlingen: "Neem het; het is mijn lichaam." ²³En hij nam een beker met wijn, dankte God en gaf hun de beker door. En zij dronken er allen uit. ²⁴Jezus zei: "Dit is mijn bloed waardoor het verbond met God wordt bekrachtigd, mijn bloed dat voor veel mensen zal vloeien. ²⁵Maar ik verzeker jullie: ik zal geen wijn meer drinken tot de dag waarop ik in het koninkrijk van God nieuwe wijn zal drinken." ²⁶Toen zongen zij de lofpsalmen en gingen op weg naar de Olijfberg.

Jezus voorspelt dat Petrus hem zal verloochenen
(Matteüs 26 : 31-35; Lucas 22 : 31-34; Johannes 13 : 36-38)

²⁷"Jullie zullen me allemaal in de steek laten," zei Jezus. "Want er staat geschreven: 'Ik zal de herder doden en zijn schapen uit elkaar jagen.' ²⁸Maar wanneer ik uit de dood ben opgestaan, zal ik voor jullie uitgaan naar Galilea." ²⁹"Al laat iedereen u in de steek, ik nooit," wierp Petrus hem tegen. ³⁰"Geloof me, Petrus, nu in deze nacht, nog voor de haan tweemaal gekraaid heeft, zul je drie keer beweren dat je me niet kent." ³¹Maar Petrus bleef volhouden en zei met stemverheffing: "Nooit zal ik zeggen dat ik u niet ken, ook al moet ik met u sterven." En ze beweerden allemaal hetzelfde.

Jezus bidt in Getsemane
(Matteüs 26 : 36-46; Lucas 22 : 39-46)

³²Ze kwamen bij een plek die Getsemane heet. "Blijven jullie hier zitten," zei Jezus tegen zijn leerlingen; "ik ga bidden." ³³En hij nam Petrus, Jakobus en Johannes met zich mee. Verwarring en angst begonnen zich van hem meester te maken. ³⁴"Ik ben doodsbenauwd," zei hij tegen hen. "Blijf hier en waak met mij." ³⁵Hij liep nog een stukje verder, liet zich voorover op de grond vallen en bad dat als het mogelijk was, hij voor dit lijdensuur gespaard kon blijven. ³⁶"Vader, mijn Vader, bij u is alles mogelijk; neem deze beker van mij weg. Alleen: niet wat ik wil, maar wat u wilt."

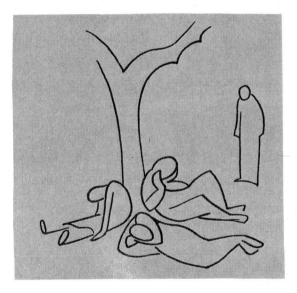

³⁷Hij ging terug en vond de drie leerlingen in slaap. "Simon, slaap je?" vroeg hij aan Petrus. "Kun je nog geen uur wakker blijven? ³⁸Zorg dat je wakker blijft en bid dat je niet toegeeft aan de verleiding. De geest is wel gewillig, maar het vlees is zwak."

³⁹Hij ging weer weg en bad met dezelfde woorden. ⁴⁰Toen hij terugging, vond hij ze weer in slaap. Want ze konden hun ogen niet open houden. En ze wisten niet wat ze hem moesten zeggen.

⁴¹Toen hij voor de derde keer terugging, zei hij: "Nog aan het slapen en uitrusten? Alsof het einde ver weg is! Nee, het beslissende

uur is gekomen! De Mensenzoon wordt verraden en valt in de handen van zondige mensen. ⁴²Sta op en laten we gaan. Daar komt de verrader al aan!"

Jezus wordt gearresteerd
(Matteüs 26 : 47-56; Lucas 22 : 47-53; Johannes 18 : 3-11)

⁴³Hij was nog niet uitgesproken of Judas, één van de twaalf, kwam er aan. Hij was in gezelschap van een grote troep mannen die gewapend waren met zwaarden en stokken. Ze waren erop uitgestuurd door de opperpriesters, de schriftgeleerden en de leiders van het volk. ⁴⁴De verrader had een teken met hen afgesproken: "De man die ik groet met een kus, die is het. Hem moeten jullie arresteren en zonder risico's te nemen wegvoeren."

⁴⁵Toen ging hij recht op Jezus af. "Dag, rabbi," zei hij, en hij kuste hem. ⁴⁶Ze pakten Jezus beet en hielden hem vast. ⁴⁷Maar één van de omstanders trok zijn zwaard, haalde uit naar de dienaar van de hogepriester en sloeg hem een oor af. ⁴⁸Jezus nam het woord: "Ben ik soms een misdadiger dat jullie met zwaarden en stokken erop uit zijn getrokken om mij gevangen te nemen? ⁴⁹Elke dag was ik bij jullie en gaf ik onderricht in de tempel, en toen arresteerden jullie me niet. Maar de Schrift moet in vervulling gaan!" ⁵⁰Toen lieten alle leerlingen hem in de steek en vluchtten weg.

⁵¹Een jongeman, met niets anders dan een laken om zijn blote lijf, liep met Jezus mee. Ze pakten hem vast, ⁵²maar de jongeman liet hun het laken en ging er naakt vandoor.

Jezus voor de Hoge Raad

(Matteüs 26 : 57–68; Lucas 22 : 54–55, 63–71; Johannes 18 : 13–14, 19–24)

⁵³Toen voerden ze Jezus weg naar het huis van de hogepriester, waar alle andere opperpriesters, de leden van de Raad en de schriftgeleerden bij elkaar kwamen. ⁵⁴Petrus volgde Jezus op enige afstand tot op de binnenplaats van het huis van de hogepriester. Daar ging hij tussen het dienstvolk zitten en warmde zich bij het vuur.

⁵⁵De opperpriesters en de hele Raad probeerden een aanklacht tegen Jezus te vinden waarop ze hem ter dood konden veroordelen, maar ze wisten niets te vinden. ⁵⁶Er waren heel wat lieden die een valse aanklacht tegen hem indienden, maar hun beschuldigingen klopten niet met elkaar. ⁵⁷Toen stonden er een paar valse getuigen op: ⁵⁸"We hebben hem horen zeggen: 'Deze tempel, die door mensen gemaakt is, zal ik afbreken en na drie dagen zal ik een andere bouwen die niet door mensen gemaakt is.'" ⁵⁹Maar ook in dit geval klopte hun beschuldiging niet.

⁶⁰Toen stond de hogepriester op; hij liep naar het midden en vroeg Jezus: "Hebt u niets te zeggen op de beschuldiging die zij tegen u inbrengen?" ⁶¹Maar Jezus bleef zwijgen en gaf helemaal geen antwoord. "Bent u de Christus, de Zoon van de heilige God?" ondervroeg de hogepriester hem opnieuw. ⁶²"Dat ben ik," antwoordde Jezus, "en u zult de Mensenzoon zien zitten aan de rechterzijde van de almachtige God en hem zien komen op de wolken van de hemel." ⁶³De hogepriester scheurde zijn ambtsgewaad en zei: "Waarvoor hebben we nog getuigen nodig? ⁶⁴ U hebt gehoord hoe hij God beledigt! Wat vindt u ervan?" En zonder uitzondering spraken ze het schuldig uit: hij verdiende de doodstraf.

⁶⁵Sommigen begonnen hem te bespugen; ze blinddoekten hem, sloegen hem en zeiden: "Raad eens wie je sloeg!" Ook de bewakers gaven hem klappen.

Petrus zegt dat hij Jezus niet kent

(Matteüs 26 : 69–75; Lucas 22 : 56–62; Johannes 18 : 15–18, 25–27)

⁶⁶Petrus zat al die tijd op de binnenplaats. Eén van de dienstmeisjes van de hogepriester kwam voorbij, ⁶⁷en toen ze Petrus zag die zich bij het vuur stond te warmen, keek ze hem eens goed aan: "Jij hoort ook bij die Jezus van Nazaret!" ⁶⁸Maar hij beweerde van niet: "Ik weet niet... ik begrijp niet waar je het over hebt." En hij verliet de binnenplaats en ging naar de poort. ⁶⁹Toen het dienstmeisje hem daar zag staan, begon ze er weer over tegen de omstanders: "Dat is ook één van hen!" ⁷⁰Maar hij ontkende opnieuw.

Even later zeiden nu ook de omstanders tegen Petrus: "Het is waar, jij bent één van hen. Trouwens, je komt uit Galilea." ⁷¹Maar Petrus begon te vloeken en te zweren: "Die man over wie jullie het hebben, ken ik niet." ⁷²Onmiddellijk kraaide de haan voor de tweede maal. Toen schoot het Petrus te binnen dat Jezus hem gezegd had: "Nog vóór de haan voor de tweede maal kraait, zul je driemaal beweren dat je mij niet kent." En Petrus barstte in tranen uit.

Jezus wordt voor Pilatus geleid
(Matteüs 27 : 1–2, 11–14; Lucas 23 : 1–5; Johannes 18 : 28–38)

15 's Morgens, in alle vroegte, kwamen de opperpriesters met de leden van de Raad en de schriftgeleerden in voltallige vergadering bijeen. Ze lieten Jezus boeien, leidden hem weg en leverden hem uit aan Pilatus. ²"Bent u de koning van de Joden?" vroeg Pilatus hem. "Zoals u zegt," antwoordde Jezus. ³De opperpriesters begonnen hem van allerlei dingen te beschuldigen. ⁴"Kunt u niets zeggen?" vroeg Pilatus hem opnieuw. "Hoor eens waarvan ze u allemaal beschuldigen!" ⁵Maar Jezus gaf geen enkel antwoord meer, en dat verbaasde Pilatus.

Jezus wordt ter dood veroordeeld
(Matteüs 27 : 15–26; Lucas 23 : 13–25; Johannes 18 : 39–19 : 16)

⁶Nu liet hij bij elk paasfeest een gevangene vrij, naar keuze van

het volk. ⁷Op dat moment zat er bij de opstandelingen die tijdens het oproer een moord hadden begaan, een zekere Barabbas gevangen. ⁸Het volk kwam de trappen op en begon Pilatus te vragen: "Doe wat u op het feest altijd voor ons doet!" ⁹"Willen jullie dat ik je de koning van de Joden vrijlaat?" antwoordde Pilatus. ¹⁰Want hij wist wel dat de opperpriesters Jezus hadden uitgeleverd omdat ze afgunstig op hem waren. ¹¹Maar de opperpriesters zetten het volk op: ze moesten zeggen dat ze liever de vrijlating van Barabbas hadden. ¹²"Wat zal ik dan doen met de man die jullie de koning van de Joden noemen?" zei Pilatus. ¹³"Hem kruisigen!" schreeuwden zij terug. ¹⁴"Maar wat voor kwaad heeft hij dan gedaan?" vroeg Pilatus hun. Maar zij schreeuwden nog harder: "Aan het kruis met hem!" ¹⁵Omdat Pilatus het volk zijn zin wilde geven, liet hij hun Barabbas vrij. Jezus liet hij geselen en daarna gaf hij hem over aan de soldaten die hem moesten kruisigen.

De bespotting
(Matteüs 27 : 27–31; Johannes 19 : 2–3)

¹⁶De soldaten namen Jezus mee in het paleis van de goeverneur, het zogenaamde pretorium, en riepen er de hele kompagnie bij.

¹⁷Ze deden hem een helrode mantel om, vlochten een krans van doorntakken en zetten die op zijn hoofd. ¹⁸En ze begonnen hem te begroeten en riepen: "Hulde aan de koning van de Joden!" ¹⁹Met een stok sloegen ze hem op zijn hoofd, ze bespuugden hem, maakten een kniebuiging en brachten hem hulde. ²⁰Na deze bespotting deden ze hem de helrode mantel af en trokken hem zijn kleren weer aan en leidden hem de stad uit om hem te kruisigen.

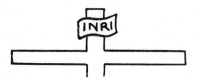

De kruisiging
(Matteüs 27 : 32–44; Lucas 23 : 26–43; Johannes 19 : 17–27)

²¹Ze dwongen een voorbijganger, die op weg was naar de stad, de kruisbalk te dragen. (De man heette Simon. Hij was afkomstig van de stad Cyrene en was de vader van Alexander en Rufus.) ²²Zo voerden ze Jezus naar een plek die Golgota heette. Dat betekent "Schedelplaats". ²³Ze gaven hem wijn met een verdovend middel erin, mirre genaamd, maar hij dronk er niet van. ²⁴Toen sloegen ze hem aan het kruis en verdeelden zijn kleren. Door erom te loten beslisten ze wie wat zou krijgen. ²⁵Het was negen uur in de ochtend

toen ze hem kruisigden. ²⁶En het opschrift met de reden van zijn veroordeling luidde: "De koning van de Joden". ²⁷Samen met hem kruisigden ze twee rovers, de een rechts, de ander links van hem. [²⁸Daarmee ging de Schrift in vervulling die zegt: "Hij werd op één lijn gesteld met de misdadigers."]

²⁹Voorbijgangers beledigden hem. Ze schudden hun hoofd en riepen: "Ha, ha! Jij die de tempel afbreekt en in drie dagen opbouwt, ³⁰red nu jezelf en kom van het kruis af!" ³¹Zo dreven ook de opperpriesters en de schriftgeleerden de spot met hem. "Anderen heeft hij geholpen," zeiden ze tegen elkaar, "maar zichzelf helpen kan hij niet!" ³²"Christus, koning van Israël, laat ons zien dat je van het kruis afkomt; dan zullen we geloven." Ook de mannen die met hem waren gekruisigd hoonden hem.

De dood van Jezus
(Matteüs 27 : 45–56; Lucas 23 : 44–49; Johannes 19 : 28–30)

³³Van twaalf uur tot drie uur 's middags werd het donker over het hele land. ³⁴En om drie uur schreeuwde Jezus luidkeels: *"Eloï, Eloï, lama sabachtani?"* Dat betekent: "Mijn God, mijn God, waarom hebt u mij verlaten?" ³⁵Een paar omstanders die het hoorden, zeiden: "Hoor, hij roept om de profeet Elia." ³⁶Een van hen ging een spons halen, doopte die in landwijn, stak die op de punt van een stok en probeerde hem te laten drinken. "Wacht," zei hij, "nu kunnen we zien of Elia hem eraf komt halen." ³⁷Maar Jezus gaf een luide schreeuw en stierf.

³⁸En het gordijn in de tempel scheurde in tweeën van boven tot onderen. ³⁹De officier die recht tegenover het kruis stond, had gezien hoe Jezus was gestorven. "Die man was vast en zeker de Zoon van God!" zei hij. ⁴⁰Op een afstand stonden ook vrouwen toe te kijken, onder wie Salome, Maria van Magdala en Maria, de moeder van Jakobus de jongere en van Joses. ⁴¹Zij waren Jezus, toen hij nog in Galilea was, altijd gevolgd en hadden hem steeds gediend. Er stonden nog veel andere vrouwen die met Jezus naar Jeruzalem waren getrokken.

Jezus wordt begraven
(Matteüs 27 : 57–61; Lucas 23 : 50–56; Johannes 19 : 38–42)

⁴²Het liep al tegen de avond toen Jozef van Arimatea aankwam. ⁴³Hij was een vooraanstaand lid van de Hoge Raad en zag ook zelf gespannen uit naar de komst van het koninkrijk van God. Omdat het die dag vrijdag was, de dag waarop men zich voorbereidde op de sabbat, vatte hij moed: hij liet zich aandienen bij Pilatus en vroeg hem om het lichaam van Jezus. ⁴⁴Pilatus was verbaasd te horen dat Jezus al gestorven was. Hij liet de officier bij zich roepen en vroeg hem of Jezus al dood was. ⁴⁵Toen de officier dat bevestigde, zei Pilatus dat het lijk aan Jozef kon worden afgestaan.

⁴⁶En Jozef kocht een stuk linnen, haalde Jezus van het kruis af, wikkelde hem in het linnen en legde hem in de grafkamer die hij in de rotsen had laten uithouwen. Toen rolde hij een steen voor de ingang van het graf. ⁴⁷Maria van Magdala en Maria, de moeder van Joses, keken toe om te zien waar Jezus werd neergelegd.

De opstanding
(Matteüs 28 : 1-8; Lucas 24 : 1-12; Johannes 20 : 1-10)

16 Toen de sabbat voorbij was, kochten Maria van Magdala, Maria, de moeder van Jakobus, en Salome balsems om daarmee het lichaam van Jezus te zalven. ²Heel vroeg op zondagochtend, toen de zon opkwam, gingen ze op weg naar het graf. ³Ze zeiden al tegen elkaar: "Wie zal de steen voor de ingang van het graf voor ons wegrollen?" Het was namelijk een heel grote. ⁴Maar toen ze er bijna waren en keken, ontdekten ze dat de steen al was weggerold. ⁵Ze gingen de grafkamer binnen en zagen rechts een jongeman zitten die in het wit gekleed was. Ze raakten helemaal van streek, ⁶maar hij zei tegen hen: "Raak maar niet van streek! U zoekt natuurlijk Jezus van Nazaret, de gekruisigde. Hij is hier niet, hij is opgewekt ten leven! Kijk, dit is de plaats waar ze hem hadden neergelegd. ⁷Maar ga nu en vertel aan Petrus en de andere leerlingen: 'Hij gaat vóór u uit naar Galilea. Daar zullen jullie hem zien, juist zoals hij jullie gezegd heeft.'" ⁸Ze gingen de grafkamer uit en vluchtten weg, want angst en verwarring hadden zich van hen meester gemaakt. En ze zeiden er niemand iets van, want ze waren bang.

EEN ANDER OUD BESLUIT

Jezus verschijnt aan Maria van Magdala
(Matteüs 28 : 9-10; Johannes 20 : 11-18)

[⁹Toen Jezus in de vroege ochtend van zondag was opgestaan van de dood, liet hij zich het eerst zien aan Maria van Magdala, de vrouw uit wie hij zeven duivelse geesten had gedreven. ¹⁰En zij ging het vertellen aan de mannen die altijd met Jezus waren opgetrokken. Die waren droevig gestemd en huilden, ¹¹maar toen ze van haar hoorden dat hij leefde en dat ze hem had gezien, geloofden ze er niets van.

Jezus verschijnt aan twee leerlingen
(Lucas 24 : 13-35)

¹²Daarna liet Jezus zich in een andere gedaante zien aan twee van zijn leerlingen die op weg waren naar de provincie. ¹³Zij keerden terug en vertelden het de anderen, maar die wilden hen niet geloven.

Jezus verschijnt aan de Elf
(Matteüs 28 : 16-20; Lucas 24 : 36-49; Johannes 20 : 19-23; Handelingen 1 : 6-8)

¹⁴Tenslotte liet Jezus zich zien aan de elf leerlingen, toen ze zaten te eten. Hij maakte hun verwijten en zei dat ze zo ongelovig en hardleers waren. Want ze wilden geen geloof schenken aan degenen die gezien hadden dat hij was verrezen. ¹⁵"Trek de hele wereld door," zei hij, "en verkondig het evangelie aan het hele mensdom. ¹⁶Wie gelooft en zich laat dopen, wordt gered, maar wie weigert te geloven, wordt veroordeeld. ¹⁷God zal hen die geloven met de volgende tekenen bijstaan: zij zullen in mijn naam duivelse geesten verjagen en vreemde talen spreken, ¹⁸ze zullen slangen oppakken en dodelijk vergif drinken zonder er nadeel van te ondervinden, en als ze zieken de handen opleggen, zullen die weer gezond worden."

Jezus wordt opgenomen in de hemel
(Lucas 24 : 50-53; Handelingen 1 : 9-11)

¹⁹Toen Jezus was uitgesproken, werd hij opgenomen in de hemel, en hij nam plaats aan de rechterzijde van God. ²⁰Maar de leerlingen trokken erop uit en gingen overal het evangelie verkondigen. De

Heer hielp hen en ondersteunde de boodschap door hun met machtige werken bij te staan.]

NOG EEN OUD BESLUIT

[De vrouwen brachten Petrus en zijn metgezellen snel alles over wat de jongeman hun had verteld. Maar later stuurde Jezus zijn leerlingen er zelf op uit en liet ze van oost tot west de heilige en onvergankelijke boodschap over het eeuwig heil verspreiden.]

Het Evangelie volgens Lucas

Inleiding

1 Beste Teofilus,
Veel personen hebben geprobeerd een verslag te maken van de gebeurtenissen die onder ons hebben plaatsgehad, ²zoals ze ons verteld zijn door diegenen die van het begin af ooggetuigen zijn geweest en zich in dienst hebben gesteld van het evangelie. ³Daarom leek het me goed, ook zelf nog eens de loop van de gebeurtenissen nauwkeurig na te gaan en in de juiste volgorde voor je op schrift te stellen. ⁴Het gaat er mij daarbij om dat je zult inzien hoe betrouwbaar de verhalen zijn die men je heeft verteld.

De engel Gabriël verschijnt aan Zacharias

⁵In de tijd dat Herodes koning was van Judea, was er een priester die Zacharias heette en tot de priestergroep van Abia behoorde. Zijn vrouw heette Elisabet en was een nakomelinge van Aäron. ⁶Beiden waren rechtvaardig in de ogen van God en ze kwamen de geboden en de voorschriften van de Heer stipt na. ⁷Maar ze hadden geen kinderen; Elisabet was onvruchtbaar en zij waren beiden hoogbejaard.

⁸Op een keer deed Zacharias, omdat het zijn beurt was, dienst voor God. ⁹Naar het gebruik van de priesters was er geloot, en hij mocht het heiligdom van de Heer binnengaan en er het wierookoffer brengen. ¹⁰Ondertussen stond het hele volk buiten te bidden. ¹¹En er verscheen hem een engel van de Heer, die rechts van het altaar stond waarop de wierook gebrand wordt. ¹²Toen Zacharias hem zag, raakte hij in verwarring en werd bang. ¹³Maar de engel zei tegen hem: "Wees niet bang, Zacharias. God heeft uw gebed verhoord. Uw vrouw Elisabet zal het leven geven aan een zoon en u moet hem Johannes noemen. ¹⁴U zult over hem juichen van vreugde en velen zullen blij zijn om zijn geboorte. ¹⁵Want hij zal een groot man zijn in de ogen van God. Wijn of sterke drank zal hij niet drinken. Al vanaf zijn geboorte zal God hem vervullen met de heilige Geest. ¹⁶Velen uit het volk van Israël zal hij terugbrengen naar de Heer hun God. ¹⁷Voor hem zal hij uitgaan in de geest en de kracht van Elia. Hij zal vaders en kinderen met elkaar verzoenen en ongehoorzamen op de rechte weg terugbrengen, om zo het

volk voor te bereiden op de komst van de Heer."
¹⁸"Hoe weet ik of dat waar is?" vroeg Zacharias aan de engel. "Ik ben een oude man en ook mijn vrouw is hoogbejaard."
¹⁹"Ik ben Gabriël en ik sta voor God," antwoordde de engel. "Hij heeft me naar u toe gestuurd om u dit goede nieuws te brengen. ²⁰Maar u hebt mij niet geloofd; daarom zult u moeten zwijgen en niets meer kunnen zeggen tot de dag waarop alles wat ik gezegd heb, zal uitkomen."

²¹Intussen stonden de mensen op Zacharias te wachten; ze verwonderden zich erover dat hij zo lang in de tempel bleef. ²²Toen hij naar buiten kwam, kon hij geen woord tegen hen zeggen. Ze begrepen dat hij in de tempel een visioen had gehad. Stom als hij was, probeerde hij zich met gebaren verstaanbaar te maken.

²³Toen de tijd van zijn dienst in de tempel voorbij was, ging hij naar huis. ²⁴Daarna werd zijn vrouw Elisabet zwanger. Vijf maanden lang leefde zij afgezonderd. ²⁵Ze zei: "Dat heeft de Heer voor mij gedaan. Nu heeft hij zich om mij bekommerd, en mijn schande weggenomen."

De engel Gabriël verschijnt aan Maria

²⁶Toen Elisabet in haar zesde maand was, stuurde God de engel Gabriël naar Nazaret, een stad in Galilea. ²⁷Hij had een boodschap voor een meisje dat verloofd was met een zekere Jozef, die afstamde van koning David. Dat meisje heette Maria. ²⁸De engel kwam bij haar binnen en zei: "Dag Maria, de Heer is met je en heeft je volop zijn gunst gegeven." ²⁹Bij deze begroeting raakte Maria in verwarring en zij vroeg zich af wat die woorden te betekenen hadden. ³⁰"Wees niet bang, Maria," vervolgde de engel, "want je staat bij

God in de gunst. ³¹Je zult zwanger worden en een zoon ter wereld brengen, en je zult hem Jezus noemen. ³²Hij zal een groot man worden en hij zal Zoon van de Allerhoogste worden genoemd. God de Heer zal hem koning maken zoals zijn voorvader David was; ³³hij zal voor altijd regeren over het huis van Jakob en aan zijn koningschap zal geen einde komen."

³⁴"Maar ik ben nog niet getrouwd; hoe is dat dan mogelijk?" vroeg Maria.

³⁵"De heilige Geest zal over je komen en de kracht van de Allerhoogste zal als een schaduw over je vallen. Daarom zal het kind aan God zijn gewijd en zijn Zoon worden genoemd. ³⁶Ook Elisabet, je verwante, krijgt een zoon, zo oud als ze is. Er werd wel gezegd dat ze geen kinderen kon krijgen, maar nu is ze al in haar zesde maand! ³⁷Want voor God is niets onmogelijk."

³⁸"Ik sta geheel ter beschikking van de Heer," zei Maria. "Wat u verteld hebt, laat dat met me gebeuren." En de engel ging bij haar weg.

Maria bezoekt Elisabet

³⁹Kort daarna ging Maria op weg naar het bergland van Judea naar de stad waar Zacharias woonde. ⁴⁰Ze ging zijn huis binnen en begroette Elisabet. ⁴¹Toen Elisabet Maria's begroeting hoorde, trappelde het kindje in haar schoot. Zij werd vervuld met de heilige Geest ⁴²en riep luid: "Je bent de gelukkigste van alle vrouwen en gelukkig is het kind dat je draagt! ⁴³Waaraan heb ik het te danken dat de moeder van mijn Heer mij opzoekt? ⁴⁴Want nauwelijks had ik je begroeting gehoord, of het kindje trappelde van blijdschap in mijn schoot. ⁴⁵Wat een geluk: jij hebt geloofd dat de Heer waar zal maken wat hij je gezegd heeft!"

Maria's lofzang

⁴⁶Maria antwoordde:

"Met hart en ziel prijs ik de Heer,
⁴⁷en ik juich om God, mijn Redder.
⁴⁸Want hij heeft zich het lot aangetrokken
van zijn minste dienares.
Voortaan zullen jong en oud mij gelukkig prijzen,
⁴⁹omdat de machtige God zulke grote dingen voor mij heeft gedaan.
Zijn naam is heilig.
⁵⁰Hij is barmhartig voor wie hem eerbiedigen,

van geslacht tot geslacht.
⁵¹Hij heeft zijn kracht getoond
en de hoogmoedigen met al hun plannen uiteengejaagd.
⁵²De machtigen der aarde heeft hij van hun voetstuk gehaald,
maar de geringen heeft hij verheven.
⁵³Wie honger leden heeft hij met alle goeds overladen,
maar de rijken heeft hij met lege handen weggestuurd.
⁵⁴Hij is zijn dienaar Israël te hulp gekomen,
om zijn eeuwige trouw te bewijzen
⁵⁵— zoals hij onze voorouders heeft beloofd —
aan Abraham en zijn nakomelingen."

⁵⁶Maria bleef ongeveer drie maanden bij Elisabet; daarna ging ze naar huis terug.

De geboorte van Johannes de Doper

⁵⁷Toen Elisabet moest bevallen, bracht ze een zoon ter wereld. ⁵⁸Buren en familieleden die hoorden hoe goed God voor haar geweest was, kwamen haar feliciteren.

⁵⁹Toen het kind acht dagen oud was, kwamen ze het besnijden. Ze wilden hem Zacharias noemen, naar zijn vader. ⁶⁰Maar zijn moeder zei: "Niets daarvan; zijn naam is Johannes." ⁶¹"Maar niemand in de familie heet zo," antwoordden ze haar. ⁶²Met gebaren vroegen ze aan zijn vader hoe hij zijn zoontje wilde noemen. ⁶³Hij vroeg om een lei en schreef daarop: "Johannes moet hij heten." Iedereen stond verbaasd. ⁶⁴Op dat moment kon Zacharias weer spreken en hij begon God te prijzen. ⁶⁵De buren waren allemaal diep onder de indruk en in het hele bergland van Judea ging alles wat er gebeurd was, van mond tot mond. ⁶⁶Alle mensen die ervan hoorden, dachten er over na en vroegen zich af: "Wat zal er van dat jongetje worden?" Want het was duidelijk dat hij onder bescherming van de Heer stond.

De lofzang van Zacharias

⁶⁷Zijn vader Zacharias werd vervuld met de heilige Geest en zei deze profetische woorden:
⁶⁸"Laat ons de Heer, de God van Israël, prijzen!
Want hij kwam zijn volk opzoeken en bevrijden.
⁶⁹Hij heeft gezorgd voor een machtige redder,
een afstammeling van zijn dienaar David.
⁷⁰Lang geleden heeft hij ons door zijn heilige profeten laten weten
⁷¹dat hij ons zou bevrijden van onze vijanden

en uit de macht van allen die ons haten,
⁷²om onze voorvaderen barmhartigheid te bewijzen
en zijn heilig verbond gestand te doen.
⁷³Want hij had onze vader Abraham gezworen
⁷⁴ons te zullen bevrijden van onze vijanden.
Zo kunnen wij hem veilig dienen,
⁷⁵toegewijd en rechtvaardig, ons leven lang.
⁷⁶En jij, mijn kind, zult een profeet van de Allerhoogste worden genoemd.
Je zult voor de Heer uitgaan
om zijn komst voor te bereiden,
⁷⁷en om zijn volk te leren inzien hoe het gered zal worden
als onze God hun zonden vergeeft
⁷⁸in de innige hartelijkheid waarmee hij zich over ons ontfermt.
⁷⁹Als de zon die hoog aan de hemel oprijst
zal hij licht brengen aan allen
die zitten in de donkere schaduw van de dood,
om ons op weg te helpen naar de vrede."
⁸⁰Het kind groeide voorspoedig op en werd sterk door de Geest. Hij leefde in onbewoonde streken tot de dag waarop hij zich openlijk aan het volk van Israël presenteerde.

De geboorte van Jezus
(Matteüs 1 : 18–25)

2 In die tijd kondigde keizer Augustus het besluit af een volkstelling te laten houden in de hele wereld. ²Deze eerste volkstelling

vond plaats toen Quirinius goeverneur was in Syrië. ³Iedereen ging op weg naar de plaats waar hij vandaan kwam, om zich daar te laten inschrijven.

⁴Ook Jozef: hij trok van Nazaret in Galilea naar Judea, naar de stad Betlehem waar koning David was geboren, want hij kwam uit het koningshuis van David. ⁵In Betlehem liet hij zich inschrijven samen met Maria, zijn verloofde, die in verwachting was. ⁶Juist toen ze in Betlehem waren, was de tijd voor de geboorte gekomen, en ⁷Maria bracht een zoon ter wereld, haar eerste. Ze wikkelde hem in doeken en legde hem in een voederbak voor dieren, want in de herberg was er geen plaats voor hen.

De herders en de engelen

⁸In de omgeving daar waren herders die 's nachts onder de blote hemel de wacht hielden bij hun kudden. ⁹Opeens stond er een engel bij hen, en de glorie van de Heer omstraalde hen. Ze werden verschrikkelijk bang, ¹⁰maar de engel zei tegen hen: "Wees niet bang! Luister, ik breng jullie groot nieuws dat het hele volk erg blij zal maken. ¹¹Zojuist is in de stad van David voor jullie een redder geboren: Christus, de Heer. ¹²Hieraan kun je hem herkennen: je zult een baby vinden die gewikkeld in doeken in een voederbak ligt."

¹³Plotseling was er bij de engel een grote groep andere engelen uit de hemel. Zij prezen God en zeiden:

[14]"Eer komt toe aan God in de hoge hemel
en vrede op aarde aan de mensen die in Gods gunst staan!"
[15]Toen de engelen naar de hemel waren teruggekeerd, zeiden de herders tegen elkaar: "Kom! Laten we naar Betlehem gaan. De Heer heeft ons bekendgemaakt wat er gebeurd is; laten we eens gaan kijken." [16]Ze liepen er vlug naar toe en vonden Maria en Jozef met de baby die in de voederbak lag. [17]Toen ze het gezien hadden, maakten ze bekend wat de engel hun over dit kind gezegd had. [18]Iedereen die hun verhaal hoorde, stond verbaasd. [19]Maria bleef zich al deze dingen herinneren en dacht er diep over na. [20]Na hun terugkeer prezen de herders God uitbundig om alles wat ze gehoord en gezien hadden; het was precies zoals de engel het hun verteld had.

De besnijdenis

[21]Toen de baby acht dagen oud was, werd hij besneden. Ze noemden hem Jezus; dat was de naam die de engel genoemd had nog vóór zijn moeder zwanger werd.

De ontmoeting met Simeon en Hanna

[22]Toen kwam volgens de wet van Mozes voor Maria en het kind de tijd voor de rituele reiniging. Jozef en Maria brachten het naar Jeruzalem om het aan de Heer op te dragen [23]volgens het voorschrift van de Heer: "Elke eerstgeborene van het mannelijk geslacht moet de Heer worden toegewijd." [24]Ook wilden zij het offer brengen dat de wet van de Heer met deze woorden voorschrijft: "Een paar tortelduiven of twee jonge duiven."

[25]Nu leefde er in Jeruzalem een vroom en wetsgetrouw man die Simeon heette en die verlangend uitzag naar de dag waarop God zich over Israël zou ontfermen. De heilige Geest was met hem, [26]en die had hem voorspeld dat hij niet zou sterven vóór hij met eigen ogen de Messias had gezien die de Heer beloofd had. [27]Door de Geest gedreven ging Simeon naar de tempel. Toen de ouders hun kind binnendroegen om voor hem te doen wat volgens de wet moest gebeuren, [28]nam hij Jezus in zijn armen en dankte hij God:

[29]"Heer, u hebt uw belofte gehouden
en kunt nu uw dienaar in vrede laten gaan.
[30]Want met eigen ogen heb ik de redding gezien
[31]die u voor alle volken hebt gebracht:
[32]een licht dat de ongelovigen uit de duisternis haalt
en roem brengt aan uw volk Israël."

³³Zijn vader en moeder waren verbaasd over wat er over hun kind gezegd werd. ³⁴Simeon zegende hen en zei tegen Jezus' moeder: "Luister goed! God heeft dit kind bestemd om veel mensen in Israël ten val te brengen, maar ook om velen te doen opstaan. Hij zal een teken zijn dat bij velen verzet oproept ³⁵en dat zo hun diepste gedachten aan het licht zal brengen. En bij u zal het leed als een scherp zwaard door uw hart gaan."

³⁶Daar was ook een profetes; ze heette Hanna en was een dochter van Fanuël, die tot de stam van Aser behoorde. Het was een hoogbejaarde vrouw die na haar meisjesjaren zeven jaar getrouwd was geweest. ³⁷Ze was altijd weduwe gebleven en nu vierentachtig jaar oud. Nooit verliet ze de tempel en dag en nacht diende ze God met bidden en vasten. ³⁸Op dat moment kwam ze net aanlopen; ze prees God en sprak over het kind met alle mensen die uitzagen naar de verlossing van Jeruzalem.

De terugkeer naar Nazaret

³⁹Toen ze alles hadden gedaan wat de wet van de Heer voorschrijft, gingen ze naar huis terug, naar Nazaret in Galilea. ⁴⁰En het kind groeide op en nam toe in kracht. Hij was van wijsheid vervuld en Gods zegen rustte op hem.

Jezus in de tempel

⁴¹Elk jaar reisden zijn ouders naar Jeruzalem om er het paasfeest te vieren. ⁴²Toen Jezus twaalf jaar was, gingen ze als gebruikelijk naar het feest. ⁴³Na afloop van de feestdagen keerden ze naar huis terug, maar de jongen bleef in Jeruzalem achter zonder dat zijn ouders het wisten. ⁴⁴Ze dachten dat hij bij de andere reizigers was. Maar na een dag reizen gingen ze toch zoeken bij verwanten en kennissen. ⁴⁵Toen ze hem niet vonden, gingen ze naar Jeruzalem terug. ⁴⁶Pas na drie dagen zoeken vonden ze hem in de tempel: hij zat tussen de rabbi's, luisterde naar hen en stelde hun vragen. ⁴⁷De mensen die hem hoorden, stonden allemaal verbaasd over zijn intelligente antwoorden. ⁴⁸Toen zijn ouders hem zagen, stonden ze versteld. "Jongen, wat doe je ons aan?" vroeg zijn moeder hem. "Je vader en ik zaten in angst en hebben je overal gezocht." ⁴⁹"Waarom zoekt u mij?" antwoordde hij hun. "U wist toch wel dat ik moet zijn waar mijn Vader is." ⁵⁰Maar zij begrepen zijn antwoord niet.

⁵¹Hij ging met hen terug naar Nazaret en bleef hun gehoorzaam. Zijn moeder bewaarde al deze dingen zorgvuldig in haar hart. ⁵²En

Jezus werd met de jaren wijzer en wijzer, en kwam steeds meer in de gunst bij God en de mensen.

Johannes de Doper
(Matteüs 3 : 1-12; Marcus 1 : 1-8; Johannes 1 : 19-28)

3 Keizer Tiberius was in het vijftiende jaar van zijn regering; Pontius Pilatus was goeverneur van Judea, Herodes regeerde over Galilea, zijn broer Filippus over Iturea en Trachonitis; Lysanias regeerde over Abilene ²en Annas en Kajafas waren hogepriester. In dat jaar nu had God een boodschap voor Johannes, de zoon van Zacharias, die toen in de woestijn leefde. ³Hij trok door de hele Jordaanvallei. "Begin een nieuw leven en laat u dopen," verkondigde hij, "dan zal God vergeven wat u verkeerd hebt gedaan." ⁴In het boek, waarin de woorden van de profeet Jesaja zijn opgetekend, staat het zo beschreven:

"In de woestijn roept iemand luid:
Maak de weg voor de Heer vrij,
zorg dat hij over rechte paden kan gaan.
⁵Elk ravijn zal worden opgevuld,
iedere berg en heuvel worden afgegraven,
bochtige wegen zullen worden rechtgetrokken,
en hobbelige paden veranderd in vlakke wegen.
⁶En de hele mensheid zal de redding zien die God brengt."

⁷Massa's mensen kwamen zich door Johannes laten dopen. "Huichelaars," zei hij tegen hen, "wie heeft u wijsgemaakt dat u de dreigende wraak van God kunt ontlopen? ⁸Toon liever door daden dat u een nieuw leven wilt beginnen. Denk niet bij uzelf: 'Wij stammen af van Abraham.' Want neem van mij aan: God kan zelfs van deze stenen kinderen voor Abraham maken! ⁹De bijl ligt al klaar bij de wortels van de bomen. Elke boom die geen goede vruchten voortbrengt, wordt omgehakt en in het vuur gegooid."
¹⁰"Wat moeten we dan doen?" vroegen de mensen hem.
¹¹"Wie twee hemden heeft, moet er een geven aan iemand die er geen heeft," antwoordde hij, "en wie te eten heeft, moet delen met een ander die niets heeft."
¹²Ook de tollenaars kwamen zich laten dopen. "Meester, wat moeten wij doen?"
¹³"Niets vorderen boven de vastgestelde tarieven."
¹⁴"En wij? Wat moeten wij doen?" vroegen ook sommigen van het huurleger.
"Niemand geld afpersen door geweld of valse beschuldigingen," zei hij, "maar tevreden zijn met uw soldij."

¹⁵De mensen zagen uit naar de Christus en vroegen zich allemaal af of Johannes het niet was. ¹⁶Daarom zei Johannes tegen iedereen: "Ik doop u met water, maar er komt iemand die u zal dopen met heilige Geest en vuur. Hij is veel machtiger dan ik. Ik ben er zelfs niet goed genoeg voor slavenwerk voor hem te doen. ¹⁷Hij scheidt het kaf van het koren en veegt zijn dorsvloer aan; het koren slaat hij op in zijn schuur, maar het kaf verbrandt hij in onblusbaar vuur."

¹⁸Zo en op vele andere manieren spoorde hij de mensen aan wanneer hij hun het grote nieuws verkondigde. ¹⁹Maar Herodes, goeverneur van Galilea, kreeg ernstige kritiek van hem te horen vanwege de affaire met Herodias, de vrouw van zijn broer, en vanwege al die andere schandelijke praktijken van hem. ²⁰En dat was nog niet alles: hij liet ook nog Johannes gevangen zetten.

Jezus wordt gedoopt
(Matteüs 3 : 13–17; Marcus 1 : 9–11)

²¹Met alle anderen werd ook Jezus gedoopt, en tijdens zijn gebed ging de hemel open: ²²de heilige Geest kwam zo zichtbaar als een duif op hem neer en uit de hemel klonk een stem: "Jij bent mijn enige Zoon, de man naar mijn hart."

De stamboom van Jezus
(Matteüs 1 : 1-17)

²³Toen Jezus zijn werk begon, was hij ongeveer dertig jaar oud. Hij was, zo dacht men, de zoon van Jozef die de zoon was van Eli. ²⁴Eli was de zoon van Mattat, Mattat van Levi, Levi van Melchi, Melchi van Jannai en Jannai van Jozef. ²⁵Jozef was de zoon van Mattatias, Mattatias van Amos, Amos van Naüm, Naüm van Hesli en Hesli van Naggai. ²⁶Naggai was de zoon van Maät, Maät van Mattatias, Mattatias van Semeïn, Semeïn van Josek en Josek van Joda. ²⁷Joda was de zoon van Joanan, Joanan van Resa, Resa van Zerubbabel, Zerubbabel van Sealtiël en Sealtiël van Neri. ²⁸Neri was de zoon van Melchi, Melchi van Addi, Addi van Kosam, Kosam van Elmadan en Elmadan van Er. ²⁹Er was de zoon van Jozua, Jozua van Eliëzer, Eliëzer van Jorim, Jorim van Mattat en Mattat van Levi. ³⁰Levi was de zoon van Simeon, Simeon van Juda, Juda van Jozef, Jozef van Jonan en Jonan van Eljakim. ³¹Eljakim was de zoon van Melea, Melea van Menna, Menna van Mattatta, Mattatta van Natan en Natan van David. ³²David was de zoon van Isaï, Isaï van Obed, Obed van Boaz, Boaz van Salma en Salma van Nachson. ³³Nachson was de zoon van Amminadab, Amminadab van Admin, Admin van Arni, Arni van Chesron, Chesron van Peres en Peres van Juda. ³⁴Juda was de zoon van Jakob, Jakob van Isaak, Isaak van Abraham, Abraham van Terach en Terach van Nachor. ³⁵Nachor was de zoon van Serug, Serug van Reü, Reü van Peleg, Peleg van Eber en Eber van Selach. ³⁶Selach was de zoon van Kenan, Kenan van Arpaksad, Arpaksad van Sem, Sem van Noach en Noach van Lamech. ³⁷Lamech was de zoon van Metuselach, Metuselach van Henoch, Henoch van Jered, Jered van Mahalalel, Mahalalel van Kenan. ³⁸Kenan was de zoon van Enos, Enos van Set, Set van Adam en Adam van God.

Jezus wordt door de duivel op de proef gesteld
(Matteüs 4 : 1-11; Marcus 1 : 12-13)

4 Vol van de heilige Geest ging Jezus van de Jordaan weg, en de Geest dreef hem de woestijn in ²waar hij veertig dagen door de duivel op de proef werd gesteld. Al die dagen at hij niet, en toen ze voorbij waren, had hij honger. ³De duivel zei tegen hem: "Als je de Zoon van God bent, zeg dan tegen deze steen te veranderen in brood." ⁴Maar Jezus antwoordde: "Er staat geschreven: 'Een mens leeft niet van brood alleen.'"

⁵Toen nam hij Jezus mee omhoog en liet hem in één oogwenk

alle koninkrijken van de wereld zien. ⁶"Al de macht en de pracht van die rijken zal ik je geven," zei hij, "want ik heb er de beschikking over en kan ze geven aan wie ik wil. ⁷Kniel dus voor mij neer, en het is allemaal van jou." ⁸Jezus antwoordde hem: "Er staat geschreven: 'Kniel voor de Heer, uw God, en dien hem alleen.'"

⁹Toen bracht de duivel hem naar Jeruzalem, zette hem op de nok van het tempeldak en zei: "Als je de Zoon van God bent, spring dan van hier naar beneden! ¹⁰Want er staat geschreven: 'God heeft zijn engelen opgedragen over u te waken.' ¹¹En ook: 'Zij zullen u op hun handen dragen zodat u aan geen steen uw voeten zult stoten.'" ¹²Jezus antwoordde hem: "Er staat ook: 'Stel de Heer, uw God, niet op de proef.'"

¹³Toen de duivel hem op alle mogelijke manieren op de proef had gesteld, ging hij een tijd van hem weg.

Jezus begint zijn werk in Galilea
(Matteüs 4 : 12–17; Marcus 1 : 14–15)

¹⁴Gesterkt door de Geest keerde Jezus naar Galilea terug en hij kreeg bekendheid in dat hele gebied. ¹⁵In de synagogen begon hij de mensen te onderwijzen in zijn leer en hij werd door iedereen geprezen.

Geen erkenning in Nazaret
(Matteüs 13 : 53–58; Marcus 6 : 1–6)

¹⁶Hij trok naar Nazaret waar hij was grootgebracht, en ging zoals zijn gewoonte was op sabbat naar de synagoge. Toen hij was gaan staan om de voorlezing te doen, ¹⁷werd hem de boekrol van de profeet Jesaja overhandigd. Hij rolde hem open en vond de volgende passage:

¹⁸"De Geest van de Heer rust op mij,
omdat hij mij heeft gezalfd.
Hij heeft mij gezonden
om goed nieuws te brengen aan de armen,
om de gevangenen vrijheid aan te zeggen
en de blinden het daglicht,
om de onderdrukten vrij te laten
¹⁹en om het jaar van Gods gunst af te kondigen."

²⁰Hij rolde de boekrol op, gaf hem terug aan de dienaar en ging zitten. Alle ogen in de synagoge waren op hem gericht. ²¹Hij nam het woord en zei: "Deze profetie is vandaag, op het moment dat u hem hoorde, in vervulling gegaan." ²²Ze vielen hem allemaal

bij en bewonderden hem, zo mooi had hij gesproken, en ze zeiden: "Hij is toch de zoon van Jozef, is het niet?" ²³Jezus zei hun: "Ongetwijfeld zult u me dit gezegde voorhouden: 'Dokter, genees uzelf.' En u zult zeggen: 'We hebben gehoord wat u allemaal in Kafarnaüm hebt gedaan; doe dat nu ook hier in de stad waar uw familie woont.' ²⁴Maar neem van mij aan: geen enkele profeet vindt waardering in de plaats waar zijn familie woont. ²⁵Luister goed naar wat ik zeg: er waren in de tijd van de profeet Elia talloze weduwen in Israël. Drie-en-een-half jaar had het niet geregend en in het hele land ontstond er grote hongersnood. ²⁶Toch stuurde God Elia niet naar iemand in Israël, maar wel naar een weduwe van Sarepta in het gebied van Sidon. ²⁷En in de tijd van de profeet Elisa waren er in Israël veel mensen die melaats waren. Toch kreeg geen van hen weer een gave huid behalve Naäman, die uit Syrië kwam." ²⁸Iedereen in de synagoge was woedend, toen ze dat hoorden. ²⁹Ze stonden op, joegen hem de stad uit en brachten hem aan de rand van de berg waarop hun stad was gebouwd, met de bedoeling hem de helling af te stoten. ³⁰Maar hij ging midden tussen hen door en vertrok.

Jezus drijft een duivelse geest uit
(Marcus 1 : 21–28)

³¹Hij ging naar Kafarnaüm, een plaats in Galilea. Elke sabbat onderwees hij de mensen daar in zijn leer. ³²Ze waren stomverbaasd over wat hij te zeggen had, want zijn woorden hadden gezag. ³³In de synagoge was een man die in de macht was van een duivelse geest. ³⁴"Hé, Jezus van Nazaret," schreeuwde hij luidkeels, "wat moet je van ons? Ben je gekomen om ons te vernietigen? Ik weet wel wie je bent; je bent de heilige van God!" ³⁵Jezus sprak hem streng toe: "Houd je mond en ga uit de man weg." De geest wierp de man midden in de synagoge tegen de grond en ging uit hem weg zonder dat de man letsel opliep. ³⁶Allen stonden versteld en ze zeiden tegen elkaar: "Wat is dat voor taal? Met een geweldig gezag beveelt hij de duivelse geesten en ze vertrekken!" ³⁷En overal in de omtrek werd er over hem gesproken.

Jezus geneest veel zieken
(Matteüs 8 : 14–17; Marcus 1 : 29–34)

³⁸Jezus verliet de synagoge en ging het huis van Simon binnen. De schoonmoeder van Simon lag met hoge koorts op bed, en ze vroegen hem iets voor haar te doen. ³⁹Hij ging bij het hoofdeinde

staan en sprak de koorts streng toe. Haar koorts verdween en zij stond onmiddellijk op en ging voor de gasten zorgen.

⁴⁰Na het ondergaan van de zon brachten alle mensen hun zieken met hun verschillende kwalen naar hem toe. Hij legde hun stuk voor stuk de handen op en genas ze. ⁴¹De duivelse geesten gingen uit veel mensen weg, waarbij ze schreeuwden: "Jij bent de Zoon van God!" Maar Jezus sprak ze streng toe en liet niet toe dat ze iets zeiden, omdat ze wisten dat hij de Christus was.

Jezus trekt door Judea
(Marcus 1 : 35-39)

⁴²Bij het aanbreken van de dag ging hij het huis uit op weg naar een eenzame plaats. De mensen gingen hem zoeken, en toen ze hem gevonden hadden, probeerden ze hem bij zich te houden: hij mocht niet van hen weggaan. ⁴³Maar hij zei: "Het grote nieuws over het koninkrijk van God moet ik ook in andere steden bekendmaken, want daarvoor heeft God mij gezonden." ⁴⁴Zo verkondigde hij in de synagogen van Judea het evangelie.

De eerste leerlingen
(Matteüs 4 : 18-22; Marcus 1 : 16-20)

5 Op een keer stond hij aan de oever van het Meer van Gennesaret. Het volk drong rond hem samen en luisterde naar de boodschap van God. ²Hij zag twee boten die op de oever lagen. De vissers waren van boord gegaan en maakten de netten schoon. ³Hij stapte in één van de boten, die van Simon, en vroeg hem een eindje van de wal af te varen. Zo kon hij, zittend, de mensen vanaf de boot onderwijzen in zijn leer.

⁴Na zijn toespraak zei hij tegen Simon: "Vaar naar diep water en gooi je netten uit voor een vangst." ⁵"Rabbi," antwoordde Simon, "de hele nacht hebben we hard gewerkt en niets gevangen. Maar als u het zegt, zal ik de netten uitgooien." ⁶Ze deden wat hij gezegd had en vingen zoveel vissen dat hun netten dreigden te scheuren. ⁷Ze gaven hun maats in de andere boot een teken, hen te komen helpen. Dezen kwamen, en samen vulden ze de twee boten met zoveel vis dat die bijna zonken. ⁸Bij het zien hiervan viel Petrus voor Jezus op zijn knieën: "Ga van me weg, Heer, want ik ben een zondig man." ⁹Want hij en al de mannen die bij hem waren, waren diep onder de indruk van de hoeveelheid vissen die ze gevangen hadden. ¹⁰Dat waren ook de zonen van Zebedeüs, Jakobus en Johannes, die zijn metgezellen waren. "Wees niet bang!" zei

Jezus tegen Simon. "Van nu af zul je mensen vangen." ¹¹Ze zetten de boten op het strand, lieten alles achter en volgden hem.

Jezus geneest een melaatse
(Matteüs 8 : 1–4; Marcus 1 : 40–45)

¹²Op een keer was hij in een stad. Daar was een man die van onder tot boven melaats was. Toen hij Jezus zag, viel hij voor hem neer en smeekte: "Heer, als u wilt kunt u mij rein maken." ¹³Jezus stak zijn hand uit en raakte hem aan. "Ik wil het; word rein," zei hij. Meteen verdween zijn melaatsheid. ¹⁴"Zeg het tegen niemand," beval Jezus hem, "maar ga u aan de priester laten zien en breng voor uw genezing een offer, zoals Mozes het heeft voorgeschreven. Dan bent u officieel rein." ¹⁵Als een lopend vuurtje verspreidde zich het nieuws over Jezus, en massa's mensen stroomden samen om naar hem te luisteren en om van hun kwalen genezen te worden. ¹⁶Maar hij trok zich telkens terug op onbewoonde plaatsen; daar bad hij.

Jezus geneest een verlamde man
(Matteüs 9 : 1–8; Marcus 2 : 1–12)

¹⁷Op een dag, toen hij de mensen onderwees in zijn leer, zaten er ook Farizeeërs en wetgeleerden, die gekomen waren uit alle dorpen in Galilea en Judea, en uit Jeruzalem. En de Heer gaf Jezus de kracht om zieken te genezen. ¹⁸Daar kwamen een paar mannen aan. Op een draagbed droegen ze een man die verlamd was. Ze probeerden hem naar binnen te brengen en voor Jezus neer te leggen.

¹⁹Maar doordat het zo vol was, vonden ze nergens een doorgang. Daarom gingen ze het dakterras op en lieten hem met bed en al door een opening in de dakbedekking naar beneden zakken, midden tussen de mensen en vlak voor Jezus. ²⁰Bij het zien van hun geloof zei hij tegen de man: "Uw zonden zijn u vergeven." ²¹De schriftgeleerden en de Farizeeërs dachten bij zichzelf: "Wie is hij? Hij beledigt God, want zonden vergeven kan God alleen." ²²Maar Jezus wist wat ze dachten. "Waarom denkt u zo?" vroeg hij hun. ²³"Wat is eenvoudiger te zeggen: 'Uw zonden zijn u vergeven' of: 'Sta op en loop'? ²⁴Maar ik zal u laten zien dat de Mensenzoon inderdaad de macht heeft hier op aarde zonden te vergeven." Daarop richtte hij zich tot de verlamde man: "Ik zeg u: sta op, pak uw bed op en ga naar huis!" ²⁵Op hetzelfde moment stond hij voor hun ogen op en pakte zijn draagbed, en op zijn terugweg naar huis prees hij God. ²⁶Iedereen was stom van verbazing. Vrees greep de mensen aan en zij prezen God. "We hebben vandaag wel iets buitengewoons gezien!" zeiden ze.

Jezus roept Levi
(Matteüs 9 : 9–13; Marcus 2 : 13–17)

²⁷Toen Jezus zijn weg vervolgde, kreeg hij Levi in het oog. De man was tollenaar en zat bij zijn tolhuis. ²⁸"Kom met me mee," zei Jezus tegen hem. Levi stond op, liet alles achter en volgde hem.
²⁹Levi hield bij zich aan huis een groot feest voor Jezus. Er waren

een heleboel tollenaars en ook anderen, en ze hielden met z'n allen een feestmaal. ³⁰De Farizeeërs en de schriftgeleerden onder hen lieten hun afkeuring merken en vroegen zijn leerlingen: "Waarom eten en drinken jullie met die tollenaars en andere lieden die het met de wet niet zo nauw nemen?" ³¹"Gezonde mensen hebben geen dokter nodig, maar zieke wel," antwoordde Jezus hun. ³²"Ik ben niet gekomen om hen tot een nieuw leven op te roepen die de wet stipt naleven, maar hen die de wet overtreden."

Het vasten
(Matteüs 9 : 14-17; Marcus 2 : 18-22)

³³Ze zeiden tegen hem: "De leerlingen van Johannes vasten dikwijls en zeggen gebeden, en de leerlingen van de Farizeeërs ook; maar uw leerlingen eten en drinken maar!"

³⁴"Kunnen op een bruiloft de gasten soms vasten, zolang de bruidegom bij hen is?" vroeg hij. "Natuurlijk niet! ³⁵Maar er komt een andere tijd, en dan, als de bruidegom van hen wordt weggehaald, zullen ze vasten."

³⁶Hij vertelde hun ook een gelijkenis: "Niemand scheurt een stuk van een nieuwe jas af om een oude te verstellen. Doet hij het wel, dan vernielt hij de nieuwe, en bij de oude past de verstellap ook niet. ³⁷Zo doet ook niemand jonge wijn in oude zakken. Doet hij het wel, dan scheurt de jonge wijn de zakken kapot; de wijn loopt weg en de zakken worden onbruikbaar. ³⁸Nee, jonge wijn hoort in nieuwe zakken. ³⁹En niemand die oude wijn drinkt wil nieuwe; hij zegt: 'De oude wijn is best.'"

Jezus en de sabbat
(Matteüs 12 : 1-8; Marcus 2 : 23-28)

6 Op een sabbat liep hij door de korenvelden. Zijn leerlingen begonnen aren te plukken; ze wreven die tussen hun handen en aten de korrels op.

²"Dat mag niet op sabbat!" merkten een paar Farizeeërs op. "Waarom doen jullie het dan?"

³"Hebt u nooit gelezen wat David deed toen hij en zijn mannen honger kregen?" antwoordde Jezus hun. ⁴"Hij ging het huis van God binnen, waar de altaarbroden lagen die alleen de priesters mogen eten. Maar hij nam ze mee en at ze samen met zijn mannen op." ⁵En hij besloot: "De Mensenzoon is Heer over de sabbat."

Een genezing op sabbat
(Matteüs 12 : 9–14; Marcus 3 : 1–6)

⁶Op een sabbat ging hij de synagoge binnen en onderwees de mensen in zijn leer. Er was daar een man met een verlamde rechterhand. ⁷De schriftgeleerden en de Farizeeërs hielden hem scherp in het oog of hij de man op sabbat zou genezen, want dan zouden ze een aanklacht tegen hem kunnen indienen. ⁸Maar hij kende hun gedachten. "Kom eens in het midden staan," zei hij tegen de man met de verlamde hand. Dat deed hij. ⁹"Mag men op sabbat goed doen of moet men dat nalaten?" vroeg Jezus hun. "Mag men op sabbat iemands leven redden of moet men hem laten sterven?" ¹⁰Hij keek de kring rond en zei tegen de man: "Steek uw hand uit!" Hij stak hem uit en zijn hand werd weer goed. ¹¹Maar zij waren vervuld van woede en overlegden met elkaar wat ze met Jezus zouden doen.

Jezus kiest zijn twaalf apostelen
(Matteüs 10 : 1–4; Marcus 3 : 13–19)

¹²Kort daarna ging hij naar de berg om er te bidden. De hele nacht bracht hij er door met gebed tot God. ¹³Toen het dag was geworden, riep hij zijn leerlingen bij zich en uit hen koos hij er twaalf die hij apostelen noemde. ¹⁴Het waren: Simon, die hij ook Petrus noemde, en diens broer Andreas; Jakobus en Johannes, Filippus en Bartolomeüs, ¹⁵Matteüs en Tomas, Jakobus, de zoon van Alfeüs, Simon bijgenaamd de verzetsstrijder, ¹⁶Judas, de zoon van Jakobus, en Judas Iskariot, de man die Jezus heeft verraden.

Jezus onderwijst en geneest
(Matteüs 4 : 23–25)

¹⁷Hij daalde met hen af naar vlak terrein, waar hij bleef staan. Daar waren ook een groot aantal van zijn leerlingen en een grote massa mensen uit heel Judea, uit Jeruzalem en uit de kuststeden Tyrus en Sidon. ¹⁸Al die mensen waren gekomen om naar hem te luisteren en van hun kwalen te worden genezen. Ook zij die gekweld werden door duivelse geesten, werden genezen. ¹⁹Alle mensen probeerden hem aan te raken, want er ging een kracht van hem uit die iedereen beter maakte.

Wie gelukkig en wie ongelukkig zijn
(Matteüs 5 : 1–12)

²⁰Hij liet zijn blik op zijn leerlingen rusten en zei:

"Gelukkig jullie die arm zijn:
jullie rijkdom is het koninkrijk van God;
²¹Gelukkig jullie die nu honger lijden:
je zult verzadigd worden;
gelukkig jullie die nu huilen:
je zult lachen;
²²Gelukkig zijn jullie als de mensen je haten, je eruit gooien, je uitschelden en je naam schrappen om de Mensenzoon. ²³Op die dag mag je dansen van blijdschap, want groot is de beloning die je in de hemel zult krijgen. Hun voorouders hebben met de profeten niet anders gedaan.
²⁴Maar wacht maar, jullie die rijk zijn:
jullie hebben je deel al binnen;
²⁵wacht maar, jullie die nu overvloed hebben:
jullie zullen honger lijden;
wacht maar, jullie die nu lachen:
jullie zullen treuren en huilen;
²⁶wacht maar, als iedereen gunstig over je spreekt, want datzelfde deden hun voorouders met de valse profeten."

Heb je vijanden lief
(Matteüs 5 : 38-48; 7 : 12)

²⁷"Tegen jullie die naar mij luisteren, zeg ik: heb je vijanden lief en doe goed aan wie je haten, ²⁸zegen wie je vervloeken, en bid voor wie je mishandelen. ²⁹Als iemand je op de ene wang slaat, houd hem dan ook de andere voor; neemt iemand je jas af, laat hem dan ook je hemd houden. ³⁰Geef aan ieder die je iets vraagt, en als iemand je iets afpakt, vraag het dan niet terug. ³¹Behandel de mensen zoals jullie door hen behandeld willen worden.

³²"Als je alleen je vrienden liefhebt, hoe kan je dan Gods zegen verwachten? Ook de mensen die verkeerd doen, hebben hun vrienden lief! ³³En als je alleen je weldoeners goed doet, hoe kun je dan Gods zegen verwachten? Ook de mensen die zondigen, doen dat! ³⁴En als je alleen maar leent aan mensen van wie je het hoopt terug te krijgen, hoe kun je dan Gods zegen verwachten? Zondaars lenen ook aan zondaars om evenveel terug te krijgen! ³⁵Nee, heb je vijanden lief en doe ze goed; leen en verwacht niets terug. Je zult royaal beloond worden en kinderen zijn van de Allerhoogste. Want hij is goed voor ondankbare en slechte mensen. ³⁶Wees barmhartig, zoals jullie Vader barmhartig is."

Oordeel niet
(Matteüs 7 : 1-5)

³⁷"Oordeel niet over anderen, dan zal God niet oordelen over jullie; veroordeel anderen niet en God zal je ook niet veroordelen; vergeef anderen en God zal je ook vergeven. ³⁸Geef aan anderen en God zal jullie ook geven; een flinke hoeveelheid zul je in handen gestopt krijgen, een stevig aangedrukte en goed geschudde maat met nog een kop er bovenop. Want met de maat waarmee je anderen meet, zal God ook jullie meten."

³⁹Verder vertelde hij deze gelijkenis: "De ene blinde kan de andere niet leiden. Doet hij het toch, dan vallen ze allebei in een kuil. ⁴⁰"Iedere leerling die de school heeft doorlopen, zal gelijk zijn aan zijn meester.

⁴¹"Waarom kijk je naar de splinter in het oog van een ander en merk je niet de balk op in je eigen oog? ⁴²Hoe kun je tegen iemand zeggen: 'Vriend, laat mij die splinter eens uit je oog halen,' zonder de balk in je eigen oog op te merken? Huichelaar die je bent! Verwijder eerst die balk uit je eigen oog, dan zie je pas scherp genoeg om de splinter uit het oog van de ander te halen."

Goed en slecht
(Matteüs 7 : 16-20; 12 : 33-35)

⁴³"Een goede boom kan geen slechte vruchten dragen en een slechte boom geen goede vruchten. ⁴⁴Elke boom kun je kennen aan zijn vruchten. Want je plukt geen vijgen van een doornstruik en van een braamstruik haal je geen druiven. ⁴⁵Iemand die goed is, heeft een goed hart, en haalt daaruit als uit een voorraadkamer goede dingen. Maar wie slecht is, heeft een slecht hart en haalt daar slechte dingen uit. Want waar het hart van vol is, loopt de mond van over."

Horen en doen
(Matteüs 7 : 24-27)

⁴⁶"Waarom spreek je mij aan met 'Heer, Heer!' zonder dat je doet wat ik zeg? ⁴⁷Iedereen die bij mij komt, naar mijn woorden luistert en ze in praktijk brengt, weet je op wie zo iemand lijkt? Ik zal het je zeggen. ⁴⁸Hij lijkt op een man die een huis bouwde. Hij groef een diepe bouwput en legde de fundering op de rots. Bij een overstroming beukte de rivier tegen dat huis, maar het water kon het huis niet aan het wankelen brengen, want het was stevig gebouwd. ⁴⁹Maar iemand die mij hoort en niet doet wat ik zeg, lijkt op een

man die een huis neerzette zonder een fundering te leggen. De rivier beukte er tegenaan en meteen stortte het in en werd een grote ruïne."

Jezus maakt de knecht van een Romeins officier beter
(Matteüs 8 : 5–13)

7 Na beëindiging van zijn toespraak tot het volk ging hij Kafarnaüm binnen. ²Een Romeins officier daar had een knecht die hij graag mocht; de man was er erg aan toe en lag op sterven. ³Toen de officier van Jezus hoorde, stuurde hij een paar voorname Joden naar hem toe met de vraag of hij zijn knecht wilde komen genezen. ⁴Zij gingen naar Jezus toe en deden een goed woord voor de officier: ⁵"Die man verdient echt uw hulp," zeiden ze. "Want hij houdt van ons volk en heeft de synagoge hier voor ons laten bouwen." ⁶Jezus ging met hen mee. Toen hij niet ver meer van het huis was, stuurde de officier vrienden met de boodschap: "Doet u verder geen moeite. Wie ben ik dat u bij mij thuis komt. ⁷En om zelf naar u toe te gaan, daar vond ik mezelf ook niet goed genoeg voor. Geef alleen maar een bevel, en mijn knecht wordt beter. ⁸Want ik sta onder bevel van anderen, maar heb toch ook zelf soldaten onder mij. En zo beveel ik de een: 'Ga,' en hij gaat, en een ander: 'Kom,' en hij komt, en tegen mijn knecht zeg ik: 'Doe dit,' en hij doet het." ⁹Jezus was over hem verbaasd toen hij dat hoorde. Hij draaide zich om naar de mensen die hem volgden en zei: "Neem van mij aan: zo'n geloof ben ik zelfs in Israël niet tegengekomen." ¹⁰De vrienden van de officier gingen naar zijn huis terug en vonden de knecht gezond en wel.

Jezus wekt een dode op

¹¹Daarna ging hij naar een stad die Naïn heet. Zijn leerlingen gingen met hem mee en ook een grote massa mensen. ¹²Toen hij bij de ingang van het dorp kwam, kwam er juist een begrafenisstoet uit. De dode was de enige zoon van een weduwe, en een heleboel mensen uit de stad liepen met haar mee. ¹³Toen de Heer haar zag, kreeg hij medelijden met haar. "Huil maar niet," zei hij. ¹⁴Hij ging op de draagbaar toe en raakte die aan. De dragers hielden stil. "Jongeman," zei hij, "ik beveel je: kom overeind." ¹⁵En de dode ging rechtop zitten en begon te spreken, en Jezus gaf hem aan zijn moeder terug. ¹⁶Vrees greep iedereen aan en de mensen begonnen God te prijzen: "Een groot profeet is onder ons opgestaan; God heeft zijn volk bezocht." ¹⁷En dat verhaal over hem ging door heel Judea en omstreken.

Jezus en Johannes de Doper
(Matteüs 11 : 2-19)

¹⁸Johannes de Doper kreeg al deze dingen te horen van zijn leerlingen. Hij riep twee van hen bij zich ¹⁹en stuurde hen naar de Heer om hem te vragen: "Bent u de man die komen zou of is het een ander die we verwachten moeten?" ²⁰Bij hem gekomen zeiden de twee mannen: "Johannes de Doper heeft ons gestuurd met de vraag: 'Bent u de man die komen zou of is het een ander die we moeten verwachten?'" ²¹Juist toen genas Jezus veel mensen van hun ziekten en kwalen; hij dreef de duivelse geesten uit en gaf veel blinden het licht in hun ogen terug. ²²"Ga Johannes vertellen wat jullie hebben gezien en gehoord," antwoordde hij hun. "Blinden zien, verlamden lopen, melaatsen krijgen een gave huid, doven horen, doden staan op, en het evangelie wordt verkondigd aan de armen. ²³Gelukkig wie niet aan mij twijfelt!"

²⁴Toen de mannen die Johannes gestuurd had, weg waren, begon hij de mensen over Johannes te spreken. "Toen u de woestijn introk, wat verwachtte u toen te zien? Een rietstengel, door de wind heen en weer bewogen? ²⁵Nee! Maar wat dan wel? Een man in verfijnde kleren? Mensen die dure kleren aan hebben en in weelde baden, vind je in paleizen! ²⁶Maar waar bent u dan naar gaan kijken? Naar een profeet? Ja! Maar neem van mij aan: u zag meer dan een profeet. ²⁷Want Johannes is het over wie de Schrift zegt:

'Ik stuur mijn gezant voor u uit
om ruim baan voor u te maken.'

²⁸"Geloof mij: Johannes is groter dan wie ook van de mensenkinderen. Toch is de geringste in het koninkrijk van God groter dan hij."

²⁹Alle mensen en de tollenaars die het hoorden, prezen God rechtvaardig, omdat ze zich door Johannes hadden laten dopen. ³⁰Maar de Farizeeërs en de wetgeleerden wezen af wat God van hen verlangde en hadden zich niet door Johannes laten dopen.

³¹"Waarmee zal ik de mensen van nu vergelijken?" vroeg Jezus. "Waar lijken ze op? ³²Ze lijken op kinderen die spelen op het marktplein, en de ene groep roept tegen de andere: 'We maakten voor jullie muziek en jullie wilden niet dansen; we zongen droevige liedjes en jullie wilden niet treuren!' ³³Toen Johannes de Doper kwam, vastte hij en dronk geen wijn, en iedereen zei: 'Die man is gek.' ³⁴Maar toen de Mensenzoon kwam en wel at en dronk, zei men: 'Kijk eens, iemand die eet en wijn drinkt en omgaat met tollenaars

en slechte mensen!' ³⁵Maar God is wijs en dat wordt bewezen door de mensen die zijn wijsheid aanvaarden."

Jezus op visite bij de Farizeeër Simon

³⁶Een Farizeeër vroeg Jezus bij hem te komen eten. Jezus ging het huis binnen en nam aan tafel plaats. ³⁷Nu was er in die stad een vrouw die een zondig leven leidde. Toen ze hoorde dat Jezus aanlag in het huis van de Farizeeër, ging ze daar ook naar binnen met een vaas balsem. ³⁸Ze ging achter Jezus staan, bij zijn voeten, en huilde. Zo vielen haar tranen op zijn voeten en zij droogde die af met haar haren. Ze kuste zijn voeten en zalfde ze met balsem. ³⁹Bij het zien hiervan dacht de Farizeeër die Jezus had uitgenodigd, bij zichzelf: "Als hij een profeet was, zou hij weten wie en wat die vrouw is die hem aanraakt; hij zou weten dat ze een zondig leven leidt."

⁴⁰"Simon, ik heb u iets te zeggen," zei Jezus tegen hem.

"Ga uw gang, Meester."

⁴¹"Er waren eens twee mannen die bij een geldschieter in de schuld stonden. De een was hem vijfhonderd, de ander vijftig gulden schuldig. ⁴²Omdat geen van tweeën het hem kon terugbetalen, schold hij het hun kwijt. Wie van de twee zal nu de geldschieter het meest waarderen?"

⁴³"Ik denk de man aan wie hij de grootste som kwijtschold."

"Dat hebt u goed beoordeeld," antwoordde Jezus. ⁴⁴En hij keerde zich om naar de vrouw en zei tegen Simon: "Ziet u deze vrouw? Bij mijn binnenkomst zette u geen water voor mijn voeten klaar,

maar zij maakte ze nat met haar tranen en droogde ze af met haar haren. ⁴⁵U hebt me geen kus gegeven, maar zij heeft sinds ik hier ben onophoudelijk mijn voeten gekust. ⁴⁶U hebt mijn hoofd niet gezalfd met olie, maar zij heeft met balsem mijn voeten gezalfd. ⁴⁷Ik zeg u: daarom zijn haar vele zonden vergeven, want ze toonde grote liefde. Maar wie weinig wordt vergeven, toont weinig liefde."

⁴⁸Toen zei hij tegen de vrouw: "Uw zonden zijn vergeven." ⁴⁹De andere aanwezigen bij de maaltijd dachten bij zichzelf: "Wie is die man dat hij zelfs zonden vergeeft?" ⁵⁰Maar hij zei tegen haar: "Uw geloof heeft u gered; ga in vrede."

De vrouwen die Jezus volgden

8 Enige tijd later maakte Jezus een tocht langs steden en dorpen om het grote nieuws bekend te maken over het koninkrijk van God. De twaalf leerlingen waren bij hem, ²en ook enkele vrouwen die genezen waren van bezetenheid en ziekte. Het waren Maria, bekend als Maria van Magdala, die bevrijd was van zeven duivelse geesten; ³Johanna, de vrouw van Chusas die minister was van Herodes; Susanna en vele andere vrouwen die uit eigen middelen voor Jezus en zijn leerlingen zorgden.

Het zaad
(Matteüs 13 : 1-9; Marcus 4 : 1-9)

⁴Uit alle steden kwamen de mensen naar hem toe, en toen er een grote menigte bij elkaar was, vertelde hij deze gelijkenis:

⁵"Een boer ging zijn land op om te zaaien. Onder het zaaien viel een gedeelte langs de weg waar het werd vertrapt en vogels het oppikten. ⁶Een ander deel viel op rotsige grond, en toen het zaad opkwam, droogde het uit bij gebrek aan vocht. ⁷Weer een ander deel kwam tussen de distels terecht; samen groeiden ze op en de distels verstikten de aren. ⁸De rest van het zaad viel in goede grond en toen het opkwam en rijp was geworden, bracht het honderdmaal zoveel op." En hij riep: "Wie oren heeft, moet ook luisteren!"

Jezus legt zijn woorden uit
(Matteüs 13 : 10-23; Marcus 4 : 10-20)

⁹Zijn leerlingen kwamen hem vragen wat hij met die gelijkenis bedoelde. ¹⁰"Jullie heeft God willen inwijden in de geheimen van zijn koninkrijk, maar de anderen moeten het doen met gelijkenissen," antwoordde hij. "Zo zullen zij kijken en toch niets zien, horen en toch niets verstaan.

¹¹"Dit betekent de gelijkenis: het zaad is het woord van God. ¹²Het gedeelte dat langs de weg viel, slaat op hen die het woord van God wel horen; maar dan komt de duivel en neemt het woord uit hun hart weg om te verhinderen dat ze geloven en daardoor worden gered. ¹³Het deel dat op rotsige grond viel, slaat op hen die Gods boodschap blij aannemen als ze die horen. Maar het zit niet diep geworteld, hun geloof is onstandvastig. Worden ze beproefd, dan geven ze het op. ¹⁴Het deel dat tussen de distels viel, stelt de mensen voor die de boodschap wel gehoord hebben, maar die zo opgaan in materiële zorgen, in rijkdom en in de genoegens van het leven dat de boodschap verstikt en geen vrucht draagt. ¹⁵Maar wat in goede grond terechtkwam, dat zijn de mensen die met een goede, eerlijke instelling luisteren naar de boodschap van God en eraan vasthouden en door te volharden vrucht dragen."

Openbaarheid
(Marcus 4 : 21-25)

¹⁶Niemand steekt een olielamp aan en doet er dan een korenmaat overheen of zet hem onder het bed. Nee, je zet hem op een standaard; dan ziet iedereen die binnenkomt het licht. ¹⁷Want wat is weggeborgen, zal ontdekt worden, en wat geheim is, zal bekend worden en in de openbaarheid komen.

¹⁸"Let er dus op met welke instelling je luistert! Want wie iets heeft, krijgt nog meer, maar wie niets heeft, hem wordt wat hij denkt te hebben, nog afgenomen."

Jezus en zijn familie
(Matteüs 12 : 46-50; Marcus 3 : 31-35)

¹⁹Zijn moeder en zijn broers gingen naar hem toe, maar ze konden niet bij hem komen, zo druk was het. ²⁰Iemand liet hem weten: "Buiten staan uw moeder en uw broers; ze willen u zien." ²¹Maar hij zei tegen de aanwezige mensen: "Mijn moeder en mijn broers – dat zijn zij die naar de boodschap van God luisteren en haar in praktijk brengen."

Jezus stilt de storm
(Matteüs 8 : 23-27; Marcus 4 : 35-41)

²²Op zekere dag stapte hij met zijn leerlingen in een boot. "Laten we naar de overkant gaan," zei hij. Ze gingen het meer op, ²³maar tijdens de overtocht sliep hij in. Er stak een zware wind op dwars over het meer; ze begonnen water te maken en liepen groot gevaar.

²⁴De leerlingen gingen naar hem toe en maakten hem wakker: "Meester, meester! We vergaan!" Hij werd wakker en gaf bevelen aan de wind en de golven, en ze gingen liggen: het meer werd zo glad als een spiegel. ²⁵"Waar is jullie geloof?" vroeg hij hun. Maar zij waren bang en verbaasd tegelijk en zeiden tegen elkaar: "Wat is hij toch voor iemand? Hij geeft bevelen aan de wind en de golven, en die gehoorzamen hem!"

Jezus in het gebied van de Gerasenen
(Matteüs 8 : 28–34; Marcus 5 : 1–20)

²⁶Ze zetten koers naar het gebied van de Gerasenen dat tegenover Galilea ligt. ²⁷Toen hij aan land was gestapt, kwam hem een man uit de stad tegemoet. Het was een bezetene die al geruime tijd zonder kleren liep; een huis had hij niet, hij woonde in de graven. ²⁸Toen hij Jezus zag, gaf hij een schreeuw en viel voor hem neer. "Jezus, Zoon van de allerhoogste God," riep hij luidkeels uit, "wat wil je van me? Ik smeek je: kwel me niet!" ²⁹Hij zei dit omdat Jezus die duivelse geest bevel had gegeven uit hem weg te gaan. Al dikwijls had die geest de man meegesleurd; en dan hadden de mensen hem aan handen en voeten gebonden en hem opgesloten. Maar elke keer verbrak hij zijn boeien en werd hij door die geest de woestijn in gedreven. ³⁰"Hoe heet je?" vroeg Jezus hem. "Legio," antwoordde hij. Want veel geesten waren bij de man ingetrokken. ³¹En de geesten smeekten hem, dat hij hun niet zou bevelen zich in de afgrond te storten.

³²Nu was daar op de helling van een heuvel een grote kudde varkens op zoek naar voedsel. De geesten vroegen hem, hun toe te staan in die varkens intrek te nemen; hij liet ze gaan. ³³En ze gingen uit de man vandaan en namen bezit van de varkens, en de kudde stortte de helling af het meer in en verdronk.

³⁴Toen de varkenshoeders zagen wat er gebeurde, vluchtten ze weg en ze vertelden het nieuws in de stad en de omliggende dorpen. ³⁵De inwoners kwamen kijken wat er gebeurd was. Ze gingen naar Jezus toe en vonden de man die nu bevrijd was van de geesten, gekleed en bij zijn volle verstand aan Jezus' voeten zitten. Ze werden er bang van. ³⁶Zij die het gezien hadden, vertelden hun hoe de man die bezeten was geweest, gered was. ³⁷Toen vroegen al die mensen uit het gebied van de Gerasenen hem, of hij niet wilde weggaan; zo groot was hun angst. Hij stapte in de boot en keerde terug. ³⁸De man smeekte hem of hij bij hem mocht blijven. Maar Jezus stuurde hem weg: ³⁹"Ga naar huis terug, en maak bekend wat

God aan u heeft gedaan." En de man ging terug en verkondigde in de hele stad wat Jezus aan hem gedaan had.

De genezing van een vrouw
Het dochtertje van Jaïrus
(Matteüs 9 : 18–26; Marcus 5 : 21–43)

⁴⁰Bij zijn terugkeer aan de overkant werd Jezus door de mensen hartelijk verwelkomd, want iedereen had verlangend naar hem staan uitkijken. ⁴¹Er verscheen een man; hij heette Jaïrus. Hij was hoofd van de synagoge. Hij boog zich voor Jezus neer en smeekte hem bij hem thuis te komen, ⁴²want zijn enig kind, een dochter van twaalf jaar, lag op sterven.

Onderweg verdrongen de mensen zich om Jezus. ⁴³Onder hen was een vrouw die al twaalf jaar lang leed aan bloedingen; niemand had haar kunnen genezen. ⁴⁴Het lukte haar hem van achteren te naderen en de zoom van zijn mantel aan te raken. Meteen hield de bloeding op. ⁴⁵"Wie heeft mij aangeraakt?" vroeg Jezus. Iedereen zei: "Ik niet," en Petrus merkte op: "Rabbi, de mensen dringen van alle kanten tegen u aan." ⁴⁶"Iemand heeft mij aangeraakt," antwoordde Jezus, "want ik merkte dat er kracht uit me wegstroomde." ⁴⁷Toen de vrouw zag dat ze ontdekt was, kwam ze bevend naar voren en viel voor hem neer. In het bijzijn van alle mensen vertelde ze waarom ze hem had aangeraakt en hoe ze op hetzelfde ogenblik was genezen. ⁴⁸"Vrouw," zei hij tegen haar, "uw geloof heeft u gered. Ga in vrede."

⁴⁹Hij was nog niet uitgesproken of iemand uit het huis van Jaïrus kwam met de boodschap: "Uw dochter is gestorven; u hoeft de meester niet langer lastig te vallen." ⁵⁰"Wees niet bang," zei Jezus die het gehoord had, tegen hem. "U moet alleen geloven, dan zal ze worden gered." ⁵¹Toen hij bij het huis was aangekomen, wilde hij niet dat iemand met hem mee naar binnen ging, behalve Petrus, Johannes en Jakobus, en de ouders van het kind. ⁵²Iedereen huilde en rouwde om het kind. "Huil niet," zei hij, "ze is niet dood, ze slaapt alleen maar." ⁵³Ze lachten hem vierkant uit, want ze wisten dat ze dood was. ⁵⁴Maar hij pakte haar bij de hand en riep: "Meisje, sta op!" ⁵⁵Haar levensgeesten keerden terug en ze stond onmiddellijk op. "Geef haar te eten," beval hij. ⁵⁶Haar ouders waren met stomheid geslagen; en hij verbood hun ook maar iemand te zeggen wat er gebeurd was.

Jezus stuurt zijn twaalf leerlingen erop uit
(Matteüs 10 : 5–15; Marcus 6 : 7–13)

9 Hij riep zijn twaalf leerlingen bij zich en gaf hun kracht en gezag om alle duivelse geesten uit te drijven en om de mensen van hun ziekten te genezen. ²Toen stuurde hij hen erop uit om het koninkrijk van God te verkondigen en de zieken beter te maken. ³"Neem niets mee voor onderweg," zei hij, "geen staf, geen reistas, geen brood, geen geld en geen extra hemd. ⁴Als je in een huis je intrek hebt genomen, verblijf daar dan tot je die stad weer verlaat. ⁵Kom je in een plaats waar de mensen je niet willen ontvangen, ga er dan weg en sla het stof van je voeten af als een waarschuwing aan hun adres." ⁶Zij gingen op weg, trokken van dorp tot dorp, maakten het evangelie bekend en brachten overal genezing.

Herodes in verwarring
(Matteüs 14 : 1–12; Marcus 6 : 14–29)

⁷Herodes, de vorst van Galilea, hoorde wat er allemaal gebeurde. Hij was er verlegen mee, want sommigen beweerden dat Johannes uit de dood was teruggekeerd, ⁸anderen dat Elia was verschenen, en weer anderen dat één van de profeten van vroeger was opgestaan. ⁹"Johannes?" zei Herodes. "Hem heb ik laten onthoofden! Maar wie kan dan die man zijn over wie ik dit allemaal hoor vertellen?" En hij probeerde Jezus te zien te krijgen.

Jezus geeft vijfduizend man te eten
(Matteüs 14 : 13-21; Marcus 6 : 30-44; Johannes 6 : 1-14)

[10]De apostelen keerden terug van hun tocht en vertelden hem alles wat ze hadden gedaan. Hij nam hen mee en trok zich met hen terug in de richting van een stad die Betsaïda heette. [11]Maar de mensen hoorden ervan en volgden hem in groten getale. Hij liet hen bij zich komen, sprak hun over het koninkrijk van God en maakte iedereen beter die genezing nodig had.

[12]Tegen het einde van de dag kwamen de twaalf hem zeggen: "Stuur de mensen weg, dan kunnen ze voor onderdak en voedsel naar de dorpen en gehuchten in de omtrek; want we zijn hier op een eenzame plaats."

[13]"Geven júllie hun te eten!"

"Alles wat we hebben, is vijf broden en twee vissen. Of moeten we voor al die mensen voedsel gaan kopen?" [14]Het waren er ongeveer vijfduizend.

"Laat ze gaan zitten in groepen van ongeveer vijftig," beval hij zijn leerlingen. [15]Ze voerden zijn opdracht uit en gaven ieder zijn plaats. [16]En hij nam de vijf broden en de twee vissen, sloeg zijn ogen op naar de hemel en dankte God. Toen brak hij het brood in stukken en gaf de stukken aan de leerlingen om ze te verdelen onder de mensen. [17]Ze aten allemaal tot ze genoeg hadden. En de leerlingen haalden op wat er over was; het waren twaalf manden vol brokken.

Petrus verklaart dat Jezus de Christus is
(Matteüs 16 : 13-19; Marcus 8 : 27-29)

[18]Op een keer was hij in gebed, alleen. Zijn leerlingen kwamen bij hem en hij stelde hun de vraag: "Wie zeggen de mensen dat ik ben?" [19]"Volgens sommigen Johannes de Doper," antwoordden ze. "Volgens anderen Elia, en weer anderen zeggen dat u een van de profeten bent die uit de dood is opgestaan." [20]"En wie ben ik volgens jullie?" vroeg hij. Petrus gaf het antwoord: "De Christus van God!"

Jezus spreekt over zijn lijden en dood
(Matteüs 16 : 20-28; Marcus 8 : 30-9 : 1)

[21]Toen verbood hij hun met nadruk hierover ook maar met iemand te praten. [22]"Want," zei hij, "de Mensenzoon moet veel lijden: hij zal verworpen worden door de leden van de Raad, de opperpriesters en de schriftgeleerden. Hij zal gedood worden en op de derde

dag uit het graf opstaan."

²³En tegen alle mensen zei hij: "Wie met mij mee wil gaan, moet zichzelf vergeten, elke dag zijn kruis opnemen en mij volgen. ²⁴Want wie zijn leven wil redden, zal het verliezen, maar wie zijn leven om mij verliest, zal het redden. ²⁵Want wat heeft een mens eraan als hij de hele wereld wint, maar zichzelf verliest of zichzelf schade toebrengt? ²⁶Als iemand zich schaamt voor mij en mijn leer, zal ook de Mensenzoon zich schamen voor hem, wanneer hij komt in zijn glorie en in de glorie van de Vader en van de heilige engelen. ²⁷Ik verzeker u: onder de mensen hier zijn er die niet zullen sterven voordat zij het koninkrijk van God hebben gezien."

Jezus op de berg met Mozes en Elia
(Matteüs 17 : 1-8; Marcus 9 : 2-8)

²⁸Ongeveer een week na deze woorden nam hij Petrus, Johannes en Jakobus mee en ging met hen de berg op om er te bidden. ²⁹Onder het bidden veranderde de aanblik van zijn gezicht en zijn kleren werden blinkend wit. ³⁰Opeens waren er twee mannen met hem in gesprek. Het waren Mozes en Elia, ³¹die in hun hemelse glorie verschenen en erover spraken hoe hij zijn einde in Jeruzalem tegemoet ging.

³²Intussen waren Petrus en zijn vrienden door slaap overmand. Wakker geworden, zagen zij hem in zijn glorie en de twee mannen die bij hem stonden. ³³Toen Mozes en Elia aanstalte maakten om weg te gaan, zei Petrus tegen hem: "Meester, het is goed dat wij hier zijn: dan kunnen we drie tenten bouwen, één voor u, één voor Mozes en één voor Elia." Hij wist niet wat hij zei. ³⁴Hij was nog aan het spreken, toen er een wolk boven hen neerdaalde, en tot schrik van de leerlingen verdwenen zij in de wolk. ³⁵En uit de wolk klonk een stem: "Dit is mijn Zoon; hij is de man van mijn keuze: luister naar hem." ³⁶En toen de stem had gesproken, was Jezus weer alleen. De leerlingen bewaarden het stilzwijgen en vertelden in al die tijd aan niemand iets van wat ze gezien hadden.

Jezus geneest een jongen die lijdt aan vallende ziekte
(Matteüs 17 : 14-18; Marcus 9 : 14-27)

³⁷Toen ze de volgende dag van de berg afdaalden, kwam een grote groep mensen hem tegemoet. ³⁸Uit de menigte riep een man tegen Jezus: "Meester, ik vraag u, kom kijken naar mijn zoon: hij is mijn enige kind. ³⁹Er is een geest die hem overrompelt. Plotseling geeft hij een gil en dan ligt hij te stuiptrekken, met schuim op zijn

mond. Die geest mishandelt hem en laat hem nauwelijks met rust. ⁴⁰Ik heb uw leerlingen gevraagd hem weg te jagen, maar ze konden het niet."

⁴¹"Wat een ongelovig en verkeerd slag mensen zijn jullie toch!" antwoordde Jezus. "Hoe lang moet ik het nog bij jullie uithouden? Breng uw zoon maar hier!" ⁴²En toen hij al dichtbij was gekomen, gooide de duivelse geest de jongen nog stuiptrekkend tegen de grond. Jezus sprak de geest streng toe, genas de jongen en gaf hem aan zijn vader terug. ⁴³Iedereen was diep onder de indruk van het machtige werk van God.

Jezus spreekt nogmaals over zijn dood
(Matteüs 17 : 22–23; Marcus 9 : 30–32)

Iedereen was vol verbazing over alles wat Jezus deed. En hij zei tegen zijn leerlingen: ⁴⁴"Knoop dit goed in je oren: de Mensenzoon zal worden verraden aan mensen." ⁴⁵Maar zij begrepen deze woorden niet; die bleven duister voor hen zodat de strekking hun ontging, maar hem ernaar vragen durfden ze niet.

Wie is de belangrijkste?
(Matteüs 18 : 1–5; Marcus 9 : 33–37)

⁴⁶Onder de leerlingen ontstond onenigheid over de vraag wie van hen de belangrijkste was. ⁴⁷Jezus, die wist wat zij in hun hart dachten, nam een kind bij de hand en liet het naast zich staan. ⁴⁸"Wie in mijn naam dit kind gastvrij ontvangt, ontvangt mij," zei hij, "en wie mij ontvangt, ontvangt hem die mij gezonden heeft. Want de kleinste van jullie allemaal, die is het grootst."

Voor en tegen
(Marcus 9 : 38–40)

⁴⁹"Meester," zei Johannes, "we zagen iemand die onder het aanroepen van uw naam duivelse geesten uitdreef. We hebben het hem verboden, omdat hij zich niet bij u heeft aangesloten zoals wij." ⁵⁰"Leg hem niets in de weg," antwoordde Jezus, "want wie niet tegen jullie is, is voor jullie."

Een Samaritaans dorp weigert hem te ontvangen

⁵¹De dagen dat God hem tot zich zou nemen, waren niet ver meer. Vastbesloten ging hij op weg naar Jeruzalem; ⁵²hij stuurde boden vooruit. Die gingen een dorp van de Samaritanen in om voor onderdak te zorgen. ⁵³Maar de mensen daar wilden hem niet ontvangen,

omdat het doel van zijn reis Jeruzalem was. ⁵⁴Toen twee van zijn leerlingen, Jakobus en Johannes, dat zagen, vroegen ze:"Heer, wilt u dat wij vuur van de hemel afroepen om hen te vernietigen?" ⁵⁵Maar hij keerde zich om en bestrafte hen. ⁵⁶En ze vervolgden hun weg naar een ander dorp.

Hoe men Jezus moet volgen
(Marcus 8 : 19–22)

⁵⁷Onderweg zei iemand tegen hem: "Ik zal u volgen waar u maar heengaat."
⁵⁸"Vossen hebben holen, vogels hun nesten," antwoordde hij, "maar de Mensenzoon heeft zelfs geen kussen om zijn hoofd op te leggen."
⁵⁹Tegen een ander zei hij: "Volg mij."
"Heer, sta me toe eerst mijn vader te begraven," antwoordde die.
⁶⁰"Laat de doden hun doden begraven," zei Jezus, "maar gaat u op weg om het koninkrijk van God te verkondigen."
⁶¹Weer een ander zei: "Ik wil u volgen, Heer, maar sta me toe eerst afscheid te nemen van mijn familie."
⁶²"Wie gaat ploegen en daarbij achterom kijkt, is niet geschikt voor het koninkrijk van God," antwoordde Jezus.

Jezus stelt tweeënzeventig andere mannen aan

10 Hierna stelde de Heer nog tweeënzeventig andere mannen aan. Hij stuurde hen twee aan twee voor zich uit naar elke stad en plaats waar hij zelf heen wilde. ²"De oogst is wel groot maar er zijn weinig arbeiders," zei hij tegen hen. "Vraag de heer en meester van het land dus of hij arbeiders wil sturen om zijn oogst binnen te halen. ³Ga op weg en bedenk: ik stuur jullie als schapen onder de wolven. ⁴Neem geen geldbeurs mee, geen reistas, geen schoenen. Stop onderweg niet om iemand te begroeten. ⁵Wanneer je ergens binnengaat, moet het eerste zijn wat je zegt: 'We wensen dit huis vrede toe.' ⁶Woont er iemand die de vrede is toegedaan, dan is en blijft je vredewens voor hem; zo niet, dan neem je je vredewens terug. ⁷Blijf daar en eet en drink gerust wat men je voorzet; een arbeider heeft recht op zijn loon. Trek niet rond van huis tot huis. ⁸Als je in een stad komt, waar je welkom bent, eet dan wat men je voorzet; ⁹genees er de zieken en zeg de mensen daar: 'Het koninkrijk van God is vlakbij u gekomen.' ¹⁰Maar als je in een stad komt waar je niet welkom bent, loop dan de straat op en zeg: ¹¹'Het stof dat zich in uw stad op onze voeten heeft

vastgezet, slaan we ervan af om u te waarschuwen. Maar besef goed: het koninkrijk van God is vlakbij gekomen.' ¹²Ik zeg u: op de dag van het oordeel zal Sodom er beter afkomen dan die stad."

De ongelovige steden
(Matteüs 11 : 20–24)

¹³"Wacht maar, jij Chorazin, wacht maar, jij, Betsaïda! Want als in Tyrus en Sidon de wonderen gedaan waren die bij jullie zijn gedaan, zouden hun inwoners allang het boetekleed hebben aangetrokken, zich met as hebben bestrooid en een nieuw leven zijn gaan leiden. ¹⁴Ja, op de dag van het oordeel zullen Tyrus en Sidon er beter af komen dan jullie! ¹⁵En jij, Kafarnaüm, denk jij hemelhoog verheven te worden? Je zult afdalen tot in de hel!"

¹⁶En hij besloot: "Wie naar jullie luistert, luistert naar mij; wie jullie afwijst, wijst mij af, en wie mij afwijst, wijst hem af die mij heeft gezonden."

De terugkeer van de tweeënzeventig

¹⁷De tweeënzeventig keerden terug en zeiden: "Heer, zelfs de duivelse geesten gehoorzamen ons wanneer we uw naam aanroepen." ¹⁸"Ik zag Satan als een bliksem uit de hemel vallen," antwoordde hij. ¹⁹"Luister! Ik heb jullie macht gegeven over slangen en schorpioenen: je zult ze vertrappen, en macht over al het geweld van de vijand: niets zal jullie deren. ²⁰Maar wees niet blij omdat de geesten je gehoorzamen; wees liever blij omdat jullie namen staan opgetekend in de hemel."

Jezus dankt zijn Vader
(Matteüs 11 : 25–27; 13 : 16–17)

²¹Op dat moment jubelde hij het uit, gedreven door de heilige Geest: "Vader, Heer van hemel en aarde, ik dank u, omdat u eenvoudige mensen hebt laten zien wat u voor wijzen en geleerden hebt verborgen gehouden. Ja, Vader, u deed dit omdat u het zo het beste vond. ²²"Mijn Vader heeft mij alles in handen gegeven, en niemand weet wie de Zoon is behalve de Vader, en niemand weet wie de Vader is behalve de Zoon, en hij aan wie de Zoon het wil onthullen."

²³Toen wendde hij zich tot zijn leerlingen en zei tegen hen apart: "Gelukkig zijn jullie omdat je dit met eigen ogen ziet! ²⁴Geloof mij: veel profeten en koningen hebben willen zien wat jullie zien, maar ze kregen het niet te zien, hebben willen horen wat jullie horen, maar ze kregen het niet te horen."

Wie is mijn naaste?

²⁵Er kwam een wetgeleerde op hem toe die hem op de proef stelde met de vraag: "Meester, wat moet ik doen om deel te krijgen aan het eeuwige leven?"
²⁶"Wat staat er in de wet?" vroeg hij. "Wat leest u daar?"
²⁷"'U moet de Heer, uw God, liefhebben met hart en ziel, met inzet van al uw krachten en in al uw gedachten' en: 'U moet uw naaste liefhebben als uzelf.'"
²⁸"Dat is goed geantwoord. Houd u hieraan en u zult leven."
²⁹Maar de man wilde zijn vraag rechtvaardigen en vroeg aan Jezus: "En wie is mijn naaste?" ³⁰Jezus antwoordde als volgt: "Er was eens een man die van Jeruzalem naar Jericho reisde en door rovers werd overvallen. Ze schudden hem uit, sloegen op hem los, en lieten hem half dood liggen. ³¹Bij toeval reisde er langs die weg een priester naar Jericho, maar toen hij die man zag liggen, ging hij met een boog om hem heen. ³²Hetzelfde deed een Leviet die daar langs kwam; ook hij ging toen hij de man zag liggen, met een boog voorbij. ³³Een Samaritaan, eveneens op reis, kwam daar ook langs. Maar toen hij de man zag liggen, kreeg hij medelijden. ³⁴Hij ging naar hem toe, zuiverde zijn wonden met olie en wijn en verbond ze. Toen zette hij hem op zijn eigen ezel en vervoerde

hem naar een herberg waar hij hem verzorgde. ³⁵De volgende dag nam hij twee zilverstukken en gaf die aan de herbergier: 'Zorg voor hem, en mocht u nog kosten moeten maken, dan zal ik u die betalen als ik terugkom!'" ³⁶En Jezus besloot: "Wat denkt u? Wie van de drie is de naaste geweest van de man die in handen viel van de rovers?" ³⁷"Dat was hij die zich het lot van de man aantrok," antwoordde de wetgeleerde. "Ga dan en doe als hij," zei Jezus tegen hem.

Marta en Maria

³⁸Onderweg kwam hij in een dorp waar een vrouw, een zekere Marta, hem in haar huis ontving. ³⁹Ze had een zuster die Maria heette. Die was aan de voeten van de Heer gaan zitten en luisterde naar wat hij te zeggen had. ⁴⁰Maar Marta had al haar aandacht nodig voor de vele huishoudelijke zorgen. "Heer," kwam ze Jezus vragen, "doet het u niets dat mijn zuster mij alles alleen laat doen? Zeg haar toch dat ze me moet komen helpen!" ⁴¹"Marta, Marta!" antwoordde de Heer haar. "Je maakt je zorgen en bent druk in de weer met veel dingen; ⁴²toch is er maar één ding nodig. Maria heeft goed gekozen en haar deel zal haar niet worden afgenomen."

Jezus leert zijn leerlingen bidden
(Matteüs 6 : 9–13; 7 : 7–11)

11 Op een keer was hij ergens in gebed. Toen hij zijn gebed had beëindigd, vroeg één van zijn leerlingen hem: "Heer, leer ons bidden, zoals ook Johannes het zijn leerlingen geleerd heeft."

²"Zo moet je bidden," zei hij tegen hen:

"'Vader,
uw naam worde geheiligd,
uw koninkrijk kome.
³Geef ons het eten dat we dagelijks nodig hebben.
⁴Vergeef ons onze zonden,
want wij vergeven zelf ieder die ons iets schuldig is;
en stel ons niet op de proef.'"

⁵En hij ging verder: "Veronderstel: iemand van jullie heeft een vriend en gaat midden in de nacht naar hem toe om hem te vragen: 'Vriend, kun je me aan drie broden helpen? ⁶Want een andere vriend is op reis bij me langs gekomen en ik heb niets te eten voor hem.' ⁷Veronderstel nu dat die vriend je uit zijn huis zal toeroepen: 'Val me niet lastig! De deur is al lang op slot en mijn kinderen en ik

liggen in bed; ik kan nu niet opstaan om ze je te geven.' ⁸Wat dan? Neem van mij aan: niet omdat die ander zijn vriend is, maar omdat die zo brutaal is, zal hij opstaan en hem geven wat hij maar nodig heeft. ⁹Daarom zeg ik jullie: vraag en je zult krijgen, zoek en je zult vinden, klop en er zal voor je worden opengedaan. ¹⁰Want ieder die vraagt, zal krijgen, wie zoekt, zal vinden en wie aanklopt, voor hem zal worden opengedaan. ¹¹Is er een vader onder jullie die zijn kind een slang zal geven als het om vis vraagt? ¹²Of een schorpioen, als het om een ei vraagt? ¹³Ondanks jullie slechtheid weten jullie je kinderen dus goede dingen te geven. Hoeveel meer zal dan de hemelse Vader de heilige Geest geven aan wie hem erom vragen!"

Jezus en Beëlzebul
(Matteüs 12 : 20-30; Marcus 3 : 20-27)

¹⁴Hij dreef een duivelse geest uit bij een man die stom was. Toen de geest was weggegaan, kon de man weer praten. De mensen stonden er versteld van, ¹⁵maar sommigen zeiden: "Dank zij Beëlzebul, de aanvoerder van de duivelse geesten, drijft hij die geesten uit." ¹⁶Anderen die hem op de proef wilden stellen, vroegen hem om een teken van God. ¹⁷Maar hij wist wat ze dachten en zei: "Elk rijk dat verdeeld is, gaat te gronde, en elke familie die zich keert tegen een andere, komt ten val. ¹⁸Als ook het rijk van Satan verdeeld is, hoe kan het zich dan handhaven? U zegt dat ik dank zij Beëlzebul de duivelse geesten uitdrijf. ¹⁹Maar als dat zo is, dank zij wie drijven uw volgelingen ze dan uit? Daarom zullen zij u zelf veroordelen! ²⁰Het is dank zij de macht van God dat ik de duivelse geesten uitdrijf, en dat betekent dat het koninkrijk van God bij u is gekomen.
²¹"Wanneer een sterk en goed gewapend man zijn huis bewaakt, zijn z'n bezittingen veilig. ²²Maar als er een sterkere man komt en hem verslaat, neemt hij de ander de wapenrusting af waarop die vertrouwde, en verdeelt wat hij heeft buitgemaakt.
²³"Wie niet voor mij is, is tegen mij, en wie me niet helpt om de schapen bij elkaar te drijven, jaagt ze uiteen."

De terugkeer van de duivelse geest
(Matteüs 12 : 43-45)

²⁴"Wanneer een duivelse geest iemand heeft verlaten, trekt hij door barre streken, op zoek naar rust. Hij vindt die niet en daarom zegt hij: 'Ik ga terug naar het huis dat ik heb verlaten.' ²⁵Wanneer hij

terugkomt, vindt hij het huis schoon en aan kant. ²⁶Dan gaat hij zeven andere geesten halen, nog slechter dan hijzelf. Ze nemen er hun intrek en blijven er wonen. En dat laatste is voor die man nog erger dan het eerste."

Wie echt gelukkig zijn

²⁷Bij die woorden riep een vrouw uit de menigte: "Gelukkig de vrouw die u in haar schoot heeft gedragen en u de borst heeft gegeven!" ²⁸Maar hij antwoordde: "Nee, gelukkig te prijzen zijn zij die luisteren naar de boodschap van God en haar in praktijk brengen!"

De vraag om een teken
(Matteüs 12 : 38–42)

²⁹Toen zich steeds meer mensen om hem verzamelden, zei hij: "Hoe slecht zijn de mensen van deze tijd! Ze vragen om een teken, maar ze zullen geen ander teken krijgen dan dat van de profeet Jona. ³⁰Zoals Jona voor de bevolking van Nineve een teken was, zo zal ook de Mensenzoon het zijn voor deze mensen. ³¹De koningin van het Zuiden zal op de dag van het oordeel samen met deze mensen hier verrijzen en hen veroordelen. Want zij kwam van het andere eind van de aarde om te luisteren naar de wijsheid van koning Salomo. En luister goed: hier is iets groters dan Salomo. ³²En op de dag van het oordeel zullen de bewoners van Nineve verrijzen samen met deze mensen hier en hen veroordelen. Want toen zij hoorden wat Jona verkondigde, begonnen zij een nieuw leven. En luister goed: hier is iets groters dan Jona!"

Licht en duisternis
(Matteüs 5 : 15; 6 : 22–23)

³³"Niemand steekt een olielamp aan en zet die in een kast of onder een korenmaat. Iedereen zet hem op de standaard, dan is er licht voor wie binnenkomt. ³⁴Uw oog is een lamp voor het lichaam: is uw oog helder, dan heeft het hele lichaam licht, maar is het slecht, dan zit het hele lichaam in het donker. ³⁵Pas er dus voor op dat het licht in u geen duisternis is. ³⁶Als uw lichaam een en al licht is en geen deel van het duister, zal het helemaal licht zijn, alsof een lamp u met zijn stralen verlicht."

Jezus beschuldigt de Farizeeërs en de schriftgeleerden
(Matteüs 23 : 1–36; Marcus 12 : 38–40)

³⁷Toen hij was uitgesproken, nodigde een Farizeeër hem uit om

bij hem thuis te eten. Hij ging erheen en nam aan tafel plaats. ³⁸De Farizeeër was verbaasd toen hij zag dat Jezus zich niet had gewassen vóór hij aan tafel ging. ³⁹"Jullie Farizeeërs maken beker en schotel van buiten schoon," zei de Heer tegen hem, "maar van binnen zitten jullie vol roofzucht en slechtheid. ⁴⁰Dwazen! Heeft God, die de buitenkant heeft gemaakt, ook niet de binnenkant gemaakt? ⁴¹Geef de inhoud weg aan de armen en alles is rein voor je.

⁴²"Wacht maar, jullie Farizeeërs! Want jullie geven het tiende deel van kruiden zoals munt en ruit en andere soorten, maar verwaarlozen het recht en de liefde tot God. Juist deze laatste dingen moet je in praktijk brengen, zonder overigens die eerste te laten.

⁴³"Wacht maar, jullie Farizeeërs! Want jullie zijn er op gesteld te zitten op de beste plaatsen in de synagoge en gegroet te worden op de marktpleinen.

⁴⁴"Wacht maar! Want jullie zijn als plaatsen waar de mensen over een graf lopen zonder het te weten."

⁴⁵"Meester, door zo te spreken beledigt u ook ons!" merkte een wetgeleerde op.

⁴⁶"Wacht maar, jullie wetgeleerden, jullie ook!" antwoordde hij. "Want je legt de mensen zware lasten op die ze niet kunnen dragen en zelf steek je er geen vinger naar uit.

⁴⁷"Wacht maar! Want jullie bouwen grafmonumenten voor de profeten, maar jullie voorouders hebben hen gedood. ⁴⁸Jullie zijn dus getuigen die instemmen met de daden van jullie voorouders, want zij hebben de profeten gedood en jullie bouwen graven voor hen. ⁴⁹Daarom zei God in zijn wijsheid: 'Ik zal profeten naar hen sturen en apostelen; ze zullen sommigen van hen doden en anderen

vervolgen.' ⁵⁰Uiteindelijk zal deze generatie gestraft worden voor alle profeten die van de schepping van de wereld af vermoord zijn, ⁵¹vanaf de moord op Abel tot en met de moord op Zacharias, die omkwam tussen het altaar en het tempelhuis. Ja, neem van mij aan: deze generatie zal ervoor worden gestraft!

⁵²"Wacht maar, jullie wetgeleerden! Jullie hebben de sleutel weggenomen die toegang geeft tot de ware kennis. Zelf zijn jullie niet naar binnengegaan en jullie hebben het anderen die wel wilden, verhinderd!"

⁵³Toen ging Jezus daar weg, maar vanaf dat moment werden de schriftgeleerden en de Farizeeërs hem bijzonder vijandig; ze probeerden hem aan het praten te krijgen over allerlei zaken ⁵⁴en stelden hem daarover strikvragen, om hem zo te vangen op een of andere uitspraak.

Een waarschuwing tegen schijnheiligheid
(Matteüs 10 : 26-27)

12 Eens toen er duizenden mensen bijeen waren, liepen ze elkaar onder de voet. Wat Jezus nu zei, was voornamelijk voor zijn leerlingen bestemd. "Pas op voor het gist van de Farizeeërs; ik bedoel hun schijnheiligheid. ²Wat verborgen is, zal worden ontdekt, en wat geheim is, zal bekend worden. ³Al wat je in het donker zegt, zal in het volle daglicht te horen zijn, en wat je elkaar binnen vier muren in de oren fluistert, zal van de daken worden geroepen."

Vrees God
(Matteüs 10 : 28-31)

⁴"Tegen jullie, die mijn vrienden zijn, zeg ik: wees niet bang voor hen die je lichaam kunnen doden; hun macht reikt niet verder. ⁵Ik zal jullie zeggen wie je moet vrezen: God! Want als hij je gedood heeft, bezit hij ook nog de macht om je de hel in te sturen. Nogmaals: vrees liever hem.

⁶"Worden vijf mussen niet verkocht voor twee dubbeltjes? Toch vergeet God er niet één van! ⁷Zit dus niet in angst, jullie zijn heel wat meer waard dan veel mussen samen. Zelfs de haren op je hoofd zijn geteld."

Openlijk voor Christus uitkomen
(Matteüs 10 : 32-33; 12 : 32; 10 : 19-20)

⁸"Ik zeg jullie: ieder die er tegenover de mensen openlijk voor uit komt dat hij bij mij hoort, voor hem zal de Mensenzoon hetzelfde

doen tegenover de engelen van God. ⁹Maar wie tegen mensen zegt mij niet te kennen, over hem zal de Mensenzoon hetzelfde zeggen tegenover de engelen van God.

¹⁰"Als iemand kwaadspreekt van de Mensenzoon, kan hij vergeving krijgen, maar lastert hij de heilige Geest, dan niet.

¹¹"Als ze je de synagogen binnenbrengen en je leiden voor bestuurders en autoriteiten, maak je dan geen zorgen hoe je jezelf moet verdedigen of wat je moet zeggen. ¹²Want de heilige Geest geeft je op dat moment in wat je moet zeggen."

De rijke dwaas

¹³Iemand uit de menigte zei tegen hem: "Meester, kunt u mijn broer niet bevelen dat hij de erfenis met mij deelt?"
¹⁴"Man, wie heeft mij als rechter of notaris over jullie aangesteld?"
¹⁵En tegen alle toehoorders vervolgde hij: "Pas er goed voor op dat je niet steeds meer wilt hebben. Want het leven van een mens bestaat niet in zijn bezittingen, ook al heeft hij van alles nog zo veel." ¹⁶Toen vertelde hij hun de volgende gelijkenis: "Er was eens een rijk man met landerijen die veel opbrachten. ¹⁷Hij begon zich af te vragen: 'Wat moet ik doen? Want ik weet niet waar ik mijn oogsten nog kan opslaan. ¹⁸Weet je wat,' dacht hij, 'ik laat mijn schuren omverhalen en nog veel grotere bouwen; daarin zal ik al het graan en mijn andere goederen opslaan. ¹⁹Dan zal ik tegen mijzelf zeggen: Zo, je bezit nu kapitalen en kunt jaren vooruit. Rust eens uit, ga lekker eten en drinken en neem het er maar goed van.' ²⁰Maar God zei tegen hem: 'Jij dwaas! Nog deze nacht komen ze je halen en wie krijgt dan al de bezittingen die je hebt opgestapeld?' ²¹Zo is het met iedereen die voor zichzelf rijkdommen vergaart, maar niet rijk is in de ogen van God," besloot Jezus.

Vertrouw op God
(Matteüs 6 : 25-34)

²²Toen zei Jezus tegen zijn leerlingen: "Daarom zeg ik jullie: maak je geen zorgen over het voedsel dat je nodig hebt om te leven, of over de kleren die je nodig hebt voor je lichaam. ²³Tenslotte is leven belangrijker dan eten, en het lichaam van meer belang dan kleding. ²⁴Let eens op de kraaien: ze zaaien en maaien niet, ze hebben ook geen opslagplaatsen of schuren; God voedt ze! En jullie zijn zoveel meer waard dan vogels! ²⁵Wie kan door bezorgdheid zijn leven ook maar een klein stukje verlengen? ²⁶Als je zelfs zo iets kleins niet voor elkaar kunt krijgen, waarom je dan zorgen

maken over de rest? ²⁷Kijk eens aandachtig naar de veldbloemen; ze spinnen en weven niet. Maar ik zeg je: zelfs koning Salomo ging in zijn staatsiegewaad niet zo mooi gekleed als één van deze bloemen. ²⁸Het is God die het gras zo kleedt, datzelfde gras dat vandaag op de wei staat en morgen in de oven wordt gegooid. Zal God jullie dan niet veel beter kleden? Maar jullie geloof is zo klein! ²⁹Loop niet te tobben en vraag je niet bezorgd af: 'Wat moeten we eten en drinken?' ³⁰Want dat zijn allemaal zaken die de ongelovige mensen in deze wereld zich afvragen! Jullie Vader weet dat je eten en drinken nodig hebt. ³¹Nee, zoek zijn koninkrijk, en hij zal daar wel voor zorgen."

Een kapitaal in de hemel
(Matteüs 6 : 19-21)

³²"Wees niet bang, kleine kudde! Jullie Vader heeft jullie in zijn goedheid het koninkrijk gegeven. ³³Verkoop je bezittingen en geef het geld aan de armen. Schaf je een beurs aan die niet leegraakt, zorg voor een onuitputtelijk kapitaal in de hemel; daar kan een dief er niet bij komen, en een mot het niet aantasten. ³⁴Want waar je kapitaal is, daar ben je ook met je hart."

Zorg dat je klaarstaat

³⁵"Zorg dat je klaarstaat en dat je lampen branden. ³⁶Jullie moeten zijn als de knechts die hun baas terug verwachten van de bruiloft. Als hij heeft geklopt, kunnen ze meteen voor hem opendoen. ³⁷Gelukkig die knechts als hun baas hen bij zijn terugkomst wakker aantreft. Neem van mij aan: hij maakt zich klaar, nodigt hen aan tafel uit en gaat zelf rond om ze te bedienen. ³⁸Wat gelukkig zijn ze als hij hen zo aantreft, ook al komt hij midden in de nacht of zelfs later! ³⁹Onthoud dit goed: als de huiseigenaar wist op welk uur in de nacht de dief zou komen, zou hij er wel voor zorgen dat er niet bij hem werd ingebroken. ⁴⁰Ook jullie moeten klaarstaan, want de Mensenzoon komt op een moment waarop je hem niet verwacht."

De goede en de slechte knecht
(Matteüs 24 : 45-51)

⁴¹"Heer, geldt deze les alleen voor ons of voor iedereen?" vroeg Petrus. ⁴²De Heer antwoordde: "Wie is de trouwe en verstandige knecht? Dat is hij die door zijn baas zal worden aangesteld als huismeester om te zorgen voor het personeel en ieder op tijd te

eten te geven. ⁴³Gelukkig die knecht als zijn baas bij zijn thuiskomst ziet dat hij alles naar wens uitvoert! ⁴⁴Want neem van mij aan: zijn baas zal hem de zorg over heel zijn bezit toevertrouwen. ⁴⁵Maar als die knecht bij zichzelf denkt: 'Mijn baas komt nog lang niet,' en als hij de knechts en de dienstmeisjes begint te slaan, maar zelf eet en drinkt en dronken wordt, ⁴⁶dan komt zijn baas terug op een dag waarop die dienaar het niet verwacht en op een moment dat hij niet weet. Dan zal zijn baas hem laten onthoofden en hem het lot van de ongelovigen laten ondergaan.

⁴⁷"Als een knecht weet wat zijn baas wil, maar geen voorbereidingen treft en de wil van zijn baas niet uitvoert, zal hij een flink pak slaag krijgen. ⁴⁸Maar een knecht die niet weet wat zijn baas wil en iets doet waarvoor hij straf verdient, zal maar weinig slaag krijgen. Als iemand veel is gegeven, zal men ook veel van hem vragen, en als iemand meer is toevertrouwd, zal men ook veel meer van hem eisen."

Vuur ben ik op aarde komen brengen
(Matteüs 10 : 34-36)

⁴⁹"Ik ben gekomen om de aarde in brand te steken en hoe graag zou ik zien dat het vuur al was aangestoken. ⁵⁰Maar ik moet eerst nog een doop ondergaan, en wat een angst moet ik doorstaan totdat die doop is voltrokken! ⁵¹Denken jullie dat ik vrede op aarde ben komen brengen? Nee, geen vrede, zeg ik je, maar verdeeldheid. ⁵²Vanaf nu zullen vijf personen in één en hetzelfde gezin verdeeld zijn, drie tegen twee en twee tegen drie: ⁵³Vader tegen zoon, en zoon tegen vader, moeder tegen dochter en dochter tegen moeder, schoonmoeder tegen schoondochter en schoondochter tegen schoonmoeder."

Versta uw tijd
(Matteüs 16 : 2-3)

⁵⁴En tegen de mensen zei Jezus: "Wanneer u in het westen wolken ziet verschijnen, zegt u onmiddellijk: 'Er komt regen,' en dat gebeurt dan ook. ⁵⁵En wanneer er een zuidenwind waait, zegt u: 'Het wordt heet vandaag,' en ook dat gebeurt. ⁵⁶Huichelaars! U kunt wel aan het land en de lucht zien wat er zal komen. Waarom begrijpt u dan de betekenis van dit ogenblik niet?"

Verzoen u met uw tegenstander
(Matteüs 5 : 25-26)

⁵⁷"Waarom maakt u voor uzelf niet uit wat juist is? ⁵⁸Iemand doet u een proces aan en u bent met hem op weg naar de rechtbank. Geef u dan alle moeite om onderweg nog van hem af te komen. Want anders sleept hij u voor de rechter, en die geeft u in handen van de cipier en de cipier gooit u in de gevangenis. ⁵⁹En neem van mij aan: daar komt u niet uit totdat u ook de laatste cent hebt betaald."

Als u geen nieuw leven begint...

13 Op dat moment kwam men hem vertellen van die mensen uit Galilea die Pilatus had laten doden toen ze offers brachten. ²"Dat dit die Galileeërs overkwam," vroeg hij hun, "bewijst dat, denkt u, dat zij grotere zondaars waren dan de rest? ³Nee! Maar ik verzeker u: als u geen nieuw leven begint, zult u allemaal omkomen, net zoals zij. ⁴En die achttien mensen die omkwamen bij het instorten van de toren van Siloam, denkt u dat die meer gezondigd hadden dan alle andere inwoners van Jeruzalem? ⁵Nee! Maar nogmaals: als u geen nieuw leven begint, zult u allemaal omkomen, evenals zij."

De onvruchtbare vijgeboom

⁶Hij vertelde de volgende gelijkenis: "Een man had in zijn wijngaard een vijgeboom staan. Op zekere dag ging hij kijken of er vijgen aan zaten, maar hij vond er geen een. ⁷'Kijk, dat is nu al het derde jaar dat ik van die vijgeboom vijgen wil plukken en er geen aan vind,' zei hij tegen de tuinman. 'Hak hem maar om, want hij put alleen maar de grond uit.' ⁸Maar de tuinman antwoordde: 'Laat hem dit jaar nog staan, meneer, dan spit ik de grond er omheen om en bemest die. ⁹Wie weet, draagt hij volgend jaar vrucht; gebeurt dat niet, laat hem dan alsnog omhakken.'"

Een genezing op sabbat

¹⁰Op een keer gaf hij onderricht aan de mensen in een synagoge; het was op een sabbat. ¹¹Daar was een vrouw die al achttien jaar ziek was: ze liep helemaal krom, met haar hoofd naar beneden gebogen. ¹²Toen Jezus haar zag, riep hij haar toe: "Vrouw, u bent van uw ziekte verlost!" ¹³Hij legde haar de handen op en meteen richtte ze zich op en begon God te prijzen. ¹⁴Maar het hoofd van de synagoge was boos, omdat Jezus iemand op sabbat had genezen.

"Er zijn zes dagen waarop we moeten werken!" zei hij tegen de mensen. "Kom dan niet uitgerekend op de sabbat om genezen te worden!"
¹⁵"Huichelaars die jullie zijn!" antwoordde de Heer hem. "Iedereen maakt op sabbat zijn koe of ezel van de voederbak los om ze te drinken te geven. ¹⁶Maar je zou op de sabbat niet deze dochter van Abraham mogen verlossen van de ziekte waaraan ze door de macht van Satan nu al achttien jaar vastzit?" ¹⁷Dat antwoord maakte zijn tegenstanders rood van schaamte; maar de hele menigte was blij, zo geweldig was het wat hij allemaal deed.

Het mosterdzaadje
(Matteüs 13 : 31-32; Marcus 4 : 30-32)

¹⁸"Waarmee zou je het koninkrijk van God kunnen vergelijken?" vroeg hij. "Waar lijkt het op? ¹⁹Het lijkt op een mosterdzaadje. Iemand plantte zo'n zaadje in zijn tuin. Het groeide op en werd een boom, en de vogels kwamen in zijn takken nestelen."

Het gist
(Matteüs 13 : 33)

²⁰Nog eens vroeg hij: "Waarmee zal ik het koninkrijk van God vergelijken? ²¹Het lijkt op gist. Een vrouw neemt er wat van en doet het in drie maten meel, en tenslotte blijkt het deeg helemaal gerezen."

De smalle deur
(Matteüs 7 : 13-14; 21-23)

²²Op weg naar Jeruzalem trok hij steden en dorpen door en onder-

wees de mensen in zijn leer. ²³"Heer, is het aantal mensen dat gered wordt, klein?" vroeg iemand hem. Hij antwoordde hem en de anderen: ²⁴"Doe uw best binnen te komen door de smalle deur, want neem van mij aan: velen zullen proberen binnen te komen maar het zal hun niet lukken.

²⁵"De heer des huizes zal opstaan om de deur te sluiten. En vanaf het moment dat hij die gesloten heeft, zult u buiten moeten blijven. U begint op de deur te kloppen en te roepen: 'Heer, doe ons open,' maar hij zal antwoorden: 'Ik ken u niet.' ²⁶En u: 'Wij hebben nog wel samen met u gegeten en gedronken en u hebt in onze stad onderricht gegeven.' ²⁷En hij zal volhouden: 'Ik weet niet waar u vandaan komt. Verdwijn allemaal uit mijn ogen, boosdoeners!' ²⁸Wat zult u daar huilen en knarsetanden, als u ziet dat Abraham, Isaak en Jakob en alle profeten in het koninkrijk van God zijn, maar dat u er zelf uitgegooid wordt. ²⁹De mensen zullen komen uit het oosten en het westen, uit het noorden en het zuiden, en in het koninkrijk van God een plaats aan tafel krijgen. ³⁰Onthoud goed: er zijn er die achteraan staan en het eerst aan de beurt komen, en er zijn er die vooraan staan en het laatst aan de beurt komen."

Jezus' liefde voor Jeruzalem
(Matteüs 23 : 37–39)

³¹Op dat moment kwamen enkele Farizeeërs naar hem toe. "Zorg dat u hier weggaat," zeiden ze, "want Herodes heeft het op uw leven gemunt."

³²"Zeg die oude vos: 'Vandaag en morgen ben ik nog bezig met het uitdrijven van duivelse geesten en het genezen van zieken, maar op de derde dag ben ik klaar met mijn werk.' ³³Ja, vandaag, morgen en overmorgen moet ik mijn reis nog voortzetten. Want een profeet moet in Jeruzalem om het leven komen; ergens anders zou niet juist zijn.

³⁴"Jeruzalem, Jeruzalem! U doodt de profeten en stenigt de mannen die God u heeft gestuurd. Hoe dikwijls heb ik uw kinderen niet willen verzamelen zoals een hen haar kuikens onder haar vleugels bijeen brengt? Maar u hebt niet gewild. ³⁵Uw huis zal leeg achterblijven. Ik zeg u: u zult mij niet meer zien tot het ogenblik waarop u zegt: 'Gezegend hij die komt in naam van de Heer.'"

Een genezing op sabbat

14 Op een sabbat ging hij bij een van de leidende Farizeeërs thuis eten. De mensen letten op hem. ²Er stond een man vóór hem die waterzucht had. ³Jezus nam het woord en vroeg aan de wetgeleerden en de Farizeeërs: "Mag je op sabbat iemand genezen, ja of nee?" ⁴Zij deden er het zwijgen toe. Hij nam de man mee, genas hem en stuurde hem weg. ⁵Toen zei hij tegen hen: "Veronderstel dat iemand van u een zoon of een os heeft die op sabbat in een put valt. Zal hij hem er dan niet meteen uittrekken?" ⁶En ze wisten niet wat ze hem daarop moesten zeggen.

De gastheer en zijn gasten

⁷Hij merkte dat de genodigden de beste plaatsen uitkozen. Daarom gaf hij hun de volgende wijze les. ⁸"Wanneer iemand u uitnodigt voor een bruiloft, kies dan niet de beste plaats uit. Want het kan gebeuren dat iemand die voornamer is dan u, ook is uitgenodigd. ⁹De gastheer zal dan naar u toekomen en zeggen: 'Wilt u voor deze heer hier plaats maken?' U moet dan rood van schaamte op de slechtste plaats gaan zitten. ¹⁰Kies dus liever de minste plaats als u wordt uitgenodigd. Dan zal uw gastheer u komen zeggen: 'Mijn vriend, neem een betere plaats aan tafel.' En dat zal in het bijzijn van alle andere gasten een eer voor u zijn. ¹¹Want ieder die zichzelf verheft, zal vernederd worden, maar wie zichzelf vernedert, zal verheven worden.

¹²"Als u een feestelijk middag- of avondmaal houdt," zei hij tegen zijn gastheer, "nodig dan geen vrienden, broers, familieleden of rijke buren van u uit. Want dan nodigen zij u weer uit en krijgt u terug wat u gedaan hebt. ¹³Nodig dus liever, wanneer u een feestmaaltijd geeft, de armen uit, de kreupelen, de lammen en de blinden. ¹⁴U zult gelukkig zijn omdat zij u niets kunnen terugdoen. God zal u ervoor belonen, wanneer de rechtvaardigen uit de dood opstaan."

Het feestmaal
(Matteüs 22 : 1–10)

¹⁵Bij het horen hiervan zei een van de gasten tegen hem: "Gelukkig wie aan tafel zal zitten in het koninkrijk van God!" ¹⁶Hij antwoordde: "Er was eens een man die een groot feestmaal gaf. Hij nodigde daar veel mensen voor uit. ¹⁷Tegen de tijd dat het feestmaal begon, stuurde hij zijn dienaar om de genodigden te gaan zeggen: 'Kom, want alles staat klaar.' ¹⁸Maar de een na de ander begon zich te verontschuldigen. 'Ik heb een stuk land gekocht en ik moet het dringend gaan bekijken,' zei er een, 'wil me dus excuseren.' ¹⁹'Ik heb vijf paar ossen gekocht en ik ga ze nu keuren,' zei een ander,

'wil me dus excuseren.' ²⁰En een derde zei: 'Ik ben pas getrouwd en kan dus niet komen.' ²¹De dienaar kwam bij zijn heer terug en bracht hem verslag uit. Die was woedend. 'Ga vlug naar de straten en de stegen van de stad,' beval hij hem, 'en breng hier de armen en kreupelen, de blinden en de lammen.' ²²'Meneer, uw bevel is al uitgevoerd en nòg is er plaats,' antwoordde de dienaar. ²³'Ga naar de grote wegen en naar de paden en dwing de mensen om binnen te komen,' zei de heer des huizes tegen hem; 'mijn huis moet vol. ²⁴En neem van mij aan: geen van die genodigden zal van mijn maaltijd proeven!'"

Bezin eer u begint
(Matteüs 10 : 37–38)

²⁵Massa's mensen gingen met hem mee. Hij draaide zich naar hen om en zei: ²⁶"Wie bij mij wil komen, kan alleen mijn leerling zijn als hij zijn vader en moeder, zijn vrouw en zijn kinderen, zijn broers en zijn zusters en niet te vergeten zichzelf haat. ²⁷Wie zijn kruis niet achter mij aan draagt, kan onmogelijk mijn leerling zijn. ²⁸Als iemand van u een toren wil bouwen, maakt hij eerst een kostenberekening, om te zien of hij voldoende geld heeft om de bouw te voltooien. ²⁹Want anders legt hij wel de fundering maar kan hij de toren niet afmaken. Dan lacht iedereen die het ziet hem uit en zegt: ³⁰'Die man is met de bouw van een toren begonnen maar kon hem niet afmaken!' ³¹En voordat een koning met een andere koning de strijd aanbindt, zal hij gaan zitten om na te gaan of hij met zijn tienduizend manschappen sterk genoeg is om op te trekken tegen de ander, die met twintigduizend man op hem afkomt. ³²Is hij dat niet, dan moet hij, als die ander nog ver weg is, al een afvaardiging sturen om de vredesvoorwaarden te vragen. ³³Zo kan dus niemand mijn leerling zijn, als hij niet alles wat hij heeft, eraan geeft."

Ondeugdelijk zout
(Matteüs 5 : 13; Marcus 9 : 50)

³⁴"Zout is een goed middel. Maar als ook het zout zijn smaak verliest, is er niets om het weer zout te krijgen. ³⁵Het is niet geschikt voor het land en ook niet voor de mesthoop. Je kunt het alleen maar weggooien. Luister als u oren heeft om te luisteren!"

Het verloren schaap
(Matteüs 18 : 12–14)

15 De tollenaars en andere overtreders van de wet kwamen allemaal naar hem luisteren. ²"Schande!" zeiden de Farizeeërs en de schriftgeleerden geërgerd onder elkaar. "Die man ontvangt mensen die de wet overtreden en eet met hen." ³Maar hij vertelde hun deze gelijkenis:

⁴"Veronderstel dat iemand van u honderd schapen heeft en één ervan is zoekgeraakt. Zal hij dan niet die negenennegentig andere in de woestijn alleen laten en op zoek gaan naar het ene dat verdwaald is? ⁵Als hij het vindt, is hij zo blij dat hij het op de schouders neemt. ⁶En wanneer hij thuiskomt, roept hij zijn vrienden en buren en zegt: 'Wees blij samen met mij, want het schaap dat was zoekgeraakt, heb ik teruggevonden.' ⁷Zo is men in de hemel blijer over één zondaar die tot inkeer komt dan over negenennegentig mensen die de wet naleven en niet tot inkeer hoeven te komen."

Het verloren geldstuk

⁸"Of veronderstel dat een vrouw, in het bezit van tien zilveren munten, er één verliest. Zal ze dan geen lamp aansteken, het huis aanvegen en in alle hoeken en gaten kijken tot ze hem vindt? ⁹En als ze hem vindt, roept ze haar vrienden en buren en zegt: 'Wees blij samen met mij, want het zilverstuk dat ik verloren had, heb ik teruggevonden.' ¹⁰Zo zullen ook de engelen van God blij zijn over één zondaar die tot inkeer komt. Dat verzeker ik u."

De verloren zoon

¹¹Hij vervolgde: "Er was een man die twee zoons had. ¹²'Vader,' zei de jongste tegen hem, 'geef mij dat deel van uw bezit waarop ik recht heb.' En de vader verdeelde zijn bezittingen onder zijn twee

zoons. ¹³Een paar dagen later verzilverde de jongste zoon zijn aandeel en ging op reis naar een ver land. Daar leidde hij een losbandig leven en joeg zo zijn geld erdoor. ¹⁴Toen hij alles had opgemaakt, ontstond er in dat land een vreselijke hongersnood. Hij begon gebrek te lijden ¹⁵en ging in dienst bij één van de bewoners van dat gebied, die hem op zijn land de varkens liet hoeden. ¹⁶Graag had

hij zijn buik gevuld met de eikels die de varkens vraten, maar niemand gaf ze hem. ¹⁷Toen kwam hij tot inkeer en dacht: 'Hoeveel knechts heeft mijn vader niet die overvloed aan eten hebben, en ik verga hier van de honger. ¹⁸Ik ga terug naar mijn vader en zal tegen hem zeggen: Vader, ik heb gezondigd tegen God en tegen u. ¹⁹Ik verdien niet langer de naam van zoon; behandel mij voortaan als één van uw knechts.' ²⁰En hij ging op weg, terug naar zijn vader.

"Hij was nog ver van huis, toen zijn vader hem al zag en medelijden kreeg. Hij liep zijn zoon snel tegemoet, sloeg zijn armen om

hem heen en kuste hem. ²¹'Vader,' zei zijn zoon, 'ik heb gezondigd tegen God en tegen u; ik verdien het niet, nog langer uw zoon genoemd te worden.' ²²Maar zijn vader zei tegen zijn knechts: 'Vlug! Haal de beste kleren en laat ze hem aantrekken; steek een ring aan zijn vinger en doe hem schoenen aan. ²³Haal het mestkalf van stal en slacht het. Dan gaan we eten en feestvieren. ²⁴Want deze zoon van me was dood en staat weer levend voor me; hij was verloren en is weer gevonden.' En het feest begon.

²⁵"De oudste zoon was op het land. Toen hij terugkeerde en dicht bij huis kwam, hoorde hij muziek en dans. ²⁶Hij riep een van de knechts en vroeg hem wat dat te betekenen had. ²⁷'Uw broer is terug,' antwoordde die, 'en uw vader heeft het mestkalf laten slachten omdat hij hem weer gezond en wel terug heeft.' ²⁸De oudste zoon was woedend en wilde niet naar binnen. Zijn vader kwam naar buiten en probeerde hem over te halen. ²⁹Maar hij zei tegen zijn vader: 'Hoeveel jaar dien ik u nu al niet, zonder ooit één van uw bevelen te negeren? En wat hebt u mij gegeven? Nog geen bokje om eens feest te vieren met mijn vrienden. ³⁰Maar die jongste zoon van u heeft met hoeren uw vermogen opgemaakt, en nu hij terug is, slacht u het mestkalf voor hem!' ³¹'Mijn jongen,' antwoordde zijn vader hem, 'jij bent altijd bij me en alles wat van mij is, is van jou. ³²Maar wij moesten feestvieren en blij zijn, want je broer was dood en nu staat hij weer levend voor ons. Hij was verloren en is weer gevonden.'"

De slimme rentmeester

16 Hij zei ook tegen zijn leerlingen: "Er was eens een rijk man. Hij had een rentmeester die bij hem werd aangeklaagd omdat hij het vermogen van zijn heer verkwistte. ²Deze liet hem bij zich roepen en zei: 'Wat hoor ik nu van u? Ik wil dat u verantwoording doet van uw beheer. Want ik kan u niet langer in uw funktie handhaven.' ³De rentmeester dacht bij zichzelf: 'Wat moet ik doen? Want meneer ontslaat mij. Spitten kan ik niet, en bedelen, daar schaam ik mij voor. ⁴Weet je wat! Tegen de tijd dat ik op straat kom te staan, zorg ik ervoor dat er mensen zijn die mij in huis opnemen.' ⁵Hij liet allen die bij zijn heer schulden hadden, één voor één bij zich roepen. 'Hoeveel bent u mijn heer schuldig?' vroeg hij aan de eerste. ⁶'Honderd vaten olie.' 'Hier is uw rekening. Ga zitten en schrijf vlug vijftig. ⁷En wat bent u schuldig?' vroeg hij een tweede. 'Vierhonderd mud graan.' 'Hier is uw rekening; schrijf driehonderdtwintig.'"

⁸En de Heer prees de oneerlijke rentmeester, omdat hij het handig had aangepakt. Want de mensen van deze wereld doen hun zaken handiger dan de mensen die God aanhangen.

⁹En hij ging verder: "Ik zeg jullie: maak je vrienden met het stomme geld. Dan zullen jullie, wanneer het zijn waarde verloren heeft, in de hemelse woning worden ontvangen.

¹⁰"Op wie je bouwen kunt in kleine zaken, op hem kun je het ook in grote; maar wie oneerlijk is in kleine zaken, is het ook in grote. ¹¹Als het stomme geld dus niet bij je in goede handen is, wie zal je dan het ware bezit toevertrouwen? ¹²En als wat een ander toebehoort, niet in goede handen bij je is, wie zal je dan geven wat van jezelf is?

¹³"Niemand kan bij twee heren tegelijk in dienst zijn: of hij mag de een niet en de ander wel, of hij draagt de een op de handen en heeft een hekel aan de ander. Je kunt God en het geld niet tegelijk dienen."

Enkele uitspraken van Jezus
(Matteüs 11 : 12-13; 5 : 31-32; Marcus 10 : 11-12)

¹⁴Toen de Farizeeërs dit allemaal hoorden, dreven ze de spot met hem, want ze hielden van geld. ¹⁵"In de ogen van de mensen bent u wetsgetrouwe lieden," zei Jezus tegen hen, "maar God doorziet u. Want waar de mensen tegenop kijken, daar kijkt hij op neer.

¹⁶"Tot de tijd van Johannes golden de wet van Mozes en de geschriften van de profeten; sindsdien wordt het grote nieuws verkondigd over het koninkrijk van God, en iedereen probeert er met geweld binnen te komen. ¹⁷Gemakkelijker kunnen hemel en aarde vergaan dan dat één enkele haal uit de wet kan wegvallen.

¹⁸"Elke man die scheidt van zijn vrouw en met een ander trouwt, pleegt echtbreuk, en wie een gescheiden vrouw trouwt pleegt ook echtbreuk."

De rijke man en de arme Lazarus

¹⁹"Er was eens een rijk man. Hij ging gekleed in zijde en fluweel en hield elke dag een schitterend feest. ²⁰Voor zijn deur lag een arme bedelaar die overdekt was met zweren. Hij heette Lazarus. ²¹Graag zou hij zijn honger stillen met de kruimels die van de tafel van de rijke vielen. Zelfs kwamen de honden om zijn zweren te likken. ²²Toen ging hij dood, en de engelen brachten hem naar een ereplaats naast aartsvader Abraham. Ook de rijke stierf en werd begraven. ²³Hij leed kwellende pijnen en toen hij vanuit het schimmenrijk

omhoog keek, zag hij ver weg Abraham met Lazarus aan zijn zijde. ²⁴'Vader Abraham,' riep hij, 'heb medelijden met me en stuur Lazarus; dan kan hij de top van zijn vinger in het water steken en mijn tong bevochtigen, want ik lijd veel pijn in deze vlammen.' ²⁵'Zoon, denk er eens aan dat jij het in je leven altijd goed hebt gehad, en Lazarus altijd slecht. Nu wordt hij getroost en jij gepijnigd. ²⁶Bovendien gaapt er tussen jullie en ons een onoverkomelijke afgrond. Zo is het onmogelijk van hieruit naar jullie te gaan of omgekeerd.' ²⁷'Ik smeek u, vader Abraham, stuur Lazarus dan naar mijn ouderlijk huis, ²⁸want ik heb vijf broers. Dan kan hij ze waarschuwen zodat zij niet zoals ik terecht komen in deze plaats waar foltering hun wacht.' ²⁹'Ze hebben Mozes en de profeten,' zei Abraham, 'laten ze naar hen luisteren.' ³⁰'Ach nee, vader Abraham, maar als iemand van de doden naar hen toegaat, dan zullen ze een ander leven gaan leiden.' ³¹Maar Abraham zei: 'Als ze niet luisteren naar Mozes en de profeten, zullen ze ook niet overtuigd worden als iemand van de doden opstaat.'"

Het kwaad vergeven
(Matteüs 18 : 6–7; 21–22; Marcus 9 : 42)

17 "Er zullen dingen zijn die de mensen van de goede weg afbrengen," zei Jezus tegen zijn leerlingen. "Dat kan niet anders, maar ongelukkig wie er de oorzaak van is! ²Hij kan beter met een molensteen om zijn nek in zee worden gegooid dan er de oorzaak van zijn dat één van deze kleinen van de goede weg afdwaalt. ³Wees op uw hoede!

"Als iemand verkeerd doet, wijs hem er dan op, en komt hij tot andere gedachten, dan moet je hem vergeven. ⁴En als hij je zeven maal per dag kwaad doet en zeven keer bij je komt en zegt: 'Het spijt me,' moet je hem nog vergeven."

Geloof

⁵"Maak ons geloof groter," zeiden de apostelen tegen de Heer. ⁶"Als jullie geloof zo groot was als een mosterdzaadje," antwoordde de Heer, "kon je tegen die moerbeiboom daar zeggen: 'Maak je met wortel en al los en plant jezelf in zee,' en hij zou doen wat je zei."

Een knecht moet zijn plicht doen

⁷"Veronderstel: iemand van jullie heeft een knecht. Die knecht is aan het ploegen of hoedt de kudden. Hij komt van het land terug.

Zul je dan tegen hem zeggen: 'Kom maar vlug eten'? ⁸Natuurlijk niet! Je zegt tegen hem: 'Maak mijn eten klaar en doe je schort voor om mij tijdens de maaltijd te bedienen; daarna kun je ook gaan eten.' ⁹Is hij de knecht soms dankbaar? Die heeft alleen gedaan wat hem is opgedragen. ¹⁰Hetzelfde geldt voor jullie: wanneer je alles hebt gedaan wat je is opgedragen, zeg dan nog: 'We zijn onnutte knechten; we hebben alleen onze plicht gedaan.'"

Jezus geneest tien melaatsen

¹¹Zijn tocht naar Jeruzalem maakte Jezus via het grensgebied van Samaria en Galilea. ¹²Toen hij een dorp binnenging, kwam hij tien melaatsen tegen. Ze bleven op een afstand staan ¹³en riepen: "Jezus! Meester! Heb medelijden met ons!" ¹⁴Hij zag hen en zei: "Ga u aan de priesters laten zien." Onderweg werden ze rein. ¹⁵Toen één van hen zag dat hij was genezen, prees hij God luid en keerde terug.

¹⁶Hij boog zich voor Jezus neer en bedankte hem. De man was een Samaritaan. ¹⁷"Zijn ze niet alle tien genezen?" vroeg Jezus. "Waar zijn dan de negen anderen? ¹⁸Konden zij ook niet terugkomen en God danken? Kon alleen deze man komen die geen Jood is?" ¹⁹En tegen hem vervolgde hij: "Sta op en ga; uw geloof heeft u gered."

De komst van het koninkrijk
(Matteüs 24 : 23–28; 37–41)

²⁰De Farizeeërs vroegen hem wanneer het koninkrijk van God zou komen. "De komst van het koninkrijk van God kan men niet exact waarnemen," luidde zijn antwoord. ²¹"Men kan niet zeggen: 'Kijk, hier is het!' of: 'Daar is het!', want het koninkrijk van God is binnen uw bereik."

²²Toen zei hij tegen zijn leerlingen: "Er komt een tijd dat je ernaar verlangt getuige te zijn van de grote dag van de Mensenzoon, maar er geen getuige van zult zijn. ²³Ze zullen tegen je zeggen: 'Kijk, daar heb je hem!' of: 'Kijk, hier is hij.' Ga dan niet kijken en loop hen niet achterna. ²⁴Want zoals een bliksemstraal door het luchtruim flitst van de ene kant naar de andere, zo zal het ook met de Mensenzoon zijn op zijn grote dag. ²⁵Maar eerst moet hij veel lijden en door deze generatie verworpen worden. ²⁶Zoals het was ten tijde van Noach, zo zal het ook gaan in de dagen van de Mensenzoon. ²⁷Iedereen ging door met eten en drinken, mannen en vrouwen trouwden, tot de dag waarop Noach de ark inging en de watervloed losbrak die alle mensen doodde. ²⁸Het zal niet anders zijn als ten tijde van Lot. Iedereen ging door met eten en drinken, kopen en verkopen, planten en bouwen. ²⁹Maar op de dag dat Lot Sodom verliet, viel er uit de hemel een regen van vuur en zwavel die iedereen doodde. ³⁰Niet anders zal het gaan op de dag waarop de Mensenzoon verschijnt.

³¹"Wie op die dag op het dak van zijn huis is, moet niet naar beneden gaan om zijn huisraad mee te nemen; hetzelfde geldt voor iemand die op het land is: hij moet niet naar huis terugkeren. ³²Denk aan de vrouw van Lot! ³³Wie zijn leven probeert te redden, zal het verliezen; maar wie het verliest, zal het veiligstellen. ³⁴Die nacht, zeg ik je, zullen twee mensen in één bed liggen: de een wordt weggenomen, de ander blijft achter. ³⁵Twee vrouwen zullen samen meel aan het malen zijn: de een wordt weggenomen, de ander blijft achter. [³⁶Twee mannen zullen op het land aan het werk zijn: de een wordt weggenomen, de ander blijft achter.]" ³⁷"Waar, Heer?" vroegen de leerlingen hem. "Waar een lijk ligt, verzamelen zich ook de gieren," antwoordde hij.

De wijze les van de rechter en de weduwe

18 Om ze duidelijk te maken dat ze moesten blijven bidden, zonder de moed te verliezen, vertelde hij hun deze gelijkenis: ²"In een stad leefde eens een rechter die God niet vreesde en zich

van de mensen niets aantrok. ³In diezelfde stad woonde ook een weduwe die steeds maar bij hem aanklopte en om haar recht vroeg tegen iemand die haar benadeelde. ⁴Lange tijd wilde hij niet helpen, maar later dacht hij: 'Ik vrees God wel niet en van mensen trek ik me niets aan, ⁵maar om de last die ze me bezorgt, moet ik haar toch maar recht doen. Want anders komt ze me tenslotte een klap in mijn gezicht geven.'" ⁶En de Heer vervolgde: "Hoor, wat die onrechtvaardige rechter zegt. ⁷Zou God dan geen recht doen aan zijn eigen volk dat dag en nacht tot hem roept? Zou hij het laten wachten? ⁸Neem van mij aan: hij zal het recht doen en vlug ook. Maar zal de Mensenzoon bij zijn komst wel geloof op aarde vinden?"

De Farizeeër en de tollenaar

⁹Hij vertelde nog een andere gelijkenis. Die was bedoeld voor mensen die zeker waren van hun eigen wetsgetrouwheid en op alle anderen neerkeken. ¹⁰"Twee mannen gingen naar de tempel om te bidden; de een was een Farizeeër, de ander een tollenaar. ¹¹De Farizeeër stond rechtop en bad bij zichzelf: 'O God, ik dank u dat ik niet ben zoals de rest: hebzuchtig, oneerlijk en overspelig, en ook niet zoals die tollenaar daar! ¹²Ik vast tweemaal per week en geef tien procent van al mijn inkomsten weg.' ¹³Maar de tollenaar bleef op een afstand staan en durfde zelfs zijn ogen niet naar de hemel op te slaan. Hij sloeg zichzelf op de borst en zei: 'O God, wees mij, zondaar, genadig!' ¹⁴Geloof mij," zei Jezus, "deze man, en niet de Farizeeër, ging bevrijd van zijn schuld naar huis. Want ieder die zichzelf verheft, zal vernederd, maar wie zichzelf vernedert, zal verheven worden."

Jezus zegent de kinderen
(Matteüs 19 : 13–15; Marcus 10 : 13–16)

¹⁵De mensen brachten ook hun kleintjes bij hem; ze wilden dat hij ze zou aanraken. Toen de leerlingen dat zagen, vielen ze tegen hen uit. ¹⁶Maar Jezus riep de kinderen bij zich en zei: "Laat ze bij me komen! Houd ze niet tegen, want het koninkrijk van God is voor mensen zoals zij. ¹⁷Onthoud goed: wie niet als een kind het koninkrijk van God aanneemt, zal er zeker niet binnenkomen."

De rijke man
(Matteüs 19 : 16–30; Marcus 10 : 17–31)

¹⁸"Goede meester," vroeg een voornaam man hem, "wat moet ik

doen om het eeuwige leven te krijgen?"
¹⁹"Waarom noemt u mij goed?" antwoordde Jezus. "Niemand is goed; alleen God. ²⁰U kent de geboden; pleeg geen echtbreuk, dood niet, steel niet, lieg niet, eer uw vader en uw moeder."
²¹"Aan al die geboden heb ik me van jongsaf gehouden," zei de man.
²²"Dan rest u nog één ding te doen," hernam Jezus: "verkoop alles wat u hebt en geef het geld aan de armen en u zult een kapitaal hebben in de hemel. Kom dan terug en volg mij."
²³Toen de man dit hoorde, was hij diep bedroefd. Want hij was erg rijk.
²⁴Toen Jezus dat zag, zei hij: "Wat is het voor rijke mensen toch moeilijk het koninkrijk van God binnen te komen! ²⁵Het is voor een kameel gemakkelijker door het oog van een naald te gaan dan voor een rijke om het koninkrijk van God binnen te komen."
²⁶"Wie kan dan nog gered worden?" vroegen de toehoorders.
²⁷"Wat onmogelijk is voor mensen, is mogelijk voor God," antwoordde hij.
²⁸"Maar nu wij," zei Petrus: "wij hebben alles wat we hadden verlaten om u te volgen!" ²⁹"Ja," antwoordde hij, "en ik verzeker jullie: ieder die zijn huis, vrouw, broers, ouders of kinderen verlaat om het koninkrijk van God ³⁰krijgt het in deze huidige wereld vele malen terug, en in de toekomstige wereld ontvangt hij eeuwig leven."

Jezus spreekt voor de derde maal over zijn dood
(Matteüs 20 : 17–19; Marcus 10 : 32–34)

³¹Hij nam de twaalf apart en zei: "Luister, we gaan nu naar Jeruzalem, en alles wat de profeten over de Mensenzoon hebben geschreven, gaat in vervulling. ³²Hij zal worden uitgeleverd aan de Romeinen en worden bespot, beledigd en bespuwd. ³³Ze zullen hem geselen en doden, maar drie dagen later zal hij uit de dood opstaan."
³⁴Maar de leerlingen begrepen er niets van; de betekenis van deze woorden bleef voor hen duister; ze wisten niet waar hij het over had.

Jezus geneest een blinde bedelaar
(Matteüs 20 : 29–34; Marcus 10 : 46–52)

³⁵Toen hij in de buurt van Jericho kwam, zat er een blinde aan de kant van de weg te bedelen. ³⁶Toen hij hoorde dat er een groot aantal mensen voorbijging, vroeg hij wat er aan de hand was. ³⁷"Je-

zus van Nazaret gaat voorbij," vertelden ze hem. ³⁸Toen begon hij te roepen: "Jezus, Zoon van David, heb medelijden met mij!" ³⁹De mensen die voorop liepen, zeiden dat hij zijn mond moest houden. Maar hij riep des te harder: "Zoon van David, heb medelijden met mij!" ⁴⁰Jezus stond stil en zei dat ze de blinde bij hem moesten brengen. Toen hij voor hem stond vroeg hij: ⁴¹"Wat wilt u? Wat kan ik voor u doen?"

"Heer, ik wil weer zien."

⁴²"Word ziende!" zei Jezus. "Uw geloof heeft u gered!"

⁴³Meteen kon hij zien. Hij dankte God en volgde Jezus. En de mensen prezen God allemaal toen ze dit zagen.

Jezus en Zacheüs

19 Toen Jezus in Jericho was aangekomen, trok hij de stad door. ²Een zekere Zacheüs, hoofd van de belastingdienst en schatrijk, ³wilde wel eens zien wie Jezus was. Maar hij slaagde daarin niet, want er was een massa mensen op de been en hij was maar klein van stuk. ⁴Om hem toch te zien, rende hij vooruit en klom een eind verder in een vijgeboom die Jezus moest passeren. ⁵Toen Jezus bij die boom aankwam, keek hij omhoog. "Zacheüs," zei hij, "kom naar beneden, snel, want vandaag moet ik bij u thuis te gast zijn." ⁶Zacheüs klom er snel uit en ontving hem. ⁷Iedereen zag het en sprak er schande van: "Hij gaat op bezoek bij iemand die het met de wet niet zo nauw neemt." ⁸Maar Zacheüs stond op en zei tegen de Heer: "Luister, Heer! De helft van mijn bezit zal ik weggeven aan de armen, en als ik iemand heb afgezet, zal hij viermaal zoveel terugkrijgen." ⁹Jezus zei tegen hem: "Dit huis is vandaag gered; ook deze man is een afstammeling van Abraham. ¹⁰Want de Mensenzoon is gekomen om te zoeken en te redden wat verloren is gegaan."

De gelijkenis van de goudstukken

(Matteüs 25 : 14–30)

¹¹Jezus naderde nu Jeruzalem, waardoor de mensen dachten dat het koninkrijk van God wel gauw werkelijkheid zou worden. Daarom vertelde hij zijn toehoorders ook nog de volgende gelijkenis. ¹²"Een edelman ging op weg naar een ver land om tot koning gekroond te worden en daarna weer naar huis terug te keren. ¹³Hij riep tien van zijn dienaars en gaf hun ieder een goudstuk. 'Doe er zaken mee als ik weg ben', zei hij. ¹⁴Maar de burgers van zijn land mochten hem helemaal niet, en zij stuurden hem een afvaardi-

ging achterna met de boodschap: 'Wij willen deze man niet als onze koning.'

¹⁵"De edelman werd tot koning gekroond en keerde terug. Meteen liet hij de dienaars aan wie hij het geld gegeven had, bij zich roepen: hij wilde weten wat voor zaken elk van hen gedaan had. ¹⁶De eerste kwam en zei: 'Majesteit, ik heb er tien goudstukken bijverdiend.' ¹⁷'Goed gedaan, u bent een uitstekend dienaar,' antwoordde de koning. 'Omdat u een kleine som goed beheerde, krijgt u nu het bestuur over tien steden.' ¹⁸'Majesteit,' zei de tweede, 'ik heb er vijf goudstukken bij verdiend.' ¹⁹'U krijgt het bestuur over vijf steden,' antwoordde de koning hem. ²⁰Een derde zei: 'Majesteit, hier is uw goudstuk; ik heb het veilig weggestopt in een doek. ²¹Want voor zo'n streng man als u moest ik oppassen. U strijkt op wat u niet hebt uitgezet, en maait wat u niet hebt gezaaid.' ²²'Je bent een slecht dienaar, je veroordeelt jezelf met je eigen woorden,' antwoordde de koning hem. 'Als je zo goed wist, dat ik streng ben, dat ik opstrijk wat ik niet heb uitgezet, en dat ik maai wat ik niet heb gezaaid, ²³waarom heb je mijn geld dan niet naar de bank gebracht? Dan had ik bij mijn terugkomst het er met rente af kunnen halen. ²⁴Neem hem zijn goudstuk af,' beval hij zijn adjudanten, 'en geef het hem die er tien heeft.' ²⁵'Majesteit,' zeiden ze, 'hij heeft er toch al tien!' ²⁶'Iedereen die heeft, krijgt nog meer,' antwoordde de koning, 'maar wie niets heeft, hem zal ook nog afgenomen worden wat hij had! ²⁷En breng mij nu die tegenstanders die mij niet als koning wilden; breng ze hier en dood hen voor mijn ogen.'"

De triomfantelijke tocht naar Jeruzalem
(Matteüs 21 : 1-11; Marcus 11 : 1-11; Johannes 12 : 12-19)

²⁸Toen hij dat gezegd had, ging hij aan het hoofd van zijn leerlingen op weg naar Jeruzalem. ²⁹Bij de nadering van Betfage en Betanië, dorpen op de helling van de Olijfberg, stuurde hij twee van hen vooruit. ³⁰"Ga naar het dorp hier voor je. Meteen als je er binnenkomt, zie je er een jonge ezel vastgebonden staan. Er heeft nog geen mens op gezeten. Maak hem los en breng hem hier. ³¹Mocht iemand jullie vragen waarom je hem losmaakt, antwoord dan: 'De Heer heeft hem nodig.'" ³²Met deze opdracht gingen zij weg en zij zagen alles gaan zoals Jezus het hun verteld had. ³³Toen ze de ezel losmaakten, vroegen de eigenaars: "Waarom maken jullie die ezel los?" ³⁴"De Heer heeft hem nodig," antwoordden ze. ³⁵En ze brachten de ezel naar Jezus toe. Ze legden hun mantels op het dier en hielpen Jezus erop. ³⁶Waar hij reed, spreidden ze hun man-

tels uit op de weg. ³⁷Ze kwamen steeds dichter bij Jeruzalem, en op het punt waar de weg naar beneden gaat, de Olijfberg af, begon de hele groep leerlingen blij en uit volle borst te zingen. Zij prezen God om al de wonderwerken die zij zagen: ³⁸"God zegene de koning die komt in naam van de Heer! Vrede in de hemel; aan God in de hoge de eer!"

³⁹Enkele Farizeeërs die zich tussen de menigte bevonden, zeiden tegen hem: "Meester, roep uw leerlingen tot de orde." ⁴⁰Maar hij antwoordde: "Neem van mij aan: de stenen zullen het luidkeels uitroepen, als zij zwijgen."

Jezus huilt om Jeruzalem

⁴¹Toen hij, dichterbij gekomen, Jeruzalem zag liggen, kreeg hij tranen in zijn ogen. ⁴²"Als ook jij op deze dag eens wist wat vrede brengt!" zei hij. "Maar je hebt een blinddoek voor je ogen! ⁴³Want je zult dagen beleven dat je vijanden je belegeren, je hermetisch afsluiten en van alle kanten in het nauw brengen. ⁴⁴Ze zullen jou met al je inwoners van de aardbodem wegvagen en je met de grond gelijk maken. Dit zal allemaal gebeuren omdat je geen oog hebt gehad voor het moment waarop God kwam om je te helpen."

Jezus gaat naar de tempel
(Matteüs 21 : 12-13; Marcus 11 : 15-19; Johannes 2 : 13-22)

⁴⁵Toen ging hij naar het tempelplein en verdreef er de kooplui.
⁴⁶"Er staat geschreven: 'Mijn huis moet een huis zijn waar gebeden wordt,'" zei hij tegen hen. "Maar wat jullie ervan hebben gemaakt, is een rovershol!"

⁴⁷Dagelijks gaf hij zijn onderwijs in de tempel. De opperpriesters, de schriftgeleerden en de leden van de Raad wilden zijn dood, ⁴⁸maar ze wisten niet hoe ze het moesten aanpakken, want het hele volk hing aan zijn lippen.

De vraag naar Jezus' bevoegdheid
(Matteüs 21 : 23-27; Marcus 11 : 27-33)

20 Toen hij op een van die dagen in de tempel onderricht gaf aan het volk en het evangelie verkondigde, kwamen de opperpriesters, de schriftgeleerden en ook de leden van de Raad op hem toe. ²"Met welk recht doet u dit allemaal?" vroegen ze. "Wie heeft u het recht daartoe gegeven? Vertel ons dat eens."

³"Ik heb u ook iets te vragen," antwoordde Jezus hun. "Vertelt u mij eens: ⁴van wie kreeg Johannes de bevoegdheid om te dopen: van God of van de mensen?"

⁵Zij begonnen met elkaar te overleggen: "Antwoorden we: 'Van God,' dan zegt hij: 'Waarom geloofde u hem dan niet?' ⁶En zeggen we: 'Van de mensen,' dan zal al het volk hier ons stenigen, want het is er heilig van overtuigd dat Johannes een profeet was." ⁷Daarom antwoordden ze: "We weten niet waar hij dat recht vandaan haalde."

⁸"Dan vertel ik u ook niet met welk recht ik dit allemaal doe," zei Jezus.

De slechte pachters
(Matteüs 21 : 33-46; Marcus 12 : 1-12)

⁹Toen vertelde hij het volk de volgende gelijkenis: "Een man legde een wijngaard aan, verhuurde die aan pachters en ging voor lange tijd op reis. ¹⁰Toen het oogsttijd was, stuurde hij een dienaar naar de pachters om zijn deel van de opbrengst in ontvangst te nemen. Maar zij mishandelden de man en stuurden hem met lege handen terug. ¹¹De eigenaar stuurde er nog een dienaar op uit, maar zij mishandelden ook hem, overlaadden hem met beledigingen en stuurden hem met lege handen terug. ¹²De eigenaar stuurde nog een derde, maar zij takelden ook die toe en joegen hem weg. ¹³'Wat nu te doen?' zei de eigenaar van de wijngaard. 'Ik zal mijn enige zoon sturen; voor hem zullen ze toch zeker wel ontzag hebben!' ¹⁴Maar toen de wijnbouwers hem zagen, overlegden ze met elkaar: 'Dat is de erfgenaam. Laten we hem uit de weg ruimen, dan wordt de wijngaard van ons!' ¹⁵En ze sleurden hem de wijngaard uit en vermoordden hem.

"Wat zal de eigenaar van de wijngaard nu met deze pachters doen?" vroeg Jezus. ¹⁶"Hij zal zelf komen, hen ter dood laten brengen en de wijngaard aan anderen geven." Toen de mensen dat hoorden, antwoordden ze: "Dat nooit!" ¹⁷Hij keek hen aan en zei: "Wat heeft deze tekst dan te betekenen?

'De steen die de bouwlieden als onbruikbaar weggooiden, werd de belangrijkste steen.'

¹⁸"Ieder die op deze steen valt, valt te pletter; en de man op wie deze steen valt, wordt vermorzeld."

Mag belasting betaald worden aan de keizer van Rome?
(Matteüs 22 : 15-22; Marcus 12 : 13-17)

¹⁹De schriftgeleerden en opperpriesters begrepen dat hij deze gelijkenis verteld had met het oog op hen. Daarom probeerden ze hem nog datzelfde moment in handen te krijgen, maar ze waren bang voor het volk. ²⁰Terwijl ze zelf de toestand scherp in het oog hielden, stuurden ze handlangers op hem af om hem te betrappen op een of andere uitspraak; dan konden ze hem uitleveren aan het hoogste gezag, dat van de goeverneur. Deze mannen deden zich voor als wetsgetrouwe lieden en ²¹zeiden tegen Jezus: "Meester, wij weten dat al wat u zegt en leert, juist is en dat u zonder vooroordeel bent; onomwonden vertelt u wat God wil. ²²Onze vraag is: mogen we aan de keizer van Rome belasting betalen, ja of nee?" ²³Maar hij doorzag hun valse bedoeling en zei: ²⁴"Laat me eens een zilveren munt zien. Wiens afbeelding en naam staan erop?" ²⁵"Van de keizer," antwoordden ze. "Geef dan de keizer wat de keizer, en God wat God toekomt," zei hij. ²⁶In het bijzijn van het volk konden ze hem nergens op betrappen; verbaasd over zo'n antwoord, hielden ze hun mond.

Leven na de dood?
(Matteüs 22 : 23-33; Marcus 12 : 18-27)

²⁷Er kwamen ook een paar Sadduceeërs bij hem. Dat zijn mensen die beweren dat er geen opstanding uit de dood bestaat. ²⁸"Meester," zeiden ze, "Mozes heeft dit wetsartikel voor ons opgesteld: 'Als een man sterft en zijn vrouw kinderloos achterlaat, moet zijn broer trouwen met de weduwe en voor een nageslacht zorgen.' ²⁹Nu waren er eens zeven broers. De oudste trouwde, maar stierf kinderloos. ³⁰De tweede trouwde met de weduwe ³¹en toen de derde; zo ging het met alle zeven: ze stierven zonder kinderen. ³²Tenslotte ging ook de vrouw dood. ³³Onze vraag is nu: wanneer ze bij de

opstanding weer levend worden, van welke man wordt zij dan de vrouw? Want ze hebben haar alle zeven als vrouw gehad!"

³⁴"In deze wereld trouwen de mensen met elkaar," antwoordde Jezus. ³⁵"Maar als God wil dat er mensen uit de dood opstaan en in die andere wereld leven, dan gaan ze daar niet met elkaar trouwen. ³⁶Ze kunnen immers niet meer sterven: ze zijn als de engelen. Ze zijn zonen van God, omdat ze uit de dood zijn opgestaan. ³⁷En Mozes geeft duidelijk te verstaan dat de doden zullen opstaan. In het verhaal van de brandende braamstruik spreekt hij over de Heer als de God van Abraham, de God van Isaak en de God van Jakob. ³⁸God is dus geen God van doden maar van levenden; want alle mensen leven voor hem." ³⁹"Dat hebt u goed gezegd, Meester!" merkten enkele schriftgeleerden op. ⁴⁰En meer vragen durfden ze hem niet te stellen.

De Christus, Zoon en Heer van David
(Matteüs 22 : 41-46; Marcus 12 : 35-37)

⁴¹Toen vroeg hij hun: "Hoe kan er gezegd worden dat de Christus een afstammeling van David zal zijn? ⁴²Want David zelf zegt in het boek van de Psalmen:

'De Heer zei tegen mijn Heer:
Ga hier rechts van mij zitten,
⁴³totdat ik uw vijanden aan u heb onderworpen.'

⁴⁴"David noemt de Christus 'Heer'; hoe kan de Christus dan een afstammeling van David zijn?"

Jezus waarschuwt voor de schriftgeleerden
(Matteüs 23 : 1-36; Marcus 12 : 38-40)

⁴⁵Terwijl het hele volk naar hem luisterde, zei Jezus tegen zijn leerlingen: ⁴⁶"Pas op voor de schriftgeleerden! Ze lopen graag rond in lange gewaden, ze zien graag dat de mensen hen groeten op de markt en ze zijn uit op de beste plaatsen in de synagoge en aan tafel. ⁴⁷Zij eigenen zich de huizen van de weduwen toe en om de schijn op te houden zeggen ze ellenlange gebeden. Zij zullen extra streng gestraft worden!"

Rijk en arm
(Marcus 12 : 41-44)

21 Toen hij rondkeek, zag hij enkele rijke mensen hun bijdrage in de offerkist doen, ²maar hij zag ook een arme weduwe er twee stuivers in gooien. ³"Neem van mij aan," zei hij, "die arme

weduwe heeft er meer in gedaan dan al die anderen. ⁴Want die konden van hun overvloed best een bijdrage missen, maar zij moest het van haar armoede doen, en toch gooide ze er al het geld in waarvan ze moest leven."

Jezus voorspelt de verwoesting van de tempel
(Matteüs 24 : 1-2; Marcus 13 : 1-2)

⁵Een paar hadden het over de tempel, hoe mooi gebouwd hij was en hoe fraai versierd met wijgeschenken. ⁶Maar hij zei: "Er komen tijden waarin alles wat je ziet, met de grond wordt gelijk gemaakt; geen steen zal op de ander blijven staan."

Rampen en vervolgingen
(Matteüs 24 : 3-14; Marcus 13 : 3-13)

⁷"Meester," vroegen zij, "wanneer zal dat gebeuren, en wat is het teken waaraan we kunnen zien dat dit op komst is?"
⁸"Let goed op en laat je niet op een dwaalspoor brengen!" antwoordde hij. "Want er komen veel mensen die mijn naam misbruiken en beweren: 'Ik ben het,' en: 'Het moment is gekomen.' Loop niet achter hen aan. ⁹Laat je niet opschrikken, wanneer je hoort van oorlogen en opstanden. Dat moet allemaal eerst gebeuren, maar het betekent niet onmiddellijk het einde." ¹⁰En hij ging verder: "Het ene volk neemt de wapens op tegen het andere, het ene rijk tegen het andere. ¹¹Er zullen zware aardbevingen zijn, epidemieën en hongersnoden, dan hier en dan daar; er zullen verschrikkelijke dingen gebeuren en uit de hemel grote tekenen komen.

¹²"Maar voordat dit allemaal gebeurt, zullen ze je eerst gevangen nemen en vervolgen en je vastzetten in synagogen en gevangenissen. Ze zullen jullie leiden voor koningen en autoriteiten om mij; ¹³dat geeft je de gelegenheid om van het evangelie te getuigen. ¹⁴Maak je vooraf geen zorgen hoe je je moet verdedigen. Prent je dat goed

in! ¹⁵Want ik zal jullie zulke wijze woorden in de mond geven dat geen van je tegenstanders er iets tegenin kan brengen. ¹⁶Zelfs je ouders en broers, familieleden en vrienden zullen je verraden: ze zullen sommigen van jullie doden ¹⁷en iedereen zal jullie haten om mij. ¹⁸Maar er zal je geen haar gekrenkt worden. ¹⁹Door te volharden zul je je leven redden."

De verwoesting van Jeruzalem
(Matteüs 24 : 15-21; Marcus 13 : 14-19)

²⁰"Als je ziet dat Jeruzalem door legers wordt ingesloten, kun je ervan op aan dat het kort daarna verwoest wordt. ²¹Laten de bewoners van Judea dan de bergen invluchten; wie in de stad zijn, moeten de wijk nemen en wie zich in de omtrek bevinden, moeten niet naar de stad gaan. ²²Want in deze dagen voltrekt God zijn straf en gaat alles wat er in de Schrift geschreven staat, in vervulling. ²³Ongelukkig de vrouwen die in die tijd in verwachting zijn en ongelukkig de moeders die een kind aan de borst hebben. Een grote nood zal over dit land komen en God zal dit volk straffen. ²⁴Ze zullen vallen door het scherp van het zwaard en als gevangenen worden weggevoerd naar alle vreemde landen, en de ongelovige volken zullen Jeruzalem onder de voet lopen, totdat ook hun tijd is gekomen."

De komst van de Mensenzoon
(Matteüs 24 : 29-31; Marcus 13 : 24-27)

²⁵"Met zon, maan en sterren zullen wonderlijke dingen gebeuren, en op aarde zal paniek ontstaan onder de volken, omdat ze bang zijn voor het golven van de bulderende zee. ²⁶De mensen sterven van angst voor wat er over de wereld komen gaat, want de hemellichamen zullen uit hun baan gestoten worden. ²⁷En dan zullen ze de Mensenzoon zien komen op de wolken met grote macht en majesteit. ²⁸Wanneer dit gaat gebeuren, richt je dan op met opgeheven hoofd, want je bevrijding is dichtbij."

De les van de vijgeboom
(Matteüs 24 : 32-35; Marcus 13 : 28-31)

²⁹Hij vertelde hun een gelijkenis: "Let eens op de vijgeboom en alle andere bomen. ³⁰Wanneer je ze ziet uitlopen, weet je vanzelf dat de zomer heel dichtbij is. ³¹Zo kun je ook weten dat het koninkrijk van God dichtbij is wanneer je dit allemaal ziet gebeuren. ³²Neem van mij aan: deze generatie zal het allemaal nog beleven.

³³Hemel en aarde gaan voorbij, maar mijn woorden blijven van kracht."

Wees op je hoede

³⁴"Wees op je hoede! Laat je aandacht niet verslappen door feestvieren, dronkenschap en zorgen voor het dagelijks bestaan. Zorg dat die dag je niet verrast. ³⁵Want zoals een net de vogels, zo zal ook die dag alle bewoners van de aarde overvallen. ³⁶Slaap dus niet in en bid elke keer opnieuw dat je de kracht krijgt om veilig door dit alles heen te komen en te verschijnen voor de Mensenzoon."

³⁷In deze tijd gaf hij overdag onderricht in de tempel, maar de nacht bracht hij door buiten de stad op de Olijfberg. ³⁸En het hele volk kwam 's ochtends vroeg al naar hem luisteren in de tempel.

Het komplot tegen Jezus
(Matteüs 26 : 1-5; Marcus 14 : 1-2; Johannes 11 : 45-53)

22 De feesttijd waarin de Joden ongegist brood eten en die Pasen wordt genoemd, was niet ver meer. ²De opperpriesters en de schriftgeleerden bleven zoeken naar een manier om hem te doden; want ze waren bang voor het volk.

Het verraad door Judas
(Matteüs 26 : 14-16; Marcus 14 : 10-11)

³Toen nam Satan bezit van Judas, die ook Iskariot wordt genoemd, en die behoorde tot de groep van twaalf. ⁴Hij ging naar de opperpriesters en de officieren van de tempelwacht en besprak met hen hoe hij hun Jezus in handen zou kunnen spelen. ⁵Zij waren blij en kwamen overeen hem een som geld te geven. ⁶Hij stemde ermee in en begon uit te zien naar een gunstige gelegenheid om hem hun in handen te spelen, zonder het volk op de been te brengen.

De voorbereiding van het paasmaal
(Matteüs 26 : 17-19; Marcus 14 : 12-16; Johannes 13 : 21-30)

⁷De feesttijd begon met de dag waarop het paaslam moest worden geslacht. ⁸Jezus stuurde Petrus en Johannes erop uit en zei: "Jullie moeten voor ons het paasmaal gaan klaarmaken." ⁹"Waar wilt u dat we het klaarmaken?" vroegen zij. ¹⁰"Luister!" antwoordde hij. "Als jullie de stad binnenkomen, zul je een man ontmoeten die een kruik water draagt. Volg hem naar het huis waar hij binnengaat, ¹¹en zeg tegen de eigenaar: 'De meester vraagt: Waar is de

zaal waar ik met mijn leerlingen het paasmaal kan eten?' ¹²Hij zal je boven een ruime, ingerichte kamer laten zien; daar kun je het klaarmaken." ¹³Ze gingen weg en vonden alles zoals hij het hun verteld had. En zo maakten ze het paasmaal klaar.

De avondmaalsviering
(Matteüs 26 : 26-30; Marcus 14 : 22-26; 1 Korintiërs 11 : 23-25)

¹⁴Toen het tijd was, ging hij met de apostelen aan tafel. ¹⁵"Wat heb ik ernaar verlangd dit paasmaal met jullie te eten vóór ik zal lijden!" zei hij. ¹⁶"Neem van mij aan: ik zal het niet meer eten totdat het zijn vervulling heeft gekregen in het koninkrijk van God." ¹⁷Eerst nam hij de beker, dankte God en zei: "Neem hem en geef hem aan elkaar door. ¹⁸Want ik verzeker jullie: van nu af zal ik geen wijn meer drinken totdat het koninkrijk van God is gekomen." ¹⁹Toen nam hij het brood, dankte God, brak het in stukken, gaf hun die en zei: "Dit is mijn lichaam [dat voor u wordt prijsgegeven. ²⁰Doe dit om mij te gedenken." Op dezelfde manier gaf hij hun na de maaltijd de beker met de woorden: "Deze beker is het nieuwe verbond; het wordt bekrachtigd door mijn bloed dat voor jullie zal vloeien].

²¹"Maar luister goed! De man die mij zal verraden, zit hier met ons aan tafel. ²²De Mensenzoon gaat heen zoals God het heeft beschikt, maar wee de man die hem verraadt!" ²³Toen begonnen ze, de een na de ander, te vragen wie van hen het kon zijn die dat van plan was.

Heersen en dienen
(Matteüs 20 : 25-28; Marcus 10 : 42-45)

²⁴De leerlingen kregen ook woorden met elkaar over de vraag wie van hen voor de belangrijkste gehouden moest worden. ²⁵"Koningen heersen over hun volk," zei hij, "en machthebbers laten zich weldoeners van hun volk noemen. ²⁶Maar zo mag het bij jullie niet gaan. Nee, de oudste onder jullie moet zich gedragen als was hij de jongste en wie leiding geeft, moet zijn als iemand die dient. ²⁷Wie is belangrijker: wie aan tafel zit of wie bedient? Natuurlijk wie aan tafel zit! Maar ik ben voor jullie als iemand die dient.

²⁸"Jullie zijn altijd bij me gebleven in tijden van beproeving; ²⁹zoals mijn Vader mij koninklijke macht heeft gegeven, zo zal ik op mijn beurt ervoor zorgen ³⁰dat jullie in mijn koninkrijk bij mij aan tafel zullen eten en drinken, en op tronen zullen zitten om recht te spreken over de twaalf stammen van Israël."

Petrus zal Jezus verloochenen

(Matteüs 26 : 31-35; Marcus 14 : 27-31; Johannes 13 : 36-38)

³¹"Simon, Simon! Satan heeft toestemming gekregen om jullie als koren in een zeef te schudden. ³²Maar ik heb gebeden dat je niet faalt in je geloof. En, als je eenmaal bent teruggekomen, spreek je vrienden dan moed in."

³³"Heer, ik ben bereid samen met u gevangen gezet te worden en samen met u te sterven!"

³⁴"Ik verzeker je, Petrus: voordat er vandaag een haan kraait zul je driemaal beweren dat je me niet kent."

Laatste raadgevingen

³⁵"Toen ik jullie erop uitstuurde zonder geld op zak, zonder reistas en zonder schoenen, kwamen jullie toen iets te kort?" vroeg hij hun.

"Niets," antwoordden ze.

³⁶"Maar nu is het anders," zei hij. "Wie een geldzak heeft of een reistas, moet die meenemen; en wie geen zwaard heeft, moet zijn jas verkopen om er een aan te schaffen. ³⁷Want ik verzeker jullie: de tekst uit de Schrift: 'Hij werd op één lijn gesteld met misdadigers,' moet in mij zijn vervulling krijgen. Trouwens, de gebeurtenissen rond mij nemen een einde."

³⁸"Kijk, Heer, hier zijn twee zwaarden!" zeiden ze.

"Het is genoeg," antwoordde hij.

Jezus bidt op de Olijfberg

(Matteüs 26 : 36-46; Marcus 14 : 32-42)

³⁹Hij ging naar buiten, zoals gewoonlijk naar de Olijfberg, en zijn leerlingen volgden hem. ⁴⁰Daar aangekomen, zei hij tegen hen: "Bid dat je niet bezwijkt in de beproeving." ⁴¹Hij verwijderde zich op een steenworp afstand, knielde neer en begon te bidden: ⁴²"Vader, als het u belieft, neem deze beker van me weg! Alleen: laat niet mijn wil maar uw wil geschieden." [⁴³En uit de hemel verscheen een engel die hem opbeurde. ⁴⁴Een dodelijke angst bekroop hem en hij begon des te vuriger te bidden. Het zweet brak hem uit en viel als bloeddruppels op de grond.]

⁴⁵Hij stond op uit zijn gebed, ging naar zijn leerlingen en vond hen in slaap, zo groot was hun verdriet. ⁴⁶"Hoe kunnen jullie slapen?" zei hij. "Sta op en bid dat je niet bezwijkt in de beproeving."

Jezus wordt gearresteerd

(Matteüs 26 : 47–56; Marcus 14 : 43–50; Johannes 18 : 3–11)

⁴⁷Hij was nog niet uitgesproken, toen er een troep mannen aankwam; de man die Judas heette en één van de twaalf was, voerde hen aan. Hij liep op Jezus toe om hem te kussen. ⁴⁸Maar Jezus zei: "Judas, verraad je de Mensenzoon met een kus?" ⁴⁹De leerlingen zagen wat er ging gebeuren en vroegen: "Heer, zullen we er met het zwaard op los slaan?" ⁵⁰En één van hen sloeg in op de dienaar van de hogepriester en hakte hem het rechteroor af. ⁵¹"Zo is het genoeg!" zei Jezus. Hij raakte het oor van de man aan en genas hem.

⁵²Maar daar kwamen de opperpriesters, de officieren van de tempelwacht en de leden van de Raad op hem af. "Ben ik soms een misdadiger dat u met zwaarden en stokken erop uit bent getrokken?" zei Jezus tegen hen. ⁵³"Dagelijks zat ik bij u in de tempel en toen hebt u geen hand naar mij uitgestoken. Maar dit is voor u de gelegenheid, het is het uur van de duistere machten."

Petrus zegt dat hij Jezus niet kent

(Matteüs 26 : 57–58, 69–75; Marcus 14 : 53–54; Johannes 18 : 12–18, 25–27)

⁵⁴Ze grepen hem vast en namen hem mee, het huis van de hogepriester in. Petrus volgde op enige afstand. ⁵⁵Midden op de binnenplaats was een vuur aangelegd. Daar zat een aantal mannen bij elkaar en Petrus ging tussen hen in zitten. ⁵⁶Een dienstmeisje zag hem bij het schijnsel van het vuur zitten en keek hem scherp aan. "Deze man was ook bij hem," merkte ze op. ⁵⁷"Mens, ik ken hem niet eens," antwoordde Petrus. ⁵⁸Even later zag iemand anders hem. "Jij bent ook een van hen," zei hij. "Welnee, man!" ontkende Pe-

trus. ⁵⁹Ongeveer een uur later bevestigde een ander het met nadruk: "Het is waar, deze man was ook bij hem. Trouwens, hij is een Galileeër." ⁶⁰Maar Petrus zei: "Man, ik begrijp niet waar je het over hebt." Hij was nog niet uitgesproken of er kraaide een haan. ⁶¹En de Heer draaide zich om en keek Petrus aan, en toen schoot het Petrus te binnen dat de Heer tegen hem gezegd had: "Voordat de haan vandaag kraait, zul je driemaal beweren dat je mij niet kent." ⁶²En hij ging naar buiten en huilde bittere tranen.

Jezus bespot en geslagen
(Matteüs 26 : 67–68; Marcus 14 : 65)

⁶³De mannen die Jezus bewaakten, dreven de spot met hem en mishandelden hem. ⁶⁴En ze deden hem een blinddoek voor en vroegen: "Raad eens: wie heeft je geslagen?" ⁶⁵En ze riepen nog veel meer grofheden.

Jezus voor de Hoge Raad
(Matteüs 26 : 59–66; Marcus 14 : 55–64; Johannes 18 : 19–24)

⁶⁶Toen het dag was geworden, kwam het hoogste bestuurskollege van het volk, de opperpriesters en de schriftgeleerden bijeen, en ze brachten hem naar het gebouw waar zij rechtspraken. ⁶⁷"Als u de Christus bent, zeg het ons dan," zeiden ze. "Als ik het u zeg, gelooft u het niet," antwoordde hij, ⁶⁸"en als ik iets vraag, geeft u geen antwoord. ⁶⁹Maar van nu af zal de Mensenzoon gezeten zijn aan de rechterzijde van de almachtige God." ⁷⁰"U bent dus de Zoon van God?" vroegen ze als één man. "Dat zegt u," antwoordde hij. ⁷¹Maar zij zeiden: "Waarvoor hebben we nog getuigen nodig? We hebben het nu uit zijn eigen mond gehoord!"

Jezus wordt voor Pilatus geleid
(Matteüs 27 : 1–2, 11–14; Marcus 15 : 1–5; Johannes 18 : 28–38)

23 De hele vergadering stond op. Ze leidden hem voor Pilatus ²en begonnen hem te beschuldigen: "Wij hebben deze man schuldig bevonden aan opruiing van ons volk: hij zegt dat ze geen belasting moeten betalen aan de keizer, en hij geeft zichzelf uit voor Christus, voor koning." ³"Bent u de koning van de Joden?" vroeg Pilatus hem. "Zoals u zegt," antwoordde hij. ⁴"Ik vind niets waaraan deze man schuldig is," zei Pilatus tegen de opperpriesters en de hele menigte. ⁵Maar zij hielden vol: "Hij brengt met zijn leer het volk in opstand! Eerst in Galilea, toen in heel Judea en nu hier."

Jezus voor Herodes

⁶Bij het horen hiervan vroeg Pilatus: "Komt die man uit Galilea?" ⁷En toen hij begreep dat Jezus uit het gebied van Herodes kwam, stuurde hij hem door naar Herodes. Die was in die dagen ook in Jeruzalem. ⁸Herodes was erg blij Jezus te zien. Hij had dat al lang gewild, want hij had over hem gehoord. En hij hoopte nu Jezus een wonder te zien doen. ⁹Hij stelde hem veel vragen, maar Jezus gaf geen enkel antwoord. ¹⁰De opperpriesters en de schriftgeleerden stonden hem heftig te beschuldigen. ¹¹Herodes en de soldaten van zijn lijfwacht vernederden en bespotten hem. Herodes liet hem een staatsiemantel omdoen en stuurde hem tenslotte terug naar Pilatus. ¹²Op die dag werden Herodes en Pilatus vrienden; daarvoor waren ze altijd elkaars vijanden geweest.

Jezus wordt ter dood veroordeeld

(Matteüs 27 : 15–26; Marcus 15 : 6–15; Johannes 18 : 39–19 : 16)

¹³Pilatus riep de opperpriesters, de leiders en het volk bij elkaar: ¹⁴"U hebt deze man bij mij voorgeleid en mij verteld dat hij het volk opruit. Ik heb hem in uw bijzijn ondervraagd, maar ik heb niets gevonden. Die man is onschuldig aan wat u hem ten laste hebt gelegd. ¹⁵Ook Herodes heeft niets kunnen vinden, want hij stuurde hem naar ons terug. Hij heeft niets gedaan waarop de doodstraf staat. ¹⁶Ik zal hem dus laten geselen en daarna vrijlaten." [¹⁷Tijdens het paasfeest moest hij hun altijd iemand vrijlaten.] ¹⁸Maar de hele massa schreeuwde: "Weg met hem! Laat ons Barabbas vrij!" ¹⁹(Barabbas zat in de gevangenis vanwege een rel in de stad en voor een moord.) ²⁰Pilatus sprak hun opnieuw toe, want hij wilde Jezus vrijlaten. ²¹Maar zij riepen terug: "Aan het kruis met hem, aan het kruis!" ²²"Wat voor misdaad heeft hij dan begaan?" vroeg Pilatus hun voor de derde maal. "Ik kan niets vinden waarvoor hij de dood verdient. Ik zal hem dus laten geselen en dan vrijlaten." ²³Maar zij bleven luidkeels vragen om zijn kruisiging, en hun geschreeuw gaf de doorslag. ²⁴Pilatus besliste dat aan hun wens moest worden voldaan. ²⁵Hij liet de man vrij die om een oproer en een moord in de gevangenis zat, maar Jezus leverde hij uit aan hun willekeur.

De kruisiging

(Matteüs 27 : 32–44; Marcus 15 : 21–32; Johannes 19 : 17–27)

²⁶Ze voerden hem weg en hielden onderweg een zekere Simon uit

Cyrene aan die naar de stad ging. Ze legden hem de kruisbalk op die hij achter Jezus moest aandragen.

²⁷Een grote massa mensen volgde hem; er waren vrouwen bij die zich op de borst klopten van droefheid en om hem jammerden.

²⁸Maar Jezus draaide zich naar hen om: "Vrouwen van Jeruzalem! Huil niet om mij, huil liever om uzelf en uw kinderen. ²⁹Want er komen dagen dat de mensen uitroepen: 'Gelukkig de vrouwen die geen kinderen kunnen krijgen, die nooit een kind ter wereld hebben gebracht, die nooit een kind aan de borst hebben gehad!' ³⁰In die tijd zal men tegen de bergen zeggen: 'Val op ons neer,' en tegen de heuvels: 'Bedek ons.' ³¹Want als ze zoiets met levend hout doen, wat zal dan met dood hout gebeuren?"

³²Er werden nog twee andere mannen meegevoerd, misdadigers die samen met hem terechtgesteld moesten worden. ³³Aangekomen bij de plek die 'Schedel' heet, sloegen ze hem aan het kruis, en ook de beide misdadigers, de een rechts, de ander links van hem. [³⁴"Vader," zei Jezus, "vergeef het hun, want ze weten niet wat ze doen." Ze verdeelden onder elkaar zijn kleren door erom te loten.] ³⁵Het volk stond toe te kijken. De opperpriesters maakten hem belachelijk: "Anderen heeft hij gered; laat hij nu zichzelf redden, als hij de Christus is die door God is uitverkoren!" ³⁶Ook de soldaten dreven de spot met hem; ze kwamen naar voren, boden hem landwijn aan ³⁷en zeiden: "Red jezelf, als je de koning van de Joden bent." ³⁸Boven hem hing een opschrift: "Dit is de koning van de Joden."

³⁹Van de twee misdadigers die aan het kruis hingen, begon een

hem te beledigen: "Jij bent toch de Christus, is het niet? Red dan jezelf en ook ons!" ⁴⁰Maar de ander zei afkeurend: "Heb je dan zelfs geen vrees voor God? Je ondergaat dezelfde straf als hij. ⁴¹Wij worden met recht gestraft, want onze daden verdienen het, maar deze man heeft niets kwaads gedaan." ⁴²En tegen Jezus zei hij: "Jezus, denk aan mij, wanneer u komt in uw koninkrijk." ⁴³"Ik verzeker u," antwoordde Jezus hem, "vandaag nog zult u bij mij zijn in het paradijs."

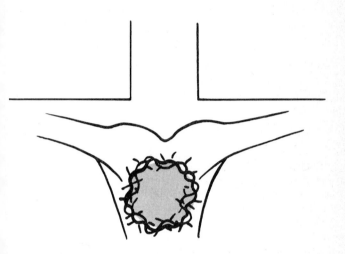

De dood van Jezus
(Matteüs 27 : 45–56; Marcus 15 : 33–41; Johannes 19 : 28–30)

⁴⁴Het was al ongeveer twaalf uur toen het over het hele land donker werd tot drie uur in de middag; er was een zonsverduistering. ⁴⁵Het gordijn in de tempel scheurde doormidden. ⁴⁶Jezus gaf een luide schreeuw en riep: "Vader, aan uw handen vertrouw ik mijn geest toe." Toen hij dat gezegd had, stierf hij. ⁴⁷De officier die zag wat er gebeurde, prees God en zei: "Die man was inderdaad onschuldig." ⁴⁸De mensen die in groten getale waren samengestroomd om naar dat schouwspel te kijken, zagen wat er gebeurde; ze klopten zich op de borst en keerden naar huis terug. ⁴⁹Allen die hem persoonlijk gekend hadden stonden op een afstand toe te zien, ook de vrouwen die hem van Galilea af gevolgd waren.

Jezus wordt begraven
(Matteüs 27 : 57–61; Marcus 15 : 42–47; Johannes 19 : 38–42)

⁵⁰⁻⁵¹Er was een zekere Jozef, afkomstig uit de Joodse stad Arimatea. Hij was lid van de Hoge Raad en een goed en wetsgetrouw man die uitzag naar het koninkrijk van God. Hij had niet ingestemd met de beslissing en de maatregelen van de anderen. ⁵²Deze Jozef ging naar Pilatus en vroeg hem om het lichaam van Jezus. ⁵³Hij haalde het van het kruis af, wikkelde het in linnen en legde het in een graf dat in de rotsen was uitgehouwen en waarin nog niemand lag. ⁵⁴Het was de dag waarop men zich voorbereidde op de sabbat die al bijna begon.

⁵⁵De vrouwen die met Jezus waren opgetrokken vanaf Galilea, waren Jozef op de voet gevolgd. Ze zagen het graf en keken hoe het lichaam was neergelegd. ⁵⁶Toen keerden ze naar huis terug en maakten kruiden en balsems klaar.

Op sabbat namen ze de voorgeschreven rust in acht.

De opstanding
(Matteüs 28 : 1–10; Marcus 16 : 1–8; Johannes 20 : 1–10)

24 Op zondagochtend – het was nog heel vroeg – gingen ze naar het graf, met de kruiden die ze hadden klaargemaakt bij zich. ²Ze vonden de steen weggerold van het graf ³en gingen naar binnen, maar vonden het lichaam van de Heer Jezus niet. ⁴Ze wisten niet wat ze ervan denken moesten, toen er plotseling twee mannen voor hen stonden in blinkend witte kleren. ⁵Hevig geschrokken sloegen ze hun ogen neer. "Waarom zoekt u iemand

die leeft, bij de doden?" vroegen de twee mannen. ⁶"[Hier is hij niet; hij is opgestaan.] Denk aan wat hij heeft gezegd, toen hij nog in Galilea was. ⁷'De Mensenzoon moet uitgeleverd worden aan zondige mensen, de dood sterven aan het kruis en op de derde dag opstaan uit het graf.'" ⁸Ze herinnerden het zich weer; ⁹ze gingen van het graf naar huis terug en vertelden dat allemaal aan de elf leerlingen en alle anderen. ¹⁰De vrouwen waren Maria van Magdala, Johanna en Maria, de moeder van Jakobus. Ook de andere vrouwen die bij hen waren, vertelden dat tegen de apostelen. ¹¹Die vonden het maar wartaal wat de vrouwen zeiden, en wilden hen niet geloven. [¹²Maar Petrus stond op en liep snel naar het graf, en toen hij zich vooroverbukte, zag hij alleen de doeken liggen. Hij ging naar huis terug, verbaasd over wat er gebeurd was.]

De Emmaüsgangers
(Marcus 16 : 12–13)

¹³Diezelfde dag waren twee leerlingen op weg naar het dorp Emmaüs, dat ongeveer twaalf kilometer van Jeruzalem ligt. ¹⁴Ze waren druk in gesprek en hadden het over al die gebeurtenissen van de laatste dagen. ¹⁵Toen ze zo met elkaar aan het praten waren, kwam er iemand aan, Jezus zelf, en hij liep met hen mee. ¹⁶Maar ze herkenden hem niet: er was iets waardoor ze het niet konden. ¹⁷"Waar hebben jullie het onderweg met elkaar over?" vroeg hij hun. Ze bleven staan; somberheid stond op hun gezicht te lezen. ¹⁸Een van hen, een zekere Kleopas, antwoordde: "U woont in Jeruzalem, en zou als enige niet weten wat er de afgelopen dagen gebeurd is?" ¹⁹"Wat dan?"
"Die geschiedenis van Jezus van Nazaret. Die man was een profeet. Hij zei en deed geweldige dingen, in de ogen van God en in de ogen van het hele volk. ²⁰Onze opperpriesters en leiders hebben hem uitgeleverd om ter dood te worden veroordeeld en hebben hem aan het kruis laten slaan. ²¹En wij hoopten nog zo, dat hij de man was die Israël zou bevrijden! Maar het is nu al de derde dag sinds dat gebeurd is. ²²Wel hebben enkele vrouwen van onze groep ons verrast doen staan. Ze waren vanmorgen vroeg naar het graf gegaan, ²³en hadden zijn lichaam niet gevonden. Ze kwamen terug met het verhaal dat ze een verschijning hadden gekregen van engelen die vertelden dat hij leefde. ²⁴Een paar van ons zijn toen bij het graf gaan kijken; en inderdaad, het was zoals de vrouwen gezegd hadden. Maar hem zagen ze niet."

²⁵"Wat zijn jullie toch dom en traag," zei hij tegen hen, "in plaats

van geloof te hechten aan alles wat de profeten gezegd hebben! ²⁶Moest de Mensenzoon dat niet doorstaan om zijn glorie binnen te gaan?" ²⁷En hij begon hun uit te leggen wat er over hem in de hele Schrift stond, te beginnen bij Mozes en al de profeten.

²⁸Intussen naderden ze het dorp van hun bestemming. Hij deed alsof hij verder wilde, ²⁹maar zij hielden hem tegen en zeiden: "Blijf bij ons; de dag is bijna om en het wordt al donker." Hij ging mee naar binnen en bleef bij hen. ³⁰Toen hij met hen aan tafel zat, nam hij het brood, dankte God, brak het in stukken en gaf het hun. ³¹De ogen gingen hun open en ze herkenden hem, maar hij verdween uit hun ogen. ³²"Raakten we niet in vuur, toen hij onderweg met ons praatte en ons de Schrift uitlegde?" zeiden ze tegen elkaar.

³³Ze stonden onmiddellijk van tafel op en keerden naar Jeruzalem terug. Daar vonden ze de elf en ook de anderen bijeen. ³⁴"Het is waar," zeiden die, "de Heer is opgestaan. Simon heeft hem gezien!" ³⁵Toen vertelden ook zij wat hun onderweg was overkomen en hoe ze hem hadden herkend, toen hij het brood brak.

Jezus verschijnt aan zijn leerlingen
(Matteüs 28 : 16–20; Marcus 16 : 14–18; Johannes 20 : 19–23; Handelingen 1 : 6–8)

³⁶Ze waren nog aan het vertellen, toen hij opeens zelf in hun midden stond. ["Ik wens jullie vrede," zei hij.] ³⁷Ze waren verstijfd van angst en dachten dat ze een spook zagen. ³⁸"Waarom zijn jullie zo geschrokken?" vroeg hij. "Waarom laat je twijfels opkomen in je hart? ³⁹Bekijk mijn handen en mijn voeten; betast me en je zult zien dat ik het ben. Bedenk dat een spook geen vlees en bloed heeft zoals ik wel heb; dat zien jullie zelf." [⁴⁰Bij die woorden liet hij hun zijn handen en zijn voeten zien.] ⁴¹Ze konden het nog niet geloven, zo blij en verbaasd waren ze. "Hebben jullie hier iets te eten?" vroeg hij hun. ⁴²Ze gaven hem een stuk gebakken vis, ⁴³en hij at het op waar ze bij waren.

⁴⁴"Dit heb ik jullie gezegd toen ik nog bij jullie was," zei hij: "alles wat in de wet van Mozes, bij de profeten en in de psalmen over mij geschreven staat, moet in vervulling gaan." ⁴⁵Toen zorgde hij dat hun de ogen opengingen en dat ze de Schrift begrepen. ⁴⁶En hij vervolgde: "Zo staat er geschreven: de Christus moet lijden en op de derde dag van de dood opstaan, ⁴⁷en in zijn naam moet, met Jeruzalem als beginpunt, aan alle volken worden verkondigd dat ze een nieuw leven mogen leiden om van God vergeving te

krijgen voor hun zonden. ⁴⁸Jullie waren van deze gebeurtenissen getuigen. ⁴⁹Ik stuur jullie wat mijn Vader heeft beloofd. Blijf dus in Jeruzalem en wacht totdat hemelse kracht over je is gekomen."

Jezus neemt afscheid
(Marcus 16 : 19–20; Handelingen 1 : 9–11)

⁵⁰Toen leidde hij hen de stad uit tot bij Betanië. Hij hief zijn handen en zegende hen. ⁵¹En onder het zegenen ging hij van hen weg, [omhoog naar de hemel. ⁵²Zij vielen voor hem op de knieën,] en ze keerden heel blij naar Jeruzalem terug. ⁵³Al hun tijd brachten ze door in de tempel waar ze dank brachten aan God.

Het Evangelie volgens Johannes

Het Woord van God

1 In het begin was het Woord. Het was bij God en het was God. ²Het was in het begin bij God. ³Door het Woord kreeg alles het bestaan en zonder het Woord ontstond er niets. ⁴In het Woord was leven, en dat leven was het licht voor de mensen. ⁵Het licht schijnt in de duisternis en de duisternis heeft het niet kunnen doven.

⁶Er kwam een man, een afgezant van God; zijn naam was Johannes. ⁷Hij kwam als getuige: het was zijn taak te spreken over het licht; door hem moesten alle mensen tot geloof komen. ⁸Zelf was hij het licht niet; het was alleen zijn taak te getuigen van het licht. ⁹Het echte licht dat ieder mens verlicht, was op weg naar de wereld.

¹⁰Het Woord was in de wereld; de wereld is door hem ontstaan en toch kende de wereld hem niet. ¹¹Hij kwam naar zijn eigen domein maar zijn eigen volk ontving hem niet. ¹²Maar wie hem ontvingen en in hem geloofden, kregen van hem het recht kinderen van God te worden. ¹³Dat werden zij niet volgens de weg van de natuur, door afkomst van een menselijke vader; God zelf was hun vader.

¹⁴En het Woord is een mens van vlees en bloed geworden en is midden onder ons komen wonen. We hebben hem in al zijn glorie gezien, vol van genade en waarheid, een glorie zoals een enig kind die ontvangt van zijn vader.

¹⁵Johannes getuigde van hem en riep luid: "Deze man bedoelde ik toen ik zei: 'Hij komt na mij, maar hij was er eerder dan ik,' want hij bestond voordat ik werd geboren."

¹⁶Uit zijn volheid ontvingen wij allen de ene genadegave na de andere. ¹⁷God gaf de wet door Mozes, maar genade en waarheid kregen wij door Jezus Christus. ¹⁸Nog nooit heeft iemand God gezien, maar de enige Zoon die God is en die intiem is met de Vader, heeft hem bekendgemaakt.

Johannes de Doper

(Matteüs 3 : 1-12; Marcus 1 : 1-8; Lucas 3 : 1-18)

¹⁹De Joodse leiders uit Jeruzalem stuurden priesters en Levieten naar Johannes om hem te vragen wie hij was. ²⁰Hij draaide er niet omheen, maar verklaarde openlijk en duidelijk: "Ik ben de Christus niet."

²¹"Wie dan? Elia misschien?"
"Nee, die ben ik niet."
"Bent u dan de profeet?"
"Ook niet."
²²"Maar wie dan wel? We moeten toch iets kunnen zeggen tegen degenen die ons hebben gestuurd. Voor wie houdt u uzelf?"
²³Hij antwoordde met de woorden van de profeet Jesaja:

"Ik ben een stem die luid roept in de woestijn:
Leg voor de Heer een rechte weg aan."

²⁴Een paar van de afgevaardigden waren Farizeeërs. ²⁵"Als u de Christus niet bent, Elia niet en ook de profeet niet, waarom doopt u dan?" vroegen zij hem.
²⁶"Ik doop met water," antwoordde hij, "maar in jullie midden staat iemand die jullie niet kennen. Hij komt na mij, ²⁷maar ik ben er zelfs niet goed genoeg voor slavenwerk voor hem te doen."
²⁸Dat alles speelde zich af in Betanië, aan de overkant van de Jordaan waar Johannes aan het dopen was.

Het Lam van God

²⁹De volgende dag zag Johannes Jezus naar zich toekomen. "Daar is het Lam van God dat de zonde van de wereld wegneemt!" zei

hij. ³⁰"Op hem doelde ik toen ik zei: 'Na mij komt een man die er eerder was dan ik,' omdat hij bestond voordat ik werd geboren. ³¹Ik wist zelf ook niet wie dat was, maar de reden dat ik met water kwam dopen, is dat hij aan Israël bekend zou worden."

³²Johannes legde deze verklaring af: "Ik heb gezien dat de Geest van God als een duif uit de hemel neerkwam en op hem bleef. ³³Ik kende hem ook niet, maar God die mij zond om te dopen met water, zei: 'Je zult de Geest op iemand zien neerkomen en op hem blijven: dat is de man die doopt met heilige Geest.' ³⁴Ik heb het zelf gezien en daarom verklaar ik plechtig: hij is de Zoon van God."

De eerste leerlingen

³⁵De dag daarop stond Johannes daar weer, met twee van zijn volgelingen. ³⁶Toen hij Jezus voorbij zag komen, zei hij: "Daar is het Lam van God." ³⁷De twee hoorden het hem zeggen en gingen Jezus achterna. ³⁸Jezus draaide zich om en toen hij zag dat ze hem volgden, vroeg hij: "Wat willen jullie?" "Waar woont u, rabbi?" antwoordden zij. (Rabbi betekent "meester".) ³⁹"Kom maar kijken," zei hij. Ze gingen mee, zagen waar hij woonde, en bleven de rest van de dag bij hem. Het gebeurde om ongeveer vier uur in de middag. ⁴⁰Een van de twee die Johannes' woorden gehoord hadden en Jezus waren gevolgd, was Andreas, de broer van Simon Petrus. ⁴¹Het eerste wat Andreas deed, was zijn broer Simon opzoeken. "We hebben de Messias gevonden," zei hij tegen hem. (Messias betekent hetzelfde als Christus, namelijk "gezalfde".) ⁴²Toen bracht hij Simon bij Jezus. Jezus keek hem aan. "Jij bent Simon, de zoon van Johannes," zei hij. "Voortaan zul je Kefas heten." (Kefas is hetzelfde als Petrus en betekent "rots".)

Jezus roept Filippus en Natanaël

⁴³De dag daarna besloot Jezus naar Galilea te gaan. Hij trof daar Filippus en zei tegen hem: "Volg mij." ⁴⁴Evenals Andreas en Petrus kwam Filippus uit Betsaïda.

⁴⁵Filippus ontmoette Natanaël en vertelde hem: "We hebben de man gevonden over wie wordt gesproken in de wet van Mozes en in de boeken van de profeten. Het is Jezus, de zoon van Jozef, uit Nazaret."

⁴⁶"Uit Nazaret?" vroeg Natanaël. "Wat kan daar nu voor goeds vandaan komen?"

"Kom zelf maar kijken," antwoordde Filippus.

⁴⁷Toen Jezus Natanaël zag komen, zei hij: "Dat is een echte Israëliet, een man zo eerlijk als goud!"
⁴⁸"Waar kent u mij van?" vroeg Natanaël.
"Ik zag je onder de vijgeboom zitten nog vóór Filippus je riep."
⁴⁹"Rabbi, u bent de Zoon van God! U bent de koning van Israël!"
⁵⁰Jezus antwoordde: "Geloof je omdat ik zei: 'Ik heb je onder de vijgeboom zien zitten'? Je zult iets veel groters zien. ⁵¹Ik verzeker jullie: jullie zullen de hemel zien opengaan, en de engelen van God zien opstijgen en neerdalen op de Mensenzoon!"

De bruiloft te Kana

2 Twee dagen later was er in Kana, een stad in Galilea, een bruiloft. Jezus' moeder was er, ²en ook Jezus zelf en zijn leerlingen waren op de bruiloft uitgenodigd. ³Toen de wijn bijna op was, zei zijn moeder tegen hem: "Ze hebben geen wijn meer." ⁴"Vrouw, is dat uw zaak of mijn zaak?" antwoordde hij haar. "Mijn uur is nog niet gekomen." ⁵Zijn moeder zei tegen de bedienden: "Doe wat hij je zegt."

⁶De Joden hebben een bepaald reinigingsritueel, en voor dat doel stonden daar zes waterkruiken elk met een inhoud van tachtig tot honderdtwintig liter. ⁷"Vul die kruiken met water," beval Jezus

de bedienden. Zij vulden ze tot de rand toe. ⁸Toen zei hij: "Schep er wat uit en breng dat naar de ceremoniemeester." Dat deden ze, ⁹en hij proefde van het water dat wijn was geworden. De bedienden die het water geschept hadden, wisten waar die wijn vandaan kwam. Maar de ceremoniemeester wist dat niet; hij liet dan ook de bruidegom roepen ¹⁰en zei tegen hem: "Iedereen schenkt eerst de beste wijn, en wanneer de gasten vrolijk zijn, de minder goede. Maar u hebt de beste wijn voor het laatst bewaard!"

¹¹Deze daad te Kana in Galilea was het eerste van de machtige werken waarmee Jezus zijn glorie openbaarde, en zijn leerlingen geloofden in hem.

¹²Daarna ging hij samen met zijn moeder, zijn broers en zijn leerlingen naar Kafarnaüm, waar ze enkele dagen bleven.

Jezus gaat naar de tempel in Jeruzalem
(Matteüs 21 : 12-13; Marcus 11 : 15-17; Lucas 19 : 45-46)

¹³Het Joodse paasfeest stond voor de deur, en Jezus ging naar Jeruzalem. ¹⁴In de tempel trof hij de handelaren in runderen, schapen en duiven, en de geldwisselaars die aan hun tafeltjes zaten. ¹⁵Hij maakte van touwen een zweep en joeg hen allemaal de tempel uit

met hun schapen en runderen. Het geld van de wisselaars gooide hij op de grond en hun tafeltjes wierp hij omver ¹⁶en tegen de duivenhandelaars zei hij: "Weg hiermee! Maak van het huis van mijn Vader geen markt!" ¹⁷Zijn leerlingen herinnerden zich uit de Schrift deze tekst:

"Mijn ijver voor uw huis verteert mij als een vuur."

¹⁸"Wat voor wonder kunt u ons laten zien als bewijs dat u dit mag doen?" vroegen de Joden hem.

¹⁹"Breek deze tempel af en in drie dagen laat ik hem herrijzen," antwoordde Jezus.

²⁰"Zesenveertig jaar is er over deze tempel gedaan," zeiden de Joden, "en u zult hem in drie dagen laten herrijzen?"

²¹Maar de tempel waarover hij het had, was zijn lichaam. ²²Na zijn opstanding uit de dood herinnerden zijn leerlingen zich dat hij dat gezegd had, en zij geloofden de Schrift en de woorden die Jezus had gesproken.

²³Tijdens het paasfeest was hij in Jeruzalem, en bij het zien van al die machtige daden van hem kwamen velen tot geloof in hem. ²⁴Maar Jezus liet zich niet met hen in, want hij kende de mensen maar al te goed. ²⁵De mens had geen geheimen voor hem; hij wist wat er in het hart van een mens omgaat.

Jezus en Nikodemus

3 Er was een man die Nikodemus heette. Hij behoorde tot de groep van de Farizeeërs en was lid van de Hoge Raad. ²Midden in de nacht ging hij naar Jezus toe.

"Rabbi, wij zijn ervan overtuigd dat u in opdracht van God de mensen leert. Want niemand kan die machtige daden doen die u doet, als God niet achter hem staat."

³"Ik zeg u de waarheid," zei Jezus, "niemand kan zo maar het koninkrijk van God zien; eerst moet hij opnieuw geboren worden."

⁴"Hoe kan iemand die al oud is, opnieuw geboren worden? Moet hij soms terugkeren in de schoot van zijn moeder om voor de tweede maal geboren te worden?"

⁵"Geloof mij, niemand kan het koninkrijk van God binnenkomen, als hij niet geboren wordt uit water en Geest. ⁶Een mens brengt menselijk leven voort, maar de Geest goddelijk leven. ⁷Over mijn woorden: 'U moet opnieuw geboren worden' hoeft u dus niet verbaasd te zijn. ⁸De wind waait waarheen hij wil. Je hoort hem wel suizen, maar je weet niet waar hij vandaan komt of waar hij heen gaat. Zo is het ook met iedereen die geboren is uit de Geest."

⁹"Hoe kan dat?" vroeg Nikodemus.

¹⁰"Weet u dat niet, u, een van de grootste geleerden in Israël? ¹¹Ik verzeker u: wij weten waarover we het hebben, en wij getuigen van wat we met eigen ogen hebben gezien; toch neemt niemand van u onze verklaring aan. ¹²Jullie geloven me niet eens als ik het heb

over aardse dingen; hoe zullen jullie me dan geloven als ik het heb over goddelijke dingen? ¹³Er is nog nooit iemand naar de hemel opgestegen, alleen hij die van de hemel is neergedaald: de Mensenzoon."

¹⁴Zoals Mozes de bronzen slang hoog op een paal zette in de woestijn, zo moet ook de Mensenzoon omhooggeheven worden; ¹⁵iedereen die in hem gelooft, zal dan eeuwig leven hebben. ¹⁶Want God had de wereld zo lief dat hij zijn enige Zoon ervoor over had: iedereen die in hem gelooft, gaat niet verloren maar heeft eeuwig leven. ¹⁷Want God heeft zijn Zoon niet naar de wereld gezonden om de wereld te oordelen maar om de wereld door hem te redden.

¹⁸Wie in hem gelooft, wordt niet veroordeeld; wie niet gelooft, is al veroordeeld, omdat hij niet geloofd heeft in Gods enige Zoon. ¹⁹Hier valt de beslissing: het licht is de wereld binnengekomen, maar de mensen stelden de duisternis meer op prijs dan het licht, want wat zij deden was duivels. ²⁰Iemand met kwade praktijken moet niets van het licht hebben en gaat het licht uit de weg; hij is bang dat zijn daden ontdekt worden. ²¹Maar wie doet wat waar is, zoekt het licht op om te laten zien dat hij gehandeld heeft in gehoorzaamheid aan God.

Jezus en Johannes de Doper

²²Hierna ging Jezus met zijn leerlingen naar het gebied van Judea. Hij bleef daar enige tijd met hen en doopte er. ²³Johannes doopte ook, in Enon bij Salim, want daar was volop water. De mensen gingen naar hem toe en lieten zich door hem dopen. ²⁴Johannes was toen nog niet gevangen gezet.

²⁵Nu ontstond er tussen de leerlingen van Johannes en een Jood verschil van mening over de rituele reiniging. ²⁶Zij gingen naar Johannes toe en zeiden: "Rabbi, herinnert u zich de man die bij u was aan de overkant van de Jordaan? U hebt toen een verklaring over hem afgelegd. Nu doopt hij ook en iedereen loopt naar hem!" ²⁷"Niemand kan iets opeisen als God het hem niet heeft gegeven," antwoordde Johannes. ²⁸"Jullie waren er zelf getuigen van dat ik zei: 'Ik ben de Christus niet, ik ben alleen maar voor hem uitgezonden.' ²⁹De bruid is van de bruidegom; de vriend van de bruidegom staat te luisteren en is blij als hij de stem van de bruidegom hoort. Vandaar dat ik blij ben, volmaakt blij. ³⁰Hij moet steeds meer op de voorgrond treden, maar ik steeds meer naar de achtergrond verdwijnen."

Hij die van de hemel komt

³¹Wie van boven komt, staat boven allen; wie van de aarde is, behoort tot de aarde en spreekt vanuit aardse principes. ³²Wie van de hemel komt, getuigt van wat hij gezien en gehoord heeft, maar niemand aanvaardt zijn verklaring. ³³Wie zijn verklaring wel aanvaardt, bewijst daarmee dat God waarachtig is. ³⁴Wie door God is gezonden, verkondigt Gods boodschap; want God geeft hem de volheid van zijn Geest. ³⁵De Vader heeft zijn Zoon lief en heeft hem alle macht gegeven. ³⁶Wie in de Zoon gelooft, heeft eeuwig leven; wie de Zoon afwijst, zal niet leven, maar God blijft toornig op hem.

Jezus in gesprek met een vrouw uit Samaria

4 De Farizeeërs kwamen te weten dat Jezus meer leerlingen maakte en doopte dan Johannes. – ²In feite doopte Jezus zelf niet, maar deden alleen zijn leerlingen het. – ³Toen de Heer dat merkte, verliet hij Judea en ging naar Galilea terug. ⁴Daarvoor moest hij door het gebied van Samaria.

⁵Onderweg kwam hij in Sichar, een stad in Samaria, vlak bij het stuk land dat Jakob gaf aan zijn zoon Jozef. ⁶Daar lag ook de bron van Jakob. Jezus was vermoeid van de tocht en ging daar zitten. Het was midden op de dag.

⁷⁻⁸Toen de leerlingen naar de stad waren om eten te kopen, kwam een Samaritaanse vrouw water putten.

"Geef mij wat drinken," zei Jezus tegen haar.
⁹"Wat! U, een Jood, vraagt drinken aan mij, een Samaritaanse

vrouw?" [Joden laten zich namelijk niet in met Samaritanen.]
¹⁰"Als u wist wat God te geven heeft en wie u om drinken vraagt," antwoordde Jezus, "dan zou u hem erom gevraagd hebben en hij zou u levend water hebben gegeven."
¹¹"Heer, u hebt niet eens een emmer en de put is diep. Waar wilt u dan levend water vandaan halen? ¹²Kunt u soms meer dan onze voorvader Jakob? Hij bezorgde ons deze bron en dronk eruit samen met zijn zoons en zijn vee."
¹³"Wie van dat water drinkt, krijgt weer dorst," zei Jezus, ¹⁴"maar wie het water drinkt dat ik hem geef, zal nooit meer dorst hebben. Want het water dat ik hem geef, zal een bron in hem worden waaruit water opborrelt dat eeuwig leven geeft."
¹⁵"Geef mij van dat water, Heer. Dan krijg ik geen dorst meer en hoef ik hier niet te komen putten."
¹⁶"Ga uw man roepen en kom dan hier terug."
¹⁷"Ik heb geen man."
"Precies. ¹⁸Want u hebt vijf mannen gehad, en de man die u nu hebt, is uw man niet. Het is waar wat u zei."
¹⁹"Heer, ik zie dat u een profeet bent. ²⁰Onze voorouders hebben God op deze berg aanbeden, maar jullie Joden zeggen dat men God moet aanbidden in de tempel in Jeruzalem."
²¹"Vrouw, geloof mij: er komt een tijd dat u de Vader noch op deze berg noch in Jeruzalem zult aanbidden. ²²Jullie Samaritanen aanbidden zonder te weten wat je aanbidt, maar wij Joden aanbidden wat we kennen, want het heil komt van de Joden. ²³Maar er komt een tijd – en wij beleven die al – dat wie echt aanbidden, de Vader aanbidden in geest en waarheid. Want de Vader wenst mensen die hem zo aanbidden. ²⁴God is geest, en wie hem aanbidden, moeten hem aanbidden in geest en in waarheid."
²⁵"Ik weet dat de Messias zal komen," zei de vrouw. (Messias betekent "Christus".) "Wanneer hij komt, zal hij ons alles bekend maken."
²⁶Jezus antwoordde: "Ik ben het, ik die met u spreek."
²⁷Op dat moment kwamen zijn leerlingen terug. Ze stonden verbaasd dat hij met een vrouw in gesprek was, maar niemand vroeg hem: "Wat wilt u daarmee?" of: "Wat bespreekt u met haar?"
²⁸De vrouw liet haar waterkruik staan en ging naar de stad terug.
²⁹"Kom eens kijken!" zei ze tegen de mensen. "Er is een man die mij alles verteld heeft wat ik gedaan heb. Misschien is het de Christus wel!" ³⁰De mensen liepen de stad uit en gingen naar hem toe.
³¹Intussen drongen zijn leerlingen bij hem aan: "Rabbi, eet eens

wat!" ³²"Ik heb iets te eten dat jullie niet kennen," antwoordde hij. ³³"Zou iemand hem eten gebracht hebben?" zeiden de leerlingen tegen elkaar. ³⁴Jezus zei hun: "Mijn voedsel is: de wil doen van hem die mij gezonden heeft en zijn opdracht voltooien.
³⁵"Jullie zeggen: 'Vier maanden liggen er tussen zaaien en oogsten,' is het niet? Ik zeg je: kijk eens goed rond en let eens op de velden; ze staan wit, rijp voor de oogst! ³⁶De man die oogst, ontvangt nu al zijn loon en haalt de eerste opbrengst voor het eeuwige leven binnen; de zaaier verheugt zich dus tegelijk met de maaier. ³⁷Maar er steekt ook waarheid in dit gezegde: 'De een zaait en de ander maait.' ³⁸Want ik heb jullie uitgestuurd om een oogst binnen te halen waarvoor jullie je niet hebben ingespannen; anderen hebben zich ingespannen en jullie plukken de vruchten van hun inspanning."

³⁹Omdat de vrouw verklaard had: "Hij heeft me verteld wat ik allemaal gedaan heb," kwamen in die stad veel Samaritanen tot geloof in hem. ⁴⁰En toen ze bij hem gekomen waren, vroegen ze hem bij hen te blijven. En hij bleef er twee dagen.

⁴¹Door zijn prediking geloofden er nog veel meer, ⁴²en zij zeiden tegen de vrouw: "Wij geloven, maar niet langer om wat u verteld hebt, maar omdat we hem zelf hebben gehoord, en we zijn ervan overtuigd dat hij werkelijk de redder is van de wereld."

Jezus geneest de zoon van een hofbeambte

⁴³Toen de twee dagen voorbij waren, vervolgde hij zijn weg naar Galilea. ⁴⁴Hij had zelf verklaard dat een profeet in zijn eigen stad niet wordt geëerd. ⁴⁵Maar toen hij in Galilea aankwam, ontving het volk hem daar hartelijk, omdat ze tijdens het paasfeest in Jeruzalem hadden gezien wat hij allemaal gedaan had.

⁴⁶Zo kwam hij weer in Kana in Galilea, waar hij van water wijn had gemaakt. Daar was ook een hofbeambte uit Kafarnaüm, wiens zoon ziek lag. ⁴⁷Toen hij hoorde dat Jezus uit Judea in Galilea was teruggekeerd, ging hij naar hem toe en vroeg hem mee te gaan naar Kafarnaüm om zijn zoon die op sterven lag, te genezen.

⁴⁸"Jullie geloven alleen maar als je machtige werken en wonderen ziet," zei Jezus tegen hem.

⁴⁹"Heer," antwoordde de ambtenaar, "ga mee voordat mijn kind sterft."

⁵⁰"Ga naar huis; uw zoon is beter," zei Jezus.
De man geloofde Jezus' woorden en ging. ⁵¹Op weg naar huis kwamen zijn dienaars hem tegemoet met de mededeling: "Uw kind

leeft!" ⁵²Hij vroeg hun naar het uur waarop hij beter was geworden. "Gistermiddag om één uur verdween zijn koorts," antwoordden zij. ⁵³De vader wist dat dat het moment was waarop Jezus tegen hem gezegd had: "Uw zoon is beter." En hij geloofde met heel zijn gezin en zijn personeel. ⁵⁴Dat was de tweede machtige daad van Jezus in Galilea na zijn terugkeer uit Judea.

Een genezing op sabbat

5 Kort daarna hadden de Joden een godsdienstig feest waarvoor Jezus naar Jeruzalem ging. ²In Jeruzalem ligt bij de Schaapspoort een bassin met vijf zuilengalerijen; in het Aramees heet het Betesda. ³In die galerijen lag een groot aantal zieken: blinden, kreupelen en verlamden. [Zij wachtten het moment af waarop het water in beweging kwam. ⁴Want op bepaalde momenten daalde een engel van de Heer in het bassin af en bracht het water in beweging. Wie dan het eerst in het bassin afdaalde, werd genezen, wat voor kwaal hij ook had.] ⁵Er was ook een man bij die al achtendertig jaar ziek was. ⁶Jezus wist dat en toen hij hem zag liggen, vroeg hij: "Wilt u beter worden?"

⁷"Heer, ik heb niemand om me het bassin in te dragen wanneer het water in beweging komt," antwoordde de zieke. "Als ik er in afdaal, is een ander me al voor."

⁸"Sta op," beval Jezus hem, "pak uw slaapmat en ga lopen."

⁹Meteen was de man beter; hij pakte zijn slaapmat op en ging lopen.

Het gebeurde op een sabbat. ¹⁰Daarom zeiden de Joden tegen de man die nu genezen was: "Het is vandaag sabbat, en dan mag u geen slaapmat dragen."

¹¹"De man die me beter gemaakt heeft, zei tegen me: 'Pak uw slaapmat en loop,'" antwoordde hij hun.

¹²"Wie is die man die dat tegen u zei?" vroegen ze. ¹³Maar hij wist niet wie het was, want Jezus had zich teruggetrokken omdat daar een groot aantal mensen was.

¹⁴Later vond Jezus hem op het tempelplein. "U bent nu gezond," zei hij, "maar zondig niet meer, anders wordt het nog erger met u." ¹⁵De man ging heen en vertelde de Joden dat Jezus het was die hem had genezen. ¹⁶Daarom begonnen de Joden Jezus te vervolgen, want hij had dat gedaan op een sabbat.

¹⁷Maar hij zei tegen hen: "Zolang mijn Vader werkt, werk ik ook." ¹⁸Dat was voor de Joden nog een reden te meer om hem te doden. Want nu had hij niet alleen de sabbat geschonden, maar ook nog gezegd dat God zijn eigen Vader was, en daarmee had

hij zichzelf met God op één lijn gesteld.

De bevoegdheid van de Zoon

[19]"Ik vertel u de waarheid," zei Jezus tegen hen. "De Zoon kan niets doen uit zichzelf; hij doet alleen wat hij de Vader ziet doen. Wat hij doet, doet de Zoon ook. [20]Want de Vader heeft de Zoon lief en laat hem alles zien wat hij zelf doet. Hij zal hem zelfs grotere dingen laten doen dan deze genezingen, en u zult er verbaasd over staan. [21]Want zoals de Vader de doden opwekt en levend maakt, zo maakt ook de Zoon levend wie hij wil. [22]Ook oordeelt de Vader niemand; de volledige bevoegdheid om te oordelen heeft hij aan de Zoon gegeven, [23]met de bedoeling dat allen de Zoon zullen eren zoals ze de Vader eren. Wie de Zoon niet eert, eert ook de Vader niet die de Zoon gezonden heeft.

[24]"Ik spreek de waarheid: wie naar mijn woorden luistert en gelooft in hem die mij heeft gezonden, heeft eeuwig leven. Hij zal niet worden geoordeeld, maar is van de dood overgegaan naar het leven. [25]Geloof mij: er komt een tijd – en die hebben we nu al – dat de doden de stem van de Zoon van God zullen horen, en wie hem horen, zullen leven. [26]Zoals de Vader zelf de levensbron is, zo is ook de Zoon levensbron dank zij zijn Vader. [27]En de Vader heeft hem het recht gegeven om te oordelen, omdat hij de Mensenzoon is. [28]Sta hierover niet verbaasd; want er komt een tijd dat alle doden in hun graven zijn stem zullen horen [29]en eruit zullen komen: wie goed hebben gedaan, zullen opstaan om te leven, wie kwaad hebben bedreven, zullen opstaan om geoordeeld te worden."

Jezus heeft getuigen

[30]"Ik kan niets doen uit mijzelf; ik oordeel zoals God het mij vertelt, en mijn oordeel is rechtvaardig, omdat ik niet mijn wil probeer te doen, maar de wil van hem die mij gezonden heeft.

[31]"Als ik verklaringen afleg over mijzelf, zijn die verklaringen niet geldig. [32]Er is iemand anders die voor mij getuigt, en ik weet dat de verklaring die hij over mij aflegt, waar is. [33]U hebt indertijd afgevaardigden naar Johannes gestuurd en hij heeft toen voor de waarheid getuigd. [34]Niet dat ik afhankelijk ben van verklaringen van mensen; ik zeg dat alleen met het oog op uw redding. [35]Johannes was een lamp die werd aangestoken en licht gaf, maar u hebt maar korte tijd van zijn licht willen genieten. [36]Maar het getuigenis dat ik heb is van meer gewicht dan dat van Johannes. Want de werken die ik uitvoer, en in opdracht van de Vader moet volbrengen,

spreken ten gunste van mij en tonen aan dat de Vader mij heeft gezonden. ³⁷Ook de Vader die mij gezonden heeft, heeft ten gunste van mij gesproken. U hebt zijn stem nog nooit gehoord en zijn gelaat nog nooit gezien; ³⁸u draagt zijn woord niet bij u, omdat u niet gelooft in hem die hij gezonden heeft. ³⁹U bestudeert de Schrift omdat u daarin eeuwig leven denkt te vinden; toch spreekt ook de Schrift over mij! ⁴⁰Maar u wilt niet bij mij komen om eeuwig leven te vinden.

⁴¹"Eer van de kant van de mensen wijs ik af, ⁴²maar ik weet dat u God niet echt liefhebt. ⁴³Ik ben gekomen op gezag van mijn Vader, en u ontvangt mij niet; maar u bent wel bereid iemand te ontvangen die op eigen gezag komt. ⁴⁴Hoe kunt u ooit geloven, als u wel door elkaar geprezen wilt worden, maar niet door de ene God? ⁴⁵Denk niet dat ik u bij de Vader zal aanklagen. Uw aanklager is Mozes, op wie u uw hoop hebt gesteld. ⁴⁶Want als u Mozes had geloofd, had u ook mij geloofd, want hij heeft over mij geschreven. ⁴⁷Maar als u niet gelooft wat hij geschreven heeft, hoe kunt u dan mijn woorden geloven?"

Jezus geeft vijfduizend man te eten
(Matteüs 14 : 13–21; Marcus 6 : 30–44; Lucas 9 : 10–17)

6 Daarna vertrok Jezus naar de overkant van het Meer van Galilea, ook wel het Meer van Tiberias genoemd. ²Een grote massa mensen volgde hem omdat ze gezien hadden wat voor indrukwekkende dingen hij deed voor de zieken. ³Jezus klom de berg op en ging er met zijn leerlingen zitten. ⁴Het Joodse paasfeest was niet ver meer. ⁵Jezus keek om zich heen en toen hij zag dat er een grote menigte naar hem toe kwam, zei hij tegen Filippus: "Waar kunnen we voldoende brood voor deze mensen kopen?" ⁶Hij vroeg dat om hem op de proef te stellen; in feite wist hij al wat hij van plan was. ⁷"Voor tweehonderd gulden brood heb je nog te weinig om ieder zelfs maar aan een klein stukje te helpen!" antwoordde Filippus. ⁸Andreas, een van zijn leerlingen en de broer van Simon Petrus, zei tegen hem: ⁹"Hier is een jongen met vijf gerstebroden en twee vissen. Maar wat betekent dat voor zoveel mensen?"
¹⁰"Zorg dat de mensen gaan zitten," zei Jezus. (Er stond veel gras op die plek.) De mensen gingen zitten; het aantal mannen bedroeg ongeveer vijfduizend. ¹¹Jezus nam de broden, bracht dank aan God en deelde ervan uit aan het volk dat op de grond zat. Hetzelfde deed hij met de vissen, en de mensen kregen zoveel als ze wilden. ¹²Toen iedereen genoeg had, zei hij tegen zijn leerlingen: "Haal

de brokken op die over zijn; er mag niets verloren gaan." ¹³Zij haalden ze op en vulden twaalf manden met wat de mensen van de vijf gerstebroden hadden overgelaten.

¹⁴Toen het volk had gezien wat een machtig werk Jezus had verricht, zeiden ze: "Geen twijfel aan: dit is de profeet op wie de wereld wacht." ¹⁵Jezus wist dat de mensen van plan waren hem tegen zijn zin mee te nemen en koning te maken. Daarom trok hij zich weer op de berg terug; daar was hij alleen.

Jezus loopt over het water
(Matteüs 14 : 22–23; Marcus 6 : 45–52)

¹⁶Tegen de avond daalden zijn leerlingen af naar het meer. ¹⁷Ze gingen aan boord van de boot en staken over naar Kafarnaüm. Het was al donker, en Jezus had zich nog niet bij hen gevoegd. ¹⁸Intussen stak er een hevige wind op die de golven omhoog joeg. ¹⁹Toen ze ongeveer vijf kilometer hadden geroeid, zagen ze Jezus over het meer gaan; hij was dicht bij de boot. Ze werden bang, ²⁰maar hij zei tegen hen: "Ik ben het; wees niet bang." ²¹Ze wilden hem aan boord nemen, maar op hetzelfde ogenblik landde de boot op de plek waar ze op aan hadden gestuurd.

Het volk kijkt naar Jezus uit

²²De volgende dag zag de menigte die zich nog aan de overkant van het meer bevond, dat er maar één boot lag. Ze wisten dat Jezus niet met zijn leerlingen was meegegaan, maar dat zij zonder hem

waren vertrokken. ²³Nu legden boten uit Tiberias aan dicht bij de plaats waar de Heer de zegen had uitgesproken en zij het brood hadden gegeten. ²⁴Toen de mensen zagen dat Jezus er niet was en zijn leerlingen ook niet, stapten ze in de boten en voeren naar Kafarnaüm om Jezus daar te zoeken.

Jezus is het brood dat leven geeft

²⁵Toen ze hem aan de overkant van het meer gevonden hadden, vroegen ze hem: "Rabbi, wanneer bent u hier gekomen?"
²⁶"Ik zeg u de waarheid," antwoordde Jezus hun, "u zoekt mij niet omdat u machtige werken gezien hebt, maar omdat u van de broden hebt gegeten, zoveel als u maar wilde. ²⁷Werk niet voor voedsel dat bederft, maar voor voedsel dat niet vergaat en eeuwig leven geeft. Dat voedsel zal de Mensenzoon u geven; de Vader, God zelf, staat voor hem in."
²⁸"Wat zijn de werken die God van ons verlangt?" vroegen ze. "Wat moeten we daarvoor doen?"
²⁹"Het enige werk dat God van u verlangt is: geloven in hem die hij gezonden heeft," antwoordde hij hun.
³⁰"Kunt u ons een bewijs van uw macht laten zien? Dan zullen we u geloven! Wat doet u? ³¹Onze voorouders hebben in de woestijn manna gegeten. Zo staat het in de Schrift: 'Hij gaf hun brood uit de hemel te eten.'"
³²"Ik zeg u de waarheid," zei Jezus, "het was Mozes niet, die u toen brood uit de hemel gaf, maar mijn Vader geeft u nu het wáre brood uit de hemel. ³³Want het brood dat God geeft, is hij die uit de hemel neerdaalt en leven geeft aan de wereld."
³⁴"Heer, geef ons dat brood nu en altijd."
³⁵"Ik ben het brood dat leven geeft," antwoordde Jezus. "Wie bij mij komt, zal geen honger meer krijgen en wie in mij gelooft, geen dorst meer.
³⁶"Maar ik zei u al: u hebt mij gezien, maar geloven doet u niet. ³⁷Iedereen die de Vader aan mij toevertrouwt, zal bij mij komen, en niemand die bij me komt, zal ik de deur wijzen, ³⁸want ik ben uit de hemel neergedaald om niet mijn eigen wil te doen, maar de wil van hem die mij gezonden heeft. ³⁹En wat wil hij die mij gezonden heeft? Dat van hen die hij mij gegeven heeft, geen mens verloren gaat, maar dat ik ze allemaal op de laatste dag zal opwekken uit de dood. ⁴⁰Want mijn Vader wil dat ieder die de Zoon ziet en in hem gelooft, eeuwig leven zal hebben en dat ik hem uit de dood zal opwekken op de laatste dag."

⁴¹Omdat hij gezegd had: "Ik ben het brood dat uit de hemel is neergedaald," begonnen de Joden te morren: ⁴²"Is dat niet Jezus, de zoon van Jozef? We kennen zijn vader en moeder. Hoe kan hij dan nu zeggen dat hij uit de hemel is neergedaald?"
⁴³"Houd op met morren," zei Jezus tegen hen. ⁴⁴"Niemand kan bij mij komen als de Vader die mij gezonden heeft, hem niet trekt; en ik zal hem uit de dood opwekken op de laatste dag. ⁴⁵Bij één van de profeten staat geschreven: 'Allen zullen God als leermeester hebben.' Iedereen die naar het onderricht van de Vader luistert en ervan leert, zal naar mij toe komen. ⁴⁶Dat betekent niet dat iemand de Vader heeft gezien; alleen hij die van God komt, heeft de Vader gezien.
⁴⁷"Ik verzeker u: wie gelooft, heeft eeuwig leven. ⁴⁸Ik ben het brood dat leven geeft. ⁴⁹Uw voorouders hebben in de woestijn het manna gegeten en zijn toch gestorven. ⁵⁰Maar met dit brood dat uit de hemel is neergekomen, is dat anders: wie daarvan eet, zal niet sterven. ⁵¹Ik ben het levende brood dat uit de hemel is neergedaald. Als iemand van dat brood eet, zal hij leven in eeuwigheid. Maar het brood dat ik zal geven, is mijn vlees dat ik zal opofferen voor het leven van de wereld."

⁵²Toen begonnen de Joden heftig met elkaar te redetwisten: "Hoe kan die man ons zijn vlees te eten geven?"

⁵³"Geloof mij," antwoordde Jezus hun, "als u het vlees van de Mensenzoon niet eet en zijn bloed niet drinkt, hebt u het leven niet blijvend in u. ⁵⁴Wie mijn vlees eet en mijn bloed drinkt, heeft eeuwig leven, en ik zal hem uit de dood opwekken op de laatste dag. ⁵⁵Want mijn vlees is echt voedsel en mijn bloed echt drinken. ⁵⁶Wie mijn vlees eet en mijn bloed drinkt, blijft in mij en ik in hem. ⁵⁷Zoals de levende Vader mij gezonden heeft en ik leef door de Vader, zo zal ook hij die mij eet, door mij leven. ⁵⁸Dat is nu het brood dat uit de hemel is neergedaald; het is niet als het brood dat uw voorouders hebben gegeten; die zijn gestorven. Wie dit brood eet, zal eeuwig leven." ⁵⁹Jezus hield deze toespraak toen hij onderricht gaf in de synagoge van Kafarnaüm.

Woorden van geest en leven

⁶⁰Veel leerlingen die deze rede hadden gehoord, zeiden: "Dat zijn harde woorden van hem; daar valt toch niet naar te luisteren!" ⁶¹Zonder dat het hem verteld was, wist Jezus dat zijn leerlingen erover mopperden. "Vallen jullie daarover?" vroeg hij. ⁶²Veronderstel dat je de Mensenzoon ziet opstijgen, terug naar de plaats waar

hij tevoren was? ⁶³De geest is het beginsel dat leven geeft; het vlees is van geen enkel belang. Mijn woorden zijn vervuld van geest en leven. ⁶⁴Maar sommigen van jullie geloven niet." (Want Jezus wist vanaf het eerste begin wie niet zouden geloven en wie hem zou verraden.) ⁶⁵En hij voegde eraan toe: "Daarom heb ik u gezegd: niemand kan bij mij komen, als de Vader het hem niet mogelijk maakt."

⁶⁶Vanaf dat moment keerden veel volgelingen hem de rug toe en gingen voortaan hun eigen weg.
⁶⁷"Willen jullie ook weggaan?" vroeg Jezus de twaalf.
⁶⁸"Heer, naar wie moeten we gaan?" antwoordde Simon Petrus. "U spreekt woorden die eeuwig leven geven, ⁶⁹en wij geloven vast en zeker dat u de heilige van God bent."
⁷⁰"Heb ik jullie twaalf niet gekozen?" zei Jezus tegen hen. "Toch is één van jullie een duivel!" ⁷¹Hij doelde op Judas, de zoon van Simon Iskariot. Want Judas ging hem verraden, Judas, één van de twaalf.

Jezus en zijn broers

7 Daarna bleef Jezus rondtrekken in Galilea; hij wilde niet rondreizen in Judea omdat de Joden een gelegenheid zochten om hem te doden. ²Maar het Joodse Loofhuttenfeest was ophanden, ³en zijn broers zeiden tegen hem: "Trek hier niet langer rond maar ga naar Judea; dan kunnen ook je volgelingen je werken zien. ⁴Want niemand verbergt wat hij doet, als hij bekendheid wil genieten. Als je zulke dingen doet, laat heel de wereld er dan kennis van kunnen nemen!" ⁵(Want zelfs zijn broers geloofden niet in hem.)
⁶"De juiste tijd is voor mij nog niet gekomen," antwoordde Jezus hun. "Voor jullie is elke tijd geschikt. ⁷De wereld kan jullie niet haten, maar mij haat ze wel, omdat ik verklaar dat haar werken

slecht zijn. ⁸Gaan jullie maar naar het feest. Ik ga er niet heen, want voor mij is de juiste tijd nog niet gekomen." ⁹Dat was zijn antwoord en hij bleef in Galilea.

Jezus op het Loofhuttenfeest

¹⁰Toen zijn broers naar het feest waren gegaan, ging hij ook, niet openlijk maar onopgemerkt. ¹¹De Joden keken op het feest naar hem uit. "Waar blijft hij?" vroegen ze. ¹²Onder het volk werd er veel over hem gefluisterd. "Hij is goed," zeiden sommigen. "Nee," wierpen anderen tegen, "hij misleidt het volk." ¹³Maar niemand durfde het openlijk over hem te hebben omdat ze bang waren voor de Joden.

¹⁴Het feest was al half voorbij, toen Jezus toch naar de tempel ging en er optrad als leraar.

¹⁵"Hoe weet zo'n ongeletterd man dat allemaal?" vroegen de Joden hoogstverbaasd.

¹⁶"Wat ik de mensen leer, heb ik niet van mijzelf maar van hem die mij gezonden heeft," zei Jezus. ¹⁷"Wie bereid is de wil van God te doen, zal ontdekken of wat ik leer van hem komt of dat ik op eigen gezag spreek. ¹⁸Wie op eigen gezag spreekt, is uit op eigen roem. Maar degene die de eer zoekt van wie hem gezonden heeft, is geloofwaardig en komt de wet na. ¹⁹Gaf Mozes u niet de wet? Toch houdt niemand van u zich eraan. Waarom wilt u mij dan doden?"

²⁰"Dat is gekkepraat!" zeiden de mensen. "Wie wil u doden?"

²¹"Ik behoef – op sabbat – maar één groot werk te doen en u staat allemaal stomverbaasd," antwoordde Jezus hun. ²²"Maar hoe staan de zaken? U besnijdt kleine jongens ook op sabbat, want u hebt de besnijdenis van Mozes. (Overigens was het Mozes niet die ermee begon, het waren de aartsvaders.) ²³Als dus op sabbat een kleine jongen de besnijdenis krijgt – want de wet van Mozes mag niet worden overtreden – waarom bent u dan kwaad op mij omdat ik op sabbat iemand helemaal heb genezen? ²⁴Houd op met dat oordelen naar de uiterlijke schijn; spreek liever een rechtvaardig oordeel uit."

Is hij de Christus?

²⁵"Is dat niet de man die ze willen doden?" zeiden sommige inwoners van Jeruzalem. ²⁶"En kijk eens wat er gebeurt: hij verkondigt openlijk zijn leer en ze laten hem ongemoeid! Zouden de autoriteiten echt erkend hebben dat hij de Christus is? ²⁷Maar de moeilijkheid

is: wij weten van hem waar hij vandaan komt. Maar als de Christus komt, weet niemand dat."

²⁸Daarom verklaarde Jezus bij zijn onderricht in de tempel: "Zeker, u kent mij en weet waar ik vandaan kom. Toch ben ik niet op eigen gezag gekomen; er is iemand die mij heeft gezonden, en die is geloofwaardig. U kent hem niet; ²⁹ik ken hem, want ik kom bij hem vandaan en hij heeft mij gezonden."

³⁰Toen wilden ze hem wel grijpen, maar niemand stak een hand naar hem uit, want zijn uur was nog niet gekomen.

³¹Van het volk geloofden velen in hem. "Zal de Christus bij zijn komst soms machtiger werken verrichten dan hij nu doet?" vroegen ze.

Arrestatiebevel

³²Het kwam de Farizeeërs ter ore wat de mensen over hem fluisterden, en samen met de opperpriesters stuurden zij agenten erop uit om hem te arresteren.

³³"Ik ben nog maar voor kort bij u en dan ga ik terug naar hem die mij gezonden heeft," zei Jezus. ³⁴"U zult mij zoeken maar me niet vinden, want waar ik ben, kunt u niet komen."

³⁵"Waar wil hij naar toe, als hij zegt dat wij hem niet zullen vinden?" zeiden de Joden tegen elkaar. "Is hij soms van plan naar de Joodse kolonies in het buitenland te gaan en de Griekse Joden daar in zijn leer te onderwijzen? ³⁶Wat bedoelt hij met: 'U zult me zoeken maar me niet vinden,' en 'Waar ik ben, kunt u niet komen'?"

Stromen levend water

³⁷Op de laatste en belangrijkste dag van het feest riep Jezus staande uit: "Wie dorst heeft, moet bij mij komen om te drinken. ³⁸Over wie in mij gelooft, zegt de Schrift: 'Zijn hart zal een bron zijn waaruit stromen levend water vloeien.'" ³⁹Daar bedoelde hij de Geest mee: wie in hem geloofden, zouden de Geest ontvangen. Maar de Geest was er toen nog niet, want Jezus was nog niet opgenomen in de hemelse heerlijkheid.

Verdeeldheid onder het volk

⁴⁰Er waren er onder het volk die bij het horen van deze woorden zeiden: "Deze man is vast en zeker de profeet!"
⁴¹"Hij is de Christus!" beweerden anderen.
"Welnee!" wierpen weer anderen tegen. "De Christus komt toch niet uit Galilea! ⁴²Zegt de Schrift niet dat de Christus een afstamme-

ling van David zal zijn en uit Betlehem komt, de stad waar David leefde?"

⁴³En zo was hij de oorzaak van verdeeldheid onder het volk. ⁴⁴Sommigen wilden hem grijpen, maar niemand stak een hand naar hem uit.

Het ongeloof van de Joodse leiders

⁴⁵De agenten kwamen terug bij de opperpriesters en de Farizeeërs. "Waarom hebben jullie hem niet opgebracht?" vroegen die.
⁴⁶"We hebben nog nooit iemand zo horen spreken als die man!" antwoordden de agenten.
⁴⁷"Heeft hij jullie ook al ingepalmd?" zeiden de Farizeeërs. ⁴⁸"Is één van de leden van de Hoge Raad of één van de Farizeeërs soms in hem gaan geloven? ⁴⁹Maar dat volk dat de wet niet kent: we kunnen het wel vervloeken!"
⁵⁰Een van hen was Nikodemus. (Vroeger had hij een bezoek bij Jezus gebracht.) ⁵¹"Volgens onze wet kunnen we iemand niet veroordelen als we hem niet eerst verhoord hebben en achter de feiten zijn gekomen," zei hij tegen de anderen.
⁵²"Kom jij ook al uit Galilea?" vroegen ze. "Bestudeer de Schrift; dan zul je ontdekken dat er uit Galilea geen profeet komt."

De overspelige vrouw

8 [⁵³Iedereen ging weer naar huis, ¹maar Jezus ging naar de Olijfberg. ²De volgende morgen was hij al weer vroeg in de tempel. Het hele volk kwam naar hem toe. Hij was gaan zitten en gaf hun zijn onderricht. ³De schriftgeleerden en de Farizeeërs brachten een

vrouw bij hem die betrapt was op overspel, en zetten haar midden in de kring.

⁴"Rabbi," zeiden ze, "deze vrouw is op heterdaad betrapt toen ze overspel pleegde. ⁵Nu schrijft de wet van Mozes voor dat zulke vrouwen moeten worden gestenigd. Wat vindt u ervan?"

⁶Hun enige bedoeling was, hem in de val te laten lopen; ze hadden dan een mogelijkheid hem te beschuldigen. Maar Jezus boog zich voorover en schreef met zijn vinger op de grond. ⁷Toen zij bleven

doorvragen, richtte hij zich op. "Wie van u nooit verkeerd heeft gedaan, mag de eerste steen gooien," zei hij. ⁸En hij boog zich opnieuw voorover en schreef op de grond. ⁹Op dat antwoord gingen ze één voor één weg, de oudsten het eerst, en Jezus bleef alleen achter met de vrouw die daar maar stond. ¹⁰Hij richtte zich op en vroeg haar: "Waar zijn ze gebleven, vrouw? Heeft niemand u veroordeeld?"

¹¹"Niemand, Heer," antwoordde ze.

"Dan veroordeel ik u ook niet," zei Jezus. "U kunt gaan, maar zondig voortaan niet meer."]

Jezus is het licht voor de wereld

12"Ik ben het licht voor de wereld," zei Jezus een andere keer tegen de mensen. "Wie mij volgt, bezit het licht dat leven geeft en loopt niet langer in het donker."
13"U legt een verklaring af over uzelf," reageerden de Farizeeërs, "uw verklaring geldt dus niet."
14"Ik mag dan een verklaring over mijzelf afleggen, maar daarom is ze nog wel geldig," antwoordde Jezus hun. "Want ik weet waar ik vandaan kom en waar ik heenga. Maar u weet niet waar ik vandaan kom en waar ik heenga. 15U oordeelt met menselijke maatstaven; ik oordeel helemaal niemand. 16En spreek ik een oordeel uit, dan is mijn oordeel nog waar ook, want in mijn oordeel sta ik niet alleen: we zijn met ons tweeën, ik en hij die mij gezonden heeft. 17In uw wet staat een artikel dat een verklaring van twee getuigen geldig is. 18Twee personen leggen een verklaring over mij af: ikzelf en hij die mij gezonden heeft, de Vader."
19"Waar is uw Vader dan?" vroegen ze hem.
"U kent mij niet en ook mijn Vader niet," antwoordde Jezus. "Als u mij kende, kende u mijn Vader ook."
20Dat zei Jezus bij de offerkisten van de tempel, waar hij onderricht gaf. En niemand greep hem, want zijn uur was nog niet gekomen.

Waar ik heenga, kunt u niet komen

21Weer een andere keer zei hij tegen de Joden: "Ik ga weg; u zult naar mij uitkijken, maar u zult sterven in uw zonden. Waar ik heenga kunt u niet komen."
22"Hoor je wat hij zegt: 'Waar ik heenga, kunt u niet komen'? Hij zal toch geen zelfmoord plegen?"
23"U hoort hier beneden thuis, maar ik boven," hernam Jezus. "U hoort thuis op deze wereld, ik niet. 24Ik zei u: u zult sterven in uw zonden. Want als u weigert te geloven dat ik ben die ik ben, zult u sterven in uw zonden."
25"Wie bent u dan wel?" vroegen ze hem.
"Daar heb ik het nu aldoor met u over gehad," antwoordde hij. 26"Ik zou veel over u kunnen zeggen en een oordeel over u kunnen uitspreken. Maar ik vertel liever aan de wereld wat ik gehoord heb van hem die mij gezonden heeft – hij is geloofwaardig."

²⁷Zij begrepen niet dat hij het over de Vader had.
²⁸"Pas wanneer u de Mensenzoon omhooggeheven hebt," ging Jezus door, "zult u weten dat ik ben die ik ben. Dan zult u weten dat ik niets doe op eigen gezag, maar alleen handel zoals de Vader mij geleerd heeft. ²⁹Hij heeft mij gezonden en staat achter me. Hij laat mij niet in de steek, want ik doe altijd wat hem het liefst is."
³⁰Velen die hem dat hoorden zeggen, begonnen in hem te geloven.

Kinderen van God of kinderen van de duivel

³¹Tegen de Joden die hem geloofden, zei Jezus: "Als u mijn boodschap van harte aanneemt, bent u echte volgelingen van mij; ³²u zult de waarheid kennen en de waarheid zal u bevrijden."
³³"We stammen af van Abraham, en zijn altijd vrije mensen geweest," antwoordden ze. "Wat bedoelt u met: 'U zult bevrijd worden'?"
³⁴"Ik zeg u de waarheid," zei Jezus tegen hen: "iedereen die zondigt, is een slaaf van de zonde. ³⁵De slaaf heeft geen blijvende plaats in het huisgezin, de zoon wel. ³⁶Pas als de Zoon u zal bevrijden, zult u echt vrij zijn. ³⁷Ik weet dat u afstamt van Abraham. Toch probeert u mij te doden omdat mijn woorden u niet aanstaan. ³⁸Ik heb het over wat ik bij mijn Vader heb gezien; u doet toch ook wat u van uw vader hebt gehoord."
³⁹"Abraham is onze vader," zeiden ze.
"Als u echt van Abraham afstamt, zou u ook naar zijn voorbeeld handelen," antwoordde Jezus. ⁴⁰"Ik heb van God de waarheid gehoord, en nu ik u die heb verteld, wilt u mij doden. Abraham heeft zoiets nooit gedaan! ⁴¹U handelt naar het voorbeeld van uw vader."
"Wij zijn geen bastaardkinderen," hernamen ze, "God is onze enige vader."
⁴²"Als God uw vader was, zou u mij liefhebben," zei Jezus. "Want ik ben van God gekomen en sta nu hier. Ik ben niet op eigen gezag gekomen, maar hij heeft mij gezonden. ⁴³Weet u waarom u niet begrijpt wat ik zeg? Omdat u niet kunt luisteren naar mijn boodschap! ⁴⁴U bent kinderen van de duivel; hij is uw vader en de wensen van uw vader wilt u graag doen. Hij is vanaf het eerste begin een moordenaar geweest. Hij heeft nooit aan de kant van de waarheid gestaan, omdat de waarheid hem niet eigen is. Wanneer hij leugentaal spreekt, spreekt hij zoals hij is, want hij is een aartsleugenaar en de oorsprong van de leugen. ⁴⁵Maar ik, ik spreek de waarheid en daarom gelooft u me niet. ⁴⁶Wie van u kan bewijzen dat ik schuldig ben aan een zonde? Als ik de waarheid spreek, waarom

gelooft u me dan niet? ⁴⁷Iemand die God als oorsprong heeft, luistert naar de woorden van God. U luistert dus niet, omdat u God niet als oorsprong hebt."

Jezus en Abraham

⁴⁸"Beweerden we iets teveel toen we zeiden dat u een Samaritaan bent en van de duivel bent bezeten?" zeiden de Joden tegen hem. ⁴⁹"Ik ben niet van de duivel bezeten. Integendeel, ik eer mijn Vader, maar u doet aan mijn eer tekort. ⁵⁰Ik ben niet uit op eigen eer; er is een ander die mijn eer nastreeft en die tussen mij en u oordeelt. ⁵¹Ik zeg u de waarheid: wie mijn boodschap aanneemt, zal niet weten wat sterven is."
⁵²"Nu weten we zeker dat u van de duivel bent bezeten. Abraham is gestorven, de profeten zijn gestorven en u beweert: 'Wie mijn boodschap aanneemt, zal niet sterven.' ⁵³Bent u soms groter dan onze vader Abraham? Hij is gestorven en de profeten zijn het ook. Wie denkt u eigenlijk dat u bent?"
⁵⁴"Als ik mijzelf eer, heeft mijn eer niets te betekenen," antwoordde Jezus. "Mijn Vader eert mij. U beweert: 'Hij is onze God,' ⁵⁵maar u hebt hem nooit gekend. Ik ken hem wel. Als ik zou beweren dat ik hem niet kende, zou ik een leugenaar zijn net als u. Maar ik ken hem en kom zijn woorden na. ⁵⁶Uw vader Abraham heeft gejuicht dat hij mijn dag te zien kreeg, en toen hij hem had gezien, was hij blij."
⁵⁷"U bent nog geen vijftig jaar en u zou Abraham hebben gezien?" zeiden de Joden.
⁵⁸"Geloof mij," zei Jezus, "voordat Abraham er was, ben ik."
⁵⁹Toen pakten ze stenen op om hem te stenigen. Maar hij trok zich terug en verliet de tempel.

De genezing van een blindgeborene

9 In het voorbijgaan zag hij een man die van zijn geboorte af blind was.
²"Rabbi," vroegen zijn leerlingen hem, "waarom is hij blind geboren? Om zijn eigen zonden of om die van zijn ouders?"
³"Zijn blindheid heeft niets te maken met zijn eigen zonden of die van zijn ouders. Hij is blind omdat men in hem de macht van God aan het werk moet kunnen zien. ⁴Zolang het dag is moeten we de werken uitvoeren van hem die mij gezonden heeft; straks komt de nacht en dan kan niemand werken. ⁵Zolang ik in de wereld ben, ben ik het licht voor de wereld." ⁶Toen hij dat gezegd had,

spuugde hij op de grond, maakte met het speeksel modder en deed er wat van op de ogen van de man. ⁷"Ga het afwassen in de vijver van Siloam," zei hij. (Siloam betekent "gestuurd".) De man ging ernaartoe en waste zich, en toen hij terugkwam, kon hij zien.

⁸"Is dat niet de man die altijd zat te bedelen?" vroegen zijn buren en de mensen die hem vroeger als bedelaar hadden gekend. ⁹"Ja, hij is het," zeiden sommigen. "Nee, hij is het niet," wierpen anderen tegen, "hij lijkt alleen maar op hem." De man zelf zei echter: "Ik ben het wel."

¹⁰"Hoe komt het dan dat je weer kunt zien?"

¹¹"Die man die Jezus heet, maakte wat modder, deed het op mijn ogen en zei tegen me: 'Ga naar de Siloam om je te wassen.' Ik ging erheen, en toen ik me gewassen had, kon ik zien."

¹²"Waar is die Jezus?"

"Dat weet ik niet," antwoordde hij.

De Farizeeërs onderzoeken de zaak

¹³Toen brachten ze de man die blind was geweest naar de Farizeeërs. ¹⁴Jezus had namelijk op een sabbat modder gemaakt en de man van zijn blindheid genezen. ¹⁵Ook de Farizeeërs vroegen hem hoe het kwam dat hij weer kon zien.

"Hij deed wat modder op mijn ogen, ik ben me gaan wassen en nu kan ik zien," vertelde hij hun.

¹⁶"De man die dat deed, kan niet van God zijn," merkten een paar Farizeeërs op, "want hij houdt zich niet aan de sabbat."

Maar anderen zeiden: "Hoe zou een zondig mens zulke machtige werken kunnen doen?" Zo waren ze het met elkaar oneens.

¹⁷"Wat vindt u van hem?" ondervroegen de Farizeeërs de man

opnieuw. "Het zijn uw ogen die hij heeft genezen." "Hij is een profeet," antwoordde hij. ¹⁸De Joden wilden niet geloven dat hij blind was geweest en nu pas kon zien, voordat ze zijn ouders hadden laten roepen.
¹⁹"Is dat uw zoon, en beweert u dat hij blind geboren is? Hoe kan hij dan nu zien?"
²⁰"We weten dat dit onze zoon is, en dat hij blind is geboren. ²¹Maar hoe het komt dat hij nu kan zien of wie hem van zijn blindheid heeft genezen, dat weten we niet. Maar vraag het hemzelf, hij is oud en wijs genoeg om zelf te kunnen antwoorden!" ²²Dat zeiden zijn ouders omdat ze bang waren voor de Joden; want die waren het er al over eens, ieder die erkende dat Jezus de Christus was, uit de synagoge te bannen. ²³Daarom hadden zijn ouders gezegd: "Hij is oud en wijs genoeg; vraag het hem zelf."

²⁴Toen lieten ze de man die blind was geweest, voor de tweede maal bij zich roepen: "Zweer dat u de waarheid spreekt! Wij weten dat die man een zondaar is."
²⁵"Of hij een zondaar is, weet ik niet," antwoordde de man. "Maar één ding weet ik wel: ik was blind en nu zie ik."
²⁶"Wat heeft hij dan met u gedaan? Hoe heeft hij uw ogen genezen?"
²⁷"Dat heb ik u al verteld, maar u hebt zeker niet geluisterd. Waarom wilt u het nog eens horen? Wilt u misschien ook leerlingen van hem worden?"
²⁸Toen scholden ze hem uit. "Jíj bent een leerling van hem, maar wíj zijn leerlingen van Mozes," zeiden ze. ²⁹"Wij weten dat God tegen Mozes heeft gesproken; maar hij – we weten niet eens waar hij vandaan komt!"
³⁰"Dat is vreemd, dat u niet weet waar hij vandaan komt! En hij heeft nog wel mijn ogen beter gemaakt! ³¹Iedereen weet dat God zondaars niet verhoort, maar wel wie hem vrezen en zijn wil doen. ³²Het is in der eeuwigheid niet gehoord dat een blindgeborene zijn gezichtsvermogen terugkreeg. ³³Als die man niet van God kwam, had hij niets kunnen uitrichten."
³⁴"Jíj bent één en al zonde van je geboorte af, en jíj wilt ons de les lezen?" En ze gooiden hem de synagoge uit.

Geestelijke blindheid

³⁵Jezus hoorde dat ze hem de synagoge hadden uitgezet. Toen hij hem gevonden had, vroeg hij hem: "Gelooft u in de Mensenzoon?"
³⁶"Wie is dat, Heer, want ik wil graag in hem geloven."

³⁷"U hebt hem al gezien; het is degene die met u spreekt," antwoordde Jezus.
³⁸"Ik geloof, Heer," zei de man en knielde voor hem neer.
³⁹"Ik ben naar deze wereld gekomen om een oordeel te vellen," zei Jezus, "de blinden zullen zien en de zienden zullen blind worden." ⁴⁰Enkele Farizeeërs die bij hem waren, hoorden hem dat zeggen. "U denkt toch niet dat wij ook blind zijn?" vroegen zij.
⁴¹"Als u blind was, was u niet schuldig; maar nu u zegt: 'Wij kunnen zien,' blijft u schuldig," antwoordde Jezus.

De schaapskooi

10 "Ik zeg u de waarheid: wie niet door de deur de schaapskooi binnengaat maar zich langs een andere weg toegang verschaft, is een dief en een rover. ²Maar wie door de deur naar binnen gaat, is de herder van de schapen. ³De man die bij de ingang de wacht houdt, doet de deur voor hem open: de schapen luisteren naar de stem van de herder, hij roept de schapen die van hem zijn stuk voor stuk bij hun naam en leidt ze naar buiten. ⁴En als hij ze allemaal naar buiten heeft gebracht, loopt hij voor ze uit en zij volgen hem, want zij kennen zijn stem. ⁵Een vreemde zullen ze niet volgen, voor hem vluchten ze alleen maar weg, want zijn stem kennen ze niet."

⁶Toen Jezus hun deze gelijkenis vertelde, begrepen ze niet wat hij tegen hen zei.

Jezus is de goede herder

⁷"Geloof mij," ging Jezus door, "ik ben de deur voor de schapen. ⁸Alle anderen die vóór mij zijn gekomen, zijn dieven en rovers, maar de schapen hebben niet naar hen geluisterd. ⁹Ik ben de deur. Wie via mij naar binnen gaat, zal gered worden; hij zal in en uit gaan en weidegrond vinden. ¹⁰De dief komt alleen om te stelen, te doden en te vernietigen. Ik ben gekomen om te zorgen dat zij leven hebben, leven in overvloed.

¹¹"Ik ben de goede herder. De goede herder geeft zijn leven voor zijn schapen. ¹²Een huurling is geen echte herder, de schapen zijn niet van hem zelf. Wanneer hij een wolf ziet komen, laat hij ze in de steek en rent weg; en de wolf rooft de schapen en jaagt ze uiteen. ¹³De huurling rent weg omdat hij alleen voor geld werkt en geen hart heeft voor de schapen. ¹⁴⁻¹⁵Ik ben de goede herder. Zoals de Vader mij kent en ik de Vader, zo ken ik mijn schapen en kennen de schapen mij. Ik geef mijn leven voor de schapen.

¹⁶Ik heb ook nog andere schapen die in een andere schaapskooi thuishoren. Ook die moet ik hoeden; zij zullen luisteren naar mijn stem, en dan zal er één kudde zijn en één herder.
¹⁷"De Vader heeft mij lief, omdat ik mijn leven geef om het terug te nemen. ¹⁸Niemand neemt het mij af. Ik geef mijn leven uit eigen vrije wil. Ik heb de macht om het te geven en ik heb de macht om het terug te nemen. Dat is de opdracht die ik van mijn Vader ontvangen heb."

¹⁹Door deze woorden ontstond er onder de Joden weer verschil van mening. ²⁰"Hij is van de duivel bezeten! Hij is gek!" zeiden sommigen. "Waarom luisteren jullie nog naar hem?"
²¹"Iemand die van de duivel is bezeten, kan zó niet spreken!" merkten anderen op. "Hoe kan een duivelse geest de ogen van een blinde beter maken?"

Geloof en ongeloof

²²In Jeruzalem vierde men toen het feest van de Tempelwijding; het was winter. ²³Jezus liep in de tempel op en neer in de galerij van Salomo. ²⁴De Joden verzamelden zich om hem heen en vroegen: "Hoe lang houdt u ons nog in spanning? Zeg ons openlijk de waarheid: bent u de Christus?"
²⁵"Ik heb het u al gezegd, maar u wilt me niet geloven," antwoordde Jezus. "De werken die ik verricht op gezag van mijn Vader, spreken in mijn voordeel; ²⁶maar u wilt niet geloven, omdat u niet tot mijn schapen behoort. ²⁷Mijn schapen luisteren naar mijn stem; ik ken ze en zij volgen mij. ²⁸Ik geef hun eeuwig leven, en ze zullen nooit verloren gaan; niemand kan ze onder mijn hoede wegroven. ²⁹Wat mijn Vader mij gegeven heeft, is groter dan alles, en niemand kan ze onder zijn hoede wegroven. ³⁰De Vader en ik zijn één."

³¹Weer pakten de Joden stenen op, om hem te stenigen.

³²"Ik heb u op gezag van de Vader veel werken laten zien die goed waren," zei Jezus hun, "voor welk werk wilt u mij nu stenigen?"
³³"Wij willen u niet stenigen omdat u een goed werk verricht, maar omdat u God lastert! U bent een mens maar u geeft u uit voor God."

³⁴"Staat er niet in uw wet geschreven: 'Ik heb gezegd: u bent goden'?" vroeg Jezus hun. ³⁵"De Schrift heeft nog altijd kracht van wet, en zij noemt degenen tot wie het woord van God gericht is, goden. ³⁶Ik ben door de Vader geheiligd en hij heeft mij naar de wereld gezonden. Hoe kunt u dan zeggen dat ik God beledig omdat ik zeg dat ik zoon van God ben? ³⁷Als ik niet de werken van mijn

Vader verricht, hoeft u me niet te geloven. ³⁸Maar als ik die wel doe en u mij toch niet gelooft, geloof dan tenminste mijn werken. Dan zult u eens voor altijd weten dat de Vader in mij is en dat ik in de Vader ben."

³⁹Toen probeerden ze hem weer te grijpen, maar hij ontsnapte aan hun handen.

⁴⁰Jezus ging terug naar de overkant van de Jordaan, naar de plaats waar Johannes had gedoopt, en bleef daar. ⁴¹Veel mensen gingen naar hem toe. "Johannes heeft wel geen machtig werk verricht," zeiden ze, "maar alles wat hij over deze Jezus heeft gezegd, was waar." ⁴²En veel mensen daar geloofden in hem.

De dood van Lazarus

11 Een man die Lazarus heette, was ziek. Hij woonde in Betanië, het dorp van Maria en haar zuster Marta. ²Maria was de vrouw die de voeten van de Heer heeft gebalsemd en ze met haar haren heeft afgedroogd; de zieke Lazarus was haar broer. ³De zusters stuurden iemand naar Jezus toe met de boodschap: "Heer, uw vriend is ziek." ⁴Bij het horen hiervan zei Jezus: "Deze ziekte loopt niet uit op de dood; ze dient ter verheerlijking van God, ze is het middel waarmee God zijn Zoon zal verheerlijken."

⁵Jezus had Marta, haar zuster en Lazarus lief. ⁶Toch bleef hij nog twee dagen in de plaats waar hij was, toen hij van Lazarus' ziekte had gehoord. ⁷Toen zei hij tegen zijn leerlingen: "Laten we weer naar Judea gaan."

⁸"Rabbi," merkten zijn leerlingen op, "het is nog maar kort geleden dat de Joden u wilden stenigen, en nu wilt u naar Judea teruggaan?"

⁹"Is het overdag geen twaalf uur licht?" antwoordde Jezus. "Wie in het daglicht loopt struikelt niet, omdat hij het licht van deze wereld ziet. ¹⁰Maar wie in het donker van de nacht loopt, struikelt, omdat hij geen licht heeft." ¹¹En hij vervolgde: "Onze vriend Lazarus is in slaap gevallen, maar ik ga hem wakker maken."

¹²"Heer, als hij is ingeslapen, zal hij beter worden," zeiden zijn leerlingen tegen hem. ¹³Maar Jezus bedoelde dat hij was gestorven; zij dachten echter dat hij het over de rust van de slaap had. ¹⁴Toen zei Jezus openlijk: "Lazarus is dood. ¹⁵Ik ben blij dat ik er niet bij geweest ben, in jullie belang en in het belang van jullie geloof. Laten we nu naar hem toe gaan."

¹⁶"Laten wij ook gaan," zei Tomas, die de Tweeling werd genoemd, tegen de andere leerlingen, "dan zullen we samen met hem sterven!"

Jezus is de opstanding en het leven

¹⁷Bij zijn aankomst hoorde Jezus dat Lazarus al vier dagen geleden was begraven. ¹⁸Betanië lag dicht bij Jeruzalem, op een afstand van nog geen drie kilometer, ¹⁹en veel Joden waren Marta en Maria bij het overlijden van hun broer komen troosten.

²⁰Toen Marta hoorde dat Jezus eraan kwam, ging ze hem tegemoet; Maria bleef thuis. ²¹"Heer, als u hier was geweest, zou mijn broer niet gestorven zijn!" zei Marta tegen Jezus. ²²"Maar ook nu weet ik dat God u alles zal geven waar u hem om vraagt."

²³"Je broer zal opstaan uit de dood," antwoordde Jezus haar.

²⁴"Ik weet," zei Marta, "dat hij zal opstaan uit de dood bij de opstanding op de laatste dag."

²⁵"Ik ben de opstanding en het leven. Wie in mij gelooft zal leven, ook al sterft hij; ²⁶en geen mens die leeft en in mij gelooft zal nog sterven. Geloof je dat?"

²⁷"Ja, Heer! Ik geloof dat u de Christus bent, de Zoon van God, degene die in de wereld komt."

Jezus huilt

²⁸Toen ze dat gezegd had, ging ze haar zuster Maria roepen en nam haar apart: "De meester is er; hij vraagt naar je." ²⁹Toen Maria dat hoorde, stond ze vlug op en ging naar hem toe. ³⁰Jezus was het dorp nog niet ingegaan, maar stond nog op de plaats waar Marta hem tegemoet was gekomen. ³¹De Joden die op bezoek waren om Maria te troosten, zagen haar plotseling opstaan en het huis uitlopen. Ze gingen haar achterna in de veronderstelling dat ze naar de grafkamer ging om er te huilen.

³²Maria kwam op de plek waar Jezus was. Toen ze hem zag, boog ze zich voor hem neer: "Heer, als u hier was geweest, zou mijn broer niet gestorven zijn!" ³³Jezus zag haar huilen, en ook de Joden die met haar waren meegekomen. Wrevel en ontroering vervulden hem. ³⁴"Waar hebben jullie hem neergelegd?" vroeg hij. "Kom kijken, Heer," antwoordden ze. ³⁵Jezus had tranen in zijn ogen. ³⁶"Kijk eens hoeveel hij van hem hield!" zeiden de Joden. ³⁷Maar sommigen van hen merkten op: "Hij heeft toch de ogen van de blinde genezen? Had hij dan ook niet de dood van Lazarus kunnen voorkomen?"

Jezus wekt Lazarus op uit het graf

³⁸Ook dit maakte Jezus boos. Hij ging naar de grafkamer, een spe-

lonk in de rotsen, met een steen voor de ingang. ³⁹"Haal die steen weg!" beval Jezus.
"Heer, er hangt al een lijklucht," zei Marta, de zuster van de dode, tegen hem. "Hij ligt al drie dagen in het graf!"
⁴⁰"Heb ik je niet gezegd dat je de glorie van God zult zien als je gelooft?" antwoordde Jezus haar. ⁴¹Toen haalden ze de steen weg.

Jezus sloeg zijn ogen op en zei: "Vader, ik dank u dat u mij hebt verhoord. ⁴²Ik weet dat u mij altijd verhoort, maar ik zeg dat met het oog op de mensen hier: zij moeten geloven dat u mij gezonden hebt." ⁴³Na deze woorden riep hij met luide stem: "Lazarus, kom naar buiten!" ⁴⁴De dode kwam de spelonk uit, zijn handen en voeten gewikkeld in linnen banden en om zijn hoofd een zweetdoek. "Maak hem los en laat hem gaan," zei Jezus.

Het komplot tegen Jezus
(Matteüs 26 : 1–5; Matteüs 14 : 1–2; Lucas 22 : 1–2)

⁴⁵Van de Joden die Maria waren komen bezoeken geloofden er veel in hem, toen ze zagen wat Jezus had gedaan. ⁴⁶Maar enigen van hen gingen naar de Farizeeërs en vertelden hun wat Jezus gedaan had. ⁴⁷Toen riepen de opperpriesters en de Farizeeërs de Hoge Raad bijeen. "Wat moeten we doen?" zeiden ze. "Die man doet veel machtige werken, ⁴⁸en als we hem ongemoeid laten, zal het hele volk in hem gaan geloven. Dan komen de Romeinen in aktie en vernietigen zij onze tempel en ons volk!" ⁴⁹Een van hen, Kajafas, die dat jaar hogepriester was, zei: "U begrijpt er niets van!

⁵⁰Gebruik toch uw verstand! Het is beter voor u dat één man sterft voor het volk dan dat de hele natie verloren gaat!" ⁵¹Maar dat zei hij niet uit zichzelf; als hogepriester in dat jaar deed hij de profetische uitspraak dat Jezus voor het volk zou sterven, ⁵²en niet alleen voor het volk maar ook om de kinderen van God die over de wereld verspreid waren, bijeen te brengen.

⁵³Van die dag af maakten de Joodse autoriteiten plannen om hem uit de weg te ruimen. ⁵⁴Daarom trok Jezus niet meer openlijk onder de Joden rond, maar ging hij naar de streek bij de woestijn, naar de stad Efraïm. Daar bleef hij met zijn leerlingen.

⁵⁵Het was bijna het Joodse Pasen, en veel mensen trokken van het platteland naar Jeruzalem om zich ritueel te reinigen voor het feest. ⁵⁶Zij keken naar Jezus uit en toen ze in de tempel bij elkaar waren, vroegen ze elkaar: "Wat denken jullie? Zou hij wel op het feest komen?" ⁵⁷De opperpriesters en de Farizeeërs hadden bevel gegeven dat iedereen die wist waar Jezus was, dat zou komen aangeven. Dan konden ze hem arresteren.

Jezus wordt te Betanië gezalfd
(Matteüs 26 : 6–13; Marcus 14 : 3–9)

12 Zes dagen voor Pasen kwam Jezus in Betanië, waar Lazarus woonde, die hij uit de dood had opgewekt. ²Ze maakten een maaltijd voor hem klaar; Marta bediende en Lazarus zat met Jezus tussen de gasten. ³Toen kwam Maria met een pond kostbare balsem, bereid uit echte nardusolie, en zalfde daarmee Jezus' voeten en droogde ze af met haar haren. De geur van de balsem hing in het hele huis. ⁴Judas Iskariot, een van zijn leerlingen – degene die hem zou verraden – merkte op: ⁵"Waarom werd die balsem niet voor driehonderd gulden verkocht ten bate van de armen?" ⁶Maar dat zei hij niet omdat hij zoveel om de armen gaf, maar omdat hij een dief was; hij had de kas en nam er geregeld geld uit. ⁷"Laat haar met rust!" zei Jezus. "Ze heeft die balsem bewaard voor mijn begrafenis. ⁸Armen hebt u altijd bij u, maar ik ben niet altijd bij u."

Plannen om Lazarus te doden

⁹Heel veel Joden hadden gehoord dat Jezus in Betanië was. Ze gingen erheen, maar niet alleen vanwege Jezus; ze wilden ook Lazarus zien die hij uit de dood had doen opstaan. ¹⁰De opperpriesters maakten toen plannen om ook Lazarus te doden, ¹¹want om hem liepen veel Joden over en gingen ze in Jezus geloven.

De intocht in Jeruzalem

(Matteüs 21 : 1-11; Marcus 11 : 1-11; Lucas 19 : 28-40)

¹²⁻¹³ De volgende dag ging de grote menigte feestgangers met palmtakken in de hand de stad uit. Ze hadden gehoord dat Jezus naar Jeruzalem zou komen. Ze gingen hem nu tegemoet en riepen: "Hosanna! God zegene de man die komt in naam van de Heer! Hij zegene de koning van Israël!" ¹⁴ Jezus vond een jonge ezel en ging erop zitten, zoals er geschreven staat:

¹⁵ "Wees niet bang, inwoners van Sion!
Daar komt uw koning,
rijdend op een jonge ezel."

¹⁶ Eerst begrepen zijn leerlingen dat niet, maar toen Jezus was verheerlijkt, herinnerden zij zich dat de Schrift met die woorden hem bedoeld had, en dat dit met hem gebeurd was.

¹⁷ De mensen die erbij waren geweest toen Jezus Lazarus uit de grafkamer naar buiten riep en hem opwekte uit de dood, hadden erover verteld. ¹⁸ Daarom gingen velen hem tegemoet: ze hadden van dat machtige werk van Jezus gehoord. ¹⁹ "Zie je wel," zeiden de Farizeeërs tegen elkaar, "we komen geen stap verder! Kijk maar, de hele wereld loopt achter hem aan!"

Als de graankorrel niet sterft...

²⁰ Onder de mensen die naar het feest gingen om God te aanbidden, waren ook enige Grieken. ²¹ Ze wendden zich tot Filippus die uit Betsaïda in Galilea kwam: "Meneer, we willen Jezus spreken." ²² Filippus ging het Andreas vertellen, en samen gingen ze het Jezus zeggen.

²³ "Nu is het uur gekomen dat de Mensenzoon moet worden verheerlijkt," antwoordde Jezus hun. ²⁴ "Ik verzeker u: een graankorrel blijft een graankorrel als hij niet in de aarde valt en sterft. Maar als hij sterft, brengt hij veel vrucht voort. ²⁵ Wie zijn leven veilig wil stellen zal het verliezen, maar wie het in deze wereld wil prijsgeven, zal het behouden en eeuwig leven. ²⁶ Als iemand mij wil dienen, moet hij mij volgen; dan zal hij als mijn dienaar komen waar ik ook ben. Als iemand mij dient, zal mijn Vader hem eren."

De Mensenzoon wordt omhooggeheven

²⁷ "Nu zit ik diep in angst. Wat moet ik zeggen? 'Vader, red mij uit het uur van de dood'? Maar ik ben juist gekomen om dat uur van de dood door te maken. ²⁸ Vader, laat uw glorie zien!" Toen

klonk er een stem uit de hemel: "Ik heb mijn glorie laten zien en ik zal die opnieuw laten zien."

²⁹Ook de omstanders hadden de stem gehoord. "Het was een donderslag!" zeiden ze. "Een engel heeft iets tegen hem gezegd!" merkten anderen op. ³⁰Maar Jezus zei: "Die stem heeft niet voor mij gesproken, maar voor u. ³¹Nu wordt deze wereld geoordeeld; nu wordt de heerser van deze wereld van zijn troon gestoten. ³²Wanneer ik omhooggeheven ben van de aarde, zal ik alle mensen naar mij toe halen." ³³Hiermee gaf hij aan hoe hij zou sterven.

³⁴"Onze wet leert ons dat de Christus eeuwig zal blijven," zei het volk. "Hoe kunt u dan beweren dat de Mensenzoon omhooggeheven moet worden? Wie is die Mensenzoon?"

³⁵"Het licht is nog bij u, maar niet lang meer," antwoordde Jezus. "Loop zolang het licht is en laat u niet door de duisternis overvallen. Wie in het donker loopt weet niet waar hij gaat. ³⁶Geloof in het licht, zolang u het bij u hebt; dan zult u aan de kant van het licht staan."

Geloof en ongeloof

Toen hij dat gezegd had, ging hij weg en hield zich voor hen schuil. ³⁷Ondanks alle machtige werken die hij voor hun ogen gedaan had, geloofden ze niet in hem. ³⁸Zo kwam uit wat de profeet Jesaja gezegd had:

"Heer, wie heeft geloofd wat wij verkondigden?
Aan wie heeft de Heer zijn macht getoond?"

³⁹Zij konden niet geloven, want Jesaja zegt op een andere plaats:
⁴⁰"God heeft hun ogen verblind,
hun hart ongevoelig gemaakt.
Anders zouden ze met hun ogen zien,
met hun hart verstaan,
en naar mij terugkeren
om zich door mij te laten genezen."

⁴¹Jesaja zei dat omdat hij Jezus' glorie had gezien; over Jezus had hij het.

⁴²Toch waren er ook onder de leiders van het volk veel die in hem geloofden. Maar uit angst voor de Farizeeërs durfden ze er niet voor uit te komen, want dan zouden ze uit de synagoge worden gezet. ⁴³Ze werden liever door de mensen geëerd dan door God.

Het oordeel

⁴⁴"Wie in mij gelooft," riep Jezus luid, "gelooft niet in mij maar

in hem die mij gezonden heeft. ⁴⁵Wie mij ziet, ziet hem die mij gezonden heeft. ⁴⁶Ik ben in de wereld gekomen als een licht om iedereen die in mij gelooft, niet in het duister te laten. ⁴⁷Als iemand mijn boodschap hoort maar die niet aanvaardt, zal ik hem niet veroordelen. Ik ben gekomen om de wereld te redden, niet om de wereld te veroordelen. ⁴⁸Wie mij verwerpt en mijn boodschap niet aanneemt, zal door iets anders veroordeeld worden: hij zal op de laatste dag worden veroordeeld door het woord dat ik gesproken heb. ⁴⁹Want ik spreek niet op eigen gezag; de Vader die mij gezonden heeft, heeft mij opgedragen wat ik zeggen en hoe ik spreken moet, ⁵⁰en ik weet dat zijn opdracht eeuwig leven betekent. Wat ik dus zeg, is precies wat de Vader mij verteld heeft."

Jezus wast de voeten van zijn leerlingen

13 Het was kort voor Pasen. Jezus wist dat voor hem het uur gekomen was om deze wereld te verlaten en naar de Vader te gaan. Hij had zijn vrienden, die in de wereld achterbleven, lief, en zijn liefde voor hen zou nu tot het uiterste gaan. ²Hij zat met zijn leerlingen aan tafel. – De duivel had toen Judas Iskariot, de zoon van Simon, al de gedachte ingegeven, Jezus te verraden. – ³Jezus wist dat de Vader hem alle macht had gegeven; hij wist dat hij van God was gekomen en naar God zou teruggaan. ⁴Hij stond van tafel op, deed zijn bovenkleren af en bond zich een linnen schort voor. ⁵Toen goot hij water in een bak en begon de voeten van de leerlingen te wassen en ze af te drogen met dat schort dat hij voor had. ⁶Zo kwam hij ook bij Simon Petrus.

"Heer, gaat ú mijn voeten wassen?" vroeg Petrus hem.
⁷"Nu begrijp je nog niet wat ik doe, maar dat komt later wel," antwoordde Jezus hem.

⁸"Nooit van mijn leven zult u mijn voeten wassen!"
"Als ik je voeten niet was, hoor je niet bij mij."
⁹"Heer, dan niet alleen mijn voeten! Dan ook mijn handen en mijn hoofd!"
¹⁰"Wie een bad heeft genomen, is helemaal schoon," zei Jezus, "hij hoeft zich niet nog eens te wassen [behalve zijn voeten natuurlijk]. Ook jullie zijn schoon, alleen niet allemaal." ¹¹Hij wist namelijk wie hem zou verraden. Daarom zei hij: "Niet allemaal."

¹²Toen hij hun voeten gewassen had, trok hij zijn kleren aan en ging weer aan tafel zitten. "Begrijpen jullie wat ik gedaan heb?" vroeg hij. ¹³"Jullie noemen mij meester en Heer, en dat is juist, want dat ben ik. ¹⁴Als ik, jullie Heer en meester, je voeten heb gewassen, moeten jullie ook elkaars voeten wassen. ¹⁵Want ik heb jullie een voorbeeld gegeven: wat ik voor jullie heb gedaan, moeten jullie net zo doen. ¹⁶Geloof mij: een knecht staat niet boven zijn baas; een afgezant niet boven degene die hem gestuurd heeft. ¹⁷Gelukkig ben je als je dat onthoudt en in praktijk brengt!

¹⁸"Ik doel nu niet op jullie allemaal. Ik weet wie ik heb uitgekozen, maar in de Schrift staat: 'Iemand die mijn brood at, heeft zich tegen mij gekeerd.' ¹⁹Het moet nog gebeuren, maar ik zeg het je nu vast; als het dan gebeurt, zullen jullie geloven dat ik ben die ik ben. ²⁰Ik verzeker je: wie iemand ontvangt die door mij is gezonden, ontvangt mij, en wie mij ontvangt, ontvangt hem die mij gezonden heeft."

Jezus voorzegt dat hij verraden zal worden

(Matteüs 26 : 20-25; Marcus 14 : 17-21; Lucas 22 : 21-23)

²¹Toen hij dat gezegd had, verklaarde hij diep bewogen: "Ik zeg jullie de waarheid: één van jullie gaat mij verraden." ²²De leerlingen keken elkaar vragend aan: wie zou hij bedoelen? ²³Een van hen, de leerling van wie Jezus bijzonder veel hield, zat naast hem, dicht tegen hem aan. ²⁴Simon Petrus gaf hem een wenk: "Vraag eens wie hij bedoelt." ²⁵De leerling leunde nog dichter tegen Jezus aan en vroeg: "Wie is het, Heer?" ²⁶"Het is de man aan wie ik een stuk brood zal geven dat ik in de schaal doop," antwoordde Jezus. Toen nam hij een stuk brood, doopte het in de schaal en gaf het aan Judas Iskariot, de zoon van Simon. ²⁷Toen Judas het had aangepakt, nam Satan bezit van hem. "Doe nu maar gauw wat je van plan bent," zei Jezus. ²⁸Niemand aan tafel begreep wat Jezus tegen hem zei. ²⁹Omdat Judas de kas had, dachten sommigen dat Jezus hem gezegd had iets te kopen voor het feest of wat te gaan geven

aan de armen. ³⁰Judas nam het stuk brood aan en ging meteen naar buiten. Het was nacht.

Het nieuwe gebod

³¹Toen Judas weg was, zei Jezus: "De glorie van de Mensenzoon is nu openbaar geworden, en door hem de glorie van God. ³²Als Gods glorie door hem openbaar is geworden, zal God hem in zijn glorie doen delen, en wel onmiddellijk. ³³Mijn kinderen, ik zal niet lang meer bij jullie zijn. Je zult me zoeken; maar wat ik tegen de Joden gezegd heb, zeg ik nu ook tegen jullie: waar ik heenga, kunnen jullie niet komen. ³⁴Ik geef jullie een nieuw gebod: heb elkaar lief. Zoals ik jullie heb liefgehad, zo moeten ook jullie elkaar liefhebben. ³⁵Als er liefde onder jullie heerst, zal iedereen kunnen zien dat je mijn leerlingen bent."

Jezus voorzegt dat Petrus hem zal verloochenen
(Mattëüs 26 : 31–35; Marcus 14 : 27–31; Lucas 22 : 31–34)

³⁶"Waar gaat u naar toe, Heer?" vroeg Simon Petrus hem. "Naar de plaats waar ik heenga, kun je me nu niet volgen; pas later zul je me volgen," antwoordde Jezus.
³⁷"Heer, waarom kan ik u nu niet volgen? Ik ben bereid voor u te sterven!"
³⁸"Ben je bereid voor mij te sterven? Ik verzeker je: voordat de haan kraait, zul je mij driemaal verloochenen."

Jezus, de weg naar de Vader

14 "Wees niet ongerust. Geloof in God en geloof in mij. ²Er zijn veel kamers in het huis van mijn Vader. Als dat niet zo was, had ik het je wel gezegd. Ik ga nu weg om een plaats voor jullie in orde te maken, ³en als ik dat gedaan heb, kom ik je halen. Dan zullen jullie wonen waar ik ook woon. ⁴En je weet de weg naar de plaats waar ik heenga."
⁵"Heer, we weten niet eens waar u naar toe gaat," zei Tomas, "hoe kunnen we dan de weg daarheen weten?"

⁶"Ik ben de weg, de waarheid en het leven," antwoordde Jezus. "Iemand kan alleen naar de Vader gaan via mij. ⁷Als je mij zou kennen, zou je ook mijn Vader kennen. Van nu af aan ken je hem; je hebt hem gezien."

⁸"Heer, laat ons de Vader zien; meer verlangen we niet," zei Filippus.

⁹"Filippus, nu ben ik zo lang bij jullie geweest, en je kent me nog niet? Wie mij heeft gezien, heeft de Vader gezien. Hoe kun je dan vragen: 'Laat ons de Vader zien'? ¹⁰Geloof je niet dat ik in de Vader ben, en dat de Vader in mij is? Wat ik tegen jullie zeg, zeg ik niet op eigen gezag, maar op gezag van de Vader die in mij woont en door mij werkt. ¹¹Neem van mij aan dat ik in de Vader ben en dat de Vader in mij is. Geloof het anders maar om wat ik doe. ¹²Ik verzeker je: wie in mij gelooft, zal doen wat ik doe; ja, hij zal nog grotere dingen doen, want ik ga naar de Vader. ¹³En ik zal alles doen wat je met een beroep op mij zult vragen; dan zal de glorie van de Vader openbaar worden in de Zoon. ¹⁴Als je met een beroep op mij iets vraagt, zal ik het voor je doen."

De Geest van de waarheid

¹⁵"Als je mij liefhebt, doe je wat ik je opdraag. ¹⁶Op mijn verzoek zal de Vader jullie een ander zenden, iemand die jullie bijstaat en altijd bij je blijft: de Geest van de waarheid. ¹⁷De wereld kan hem niet ontvangen, omdat ze hem niet ziet of kent. Maar jullie kennen hem, want hij woont bij jullie en zal in jullie leven.

¹⁸"Ik laat je niet als wezen achter; ik kom bij je terug. ¹⁹Nog even, en dan ziet de wereld mij niet meer. Maar jullie blijven mij zien, omdat ik leef en ook jullie zullen leven. ²⁰Op die dag zullen jullie weten dat ik in mijn Vader ben, en jullie in mij en ik in jullie.

²¹"Wie zich aan mijn geboden houdt en ze gehoorzaamt, die heeft mij lief, en als iemand mij liefheeft, zal mijn Vader hem liefhebben. Ook ik zal hem liefhebben en mij aan hem doen kennen."

²²Judas – niet Judas Iskariot – vroeg: "Heer, hoe komt het dat

u zich wel aan ons doet kennen en niet aan de wereld?"

²³"Wie mij liefheeft," antwoordde Jezus, "zal mijn woorden ter harte nemen. Mijn Vader zal hem liefhebben, en mijn Vader en ik zullen naar hem toegaan en bij hem gaan wonen. ²⁴Wie mij niet liefheeft, geeft geen gehoor aan mijn woorden. Wat jullie mij horen zeggen, zijn mijn woorden niet, maar de woorden van de Vader die mij gezonden heeft.

²⁵"Ik heb jullie dat verteld, omdat ik nu nog bij je ben. ²⁶Maar de heilige Geest die de Vader in mijn naam zal zenden, die zal jullie bijstaan en alles leren; hij zal je alles te binnen brengen wat ik je heb verteld. ²⁷Vrede laat ik bij jullie achter; mijn eigen vrede geef ik jullie, maar niet op de wijze van de wereld. Maak je niet ongerust en wees niet bang. ²⁸Je hebt me horen zeggen: 'Ik ga weg en kom weer bij je terug.' Als jullie van me hielden, zou je blij zijn dat ik naar de Vader ga, want de Vader is groter dan ik. ²⁹Ik vertel het je nu al, nog voor het gebeurt; als het dan gebeurt, zul je geloven. ³⁰Er is niet veel tijd meer om met jullie te praten, want de heerser van deze wereld is op komst. Hij heeft mij niet in zijn macht; ³¹maar de wereld moet weten dat ik de Vader liefheb en dat ik precies doe wat hij me heeft opgedragen.

"Sta op, laten we hier weggaan."

Jezus, de ware wijnstok

15 "Ik ben de ware wijnstok en mijn Vader is de wijnbouwer. ²Elke dorre rank snijdt hij van mij af; de vruchtdragende ranken snoeit hij bij en zuivert hij om ze nog meer te laten opleveren. ³Jullie zijn al gezuiverd door de boodschap die ik jullie gebracht heb. ⁴Blijf met mij verbonden, dan blijf ik het met jullie. Een rank kan alleen maar vrucht dragen als hij met de wijnstok verbonden is – los niet. Zo kunnen ook jullie alleen maar vrucht dragen als je met mij verbonden bent.

⁵"Ik ben de wijnstok, jullie zijn de ranken. Als iemand met mij verbonden blijft en ik met hem, zal hij veel vrucht dragen; los van mij zijn jullie tot niets in staat. ⁶Wie niet met mij verbonden blijft, wordt weggegooid als een dorre rank. Zulke ranken worden bij elkaar geharkt en in het vuur gegooid waarin ze verbranden. ⁷Als jullie in mij blijven en als jullie mijn woorden in gedachte houden, kun je alles vragen wat je wilt, en je zult het krijgen. ⁸Het is de glorie van mijn Vader als je veel vrucht draagt en je zo mijn leerlingen toont. ⁹Ik heb jullie lief zoals de Vader mij liefheeft. Blijf trouw aan mijn liefde. ¹⁰Als je je aan mijn geboden houdt, blijf je trouw

aan mijn liefde, zoals ook ik trouw ben gebleven aan de liefde van mijn Vader door mij aan zijn geboden te houden.

[11]"Met-wat ik jullie heb gezegd, wil ik mijn blijdschap in jullie overbrengen; dan zal jullie blijdschap volmaakt zijn. [12]Mijn opdracht aan jullie is: heb elkaar lief zoals ik jullie heb liefgehad. [13]Je kunt je vrienden niet meer liefhebben dan wanneer je je leven voor hen geeft. [14]En jullie zijn mijn vrienden, als je doet wat ik je opdraag. [15]Ik noem jullie niet langer knechten, want een knecht weet niet wat zijn baas doet. Nee, ik noem jullie vrienden, omdat ik jullie alles heb verteld wat ik van mijn Vader gehoord heb. [16]Jullie hebben niet mij, maar ik heb jullie uitgekozen, en ik heb jullie opgedragen erop uit te gaan en te zorgen voor een grote opbrengst, een opbrengst die je niet verloren mag laten gaan. En de Vader zal jullie alles geven wat je hem vraagt in mijn naam. [17]Dit is mijn opdracht aan jullie: heb elkaar lief."

Door de wereld gehaat

[18]"Als de wereld jullie haat, denk er dan aan, dat ze mij eerst heeft gehaat. [19]Als jullie deel uitmaakten van de wereld, zou de wereld jullie liefhebben als haar eigen bezit. Maar de wereld haat jullie juist, omdat ik jullie uit de wereld heb uitgekozen en jullie geen deel meer van haar uitmaken. [20]Denk aan wat ik gezegd heb: 'Een

knecht staat niet boven zijn baas.' Als ze mij hebben vervolgd, zullen ze jullie ook vervolgen; als ze mijn boodschap hebben aanvaard, zullen ze jullie boodschap ook aanvaarden. ²¹Maar dat alles zullen ze jullie aandoen, omdat je in mijn naam komt, want zij kennen niet degene die mij gezonden heeft. ²²Ze zouden geen schuld hebben als ik niet gekomen was en tot hen gesproken had. Maar nu hebben ze geen uitvlucht voor hun zonde. ²³Wie mij haat, haat ook mijn Vader. ²⁴Had ik niet bij hen gedaan wat nog niemand anders heeft gedaan – ze zouden onschuldig zijn. Maar ze hebben het nu met eigen ogen gezien, en toch mij en mijn Vader gehaat. ²⁵Er staat echter in hun wet geschreven: 'Ze hebben mij zonder reden gehaat,' en dat moet vervuld worden.

²⁶"Als ik bij de Vader ben, zal ik jullie de Geest van de waarheid zenden die van de Vader uitgaat. Hij zal komen om jullie bij te staan en om mijn getuige te zijn. ²⁷Ook jullie zullen mijn getuigen zijn, omdat je vanaf het eerste begin bij me bent geweest.

16 "Ik heb jullie dat allemaal verteld, omdat ik wil voorkomen dat je je geloof verliest. ²Ze zullen je uit de synagoge weren, en er komt zelfs een tijd dat iemand die jullie doodt, denkt daarmee God gediend te hebben. ³Tot zulke dingen komen ze, omdat ze de Vader niet kennen en ook mij niet. ⁴Ik vertel je dit alles nu – dan zul je, als hun tijd gekomen is, nog eens terugdenken aan mijn woorden."

Het werk van de heilige Geest

"Ik heb in het begin hierover niet met jullie gesproken, omdat ik bij jullie was. ⁵Maar nu ga ik naar hem die mij gezonden heeft. Toch vraagt niemand van jullie: 'Waar gaat u heen?' ⁶Nee, jullie zijn alleen van droefheid vervuld om wat ik je gezegd heb. ⁷Maar het is de waarheid: het is beter voor jullie dat ik wegga. Want als ik niet wegga, zal degene die jullie moet bijstaan, niet komen. ⁸Maar als ik ga, zal ik hem naar jullie toe zenden. Bij zijn komst zal hij de mensen hun onjuiste gedachten over zonde, recht en oordeel duidelijk maken. ⁹Hun zonde is dat zij niet in mij geloven; ¹⁰recht is dat ik naar de Vader ga en jullie mij niet meer zien; ¹¹het oordeel luidt dat de heerser van deze wereld is veroordeeld.

¹²"Ik heb jullie nog veel te zeggen, maar jullie kunnen het nog niet verwerken. ¹³Maar wanneer de Geest van de waarheid komt, zal hij jullie de weg wijzen naar de volle waarheid. Hij zal niet op eigen gezag spreken, hij zal alleen vertellen wat hij hoort, en de dingen die komen gaan, bekendmaken. ¹⁴Hij zal mij verheerlij-

ken, want alles wat hij jullie bekendmaakt, heeft hij van mij. ¹⁵Alles wat de Vader heeft, is van mij; daarom zeg ik jullie dat hij alles wat hij jullie bekendmaakt, van mij heeft."

Verdriet en blijdschap

¹⁶"Nog even en je ziet me niet meer; weer even en je ziet me terug."
¹⁷"Wat bedoelt hij daarmee?" zeiden een paar van zijn leerlingen. "'Nog even en je ziet me niet meer, en weer even en je ziet me terug,' en ook: 'Ik ga naar de Vader'? ¹⁸Wat betekent toch dat 'Nog even'? We weten niet waar hij het over heeft."

¹⁹Jezus wist dat ze hem iets wilden vragen, en hij zei tegen hen: "Vragen jullie je de betekenis af van mijn woorden: 'Nog even en je ziet me niet meer, en weer even en je ziet me terug'? ²⁰Ik verzeker jullie: je zult huilen en schreien, maar de wereld zal blij zijn. Je zult verdriet hebben, maar je verdriet zal in blijdschap veranderen. ²¹Een vrouw in barensweeën heeft het moeilijk; het is haar uur om pijn te lijden. Maar wanneer het kind er eenmaal is, denkt ze niet meer aan haar pijn, blij als ze is dat ze een mens ter wereld heeft gebracht. ²²Zo is het ook met jullie: nu heb je het moeilijk, maar als ik jullie weer terugzie, zullen jullie blij zijn en die blijdschap zal niemand je afnemen.

²³"Op die dag zullen jullie me geen vragen meer stellen. Geloof mij: iets wat je met een beroep op mij aan de Vader vraagt, zal hij je geven. ²⁴Tot nu toe hebben jullie niets in mijn naam gevraagd. Doe het maar en je zult het krijgen, en dan zal je blijdschap volmaakt zijn."

Ik heb de wereld overwonnen

²⁵"Tot nu toe heb ik altijd in bedekte termen gesproken; maar er komt een tijd dat ik dat niet meer doen zal, maar jullie in duidelijke bewoordingen over de Vader zal spreken. ²⁶Op die dag zullen jullie zelf met een beroep op mij de Vader om iets vragen, en hoef ik het niet meer voor je te doen, ²⁷want de Vader zelf heeft jullie lief, omdat jullie mij liefhebben en geloven dat ik bij God vandaan ben gekomen. ²⁸Ik ben van de Vader uitgegaan en naar de wereld gekomen. Ik verlaat de wereld weer en ga terug naar de Vader."

²⁹"Nu praat u tenminste begrijpelijk en gebruikt u geen beeldspraak meer," zeiden zijn leerlingen. ³⁰"Nu weten we dat u alles weet en dat het niet nodig is u vragen te stellen. Daarom geloven wij dat u van God gekomen bent."

³¹"Nu geloven jullie?" antwoordde Jezus. ³²"Er komt een tijd –

en die tijd is er al – dat jullie uiteengejaagd worden en ieder zijn eigen weg gaat en mij alleen laat. Toch ben ik niet alleen, want de Vader is met mij. ³³Dit zeg ik jullie met de bedoeling dat je in mij vrede vindt.

"De wereld zal het je moeilijk maken. Maar houd moed! Ik heb de wereld overwonnen!"

Jezus bidt voor zijn leerlingen

17 Toen hij dat gezegd had, sloeg hij zijn ogen op naar de hemel: "Vader," zei hij, "mijn tijd is gekomen. Verheerlijk uw Zoon, dan zal uw Zoon u verheerlijken. ²U hebt hem macht gegeven over alle mensen, macht om eeuwig leven te geven aan allen die u hem hebt toevertrouwd. ³En dit is eeuwig leven: dat de mensen u kennen, u, de enige ware God, en Jezus Christus, die u gezonden hebt. ⁴Vader, ik heb u hier op aarde verheerlijkt door het werk te volbrengen dat u mij had opgedragen. ⁵Geef mij nu daar waar u bent de glorie die ik had bij u, voor de wereld bestond.

⁶"Ik heb u bekendgemaakt aan de mensen die u mij uit de wereld gegeven hebt. Zij waren van u, en u hebt ze mij toevertrouwd. Zij hebben uw boodschap aanvaard, ⁷en nu weten zij dat alles wat u mij hebt gegeven, van u komt. ⁸Ik heb hun gezegd wat u mij te zeggen gaf, en zij hebben mijn woorden aanvaard; zij weten dat het waar is dat ik bij u vandaan ben gekomen, en zij geloven dat u mij hebt gezonden.

⁹"Ik bid voor hen. Ik bid niet voor de wereld, maar voor hen die u mij hebt toevertrouwd, want ze zijn van u. ¹⁰Alles wat van mij is, is van u, en alles wat van u is, is van mij, en mijn glorie werd in hen openbaar. ¹¹Ik blijf niet langer in de wereld, ik ga naar u toe, zij blijven in de wereld. Heilige Vader, bescherm hen die u mij toevertrouwde als uw eigendom. Laat hen één zijn zoals wij. ¹²Toen ik bij hen was, heb ik hen die u mij toevertrouwde als uw eigendom beschermd; ik heb over hen gewaakt en niet één van hen is verloren gegaan behalve de man die al verloren was omdat de Schrift moest worden vervuld. ¹³En nu kom ik naar u toe, en ik zeg dit alles nu ik nog in de wereld ben, want ik wil dat ze die volmaakte blijdschap hebben die ik heb. ¹⁴Ik heb hun uw boodschap doorgegeven, en de wereld haat hen omdat zij net als ik niet tot de wereld behoren. ¹⁵Ik vraag niet dat u hen uit de wereld wegneemt, maar dat u hen beschermt tegen de duivel ¹⁶Zij behoren net als ik niet tot de wereld. ¹⁷Laten zij u toegewijd zijn door middel van de waarheid; uw boodschap is de waarheid

¹⁸Ik zend hen de wereld in zoals u mij naar de wereld hebt gezonden. Voor hen wijd ik mij aan u toe; ¹⁹dan zullen ook zij u toegewijd zijn door de waarheid.

²⁰"Ik bid niet voor hen alleen, maar ook voor degenen die door hun prediking in mij geloven. ²¹Vader, laten ze allen één zijn zoals u en ik één zijn. Laat hen één zijn in ons; dan zal de wereld geloven dat u mij hebt gezonden. ²²De glorie die u mij hebt gegeven, heb ik hun gegeven met de bedoeling dat ze één zijn zoals wij: ²³ik in hen en u in mij. Zo zullen ze volmaakt één zijn, en dan zal de wereld weten dat u mij gezonden hebt en dat u hen hebt liefgehad zoals u mij hebt liefgehad.

²⁴"Vader, u hebt ze mij toevertrouwd, en ik wil dat zij zullen zijn waar ik ben; dan kunnen ze mijn glorie zien die u mij gegeven hebt, omdat u mij hebt liefgehad voor de schepping van de wereld. ²⁵Rechtvaardige Vader, de wereld kent u wel niet, maar ik ken u, en zij weten dat u mij gezonden hebt. ²⁶Ik heb hun bekendgemaakt wie u bent en ik zal dat blijven doen, want ik wil dat zij de liefde in zich hebben die u voor mij hebt, en dat ik in hen ben."

Jezus wordt gearresteerd
(Matteüs 26 : 47–56; Marcus 14 : 43–50; Lucas 22 : 47–53)

18 Na dit gebed ging Jezus met zijn leerlingen naar buiten, naar de overkant van de beek Kidron. Daar was een boomgaard die hij met zijn leerlingen in ging. ²Ook Judas, zijn verrader, kende die plek, want Jezus en zijn leerlingen waren daar vaak bij elkaar gekomen. ³Judas trok er dus ook heen, met een groep soldaten en met mensen van de tempelwacht, geleverd door de opperpriesters en de Farizeeërs. Ze waren uitgerust met wapens, fakkels en lantaarns. ⁴Jezus, die wist wat hem allemaal te wachten stond, ging de boomgaard uit, hen tegemoet: "Wie moet u hebben?" vroeg hij.

⁵"Jezus van Nazaret," antwoordden ze.

"Dat ben ik," zei hij.

Judas, de verrader, stond er ook bij. ⁶Bij Jezus' woorden: "Dat ben ik," deinsden ze terug en vielen tegen de grond. ⁷"Wie moet u hebben?" vroeg hij nogmaals.

"Jezus van Nazaret," klonk het opnieuw.

⁸"Ik heb u al gezegd dat ik dat ben," antwoordde hij. "Als het om mij gaat, laat hen dan gaan." ⁹Zo ging in vervulling wat hij eens gezegd had: "Van hen die u mij hebt toevertrouwd, heb ik niemand verloren laten gaan."

¹⁰Toen trok Simon Petrus zijn zwaard; hij trof de knecht van de hogepriester en sloeg diens rechteroor eraf. Malchus heette de man. ¹¹"Steek je zwaard weer in de schede," zei Jezus tegen Petrus. "Denk je dat ik de lijdensbeker zal weigeren die de Vader mij te drinken heeft gegeven?"

Jezus voor Annas

¹²De afdeling soldaten met de bevelvoerende officier en de mensen van de tempelwacht arresteerden Jezus en deden hem de boeien om. ¹³Toen brachten ze hem eerst naar Annas; Annas was de schoonvader van Kajafas, die dat jaar hogepriester was, ¹⁴dezelfde Kajafas die de Joden de raad had gegeven: "Het is beter dat er één man sterft voor het volk."

Petrus beweert Jezus niet te kennen
(Matteüs 26 : 69–70; Marcus 14 : 66–68; Lucas 22 : 55–57)

¹⁵Simon Petrus en een andere leerling volgden Jezus. Die andere leerling was een kennis van de hogepriester; daarom ging hij samen met Jezus de binnenplaats op van het huis van de hogepriester. ¹⁶Petrus bleef buiten bij de ingang staan. De andere leerling, bekend met de hogepriester, kwam naar buiten, praatte met de portierster en bracht Petrus naar binnen. ¹⁷"Ben jij ook niet een leerling van die man?" vroeg het meisje bij de poort aan Petrus. "Nee," zei Petrus. ¹⁸Omdat het koud was, hadden de knechten en de bewakers een vuur van houtskool aangelegd waar ze zich bij stonden te warmen. Ook Petrus ging erbij staan om zich te warmen.

Jezus wordt door Annas ondervraagd
(Matteüs 26 : 59–66; Marcus 14 : 55–64; Lucas 22 : 66–71)

¹⁹De hogepriester stelde Jezus vragen over zijn volgelingen en zijn leer.

²⁰"Ik heb altijd in het openbaar gesproken," antwoordde Jezus. "Steeds heb ik onderricht gegeven in een synagoge of in de tempel, waar alle Joden bij elkaar komen. Ik heb nooit iets in het geheim gezegd. ²¹Waarom ondervraagt u mij dan? Vraag mijn toehoorders wat ik hun verteld heb. Zij weten wat ik heb gezegd."

²²Toen hij dat zei, gaf een van zijn bewakers hem een klap in het gezicht. "Is dat een manier om de hogepriester te antwoorden?" zei hij.

²³"Als ik iets verkeerd gezegd heb, verklaar dan wat verkeerd was," antwoordde Jezus hem. "Maar als het juist is wat ik zei, waarom slaat u me dan?"

²⁴Toen stuurde Annas hem geboeid naar Kajafas, de hogepriester.

Petrus verloochent Jezus opnieuw
(Matteüs 26 : 71–75; Marcus 14 : 69–72; Lucas 22 : 58–62)

²⁵Petrus stond zich nog steeds bij het vuur te warmen. "Ben jij ook niet één van zijn leerlingen?" vroeg men hem. "Welnee!" ontkende Petrus.

²⁶"Heb ik je niet bij hem in de boomgaard gezien?" vroeg een van de dienaars van de hogepriester, een familielid van de man van wie Petrus een oor had afgeslagen. ²⁷Maar Petrus ontkende opnieuw, en meteen kraaide er een haan.

Jezus voor Pilatus
(Matteüs 27 : 1–2, 11–14; Marcus 15 : 1–5; Lucas 23 : 1–5)

²⁸Van Kajafas brachten ze Jezus naar het paleis van de goeverneur. Het was vroeg in de morgen. Zelf gingen zij niet naar binnen; ze moesten ritueel rein blijven, anders konden ze het paasmaal niet eten. ²⁹Daarom kwam Pilatus voor hen naar buiten. "Waar beschuldigt u deze man van?" vroeg hij.

³⁰"Als hij geen misdadiger was, zouden we hem niet bij u voorgeleid hebben," antwoordden zij.

³¹"Houd hem dan zelf en berecht hem volgens uw eigen wet." "We hebben het recht niet iemand ter dood te brengen."

³²Zo kwamen die woorden van Jezus uit waarin hij had aangegeven op welke manier hij zou sterven.

³³Pilatus ging weer naar binnen en liet Jezus bij zich roepen: "Bent u de koning van de Joden?"

³⁴"Stelt u deze vraag uit uzelf of hebben anderen u over mij ingelicht?"

³⁵"Ben ik soms een Jood? Het zijn uw eigen landgenoten, uw eigen opperpriesters die u bij mij hebben voorgeleid. Wat hebt u gedaan?"
³⁶"Mijn koningschap is niet van deze wereld. Als dat zo was, hadden mijn dienaars wel gevochten om me uit de handen van de Joden te houden. Nee, mijn koningschap vindt zijn oorsprong niet hier."
³⁷"U bent dus wel een koning?"
"U zegt dat ik koning ben. Mijn taak is het te getuigen van de waarheid. Daarvoor ben ik geboren en in de wereld gekomen. Iedereen die hart heeft voor de waarheid, luistert naar mij."
³⁸"Wat is waarheid?" vroeg Pilatus.

Jezus ter dood veroordeeld
(Matteüs 27 : 15–31; Marcus 15 : 6–20; Lucas 23 : 13–25)

Toen ging Pilatus weer naar buiten, naar de Joden. "Ik kan niets vinden waaraan hij zich heeft schuldig gemaakt," zei hij tegen hen. ³⁹"Maar het is de gewoonte dat ik met Pasen iemand voor jullie vrijlaat. Wat willen jullie? Zal ik de koning van de Joden vrijlaten?"
⁴⁰"Nee, hem niet!" schreeuwden ze opnieuw. "We willen Barabbas!" Barabbas was een politieke misdadiger.

19 Toen liet Pilatus Jezus geselen. ²De soldaten vlochten een krans van doornige takken, zetten die op zijn hoofd, en deden hem een purperrode mantel om. ³Ze liepen naar hem toe en zeiden: "Hulde, koning van de Joden!" en ze sloegen hem in het gezicht.

⁴Pilatus kwam weer naar buiten en zei tegen de Joden: "Ik breng hem hier voor u om te laten zien dat hij volgens mij onschuldig is." ⁵Jezus kwam naar buiten met de krans van doornen op en de purperrode mantel om. "Dit is nu de man!" zei Pilatus tegen hen. ⁶Toen de opperpriesters en hun mannen hem zagen, schreeuwden zij: "Aan het kruis met hem! Aan het kruis met hem!"
"Neem hem dan mee en kruisig hem zelf," zei Pilatus, "want volgens mij is hij onschuldig."

⁷"We hebben een wet," antwoordden de Joden, "die zegt dat hij moet sterven, omdat hij zich heeft uitgegeven voor de Zoon van God."

⁸Toen Pilatus dat hoorde, werd hij nog banger. ⁹Hij ging zijn paleis weer binnen en vroeg aan Jezus: "Waar komt u vandaan?" Maar Jezus gaf hem geen antwoord. ¹⁰"Wilt u niet tegen mij praten?" zei Pilatus. "Weet u niet dat ik de macht heb om u vrij te laten, maar ook om u te laten kruisigen?"

¹¹"U zou helemaal geen macht over mij hebben, als die u niet van boven af gegeven was," antwoordde Jezus. "Daarom ligt de grootste schuld bij de man die mij aan u heeft uitgeleverd."

¹²Van dat moment af deed Pilatus alle moeite om hem vrij te laten. Maar de Joden schreeuwden: "Als u hem vrijlaat, bent u geen vriend van de keizer! Ieder die zich voor koning uitgeeft, komt in verzet tegen de keizer!" ¹³Toen hij dat hoorde, liet Pilatus Jezus naar buiten brengen; hij nam plaats op de rechterstoel, op het zo geheten Stenen Plaveisel, "Gabbata" in het Aramees. ¹⁴Het was ongeveer twaalf uur in de middag van de dag vóór Pasen. "Hier is uw koning," zei Pilatus tegen de Joden.

[15]"Weg met hem, weg met hem!" schreeuwden zij. "Aan het kruis met hem!"
"Moet ik uw koning dan laten kruisigen?" vroeg Pilatus.
"De enige koning die we hebben is de keizer!" antwoordden de opperpriesters.
[16]Toen leverde hij Jezus aan hen uit om hem te kruisigen.

Jezus aan het kruis
(Matteüs 27 : 32-44; Marcus 15 : 21-32; Lucas 23 : 26-43)

Ze namen Jezus mee. [17]Zelf droeg hij de kruisbalk de stad uit naar de zogenaamde Schedelplaats, die in het Aramees "Golgota" heet. [18]Daar hingen ze hem aan het kruis, samen met twee anderen, de een links, de ander rechts, Jezus in het midden. [19]Pilatus had ook een bord met een opschrift laten maken dat op het kruis werd vastgemaakt. De tekst ervan luidde: "Jezus van Nazaret, de koning van de Joden." [20]Dat werd door heel wat Joden gelezen, want de plek waar Jezus werd gekruisigd, lag even buiten de stad; het stond er in het Aramees, in het Latijn en in het Grieks. [21]De Joodse opperpriesters zeiden tegen Pilatus: "Er moet niet staan: 'De koning van de Joden', maar: 'Hij heeft gezegd: Ik ben de koning van de Joden.'"
[22]"Wat ik geschreven heb, blijft geschreven," antwoordde Pilatus.
[23]Toen de soldaten Jezus gekruisigd hadden, pakten zij zijn kleren en verdeelden die in vieren, elke soldaat een stuk. Toen bleef zijn

tuniek nog over. Ze was aan één stuk geweven en had nergens een naad. ²⁴"Die moet heel blijven," zeiden de soldaten tegen elkaar. "Laten we erom loten wie haar krijgt." Hierdoor is uitgekomen wat er in de Schrift staat:

"Zij hebben mijn kleren onder elkaar verdeeld;
ze hebben gedobbeld om mijn mantel."

Dat hebben de soldaten gedaan.

²⁵Bij Jezus' kruis stonden zijn moeder met haar zuster, Maria de vrouw van Klopas en Maria van Magdala. ²⁶Toen Jezus zijn moeder zag en de leerling die hij liefhad, zei hij tegen zijn moeder: "Vrouw, dat is uw zoon," en tegen zijn leerling: "Dat is je moeder." ²⁷Van die dag af heeft de leerling haar bij zich in huis opgenomen.

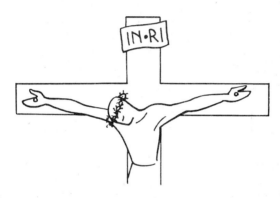

Jezus' dood
(Matteüs 27 : 45-56; Marcus 15 : 33-41; Lucas 23 : 44-49)

²⁸Jezus wist dat nu alles volbracht was, en om de Schrift in vervulling te laten gaan riep hij: "Ik heb dorst." ²⁹Er stond daar een kruik vol landwijn; ze maakten er een spons mee nat, staken die op een hysoptak en brachten de spons aan zijn lippen. ³⁰Toen hij van die wijn gedronken had, zei hij: "Het is volbracht!" Toen boog hij zijn hoofd en gaf de geest.

De doorboring van Jezus' zij

³¹Het was de dag waarop men alles voor het paasfeest klaarmaakte, en de Joden wilden niet dat de lichamen op sabbat aan het kruis bleven hangen, vooral omdat deze sabbat een heel bijzondere was. Daarom vroegen ze Pilatus toestemming om de ledematen van de

gekruisigden te breken en hen van het kruis af te halen. ³²De soldaten gingen eerst naar de mannen die samen met Jezus gekruisigd waren en sloegen zowel van de een als van de ander de ledematen stuk. ³³Maar toen ze bij Jezus kwamen, zagen ze dat hij al gestorven was, en ze braken daarom zijn ledematen niet. ³⁴Een van de soldaten stak echter zijn lans in Jezus' zij, en meteen liep er bloed en water uit. ³⁵Voor de waarheid daarvan staat iemand in die het met eigen ogen gezien heeft, en zijn verklaring is geloofwaardig: hij weet dat hij de waarheid spreekt en wil ook u tot geloof brengen. ³⁶Want dat is gebeurd om de Schrift in vervulling te laten gaan. Die zegt immers: "Van hem zal geen been gebroken worden." ³⁷En op een andere plaats staat in de Schrift: "Ze zullen opzien naar hem die ze doorstoken hebben."

Jezus wordt in een graf gelegd
(Matteüs 27 : 57–61; Marcus 15 : 42–47; Lucas 23 : 50–56)

³⁸Daarna vroeg Jozef van Arimatea aan Pilatus of hij het lichaam van Jezus mocht weghalen. Hij was een volgeling van Jezus, maar in het geheim, omdat hij bang was voor de Joden. Pilatus gaf zijn

toestemming en Jozef nam het lichaam mee. ³⁹Nikodemus, de man die Jezus vroeger 's nachts had opgezocht, ging ook mee. Hij had een mengsel bij zich van mirre en aloë, ruim dertig kilo. ⁴⁰Ze haalden het lichaam van Jezus van het kruis af en wikkelden het met de balsems in linnen doeken, want dat is bij de Joden de gewoonte als ze iemand gaan begraven. ⁴¹Vlak bij de plek waar Jezus was gekruisigd, lag een boomgaard, en in die boomgaard was een nieuw rotsgraf waarin nog niemand was bijgezet. ⁴²Omdat het voor de Joden bijna sabbat was en het graf dichtbij, legden ze Jezus daarin neer.

Het lege graf
(Matteüs 28 : 1–8; Marcus 16 : 1–8; Lucas 24 : 1–12)

20 ’s Zondagsmorgens vroeg al – het was nog donker – ging Maria Magdalena naar het graf en zag dat de steen voor de ingang was weggerold. ²Vlug liep ze naar Simon Petrus en naar de andere leerling, van wie Jezus bijzonder veel hield. "Ze hebben de Heer uit het graf weggehaald," zei ze tegen hen, "en we weten niet waar ze hem hebben neergelegd." ³Petrus en de andere leerling gingen op weg naar het graf. ⁴Allebei liepen ze hard, maar de andere leerling sneller dan Petrus. Hij kwam het eerst bij het rotsgraf aan, ⁵en toen hij zich voorover boog, zag hij de linnen doeken liggen. Hij ging echter niet naar binnen. ⁶Simon Petrus kwam achter hem aan en ging het graf wel binnen. Hij zag de linnen doeken liggen ⁷en ook de doek die om Jezus' hoofd had gelegen. Die lag niet bij de andere, maar apart opgerold. ⁸Toen ging ook de andere leerling naar binnen, die het eerst bij het graf was aangekomen; hij zag en geloofde. ⁹Want de Schrift die zegt dat hij van de dood moest opstaan, hadden zij nog niet begrepen. ¹⁰Toen gingen de leerlingen naar huis terug.

Jezus verschijnt aan Maria Magdalena
(Matteüs 28 : 9–10; Marcus 16 : 9–11)

¹¹Maria was buiten bij het graf blijven staan en huilde. Onder het huilen boog zij zich voorover naar het graf ¹²en zag twee engelen in het wit gekleed; ze zaten op de plaats waar het lichaam van Jezus had gelegen, de een aan het hoofd-, de ander aan het voeteneinde.

¹³"Vrouw, waarom huilt u?" vroegen ze haar.

"Ze hebben mijn Heer weggehaald," antwoordde ze, "en ik weet niet waar ze hem hebben neergelegd." ¹⁴Toen ze dat gezegd had, keerde ze zich om en zag Jezus staan, maar ze wist niet dat het Jezus was.

¹⁵"Vrouw, waarom huilt u?" vroeg Jezus haar. "Wie zoekt u?" Zij dacht dat het de tuinman was en zei: "Meneer, als u hem hebt

weggehaald, vertel me dan waar u hem hebt neergelegd, dan zal ik hem terughalen."
¹⁶"Maria!" zei Jezus tegen haar.
Zij draaide zich om en zei in het Aramees: "Rabboeni!" Dat betekent: "Meester!"
¹⁷"Houd me niet langer vast," zei Jezus, "want ik ben nog niet naar de Vader opgestegen. Maar ga naar mijn broeders, en vertel hun dat ik nu spoedig zal opstijgen naar mijn Vader die ook jullie Vader is, naar mijn God die ook jullie God is."

¹⁸Maria van Magdala ging de leerlingen vertellen dat ze de Heer had gezien en wat hij tegen haar gezegd had.

Jezus verschijnt aan zijn leerlingen
(Matteüs 28 : 16–20; Marcus 16 : 14–18; Lucas 24 : 36–49)

¹⁹Die zondagavond zaten de leerlingen bij elkaar. Ze hadden de deuren op slot, omdat ze bang waren voor de Joden. Toen kwam Jezus; hij stond ineens in hun midden. "Ik wens jullie vrede," zei hij. ²⁰Na die begroeting liet hij hun zijn handen zien en zijn zij.

Toen ze de Heer zagen, waren de leerlingen blij. ²¹"Ik wens jullie vrede," zei Jezus opnieuw. "Zoals de Vader mij gezonden heeft, zo zend ik jullie." ²²Bij deze woorden blies hij over hen: "Ontvang de heilige Geest. ²³Als je iemand zijn zonden vergeeft, zijn ze vergeven; als je ze niet vergeeft, zijn ze niet vergeven."

Jezus en Tomas

²⁴Een van de twaalf, Tomas die de Tweeling werd genoemd, was er niet bij toen Jezus bij hen kwam. ²⁵"We hebben de Heer gezien,"

zeiden de andere leerlingen tegen hem. Maar hij antwoordde: "Alleen als ik in zijn handen de littekens van de spijkers zie en mijn vinger erin kan steken en als ik met mijn hand in zijn zij kan, zal ik het geloven."

²⁶Een week later zaten zijn leerlingen weer binnen en Tomas was bij hen. Opnieuw komt Jezus. De deuren waren gesloten maar hij stond ineens in hun midden. "Ik wens jullie vrede," zei hij. ²⁷Toen richtte hij zich tot Tomas: "Leg je vinger hier en kijk naar mijn handen; steek je hand uit en kom ermee in mijn zij. Wees niet langer ongelovig, maar geloof!" ²⁸"Mijn Heer en mijn God!" zei Tomas. ²⁹"Geloof je omdat je me gezien hebt?" antwoordde Jezus hem. "Hoe gelukkig zijn zij die geloven zonder te zien!"

De bedoeling van dit boek

³⁰Jezus heeft in het bijzijn van zijn leerlingen nog veel andere machtige werken gedaan die niet in dit boek staan opgetekend. ³¹Maar wat hier staat beschreven heeft dit doel: dat u gelooft dat Jezus de Christus is, de Zoon van God, en dat u door te geloven leven hebt in hem.

Jezus verschijnt bij het meer van Tiberias

21 Daarna vertoonde Jezus zich nog eens aan zijn leerlingen bij het Meer van Tiberias. Dat gebeurde zo. ²De volgende leerlingen waren bij elkaar: Simon Petrus, Tomas, de Tweeling geheten, Natanaël van Kana in Galilea, de twee zonen van Zebedeüs en nog twee andere leerlingen van Jezus. ³"Ik ga vissen," zei Simon Petrus tegen de anderen. "We gaan met je mee," antwoordden ze. Ze gingen aan boord, maar vingen die nacht niets. ⁴Het begon al dag te worden toen Jezus aan de oever stond, maar de leerlingen wisten niet dat hij het was.

⁵"Jongelui, hebben jullie wat vis voor me?" vroeg Jezus hun. "Nee," antwoordden ze.

⁶"Gooi het net aan stuurboord uit," zei hij, "dan zul je iets vangen." Dat deden ze en ze konden het net niet meer binnenhalen, zoveel vissen zaten erin. ⁷De leerling van wie Jezus bijzonder veel hield, zei tegen Petrus: "Het is de Heer!" Toen Simon Petrus hoorde dat het de Heer was, deed hij zijn bovenkleren aan – die had hij uitgetrokken – en sprong overboord. ⁸De andere leerlingen kwamen met de boot, het net met vissen achter zich aan trekkend. Ze waren niet ver van land, ongeveer honderd meter. ⁹Toen ze aan land stapten, zagen ze een vuur van houtskool met vis en brood erop.

¹⁰"Breng wat van de vis die je net hebt gevangen," beval Jezus hun. ¹¹Simon Petrus ging aan boord en trok het net aan land; het zat vol grote vissen, honderddrieënvijftig stuks. Ondanks dat aantal was het net niet gescheurd. ¹²"Kom eten!" zei Jezus tegen hen. Geen van zijn leerlingen durfde hem vragen: "Wie bent u?" Ze

wisten dat het de Heer was. ¹³Hij nam het brood en gaf het hun; hetzelfde deed hij met de vis.

¹⁴Dat was nu de derde keer dat Jezus zich aan zijn leerlingen vertoonde na zijn opstanding uit de dood.

Jezus en Petrus

¹⁵Toen ze gegeten hadden, vroeg Jezus aan Simon Petrus: "Simon, zoon van Johannes, heb je mij meer lief dan zij?"
"Ja, Heer, u weet dat ik u liefheb."
"Weid dan mijn lammeren."
¹⁶Opnieuw vroeg Jezus hem: "Simon, zoon van Johannes, heb je mij lief?"
"Ja, Heer, u weet dat ik van u houd."
"Hoed dan mijn schapen."
¹⁷Voor de derde maal vroeg Jezus hem: "Simon, zoon van Johannes, heb je mij lief?"
Toen werd Petrus verdrietig omdat Jezus hem voor de derde maal vroeg: "Heb je mij lief?" "Heer, u weet alles," antwoordde hij, "u weet ook dat ik u liefheb."
"Weid dan mijn schapen. ¹⁸En geloof mij: toen je jong was, kleedde je jezelf aan en ging je je eigen weg; maar als je oud bent, zul je je handen uitstrekken; een ander zal je aankleden en je naar een plaats brengen waar je niet graag heen gaat." ¹⁹Met deze woorden gaf Jezus aan door welke dood Petrus God zou verheerlijken.

Jezus en de andere leerling

Toen zei Jezus tegen Petrus: "Volg mij!" ²⁰Petrus draaide zich om en zag dat de leerling van wie Jezus bijzonder veel hield, volgde. Het was dezelfde leerling die bij het paasmaal dichter tegen Jezus had aangeleund en hem gevraagd had: "Heer, wie zal u verraden?" ²¹Toen Petrus hem zag, vroeg hij aan Jezus: "Heer, wat gaat er met hem gebeuren?" ²²"Als ik hem in leven wil houden tot ik kom, dan is dat jouw zaak niet!" antwoordde Jezus hem. "Volg jij mij nu maar!" ²³Zo verbreidde zich onder de volgelingen van Jezus het verhaal dat deze leerling niet zou sterven. Maar Jezus had niet gezegd dat hij niet zou sterven, maar: "Als ik hem in leven wil houden tot ik kom, dan is dat jouw zaak niet."

²⁴Het is deze leerling die van dat alles getuigt en het heeft opgeschreven. En wij weten dat zijn verklaringen waar zijn.

Slot

²⁵Jezus heeft nog veel meer gedaan, maar als dat allemaal stuk voor stuk werd opgeschreven, zou de wereld, denk ik, plaats te kort komen voor de boeken die dan geschreven zouden moeten worden.

De Handelingen van de apostelen

1 In mijn eerste boek, Teofilus, heb ik geschreven over alles wat Jezus gedaan en geleerd heeft, vanaf de tijd dat hij zijn werk begon ²tot de dag waarop hij werd opgenomen in de hemel. Vóór zijn hemelvaart had hij door de heilige Geest eerst nog aanwijzingen gegeven aan de mannen die hij als zijn apostelen had uitgekozen. ³Aan hen had hij zich na zijn dood vele malen laten zien, waardoor hij hun overtuigend bewees dat hij leefde. Hij verscheen hun veertig dagen lang en sprak met hen over het koninkrijk van God.

⁴Eens toen hij bij hen was, beval hij hun Jeruzalem niet te verlaten. "Jullie moeten wachten," zei hij, "op wat mijn Vader jullie heeft beloofd en waarover ik jullie verteld heb. ⁵Want Johannes heeft gedoopt met water, maar jullie zullen binnenkort worden gedoopt met heilige Geest."

Jezus wordt opgenomen in de hemel

⁶Toen Jezus en de apostelen bij elkaar waren, vroegen zij hem: "Heer, gaat u nu weer het koningschap voor Israël instellen?" ⁷"Het komt jullie niet toe," antwoordde hij, "de tijden en de momenten te kennen die de Vader – en hij alleen – heeft vastgesteld. ⁸Maar wanneer de heilige Geest over jullie komt, zul je kracht krijgen, en jullie zullen getuigenis van mij afleggen in Jeruzalem, in heel Judea en Samaria, ja, tot het einde van de wereld." ⁹Na deze woorden zagen ze dat hij werd omhooggeheven; een wolk nam hem mee en hij verdween uit het gezicht.

¹⁰Terwijl ze hem bij zijn vertrek naar de hemel nastaarden, stonden er plotseling twee mannen in witte kleren bij hen. ¹¹"Mannen van Galilea," zeiden ze, "waarom staan jullie naar de hemel te kijken? Jezus is van jullie weggenomen en naar de hemel gegaan, maar zoals jullie hem naar de hemel hebben zien opstijgen, zo zal hij terugkomen."

De opvolger van Judas

¹²Toen gingen ze van de berg naar Jeruzalem terug. Die berg heet de Olijfberg en ligt vlak bij Jeruzalem, op nog geen kilometer afstand. ¹³In de stad aangekomen, gingen ze naar het bovenvertrek, waar zij tijdelijk woonden. Petrus, Johannes, Jakobus en Andreas,

Filippus en Tomas, Bartolomeüs en Matteüs, Jakobus, de zoon van Alfeüs, Simon de verzetsstrijder, en Judas, de zoon van Jakobus: ¹⁴ze waren allemaal bij elkaar en hielden niet op met bidden. In hun gezelschap waren enkele vrouwen onder wie de moeder van Jezus. Zijn broers waren er ook.

¹⁵Op een van die dagen stond Petrus op in de kring van de verzamelde gelovigen – een groep van ongeveer honderdtwintig personen. ¹⁶"Mijn broeders," begon hij, "de Schrift moet in vervulling gaan waarin de heilige Geest bij monde van David een voorspelling heeft gedaan over Judas, die de weg heeft gewezen aan degenen die Jezus gevangen namen. ¹⁷Judas behoorde tot ons college en hem was dezelfde taak ten deel gevallen als ons. ¹⁸Met het geld dat hij voor zijn misdaad kreeg, kocht hij een stuk land; hij viel voorover en barstte open, en al zijn ingewanden kwamen naar buiten. ¹⁹Het werd bekend aan alle inwoners van Jeruzalem, en zo noemden ze dat stuk grond in hun eigen taal Akeldama, wat 'Bloedgrond' betekent.

²⁰"Want er staat in het boek van de Psalmen geschreven:
'Laat zijn landgoed een woestenij worden,
laat geen mens er wonen,'
en:
'Laat een ander zijn taak overnemen.'
²¹⁻²²"Daarom moeten we er iemand bij hebben die samen met ons kan getuigen van de opstanding van de Heer Jezus. Hij moet tot de mannen behoren die altijd bij ons zijn geweest toen de Heer met ons omging, vanaf het moment dat Johannes hem doopte tot de dag waarop hij van ons werd weggenomen."

²³Er werden er twee voorgesteld: Jozef, die Barsabbas heette en ook Justus werd genoemd, en Mattias. ²⁴"Heer," baden ze, "u kent alle harten! Wijs een van de twee aan als degene die door u is uitgekozen ²⁵om de taak van apostel over te nemen van Judas, die zijn post heeft verlaten om te gaan naar de plaats waar hij thuishoort." ²⁶Men liet ze loten en het lot viel op Mattias, die werd toegevoegd aan de elf apostelen.

De komst van de heilige Geest

2 Toen de Pinksterdag aanbrak, waren ze allemaal bij elkaar. ²Plotseling kwam er uit de hemel een geluid alsof er een hevige wind opstak, en het huis waar ze zaten, werd er helemaal vol van. ³En er verscheen hun iets dat leek op vuur: het verdeelde zich in vlammen en kwam op ieder van hen neer. ⁴Ze werden allemaal

vervuld van heilige Geest en begonnen te spreken in vreemde talen, zoals de Geest hun ingaf.

⁵Er verbleven toen in Jeruzalem vrome Joden uit alle delen van de wereld. ⁶Op dat geluid liepen de mensen te hoop en ze raakten opgewonden, want iedereen hoorde de apostelen spreken in zijn eigen taal. ⁷Ze waren stomverbaasd en zeiden verwonderd: "Dat zijn toch allemaal Galileeërs die daar spreken? ⁸Hoe kan ieder van ons hen dan horen in zijn moedertaal? ⁹Er zijn hier Parten, Meden en Elamieten, inwoners van Mesopotamië, Judea en Kappadocië, Pontus en Asia, ¹⁰Frygië en Pamfylië, Egypte en de streken van Lybië bij Cyrene; er zijn bezoekers uit Rome, ¹¹Joden zowel als heidenen die tot het Jodendom zijn toegetreden, Kretenzen en Arabieren – toch horen we hen in onze eigen talen spreken over de grote daden van God!" ¹²Ze waren allemaal stomverbaasd en wisten er geen raad mee, en ze zeiden tegen elkaar: "Wat kan dat betekenen?" ¹³Maar anderen merkten spottend op: "Ze hebben teveel gedronken!"

De toespraak van Petrus

¹⁴Toen kwam Petrus met de elf andere apostelen naar voren en sprak hen met luide stem toe: "Joden en alle bewoners van Jeruzalem, luister naar mij en schenk aandacht aan wat ik u te zeggen heb. ¹⁵Deze mannen zijn niet dronken, zoals u veronderstelt; het is pas negen uur in de morgen. ¹⁶Nee, wat hier gebeurt, heeft de profeet Joël al voorspeld:

¹⁷'Dit zal er gebeuren in de laatste dagen, zegt God:
Ik zal over iedereen mijn Geest uitstorten;
uw zonen en dochters zullen profeteren,
de jongeren onder u zullen visioenen zien,
en de ouderen zullen droomgezichten hebben.
¹⁸Zelfs over mijn slaven en slavinnen
zal ik in die dagen mijn Geest uitstorten,
en ze zullen profeteren.
¹⁹Ik zal wonderen laten zien aan de hemel
en machtige werken beneden op aarde:
bloed, vuur en rookwalm.
²⁰De zon zal veranderen in duisternis
en de maan in bloed,
voordat de grote en ontzagwekkende dag van de Heer komt.
²¹En dan zal iedereen die de naam van de Heer aanroept,
gered worden.'

²²"Israëlieten, luister naar mijn woorden. Jezus van Nazaret was een man wiens goddelijke zending u duidelijk is gemaakt door de machtige werken, wonderen en tekenen die God door hem bij u heeft gedaan, zoals u wel weet. ²³Hij werd overeenkomstig het raadsbesluit en de voorkennis van God uitgeleverd, en geholpen door goddeloze mensen, hebt u hem aan het kruis geslagen en gedood. ²⁴Maar God heeft hem uit het graf doen opstaan en hem bevrijd uit de pijnen van de dood. Het was onmogelijk dat de dood hem in zijn macht zou houden. ²⁵Want David zegt over hem:
  'Ik heb de Heer altijd voor ogen gehad;
  hij staat aan mijn rechterzijde,
  zodat ik niet zal wankelen.
²⁶Daarom verheugt zich mijn hart
  en juicht mijn mond;
  ja, mijn sterfelijk lichaam zal rusten in hoop,
²⁷want u zult mijn ziel niet achterlaten in het schimmenrijk
  en uw toegewijde dienaar niet de ontbinding laten ondergaan.
²⁸U hebt mij wegen gewezen die naar het leven leiden,
  en uw nabijheid zal mij met vreugde vervullen.'
²⁹"Dat onze voorvader David gestorven is en begraven, mijn broeders, kunnen wij niet ontkennen: zijn graf ligt hier bij ons tot op de dag van vandaag. ³⁰Hij was een profeet en wist dat God hem

had gezworen dat een direkte afstammeling van hem zijn troon zou bestijgen. ³¹Hij zag in de toekomst en sprak dan ook over de opstanding van de Christus, toen hij zei dat

'hij niet in het schimmenrijk zou worden achtergelaten
en zijn lichaam niet tot ontbinding zou overgaan.'

³²"Hij, Jezus, is door God uit het graf opgewekt; daarvan zijn we hier allemaal getuigen. ³³Hoog verheven aan Gods rechterhand, heeft hij van de Vader de heilige Geest ontvangen, zoals beloofd was. En wat u ziet en hoort, is de gave die hij over ons heeft uitgestort. ³⁴Want David zelf is niet naar de hemel opgestegen; hij zegt:

'De Heer zegt tegen mijn Heer:
Ga aan mijn rechterzijde zitten,
³⁵totdat ik uw vijanden als een voetbank
onder uw voeten leg.'

³⁶"Voor het hele volk van Israël moet het dus vaststaan dat deze Jezus die u gekruisigd hebt, door God tot Heer en Christus is gemaakt!"

³⁷Bij het horen hiervan waren ze diep onder de indruk. "Wat moeten we doen?" vroegen ze aan Petrus en de andere apostelen. ³⁸"Begin een nieuw leven," antwoordde Petrus, "en laat u dopen in de naam van Jezus Christus om vergeving te krijgen van uw zonden; en u zult de heilige Geest geschonken krijgen. ³⁹Want God heeft zijn belofte gedaan aan u en uw kinderen, en aan allen die ver weg zijn – aan allen die de Heer, onze God, tot zich zal roepen."

⁴⁰Met nog veel andere woorden legde hij getuigenis af, en hij deed de dringende oproep: "Laat u redden uit deze verdorven wereld!" ⁴¹Zij die zijn boodschap aanvaardden, werden gedoopt; die dag kwamen er ongeveer drieduizend bij. ⁴²Ze legden zich ijverig toe op wat de apostelen leerden, en namen deel aan het gemeenschapsleven: de maaltijden en de gebeden.

Het leven van de eerste christenen

⁴³De apostelen deden veel wonderen en machtige werken, wat iedereen met ontzag vervulde. ⁴⁴Allen die tot geloof waren gekomen, sloten zich nauw aaneen en hadden alles gemeenschappelijk. ⁴⁵Ze verkochten hun hebben en houden en deelden het geld aan allen uit al naar gelang van ieders behoefte. ⁴⁶Iedere dag brachten ze met elkaar door in de tempel, hun maaltijden gebruikten ze bij elkaar aan huis en hun voedsel aten ze met vreugde en in eenvoud van hart. ⁴⁷Ze prezen God en stonden in de gunst bij het hele volk. En dagelijks vergrootte de Heer het aantal geredden.

De genezing van een verlamde

3 Eens, tegen drie uur in de middag, het uur van het gebed, gingen Petrus en Johannes naar de tempel. ²Daar was een man die vanaf zijn geboorte verlamd was en gedragen moest worden. Elke dag legde men hem neer bij de tempelpoort, de "Schone Poort", waar hij de bezoekers van de tempel om geld vroeg. ³Toen hij Petrus en Johannes de tempel zag binnengaan, vroeg hij om een aalmoes.

⁴Petrus en Johannes vestigden hun ogen op hem. "Kijk ons aan," zei Petrus. ⁵Hij keek naar hen op, in de verwachting iets van hen te krijgen. ⁶Maar Petrus zei: "Goud of zilver heb ik niet; maar wat ik heb, zal ik je geven: in de naam van Jezus Christus van Nazaret, ga lopen!" ⁷Hij pakte hem bij de rechterhand en hielp hem opstaan. Onmiddellijk kwam er kracht in zijn voeten en enkels: ⁸hij sprong op, stond overeind en begon te lopen. Hij ging met hen de tempel binnen: hij liep te springen, en prees God. ⁹Al het volk zag hem lopen en God prijzen. ¹⁰Ze herkenden hem als de man die altijd bij de tempel aan de Schone Poort zat te bedelen, en waren uitermate verbaasd over wat er met hem gebeurd was.

Petrus' toespraak in de tempel

¹¹Terwijl de man Petrus en Johannes vasthield, liep al het volk stomverbaasd op hen toe, bij de zogeheten Zuilenhal van Salomo.

¹²Bij het zien hiervan zei Petrus tegen het volk: "Israëlieten, waarom bent u hierover verbaasd? Waarom staat u ons aan te kijken alsof wij door eigen kracht of vroomheid hebben bewerkt dat deze man loopt? ¹³De God van Abraham, Isaak en Jakob, de God van onze voorvaderen, heeft de hoogste eer bewezen aan zijn dienaar Jezus. U hebt hem uitgeleverd, en hem tegenover Pilatus verloochend, toen deze had besloten hem vrij te laten. ¹⁴Hij was heilig en rechtvaardig, maar u hebt hem verworpen en Pilatus verzocht om de vrijlating van een moordenaar. ¹⁵U hebt hem, die de weg wees naar het leven, gedood, maar God heeft hem uit de dood opgewekt; daarvan zijn wij getuigen. ¹⁶Door zijn naam en door het geloof in zijn naam heeft deze man die u ziet en kent, zijn kracht herkregen; het geloof dat door die naam is gewekt, heeft hem volledig hersteld, zoals u allemaal kunt zien.

¹⁷"Nu, achteraf, weet ik, dat zowel u als uw leiders hebben gehandeld uit onwetendheid. ¹⁸Maar zo heeft God in vervulling laten gaan wat hij bij monde van alle profeten heeft voorzegd: dat zijn Christus zou lijden. ¹⁹Begin dus een nieuw leven en keer terug naar God om kwijtschelding van uw zonden te krijgen. ²⁰Dan zal de Heer zorgen voor tijden van opleving, en de Christus zenden die hij voor u bestemd heeft: Jezus. ²¹Hij moet in de hemel blijven wachten totdat de tijd aanbreekt waarop alles vernieuwd wordt en waarover God door zijn heilige profeten lang geleden heeft gesproken. ²²Want Mozes heeft gezegd: 'De Heer, uw God, zal iemand van uw eigen volk als profeet naar u toesturen, juist zoals hij mij heeft gestuurd. U moet luisteren naar alles wat hij u zeggen zal. ²³Maar iedereen die niet naar die profeet luistert, zal uit het volk gestoten worden en gedood.'

²⁴"Alle profeten, te beginnen bij Samuël, en verder alle anderen die een boodschap hadden, hebben deze tijd aangekondigd. ²⁵U deelt in de belofte die God aan de profeten gedaan heeft en u valt onder het verbond dat God met uw voorvaders heeft gesloten toen hij tegen Abraham zei: 'In uw nakomeling zullen alle volken op aarde worden gezegend.' ²⁶U bent de eersten naar wie God zijn dienaar heeft gezonden om u te zegenen, door u allen van uw slechte wegen af te brengen."

Petrus en Johannes voor de Hoge Raad

4 Ze waren het volk nog aan het toespreken, toen de priesters, de kommandant van de tempelwacht en de Sadduceeërs op hen afkwamen. ²Ze waren erover ontstemd dat de apostelen het volk

onderwezen en de opstanding uit de dood verkondigden, de opstanding van Jezus. ³Ze namen hen gevangen en stelden hen tot de volgende dag in verzekerde bewaring, want het was al avond. ⁴Maar velen die de boodschap gehoord hadden, werden gelovig; het hele aantal kwam op ongeveer vijfduizend man.

⁵De volgende dag kwamen de Joodse autoriteiten, de leden van de Raad en de schriftgeleerden in Jeruzalem bijeen; ⁶ook de hogepriester Annas, en verder Kajafas, Johannes en Alexander, en alle anderen die tot de familie van de hogepriester behoorden. ⁷Ze lieten de apostelen voorbrengen en vroegen: "Wie of wat heeft u de kracht gegeven dat te doen?" ⁸Vervuld van heilige Geest, antwoordde Petrus hun: "Autoriteiten en leiders van het volk! ⁹Vandaag worden wij verhoord in verband met een weldaad, bewezen aan een zieke man. Waardoor is hij genezen? ¹⁰Daarop geef ik u allen en het hele volk van Israël als antwoord: deze man staat gezond en wel voor u in de kracht van de naam van Jezus Christus uit Nazaret, die door u is gekruisigd maar door God uit de dood is opgewekt. ¹¹Deze Jezus is, zoals de Schrift zegt:

'De steen die door u, de bouwlieden, is weggegooid,
maar die de belangrijkste steen is geworden.'

¹²Bij hem alleen is redding, want aan de mensen op aarde is maar één naam gegeven waardoor ze gered zullen worden."

¹³De leden van de Raad waren verbaasd. Enerzijds zagen ze hoe vrijmoedig Petrus en Johannes spraken, anderzijds vernamen ze dat het analfabeten en leken waren. Ze herkenden hen als metgezellen van Jezus, ¹⁴maar ze zagen ook de genezen man bij hen staan. Daardoor konden zij niets tegen de woorden van Petrus en Johannes inbrengen. ¹⁵Ze gaven hun bevel de zitting te verlaten en begonnen met elkaar te overleggen: ¹⁶"Wat moeten we met die mannen beginnen? Alle inwoners van Jeruzalem weten dat ze een wonder gedaan hebben; het is een publiek feit en we kunnen het niet ontkennen. ¹⁷Maar om te voorkomen dat het onder het volk verder wordt verspreid, zullen we hun waarschuwen met geen mens meer in naam van Jezus te spreken." ¹⁸Ze lieten hen binnenroepen en zeiden hun dat ze onder geen enkele voorwaarde in hun gesprekken of onderricht de naam van Jezus mochten noemen.

¹⁹"Kunnen we het voor God verantwoorden," wierpen Petrus en Johannes hun tegen, "u meer te gehoorzamen dan hem? Oordeel zelf! ²⁰Wij kunnen onmogelijk voor ons houden wat we gezien en gehoord hebben."

²¹Na een laatste waarschuwing lieten ze hen vrij. Ze zagen geen

mogelijkheid hen te straffen, doordat het volk eenstemmig God prees om wat er gebeurd was. ²²Want de man die door dat wonder was genezen, was meer dan veertig jaar oud.

Het gebed van de gelovigen

²³Eenmaal vrij gingen ze naar hun vrienden terug en deden verslag van alles wat de opperpriesters en de leden van de Raad tegen hen gezegd hadden. ²⁴Toen ze dat gehoord hadden, verhieven ze als één man hun stem tot God:
"Heer, die hemel, aarde en zee gemaakt hebt en al wat er in is, ²⁵u hebt door de heilige Geest bij monde van uw dienaar, onze voorvader David, gezegd:
'Waarom gaan de naties tekeer
en beramen de volken ijdele plannen?
²⁶De koningen van de aarde hebben zich opgesteld
en de heersers hebben gemene zaak gemaakt
tegen de Heer en zijn Christus.'
²⁷"Inderdaad, ze hebben in deze stad gemene zaak gemaakt tegen uw heilige dienaar Jezus, die door u is gezalfd: Herodes en Pontius Pilatus samen met de heidense naties en het volk van Israël. ²⁸Zij voerden uit wat u in uw macht had besloten en waarvan u tevoren de loop had bepaald.
²⁹"Nu bidden wij u, Heer, sla acht op hun dreigementen en help uw dienaars uw boodschap met alle vrijmoedigheid te verkondigen. ³⁰Steek uw hand uit zodat er genezingen en machtige werken en wonderen gebeuren door de naam van uw heilige dienaar Jezus."

³¹Na hun gebed schudde de plaats waar ze bij elkaar waren. Ze werden allemaal vervuld van de heilige Geest en verkondigden vrijmoedig de boodschap van God.

Het kommuneleven

³²De groep van gelovigen was één van hart en ziel; niemand eiste iets voor zichzelf op, maar ze deelden alles met elkaar. ³³Met grote kracht legden de apostelen getuigenis af van de opstanding van de Heer Jezus, en God zegende ze allemaal overvloedig. ³⁴En onder hen was niemand die gebrek leed. Want wie landerijen of huizen bezaten, verkochten ze ³⁵en overhandigden het geld dat de verkoop had opgebracht, aan de apostelen. En iedereen kreeg zoveel toebedeeld als hij nodig had.

³⁶Zo was er een zekere Jozef die door de apostelen Barnabas werd genoemd, wat "man van troost" betekent; hij was een leviet,

afkomstig uit Cyprus. De akker die hij bezat, verkocht hij en het geld bracht hij bij de apostelen.

Ananias en Saffira

5 Maar een ander, Ananias, de man van een zekere Saffira, hield na de verkoop van een stuk land ²een deel van de opbrengst achter, met medeweten van zijn vrouw, en overhandigde de rest aan de apostelen. ³"Ananias," zei Petrus, "waarom heeft Satan uw hart vervuld en u ertoe gebracht de heilige Geest te bedriegen en een deel van de opbrengst achter te houden? ⁴Was het land vóór de verkoop niet uw eigendom en kon u na de verkoop niet met het geld doen wat u wilde? Wat heeft u bezield om zo te handelen? U hebt geen mensen bedrogen, maar God!" ⁵Bij het horen van die woorden viel Ananias dood neer. En allen die ervan hoorden, waren diep onder de indruk. ⁶Een paar jongemannen stonden op en legden een kleed over hem heen; toen droegen ze hem weg en begroeven hem.

⁷Ongeveer drie uur later kwam Ananias' vrouw binnen, onkundig van wat er gebeurd was.

⁸"Is dat de prijs waarvoor jullie dat land hebben verkocht?" vroeg Petrus haar.

"Ja," antwoordde ze, "dat is het."

⁹"Waarom hebben jullie afgesproken de Geest van de Heer op de proef te stellen?" hernam Petrus. "Hoor! Voor de deur klinken de voetstappen van hen die uw man begraven hebben, en ook u zullen ze uitdragen."

¹⁰Meteen viel ze dood aan zijn voeten neer. Binnengekomen troffen de jongemannen haar dood aan; ze droegen haar weg en begroeven haar bij haar man. ¹¹De hele gemeente was diep onder de indruk; ook allen die ervan hoorden.

Wonderbaarlijke genezingen

¹²Door toedoen van de apostelen gebeurden er veel opmerkelijke en wonderlijke dingen onder het volk. Alle gelovigen kwamen bij elkaar in de Zuilenhal van Salomo. ¹³Geen buitenstaander durfde zich bij hen aan te sluiten, maar het volk sprak waarderend over hen. ¹⁴Steeds groter werd de groep mannen en vrouwen die geloofden in de Heer. ¹⁵Het kwam zelfs zover, dat de mensen de zieken de straat opdroegen en ze op draagbedden en slaapmatten neerlegden, in de hoop dat als Petrus voorbijkwam, zijn schaduw op een van hen zou vallen. ¹⁶Ook het volk uit de steden rond Jeruzalem

stroomde toe. Ze brachten zieken mee en personen die gekweld werden door duivelse geesten, en die vonden allemaal genezing.

De apostelen worden vervolgd

[17]Toen gingen de hogepriester en al zijn kollega's, leden van de partij der Sadduceeërs, tot aktie over. Vervuld van afgunst, [18]lieten ze de apostelen arresteren en in de gevangenis opsluiten. [19]Maar 's nachts opende een engel van de Heer de deuren van de gevangenis en bracht hen naar buiten. [20]"Ga naar de tempel," zei hij, "en vertel aan het volk alles over dit nieuwe leven." [21]De apostelen gaven hieraan gehoor: tegen de ochtend gingen ze de tempel in en begonnen met hun onderricht.

Intussen riepen de hogepriester en zijn kollega's de Hoge Raad bijeen, dat wil zeggen de hele senaat van het Joodse volk. Vervolgens stuurden ze agenten naar de gevangenis om de apostelen voor te brengen. [22]Maar daar aangekomen, troffen die de apostelen niet in de cel aan. Ze gingen terug en meldden: [23]"We vonden de gevangenis op slot: alles was veilig en de bewakers stonden voor de deuren. Maar toen we die geopend hadden, vonden we niemand." [24]Bij het horen hiervan vroegen de kommandant van de tempelwacht en de opperpriesters zich verwonderd af, wat er met de apostelen kon zijn gebeurd. [25]Toen kwam er iemand met het bericht: "De

mannen die u gevangen hebt laten zetten, staan in de tempel het volk te onderrichten!" [26]De kommandant ging hen met zijn soldaten halen, maar zonder geweld, want ze waren bang dat het volk hen anders zou stenigen. [27]Ze brachten de apostelen op en leidden hen voor de Hoge Raad. De hogepriester nam hun een verhoor af.

[28]"Wij hebben u uitdrukkelijk verboden onderricht te geven in deze

naam," zei hij tegen hen. "En wat is er gebeurd? U hebt uw leer over heel Jeruzalem verbreid en wilt ons de dood van deze man ten laste leggen."

²⁹"Wij moeten God meer gehoorzamen dan mensen," antwoordden Petrus en de apostelen. ³⁰"U hebt Jezus om het leven gebracht door hem aan het kruis te hangen. Maar de God van onze voorvaderen heeft hem opgewekt ³¹en hem als leidsman en redder verheven aan zijn rechterhand, om Israël gelegenheid te geven een nieuw leven te beginnen en vergeving voor zijn zonden te krijgen. ³²Wij zijn van deze feiten getuigen, en ook de heilige Geest, die God geeft aan wie hem gehoorzamen."

³³Bij het horen hiervan ontstaken ze in woede en wilden hen doden. ³⁴Maar één van de leden van de Raad stond op; het was een Farizeeër, Gamaliël geheten, een wetgeleerde die de achting had van het hele volk. Hij gaf opdracht de mannen voor een ogenblik te verwijderen.

³⁵"Israëlieten," zei hij tegen de anderen, "wees voorzichtig met wat u tegen deze mannen gaat ondernemen. ³⁶Een tijd geleden wierp Teudas zich op; hij beweerde iets bijzonders te zijn, en een groep van ongeveer vierhonderd man sloot zich bij hem aan. Maar hij werd om het leven gebracht, al zijn aanhangers werden uiteengejaagd en zijn beweging liep dood. ³⁷Na hem hadden we Judas uit Galilea; dat was in de tijd van de volkstelling. Hij wist enige aanhang te krijgen, maar ook hij kwam om en al zijn volgelingen werden verstrooid. ³⁸In het huidige geval zeg ik u: blijf van deze mannen af en laat ze vrij. Want wat ze willen of doen, zal verdwijnen als het mensenwerk is. ³⁹Maar als God er achter staat, zult u hen niet klein kunnen krijgen; het zou kunnen blijken dat u tegen God aan het vechten was."

Ze volgden zijn raad op, ⁴⁰lieten de apostelen binnenroepen en hen geselen. Daarna verboden ze hun te spreken in de naam van Jezus en lieten hen toen gaan. ⁴¹De apostelen verlieten de raadszaal, blij dat ze deze smadelijke behandeling hadden mogen ondergaan om de naam Jezus. ⁴²Elke dag gingen ze in de tempel en huis aan huis door met hun onderricht en verkondigden ze het grote nieuws dat Jezus de Christus is.

De keuze van zeven helpers

6 In die tijd toen het aantal leerlingen groeide, rezen er bij de Joden die Grieks spraken, bezwaren tegen de Joden die Hebreeuws spraken. Ze klaagden dat hun weduwen bij de dagelijkse

ondersteuning verwaarloosd werden. ²De twaalf apostelen riepen alle leerlingen bij elkaar. "Het is niet juist als wij de verkondiging van Gods boodschap opgeven om de voedselvoorziening op ons te nemen," zeiden ze. ³"Kies dus uit uw midden zeven mannen die goed bekend staan en vol zijn van Geest en wijsheid. We zullen hen met die taak belasten, ⁴maar wijzelf zullen ons volledig wijden aan het gebed en ons inzetten voor de verkondiging." ⁵Iedereen stemde met dat voorstel in, en ze kozen Stefanus, een man met een groot geloof en vol van de heilige Geest, verder Filippus, Prochorus, Nikanor, Timon, Parmenas en Nikolaüs van Antiochië, een heiden die tot het Jodendom was overgegaan. ⁶Ze stelden hen aan de apostelen voor, die hun na gebed de handen oplegden.

⁷De boodschap van God vond steeds meer verspreiding: het aantal leerlingen in Jeruzalem breidde zich sterk uit en een grote groep priesters nam het geloof aan.

Stefanus wordt gevangen genomen

⁸Stefanus was vervuld van Gods zegen en kracht, en verrichtte grote wonderen en daden onder het volk. ⁹Maar sommigen kwamen tegen hem in verzet. Het waren leden van de zogenaamde synagoge der Libertijnen, waartoe Joden uit Cyrene en Alexandrië behoorden. Zij en Joden van Cilicië en Asia begonnen met Stefanus een twistgesprek, ¹⁰maar ze konden niet op tegen de wijsheid en de bezieling waarmee hij sprak. ¹¹Toen kochten ze enkele mannen om. En die gingen zeggen: "We hebben hem Mozes en God horen lasteren." ¹²Daarmee brachten ze onrust onder het volk met zijn leiders en schriftgeleerden. Ze kwamen op hem af, sleurden hem mee en brachten hem voor de Hoge Raad. ¹³Ze zorgden voor valse getuigen die zeiden: "Deze man oefent zonder ophouden kritiek uit op deze heilige plaats en de wet. ¹⁴We hebben hem horen zeggen dat die Jezus van Nazaret deze plek zal afbreken en de gebruiken zal veranderen die Mozes ons heeft overgeleverd." ¹⁵Allen die zitting hadden in de Hoge Raad, vestigden hun blik op Stefanus en zagen dat zijn gezicht leek op dat van een engel.

De redevoering van Stefanus

7 "Is dat zo?" vroeg de hogepriester hem.
²"Broeders en vaders," antwoordde hij, "luister! God, aan wie de glorie toebehoort, is verschenen aan onze voorvader Abraham, die in Mesopotamië woonde en zich nog niet in Haran had gevestigd. ³God zei tegen hem: 'Verlaat uw land en familie, en trek naar

het land dat ik u wijzen zal.' ⁴Abraham verliet het gebied van de Chaldeeën en ging in Haran wonen, en God liet hem na de dood van zijn vader verhuizen naar dit land waar u nu woont. ⁵God gaf hem daarvan geen grond in eigendom, nog geen meter. Wel beloofde hij dat hij eens het land aan hem en zijn nageslacht in bezit zou geven. Abraham had toen nog geen zoon. ⁶Letterlijk zei God tegen hem: 'Uw nakomelingen zullen wonen in een vreemd land. Daar zullen ze de bevolking als slaven dienen en ze zullen er slecht behandeld worden, vierhonderd jaar lang. ⁷Dan zal ik het volk dat zij moeten dienen, straffen en daarna zullen zij er wegtrekken en mij op deze plek aanbidden.' ⁸En hij sloot met Abraham een verbond, met de besnijdenis als bezegeling. Zo heeft Abraham zijn zoon Isaak besneden, acht dagen na diens geboorte, en Isaak Jakob en Jakob op zijn beurt de twaalf stamvaders.

⁹"Deze stamvaders hebben uit afgunst Jozef als slaaf naar Egypte verkocht. Maar God verliet hem niet: ¹⁰hij redde hem uit alle moeilijke situaties en zorgde ervoor dat hij door zijn wijsheid in de gunst kwam bij Farao, de koning van Egypte. Deze heeft hem belast met het bestuur van zijn land en hem benoemd tot hoofd van zijn hofhouding. ¹¹In die tijd werden heel Egypte en Kanaän zwaar getroffen door hongersnood, en onze stamvaders hadden niets meer te eten. ¹²Jakob had gehoord dat er in Egypte koren voorradig was, en stuurde er onze stamvaders naar toe. Dat was hun eerste bezoek aan Egypte. ¹³Bij hun tweede bezoek maakte Jozef zich aan zijn broers bekend en zo leerde Farao de familie van Jozef kennen. ¹⁴Jozef liet Jakob, zijn vader, en zijn hele familie overkomen, vijfenzeventig man. ¹⁵Jakob is naar Egypte gegaan, en daar zijn hij en onze stamvaders gestorven. ¹⁶Hun lichamen werden overgebracht naar Sichem en in het graf gelegd dat Abraham gekocht had van de Hemorieten.

¹⁷"Tegen de tijd dat God zijn gelofte aan Abraham zou inlossen, was ons volk in Egypte aanzienlijk in aantal gegroeid. ¹⁸Toen kwam er een koning aan het bewind die Jozef niet had gekend. ¹⁹Hij bedacht tegen ons volk een aantal maatregelen waarmee hij ellende bracht over onze voorouders: ze werden gedwongen hun kinderen te vondeling te leggen, zodat die zouden sterven. ²⁰In die tijd werd Mozes geboren. Het was een heel mooi kind. Hij werd drie maanden thuis verzorgd, ²¹maar toen te vondeling gelegd. De dochter van Farao nam hem op en bracht hem groot als haar eigen zoon. ²²Hem werd al de wijsheid geleerd waarover de Egyptenaren beschikken. En hij werd een machtig man in woord en daad.

²³"Veertig jaar geworden, besloot hij te onderzoeken hoe zijn broeders, de Israëlieten, er aan toe waren. ²⁴Hij zag dat een van hen door een Egyptenaar werd mishandeld. Hij kwam voor het slachtoffer op en nam wraak door de Egyptenaar te doden. ²⁵Hij verkeerde in de mening dat zijn volk zou begrijpen dat God hem gebruikte om het te bevrijden. Maar zij misten dat inzicht. ²⁶De volgende dag zag hij twee Israëlieten met elkaar vechten. Hij probeerde de twist te sussen en zei tegen de mannen: 'Jullie zijn broeders. Waarom tuigen jullie elkaar dan af?' ²⁷Maar de man die op de ander had losgeslagen, duwde Mozes opzij. "Wie heeft jou aangesteld als onze leider en rechter?' vroeg hij. ²⁸'Wil je ook mij soms van kant maken zoals je het gisteren die Egyptenaar deed?' ²⁹Bij die woorden nam Mozes de vlucht en hij ging in Midjan wonen. Daar heeft hij twee zoons gekregen.

³⁰"Veertig jaar later verscheen hem in de woestijn bij de berg Sinaï een engel in de vlammen van een brandende braamstruik. ³¹Hij stond verbaasd over wat hij zag, maar toen hij het verschijnsel van dichterbij wilde bekijken, klonk de stem van de Heer: ³²'Ik ben de God van uw voorouders, de God van Abraham, Isaak en Jakob.' Geschrokken als hij was durfde Mozes niet te gaan kijken. ³³Maar de Heer zei tegen hem: 'Doe uw sandalen uit, want u staat op heilige grond. ³⁴Ik heb gezien dat mijn volk in Egypte er ellendig aan toe is, en gehoord hoe het zucht. Ik ben neergedaald om het te bevrijden. Kom nu dichterbij; ik wil u naar Egypte sturen.'

³⁵"Mozes was door het volk verworpen met de woorden 'Wie heeft je aangesteld tot leider en rechter?' Diezelfde Mozes nu kreeg van God de taak het volk te leiden en te bevrijden met hulp van de engel die hem in het braambos was verschenen. ³⁶Diezelfde Mozes heeft het volk uit Egypte gebracht en daarbij wonderen verricht en machtige daden, in Egypte zelf, maar ook bij de Rode Zee en tijdens de veertig jaar lange woestijntocht. ³⁷Hij is het die tegen de Israëlieten gezegd heeft: 'God zal iemand van uw eigen volk als profeet naar u toe sturen juist zoals hij het mij heeft gedaan.' ³⁸Hij is het ook die in de woestijn in gezelschap was van onze voorouders en van de engel die tot hem sprak op de berg Sinaï. Daar heeft hij woorden gehoord die levend maken en kreeg hij de opdracht ze aan u door te geven.

³⁹"Maar onze voorouders hebben niet naar hem willen luisteren en hebben hem afgewezen. Ze verlangden terug naar Egypte ⁴⁰en zeiden tegen Aäron: 'Maak voor ons goden die ons de weg zullen wijzen, want we weten niet wat er gebeurd is met die Mozes die

ons uit Egypte heeft gebracht.' ⁴¹Toen hebben ze een beeld gemaakt in de vorm van een kalf en het een offer gebracht, en ze waren blij met hun maaksel. ⁴²Maar God heeft zich van hen afgekeerd en hen prijsgegeven, zodat zij de sterren van de hemel aanbaden. Zo staat het in de boekrol van de profeten geschreven:

'Volk van Israël!
Hebt u tijdens de veertig jaar lange woestijntocht
mij soms slachtdieren en offers opgedragen?
⁴³Nee, u hebt de tent van Moloch meegedragen
en de ster van de god Romfa,
beelden die u gemaakt hebt om ze te aanbidden.
Daarom zal ik u wegvoeren, nog verder dan Babylon.'

⁴⁴"Onze voorouders hadden in de woestijn de verbondstent bij zich. In zijn gesprekken met Mozes had de engel hem opgedragen die te maken naar het voorbeeld dat hij hem had laten zien. ⁴⁵Onze voorouders droegen de verbondstent het land binnen dat ze onder aanvoering van Jozua veroverden op de heidense volkeren die God voor hen uitdreef, en ze droegen de tent over van het ene geslacht op het andere tot de tijd van David. ⁴⁶David won de gunst van God en vroeg een woning te mogen vinden voor de God van Jakob. ⁴⁷Maar het is Salomo geweest die een huis voor hem heeft gebouwd.

⁴⁸De Allerhoogste echter kan niet wonen in een maaksel van mensenhanden, zoals de profeet zegt:

⁴⁹'De hemel is mijn troon,
de aarde mijn voetbank.
Wat voor huis wilt u voor mij bouwen,
vraagt de Heer,
of waar is mijn rustplaats?
⁵⁰Heb ik niet alles eigenhandig gemaakt?'

⁵¹"Halsstarrigen! U bent onverbeterlijk en weigert te luisteren. Altijd verzet u zich tegen de heilige Geest, net als uw voorouders. ⁵²Is er één profeet geweest die door onze voorouders niet vervolgd is? Zij hebben degenen gedood die de komst van de Rechtvaardige aankondigden, en de Rechtvaardige zelf hebt u verraden en vermoord. ⁵³Door bemiddeling van engelen hebt u de wet ontvangen, maar u hebt die niet in praktijk gebracht."

⁵⁴Bij het horen hiervan knarsetandden ze van woede tegen hem. ⁵⁵Maar vervuld van heilige Geest sloeg Stefanus zijn ogen op naar de hemel, en hij aanschouwde de glorie van God en zag Jezus staan aan Gods rechterzijde. ⁵⁶"Ik zie de hemel geopend," zei hij, "en de Mensenzoon staan aan de rechterzijde van God." ⁵⁷Maar zij

stopten hun oren dicht en begonnen luidkeels te schreeuwen. Als één man stormden ze op hem af, ⁵⁸sleurden hem de stad uit en stenigden hem. De getuigen gaven hun mantels in bewaring bij een jongeman die Saulus heette. ⁵⁹Toen hij gestenigd werd, bad Stefanus: "Heer Jezus, ontvang mijn geest." ⁶⁰Hij knielde neer en riep luidkeels: "Heer, reken hun deze misdaad niet aan." En met die woorden stierf hij.

8 Ook Saulus keurde de dood van Stefanus goed.

Saulus vervolgt de kerk

Diezelfde dag barstte er een hevige vervolging los tegen de gemeente in Jeruzalem. Allen, behalve de apostelen, werden verjaagd en over Judea en Samaria verspreid. ²Vrome mensen begroeven Stefanus en jammerden luid over zijn dood.

³Maar Saulus probeerde de kerk uit te roeien: hij drong huis na huis binnen en liet mannen en vrouwen weghalen en gevangen zetten.

De verkondiging in Samaria

⁴Degenen die verjaagd waren, brachten overal waar ze kwamen

de boodschap van het evangelie. ⁵Zo kwam Filippus in de stad Samaria en daar verkondigde hij Christus. ⁶Toen de mensen hoorden van zijn wonderen en hem die ook zagen doen, kregen ze alle aandacht voor wat hij te zeggen had. ⁷Want duivelse geesten gingen luid schreeuwend uit veel bezetenen weg, en niet weinig verlamden en kreupelen werden genezen. ⁸En in de stad heerste grote vreugde.

⁹Nu had een zekere Simon daar kort tevoren magie bedreven en de bevolking van Samaria in opperste verbazing gebracht. Hij beweerde iets bijzonders te zijn ¹⁰en alle mensen, klein en groot, luisterden aandachtig naar hem. "Dit is nu wat men noemt de grote kracht van God," zeiden ze. ¹¹En hij had veel aanhang bij de mensen, die al geruime tijd door zijn toverkunsten van de ene verbazing in de andere vielen. ¹²Maar toen Filippus het grote nieuws verkondigd had over het koninkrijk van God en over de naam van Jezus Christus, kwamen ze tot geloof, en zowel mannen als vrouwen lieten zich dopen. ¹³Zelfs Simon geloofde en na zijn doop week hij niet van de zijde van Filippus, en hij stond versteld van de wonderen en machtige daden die hij zag gebeuren.

¹⁴De apostelen in Jeruzalem vernamen, dat Samaria de boodschap van God had ontvangen en vaardigden Petrus en Johannes naar de Samaritanen af. ¹⁵Daar aangekomen, baden Petrus en Johannes dat de Samaritanen de heilige Geest mochten ontvangen. ¹⁶Want de Geest was nog op geen van hen neergekomen. Ze waren alleen maar gedoopt in de naam van de Heer Jezus. ¹⁷Petrus en Johannes legden hun de handen op en zij ontvingen de heilige Geest.

¹⁸Toen Simon zag dat door de handoplegging van de apostelen de Geest werd geschonken, bood hij de apostelen geld aan. ¹⁹"Geef ook mij de macht om de heilige Geest te geven," zei hij. ²⁰"Jij met je geld!" antwoordde Petrus. "Het zal je ondergang zijn dat je denkt Gods gave voor geld te kunnen kopen! ²¹Je hebt aan dit werk part noch deel, want je bent niet oprecht in de ogen van God. ²²Doe boete voor deze slechte daad van je en bid de Heer of hij je wil vergeven wat in je hart is opgekomen. ²³Want ik zie dat je verbitterd bent en verstrikt in oneerlijke praktijken." ²⁴Simon antwoordde: "Bid voor mij tot de Heer en vraag dat mij niets overkomt van wat u mij gezegd hebt."

²⁵Toen zij van de Heer getuigd hadden en zijn boodschap hadden verkondigd, keerden ze naar Jeruzalem terug; onderweg deden ze veel Samaritaanse dorpen aan en maakten er het evangelie bekend.

De minister van de koningin van Ethiopië

²⁶Een engel van de Heer zei tegen Filippus: "Maak u gereed en sla tegen de middag de weg in die afdaalt van Jeruzalem naar Gaza." Dat is de woestijnroute. ²⁷Hij maakte zich klaar en ging op weg. Op een gegeven ogenblik kwam er een Ethiopiër aan. De man was eunuch, een hoge ambtenaar in dienst van de Kandake, de koningin van Ethiopië, en belast met haar financiën. Hij was naar Jeruzalem geweest om God te aanbidden en was nu op de terugweg. ²⁸Op zijn reiswagen las hij hardop uit de profeet Jesaja. ²⁹"Ga naast die wagen lopen," zei de Geest tegen Filippus. ³⁰Hij haalde de wagen vlug in en hoorde de Ethiopiër uit de profeet Jesaja lezen. "Begrijpt u wat u daar leest?" vroeg Filippus hem. ³¹"Hoe zou ik," antwoordde hij, "als niemand mij wegwijs maakt?" Hij verzocht Filippus in te stappen en naast hem te komen zitten. ³²Het schriftgedeelte dat hij las, luidde:

"Als een schaap werd hij naar de slachtbank gebracht.
Geen mond deed hij open,
juist zoals een lam
dat geen geluid geeft onder het scheren.
³³Hij werd vernederd
en hem werd geen recht gedaan.
Wie van ons kan van zijn nageslacht verhalen?
Want aan zijn aards bestaan is een einde gekomen."

³⁴"Vertel me," vroeg de eunuch aan Filippus, "over wie heeft de profeet het hier? Over zichzelf of over een ander?" ³⁵Filippus begon te spreken. Met het gelezen stuk als uitgangspunt vertelde hij hem het grote nieuws over Jezus. ³⁶Onderweg kwamen ze langs een water. "Kijk, hier is water!" zei de eunuch. "Wat is er tegen dat ik gedoopt word?" [³⁷"Niets," antwoordde Filippus, "als u maar met heel uw hart gelooft." De ander antwoordde: "Ik geloof dat Jezus Christus de Zoon is van God."] ³⁸Hij liet de wagen stilhouden. Ze gingen beiden het water in en Filippus doopte de eunuch. ³⁹Toen ze uit het water gekomen waren, nam de Geest van de Heer Filippus weg. De eunuch zag hem niet meer en zette zijn tocht blij voort. ⁴⁰Filippus werd later aangetroffen in Azotus; hij trok het land door en verkondigde het evangelie in alle steden, tot hij in Caesarea kwam.

De bekering van Saulus
(Handelingen 22 : 6-16; 26 : 12-18)

9 Intussen bleef Saulus als een razende de leerlingen van de Heer met de dood bedreigen. Hij ging naar de hogepriester ²en vroeg hem om machtigingsbrieven aan de synagogen van Damascus, zodat hij aanhangers van de nieuwe richting, mannen zowel als vrouwen, gevangen kon nemen en naar Jeruzalem brengen.

³Hij ging op weg, maar toen hij Damascus naderde, straalde er plotseling een hemels licht om hem heen. ⁴Hij viel op de grond en hoorde een stem: "Saul, Saul, waarom vervolg je mij?"

⁵"Wie bent u, Heer?"
"Ik ben Jezus, die jij vervolgt. ⁶Sta op en ga de stad binnen; daar zal je gezegd worden wat je moet doen."
⁷Zijn reisgenoten waren sprakeloos. Ze hadden de stem gehoord maar niemand gezien. ⁸Saulus stond weer op, maar toen hij zijn ogen opendeed, bleek dat hij niets kon zien. Ze namen hem bij de hand en brachten hem in Damascus. ⁹Drie dagen lang was hij blind, en hij at en dronk niets.

¹⁰In Damascus was een leerling die Ananias heette. "Ananias!" zei de Heer tegen hem in een visioen.
"Hier ben ik, Heer."
¹¹"Ga onmiddellijk naar de Rechtestraat, naar het huis van Judas, en vraag daar naar een zekere Saulus uit Tarsus. Hij is in gebed.

[12]Hij heeft een visioen gehad en een man, Ananias geheten, zien binnenkomen die hem de handen oplegde om hem van zijn blindheid te genezen."
[13]"Heer, ik heb van verschillende zijden gehoord hoeveel ellende deze man gebracht heeft over uw mensen in Jeruzalem. [14]En nu is hij hier met een volmacht van de opperpriesters om iedereen te arresteren die uw naam aanroept."
[15]"Ga!" beval de Heer hem. "Want hij is mijn keuze, en een instrument om mijn naam uit te dragen onder volken en koningen, en onder de Israëlieten. [16]En ik zal hem laten zien hoeveel hij voor mij moet lijden."
[17]Zo ging Ananias toch; hij ging het huis binnen en legde Saulus de handen op. "Saul, broeder," zei hij, "de Heer heeft mij gestuurd, Jezus die jou op je reis hierheen is verschenen. Hij wil je van je blindheid genezen en je met heilige Geest vervullen." [18]Meteen verdween de waas voor zijn ogen en hij kon weer zien. Hij stond op en liet zich dopen, [19]en toen hij had gegeten, keerden zijn krachten terug.

Saulus verkondigt in Damascus

Saulus bleef nog enkele dagen bij de leerlingen in Damascus. [20]Al meteen begon hij in de synagogen Jezus te verkondigen. "Deze Jezus is de Zoon van God," zei hij. [21]Bij het horen hiervan stond iedereen verbaasd: "Is hij het niet die in Jeruzalem de mensen uitroeide die deze naam aanroepen? En is hij niet hier naar toe gekomen om ze te arresteren en voor de opperpriesters te leiden?"
[22]Saulus' overtuigingskracht werd steeds groter en zijn bewijzen dat Jezus de Christus is, waren zo sterk dat hij de Joden in Damascus in verlegenheid bracht.
[23]Na verloop van tijd beraamden de Joden een aanslag op zijn leven, [24]maar hun plan kwam hem ter ore. Dag en nacht stonden de Joden bij de stadspoorten op de uitkijk om hem te vermoorden. [25]Maar op een nacht lieten de leerlingen hem over de stadsmuur in een mand naar beneden.

Saulus in Jeruzalem

[26]In Jeruzalem aangekomen, zocht hij aansluiting bij de leerlingen daar. Maar ze gingen hem allemaal uit de weg, omdat ze niet konden geloven dat hij een aanhanger was geworden. [27]Maar Barnabas nam hem mee en bracht hem bij de apostelen. Hij vertelde hun hoe Saulus op weg naar Damascus de Heer had gezien en dat hij

met hem had gesproken en hoe hij in Damascus frank en vrij was opgetreden in de naam van Jezus. ²⁸Zo bleef hij bij hen; hij kon zich vrij in Jeruzalem bewegen en sprak er openlijk in de naam van Jezus. ²⁹Hij knoopte gesprekken aan met de Griekssprekende Joden en debatteerde met hen, maar zij probeerden hem uit de weg te ruimen. ³⁰Toen de broeders hiervan hoorden, brachten ze hem naar Caesarea en stuurden hem vandaar naar Tarsus.

³¹Voor de kerk brak in heel Judea, Galilea en Samaria een periode van rust aan. Haar opbouw voltrok zich in de vreze des Heren en haar ledental nam toe door de steun van de heilige Geest.

Petrus in Lydda en Joppe

³²Op een rondreis langs alle gemeenten bezocht Petrus ook de gelovigen in Lydda. ³³Hij trof daar een zekere Eneas aan die al acht jaar verlamd op bed lag. ³⁴"Eneas," zei Petrus, "Jezus Christus geneest je. Sta op en spreid zelf je bed." Meteen ging hij staan. ³⁵Alle bewoners van Lydda en de Saronvlakte zagen hem en bekeerden zich tot de Heer.

³⁶In Joppe was een gelovige die Tabita heette. Haar Griekse naam was Dorkas. Dat betekent "gazelle". Ze deed veel goed en gaf weg wat ze kon. ³⁷Juist toen werd ze ziek en stierf. Ze werd gewassen en in een bovenkamer opgebaard. ³⁸Lydda ligt niet ver van Joppe, en toen de leerlingen hoorden dat Petrus daar was, stuurden ze twee mannen naar hem toe met het verzoek: "Kom zonder uitstel naar ons toe." ³⁹Petrus ging meteen met hen mee. Toen hij was aangekomen, brachten ze hem naar de bovenkamer. Alle weduwen kwamen daar ook, in tranen, en ze lieten hem de kleren zien die Tabita tijdens haar leven gemaakt had. ⁴⁰Petrus stuurde ze allemaal de kamer uit, knielde neer en bad. Hij keerde zich naar het lichaam en zei: "Tabita, sta op!" Ze opende haar ogen en bij het zien van Petrus ging ze rechtop zitten. ⁴¹Hij stak haar zijn hand toe en hielp haar opstaan. Toen riep hij de broeders en de weduwen en bracht Tabita in levenden lijve bij hen. ⁴²Het werd in heel Joppe bekend en velen kwamen tot geloof in de Heer. ⁴³Petrus zelf bleef nog verscheidene dagen in Joppe bij Simon, een leerlooier.

Petrus en Cornelius

10 In Caesarea woonde een zekere Cornelius, officier van het zogenaamde "Italiaanse" regiment. ²Het was een vroom man: hij en heel zijn familie aanbaden de ware God. Hij gaf veel voor de armen van het Joodse volk en bad trouw tot God. ³Op

een middag om ongeveer drie uur kreeg hij een visioen. Hij zag duidelijk hoe er een engel van God bij hem binnenkwam. "Cornelius!" zei de engel. ⁴Verschrikt keek hij naar de engel op: "Wat is er, heer?"

"God heeft uw gebeden en uw gaven voor de armen aanvaard. ⁵Stuur nu dadelijk enkele mannen naar Joppe om een zekere Simon te ontbieden die ook Petrus wordt genoemd. ⁶Hij logeert bij Simon, een leerlooier die aan zee woont."

⁷Toen de engel die met hem gesproken had, was vertrokken, riep hij twee van zijn bedienden en een soldaat van zijn lijfwacht, die God vereerde. ⁸Hij stelde hen op de hoogte en stuurde ze naar Joppe.

⁹De volgende dag – de mannen waren toen al onderweg en naderden Joppe – ging Petrus het dakterras op om er te bidden. ¹⁰Hongerig geworden, wilde hij eten, maar terwijl ze het eten aan het klaarmaken waren, raakte hij in extase. ¹¹Hij zag de hemel opengaan en iets naar beneden komen dat op een groot laken leek. Het werd aan de vier punten vastgehouden en op aarde neergelaten. ¹²In het laken zaten alle soorten dieren: viervoeters, reptielen en vogels. ¹³Een stem zei tegen hem: "Ga je gang, Petrus: slacht en eet!" ¹⁴"Geen sprake van, Heer!" antwoordde hij. "Ik heb nooit iets gegeten dat volgens de wet onrein is." ¹⁵Opnieuw sprak de stem hem toe: "Wat God rein heeft verklaard, mag jij niet als onrein zien." ¹⁶Dat gebeurde drie keer en toen werd het voorwerp weer opgehaald naar de hemel.

¹⁷Toen Petrus zich zat af te vragen wat dat visioen te betekenen had, kwamen de mannen die Cornelius gestuurd had, bij de voordeur. Door navraag hadden ze het huis van Simon gevonden. ¹⁸Luid vroegen ze: "Logeert hier ene Simon Petrus?" ¹⁹Omdat Petrus in diep gepeins verzonken was over dat visioen, zei de Geest tegen hem: "Er vragen twee mannen naar je. ²⁰Ga naar beneden en reis zonder bezwaar met hen af. Want ik heb hen gestuurd." ²¹Hij ging naar beneden en zei tegen de mannen: "Ik ben de man die u zoekt. Wat is de reden van uw komst?" ²²"We komen namens officier Cornelius," antwoordden ze, "een rechtvaardig man die de ware God aanbidt en gezien is bij het hele Joodse volk. Door een heilige engel heeft hij van God te horen gekregen, dat hij u bij zich thuis moet ontbieden en luisteren naar wat u hem te zeggen hebt." ²³Petrus nodigde hen binnen en gaf hun onderdak.

De volgende dag reisde hij met hen af. Enkele broeders uit Joppe vergezelden hem. ²⁴De dag daarop kwam hij in Caesarea aan. Cor-

nelius stond hen al op te wachten en niet alleen: zijn familie en beste vrienden had hij bij elkaar geroepen. ²⁵Toen Petrus binnenkwam, liep Cornelius hem tegemoet, knielde neer en bracht hem hulde. ²⁶Maar Petrus richtte hem op: "Sta op, ik ben een mens zoals u." ²⁷Al pratend gingen ze naar binnen. Daar trof Petrus het hele gezelschap aan.
²⁸"U weet dat het een Jood verboden is, met een niet-Jood om te gaan of bij hem binnen te komen," zei hij. "Maar God heeft me duidelijk gemaakt dat men geen mens onrein of verwerpelijk mag noemen. ²⁹Daarom ben ik zonder bezwaar gekomen, toen u mij liet roepen. Mijn vraag is: waarom hebt u mij laten komen?"
³⁰"Vier dagen geleden was ik hier om drie uur 's middags in mijn huis aan het bidden," antwoordde Cornelius. "Plotseling stond er een man voor me in een blinkend wit gewaad. ³¹'Cornelius,' zei hij, 'God heeft uw gebed verhoord en uw gaven voor de armen aanvaard. ³²Stuur iemand naar Joppe om een man te ontbieden wiens naam voluit Simon Petrus luidt. Hij logeert bij Simon, een leerlooier die aan zee woont.' ³³Dat heb ik meteen gedaan; en het was goed van u te komen. We zijn nu allemaal bij elkaar in aanwezigheid van God om te luisteren naar alles wat de Heer u heeft opgedragen."

Petrus' toespraak

³⁴Petrus nam het woord: "Nu zie ik in, hoe waar het is dat God geen onderscheid maakt. ³⁵Hij accepteert iedereen die hem vreest en die goed doet. ³⁶Hij heeft aan de Israëlieten een boodschap van vrede gestuurd door Jezus Christus; deze Jezus is Heer over allen. ³⁷U weet wat zich in het hele Joodse land heeft afgespeeld, hoe het in Galilea begon na de doop waartoe Johannes de mensen had opgeroepen, ³⁸en hoe God toen Jezus van Nazaret heeft gezalfd met heilige Geest en bekleed met macht. Als een weldoener ging hij rond: hij genas allen die in de macht van de duivel waren, want God was met hem. ³⁹Wij zijn getuige geweest van alles wat hij in het land van de Joden en in Jeruzalem gedaan heeft. Hem hebben ze vermoord door hem aan een kruis te hangen, ⁴⁰maar God heeft hem drie dagen later opgewekt uit de dood en hem aan mensen laten verschijnen. ⁴¹Niet aan het hele volk, maar alleen aan hen die door God van tevoren waren uitgekozen om ooggetuigen te zijn: aan ons die na zijn opstanding uit de dood met hem hebben gegeten en gedronken. ⁴²Hij heeft ons opgedragen als zijn getuigen aan het volk te verkondigen dat hij degene is die door God is aan-

gewezen als rechter over levenden en doden. ⁴³Alle profeten spreken van hem en verklaren dat ieder die in hem gelooft, vergeving van zonden verkrijgt uit kracht van zijn naam."

Niet-Joden ontvangen de heilige Geest

⁴⁴Hij was nog aan het spreken toen de heilige Geest neerkwam op allen die naar de boodschap luisterden. ⁴⁵De broeders van Joodse afkomst die met Petrus waren meegekomen, stonden verbaasd dat de heilige Geest gegeven werd aan mensen die geen Jood waren. ⁴⁶Want ze hoorden hen spreken in vreemde talen en Gods grootheid prijzen.

⁴⁷"Deze mensen hebben de heilige Geest gekregen net als wij," zei Petrus. "Dan kan toch niemand hun het water van de doop weigeren?" ⁴⁸En hij gaf opdracht hen te dopen in de naam van Jezus Christus. Daarna vroegen ze hem nog een paar dagen te blijven.

Petrus brengt verslag uit aan de gemeente in Jeruzalem

11 Het nieuws dat ook niet-Joden de boodschap van God hadden aangenomen, bereikte de apostelen en de gemeenteleden in Judea. ²Bij zijn aankomst in Jeruzalem oefenden de Joodse gelovigen kritiek op Petrus uit: ³"U bent op bezoek geweest bij mensen die niet besneden zijn, en u hebt met hen gegeten." ⁴Maar hij deed verslag van de loop der gebeurtenissen.

⁵"Ik was in de stad Joppe," zo begon hij. "Tijdens mijn gebed raakte ik in vervoering en kreeg een visioen. Iets als een groot laken werd aan de vier punten neergelaten uit de hemel en hield vlak bij me stil. ⁶Ik keek eens goed en zag viervoeters, wilde dieren, reptielen en vogels. ⁷En ik hoorde een stem tegen mij zeggen: 'Petrus, slacht en eet.' ⁸'Geen sprake van, Heer,' antwoordde ik. 'Nog nooit heb ik iets gegeten dat volgens de wet onrein is.' ⁹Opnieuw sprak een stem uit de hemel: 'Wat God rein heeft verklaard, mag jij niet als onrein zien.' ¹⁰Dat gebeurde drie keer en toen werd alles weer naar de hemel opgetrokken. ¹¹Op dat ogenblik kwamen drie mannen aan bij het huis waar wij waren. Ze waren uit Caesarea naar mij toe gestuurd. ¹²De heilige Geest zei mij, dat ik zonder bezwaar met hen mee kon gaan. Deze zes broeders vergezelden mij en we gingen het huis van Cornelius binnen. ¹³Hij vertelde ons hoe hij in zijn huis de engel had zien staan die zei: 'Stuur iemand naar Joppe om een zekere Simon Petrus te ontbieden. ¹⁴Hij heeft u iets te zeggen waardoor u met uw hele familie zult worden gered.'

¹⁵"Ik was nauwelijks begonnen te spreken, toen de heilige Geest op hen neerkwam juist zoals op ons in het begin. ¹⁶Ik herinnerde me de uitspraak van de Heer: 'Johannes heeft u gedoopt met water, maar u zult gedoopt worden met heilige Geest.' ¹⁷Nu zij tot geloof in de Heer Jezus Christus gekomen zijn, heeft God hun dezelfde gave geschonken als ons. Wie was ik dan, dat ik God iets in de weg zou leggen?"

¹⁸Toen ze dat gehoord hadden, verstomde hun kritiek en ze prezen God met de woorden: "God heeft dus ook de niet-Joden de gelegenheid gegeven zich te bekeren en te leven!"

De gemeente in Antiochië

¹⁹Wegens de vervolging die in verband met de moord op Stefanus was losgebroken, waren de gelovigen naar alle kanten weggevlucht. Tot in Fenicië, op Cyprus en ook in Antiochië verkondigden ze de boodschap, maar alleen aan de Joden. ²⁰Maar sommigen van hen, afkomstig uit Cyprus en Cyrene, kwamen in Antiochië en richtten zich ook tot de Grieken en verkondigden hun het evangelie van de Heer Jezus. ²¹De Heer stond hen bij met zijn macht en een groot aantal mensen kwam tot geloof en bekeerde zich tot de Heer.

²²Het nieuws van hun optreden kwam de gemeente in Jeruzalem ter ore en daarom vaardigden ze Barnabas naar Antiochië af. ²³Daar aangekomen, zag Barnabas tot zijn blijdschap hoe Gods genade aan het werk was. En hij spoorde allen aan de Heer met hart en ziel trouw te blijven. ²⁴Barnabas was een flink man, vol van de heilige Geest en door en door gelovig. Veel mensen werden voor de Heer gewonnen.

²⁵Barnabas trok verder naar Tarsus om Saulus op te zoeken. ²⁶En toen hij hem gevonden had, bracht hij hem naar Antiochië. Een vol jaar namen ze deel aan het gemeenteleven en gaven een groot aantal mensen onderricht. In Antiochië noemde men de leerlingen voor het eerst christenen.

²⁷In die tijd kwamen er van Jeruzalem profeten naar Antiochië. ²⁸Een van hen, een zekere Agabus, voorspelde door een ingeving van de Geest dat er over de hele wereld een zware hongersnood zou komen. Dat is ook gebeurd onder keizer Claudius. ²⁹De leerlingen besloten tot een hulpaktie voor de gelovigen in Judea; iedereen moest naar vermogen bijdragen. ³⁰Ze voerden dat plan uit en zonden Paulus en Barnabas naar de kerkelijke bestuurders daar, om de opbrengst te overhandigen.

De dood van Jakobus en de arrestatie van Petrus

12 Omstreeks die tijd ging Herodes over tot vervolgingen en arrestaties onder de leden van de gemeente. ²Jakobus, de broer van Johannes liet hij met het zwaard onthoofden. ³Toen hij merkte, hoe dat de Joden genoegen deed, liet hij ook Petrus gevangen nemen. Het gebeurde tijdens het feest van het Ongegiste Brood. ⁴Omdat Herodes hem na het paasfeest voor wilde brengen voor het volk, liet hij hem na zijn arrestatie voorlopig vastzetten onder bewaking van vier groepen soldaten van elk vier man. ⁵Zo zat Petrus dus in de gevangenis. En ondertussen bad de gemeente zonder ophouden voor hem tot God.

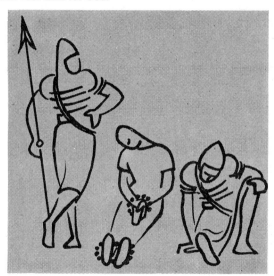

Petrus wordt uit de gevangenis bevrijd

⁶In de nacht voorafgaand aan de dag dat Herodes hem voor wilde laten komen, lag Petrus aan twee kettingen te slapen tussen twee soldaten. Ook voor de deur hielden soldaten de wacht. ⁷Opeens stond er een engel van de Heer en was de cel hel verlicht. Hij stootte Petrus in de zij om hem te wekken. "Sta vlug op," zei hij. Meteen vielen de kettingen van Petrus' handen. ⁸De engel vervolgde: "Doe uw riem om en trek uw sandalen aan." Toen Petrus dat gedaan had, zei de engel: "Doe nu uw mantel om en volg mij." ⁹Petrus

liep achter hem aan de gevangenis uit zonder te beseffen dat het optreden van de engel werkelijkheid was. Hij dacht dat hij droomde. ¹⁰Ze liepen de eerste en de tweede wacht voorbij en kwamen bij de ijzeren poortdeur die toegang geeft tot de stad. De poort ging vanzelf voor hen open. Buiten gekomen liepen ze een straat uit, en toen was de engel ineens verdwenen.

¹¹Petrus kwam tot zichzelf: "Nu weet ik zeker dat de Heer zijn engel gestuurd heeft om mij te bevrijden uit de macht van Herodes en uit alles wat het Joodse volk dacht te doen." ¹²Van de situatie doordrongen, ging hij naar het huis van Maria, de moeder van Johannes Marcus. Daar waren veel mensen voor gebed bij elkaar. ¹³Hij klopte op de buitendeur en Roosje, het dienstmeisje, kwam kijken wie er was. ¹⁴Toen ze Petrus aan zijn stem herkende, vergat ze van blijdschap open te doen. Ze vloog terug naar binnen om te vertellen dat Petrus voor de deur stond. ¹⁵"Je bent niet wijs," zeiden ze tegen haar. Maar zij hield vol dat het zo was. "Het is zijn beschermengel," antwoordden ze. ¹⁶Intussen bleef Petrus maar kloppen. Toen ze opendeden zagen ze tot hun grote verbazing dat hij het was. ¹⁷Petrus wenkte met zijn hand om stilte en vertelde hoe de Heer hem buiten de gevangenis gebracht had. "Breng dit over aan Jakobus en de andere broeders," zei hij. Daarna verliet hij het huis en ging ergens anders heen.

¹⁸De volgende dag heerste onder de soldaten grote opwinding: wat kon er met Petrus gebeurd zijn? ¹⁹Herodes liet hem zoeken, en toen ze hem niet vonden, nam hij de bewakers een verhoor af en liet hen terechtstellen.

Daarna vertrok Herodes van Judea naar Caesarea waar hij enige tijd doorbracht.

De dood van Herodes

²⁰Herodes was erg kwaad op de inwoners van Tyrus en Sidon. Gezamenlijk stuurden zij echter een afvaardiging naar hem toe. Ze wisten Blastus, de kamerheer van de koning, voor zich te winnen, en vroegen om vrede, want voor de voedselvoorziening was hun land aangewezen op dat van de koning. ²¹Op een daarvoor vastgestelde dag nam Herodes in koninklijk gewaad plaats op zijn troon en sprak hen toe. ²²"Dit is de stem van een god en niet van een mens!" juichte de menigte. ²³Maar onmiddellijk sloeg een engel van de Heer hem neer, omdat hij God de eer niet gaf. Hij werd aangetast door een wormziekte en stierf eraan.

²⁴Ondertussen won de boodschap van God steeds meer veld.

²⁵Na uitvoering van hun opdracht gingen Barnabas en Saulus van Jeruzalem naar Antiochië terug en namen Johannes Marcus mee.

De zending van Barnabas en Saulus

13 In de gemeente daar waren profeten en leraars: Barnabas, Simeon, bijgenaamd Niger, Lucius van Cyrene, Manaën die samen met goeverneur Herodes was grootgebracht, en Saulus. ²Toen ze aan het vasten waren en voor de Heer een eredienst hielden, sprak de heilige Geest: "Maak Barnabas en Saulus vrij voor de taak waartoe ik hen geroepen heb." ³Na vasten en gebed legden ze hun de handen op en lieten hen gaan.

Op Cyprus

⁴Zo werden Barnabas en Saulus uitgezonden door de heilige Geest. Ze reisden naar Seleucië af en staken vandaar over naar Cyprus. ⁵Aangekomen in Salamis verkondigden ze er de boodschap van God in de synagogen van de Joden. Ze hadden Johannes bij zich om hen te helpen.

⁶Ze trokken het hele eiland over tot ze Pafos bereikten. Daar ontmoetten ze een Joods tovenaar die Barjezus heette en zich voor profeet uitgaf. ⁷Hij behoorde tot het gevolg van goeverneur Sergius Paulus, een verstandig man. Deze liet Barnabas en Saulus bij zich ontbieden om van hen Gods boodschap te vernemen. ⁸Maar de tovenaar Elymas – dat is zijn Griekse naam – werkte hen tegen en probeerde de goeverneur van het geloof af te houden. ⁹Saulus, ook Paulus genoemd, keek hem strak aan. Vol van heilige Geest zei hij: ¹⁰"Duivelskind, je zit vol listen en leugens en je bent een vijand van alles wat goed is. Zul je dan nooit ophouden de rechte wegen van de Heer krom te trekken? ¹¹Op dit moment treft de hand van de Heer je: je zult blind zijn en een tijdlang het zonlicht niet zien." Terstond werd het mistig en donker om hem heen, en hij tastte rond op zoek naar iemand die hem kon geleiden. ¹²Bij het zien hiervan kwam de goeverneur tot geloof, diep onder de indruk van wat over de Heer geleerd werd.

Naar Antiochië in Pisidië

¹³Daarna staken Paulus en zijn reisgenoten van Pafos over naar Perge in Pamfylië. Maar Johannes Marcus weigerde verder met hen mee te gaan en keerde naar Jeruzalem terug. ¹⁴Zij trokken van Perge verder en bereikten Antiochië in Pisidië. Op de sabbat

gingen ze naar de synagoge en namen er plaats. ¹⁵Na de voorlezing uit de wet en de profeten lieten de leden van het synagogebestuur hun vragen: "Broeders, misschien kan iemand van u een bemoedigend woord tot het volk spreken." ¹⁶Paulus stond op en wenkte met zijn hand:

"Israëlieten en allen die God vereren, luister! ¹⁷De God van het volk van Israël heeft onze voorvaders uitgekozen en het volk uit de nood geholpen toen ze als vreemdelingen in Egypte woonden. Met zijn sterke hand heeft hij hen daaruit weggevoerd. ¹⁸Veertig jaar heeft hij hen in de woestijn geduldig verdragen. ¹⁹Na de vernietiging van zeven Kananese volken heeft hij hun land aan de Israëlieten in bezit gegeven. ²⁰Dat was een periode van ongeveer vierhonderdvijftig jaar.

"Toen heeft hij hun aanvoerders gegeven tot de tijd van de profeet Samuël. ²¹Daarna vroegen ze om een koning, en God heeft hun die gegeven in de persoon van Saul, de zoon van Kis, uit de stam Benjamin, die veertig jaar regeerde. ²²Maar God heeft hem afgezet en David tot koning verheven. 'Ik heb in David, de zoon van Isaï, een man naar mijn hart gevonden,' verklaarde God over hem, 'een man die alles zal doen wat ik wil.' ²³Zoals hij beloofd had, heeft God een van Davids nakomelingen tot bevrijder van Israël gemaakt, namelijk Jezus. ²⁴Voor diens komst had Johannes het hele volk van Israël opgeroepen een nieuw leven te beginnen en zich te laten dopen. ²⁵Tegen het einde van zijn levensloop zei hij: 'Ik ben niet degene voor wie u me houdt. Maar na mij komt er iemand voor wie ik zelfs niet goed genoeg ben slavenwerk te doen.'

²⁶"Mijn broeders, kinderen van Abraham, en alle niet-Joden hier die God vereren: aan ons werd deze boodschap van bevrijding gebracht. ²⁷De inwoners van Jeruzalem en hun leiders hebben hem niet erkend en de uitspraken van de profeten die elke sabbat worden voorgelezen, niet begrepen. Door hem te veroordelen hebben ze die juist in vervulling doen gaan. ²⁸Ze hadden wel geen enkele rechtsgrond gevonden om de doodstraf over hem uit te spreken, maar toch hebben ze Pilatus gevraagd hem terecht te stellen. ²⁹Na voltrekking van alles wat er over hem geschreven staat hebben ze hem van het kruis afgehaald en in een graf gelegd. ³⁰Maar God heeft hem opgewekt van de dood. ³¹Verscheidene keren achtereen is hij verschenen aan degenen die met hem van Galilea naar Jeruzalem waren gegaan en die nu tegenover het volk van hem getuigen. ³²Wij hebben groot nieuws voor u: God heeft aan onze voorouders een belofte gedaan, ³³en die voor ons, hun kinderen, vervuld door

Jezus uit de dood te doen opstaan. Daarover staat in de tweede psalm geschreven:

'U bent mijn Zoon;
heden heb ik u verwekt.'

³⁴"En dat God hem uit de dood heeft laten opstaan om hem niet weer aan ontbinding prijs te geven, heeft hij uitgesproken met de woorden:

'Ik zal u geven wat ik aan David plechtig beloofd heb.'

³⁵"Daarom zegt hij op een andere plaats:

'U zult uw toegewijde dienaar niet de ontbinding laten ondergaan.'

³⁶"David heeft lang geleden God gediend en zijn wil gedaan; toen is hij gestorven en bij zijn voorouders begraven. Hij heeft de ontbinding ondergaan; ³⁷maar Jezus die door God is opgewekt uit de dood, niet! ³⁸⁻³⁹U moet het volgende goed weten, broeders: wij verkondigen dat uw zonden dank zij hem vergeven worden en dat ieder die gelooft, door hem vrijgesproken wordt van alles waarvoor de wet van Mozes u alleen maar kan veroordelen. ⁴⁰Zorg er dus voor, dat u niet overkomt wat bij de profeten staat:

⁴¹'Let op, verachters van God, verwonder u en verdwijn!
Want ik breng in uw dagen iets tot stand
dat u niet zou geloven als iemand het u vertelde.'"

⁴²Toen ze naar buiten gingen, kregen ze het verzoek de volgende sabbat weer over hetzelfde onderwerp te spreken. ⁴³Na het uitgaan van de synagoge liepen heel wat Joden en bekeerlingen tot het Jodendom met Paulus en Barnabas mee. Die stonden zij te woord en spoorden zij aan trouw te blijven aan de genade van God.

⁴⁴De volgende sabbat kwam bijna de hele stad luisteren naar de boodschap van de Heer. ⁴⁵Bij het zien van die mensenmenigte werden de Joden jaloers en ze beantwoordden de uiteenzetting van Paulus met schelden. ⁴⁶Maar Paulus en Barnabas zeiden frank en vrij: "We moesten eerst u de boodschap van God verkondigen. Maar u wijst haar af en keurt uzelf het eeuwige leven niet waardig. Daarom wenden we ons nu tot de niet-Joden. ⁴⁷Want zo heeft God het ons opgedragen:

'Ik heb u bestemd om een licht te zijn voor de heidenen,
een redmiddel tot in de uithoeken der aarde.'"

⁴⁸De niet-Joden waren blij dat te horen en spraken met lof over de boodschap van de Heer, en allen die voor het eeuwige leven bestemd waren, kwamen tot geloof.

⁴⁹De boodschap van de Heer verbreidde zich over die hele streek.

⁵⁰Maar de Joden begonnen de vrouwen van de gegoede stand, die zich tot het Jodendom bekeerd hadden, en de notabelen van de stad op te ruien. Ze zetten een vervolging in tegen Paulus en Barnabas, en verdreven hen uit hun gebied. ⁵¹De apostelen sloegen het stof van hun voeten als een waarschuwing aan hun adres en gingen naar Ikonium. ⁵²De leerlingen in Antiochië werden vervuld van blijdschap en heilige Geest.

In Ikonium

14 In Ikonium liep het niet anders: ze gingen de synagoge van de Joden binnen en spraken zo indrukwekkend dat Joden en niet-Joden in groten getale tot geloof kwamen. ²Maar de Joden die geen gehoor gaven, oefenden een kwade invloed uit op de niet-Joden en zweepten hen tegen de christenen op. ³De apostelen brachten er geruime tijd door. Ze spraken frank en vrij en in vertrouwen op de Heer, en hij zette de verkondiging van zijn genade kracht bij door hen wonderen en machtige daden te laten doen. ⁴De bevolking van de stad was verdeeld: sommigen waren op de hand van de Joden, anderen op de hand van de apostelen.

⁵Maar Joden en niet-Joden liepen met hun leiders aan het hoofd te hoop om hen te mishandelen en te stenigen. ⁶De apostelen kwamen erachter en vluchtten naar Lystra en Derbe, steden in Lykaonië,

en naar streken daar in de buurt. ⁷En daar verkondigden ze het grote nieuws.

In Lystra

⁸In Lystra was er een man zonder kracht in zijn voeten. Hij was van zijn geboorte af lam en had nog nooit kunnen lopen. ⁹Hij luisterde naar wat Paulus te zeggen had. Paulus keek hem onderzoekend aan. En toen hij bemerkte dat de man het geloof bezat om genezen te worden, ¹⁰riep hij met luide stem: "Ga rechtop staan, op uw voeten!" De man sprong op en begon te lopen. ¹¹Toen de mensen zagen wat Paulus gedaan had, riepen ze in het Lykaonisch: "De goden zijn in mensengedaante naar ons afgedaald!" ¹²Ze noemden Barnabas Zeus en Paulus Hermes, want hij deed het woord. ¹³De priester van de Zeustempel die buiten de stad lag, bracht al met bloemenkransen omhangen stieren naar de stadspoort om met het volk een offerfeest te houden. ¹⁴Maar toen Paulus en Barnabas hiervan hoorden, scheurden ze uit verontwaardiging hun kleren. Ze sprongen tussen het volk ¹⁵en riepen: "Mensen, wat gaan jullie nu doen? Wij zijn mensen net als u! We zijn hier om u het grote nieuws te brengen: keer u van deze dwaze opvattingen naar God die hemel, aarde en zee gemaakt heeft en alles wat daarin is. ¹⁶In de tijden die achter ons liggen, heeft hij wel alle volken laten begaan, ¹⁷maar toch ook steeds van zijn goedheid dōen spreken door u vanuit de hemel regen te geven en vruchtbare jaargetijden en door u te verblijden met een overvloed aan voedsel." ¹⁸Zelfs deze woorden konden de mensen er nauwelijks van weerhouden, hun een offer te brengen.

¹⁹Maar uit Antiochië en Ikonium kwamen Joden die het volk ompraatten. Ze stenigden Paulus en sleepten hem de stad uit, in

de mening dat hij dood was. ²⁰Maar toen de leerlingen om hem heen waren gaan staan, stond hij op en ging de stad weer in. De volgende dag vertrok hij met Barnabas naar Derbe.

Terug naar Antiochië in Syrië

²¹In Derbe verkondigden ze het evangelie en maakten er veel leerlingen. Toen keerden ze over Lystra en Ikonium weer naar Antiochië terug. ²²Ze staken de gelovigen een hart onder de riem en spoorden hen aan, trouw te blijven aan het geloof. "Door veel tegenspoed moeten we het koninkrijk van God binnengaan," waren hun woorden. ²³In elke gemeente stelden ze bestuurders aan, en na gebed en vasten bevalen ze hen aan in de bescherming van de Heer, in wie ze nu geloofden.

²⁴Door Pisidië kwamen ze in Pamfylië, ²⁵en na verkondiging van de boodschap in Perge reisden ze af naar Attalia. ²⁶Daar scheepten ze zich in voor Antiochië, de stad waar ze aanbevolen waren in de genade van God en waar hun de taak was opgelegd die ze nu voltooid hadden.

²⁷In Antiochië aangekomen, riepen ze de gemeente samen en deden verslag van alles wat God met hen gedaan had: hoe hij voor de heidenen de deur naar het geloof had geopend. ²⁸Geruime tijd brachten ze daar bij de leerlingen door.

De vergadering te Jeruzalem

15 Een paar mannen, uit Judea naar Antiochië gekomen, begonnen de gelovigen te verkondigen: "U kunt alleen gered worden als u zich naar Mozaïsch gebruik laat besnijden." ²Toen zij met Paulus en Barnabas in konflikt kwamen en er een heftig debat ontstond, gaf men Paulus en Barnabas met nog enige andere leden van de gemeente opdracht naar Jeruzalem te gaan om deze kwestie voor te leggen aan de apostelen en de "oudsten".

³Ze werden uitgeleide gedaan door de gemeente, en op hun reis door Fenicië en Samaria bezorgden ze de christenen daar grote vreugde door hun te vertellen van de bekering van de heidenen. ⁴Bij hun aankomst in Jeruzalem werden zij verwelkomd door de gemeente, de apostelen en de "oudsten" en ze brachten verslag uit van alles wat God met hen gedaan had. ⁵Maar sommigen die uit de partij van de Farizeeërs afkomstig waren, kwamen naar voren en zeiden: "Zij moeten besneden worden en bevel krijgen de wet van Mozes na te leven."

⁶Daarop vergaderden de apostelen en de "oudsten" over deze

kwestie. ⁷Na een lang debat nam Petrus het woord: "Mannen broeders! God heeft mij, naar u weet, al lang geleden uit jullie uitgekozen en bepaald dat de heidenen uit mijn mond de boodschap van het evangelie zouden vernemen en door mij tot geloof zouden komen. ⁸God die weet wat er in de mens omgaat, heeft partij voor hen gekozen door aan hen, net als aan ons, de heilige Geest te geven. ⁹Hij heeft tussen ons en hen geen verschil gemaakt, omdat hij ook hun hart door het geloof heeft gezuiverd. ¹⁰Wilt u zich dan tegen God verzetten door op de schouders van de gelovigen een juk te leggen dat onze voorouders noch wij konden dragen? ¹¹Nee! Wij geloven dat wij evenals zij gered worden door de genade van de Heer Jezus."

¹²De hele vergadering zweeg, en men luisterde naar wat Paulus en Barnabas te vertellen hadden over de wonderen en machtige daden, die God door hen onder de heidenen had verricht. ¹³Toen ze waren uitgesproken, nam Jakobus het woord: "Mannen broeders, luister naar mij. ¹⁴Simeon heeft uiteengezet, hoe God zich eerst over de heidenen heeft ontfermd en tot eer van zijn naam uit hen een volk heeft willen vormen. ¹⁵De uitspraken van de profeten stemmen daarmee overeen. Er staat immers geschreven:

¹⁶'Daarna zal ik terugkeren
en het huis van David, dat in verval is geraakt
weer opbouwen.
Zijn ruïne zal ik herstellen
en weer optrekken.
¹⁷Dan zullen wie overgebleven zijn, de Heer zoeken,
samen met alle heidenen over wie mijn naam is uitgeroepen.
Zo spreekt de Heer, die dat uitvoert. ¹⁸Het is vanouds bekend.'
¹⁹"Daarom ben ik van mening dat we de niet-Joden die zich tot God keren, geen moeilijkheden in de weg mogen leggen. ²⁰We moeten hun alleen schrijven dat ze zich te onthouden hebben van voedsel, geofferd aan de afgoden, van bloedschande, van niet-ritueel geslacht vlees en van bloed. ²¹Want sinds mensenheugenis heeft Mozes in elke stad zijn woordvoerders, die iedere sabbat in de synagoge zijn wet voorlezen."

De brief aan de niet-Joodse christenen

²²Toen besloten de apostelen en de "oudsten" met instemming van de hele gemeente, een paar mannen uit hun midden met Paulus en Barnabas mee te sturen naar Antiochië. De keuze viel op Judas, ook Barsabbas geheten, en op Silas. Beiden stonden bij de gelovigen

in hoog aanzien. ²³Ze gaven hun de volgende brief mee:

"De apostelen en de 'oudsten' groeten hartelijk hun broeders van heidense afkomst in Antiochië, Syrië en Cilicië. ²⁴Wij hebben vernomen dat enigen van ons onrust en verwarring onder u hebben gezaaid buiten onze verantwoordelijkheid om. ²⁵Daarom hebben we eenstemmig besloten, mannen van onze keuze mee te sturen met onze dierbare Barnabas en Paulus, ²⁶mannen die hun leven gewaagd hebben voor de naam van onze Heer Jezus Christus. ²⁷We hebben Judas en Silas afgevaardigd; zij zullen hetzelfde mondeling overbrengen. ²⁸De heilige Geest en wij namen het besluit, u niet méér op te leggen dan wat strikt noodzakelijk is: ²⁹onthoud u van voedsel dat aan afgoden geofferd is, van bloed, van niet-ritueel geslacht vlees en van bloedschande. U doet er goed aan, als u zich daarvan onthoudt. Vaarwel."

³⁰Ze namen afscheid en reisden naar Antiochië. Daar riepen ze de gemeente in vergadering bijeen en overhandigden hun de brief. ³¹Toen hij was voorgelezen, was men blij over de bemoedigende inhoud. ³²Judas en Silas die zelf profeten waren, hielden een lange toespraak en staken de christenen een hart onder de riem. ³³Ze brachten er enige tijd door. Toen lieten de gelovigen hen teruggaan met de beste wensen voor degenen die hen gestuurd hadden. [³⁴Maar Silas besloot te blijven.]

³⁵Paulus en Barnabas bleven nog enige tijd in Antiochië en verkondigden er in samenwerking met veel anderen de boodschap van de Heer.

Paulus en Barnabas gaan uit elkaar

³⁶Na verloop van tijd zei Paulus tegen Barnabas: "Ik stel voor dat we teruggaan naar alle steden waar we de boodschap van de Heer hebben verkondigd, en gaan kijken hoe de christenen het daar maken." ³⁷Barnabas wilde Johannes Marcus meenemen. ³⁸Maar Paulus voelde er niets voor, omdat Marcus hen in Pamfilië in de steek had gelaten en niet mee aan het werk was gegaan. ³⁹De twist liep zo hoog op, dat ze uit elkaar gingen. Barnabas nam Marcus mee en scheepte zich in voor Cyprus. ⁴⁰Maar Paulus koos Silas en vertrok, door de gelovigen toevertrouwd aan de genade van de Heer. ⁴¹Zijn reis ging door Syrië en Cilicië; daar gaf hij de gemeenten nieuwe moed.

Timoteüs

16 Paulus kwam ook in Derbe en Lystra. Daar was een leerling, een zekere Timoteüs. Zijn moeder was een Jodin die christen

geworden was; zijn vader was een Griek. ²Timoteüs stond goed aangeschreven bij de gelovigen in Lystra en Ikonium. ³Paulus wilde hem meenemen op zijn reis en besneed hem ter wille van de daar aanwezige Joden. Want iedereen wist dat zijn vader een Griek was. ⁴Op hun tocht langs de steden maakten zij aan de gelovigen de besluiten bekend die door de apostelen en de kerkelijke leiders in Jeruzalem genomen waren en droegen hun op, zich daaraan te houden. ⁵Zo werden de gemeenten versterkt in het geloof en hun ledental groeide met de dag.

Het visioen in Troas

⁶Ze trokken verder door het gebied van Frygië en Galatië, omdat de heilige Geest hen ervan weerhield de boodschap te prediken in de landstreek Asia. ⁷In Mysië gekomen, probeerden ze door te reizen naar Bitynië, maar de Geest van Jezus belette hen ook dat. ⁸Ze zetten hun tocht door Mysië voort tot ze de kustplaats Troas bereikten. ⁹Daar had Paulus 's nachts een visioen. Hij zag een Macedoniër staan die hem smeekte: "Steek naar Macedonië over en help ons!" ¹⁰Na dit visioen probeerden we meteen naar Macedonië te vertrekken. Want we maakten uit dit visioen op, dat God ons geroepen had om het volk daar het grote nieuws te verkondigen.

In Filippi

¹¹We zeilden van Troas weg, zetten eerst koers naar Samotrake, en de volgende dag naar Neapolis. ¹²Vandaar gingen we land inwaarts naar Filippi, een stad in het eerste distrikt van Macedonië en een Romeinse vestiging. We bleven er enkele dagen. ¹³Op sabbat gingen we de stadspoort uit naar de rivier, omdat we daar een Joodse gebedsplaats vermoedden. We gingen er zitten en knoopten een gesprek aan met de vrouwen die er waren samengekomen. ¹⁴Een van hen heette Lydia. Ze was een purperverkoopster uit Tyatira en aanbad de ware God. Toen ze luisterde, zorgde de Heer dat zij haar hart openstelde voor hetgeen Paulus te zeggen had. ¹⁵Ze werd gedoopt samen met haar huisgezin. Daarop nodigde ze ons uit. "Als u ervan overtuigd bent, dat ik geloof in de Heer," zei ze, "kom dan mee naar mijn huis en logeer bij mij." En ze wist ons over te halen.

In de gevangenis van Filippi

¹⁶Op weg naar de gebedsplaats kwamen we eens een slavin tegen. Ze kon de toekomst voorspellen en haar waarzeggerij vormde voor

haar bazen een rijke bron van inkomsten. ¹⁷Ze liep Paulus en ons achterna en riep: "Deze mannen zijn dienaars van de allerhoogste God. Zij vertellen u, hoe u kunt worden gered!" ¹⁸Zij deed dat dagen achtereen tot het Paulus begon te vervelen. Hij keerde zich om en zei tegen de geest: "In naam van Jezus Christus beveel ik je: ga uit haar weg!" Op hetzelfde ogenblik verliet hij haar. ¹⁹Toen haar bazen zagen, dat hun hoop op extra inkomsten was vervlogen, grepen ze Paulus en Silas vast en sleurden hen naar het marktplein, waar het stadsbestuur zetelde. ²⁰Ze brachten hen voor de burgemeesters en zeiden: "Deze mannen brengen onze stad in opschudding. Het zijn Joden! ²¹Ze propageren gebruiken die wij Romeinen niet mogen overnemen of invoeren." ²²Ook het te hoop gelopen volk keerde zich tegen hen. Daarop lieten de burgemeesters hun de kleren van het lijf rukken en hen geselen. ²³Na een flink aantal slagen werden ze in de gevangenis gegooid. De cipier kreeg opdracht, hen streng te bewaken. ²⁴Hij voerde dat bevel uit door hen in de binnenste kerker te brengen en liet hun voeten in het blok sluiten.

²⁵Omstreeks middernacht waren Paulus en Silas aan het bidden en zij zongen God lof toe. De andere gevangenen luisterden toe. ²⁶Plotseling voelden ze een aardschok. Die was zo hevig, dat de gevangenis op haar grondvesten schudde. Meteen sprongen alle deuren open en vielen de boeien van alle gevangenen af. ²⁷De cipier werd wakker en zag de deuren van de gevangenis openstaan. Hij

trok zijn zwaard om zelfmoord te plegen, want hij was in de veronderstelling dat de gevangenen ontvlucht waren. ²⁸Maar Paulus schreeuwde: "Sla de hand niet aan jezelf! We zijn nog allemaal hier!" ²⁹De cipier vroeg om licht, rende naar binnen en viel bevend neer aan de voeten van Paulus en Silas. ³⁰Toen bracht hij hen naar buiten en vroeg: "Heren, wat moet ik doen om gered te worden?" ³¹"Geloof in de Heer Jezus," antwoordden ze, "en u zult gered worden, u en uw gezin." ³²En ze verkondigden hem en zijn huisgenoten de boodschap van de Heer. ³³Nog in dat nachtelijk uur nam hij hen mee om hun wonden uit te wassen. Meteen daarna liet hij zich met heel zijn gezin dopen. ³⁴Hij bracht hen naar zijn huis, zette hun een maaltijd voor en vierde met heel zijn gezin feest omdat zij nu geloofden in God.

³⁵De volgende ochtend stuurden de burgemeesters de ambtenaren van het gerecht naar de gevangenis met het bevel: "Stel deze mannen in vrijheid!" ³⁶De cipier bracht dat nieuws aan Paulus over. "De burgemeesters hebben bericht gestuurd, dat we u moeten vrijlaten. U kunt nu gaan. Goede reis!"

³⁷Maar Paulus zei: "Zonder vorm van proces zijn wij, Romeinse burgers, in het openbaar afgeranseld en in de gevangenis geworpen. En nu willen ze ons in stilte laten gaan? Geen denken aan! Laten ze ons zelf maar uitgeleide komen doen!" ³⁸De gerechtsdienaars brachten deze woorden aan de burgemeesters over. Toen zij hoorden dat het Romeinse burgers waren, sloeg de schrik hun om het hart. ³⁹Ze kwamen persoonlijk en spraken hartelijk met hen. Daarna brachten ze hen naar buiten, met het verzoek de stad te verlaten. ⁴⁰Van de gevangenis gingen ze naar het huis van Lydia, waar ze de broeders weerzagen en moed inspraken. Toen vertrokken ze.

In Tessalonica

17 Ze reisden verder over Amfipolis en Apollonia en kwamen in Tessalonica. Daar hadden de Joden een synagoge. ²Naar gewoonte bezocht Paulus hun bijeenkomsten. Drie sabbatdagen achter elkaar diskussieerde hij met hen, met de Schrift als uitgangspunt. ³Met klem van argumenten zette hij uiteen dat de Christus moest sterven en uit de dood opstaan. "Deze Jezus, die ik u verkondig, is de Christus," zo zei hij. ⁴Enigen van hen werden overtuigd en sloten zich bij Paulus en Silas aan; ook een grote groep Grieken die God aanbaden, en veel voorname vrouwen.

⁵Maar de Joden waren afgunstig en organiseerden met hulp van een stel raddraaiers een volksoploop. Ze zetten de stad in rep en

roer en drongen op naar het huis van Jason om daar Paulus en Silas te zoeken en hen voor de volksvergadering te brengen. ⁶Toen ze hen niet vonden, sleurden ze Jason zelf en enkele broeders voor het stadsbestuur. Ze schreeuwden: "Deze mensen hebben de hele wereld in opschudding gebracht! Nu zijn ze hier ⁷en Jason heeft hun onderdak verleend. Ze handelen allen in strijd met de wetten van de keizer door te beweren dat er een andere koning is: Jezus." ⁸Met deze woorden brachten ze het volk en het stadsbestuur in opwinding. ⁹Pas na ontvangst van een borgsom liet het stadsbestuur Jason en de anderen vrij.

In Berea

¹⁰Zo gauw het nacht werd, lieten de broeders Paulus en Silas naar Berea vertrekken. Na aankomst begaven ze zich naar de synagoge. ¹¹De Joden daar waren vriendelijker dan die in Tessalonica. Ze luisterden heel aandachtig naar de boodschap en bestudeerden dagelijks de Schrift om te zien of het waar was wat Paulus zei. ¹²Velen van hen kwamen tot geloof, en ook heel wat voorname Griekse vrouwen en mannen. ¹³Maar het kwam de Joden van Tessalonica ter ore, dat Paulus de boodschap van God in Berea verkondigde. Onmiddellijk kwamen ze ook daar onrust stoken en het volk in opschudding brengen. ¹⁴De broeders stuurden Paulus direkt naar de kust; Silas en Timoteüs bleven nog in Berea. ¹⁵De mannen die Paulus begeleidden, brachten hem naar Athene en keerden terug met de boodschap dat Silas en Timoteüs zo gauw mogelijk bij hem moesten komen.

In Athene

¹⁶Intussen wachtte Paulus op hen in Athene. Tot zijn grote ergernis zag hij dat de stad vol afgodsbeelden stond. ¹⁷In de synagoge sprak hij de Joden toe en hen die de God van de Joden vereerden, en op het marktplein richtte hij zich dagelijks tot de daar aanwezigen. ¹⁸Enkele filosofen, Epikureeërs en Stoïcijnen, raakten met hem in diskussie. "Wat wil deze zwetser toch beweren?" vroegen sommigen. "Het zal wel een verkondiger van vreemde goden zijn," zeiden anderen. Paulus sprak namelijk over Jezus en de opstanding. ¹⁹Ze klampten hem aan en brachten hem op de Areopagus. "Mogen we weten wat voor nieuwe leer u uitdraagt?" vroegen ze. ²⁰"U vertelt dingen die ons vreemd in de oren klinken en we willen graag weten wat ze te betekenen hebben." ²¹Want de Atheners en de vreemdelingen daar brengen hun tijd alleen maar door met het ver-

tellen en aanhoren van de laatste nieuwtjes.

²²Paulus ging midden op de Areopagus staan: "Atheners, ik zie aan alles, hoe diep religieus u bent. ²³Toen ik door de stad rondliep en uw heiligdommen bezichtigde, ontdekte ik zelfs een altaar met het opschrift: 'Aan een onbekende God.' Ik verkondig u nu wat u vereert zonder het te kennen. ²⁴God, de maker van het heelal, de Heer van hemel en aarde, woont niet in tempels die door mensenhanden gemaakt zijn. ²⁵Ook laat hij zich niet door mensen dienen omdat hem iets ontbreekt. Hij geeft immers iedereen leven, adem, ja alles. ²⁶Het was zijn werk dat het hele mensdom uit één mens voortkwam en overal op aarde ging wonen. Hij stelde de tijdperken vast en de grenzen van hun woongebied, ²⁷en bepaalde dat ze al zoekend en tastend hem moesten proberen te vinden. Hij is immers ieder van ons heel nabij. ²⁸In hem leven, bewegen en bestaan we. 'Wij zijn van zijn geslacht,' zoals enigen van uw eigen dichters het geformuleerd hebben.

²⁹"Als we zijn kinderen zijn, moeten we dus niet denken dat God lijkt op een gouden, zilveren of stenen beeld, het maaksel van een kunstenaar, het bedenksel van een mens. ³⁰Zeker, God slaat op de tijden dat men hem niet kende, geen acht meer, maar nu laat hij alle mensen over de hele wereld weten dat ze een nieuw leven moeten beginnen. ³¹Hij heeft namelijk een dag vastgesteld waarop hij de wereld rechtvaardig zal oordelen. Hij zal dat doen door een man die hij daarvoor heeft aangesteld, en om alle mensen hiervan te overtuigen heeft hij die uit de dood opgewekt."

³²Maar toen ze Paulus over een opstanding hoorden praten, spotten sommigen ermee. Anderen zeiden: "Over dit onderwerp willen we u nog wel eens horen." ³³Zo verliet Paulus hun kring. ³⁴Toch sloten sommigen zich bij hem aan en kwamen tot geloof. Onder hen waren Dionysius de Areopagiet, een vrouw die Damaris heette, en nog anderen.

In Korinte

18 Hierna vertrok Paulus uit Athene naar Korinte. ²Daar ontmoette hij Aquila, een Jood uit Pontus. Die was met zijn vrouw Priscilla daar nog maar kort geleden aangekomen vanuit Italië. Volgens een dekreet van keizer Claudius moesten namelijk alle Joden Rome verlaten. Paulus zocht hen op, ³en omdat hij evenals Aquila het vak van tentenmaker uitoefende, bleef hij bij hen wonen en werken. ⁴Elke sabbat sprak hij in de synagoge en trachtte hij Joden en Grieken te overtuigen.

⁵Na aankomst van Silas en Timoteüs uit Macedonië kon Paulus zich geheel aan de prediking wijden. De Joden wees hij er met nadruk op dat Jezus de Christus was. ⁶Maar zij verzetten zich en belasterden hem. Toen sloeg hij het stof van zijn kleren. "Uw ondergang is uw eigen schuld," zei hij, "ik ben er niet verantwoordelijk voor. Van nu af aan richt ik me tot de niet-Joden." ⁷Hij verliet de synagoge en begaf zich naar het huis ernaast. Daar woonde Titius Justus, een man die de ware God vereerde. ⁸Crispus, het hoofd van de synagoge, kwam met al zijn huisgenoten tot geloof in de Heer. Ook veel Korintiërs die naar hem luisterden, geloofden en werden gedoopt.

⁹In een nachtelijk visioen zei de Heer tegen Paulus: "Wees niet bang! Ga door met spreken en zwijg niet! ¹⁰Ik ben met je. Niemand zal je kwaad kunnen doen, want veel mensen in deze stad behoren mij toe." ¹¹Anderhalf jaar lang bleef Paulus er de boodschap van God verkondigen.

¹²Maar onder het goeverneurschap van Gallio over Achaje keerden de Joden zich als één man tegen Paulus. Ze brachten hem voor de rechter ¹³en zeiden: "Deze man haalt de mensen over, God te vereren op een manier die in strijd is met de wet." ¹⁴Paulus wilde het woord nemen, maar Gallio antwoordde hun: "Als het om een overtreding of een ernstig misdrijf ging, zou ik uw aanklacht, Joden, natuurlijk geduldig aanhoren. ¹⁵Maar u zoekt het zelf maar uit, nu het gaat om geschillen over woorden, personen en die wet van u. Daarover wens ik geen uitspraak te doen!" ¹⁶En hij liet ze van zijn rechterstoel wegjagen. ¹⁷Toen grepen ze als één man Sostenes, het hoofd van de synagoge en ranselden hem voor de rechterstoel

af. Maar Gallio trok zich er niets van aan.

Terug naar Antiochië in Syrië

[18]Paulus bleef nog geruime tijd in Korinte. Toen nam hij afscheid van de broeders. Nadat hij in Kenchreeën zijn haar had laten afknippen vanwege een gelofte, scheepte hij zich in voor Syrië. Priscilla en Aquila reisden mee. [19]Na aankomst in Efeze liet hij Priscilla en Aquila achter. Hij ging de synagoge binnen en sprak de Joden toe. [20]Aan hun verzoek om nog wat langer te blijven voldeed hij niet, [21]maar bij het afscheid zei hij: "Als de Heer het wil, kom ik bij u terug." [22]Hij vertrok naar Caesarea, ging daar aan land en bezocht er de christengemeente. Toen ging hij naar Antiochië. [23]Na een kort verblijf vertrok hij voor een reis door Galatië en Frygië om de christenen daar moed in te spreken.

Apollos in Efeze en Korinte

[24]In Efeze was een zekere Apollos aangekomen, een Jood uit Alexandrië. Hij was welbespraakt en onderlegd in de Schrift. [25]In het christelijk geloof had hij onderricht ontvangen en hij sprak er geestdriftig over. Zijn leer over alles wat Jezus betrof, was zuiver. Overigens kende hij alleen de doop van Johannes. [26]Ook in de synagoge begon hij openlijk te spreken. Toen Priscilla en Aquila hem hadden gehoord, namen ze hem mee en lichtten hem nauwkeuriger in over de christelijke leer. [27]Apollos besloot naar Achaje door te reizen. De broeders stuurden de leerlingen daar een brief met het dringende verzoek hem goed te ontvangen. Na aankomst was hij door zijn genadegave een grote steun voor de gelovigen. [28]Want in het openbaar weerlegde hij de Joden krachtig door uit de Schrift te bewijzen dat Jezus de Christus is.

Paulus in Efeze

19 Terwijl Apollos in Korinte verbleef, reisde Paulus door het binnenland van Klein-Azië en kwam in Efeze aan. Daar ontmoette hij enkele leerlingen.

[2]"Hebt u de heilige Geest wel ontvangen, toen u tot geloof kwam?" vroeg hij hun.

"We hebben nooit gehoord dat er een heilige Geest bestaat," antwoordden ze.

[3]"Hoe bent u dan gedoopt?"

"Met de doop van Johannes."

[4]"Johannes doopte de mensen ten teken van een nieuw leven en

zei hun dat ze moesten geloven in de man die na hem kwam, in Jezus."

⁵Toen ze dat gehoord hadden, lieten ze zich dopen in de naam van de Heer Jezus. ⁶Paulus legde hun de handen op en de heilige Geest kwam over hen. Ze spraken in vreemde talen en profeteerden. ⁷Het waren er ongeveer twaalf.

⁸Paulus ging naar de synagoge. Hij sprak er drie maanden lang frank en vrij over het koninkrijk van God en probeerde de mensen met zijn uiteenzettingen te overtuigen. ⁹Maar sommigen bleven hardnekkig weigeren te geloven en hekelden ten overstaan van de menigte het geloof. Paulus brak met hen en nam de leerlingen mee; voortaan hield hij zijn toespraken dagelijks in het schoollokaal van Tyrannus. ¹⁰Dat ging zo twee jaar lang. Het gevolg was dat alle inwoners van Asia, zowel Joden als Grieken, van de boodschap van de Heer hoorden.

De zonen van Skevas

¹¹God deed door Paulus ongewoon machtige daden. ¹²Men kwam er toe, hoofd- en halsdoeken die hij gedragen had, naar de zieken te brengen; dan verdwenen hun kwalen en gingen de duivelse geesten uit hen weg. ¹³Ook een paar rondtrekkende Joodse duivelbezweerders probeerden de naam van de Heer Jezus over bezetenen uit te spreken. Ze zeiden: "Ik bezweer u bij Jezus die door Paulus verkondigd wordt." ¹⁴Zeven zoons van Skevas, een Joodse opperpriester, deden dat. ¹⁵Maar de duivelse geest antwoordde: "Jezus ken ik, en wie Paulus is, weet ik ook; maar wie zijn jullie?" ¹⁶En de bezetene viel hen aan en overweldigde hen, en zijn kracht was zo groot dat ze naakt en vol wonden uit dat huis moesten wegvluchten. ¹⁷Dat kwam alle Joden en Grieken in Efeze ter ore. Ze waren allemaal diep onder de indruk en de naam van de Heer Jezus werd in hoge mate geprezen. ¹⁸Veel gelovigen kwamen openlijk hun vroegere praktijken bekennen. ¹⁹En heel wat mensen die magie bedreven hadden, gooiden hun boeken op een hoop en staken er voor de ogen van allen de brand in. Men berekende er de waarde van en kwam uit op vijftigduizend zilverstukken. ²⁰De boodschap van de Heer vond zo steeds meer verbreiding en bewees haar kracht.

De rel in Efeze

²¹Na deze gebeurtenissen nam Paulus zich voor via Macedonië en Achaje naar Jeruzalem te reizen. "Wanneer ik daar geweest ben," verklaarde hij, "moet ik ook Rome een bezoek brengen." ²²Hij

stuurde twee van zijn medewerkers, Timoteüs en Erastus, vooruit. Zelf bleef hij nog een tijd in Asia.

²³Juist toen ontstond er grote opschudding over de christelijke geloofsbeweging. ²⁴Demetrius, een zilversmid, die zilveren Artemistempeltjes maakte en de vaklieden een rijke bron van inkomsten verschafte, ²⁵belegde een vergadering van allen die in dat vak werkzaam waren. "Mannen, jullie weten dat we onze welvaart aan dit bedrijf te danken hebben. ²⁶Maar je kunt zelf konstateren, dat die Paulus niet alleen in Efeze, maar ook in bijna heel Asia een groot aantal mensen tot andere gedachten heeft weten te brengen met de bewering: 'Goden die door mensenhanden gemaakt worden, zijn geen goden.' ²⁷Er dreigt niet alleen het gevaar dat onze zaken achteruitlopen, maar ook dat de tempel van de grote godin Artemis alle belangstelling verliest. En onze godin, die door heel Asia en over de hele wereld vereerd wordt, zal van haar luister worden beroofd."

²⁸Bij het horen hiervan werden ze woedend en schreeuwden: "Groot is de Artemis van Efeze!" ²⁹De hele stad kwam in beroering. Als één man stormden ze naar het teater. Twee Macedoniërs, Gajus en Aristarchus, reisgenoten van Paulus, werden meegesleurd. ³⁰Paulus wilde zich onder het volk begeven, maar de leerlingen hielden hem tegen. ³¹Ook enige provinciale bestuurders, die met hem bevriend waren, lieten hem waarschuwen, zich niet in het teater te vertonen. ³²In de volksvergadering heerste grote wanorde. Iedereen schreeuwde door elkaar en de meesten wisten niet eens waarvoor ze waren samengekomen. ³³De Joden haalden Alexander als hun zegsman uit de menigte naar voren. Met zijn hand gebaarde hij dat hij het volk wilde toespreken. ³⁴Maar toen ze merkten dat hij een Jood was, herhaalden ze bijna twee uur lang als één man de kreet: "Groot is de Artemis van Efeze!"

³⁵Tenslotte wist de gemeentesekretaris het volk tot bedaren te brengen. "Efeziërs, wie ter wereld weet niet dat aan de stad Efeze de zorg is toevertrouwd voor de tempel van de grote Artemis en voor haar beeld dat uit de hemel is gevallen? ³⁶Dat zal niemand bestrijden! Jullie moeten je dus kalm houden en geen onbezonnen dingen doen. ³⁷Je hebt deze mannen nu wel hier gebracht, maar het zijn geen tempelrovers en onze godin hekelen ze ook niet. ³⁸En voor het geval Demetrius en zijn vakgenoten een aanklacht tegen iemand hebben, goed, daarvoor zijn er rechtszittingen en goeverneurs. Daar kunnen beide partijen elkaar aanklagen. ³⁹Maar hebben jullie nog andere wensen, dan zullen die op wettige wijze worden geregeld in de volksvergadering. ⁴⁰Want nu dreigen we van oproer

beschuldigd te worden om wat zich vandaag heeft afgespeeld. Er is voor deze samenscholing geen enkele reden en we zullen haar dus niet kunnen verantwoorden." ⁴¹Na deze woorden ontbond hij de vergadering.

Naar Macedonië en Griekenland

20 Na afloop van de rel liet Paulus de leerlingen bij zich komen. Hij sprak hun moed in, nam afscheid en ging op weg naar Macedonië. ²Op zijn reis door dat gebied sprak hij de gelovigen veel en bemoedigend toe. Zo kwam hij in Griekenland. ³Daar bleef hij drie maanden. Net toen hij op het punt stond naar Syrië te varen, beraamden de Joden een aanslag op zijn leven. Daarom besloot hij over Macedonië terug te keren. ⁴Sopater, de zoon van Pyrrus, afkomstig van Berea, ging met hem mee, evenals Aristarchus en Secundus uit Tessalonica, Gajus uit Derbe, Timoteüs, en ook nog Tychikus en Trofimus uit Asia. ⁵Zij reisden vooruit en bleven in Troas op ons wachten. ⁶Zelf reisden we na de Joodse paasdagen per boot van Filippi naar Troas. Vijf dagen later voegden we ons bij hen en bleven er een week.

Paulus voor het laatst in Troas

⁷Op de eerste dag van de week waren we bij elkaar voor het breken

van het brood. Paulus sprak de gelovigen toe. En omdat hij de volgende dag wilde vertrekken, voerde hij tot diep in de nacht het woord. [8]In de bovenzaal waar we bijeen waren, brandden nogal wat lampen. [9]Op de vensterbank zat een jongeman, Eutychus. Doordat Paulus maar doorging met spreken, kon hij zijn ogen niet openhouden, en overmand door een diepe slaap viel hij van de derde verdieping op de grond. Hij werd dood weggedragen. [10]Paulus ging naar beneden, strekte zich over hem uit en sloeg zijn armen om hem heen. "Maak jullie niet bezorgd, hij leeft nog!" [11]Hij ging weer naar boven, brak het brood en at. Na een lange toespraak die tot zonsopgang duurde, vertrok hij. [12]Ze brachten de jongeman gezond en wel naar huis en waren weer vol goede moed.

Van Troas naar Milete

[13]We scheepten ons in en voeren alvast naar Assus; daar zouden we Paulus aan boord nemen. Zo had hij het geregeld. Zelf wilde hij daar namelijk te voet naar toe. [14]Zodra hij in Assus bij ons kwam, namen we hem aan boord en gingen naar Mitylene. [15]Daar zeilden we de volgende dag weg en kwamen ter hoogte van Chios. De dag daarop staken we over naar Samos en weer een dag later bereikten we Milete. [16]Paulus had namelijk besloten Efeze voorbij te varen om in Asia geen tijd te verliezen. Hij maakte haast, omdat hij, als het kon, met Pinksteren in Jeruzalem wilde zijn.

Paulus' toespraak tot de kerkelijke leiders van Efeze

[17]Maar in Milete stuurde hij een bode naar Efeze om de kerkelijke bestuurders van die plaats bij zich te ontbieden. [18]Toen ze bij hem waren gekomen, zei hij tegen hen: "U weet hoe ik geleefd heb vanaf de eerste dag dat ik voet aan wal zette in Asia. Al de tijd dat ik bij u was, [19]heb ik de Heer nederig gediend, en bleven door de aanslagen van de Joden verdriet en beproevingen mij niet bespaard. [20]Zonder iets achter te houden van wat u van nut kon zijn, heb ik verkondigd en onderricht gegeven, zowel in het openbaar als bij u aan huis. [21]Joden èn niet-Joden heb ik bezworen zich tot God te keren en te geloven in onze Heer Jezus. [22]Gedreven door de Geest, ben ik nu op weg naar Jeruzalem. Wat me daar wacht, weet ik niet. [23]Alleen verzekert de heilige Geest mij van stad tot stad dat gevangenschap en verdrukkingen mij staan te wachten. [24]Aan mijn eigen leven hecht ik niet de minste waarde, als ik maar mijn weg kan afleggen en de taak volbrengen die de Heer Jezus mij heeft opgelegd: de verkondiging van het grote nieuws over Gods genade.

²⁵"Ik ben onder u allen rondgetrokken om het koninkrijk te verkondigen, maar ik weet nu dat u mij niet zult weerzien. ²⁶Daarom verklaar ik u heden: ik ben voor niemands ondergang verantwoordelijk. ²⁷Ik heb niets nagelaten om u het heilsplan van God in zijn volle omvang bekend te maken. ²⁸Waak over uzelf en over de hele kudde die de heilige Geest aan uw leiding heeft toevertrouwd. Hoed de kerk van God, die hij zich verworven heeft door het bloed van zijn eigen Zoon. ²⁹Want ik weet dat na mijn heengaan woeste wolven bij u zullen binnendringen en de kudde niet zullen sparen. ³⁰Ja, uit uw eigen kring zullen lieden voortkomen die, om de leerlingen achter zich te krijgen, de waarheid zullen verdraaien. ³¹Waak dus en denk eraan dat ik drie jaar lang dag en nacht zonder ophouden ieder van u onder tranen heb aangespoord.

³²"En nu vertrouw ik u toe aan de Heer en aan zijn zegenrijk woord. Hij heeft de macht om op te bouwen en u het erfdeel te geven, net als aan alle anderen die hem toebehoren. ³³Ik heb van niemand goud, zilver of kleren verlangd. ³⁴U weet dat ik met eigen handen voorzien heb in mijn levensonderhoud en in dat van mijn kollega's. ³⁵Door mijn hele gedrag heb ik u laten zien dat het onze plicht is door zo hard te werken de armen te helpen, gedachtig aan de woorden van de Heer Jezus: 'Het is zaliger te geven dan te ontvangen.'"

³⁶Na deze toespraak knielde hij met alle aanwezigen neer en bad. ³⁷Iedereen barstte in tranen uit. Ze vielen Paulus om de hals en kusten hem. ³⁸Ze waren het meest bedroefd over zijn woorden: "U zult me niet meer terugzien." En ze liepen met hem mee tot het schip.

Paulus op weg naar Jeruzalem

21 Met moeite maakten we ons van hen los. We kozen zee en voeren recht op Kos aan. De volgende dag bereikten we Rodos en daarna Patara. ²Daar vonden we een schip dat naar Fenicië zou oversteken. We gingen aan boord en staken van wal. ³Toen we Cyprus in zicht kregen, lieten we het aan bakboord liggen, stevenden naar Syrië en liepen de haven van Tyrus binnen. Daar moest het schip worden gelost. ⁴We zochten er de broeders op en bleven een week bij hen. Door de Geest gewaarschuwd, ontraadden ze Paulus naar Jeruzalem te gaan. ⁵Maar toen onze tijd om was, zetten we onze reis toch voort. Met z'n allen brachten ze ons weg tot buiten de stad; hun vrouwen en kinderen waren er ook bij. Op het strand knielden we neer voor gebed. ⁶Toen namen we van

elkaar afscheid: wij gingen aan boord en zij keerden naar huis terug.

⁷We vervolgden onze zeereis en liepen de haven van Ptolemaïs binnen. Daar bezochten we de gelovigen en bleven één dag bij hen. ⁸De volgende dag voeren we af en bereikten Caesarea. Hier vonden we onderdak bij de evangelist Filippus, één van de zeven. ⁹Hij had vier ongetrouwde dochters, die de gave van profetie bezaten. ¹⁰Toen we er enkele dagen waren, kwam er een profeet uit Judea, een zekere Agabus. ¹¹Hij ging naar ons toe, pakte Paulus' riem, bond zich daarmee de handen en voeten en zei: "Zo spreekt de heilige Geest: op deze manier zullen de Joden de eigenaar van deze riem in Jeruzalem binden en hem aan de heidenen uitleveren." ¹²Bij het horen hiervan smeekten wij en de plaatselijke christenen Paulus, toch niet naar Jeruzalem te reizen. ¹³Maar hij antwoordde: "Waarom probeert u me met uw tranen te vermurwen? Ik ben bereid om me in Jeruzalem niet alleen te laten binden, maar ook om te sterven voor de naam van de Heer Jezus." ¹⁴Omdat hij zich niet liet overreden, berustten we erin: "Wat de Heer wil, moet gebeuren."

¹⁵Toen de tijd om was, maakten we ons reisvaardig en trokken naar Jeruzalem. ¹⁶Enige leerlingen uit Caesarea gingen met ons mee. Ze brachten ons naar Mnason van Cyprus, een leerling uit de begintijd. Bij hem zouden we logeren.

Paulus op bezoek bij Jakobus

¹⁷Bij onze aankomst in Jeruzalem werden we door de broeders har-

telijk ontvangen. [18]De volgende dag ging Paulus met ons naar Jakobus. Ook de bestuurders van de gemeente waren allen aanwezig. [19]Paulus begroette hen en deed tot in bijzonderheden verslag van hetgeen God, met gebruikmaking van zijn diensten, onder de heidenen tot stand had gebracht. [20]Toen ze dat hoorden, prezen ze God. Tegen Paulus zeiden ze: "Kijk eens, duizenden Joden zijn tot geloof gekomen, maar ze zijn allemaal vurige aanhangers van de wet. [21]Nu is hun verteld, dat u alle Joden die onder de heidenen leven, leert, Mozes ontrouw te worden. U zou ze zeggen, hun kinderen niet te besnijden en de Joodse gebruiken niet langer te volgen. [22]Wat nu? Ze zullen natuurlijk horen dat u gekomen bent. [23]Doe daarom wat wij u zeggen. Hier zijn vier mannen die een gelofte hebben gedaan. [24]Ga met ze mee voor de rituele reiniging en betaal hun de kosten voor het afknippen van hun haar. Dan weet iedereen dat die geruchten over u onwaar zijn en dat u ook zelf de wet trouw naleeft. [25]Over de niet-Joden die gelovig zijn geworden, hebben we al een beslissing genomen. We hebben hun schriftelijk meegedeeld dat ze zich moeten onthouden van voedsel dat aan afgoden geofferd is, van bloed, van niet-ritueel geslacht vlees en van bloedschande." [26]De volgende dag nam Paulus deze mannen mee. Toen hij mèt hen ritueel gereinigd was, ging hij de tempel binnen. Daar maakte hij de datum bekend waarop de reinigingstijd voorbij was en waarop voor ieder van hen het offer gebracht moest worden.

Paulus wordt in de tempel gearresteerd

[27]Toen de zeven dagen van de reiniging bijna om waren, merkten Joden uit Asia hem in de tempel op. Ze ruiden de hele menigte op en grepen hem vast. [28]"Israëlieten, help!" schreeuwden ze. "Hier hebben we de man die overal en bij iedereen het Joodse volk, de wet en deze heilige plaats zwart maakt. Het toppunt is nu wel dat hij heidenen in de tempel heeft gebracht en daardoor het heiligdom heeft ontwijd!" [29]Ze hadden hem met Trofimus uit Efeze in de stad zien lopen en dachten dat Paulus hem meegenomen had naar de tempel. [30]De hele stad kwam in rep en roer en het volk liep te hoop. Ze pakten Paulus beet en sleurden hem de tempel uit. De poorten werden onmiddellijk gesloten. [31]Ze zochten al een manier om hem te doden, toen de kommandant van het Romeinse garnizoen gemeld werd dat heel Jeruzalem in opschudding was. [32]Meteen rukte hij met officieren en manschappen uit. De Joden zagen de kommandant met zijn soldaten aankomen en hielden op Paulus te slaan. [33]De kommandant kwam naar voren, arresteerde

Paulus en gaf bevel hem dubbel te boeien. Hij informeerde bij de omstanders wie hij was en wat hij had gedaan. ³⁴Maar ze riepen allemaal door elkaar. Het tumult was zo groot dat hij niet achter de ware toedracht kon komen. Daarom gaf hij order, Paulus naar de kazerne te brengen. ³⁵Bij de trappen drong de menigte zo op, dat de soldaten hem moesten dragen. ³⁶Het volk liep achter hen aan en schreeuwde: "Weg met hem!"

Paulus' zelfverdediging

³⁷Toen ze op het punt stonden hem de kazerne binnen te brengen, zei hij tegen de kommandant: "Mag ik u wat vragen?" "Kent u Grieks?" antwoordde deze. ³⁸"Bent u dan niet die Egyptenaar die kort geleden een opstand heeft ontketend en met die vierduizend terroristen de wijk heeft genomen naar de woestijn?" ³⁹"Nee, ik ben een Jood, een burger van Tarsus, een belangrijke stad in Cilicië. Staat u me alstublieft toe het volk toe te spreken." ⁴⁰De kommandant gaf toestemming. Paulus ging op de trappen staan en gaf het volk een teken. Er viel een diepe stilte en Paulus sprak het volk in de Joodse taal toe.

22 "Broeders en vaders, luister naar wat ik nu tot mijn verdediging aanvoer!" ²Toen ze hem in hun eigen taal hoorden spre-

ken, werden ze nog stiller.
³"Ik ben een Jood. Tarsus in Cilicië is mijn geboorteplaats maar in deze stad ben ik grootgebracht. Als leerling van Gamaliël werd ik opgevoed volgens de strenge opvattingen van de wet van onze voorouders en ik was een vurig ijveraar voor God, zoals ieder van u het vandaag is. ⁴Ik heb die nieuwe richting tot de dood toe vervolgd en mannen en vrouwen geboeid naar de gevangenis gebracht. ⁵De hogepriester en de hele Raad kunnen dit bevestigen. Ik kreeg zelfs aanbevelingsbrieven van hen mee voor onze Joodse broeders in Damascus. Ook daar wilde ik de aanhangers arresteren en ze naar Jeruzalem overbrengen voor hun gerechte straf."

Paulus vertelt van zijn bekering
(Handelingen 9 : 1–19; 26 : 12–18)

⁶"Ik begaf mij op weg, maar toen ik dicht bij Damascus was, straalde er plotseling een sterk licht uit de hemel op mij neer. ⁷Ik viel op de grond en hoorde een stem: 'Saul, Saul, waarom vervolg je mij?' ⁸'Wie bent u, Heer?' vroeg ik. 'Ik ben Jezus van Nazaret die jij vervolgt,' antwoordde hij. ⁹De mannen die bij me waren, zagen wel het licht, maar ze hoorden niet dat er iemand tegen mij sprak. ¹⁰'Wat moet ik doen, Heer?' vroeg ik. 'Sta op en ga naar Damascus. Daar wordt je verteld wat je allemaal doen moet.'
¹¹"Door het felle licht was ik blind geworden. Daarom namen mijn begeleiders me bij de hand en zo kwam ik in Damascus. ¹²Ik kreeg bezoek van een zekere Ananias, een vroom man die de wet naleeft en bij alle Joden in die stad hoog staat aangeschreven. ¹³Hij ging voor me staan en zei: 'Saul, mijn broeder, wees niet langer blind!' Op hetzelfde ogenblik kon ik weer zien en ik keek hem aan. ¹⁴'De God van onze voorvaderen,' zo ging hij door, 'heeft jou uitgekozen om zijn wil te kennen, de Rechtvaardige te zien en diens eigen stem te horen. ¹⁵Want je zult voor hem moeten getuigen en tegenover alle mensen moeten verklaren wat je gezien en gehoord hebt. ¹⁶Wat aarzel je nog? Sta op, laat je dopen en je zonden afwassen onder het aanroepen van zijn naam.'"

Paulus wordt geroepen om naar de heidenen te gaan

¹⁷"Ik keerde naar Jeruzalem terug. Toen ik in de tempel aan het bidden was, raakte ik in extase. ¹⁸Ik zag de Heer staan en hoorde hem zeggen: 'Vertrek zo snel mogelijk uit Jeruzalem, want ze zullen je getuigenis over mij niet aannemen.' ¹⁹'Heer,' antwoordde ik, 'ze weten hier toch, dat ik de synagogen langs ging om de mensen

die in u geloofden, gevangen te nemen en te geselen. ²⁰Ik stond erbij toen het bloed vloeide van uw getuige Stefanus. Het had mijn instemming en ik paste op de kleren van zijn moordenaars.' ²¹Maar hij zei: 'Ga! Ik stuur je ver weg, naar de heidenen.'"

²²Tot zover werd er naar Paulus geluisterd, maar nu begonnen ze te schreeuwen: "Weg met hem! Zo iemand moet van de aarde verdwijnen!" ²³Ze wierpen hun mantels af en gooiden stof de lucht in. ²⁴De kommandant gaf bevel hem de kazerne binnen te brengen, hem met de zweep te verhoren en uit te vinden waarom ze zo tegen Paulus schreeuwden. ²⁵Maar toen ze hem voor de geseling hadden vastgebonden, zei hij tegen de dienstdoende officier: "Mag u een Romeins burger die nog niet veroordeeld is, wel geselen?" ²⁶Toen de officier dat hoorde, ging hij zich melden bij de kommandant. "Wat gaat u beginnen? Die man is een Romein!" ²⁷De kommandant ging naar Paulus toe: "Bent u een Romeins burger?"
"Zeker."

²⁸"Dat burgerrecht heeft mij een kapitaal gekost."
"Maar ik ben als Romein geboren!"

²⁹Degenen die op het punt stonden hem een verhoor af te nemen, lieten hem meteen met rust. Ook de kommandant werd bang; hij besefte dat het een Romein was die hij had laten boeien.

Paulus voor de Hoge Raad

³⁰Toch wilde de kommandant precies weten, waarvan de Joden Paulus beschuldigden. Daarom gaf hij de volgende ochtend de opperpriesters en heel de Hoge Raad bevel bijeen te komen. Hij liet Paulus uit de gevangenis halen en leidde hem voor.

23 Paulus keek de leden van de Hoge Raad aan: "Broeders, met een volkomen zuiver geweten heb ik, tot op de dag van vandaag, mijn leven aan God gewijd." ²De hogepriester Ananias gaf de mannen die bij Paulus stonden, opdracht hem op de mond te slaan.

³"God zal ú slaan, witgekalkte muur!" riep Paulus uit. "U houdt zitting om mij volgens de wet te vonnissen. Beveelt u nu in strijd met de wet mij te slaan?"

⁴"Je scheldt de hogepriester van God uit!" zeiden de omstanders.
⁵"Ik wist niet dat het de hogepriester was, broeders. In de Schrift staat terecht: 'Beledig de leider van uw volk niet!'"

⁶Nu wist Paulus dat de Raad deels uit Sadduceeërs, deels uit Farizeeërs bestond. Daarom riep hij in de vergadering uit: "Ik ben een Farizeeër uit een Farizeeërsgeslacht en sta hier terecht om mijn

verwachting dat de doden opstaan!" ⁷Zodra hij dat gezegd had, ontstond er tussen de Farizeeërs en de Sadduceeërs ruzie. De vergadering raakte verdeeld. ⁸De Sadduceeërs zeggen immers dat er geen opstanding is, en dat engelen en geesten niet bestaan; de Farizeeërs leren beide punten juist wel. ⁹Er werd luid geschreeuwd, en een aantal schriftgeleerden van de partij van de Farizeeërs protesteerde heftig: "Volgens ons heeft die man niets kwaads gedaan! Misschien heeft een engel of een geest tot hem gesproken!"

¹⁰De ruzie liep zo hoog op, dat de kommandant bang werd dat ze Paulus in stukken zouden scheuren. Hij liet zijn soldaten aanrukken om hem tussen hen uit te halen en naar de kazerne over te brengen.

¹¹Die nacht stond de Heer voor hem. "Geef de moed niet op, Paulus! Je hebt van mij getuigd in Jeruzalem, zo zul je het ook in Rome moeten doen."

Een samenzwering verijdeld

¹²De volgende dag staken de Joden de hoofden bij elkaar. Ze zwoeren niet te eten of te drinken totdat ze Paulus hadden gedood. ¹³Meer dan veertig man deden aan dit komplot mee. ¹⁴Ze gingen naar de opperpriesters en de leden van de Raad. "We hebben de dure eed gezworen niets te gebruiken voor we Paulus hebben gedood. ¹⁵Nu moet u mede namens de Raad bij de kommandant het verzoek doen, Paulus nogmaals bij u te laten voorleiden. U wendt voor, dat u zijn zaak nauwkeuriger wilt onderzoeken. Wij staan klaar om hem uit de weg te ruimen voordat hij aankomt."
¹⁶Maar de zoon van Paulus' zuster hoorde van de hinderlaag. Hij ging het fort binnen en bracht Paulus op de hoogte. ¹⁷Paulus riep een officier: "Breng deze jongen naar de kommandant, hij heeft hem iets te vertellen." ¹⁸De officier nam de jongen mee naar de kommandant en meldde: "Gevangene Paulus riep me bij zich en vroeg me deze jongen bij u te brengen; hij heeft u iets te zeggen."
¹⁹De kommandant pakte hem bij de hand en nam hem apart. "Wat heb je me te vertellen?"
²⁰"De Joden hebben met elkaar afgesproken u te verzoeken Paulus morgen voor de Hoge Raad te laten verschijnen, zogenaamd voor een nader onderzoek. ²¹Maar geloof hen niet. Meer dan veertig man leggen hem een hinderlaag. Ze hebben gezworen niet te eten of te drinken, vóór ze hem vermoord hebben. Ze staan nu klaar, in afwachting van uw toezegging."
²²"Vertel niemand dat je me hiervan in kennis hebt gesteld," gebood

de kommandant. En hij stuurde hem weg.

Paulus voor goeverneur Felix

[23]Toen ontbood hij twee officieren. "Zorg dat er vanavond om negen uur tweehonderd soldaten klaar staan voor een tocht naar Caesarea, samen met zeventig ruiters en tweehonderd lichtgewapenden. [24]Houd ook rijdieren gereed om Paulus behouden naar goeverneur Felix te brengen." [25]En hij stelde een brief op met de volgende inhoud:
[26]"Aan Zijne Excellentie, goeverneur Felix. Claudius Lysias groet u. [27]De Joden hadden deze man gegrepen en stonden op het punt hem te vermoorden. Ik kwam met mijn manschappen tussenbeide en heb hem ontzet; ik hoorde dat hij een Romeins burger is. [28]Omdat ik wilde weten waarvan ze hem beschuldigden, bracht ik hem voor de Hoge Raad. [29]Daar bleek mij dat de aanklacht tegen hem ging over hun eigen wetskwesties maar niets bevatte waarop doodstraf of gevangenschap staat. [30]Nu werd mij gemeld, dat er op deze man een aanslag wordt beraamd. Daarom laat ik hem onmiddellijk naar u overbrengen. Ook zijn aanklagers heb ik voor hun beschuldigingen naar u verwezen."

[31]De soldaten voerden hun orders uit. Ze haalden Paulus en brachten hem 's nachts naar Antipatris. [32]De volgende morgen lieten ze de ruiters met hem verder gaan; zelf keerden ze naar de kazerne terug. [33]De ruiters kwamen in Caesarea aan, overhandigden de brief aan de goeverneur en leverden Paulus af. [34]De goeverneur las de brief en informeerde naar de provincie waar Paulus vandaan kwam. Toen hij vernam dat hij uit Cilicië kwam, [35]zei hij: "Ik zal u verhoren zodra uw aanklagers hier zijn." En hij gaf bevel Paulus gevangen te houden in het paleis van Herodes.

Paulus bij Felix aangeklaagd

24 Vijf dagen later arriveerden de hogepriester Ananias en enkele leden van de Raad vergezeld van een advocaat, een zekere Tertullus. Ze verschenen voor de goeverneur om hun aanklacht tegen Paulus in te dienen. [2]Tertullus werd geroepen en formuleerde zijn beschuldiging als volgt: "Excellentie, dank zij u genieten wij volop vrede en door uw wijs bestuur vinden er ten bate van dit volk noodzakelijke verbeteringen plaats. [3]Wij erkennen dat altijd en overal met de diepste dankbaarheid. [4]Maar ik wil u niet al te lang vermoeien. Ik verzoek u slechts een ogenblik naar ons te luisteren met de u eigen welwillendheid. [5]Deze man, zo is ons gebleken,

is een ware pest: hij zaait over de hele wereld onrust onder de Joden en hij is een vooraanstaand lid van de sekte van de Nazoreeërs. ⁶Hij heeft zelfs geprobeerd de tempel te ontwijden. Wij hebben hem gegrepen. [We wilden hem volgens onze wet oordelen, ⁷maar kommandant Lysias kwam er tussen en met geweld van wapenen bevrijdde hij hem uit onze macht. ⁸Zijn aanklagers beval hij, zich tot u te wenden.] Door hem over dat alles een verhoor af te nemen kunt u de juistheid van onze aanklacht vaststellen."
⁹De Joden vielen hem bij en bevestigden dat het zo was.

Paulus verdedigt zich ten overstaan van Felix

¹⁰Op een teken van de goeverneur nam Paulus het woord.

"Ik weet dat u al veel jaren rechtspreekt over dit volk en daarom bepleit ik mijn zaak voor u met goed vertrouwen. ¹¹U kunt laten vaststellen dat ik pas twaalf dagen geleden naar Jeruzalem ben gekomen om God te aanbidden. ¹²Ze hebben me met niemand zien redetwisten en me nergens oproer zien maken, in de tempel noch in de synagogen of waar in de stad ook. ¹³De beschuldigingen die ze nu tegen me inbrengen, kunnen ze u niet met bewijzen staven. ¹⁴Wel beken ik u dit: ik dien de God van mijn voorouders volgens de richting die zij een sekte noemen. En ik geloof alles wat in de wet en de profeten geschreven staat. ¹⁵Ik heb mijn hoop op God gesteld en verwacht van hem hetzelfde als zij, namelijk dat alle mensen, goeden zowel als slechten zullen opstaan uit de dood. ¹⁶Daarom leg ik mij er ook altijd op toe, tegenover God en de mensen een zuiver geweten te hebben.

¹⁷"Na jaren keerde ik in Jeruzalem terug om mijn volk geldelijke bijdragen te brengen en om offers op te dragen. ¹⁸Daarmee vonden ze me in de tempel bezig. Ik was al ritueel gereinigd, en van een oploop of een rel was geen sprake. ¹⁹Wel waren er enkele Joden uit Asia. Zij moesten eigenlijk voor u verschijnen om een aanklacht tegen mij in te dienen. ²⁰Of laten anders de getuigen die hier aanwezig zijn, eens zeggen aan wat voor misdaad ze me schuldig bevonden toen ik voor de Hoge Raad terecht stond! ²¹Of het moest die ene zin zijn die ik in hun midden uitriep: 'De zaak waarvoor ik vandaag voor u terecht sta, betreft de opstanding van de doden.'"

²²Felix, die heel goed op de hoogte was van deze nieuwe richting, verdaagde daarop de zitting. "Als kommandant Lysias komt, zal ik in de zaak die tegen u loopt, vonnis vellen." ²³De officier gaf hij bevel, Paulus wel in verzekerde bewaring te houden, maar hem minder streng te behandelen en zijn vrienden gelegenheid te geven

Paulus voor Felix en Drusilla

²⁴Enkele dagen later was Felix er weer, ditmaal met zijn vrouw Drusilla, een Jodin. Hij liet Paulus ontbieden en luisterde naar wat deze te zeggen had over het geloof in Christus Jezus. ²⁵Maar toen Paulus te spreken kwam over gerechtigheid, zelfbeheersing en het komende oordeel, werd Felix bang: "Het is nu wel genoeg, ga maar weg," zei hij. "Als ik tijd heb, laat ik u weer roepen." ²⁶Intussen hoopte hij van Paulus geld los te krijgen. Daarom liet hij hem herhaaldelijk bij zich komen voor een gesprek.

²⁷Na verloop van twee jaar werd Felix opgevolgd door Porcius Festus. Omdat Felix de Joden een dienst wilde bewijzen, liet hij Paulus als gevangene achter.

Paulus beroept zich op de keizer

25 Drie dagen na aankomst in zijn provincie reisde Festus van Caesarea naar Jeruzalem. ²De opperpriesters en de leiders van het Joodse volk dienden bij hem een aanklacht tegen Paulus in. ³Bovendien vroegen ze, hem bij wijze van gunst naar Jeruzalem te laten overkomen. Dat verzoek had een kwalijke bedoeling, want zij wilden Paulus onderweg in een hinderlaag vermoorden. ⁴Maar Festus antwoordde dat Paulus in Caesarea gevangen bleef en dat hijzelf van plan was er binnenkort naar terug te keren. ⁵"Laten uw leiders dan maar met mij meegaan," zei hij, "en daar de man aanklagen als hij iets verkeerds heeft gedaan."

⁶Na een verblijf van niet meer dan acht of tien dagen vertrok hij naar Caesarea. De volgende dag hield hij rechtszitting en liet Paulus voorkomen. ⁷Toen hij verschenen was, gingen de Joden die uit Jeruzalem waren meegekomen, om hem heen staan en brachten een groot aantal zware beschuldigingen tegen hem in, zonder ze te kunnen bewijzen. ⁸Paulus verdedigde zich: "Ik heb niets misdreven tegen de Joodse wet en de tempel, en evenmin tegen de keizer." ⁹Maar Festus wilde de Joden een gunst bewijzen en vroeg aan Paulus: "Wilt u niet naar Jeruzalem gaan om daar door mij in deze zaak berecht te worden?" ¹⁰"Ik sta hier voor de keizerlijke rechtbank," antwoordde Paulus, "en daar behoor ik geoordeeld te worden. Tegen de Joden heb ik niets misdaan, zoals ook u heel goed weet. ¹¹Als ik werkelijk schuldig ben en iets gedaan heb waar de doodstraf op staat, ben ik bereid te sterven. Maar zijn al hun beschuldigingen niet steekhoudend, dan kan niemand mij bij wijze

van gunst aan hen uitleveren. Ik teken hoger beroep aan bij de keizer." ¹²Na overleg met zijn raadgevers verklaarde Festus: "Op de keizer hebt u zich beroepen, naar de keizer zult u gaan."

Paulus voor Agrippa en Bernice

¹³Enkele dagen later kwamen koning Agrippa en koningin Bernice in Caesarea aan om Festus welkom te heten. ¹⁴Omdat hun verblijf daar verscheidene dagen duurde, legde Festus hun de zaak van Paulus voor. "Bij zijn vertrek heeft Felix iemand in de gevangenis laten zitten. ¹⁵Toen ik in Jeruzalem was, dienden de opperpriesters en de leiders van het Joodse volk een aanklacht tegen hem in en verzochten mij, hem te veroordelen. ¹⁶Ik antwoordde hun, dat de Romeinen niet gewoon zijn een beklaagde zo maar aan zijn beschuldigers uit te leveren. Eerst moet hij met hen oog in oog staan en gelegenheid krijgen zich tegen de aanklacht te verdedigen. ¹⁷Ze kwamen dus hierheen en zonder uitstel heb ik de volgende dag rechtszitting gehouden en de man in kwestie laten voorleiden. ¹⁸Maar zijn aanklagers beschuldigden hem helemaal niet van de misdaden waar ik op gerekend had. ¹⁹Ze hadden alleen maar een aantal meningsverschillen met hem over hun godsdienst en over een zekere Jezus, die dood is maar van wie Paulus beweert dat hij leeft. ²⁰Ik wist niet, hoe ik deze kwesties moest onderzoeken en daarom vroeg ik hem, of hij bereid was naar Jeruzalem te gaan om daar in deze zaak terecht te staan. ²¹Maar Paulus heeft beroep aangetekend en wil in hechtenis blijven tot de uitspraak van Zijne Majesteit. Ik heb bevel gegeven hem gevangen te houden tot ik gelegenheid heb hem naar de keizer te sturen."

²²"Ik zou die man ook wel eens willen horen," zei Agrippa. "Morgen," antwoordde Festus.

²³De volgende dag verschenen Agrippa en Bernice in vol ornaat en gingen de audiëntiezaal binnen, vergezeld van hoge officieren en van voorname personen uit de stad. Op bevel van Festus werd Paulus binnengebracht. ²⁴"Koning Agrippa! Geachte aanwezigen! Om de man die u hier voor u ziet, gaat het. Zowel in Jeruzalem als hier, kwamen alle Joden luid roepend bij me met het verzoek hem niet in leven te laten. ²⁵Dat hij iets bedreven heeft waarop de doodstraf staat, heb ik niet ontdekt. Maar omdat hij zich op Zijne Majesteit heeft beroepen, heb ik besloten hem naar Rome te laten overbrengen. ²⁶Iets bepaalds kan ik de keizer niet over hem schrijven. Daarom heb ik hem bij u laten brengen, in het bijzonder bij u, koning Agrippa, om na afloop van het onderzoek iets

te kunnen schrijven. ²⁷Want het heeft geen zin, dunkt me, hem naar Rome te sturen zonder te melden wat hem ten laste wordt gelegd."

Paulus verdedigt zich voor Agrippa

26 Agrippa zei tegen Paulus: "U krijgt nu de gelegenheid uzelf te verdedigen." Paulus wenkte met zijn hand om stilte en begon zijn verdediging als volgt:

²"Ik ben er gelukkig mee, koning Agrippa, dat ik mij vandaag in uw aanwezigheid mag verweren tegen al de beschuldigingen die de Joden tegen mij inbrengen, ³vooral omdat u zo goed op de hoogte bent van de gewoonten en de strijdvragen van de Joden. Ik verzoek u dus geduldig naar mij te luisteren.

⁴"Alle Joden kennen mijn levensloop van het begin af aan. Van jongsaf heb ik geleefd tussen mijn landgenoten en in Jeruzalem. ⁵Ze kennen me dus al lang, en als ze willen, kunnen ze getuigen dat ik geleefd heb naar de strengste richting van onze godsdienst, die van de Farizeeërs. ⁶In feite sta ik hier terecht omdat ik hoop op de belofte die God onze voorvaderen gedaan heeft. ⁷Onze twaalf stammen hopen die belofte in vervulling te zien gaan en daarvoor dienen ze God dag en nacht. Voor deze hoop, Majesteit, word ik door de Joden in staat van beschuldiging gesteld. ⁸Waarom houdt men het bij u voor ongelooflijk dat God de doden opwekt?

⁹"Ik voor mij meende van alles te moeten ondernemen tegen de naam van Jezus van Nazaret. ¹⁰Daar ben ik in Jeruzalem mee begonnen. Met volmacht van de opperpriesters heb ik er veel christenen gevangengezet, en als ze ter dood werden gebracht, stemde ik voor. ¹¹Er was geen synagoge of ik heb hen meer dan eens door lijfstraffen geprobeerd te dwingen hun geloof af te zweren. Ik was zo razend op hen dat ik ze zelfs in de steden buiten ons land vervolgde."

Paulus verhaalt van zijn bekering
(Handelingen 9 : 1–19; 22 : 6–16)

¹²"Daartoe reisde ik eens naar Damascus met volmacht en op last van de opperpriesters. ¹³Onderweg, midden op de dag, koning Agrippa, zag ik een licht uit de hemel dat helderder was dan de zon en dat mij en mijn reisgenoten omstraalde. ¹⁴We vielen allemaal neer en ik hoorde een stem die in het Hebreeuws tegen me zei: Saul, Saul, waarom vervolg je mij? Je doet jezelf pijn door tegen de stok met prikkels achteruit te slaan.' ¹⁵'Heer,' vroeg ik, 'wie

bent u?' 'Ik ben Jezus die jij achtervolgt. [16]Kom overeind! Ik ben je verschenen om je aan te stellen als mijn dienaar en als getuige van wat je gezien hebt en nog te zien zult krijgen. [17]Ik zal je bevrijden uit de handen van het Joodse volk en van de heidenen. Ik stuur je naar hen toe [18]om hun de ogen te openen en hen van het duister te keren naar het licht, uit de greep van Satan naar God. Hun zonden zullen hun worden kwijtgescholden, en zij zullen opgenomen worden onder de mensen die heilig zijn door in mij te geloven.'"

Paulus vertelt van zijn werk

[19]"Sindsdien, koning Agrippa, heb ik mij steeds door dit hemels visioen laten leiden. [20]Eerst wendde ik mij tot de inwoners van Damascus en Jeruzalem, daarna tot die van heel Judea en tot de niet-Joden. Ik verkondigde hun, een nieuw leven te beginnen, zich naar God te keren en te doen wat bij het nieuwe leven past. [21]Daarom hebben de Joden mij in de tempel gegrepen en geprobeerd mij te vermoorden. [22]Maar tot op de dag van vandaag heb ik van God de nodige hulp ontvangen en zo sta ik voor allen, voor groten en kleinen, te getuigen. Ik verkondig niets anders dan wat de profeten en Mozes al voorspelden, [23]namelijk dat de Christus zou lijden, maar dat hij ook als eerste uit de dood zou opstaan en aan Joden en niet-Joden het licht zou aankondigen."

[24]Toen Paulus zich zo verdedigde, riep Festus uit: "Je bent gek, Paulus! Al die geleerdheid brengt je hoofd op hol."

[25]"Ik ben niet gek, excellentie! Nee, ik spreek ware en verstandige taal. [26]De koning is van deze zaken op de hoogte; met hem kan ik er in alle openheid over spreken. Ik ben er namelijk zeker van dat niets van dit alles hem ontgaan is. Het heeft zich immers niet in een uithoek afgespeeld. [27]Gelooft u de profeten, koning Agrippa? Ik weet dat u hen gelooft!"

[28]"Je denkt zeker me in korte tijd christen te maken," antwoordde Agrippa.

[29]"Ik zou God willen bidden," zei Paulus, "dat op korte of lange termijn u en alle anderen die vandaag naar mij luisteren, worden wat ik ben, op deze boeien na dan."

[30]De koning stond op, en met hem de goeverneur, Bernice en het hele gezelschap. [31]Onder het weggaan zeiden ze tegen elkaar "Die man doet niets waar doodstraf of hechtenis op staat." [32]Tegen Festus merkte Agrippa nog op: "Als hij niet in hoger beroep was gegaan bij de keizer, had hij al vrij kunnen zijn."

Paulus' zeereis naar Rome

27 Toen onze afvaart naar Italië was vastgesteld, gaf men Paulus en een paar andere gevangenen over aan de bewaking van Julius, een officier van het keizerlijke regiment. ²We gingen aan boord van een schip uit Adramyttium dat de havens van Asia zou aandoen, en kozen zee. Aristarchus, een Macedoniër uit Tessalonica, vergezelde ons. ³De volgende dag legden we in Sidon aan. Julius was zo goed, Paulus toe te staan er zijn vrienden op te zoeken en zich te laten verzorgen. ⁴Vandaar voeren we Cyprus aan de lijzijde voorbij, omdat de wind tegen was. ⁵We staken de zee voor Cilicië en Pamfylië over en bereikten Myra in Lycië. ⁶Daar vond de officier een schip uit Alexandrië dat naar Italië ging, en hij bracht ons daarop over.

⁷Dagenlang schoten we maar weinig op en met veel moeite kwamen we ter hoogte van Knidus. Omdat we de wind niet meehadden, zeilden we onder Kreta door langs kaap Salmone. ⁸Toen we die met moeite gepasseerd waren, bereikten we een haven die Goede Rede heet, niet ver van de stad Laséa.

⁹We hadden veel tijd verloren en verder varen werd nu gevaarlijk omdat de grote verzoendag al voorbij was. Paulus waarschuwde hen dan ook: ¹⁰"Mannen, ik voorzie een bijzonder ruwe overtocht. Niet alleen schip en lading zullen groot gevaar lopen, maar ook onze levens." ¹¹Maar de officier stelde meer vertrouwen in de kapitein en de reder dan in Paulus' woorden. ¹²Omdat de haven ongeschikt was om er de winter door te brengen, besloot de meerderheid verder te varen en zo mogelijk Feniks te bereiken, een haven die naar het zuid- en het noordwesten openligt, en daar te overwinteren.

Storm op zee

¹³Toen er een zuidenwind was gaan waaien, meenden ze van het slagen van hun plan zeker te zijn. Ze lichtten het anker en hielden zo dicht mogelijk tegen de kust van Kreta aan. ¹⁴Maar kort daarop kwam van het eiland een stormwind opzetten, de zogenaamde noordooster. ¹⁵Het schip werd meegesleurd, en omdat we onmogelijk de kop van het schip in de wind konden brengen, gaven we het op en lieten ons meedrijven. ¹⁶Toen we aan de windvrije kant van het eilandje Klauda kwamen, slaagden we er met moeite in de sloep in veiligheid te brengen. ¹⁷Ze hesen hem aan boord en verstevigden het schip door er touwen onder door te halen. Uit angst op de zandbanken van de Syrte geworpen te worden, streken

ze de zeilen en zo dreven ze voort. ¹⁸Toen de storm ons in alle hevigheid beukte, zetten ze de volgende dag een deel van de lading overboord, ¹⁹en de dag daarop gooiden ze eigenhandig het scheepstuig in zee. ²⁰Zon en sterren waren dagenlang niet te zien en de storm woedde maar voort. Tenslotte lieten we alle hoop op redding varen.

²¹Niemand had veel zin om te eten. Paulus ging tussen hen in staan: "Mannen, men had naar mij moeten luisteren en niet van Kreta moeten wegvaren. Dan hadden we dit gevaar en dit verlies kunnen ontlopen. ²²Maar zelfs in deze omstandigheden vraag ik jullie moed te houden. Niemand zal zijn leven verliezen, alleen het schip gaat verloren. ²³Want vannacht verscheen mij een engel van de God aan wie ik toebehoor en die ik dien. ²⁴'Paulus,' zei hij 'wees niet bang! Je moet voor de keizer verschijnen en in zijn goedheid heeft God jou het leven van alle opvarenden geschonken. ²⁵Vat dus moed! Want ik vertrouw erop dat alles zal aflopen zoals God het mij gezegd heeft. ²⁶Wel zullen we op een of ander eiland moeten stranden."

²⁷De veertiende nacht brak aan en nog altijd zwalkten we op de Adriatische Zee rond. Tegen middernacht dachten de matrozen dat ze in de buurt van land kwamen. ²⁸Ze wierpen het lood en peilden zesendertig meter. Even verder deden ze hetzelfde en kwamen ze op zevenentwintig meter. ²⁹Omdat ze bang waren dat we op de klippen zouden lopen, wierpen ze van de achtersteven vier ankers uit. Intussen baden ze dat het dag werd. ³⁰De matrozen deden een poging het schip te verlaten. Ze lieten de sloep in zee neer, met de bewering dat ze aan de voorsteven ankers wilden uitwerpen. ³¹Toen zei Paulus tegen de officier en de soldaten: "Als zij niet aan boord blijven, is er voor u geen kans op redding." ³²De soldaten kapten de touwen van de sloep en lieten hem in zee vallen.

³³Tegen het aanbreken van de dag spoorde Paulus allen aan wat te eten. "U zit nu veertien dagen in spanning zonder iets te eten of te gebruiken. ³⁴Ik raad u aan wat te eten. Uw redding is ermee gediend. Niemand zal een haar op zijn hoofd worden gekrenkt." ³⁵Hij nam brood, dankte God in aanwezigheid van allen, brak het en begon te eten. ³⁶Allen vatten moed en begonnen evenals Paulus te eten. ³⁷Aan boord van het schip bevonden zich in totaal tweehonderd zesenzeventig opvarenden. ³⁸Toen iedereen genoeg had gegeten, maakten ze het schip lichter door het graan in zee te werpen.

De schipbreuk

⁹Toen het dag was geworden, herkenden ze het land niet. Wel kregen ze een inham met een strand in het oog. Als het kon, wilden ze het schip daar aan de grond laten lopen. ⁴⁰Ze kapten de ankers en lieten ze in zee vallen; tegelijk maakten ze de touwen los waarmee de stuurriemen vastgebonden zaten, hesen het voorzeil en hielden voor de wind op het strand aan. ⁴¹Ze kwamen terecht in ondiep vaarwater en lieten het schip vastlopen. Met een schok bleef de voorsteven onwrikbaar vastzitten, de achtersteven echter werd door het geweld van de golven stukgeslagen.

⁴²De soldaten wilden de gevangenen doden om te voorkomen dat de een of ander zwemmend zou ontsnappen. ⁴³Maar de officier die Paulus' leven wilde sparen, verhinderde hun dat. Hij gaf degenen die konden zwemmen, bevel het eerst over boord te springen om aan land te komen. ⁴⁴De rest moest op planken of wrakhout volgen. Zo kwamen allen veilig aan wal.

Op Malta

28 Eerst na onze redding hoorden we dat het eiland Malta heette. ²De bevolking behandelde ons buitengewoon vriendelijk. Omdat het was gaan regenen en het koud was, legden ze een groot vuur aan en haalden ons er allemaal bij. ³Paulus sprokkelde een hoop dor hout en gooide die op het vuur. Door de hitte kwam er een adder uit te voorschijn die zich in zijn hand vastbeet. ⁴Toen de bewoners van het eiland het beest aan zijn hand zagen hangen, zeiden ze tegen elkaar: "Die man is vast en zeker een moordenaar. Ondanks zijn redding uit zee laat de Gerechtigheid hem niet in leven." ⁵Maar Paulus schudde het dier van zich af in het vuur en ondervond geen last. ⁶De bewoners verwachtten dat hij zou opzwel-

len of plotseling dood zou neervallen. Maar toen ze na lang wachten zagen, dat hem niets bijzonders overkwam, veranderden ze van mening en zeiden: "Hij is een god!"

⁷Niet ver daarvandaan lag een landgoed, het bezit van Publius, de bestuurder van het eiland. Hij ontving ons hartelijk en drie dagen lang waren we zijn gasten. ⁸Nu lag de vader van Publius ziek te bed met koorts en buikpijn. Paulus ging bij hem binnen, sprak een gebed uit, legde hem de handen op en genas hem. ⁹Door deze gebeurtenis kwamen ook alle andere zieken op het eiland naar hem toe en ze werden genezen. ¹⁰Ze bewezen ons dan ook veel eer en bij onze afvaart voorzagen ze ons van al het nodige.

Van Malta naar Rome

¹¹Na drie maanden zeilden we weg op een schip uit Alexandrië. Het had op het eiland overwinterd en droeg als boegbeeld de tweeling Castor en Pollux. ¹²We liepen Syracuse binnen en bleven er drie dagen liggen. ¹³Vandaar voeren we langs de kust naar Regium. Ondat er de volgende dag een zuidenwind opstak, kwamen we in twee dagen in Puteoli. ¹⁴Daar troffen we christenen aan die ons voor een week uitnodigden. En zo kwamen we in Rome. ¹⁵Ook de christenen daar hadden van onze komst gehoord. Ze kwamen ons tot aan Forum Appii en Tres Tabernae tegemoet, en toen Paulus hen zag, dankte hij God en schepte moed.

In Rome

¹⁶Na onze aankomst in Rome kreeg Paulus toestemming op zichzelf te wonen met de soldaat die hem bewaakte.

¹⁷Drie dagen later nodigde hij de voornaamste Joden van de stad uit. Toen ze er waren, zei hij: "Mijn broeders, ik heb niets gedaan tegen ons volk of tegen de gebruiken van onze voorvaderen. Toch werd ik in Jeruzalem gevangengenomen en daar uitgeleverd aan de Romeinen. ¹⁸Na verhoor wilden ze me vrijlaten, omdat ik niets had gedaan waarop de doodstraf stond. ¹⁹Maar de Joden verzetten zich ertegen en zo moest ik in hoger beroep gaan bij de keizer. Maar dat betekent niet, dat ik nu een aanklacht ga indienen tegen mijn volk. ²⁰Dat is de reden waarom ik u wilde ontmoeten en toespreken. Ik draag deze boeien om de verwachting die Israël koestert." ²¹Ze antwoordden: "Uit Judea hebben we geen brieven over u ontvangen, en ook had geen enkele Jood bij zijn aankomst hier ons iets slechts over u te rapporteren of te vertellen. ²²Maar we zullen graag uw opvattingen aanhoren, want we weten dat die rich-

ting overal weerstand oproept."

²³Ze maakten een afspraak en op de vastgestelde dag kwamen ze hem met nog meer personen dan eerst opzoeken in zijn huurwoning. Van 's ochtends tot 's avonds gaf hij uitleg en getuigde hij van het koninkrijk van God. Daarbij probeerde hij hen voor Jezus te winnen door uit te gaan van de wet en de profeten. ²⁴Sommigen lieten zich overtuigen, maar anderen bleven ongelovig. ²⁵De Joden waren het onderling niet eens en bij het afscheid zei Paulus nog dit ene woord: "Hoe juist heeft de heilige Geest door de profeet Jesaja tot uw voorvaderen gesproken:

²⁶'Ga naar dit volk en zeg:
met uw oren zult u horen maar niets verstaan;
met uw ogen zult u kijken maar niets zien.
²⁷Want het hart van dit volk is afgestompt,
ze hebben hun oren toegestopt
en hun ogen gesloten.
Want anders zouden ze zien met hun ogen,
horen met hun oren
en begrijpen met hun hart,
zouden ze tot mij terugkeren,
en door mij worden genezen.'

²⁸"U dient goed te weten dat God deze redding aan de niet-Joden gebracht heeft: zij zullen luisteren."

[²⁹En na deze woorden gingen de Joden heen, terwijl ze fel met elkaar diskussiëerden.]

³⁰Twee volle jaren woonde Paulus in zijn huurwoning. Iedereen die bij hem aankwam, ontving hij gastvrij. ³¹Hij verkondigde het koninkrijk van God en sprak frank en vrij over het leven en de leer van de Heer Jezus Christus, zonder dat hem iets in de weg werd gelegd.

Brief aan de christenen in Rome

1 Van Paulus, een dienaar van Christus Jezus. Hij liet zijn speciale keus op mij vallen en riep mij als apostel om het grote nieuws van God bekend te maken.
²Lang geleden heeft God dat grote nieuws door zijn profeten in het vooruitzicht gesteld; het staat opgetekend in de heilige Schrift ³en het gaat over zijn Zoon, over Jezus Christus, onze Heer. Gewoon menselijk bekeken werd hij geboren als een afstammeling van David; ⁴onder belichting van de heilige Geest bleek hij de triomferende Zoon van God te zijn, doordat hij opstond uit de dood. ⁵Door hem gaf God mij het voorrecht om apostel te zijn, met de opdracht om ter ere van Christus mensen uit alle volken te brengen tot geloof en gehoorzaamheid. ⁶U hoort daar ook bij; ook u bent geroepen om van Jezus Christus te zijn.

⁷Zo schrijf ik aan u allen in Rome die God liefheeft en die hij roept om hem toe te behoren.

Ik wens u de goedgunstigheid en de vrede van God, onze Vader en van de Heer Jezus Christus.

Paulus wil graag naar Rome gaan

⁸Eerst breng ik door Jezus Christus dank aan mijn God voor allen. Want in de hele wereld wordt over uw geloof gesproken. ⁹God weet, dat ik de waarheid spreek, God die ik met hart en ziel dien door het grote nieuws over zijn Zoon bekend te maken. Hij weet dat ik u in mijn gebeden nooit vergeet. ¹⁰Steeds bid ik dat ik met zijn wil nog eens in de gelegenheid kom, u te bezoeken. ¹¹Want ik brand van verlangen u te ontmoeten. Ik zou u dan iets kunnen geven, iets om u te sterken in het geloof. ¹²Ik bedoel dat wij bij elkaar steun vinden: u door mijn geloof en ik door uw geloof.

¹³U mag gerust weten, beste broeders, dat ik meermalen van plan was naar u toe te komen, maar tot nu toe kwam er telkens iets tussen. Net als bij de andere volken wilde ik ook bij u een aantal mensen voor het geloof winnen. ¹⁴Want ik heb een verplichting tegenover alle volken, tegenover de beschaafde en de onbeschaafde, de ontwikkelde en de onontwikkelde. ¹⁵Vandaar de sterke drang in mij om ook u, in Rome, het evangelie te brengen.

De macht van het evangelie en van het geloof

¹⁶Want ik schaam mij niet voor het evangelie. Het is een machtig middel waarmee God iedereen redt die gelooft, allereerst de Joden, maar ook de niet-Joden. ¹⁷Want het evangelie brengt aan het licht, dat de mens in de ogen van God rechtvaardig is enkel en alleen door te geloven, in overeenstemming met wat er geschreven staat: "De rechtvaardige zal leven door het geloof."

De zondige mensheid

¹⁸We zien duidelijk, dat God vanuit de hemel alle zondige en slechte mensen straft die door hun slechte leven de waarheid over hem in de weg staan. ¹⁹Ze kunnen weten wat er over hem te weten valt; hij heeft het hun zelf duidelijk gemaakt. ²⁰Want sinds hij de wereld heeft geschapen, kunnen ze met hun verstand zijn onzichtbare eigenschappen uit de schepping opmaken: zijn eeuwige macht en zijn God-zijn. Te verontschuldigen zijn ze dus niet! ²¹Zij kennen God wel, maar geven hem niet de eer die hem toekomt en brengen hem geen dank. Zij hebben slechts dwaze gedachten, en duisternis is gevallen over hun onverstandige harten. ²²Zij beweren de wijsheid in pacht te hebben, maar zijn arme dwazen. ²³De glorie van de onsterfelijke God hebben zij vervangen door beelden van sterfelijke mensen en van vogels, landdieren en slangen. ²⁴Daarom gaf hij hun zondige begeerten macht over hen, en zo gingen zij ertoe over elkaars lichaam te onteren. ²⁵In plaats van de waarheid over God

stellen zij de leugen; ze aanbidden en dienen de schepping in plaats van de Schepper zelf, die geprezen moet worden tot in eeuwigheid! Amen.

²⁶Daarom heeft God ze overgegeven aan hun lage driften. Hun vrouwen misbruiken hun seksualiteit voor tegennatuurlijke praktijken. ²⁷Niet anders doen de mannen: ze houden op met de normale omgang met vrouwen en branden van verlangen naar elkaar. Mannen plegen ontucht met mannen. Zo krijgen ze de straf te dragen die ze voor hun dwaling verdienen.

²⁸Omdat zij het niet de moeite waard vinden, God te leren kennen, geeft hij ze prijs aan hun verkeerde ideeën en zo doen ze alles wat niet mag. ²⁹Ze zitten vol alle mogelijk onrecht, onmenselijkheid, hebzucht en slechtheid; ze zijn een en al afgunst, bloeddorst, ruzie, bedrog en boze opzet. Roddelaars zijn het, ³⁰en kwaadsprekers; brutale en verwaande lieden die God minachten en van zichzelf hoog opgeven; ze zijn vindingrijk in het kwaad, ongehoorzaam aan hun ouders; ³¹ze zijn onverstandig en onstandvastig; genegenheid of medelijden kennen ze niet. ³²Zij kennen Gods uitspraak: "Mensen die zulke dingen doen, verdienen de dood." Toch gaan zij ermee door, en wat nog erger is, ze hebben plezier in gelijke praktijken van anderen.

God oordeelt overeenkomstig de waarheid

2 Maar daarom, vriend, gaat u die over anderen oordeelt, nog niet vrij uit! Want wie u ook bent - door over anderen te oordelen, veroordeelt u uzelf; u speelt voor rechter, maar u doet precies hetzelfde als zij. ²Wij weten dat God het bij het rechte eind heeft, wanneer hij de mensen die zulke dingen doen, veroordeelt. ³Maar denkt u nu werkelijk aan het vonnis van God te ontkomen door rechter te spelen over anderen? ⁴Of vindt u Gods overgrote goedheid, geduld en inschikkelijkheid van geen belang? Weet u niet dat God u door zijn goedheid tot een nieuw leven wil brengen? ⁵Maar u bent hardleers en wilt geen nieuw leven beginnen. Daarom haalt u zich een extra streng vonnis op de hals op de dag waarop God zijn vonnissen velt en zijn uitspraken bekendmaakt. ⁶Want God zal iedereen geven wat hem toekomt op grond van zijn daden. ⁷Hij geeft eeuwig leven aan hen die het verhevene, het eervolle en het onsterfelijke zoeken door te volharden in het goede. ⁸Maar verschrikkelijk straft hij hen die zichzelf zoeken, de waarheid verwerpen en zich overgeven aan het kwaad. ⁹Diepe ellende staat iedereen te wachten die het verkeerde doet, de Joden het eerst, maar ook

wie geen Jood zijn. ¹⁰Glorie, eer en vrede echter vallen allen ten deel die het goede doen, de Joden het eerst, maar ook wie geen Jood zijn. ¹¹Want God behandelt alle mensen gelijk.

¹²De niet-Joden hebben de wet van Mozes niet en gaan dus als ze zondig leven, buiten deze wet om verloren. De Joden zijn wel in het bezit van de wet van Mozes; als zij dus zondig leven, worden ze door deze wet veroordeeld. ¹³Want niet wie de wet hoort, maar wie de wet in praktijk brengt, wordt in de ogen van God gerechtvaardigd. ¹⁴De niet-Joden moeten het zonder de wet van Mozes stellen, maar wanneer zij uit zichzelf doen wat de wet verlangt, zijn zij zichzelf tot wet, ook al hebben ze de wet van Mozes niet. ¹⁵Hun gedrag laat zien dat de wet in hun hart geschreven staat. Ook hun geweten bewijst dat dit waar is, omdat ze door hun gedachten soms beschuldigd en soms verdedigd worden.

¹⁶Zo zal het dus zijn op de dag waarop God door Christus Jezus oordeelt over de diepste geheimen van de mens, overeenkomstig het grote nieuws dat ik verkondig.

De Joden en de wet van Mozes

¹⁷Maar nu u, die uzelf een Jood noemt. U hebt een steun aan de wet en beroemt u op God; ¹⁸u weet wat hij wil en u kunt uitmaken wat het beste is, omdat de wet u voorlicht. ¹⁹U bent ervan overtuigd dat u een gids bent voor blinden en een licht voor wie in de duisternis leven, ²⁰dat u de onwetenden iets kunt bijbrengen en de jongeren iets kunt leren. Want in de wet staan alle kennis en waarheid voor u geformuleerd. ²¹Maar als u anderen iets leert, waarom uzelf dan niet? U verkondigt dat je niet mag stelen, en u steelt zelf! ²²U zegt dat je het huwelijk niet mag ontbinden en u doet het zelf! U verafschuwt afgodsbeelden, maar u rooft de tempelschatten! ²³U beroemt u op de wet van Mozes, maar door de wet te overtreden maakt u God tot een aanfluiting! ²⁴Want er staat geschreven: "Het is uw schuld dat de naam van God onder de niet-Joden wordt bespot."

²⁵Uw besnijdenis heeft alleen waarde als u de wet onderhoudt. Maar als u de wet overtreedt, kunt u net zo goed niet besneden zijn. ²⁶Als iemand die niet besneden is, zich houdt aan de voorschriften van de wet, zal God hem zeker behandelen als iemand die wel besneden is! ²⁷U, Joden, wordt dus veroordeeld door de niet-Joden. Want u overtreedt de wet, ook al hebt u hem op schrift en bent u besneden, maar zij onderhouden de wet, ook al hebben ze lichamelijk de besnijdenis niet ondergaan. ²⁸Wie is dus uiteindelijk de echte

Jood? Niet hij die het uiterlijk is – die uiterlijk, in zijn lichaam, de besnijdenis heeft ondergaan. ²⁹Nee, de ware Jood is hij, die het innerlijk is, die in zijn hart besneden is; dat is het werk van de Geest van God, niet van de geschreven wet. Zo iemand zal dan niet worden geprezen door de mensen, maar door God wel.

3 Maar wat hebben de Joden dan voor op de niet-Joden? Wat heeft het voor zin besneden te zijn? ²Niet zo weinig! Het belangrijkste is, dat God hun zijn boodschap heeft toevertrouwd. ³Maar wat zou dat? Sommigen van hen zijn ontrouw geweest; zal dat de trouw van God niet uithollen? ⁴Geen sprake van! Op God kun je altijd aan, maar de mensen zijn allemaal onbetrouwbaar. Het is precies zoals er geschreven staat:

"Daarmee wordt getoond dat u rechtvaardig bent in uw uitspraken,
en dat u steeds uw rechtszaken met de mensen wint."

⁵Maar als nu door onze slechtheid de rechtvaardigheid van God beter uitkomt, wat dan? Is God dan niet onrechtvaardig door ons toch te straffen? (Ik spreek nu zoals mensen doen.) ⁶Absoluut niet! Hoe zou hij anders de wereld kunnen oordelen?

⁷Maar als ik nu door mijn onbetrouwbaarheid laat uitkomen, dat God te vertrouwen valt, en als ik daarmee dan bijdraag aan zijn glorie? Waarom word ik dan nog veroordeeld als een zondig mens? ⁸Waarom dan niet gezegd: "Laten we doen wat verkeerd is, dan komt het goede er uit voort"? Dat is precies de opvatting die wij volgens sommigen zouden verkondigen! Ze beledigen ons daarmee diep. Maar ze worden veroordeeld en dat verdienen ze.

Geen mens gaat vrij uit

⁹Hoe zit het dan? Zijn wij Joden er beter aan toe? Helemaal niet! Ik heb al aangetoond dat de Joden net zo goed als de niet-Joden zonder uitzondering in de macht van de zonde zijn. ¹⁰Het is zoals er geschreven staat:

"Er is niemand die rechtvaardig is, geen mens;
¹¹niemand die verstandig is,
niemand die God zoekt.
¹²Ze zijn allemaal van God afgedwaald,
ze deugen nergens meer voor.
Er is er geen één die doet wat goed is, nee, geen één.
¹³Hun keel is een open graf.
Hun tong spreekt leugentaal,
woorden dodelijk als slangegif komen van hun lippen.

¹⁴Ze hebben hun mond vol van vloeken en bittere opmerkingen.
¹⁵Ze zijn snel ter been, als er bloed moet vloeien.
¹⁶Waar zij komen, zaaien ze dood en verderf.
¹⁷Zij weten de weg niet die naar vrede leidt,
¹⁸God hebben zij nooit leren vrezen."

¹⁹Wij weten dat alles wat de wet zegt, van toepassing is op wie onder de wet leven. Zo wordt iedereen het zwijgen opgelegd en moet de hele wereld schuld bekennen tegenover God. ²⁰Want geen mens wordt door God gerechtvaardigd, omdat hij doet wat de wet verlangt. Door de wet wordt de mens zich er alleen maar van bewust dat hij het verkeerd doet.

Hoe God de mensen dan wel rechtvaardigt

²¹Maar nu, in onze tijd, heeft God duidelijk gemaakt dat hij de mens buiten de wet om rechtvaardigt. De wet en de profeten bevestigen het: ²²God rechtvaardigt de mensen door hun geloof in Jezus Christus, hij spreekt allen vrij die in Christus geloven. Er is geen verschil meer tussen de een of de ander: ²³alle mensen hebben gezondigd en moeten het stellen zonder Gods heerlijke aanwezigheid. ²⁴Maar ze worden gerechtvaardigd louter en alleen om zijn goedheid, door de bevrijding die hij gebracht heeft in Christus Jezus. ²⁵God heeft hem opgeofferd. En zo is hij door zijn dood het middel geworden waardoor de mensen zich met God kunnen verzoenen, als ze in hem geloven. God heeft willen laten zien, dat hij rechtvaardig is. In het verleden heeft hij de zonden van de mensen altijd geduldig door de vingers gezien. ²⁶Nu, in onze tijd, wil hij zijn rechtvaardigheid tonen; hij laat zien dat hij zelf rechtvaardig is en dat hij iedereen rechtvaardigt die gelooft in Jezus.

²⁷Is er dan nog reden om te roemen? Nee, uitgesloten! En waardoor dan? Doordat we de wet onderhouden? Nee, doordat het op geloven aankomt! ²⁸Want we zijn van oordeel dat God de mens rechtvaardigt, omdat hij gelooft en niet omdat hij de wet onderhoudt. ²⁹Of is God alleen de God van de Joden? Is hij ook niet de God van hen die geen Jood zijn? Natuurlijk is hij dat. ³⁰God is één; hij rechtvaardigt de Joden op grond van hun geloof én hij rechtvaardigt de niet-Joden om hun geloof. ³¹Stellen wij dan door dit geloof de wet buiten werking? Helemaal niet! Wij handhaven de wet juist.

Het voorbeeld van Abraham

4 Hoe zit het dan met onze stamvader Abraham, zo kunnen wij Joden ons afvragen? ²Als hij gerechtvaardigd werd om wat hij presteerde, dan had hij iets om op te roemen. Maar hij kon niet roemen tegenover God. ³Want wat staat er geschreven? "Abraham geloofde God en God verklaarde hem daarom rechtvaardig." ⁴Iemand die iets presteert, krijgt zijn loon niet uitbetaald als een gunst maar als iets waarop hij recht heeft. ⁵Maar als iemand zonder iets bepaalds te presteren gelooft in God, die de goddeloze onschuldig verklaart, dan is het zijn geloof waarom hij rechtvaardig wordt verklaard. ⁶Dat is ook de opvatting van David; hij prijst de mens gelukkig die door God rechtvaardig wordt verklaard zonder bepaalde tegenprestaties:

⁷"Gelukkig de mensen aan wie God hun misstappen vergeeft, gelukkig, als hij hun zonden met de mantel der liefde bedekt!
⁸Gelukkig de mens wiens zonden de Heer niet boekt!"

⁹Geldt deze lof van David alleen voor wie besneden zijn of ook voor wie het niet zijn? We haalden al de tekst aan: "Om zijn geloof werd Abraham door God rechtvaardig verklaard." ¹⁰Maar op welk moment deed God dat? Was het vóór of na de besnijdenis van Abraham? Ervóór, en niet erna! ¹¹Het teken van de besnijdenis ontving Abraham pas later, als bezegeling van het feit dat God hem gerechtvaardigd had om zijn geloof op een moment dat hij niet besneden was. Hij moest de vader zijn van alle mensen die niet besneden zijn maar wel geloven en daarom door God gerechtvaardigd zijn. ¹²Tegelijk is hij ook de vader van hen die wel besneden zijn, niet doordat ze alleen maar besneden zijn, maar doordat ze hetzelfde geloofsleven leiden dat onze vader Abraham leidde voordat hij besneden werd.

Abraham kreeg Gods belofte door zijn geloof

¹³God beloofde aan Abraham en zijn nakomelingen dat de wereld hun zou toebehoren. Maar deze belofte was niet gedaan omdat Abraham de wet onderhield, maar omdat hij om zijn geloof door God werd gerechtvaardigd. ¹⁴Want als je van God iets kan krijgen door de wet te onderhouden, heeft het geloof niets meer te betekenen en wordt de belofte van God uitgehold. ¹⁵Want de wet brengt mee dat God straft, maar waar geen wet is, kan ze ook niet overtreden worden.

¹⁶De belofte steunt dus op het geloof. Daaruit blijkt, dat de belofte een vrije gave van God is en door hem gegarandeerd wordt aan

alle afstammelingen van Abraham. Dat zijn niet alleen zij die de wet onderhouden, maar ook zij die net als Abraham geloven. Abraham is de vader van ons allemaal. ¹⁷Zo staat het ook geschreven: "Ik heb u vader gemaakt van vele volken." Dat is hij in de ogen van God, in wie hij geloofde, God die de doden weer levend maakt en op wiens bevel gaat bestaan wat niet bestaat. ¹⁸Hoewel er geen hoop meer was, bleef Abraham toch geloven en hopen. Zo werd hij de stamvader van vele volken, volgens Gods eigen woorden: "Talrijk zullen uw nakomelingen zijn." ¹⁹Abraham was al honderd jaar oud, maar geen moment wankelde zijn geloof in God als hij dacht aan zijn nabije dood en aan Sara's onvruchtbaarheid. ²⁰Hij twijfelde niet aan Gods belofte; zijn geloof liet hem nooit in de steek, hij werd er alleen maar in gesterkt. Zo bracht hij eer aan God; ²¹hij was er diep van overtuigd dat God ook kon doen wat hij beloofd had. ²²Daarom "werd Abraham rechtvaardig verklaard". ²³Maar deze woorden zijn niet voor hem alleen neergeschreven, ²⁴maar ook voor ons. Ook wij worden rechtvaardig verklaard, omdat we geloven in hem die onze Heer Jezus uit de dood heeft opgewekt – ²⁵Jezus die om onze zonden is uitgeleverd en is opgewekt om ons te rechtvaardigen.

Met God verzoend

5 Nu wij door God zijn gerechtvaardigd om dit geloof, leven wij met hem in vrede dank zij onze Heer Jezus Christus. ²Dank zij hem staat de deur naar Gods goedheid voor ons open. Door die goedheid staan wij sterk, en fier is onze houding, omdat wij hopen te delen in de glorie van God. ³En dat niet alleen! Fier is onze houding ook, als we verdrukt worden. Want we weten dat verdrukking weerstand oproept, ⁴en weerstand maakt ons gehard, en die gehardheid geeft ons hoop. ⁵En met die hoop komen we niet bedrogen uit, omdat God ons hart gevuld heeft met zijn liefde door ons de heilige Geest te geven.

⁶Toen wij nog hulpeloos waren, is Christus voor ons goddeloze mensen gestorven op de tijd die door God is vastgesteld. ⁷Het valt ons al zwaar ons leven te geven voor iemand die geen kwaad heeft gedaan. Hoogstens brengen we de moed op, ons leven te geven voor een bijzonder goed mens. ⁸God laat ons dus wel duidelijk zien, hoeveel hij van ons houdt: op een moment dat wij nog in vijandschap met hem leefden, liet hij Christus voor ons sterven. ⁹Nu wij door zijn kruisdood zijn gerechtvaardigd, zullen we des te zekerder van Gods toorn worden gered. ¹⁰We stonden op voet

van vijandschap met God, maar zijn weer met hem verzoend door de dood van zijn Zoon. Nu we eenmaal met hem verzoend zijn, zullen we des te zekerder gered worden door het léven van zijn Zoon. [11]Maar er is nog meer: wij kunnen nu ook roemen op God, dank zij onze Heer Jezus Christus door wie we met God verzoend zijn.

Adam en Christus

[12]De breuk met God is door één man over de wereld gekomen, en door die breuk met God de dood, en de dood is het lot van alle mensen geworden, omdat ze allemaal gebroken hebben met God. [13]Die breuk met God was er al toen de wet van Mozes nog moest komen, en zolang de wet er niet was, werd die breuk met God de mensen niet aangerekend. [14]Toch heerste van de tijd van Adam af tot aan de tijd van Mozes de dood ook over hen die niet braken met God, zoals Adam deed.

Adam is een voorafbeelding van hem die komen moest. [15]Maar de overtreding van Adam staat niet op één lijn met wat God ons gaf. Want door de overtreding van één man moesten al veel mensen sterven. Maar veel en veel groter is de goedheid van God en het geschenk dat hij de mens uit pure goedheid gaf, namelijk die ene mens Jezus Christus. [16]En er is verschil tussen dit geschenk van God en de breuk veroorzaakt door die ene man Adam. Want op de overtreding van die ene man volgde een oordeel en dat oordeel liep uit op een schuldigverklaring, maar op de overtredingen van talloze mensen volgde een geschenk en dat geschenk was kwijtschelding. [17]Door de overtreding van één persoon begon de dood te heersen, door die ene man dus. Maar hoeveel meer is bereikt door die ene mens Jezus Christus! Want door hem zullen alle mensen leven en heersen die de genade en de gerechtigheid overvloedig geschonken krijgen.

[18]In het geval van Adam had de overtreding van één man de veroordeling van alle mensen tot gevolg; in het geval van Christus had de vrijspraak van één de vrijspraak en het leven van alle mensen als resultaat. [19]Zoals door de ongehoorzaamheid van één man de mensheid in een vijandige verhouding kwam te staan tot God, zo ook kwam het ten gevolge van de gehoorzaamheid van één enkele man tussen God en de mensheid weer in orde.

[20]De wet van Mozes kwam er later bij om de overtreding alleen maar groter te maken. Maar waar de breuk met God al maar groter werd, daar werd de goedheid van God nog groter. [21]En zoals de

breuk met God triomfeerde door de dood, zo triomfeerde de goedheid van God toen hij ons door Jezus Christus onze Heer rechtvaardigde en ons zo het eeuwige leven gaf.

Dood voor de zonde, maar levend voor God

6 Wat volgt hieruit? Dat we door kunnen gaan met zondigen, om zo Gods goedheid te doen toenemen? ²Absoluut niet! De zondige mens in ons is gestorven; hoe kunnen we dan nog in zonde blijven leven? ³Door de doop die ons één maakte met het sterven van Christus Jezus, werd zijn dood ook onze dood. Dat weet u toch wel! ⁴Door de doop zijn we dus met hem gestorven en begraven. En zoals Christus uit het graf is opgewekt door de verheven macht van de Vader, zo gaan ook wij een nieuw leven leiden. ⁵Want als wij één zijn geworden met Christus door te sterven zoals hij, zullen we ook één met hem zijn door te verrijzen zoals hij. ⁶Dit weten we: de zondige mens die we vroeger geweest zijn, is met Christus aan het kruis geslagen; daarom is aan ons zondig bestaan een

eind gekomen en staan we niet langer in dienst van de zonde. ⁷Want de aanspraken van de zonde gelden niet meer voor wie dood is. ⁸We zijn gestorven met Christus; daarom geloven we dat we met hem ook zullen leven. ⁹Want we weten dat Christus uit de dood is opgestaan en niet meer kan sterven; de dood heeft geen macht meer over hem. ¹⁰Want de dood die hij stierf was een afscheid van de zonde, eens en voor al. Maar nu hij leeft, leeft hij alleen voor God. ¹¹Zo moet u ook uzelf zien: dood voor de zonde maar levend voor God, in uw eenheid met Christus Jezus.

¹²Laat de zonde uw menselijk bestaan niet langer beheersen, zodat u blindelings gehoorzaamt aan uw zondige begeerten. ¹³U moet uzelf niet in dienst stellen van de zonde en u niet laten gebruiken als een werktuig voor haar kwade praktijken. Nee, stel uzelf in dienst van God, als mensen die dood waren maar weer levend gemaakt zijn. U moet uzelf in zijn dienst stellen als een werktuig voor zijn gerechtigheid. ¹⁴De zonde mag niet over u heersen, want u bent niet meer onderworpen aan de wet maar aan de genadige God.

In dienst van God of in dienst van de zonde

¹⁵We zijn dus niet meer onderworpen aan de wet maar aan de genade. Betekent dat nu dat we vrij kunnen zondigen? Geen sprake van! ¹⁶Als je bij iemand in dienst treedt, ben je zijn ondergeschikte en moet je hem gehoorzamen. Dat weet u. Of u dient de zonde, wat uitloopt op de dood, òf u gehoorzaamt God, wat tot gevolg heeft dat God u tot de rechtvaardigen rekent. ¹⁷Maar God zij dank bent u geen slaven meer van de zonde; u onderwerpt u nu van harte aan die vorm van onderricht die u door overlevering hebt ontvangen. ¹⁸U bent bevrijd uit de macht van de zonde en staat nu in dienst van de goddelijke gerechtigheid. ¹⁹Ik druk mij zo menselijk uit, omdat u het anders niet begrijpt. Vroeger stelde u zich in dienst van onreinheid en losbandigheid, wat van kwaad tot erger leidde. Zo moet u zich nu in dienst stellen van de gerechtigheid, wat leidt tot de volledige toewijding aan God.

²⁰Toen u nog slaven was van de zonde, stond u los van de gerechtigheid. ²¹Welk voordeel had u toen van al die daden waarvoor u zich nu schaamt? Het resultaat van al die daden was de dood! ²²Maar nu bent u losgekomen van de zonde en staat u in dienst van God. Nu is uw voordeel dat uw leven hem volledig is toegewijd en dat eeuwig leven u te wachten staat. ²³Want de zonde betaalt een loon uit: de dood, maar God geeft een geschenk: eeuwig leven in eenheid met Christus Jezus onze Heer.

De wet geldt niet voor wie dood is

7 Broeders in Rome, u hebt verstand van wetten en weet dus dat de wet alleen iets over ons te zeggen heeft zolang we leven. ²Een getrouwde vrouw bijvoorbeeld is door de wet aan haar man gebonden zolang hij leeft. Maar als hij sterft, is zij ontslagen van de wet die haar aan hem bond. ³Houdt ze het tijdens het leven van haar man met een ander, dan vinden de mensen haar met recht een echtbreekster. Maar als haar man gestorven is, dan is ze wettelijk niet

meer aan hem gebonden en begaat ze geen echtbreuk als zij trouwt met een ander.

⁴Zo is het ook met u, mijn broeders. Door uw verbondenheid met de dood van Christus hebt u opgehouden te bestaan voor de wet. U behoort nu een ander toe: aan hem die opgewekt is uit de dood, zodat wij een vruchtbaar leven kunnen leiden voor God. ⁵Toen wij nog een leven leidden zonder God, werden wij beheerst door zondige begeerten die de wet in ons opwekte en plukten we de wrange vruchten van de dood. ⁶Maar nu bestaan we niet meer voor de wet en zijn de boeien waarmee de wet ons vasthield verbroken. Zo zijn we niet langer onderworpen aan het oude systeem van de wet, maar dienen we God in de nieuwe orde van de Geest.

Wet en zonde

⁷Volgt hier nu uit dat de wet hetzelfde is als de zonde? Absoluut niet! Maar wel is het de wet, die mij leert wat zonde is. Ik zou bijvoorbeeld niet weten wat begeren is, als de wet niet zei: "U mag niet begeren." ⁸Door dit verbod kreeg de zonde juist kans om allerlei begeerten in mij op te wekken. Zonder de wet is de zonde dood. ⁹Eens leefde ik zonder dat er een wet was. Maar toen het gebod kwam, stak de zonde de kop op ¹⁰en ging ik dood. Ik ontdekte dat het gebod dat bedoeld was om leven te brengen, mijn dood werd. ¹¹Want de zonde maakte van het gebod gebruik om mij te verleiden en te doden.

¹²Maar de wet zelf is dus heilig, en ook het gebod is heilig, rechtvaardig en goed. ¹³Heeft iets goeds me dan de dood gebracht? Natuurlijk niet! Dat heeft de zonde gedaan. De zonde heeft iets goeds gebruikt om mij de dood te bezorgen en daarmee heeft ze haar ware aard getoond. Door het gebod komt uit, hoe zondig de zonde eigenlijk is.

De tegenstrijdigheid in de mens

¹⁴Wij weten dat de wet het werk is van de Geest van God. Maar ik ben een mens die van God is vervreemd, ik ben als een slaaf verkocht aan de zonde. ¹⁵Ik begrijp mijn eigen daden niet. Want ik doe niet wat ik graag wil doen, nee, ik doe juist wat ik verafschuw. ¹⁶Maar dat ik iets doe wat ik niet wil, laat zien dat ik instem met de juistheid van de wet. ¹⁷Maar dan ben ik het niet meer die handel maar die zondige macht die in mij woont. ¹⁸Want ik weet dat er niets goeds in mij zit, dat wil zeggen, in mijn "ik" dat van God is vervreemd. Het goede te willen zit wel in me, maar het goede

ook doen, kan ik niet. ¹⁹Want het goede dat ik wil doen, doe ik niet, maar het verkeerde dat ik niet doen wil, doe ik juist wèl. ²⁰Maar als ik nu net dat doe wat ik niet wil, dan ben ik het zelf niet meer die dit doe, maar die zondige macht die in mij schuilt.

²¹Zo ontdek ik dus deze vaste regel in me: ik wil het goede doen, maar ik bereik alleen het verkeerde. ²²Innerlijk stem ik helemaal in met de wet van God, ²³maar in mijn handelen ontdek ik een andere wet. Die wet strijdt tegen de wet van God waarmee ik met mijn verstand instem, en levert mij gevangen uit aan de macht van die zondige wet die mijn handelen bepaalt. ²⁴Ongelukkige man die ik ben! Wie zal mij bevrijden van dit bestaan ten dode? ²⁵Dank aan God, die dat doet door Jezus Christus onze Heer.

Dit is dus mijn situatie: aan mijzelf overgelaten, onderwerp ik mij wel met mijn verstand aan de wet van God, maar in mijn doen en laten onderwerp ik mij aan de wet van de zonde.

Leven door de Geest

8 Maar de situatie van nu is dus anders: wie één zijn met Christus Jezus, worden niet meer veroordeeld. ²Want er zijn twee machten in ons bestaan: de Geest en de zonde. Maar de Geest die ons leven brengt door onze eenheid met Christus Jezus, heeft ons bevrijd van de zonde, die ons de dood bracht. ³Wat de wet van Mozes niet kon, omdat ze machteloos stond door ons van God vervreemde bestaan, dat deed God. Hij heeft zijn Zoon in datzelfde zondige bestaan gestuurd als een offer voor de zonde, en daarmee de zonde juist binnen dit zondige bestaan zelf veroordeeld. ⁴Zo kunnen we nu volbrengen wat de wet van ons eist; want we leven niet meer volgens ons zondig "ik", maar volgens de Geest van God.

⁵Wie zich laten leiden door het zondige "ik", zijn uit op wat dat zondige "ik" wil. Maar wie zich laten leiden door de Geest, zijn uit op wat de Geest wil. ⁶Uit zijn op wat het zondige "ik" wil, heeft de dood als resultaat; uit zijn op wat de Geest wil, heeft als resultaat leven en vrede. ⁷Wie uit is op wat het zondige "ik" wil, staat dus vijandig tegenover God. Hij onderwerpt zich niet aan de wet van God en kàn dat ook niet. ⁸Wie zich door het zondige "ik" laten leiden, zijn bij God niet gezien.

⁹Maar u laat u niet leiden door het zondige "ik" maar door de Geest, omdat de Geest van God in u woont. Wie de Geest van Christus niet heeft, behoort Christus niet toe. ¹⁰Als Christus in u leeft, is uw lichaam wel ten dode opgeschreven omdat het onder de macht van de zonde staat, maar uw geest leeft omdat God u

gerechtvaardigd heeft. ¹¹Maar God heeft Jezus van de dood opgewekt. Welnu, als de Geest van God in u woont, zal God, die Christus Jezus van de dood heeft opgewekt, ook uw sterfelijke lichamen levend maken door de kracht van zijn Geest, die in u woont.

¹²We hebben dus verplichtingen, beste broeders, maar niet tegenover ons zondig "ik", zodat we volgens dat zondige "ik" moeten leven. ¹³Als u leeft volgens het zondige "ik", zult u zeker sterven. Maar als u door de Geest een eind maakt aan uw zondige praktijken, zult u leven. ¹⁴Allen die zich laten leiden door de Geest van God, zijn kinderen van God. ¹⁵Want de Geest die God u gaf, maakt geen slaven van u, zodat u weer in angst moet zitten; nee, de Geest heeft u kinderen van God gemaakt en door die Geest roepen wij tot God: "Vader, mijn Vader!" ¹⁶De Geest van God zelf valt onze geest bij en verklaart dat wij kinderen van God zijn. ¹⁷Zijn we kinderen, dan zijn we ook erfgenamen; erfgenamen van God namelijk samen met Christus. Want als we delen in het lijden van Christus, zullen we ook delen in zijn heerlijkheid.

De toekomstige glorie

¹⁸Wat we hier te lijden hebben, weegt niet op tegen de glorie die God ons te zien zal geven. Daarvan ben ik overtuigd. ¹⁹De hele schepping ziet gespannen uit naar het moment waarop God laat zien wie zijn kinderen zijn. ²⁰Want de schepping is veroordeeld tot een zinloos bestaan. Niet omdat ze het zelf zo graag wilde, maar omdat God haar daartoe veroordeeld heeft. Maar er is hoop. ²¹Want ook de schepping zal bevrijd worden uit de slavernij van de vergankelijkheid en delen in de vrijheid en de glorie van de kinderen van God. ²²Want we weten dat de schepping nog altijd kreunt en steunt als een vrouw die moet baren. ²³Maar de schepping niet alleen – ook wij die toch de Geest ontvangen hebben als een voorschot op wat we nog krijgen. Ook wij zuchten diep zolang we uitzien naar het moment waarop God ons tot zijn kinderen maakt en ons hele bestaan bevrijdt. ²⁴Want we zijn gered om te gaan hopen. Maar wat je al ziet, daar hoop je niet meer op. Wie doet dat nu? ²⁵Wij hopen op iets dat we nog niet zien, en daar is wel volharding bij nodig.

²⁶Niet anders is het met de Geest. Ook hij komt onze zwakheid te hulp. Want wij weten niet wat en hoe we moeten bidden, maar de Geest zelf pleit voor ons bij God met verzuchtingen waarvoor geen woorden te vinden zijn. ²⁷En God die de geheimen van ons hart kent, weet wat de Geest zeggen wil. Want de Geest pleit bij

God voor de gelovigen in overeenstemming met Gods wil.

[28] Wij weten dat God alles tot een goed einde brengt voor wie hem liefhebben, voor hen die hij besloten had te roepen. [29] Want wie het zijn, weet God van tevoren, en hij heeft ze voorbestemd om het evenbeeld van zijn Zoon te zijn, zodat die de oudste zou zijn van een groot aantal broers. [30] En wie hij heeft voorbestemd, heeft hij ook geroepen, en wie hij geroepen heeft, heeft hij ook gerechtvaardigd, en wie hij heeft gerechtvaardigd, heeft hij ook laten delen in zijn glorie.

God heeft ons blijvend lief

[31] Wat valt er nog te zeggen? Als God voor ons is, wie kan dan tegen ons zijn? [32] Hij heeft zijn eigen Zoon niet eens gespaard, maar hem uitgeleverd om ons te redden. Als hij zijn Zoon heeft gegeven, zal hij ons al het andere dan ook niet geven? [33] God heeft ons uitgekozen; wie zal ons dan beschuldigen? God spreekt het onschuldig uit; [34] wie zal ons dan veroordelen? Christus Jezus is gestorven, meer nog, hij is opgewekt uit de dood en zit nu aan de rechterhand van God. Hij bepleit onze zaak wel! [35] Wie kan ons scheiden van Christus, die ons liefheeft? Verdrukking of nood, vervolging, honger of armoede, levensgevaar of de dood? [36] Het is zoals de Schrift zegt:

"Voor u zijn we de hele dag in levensgevaar;
we worden behandeld als slachtvee."

³⁷Maar deze situaties komen we zegevierend te boven, dank zij hem die ons liefheeft. ³⁸Ik ben er zeker van dat niets ons van God kan scheiden: dood of leven, goede of slechte geesten, heden of toekomst, ³⁹machten boven of beneden ons, niets in de hele schepping kan ons scheiden van God die ons liefheeft in Christus Jezus onze Heer.

God en zijn uitverkoren volk

9 Bij Christus, ik spreek de waarheid, ik lieg niet: de heilige Geest bevestigt het door de stem van mijn geweten. ²Er is iets dat me erg verdrietig maakt en me onophoudelijk kwelt: het lot van mijn volk, van mijn eigen vlees en bloed. ³Ik zou wensen, vervloekt te worden en van Christus gescheiden te zijn, als ik ze daarmee kon helpen. ⁴Zij zijn Israëlieten; God nam hen als zijn zonen aan en liet hun zijn glorie zien; hij sloot met hen verbonden en gaf hun de wet van Mozes, de eredienst in de tempel en de beloften; ⁵de aartsvaders vormen hun voorgeslacht en als mens stamt Christus van hen af, hij die God is, boven alles verheven en voor altijd te prijzen! Amen.

⁶Ik beweer niet, dat God zijn woord heeft gebroken. Want niet alle Israëlieten behoren ook werkelijk tot het volk van Israël, ⁷en niet allen die afstammen van Abraham, zijn ook echt kinderen van God. Want God zei tegen Abraham: "Alleen de afstammelingen van Isaak zullen uw kinderen genoemd worden." ⁸Dat betekent dus, dat iemand geen kind van God is omdat hij een kind van Abraham is, maar omgekeerd: de kinderen die geboren zijn volgens Gods belofte, worden als de ware afstammelingen beschouwd. ⁹Want de belofte die God aan Abraham deed, luidde als volgt: "Volgend jaar om deze tijd kom ik terug en dan zal Sara een zoon hebben."

¹⁰Daar komt nog het volgende bij. Rebekka had van één en dezelfde man, onze voorvader Isaak namelijk, twee zoons. ¹¹Maar toen ze nog niet geboren waren en niets goeds of kwaads hadden gedaan, zei God tegen haar: "De oudste zal de jongste dienen." ¹²Daarmee laat God zien, dat de beslissende keuze bij hem ligt, en dat die keuze niet afhangt van wat mensen presteren, maar van hem, die roept. ¹³Dit is in overeenstemming met wat er geschreven staat: "Jakob heb ik liefgehad, maar Esau gehaat."

¹⁴Moeten wij hieruit opmaken dat God onrechtvaardig is? Absoluut niet! ¹⁵Tegen Mozes zei hij al: "Ik ontferm mij over wie ik wil en ik ben genadig voor wie ik wil." ¹⁶Het hangt dus niet af van de wil of de inspanning van de mensen, maar van de barmhartig-

heid van God. ¹⁷Want in de Schrift staat dat hij tegen Farao zegt: "Ik heb u juist daarom koning gemaakt om in u mijn macht te laten zien en over de hele wereld mijn naam bekend te maken." ¹⁸God is dus barmhartig voor wie hij wil, en hij verhardt wie hij wil.

¹⁹Nu zult u zeggen: "Wat verwijt God ons dan nog? Want wie kan zich tegen zijn wil verzetten?" ²⁰Maar wie denkt u dat u bent, mens, dat u zo tegen God spreekt? Een stuk aardewerk kan ook niet aan zijn maker vragen: "Waarom hebt u mij zo gemaakt?" ²¹De pottenbakker gebruikt de klei zoals hij wil; van dezelfde klei maakt hij een kostbare vaas èn een alledaagse pot. ²²Hetzelfde is waar, voor wat God doet. Hij wil laten zien, hoe hij straft en bekendmaken, hoe machtig hij is. Daarom juist heeft hij het grootste geduld gehad met hen die zijn straf verdienden en de ondergang tegemoet gingen. ²³Dit deed hij om zijn ontzaglijke glorie bekend te maken aan hen over wie hij zich ontfermt en die hij heeft voorbestemd om in zijn glorie te delen.

²⁴Dat zijn wij. Ons heeft God geroepen, niet alleen uit de Joden, maar ook uit de niet-Joden. ²⁵Het is zoals bij de profeet Hosea staat geschreven:

"Wat mijn volk niet was, zal ik mijn volk noemen,
en haar die ik niet liefhad, mijn geliefde.

²⁶En op de plaats waar ze te horen kregen:
'U bent mijn volk niet',
op diezelfde plaats zullen ze zonen van de levende God worden genoemd."

²⁷En de profeet Jesaja roept over Israël uit:
"Al was het volk van Israël zo talrijk als het zand aan de zee,
toch wordt slechts een restant gered.

²⁸Want de Heer doet wat hij zegt,
kort en krachtig."

²⁹Daarvóór had Jesaja ook al gezegd:
"Als de almachtige Heer ons geen kinderen had gelaten,
dan was het met ons gegaan als met Sodom,
dan was ons lot hetzelfde geworden als dat van Gomorra."

Het uitverkoren volk en Christus

³⁰Wat volgt hieruit? Dit: de heidenen die er niet op uit waren gerechtvaardigd te worden, zijn nu juist gerechtvaardigd, en wel door te geloven. ³¹Maar Israël, dat altijd uit was op een wet waardoor ze zich konden rechtvaardigen, heeft zo'n wet niet gevonden. ³²En

waarom niet? Omdat zij dachten dat het niet van het geloof, maar van de prestatie afhing. Zij zijn gestruikeld over het struikelblok ³³waarvan de Schrift zegt:

"Let op, ik leg in Sion een struikelblok neer,
een steen waarover men valt,
maar wie in hem gelooft, wordt niet teleurgesteld."

10 Broeders in Rome, wat ik van harte wens en waar ik God om bid, is dat zij – mijn volk – worden gered. ²Ik kan u verzekeren dat zij God vurig zijn toegewijd, maar zij missen het juiste inzicht. ³Zij weten niet hoe God de mens rechtvaardigt; zij proberen het op eigen kracht en onderwerpen zich niet aan de wijze waarop God de mensen rechtvaardigt. ⁴Want Christus is het einddoel van de wet; iedereen die gelooft, vindt rechtvaardiging. ⁵Over de rechtvaardiging op grond van de wet schrijft Mozes: "Wie doet wat de wet zegt, zal door de wet leven." ⁶Maar over de rechtvaardiging op basis van geloof zegt hij: "Zeg niet bij uzelf: Wie zal naar de hemel opstijgen?" (dat wil zeggen, om Christus mee naar beneden te nemen). ⁷"Of zeg ook niet bij uzelf: Wie zal naar het dodenrijk afdalen?" (dat wil zeggen om Christus uit de dood bij ons terug te brengen). ⁸Wat bedoelt hij daarmee? Dit: "Gods boodschap is dichtbij u, in uw mond en in uw hart." Dat wil zeggen: het is de boodschap van het geloof, en die brengen wij u. ⁹Als u met uw mond belijdt: "Jezus is de Heer," en met uw hart gelooft dat God hem van de dood heeft opgewekt, wordt u gered. ¹⁰Want geloven doen we met ons hart, en dat rechtvaardigt ons; belijden doen we met onze mond, en dat brengt ons redding. ¹¹Want er staat in de Schrift: "Niemand die in hem gelooft, wordt teleurgesteld." ¹²Het maakt dus geen verschil of u Jood of geen Jood bent, want we hebben allemaal dezelfde Heer die niet karig is voor allen die hem aanroepen. ¹³Want er staat geschreven: "Iedereen die de naam van de Heer aanroept wordt gered."

¹⁴Maar hoe kunnen ze hem aanroepen, als ze niet in hem geloven? En hoe kunnen ze geloven, als ze nooit van hem gehoord hebben? En hoe kunnen ze van hem gehoord hebben, als hij niet verkondigd wordt? ¹⁵En hoe kan men hem verkondigen, als men niet de opdracht daartoe heeft? Het is zoals geschreven staat: "Hoe graag zien we hen komen die goed nieuws brengen!" ¹⁶Maar ze hebben het grote nieuws niet allemaal aangenomen. De profeet Jesaja zegt: "Heer, wie heeft onze boodschap geloofd?" ¹⁷Geloven is dus een gevolg van het horen van de boodschap, en dat horen vindt plaats bij de verkondiging van Christus.

¹⁸Maar, zo vraag ik, hebben zij de boodschap misschien niet gehoord? Dat hebben ze wel! Er staat geschreven:
"De stem van de boodschappers heeft geklonken over de hele aarde
en hun woorden reikten tot de uiteinden van de wereld."
¹⁹Maar, vraag ik weer, misschien heeft het volk van Israël het niet begrepen? Mozes zelf is de eerste om te antwoorden:
"Ik zal u jaloers maken op een volk dat geen echt volk is,
en u kwaad maken op een volk dat geen inzicht heeft."
²⁰En gedurfd laat de profeet Jesaja God zeggen:
"Ik heb me laten vinden door mensen die mij niet zochten,
en ik heb me laten zien aan mensen die niet naar mij vroegen."
²¹En over het volk van Israël zegt hij: "De hele dag strek ik mijn handen uit naar een ongehoorzaam en opstandig volk."

God heeft zijn volk niet verstoten

11 Maar dan vraag ik me af: heeft God zijn volk dan verstoten? Geen sprake van! Ik ben zelf een Israëliet; Abraham is mijn voorvader en ik behoor tot de stam van Benjamin. ²Nee, God heeft zijn volk niet verstoten; het was vanaf het begin zijn keuze. U kent ongetwijfeld het verhaal uit de Schrift waarin de profeet Elia het volk van Israël bij God aanklaagt: ³"Heer, ze hebben uw profeten gedood en uw altaren omvergehaald; ik alleen ben overgebleven en ook mij proberen ze te doden." ⁴Maar wat antwoordt God hem? "Zevenduizend man heb ik voor mij apart gehouden; zij hebben de afgod Baäl niet aanbeden." ⁵In deze tijd is het niet anders. Ook nu een kleine rest waarop God in zijn goedheid zijn keuze heeft laten vallen. ⁶Zijn keuze is gebaseerd op zijn goedheid, niet op de prestaties van de mensen. Was dat wel het geval, dan was de goedheid van God geen goedheid meer.

⁷Hoe zit het dan? Wel, het volk van Israël heeft niet gevonden wat het zocht. Alleen een kleine groep die God zich uitkoos, heeft het gevonden. Alle anderen werden doof voor de roep van God, ⁸zoals in de Schrift staat:
"God heeft ze ongevoelig gemaakt:
ze hebben ogen waarmee ze niet zien,
oren waarmee ze niet horen,
zo is de situatie tot op de dag van vandaag."
⁹En David zegt:
"Zorg dat ze aan tafel in de val lopen en gepakt worden,
dat ze struikelen en gestraft worden.

¹⁰Vertroebel hun ogen zodat ze niet zien
en maak hun ruggen voor altijd krom."

¹¹Nu vraag ik: zijn ze misschien gestruikeld om nooit meer op te staan? Absoluut niet! Maar door hun misstap ging het heil naar de ongelovige volken, met de bedoeling, de Joden jaloers op hen te maken. ¹²Hun misstap betekent al rijke zegen voor de wereld, hun geringe aandeel is al een rijke zegen voor de ongelovige volken. Wat zal het dan worden als ze er volledig bij zijn?

De niet-Joden past bescheidenheid

¹³Nu heb ik u iets te zeggen, juist omdat u van niet-Joodse afkomst bent. God stuurde mij als apostel naar de niet-Joodse volken. Ik doe mijn werk alleen met ere, ¹⁴als ik er op een of andere manier mijn eigen volk jaloers mee kan maken en er enkelen van red. ¹⁵Want toen zij werden verworpen, kwam het tussen God en de wereld weer in orde. Wat zal het dan worden, als zij weer worden aangenomen? Dat wordt de opstanding uit de dood!

¹⁶Als bij een offer een klein deel van het deeg aan God wordt opgedragen, dan ook de hele massa. En als de wortels van een boom aan God worden gewijd, dan ook de takken. ¹⁷Sommige takken van de edele olijf zijn weggesnoeid en takken van een wilde zijn erop geënt. U bent als de takken van de wilde olijf en u hebt deel gekregen aan het sap dat uit de wortels van de edele olijf stroomt. ¹⁸Maar dat is nog geen reden om u boven de echte takken verheven te voelen. Als u dat wel doet, denk er dan aan: niet u draagt de wortel, maar de wortel draagt u.

¹⁹U zult zeggen: "Er zijn toch takken weggekapt, om mij te kunnen enten." ²⁰Best. Maar ze zijn weggekapt, omdat ze niet geloofden, en u nam hun plaats in, omdat u wel geloofde. Verbeeld u dus niets; kijk liever uit. ²¹Want als God de echte takken niet gespaard heeft, zal hij u ook niet sparen. ²²Let er dus niet alleen op, hoe goed God is, maar ook hoe streng. Hij was streng voor de takken die zijn afgevallen, maar goed voor u, als u zijn goedheid tenminste trouw blijft. Want anders wordt u ook afgekapt. ²³Maar als die anderen niet in hun ongeloof volharden, zullen ook zij geënt worden. God kan ze opnieuw enten. ²⁴Want u bent afgekapt van de wilde olijf waar u van nature bijhoort, en u bent geënt op de edele olijf waar u eigenlijk niet bij hoort. Hoeveel gemakkelijker is het dan voor hem om de takken die er van nature bijgehoord hebben, op hun eigen stam terug te enten.

God ontfermt zich over Joden én niet-Joden

²⁵Mijn broeders, ik wil voorkomen, dat u met uzelf ingenomen raakt. Er ligt hier een goddelijk geheim dat ik u beslist moet vertellen. Het is dit: de verblinding van het volk van Israël is maar voorlopig; ze duurt totdat de massa van de niet-Joden het koninkrijk van God is binnengegaan. ²⁶En dan zal ook heel Israël gered worden, zoals er geschreven staat:

"Uit Sion zal de bevrijder komen;
hij zal al wat zondig is, wegnemen van Jakobs nakomelingen.
²⁷En dit is het verbond dat ik met ze zal sluiten,
wanneer ik hun zonden heb weggenomen."

²⁸In het licht van het evangelie zijn ze vijanden van God en u hebt daar baat bij; in het licht van Gods keuze blijven ze zijn vrienden, en dat is om de aartsvaders. ²⁹Want God krijgt geen spijt, wanneer hij iets geeft of wanneer hij iemand roept. ³⁰Vroeger bent u God altijd ongehoorzaam geweest, maar sinds de Joden ongehoorzaam zijn geworden, heeft God zich over u ontfermd. ³¹Maar met hen gaat het niet anders dan met u; van hun ongehoorzaamheid is de enige bedoeling, dat God zich over hen net zo zal ontfermen als over u. ³²Zo bracht God alle mensen in een situatie van ongehoorzaamheid om zich over allen te kunnen ontfermen.

³³Hoe onpeilbaar is toch Gods rijkdom, wijsheid en kennis! Hoe ondoorgrondelijk zijn zijn beslissingen, hoe onnaspeurlijk zijn wegen! ³⁴Want het is zoals er geschreven staat:

"Wie weet wat er in de Heer omgaat?
Wie kan hem raad geven?
³⁵Of wie kan vergoeding vragen
voor wat hij God heeft gegeven?"

³⁶Want alles komt van God en alles bestaat door hem en voor hem. Aan hem de eer in eeuwigheid! Amen.

Leven in dienst van God

12 Broeders, omdat God zo dikwijls goed voor ons is, roep ik u op, uzelf aan te bieden als een levende en heilige offergave die hij kan aannemen. Dit is de ware eredienst die u moet brengen. ²Loop niet mee in het gareel van deze zondige wereld. U moet andere mensen worden met een nieuwe mentaliteit. Dan kunt u uitmaken wat Gods wil is, wat goed is, naar zijn zin en volmaakt.

³Met een beroep op het voorrecht dat God me gegeven heeft, zeg ik tegen ieder van u: overschat uzelf niet. U mag zelfbewust

zijn, maar uw zelfbewustheid moet bescheiden blijven. Norm is het geloof naar de maat die God voor ieder heeft vastgesteld.

⁴Ons lichaam dat een eenheid is, bestaat uit veel delen en al die delen hebben een andere funktie. ⁵Op dezelfde manier vormen wij met ons allen één lichaam door onze eenheid met Christus, maar ieder van ons afzonderlijk is een deel van dat lichaam. ⁶We hebben allemaal verschillende gaven zoals God ons die gegeven heeft. Als het ons gegeven is zijn wil openbaar te maken, moeten we het doen in overeenstemming met het geloof. ⁷Hebben we de gave hulp te verlenen of onderwijs te geven, dan moeten we dat doen. ⁸Als we anderen kunnen aanmoedigen, moeten we ze aanmoedigen. Wie iets heeft om uit te delen moet eenvoudig blijven. Wie leiding geeft, moet zich inspannen. Wie anderen helpt, moet het opgewekt doen.

⁹Heb lief zonder te doen alsof. Haat het kwade en houd vast aan het goede. ¹⁰Houd veel van elkaar als broers en zusters. Toon respekt voor elkaar en wees de ander daarin voor. ¹¹Doe uw best en wees niet lui. Dien de Heer met een vurig hart. ¹²Wees blij om wat u te wachten staat. Houd vol als u verdrukt wordt. Houd niet op met bidden. ¹³Help als anderen in nood verkeren en ontvang vreemdelingen gastvrij.

¹⁴Smeek Gods zegen af over hen die u vervolgen; ja, wens hun alle goeds toe in plaats van ze te vervloeken. ¹⁵Wees blij met wie blij zijn en verdrietig met wie verdrietig zijn. ¹⁶Wees eensgezind. Doe niet uit de hoogte, maar blijf gewoon. Wees niet eigenwijs.

¹⁷Vergeld geen kwaad met kwaad. Heb het goede voor met alle mensen. ¹⁸Stel alles in het werk om met iedereen in vrede te leven. ¹⁹Neem geen wraak, mijn broeders, maar laat God rechter zijn. Want er staat geschreven: "Ik ben het die straft; ik zal het hun

wel betaald zetten, zegt de Heer." ²⁰Nee, als uw vijand honger heeft, geef hem dan te eten, en als hij dorst heeft, geef hem dan te drinken. Daarmee brengt u hem in verlegenheid en maakt u hem beschaamd. ²¹Laat niet het kwade u overwinnen, maar overwin het kwade door het goede.

De plichten tegenover het gezag

13 Iedereen moet zich aan de overheid onderwerpen. Want overheidsgezag is iets dat alleen maar bestaat bij de gratie van God. Ook het bestaande gezag is door God ingesteld. ²Wie zich dus verzet tegen het gezag, verzet zich tegen een instelling van God, en wie dat doen, danken hun veroordeling aan zichzelf. ³Wie doet wat goed is, hoeft niet bang te zijn voor de overheid; alleen wie verkeerd doet. Wilt u zonder angst voor haar leven? Doe dan wat goed is, en ze zal u prijzen. ⁴Want de overheid is een instrument dat God gebruikt voor uw eigen bestwil. Maar als u doet wat verkeerd is, hebt u alle reden om bang te zijn. Het is niet voor niets dat de overheid de macht heeft om te straffen. Want de overheid is ook een instrument dat God gebruikt om wie verkeerd doet, zijn verdiende straf te geven. ⁵Waarom moet u zich dus aan de overheid onderwerpen? Niet alleen uit angst voor straf, maar ook ter wille van een goed geweten. ⁶Dat is ook de reden dat u belasting betaalt. Want de gezagdragers staan in dienst van God en doen wat hun plicht is. ⁷Geef ieder dus wat hem toekomt: belasting en aksijnze aan wie u belasting en aksijnzen moet betalen; eerbied en ontzag aan wie u eerbied en ontzag verschuldigd bent.

Plichten tegenover elkaar

⁸Zorg ervoor, bij niemand in de schuld te staan. Het enige wat u elkaar schuldig moet zijn, is liefde. Wie zijn naaste liefheeft, doet wat de wet van hem verlangt. ⁹Want de verboden: "Pleeg geen echtbreuk, bega geen moord, steel niet, begeer niet wat van een ander is," deze en alle andere worden samengevat in dit éne gebod: "Heb uw naaste lief als uzelf." ¹⁰Wie zijn naaste liefheeft, doet hem geen kwaad. De wet vindt dus haar vervulling in de liefde.

¹¹U moet trouwens goed beseffen hoe laat het is. Het is tijd om wakker te worden en op te staan. Onze bevrijding is nu dichter bij dan toen we begonnen te geloven. ¹²De nacht is haast voorbij, de dag begint al bijna. Ophouden dus met duistere praktijken; laten we de wapens van het licht aandoen! ¹³We moeten ons behoorlijk gedragen alsof het al helemaal dag was. Dus geen brasserijen e

drinkgelagen, geen ontucht en losbandigheden, geen ruzies en uitbarstingen van afgunst. ¹⁴Nee, we moeten ons als het ware wapenen met de Heer Jezus Christus en niet toegeven aan onze zondige begeerten.

Veroordeel elkaar niet

14 Accepteer mensen met een angstvallige geloofsovertuiging en bekritiseer hun persoonlijke overwegingen niet. ²De een vindt dat hij alles mag eten, de ander eet alleen plantaardig voedsel. ³Wie alles eet, moet niet neerkijken op iemand die het niet doet, en wie alleen plantaardig eet, moet niet veroordelen wie alles eet. God heeft hem aangenomen. ⁴Wie bent u wel, dat u oordeelt over de knecht van een ander? Of hij het goed doet of niet, is een zaak van zijn eigen heer. En hij zal het wel goed doen; daar kan de Heer voor zorgen.

⁵Er zijn er die de ene dag belangrijker vinden dan de andere; voor anderen maakt het niets uit. Gun ieder zijn eigen overtuiging. ⁶Wie een bepaalde dag in ere houdt, doet het ter ere van de Heer. Wie alles eet, doet dat ter ere van de Heer, want hij dankt God ervoor. Wie alleen plantaardig eet, doet dat ook ter ere van de Heer, want hij dankt God ook. ⁷Niemand van ons leeft voor zichzelf alleen en niemand van ons sterft voor zichzelf alleen. ⁸Als we leven, leven we voor de Heer, en als we sterven, sterven we voor de Heer. Of we nu leven of sterven, we zijn altijd van de Heer. ⁹Want Christus is gestorven en weer levend geworden om Heer te zijn over levenden en doden. ¹⁰Waarom zal de ene gelovige de andere veroordelen? Waarom elkaar kleineren? Want we moeten allemaal voor de rechtbank van God verschijnen. ¹¹Er staat geschreven:

"Zo waar als ik leef, zegt de Heer,
iedereen zal voor mij zijn knieën buigen,
en iedereen zal openlijk erkennen dat ik God ben."

¹²Ieder van ons moet zich dus verantwoorden tegenover God.

Geef een ander geen aanstoot

¹³Laten we elkaar dus niet langer veroordelen. Neem liever het vaste besluit, de ander niet te kwetsen of te ergeren. ¹⁴Ik weet, dat op zichzelf niets onrein is, daar ben ik van overtuigd door mijn verbondenheid met de Heer Jezus. Iets is alleen maar onrein voor iemand die het onrein vindt. ¹⁵Maar als u door het eten van iets bepaalds een ander kwetst, handelt u niet meer uit liefde. Iemand voor wie Christus is gestorven, mag niet verloren gaan alleen maar

omdat u iets bepaalds eet. ¹⁶Bezorg geen slechte naam aan het beste dat u hebt. ¹⁷Want het koninkrijk van God is geen zaak van eten of drinken, maar van gerechtigheid, vrede en vreugde die de heilige Geest ons geeft. ¹⁸Wie Christus zo dient, staat bij God in de gunst en is bij de mensen gezien.

¹⁹We moeten ons dus inzetten voor dingen die bijdragen aan de vrede en onze onderlinge verbondenheid. ²⁰Om het een of andere voedsel mag u niet afbreken wat God heeft opgebouwd. Natuurlijk, elk voedsel is goed, maar het is fout iets te eten dat een ander ergert. ²¹Het is niet goed vlees te eten, wijn te drinken of iets anders te doen waarmee u een andere gelovige kwetst. ²²Laat de overtuiging die u hebt, een zaak blijven tussen u en God. Gelukkig wie iets kan goedkeuren zonder dat zijn geweten hem iets verwijt. ²³Maar wie twijfels heeft en toch eet, is al veroordeeld, want hij handelt niet uit geloof. Alles wat niet uit geloof gedaan wordt, is zondig.

Zoek niet uzelf

15 Wij die sterk staan in ons geloof, moeten de gevoeligheden ontzien van hen die twijfels hebben. We mogen niet onszelf zoeken. ²Laat ieder van ons uit zijn op wat goed is voor zijn naaste en hem kan sterken in zijn overtuiging. ³Ook Christus heeft zichzelf niet gezocht. Maar het ging met hem zoals er geschreven staat: "De mensen die u beledigden, hebben ook mij beledigd." ⁴Want alles wat in oude tijden in de Schrift is opgeschreven, staat daar om ons iets bij te brengen. Dank zij de volharding en de troost die wij eruit putten, zijn wij vol hoop. ⁵Moge God, de bron van volharding en troost, u helpen om met elkaar in harmonie te leven

in de geest van Christus Jezus. ⁶Dan kunt u één van hart en uit één mond lof brengen aan God, die de Vader is van onze Heer Jezus Christus.

Christus is voor de Joden en de niet-Joden

⁷Accepteer elkaar dus ter ere van God, zoals Christus ons heeft geaccepteerd. ⁸Ik bedoel dit: Christus is het Joodse volk komen dienen, hij moest de beloften waar maken die God aan de aartsvaders heeft gedaan, en laten zien dat God zijn woord houdt. ⁹Maar hij is ook gekomen, om de niet-Joden in staat te stellen God te prijzen om zijn barmhartigheid. Zo staat er geschreven:

"Daarom zal ik u dank brengen onder de ongelovige volken
en uw naam bezingen."

¹⁰Ergens anders staat:

"Wees blij, volken, samen met zijn uitverkoren volk."

¹¹En weer ergens anders:

"Prijs de Heer, alle ongelovigen;
loof hem, alle volken."

¹²En de profeet Jesaja zegt nog:

"Isaï zal een nakomeling krijgen
die opstaat om de ongelovige volken te leiden,
en zij zullen hun hoop op hem stellen."

¹³Ik bid dat God die hun en onze hoop is, u vervult met alle vreugde en vrede die het geloof u maar kan geven, en dat uw hoop op hem steeds groter wordt door de kracht van de heilige Geest.

Waarom Paulus durft te schrijven

¹⁴Broeders, u bent vol van de beste bedoelingen, er ontbreekt u niets aan kennis van zaken en u bent ook best in staat elkaar terecht te wijzen. Persoonlijk ben ik daar zeker van. ¹⁵Toch heb ik het aangedurfd in deze brief enkele punten aan te roeren die ik u in herinnering wilde brengen. Ik durfde het aan omdat God mij het voorrecht heeft gegeven ¹⁶in dienst van Christus Jezus te werken onder de niet-Joden. Ik heb de priesterlijke taak het evangelie van God bekend te maken en de niet-Joden God op te dragen als een offer dat hem aangenaam en toegewijd is door de heilige Geest. ¹⁷In mijn verbondenheid met Christus Jezus mag ik tegenover God trots zijn op mijn werk.

¹⁸Ik durf trouwens alleen maar te spreken over wat ik dank zij Christus heb kunnen doen om de niet-Joden voor het evangelie te winnen, door woorden en daden, ¹⁹door machtige tekenen en

wonderen en door de kracht van de heilige Geest. Zo heb ik vanaf Jeruzalem tot aan de kust van de Adriatische Zee de verkondiging van het grote nieuws van Christus tot een goed einde gebracht. ²⁰Ik heb er altijd mijn eer in gesteld het evangelie niet te verkondigen op plaatsen waar al over Christus gesproken was. Het is niet mijn bedoeling te bouwen op een fundering die door een ander is gelegd. ²¹Ik houd mij aan wat er geschreven staat:

"Zij die niet over hem hebben horen vertellen, zullen hem zien, en zij die niet van hem hebben gehoord, zullen hem leren kennen."

Paulus' plan om naar Rome te gaan

²²Dat is de reden dat ik telkens weer verhinderd werd naar u toe te komen. ²³Maar nu ben ik klaar met mijn werk in deze streken, en omdat ik al jaren de vurige wens heb u op te zoeken, ²⁴wil ik dit doen tijdens mijn reis naar Spanje. Als ik daarheen op weg ben, hoop ik bij u langs te gaan en enige tijd van uw gezelschap te genieten. Daarna zal ik mijn reis met uw hulp voortzetten. ²⁵Maar nu sta ik op het punt naar Jeruzalem te gaan om de gelovigen daar te helpen. ²⁶Want de gemeenten in Griekenland hebben vrijwillig een aktie op touw gezet voor de armen onder de gelovigen in Jeruzalem. ²⁷Een vrijwillige aktie van ze, zeker. Maar ze staan ook bij hen in de schuld. Want de Joden hebben de niet-Joden laten delen in hun geestelijke rijkdommen. Daarom hebben de niet-Joden van hun kant de plicht de Joden materieel bij te staan. ²⁸Als ik deze taak achter de rug heb en hun de opbrengst van de kollekte heb afgedragen, kom ik op weg naar Spanje bij u langs. ²⁹En als ik kom, kom ik met een overvloed aan zegeningen, afkomstig van Christus. Daar ben ik van overtuigd.

³⁰Broeders, bij onze Heer Jezus Christus en bij de liefde die de Geest ons geeft, ik smeek u: sta mij bij in mijn strijd door voor mij tot God te bidden. ³¹Vraag dat ik mag ontsnappen aan de handen van de ongelovige Joden in Judea en dat mijn hulpaktie voor Jeruzalem bij de gemeente daar in goede aarde mag vallen. ³²Ik zal blij zijn als ik dan met Gods wil naar u toe kan komen en bij u wat rust kan vinden. ³³God, de bron van de vrede, zij met u allen. Amen.

Groeten

16 Ik beveel u Febe, onze zuster, aan die dienst doet bij de gemeente in Kenchreeën. ²Ontvang haar in naam van de Heer zoals dat in de gemeente hoort, en sta haar bij in elke zaak waarbij zij uw hulp nodig heeft. Want voor tallozen is zijzelf een hulp in nood geweest; voor mij ook.

³Doe de groeten aan Prisca en Aquila, mijn medewerkers in dienst van Christus Jezus. ⁴Zij hebben voor mij hun leven op het spel gezet. Niet alleen ik ben ze erg dankbaar; alle gemeenten onder de niet-Joden niet minder. ⁵De groeten aan de gemeente die bij hen aan huis komt.

Doe de groeten aan mijn vriend Epenetus, de eerste in de provincie Asia die in Christus geloofde.

⁶De groeten ook aan Maria die heel wat werk voor u verzet heeft. ⁷De groeten aan Andronikus en Junias, die net als ik Joden zijn en in de gevangenis hebben gezeten. Zij behoren tot de bekendste apostelen en waren al eerder christen dan ik.

⁸De groeten aan Ampliatus, mijn vriend in eenheid met Christus. ⁹De groeten aan Urbanus, onze medewerker in dienst van Christus, en aan mijn vriend Stachys.

¹⁰De groeten aan Apelles, die echte christen.

De groeten aan hen die tot de familie van Aristobulus behoren. ¹¹De groeten aan Herodion, een Jood net als ik.

De groeten aan de christenen die behoren tot de familie van Narcissus.

¹²De groeten aan Tryfena en Tryfosa, vrouwen die heel wat gedaan hebben in dienst van de Heer.

De groeten aan mijn vriendin Persis die ook veel werk verzette in dienst van de Heer.

¹³De groeten aan Rufus, die voortreffelijke christen, en aan zijn moeder, die ook voor mij altijd een moeder was.

¹⁴De groeten aan Asynkritus, Flegon, Hermes, Patrobas, Hermas en de andere gemeenteleden bij hen.

¹⁵De groeten ook aan Filologus en Julia, aan Nereus en zijn zuster, aan Olympas en aan alle gemeenteleden bij hen.

¹⁶Groet elkaar met een broederlijke kus.

Alle gemeenten van Christus groeten u.

¹⁷Mijn broeders, ik vraag u nadrukkelijk: houd hen in het oog die allerlei tweedracht en ergernis veroorzaken, wat regelrecht ingaat tegen wat u is geleerd. Houd ze op een afstand. ¹⁸Want zulke lieden dienen niet onze Heer Jezus Christus, maar hun eigen lage begeerten. Door hun mooie en vrome woorden misleiden zij eenvoudige mensen. ¹⁹Uw gehoorzaamheid aan het grote nieuws is algemeen bekend geworden, en ik heb dus alle reden om blij over u te zijn.

Ik wil zo graag dat u alles afweet van het goede, maar niets wilt weten van het kwade. ²⁰God, de bron van alle vrede, zal Satan spoedig onder uw voeten verpletteren.

Onze Heer moge u genadig zijn.

²¹Timoteüs die met mij samenwerkt, en Lucius, Jason en Sosipater, Joden zoals ik, laten u groeten.

²²Ik, Tertius, die deze brief heb opgenomen, groet u in naam van de Heer.

²³De groeten van Gajus bij wie ik te gast ben en die zijn huis openstelt voor de hele gemeente. Ook Erastus, die de gelden van de stad beheert, en onze broeder Quartus laten u groeten.

[²⁴Onze Heer Jezus Christus zij u allen genadig. Amen.]

Lofprijzing als slot

²⁵Laat ons God prijzen! Hij heeft de macht u overeind te houden, overeenkomstig het evangelie, de boodschap van Jezus Christus, waarover eeuwenlang het stilzwijgen is bewaard. ²⁶Maar nu is het op bevel van de eeuwige God onthuld en aan de hand van de profetische geschriften bekendgemaakt aan alle volken, om hen te brengen tot geloof en gehoorzaamheid.

²⁷Aan hem, de ene en alwijze God, komt alle eer toe door Jezus Christus in alle eeuwigheid. Amen.

De eerste brief aan de christenen van Korinte

1 Van Paulus, door Gods wil geroepen tot apostel van Christus Jezus, en van onze broeder in de Heer, Sostenes: ²aan de gemeente van God in Korinte, aan hen die God toebehoren door hun eenheid met Christus Jezus en zijn geroepen om een heilig volk te zijn, samen met allen die waar ook de naam van onze Heer Jezus Christus aanroepen, hun Heer evengoed als de onze.

³Ik wens u de goedgunstigheid en de vrede van God, onze Vader, en van de Heer Jezus Christus.

Rijk in Christus

⁴Ik dank God telkens weer voor u. Ik dank hem voor de genade die hij u gegeven heeft door Christus Jezus. ⁵Want door uw eenheid met hem bent u in elk opzicht rijk geworden: in het voeren van het woord en in kennis van zaken. ⁶De boodschap van Christus heeft zich zo stevig in u verankerd, ⁷dat geen enkele genadegave u ontbreekt. En nu bent u in afwachting van het moment dat onze Heer Jezus Christus openlijk zal verschijnen. ⁸Hij zal er voor zorgen dat u tot het einde toe stevig overeind blijft en dat er niets op u valt aan te merken op de dag van onze Heer Jezus Christus. ⁹God heeft u geroepen om te delen in het leven van zijn Zoon Jezus Christus. En God houdt zijn beloften.

Verdeeldheid in de gemeente

¹⁰Broeders, ik doe een beroep op u in naam van onze Heer Jezus Christus: wees allen eensgezind en vermijd partijvorming; leef in harmonie door hetzelfde te denken en te voelen. ¹¹Want familieleden van Chloë hebben mij verteld dat er onenigheid onder u is. ¹²Ik bedoel, u zegt allemaal iets anders: "Ik volg Paulus," "Ik Apollos," "Ik Kefas," en "Ik Christus." ¹³Is Christus dan in stukken verdeeld? Is Paulus soms voor u gekruisigd of bent u als leerlingen van hem gedoopt?

¹⁴Goddank heb ik van u niemand anders gedoopt dan Crispus en Gajus. ¹⁵Niemand kan dus zeggen dat u bent gedoopt als mijn leerlingen. ¹⁶O ja, ik heb ook Stefanas en zijn gezin gedoopt – verder niemand, bij mijn weten. ¹⁷Christus heeft me niet opgedragen te dopen, maar het evangelie te verkondigen, en wel zonder geleerde

taal; want die zou de kracht van Christus' kruis uithollen.

Christus, Gods kracht en wijsheid

[18]Wie verloren gaan, vinden de boodschap van het kruis onzin, maar voor degenen die gered worden, voor ons, is ze een goddelijke kracht. [19]De Schrift zegt:
"Ik zal de wijsheid van de wijzen wegvagen
en de geleerdheid van de geleerden vernietigen."

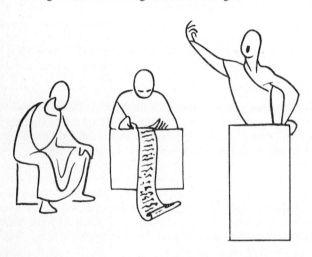

[20]Waar blijven nu de wijzen, de wetgeleerden, de kritici van deze voorbijgaande wereld? Heeft God niet laten zien, dat de wijsheid van deze wereld dwaasheid is?

[21]Want het was volgens Gods wijze bedoeling dat de wereld met al haar wijsheid God niet heeft gevonden. Daarom heeft hij besloten hen die geloven te redden door de dwaasheid die wij verkondigen. [22]Joden verlangen wonderen, Grieken vragen naar wijsheid, [23]maar wat wij verkondigen is een gekruisigde Christus. Dat is voor Joden een ergernis, voor Grieken een dwaasheid; [24]maar voor wie geroepen zijn, Joden zowel als Grieken, is Christus Gods kracht en Gods wijsheid. [25]Want God is in zijn dwaasheid wijzer en in zijn zwakheid sterker dan mensen.

[26]Ga eens na wat u was, toen God u riep. Menselijk bekeken waren er maar weinig wijs, invloedrijk of voornaam. [27]Maar om de wijzen te beschamen heeft God juist uitgekozen wat de wereld

dwaas vindt. En om wat sterk is beschaamd te maken, heeft hij uitgekozen wat in de ogen van de wereld zwak is. ²⁸Wat voor de wereld van geringe afkomst is en weinig te betekenen heeft, ja wat helemaal niets voorstelt, dat heeft God uitgekozen om alles wat iets betekent te ontluisteren. ²⁹Geen mens kan zich dan ook beroemen tegenover God. ³⁰God bracht u juist tot uw eenheid met Christus Jezus, en hij is door God al onze wijsheid geworden; hij rechtvaardigt, heiligt en bevrijdt ons. ³¹Daarom staat er in de Schrift: "Als iemand wil roemen, laat hij zich dan beroemen op de Heer."

De boodschap van Christus aan het kruis

2 Wat mijn optreden aangaat, ik ben u de boodschap van God niet komen verkondigen met hoogdravende of geleerde woorden. ²De enige kennis die ik u heb willen brengen, was Jezus Christus, de gekruisigde Jezus Christus. ³Bovendien voelde ik mij toen zwak; ik was bang en onzeker. ⁴De boodschap die ik u verkondigde, overtuigde niet door geleerde woorden, maar bewees haar kracht door de Geest. ⁵Uw geloof mocht niet steunen op menselijke wijsheid maar op de kracht van God.

Goddelijke wijsheid

⁶Toch is wat wij verkondigen ook wijsheid, maar alleen voor ingewijden. Het is niet de wijsheid van deze wereld of van de machtigen van deze wereld – aan hun macht komt trouwens een eind. ⁷Nee, wat wij in voor buitenstaanders duistere bewoordingen verkondigen, is goddelijke wijsheid, en God had van alle eeuwigheid besloten dat deze verborgen wijsheid zou dienen tot onze glorie. ⁸De machthebbers van deze wereld hebben die wijsheid geen van allen leren kennen. Hadden ze er kennis van gehad, ze zouden de verheerlijkte Heer niet hebben gekruisigd. ⁹Met de woorden van de Schrift gezegd:

"Iets wat geen oog heeft gezien
en geen oor heeft gehoord
en in geen mensenhart is opgekomen;
alles wat God heeft weggelegd voor wie hem liefhebben."

¹⁰Want God heeft het ons onthuld door de Geest. De Geest doorgrondt alles, ook de diepste geheimen van God. ¹¹Wie weet wat er in een mens omgaat? Dat weet alleen zijn eigen geest. Zo weet ook niemand wat er in God omgaat dan alleen Gods eigen Geest. ¹²Nu hebben wij niet de geest van de wereld ontvangen maar de Geest die van God komt, en daardoor weten wij wat God ons in zijn genade gegeven heeft. ¹³Daarover spreken we met woorden, niet ontleend aan menselijke wijsheid, maar ons geleerd door de Geest, en zo koppelen wij geestelijke woorden aan geestelijke zaken. ¹⁴Iemand die de Geest niet heeft, weigert wat van de Geest van God komt. Hij vindt het dwaasheid en kan het niet vatten, want het kan alleen beoordeeld worden in het licht van de Geest. ¹⁵Maar wie de Geest bezit, is in staat alles te beoordelen; zelf echter valt hij buiten ieders beoordeling. ¹⁶Want:

"Wie kent de gedachten van de Heer?
Wie kan hem raad geven?"

Maar wij, wij bezitten het inzicht van Christus.

Dienaren van Christus

3 Ik heb echter niet tot u kunnen spreken als tot mensen die zich door de Geest laten leiden, maar als tot mensen die nog aards denken en kinderen zijn in het christelijk geloof. ²Ik heb u melk moeten geven, geen vast voedsel; dat kon u nog niet verdragen. Dat kunt u ook nu niet. ³Want u leeft nog altijd als mensen van deze wereld. Want als u jaloers bent en ruzie hebt, is dat dan geen bewijs van uw wereldse gezindheid en uw kleinmenselijk gedrag?

⁴Wanneer de één roept: "Ik ben voor Paulus," en een ander: "Ik voor Apollos," doet u dan niet al te menselijk?

⁵Wat zijn Apollos en Paulus helemaal? Dienaars die u hebben geholpen om tot geloof te komen. Ieder verrichtte de taak die de Heer hem had toegewezen: ⁶ik plantte, Apollos goot water, maar God gaf de groeikracht. ⁷Niet wie plant of begiet, is van belang, maar wie voor de groei zorgt, en dat is God. ⁸Hij die plant en hij die giet zijn even belangrijk; ze zullen ieder loon naar werken krijgen. ⁹Wij zijn medewerkers van God, u bent Gods akker.

U bent ook Gods bouwwerk. ¹⁰Mij kunt u vergelijken met een kundig architekt die met Gods genade de fundering heeft gelegd, waarop anderen het gebouw optrekken. Iedereen moet zelf maar zien hoe hij bouwt. ¹¹Want niemand kan een ander fundament leggen dan er al ligt: Jezus Christus. ¹²Op deze grondslag kan men voortbouwen met goud, zilver, kostbare stenen, hout, hooi of stro. ¹³Wat ieders werk waard is, zal blijken op de dag van het oordeel, want het vuur waarmee die dag verschijnt, zal ieders werk testen en de kwaliteit ervan aantonen. ¹⁴Blijft iemands bouwwerk overeind, dan zal hij loon ontvangen. ¹⁵Maar brandt het af, dan zal hij de schade moeten dragen. Zelf echter zal hij het er levend vanaf brengen, als het ware ontsnapt aan het vuur.

¹⁶U weet toch dat u Gods tempel bent en dat Gods Geest in

u woont. ¹⁷Als iemand Gods tempel verwoest, zal God hem vernietigen. Want Gods tempel is heilig, en die tempel bent u.

¹⁸Laat niemand zichzelf iets wijs maken. Iemand kan wel denken wijs te zijn volgens de normen van deze wereld, maar om werkelijk wijs te zijn zal hij dwaas moeten worden. ¹⁹De wijsheid van deze wereld is namelijk dwaasheid in de ogen van God. Want er staat in de Schrift: "Hij vangt de wijzen in hun eigen slimheid," ²⁰en op een andere plaats: "De Heer weet dat de gedachten van de wijzen dwaas zijn." ²¹Laat niemand zich dus op mensen beroemen. Want alles is van u: ²²of het nu Paulus, Apollos of Kefas is, of het nu gaat om wereld, leven of dood, om heden of toekomst; het is allemaal van u, ²³maar u bent van Christus, en Christus is van God.

Apostelen, de helpers van Christus

4 U moet ons dus zien als helpers van Christus, belast met het beheer over Gods geheimen. ²Nu wordt van een beheerder alleen maar geëist dat hij betrouwbaar is. ³Maar hoe u of een andere menselijke instantie mij nu beoordeelt, raakt me maar weinig. Ik oordeel niet eens over mijzelf. ⁴Wel ben ik me van geen kwaad bewust, maar dat bewijst niet dat ik onschuldig ben. Het is de Heer die over mij oordeelt. ⁵Oordeel dus niet voorbarig, wacht tot de Heer komt. Hij zal wat in het duister verborgen is, aan het licht brengen en wat er in de harten van de mensen omgaat, openbaar maken. En dan zal iedereen van God de lof krijgen die hem toekomt.

⁶Ik heb die vergelijking op mij en Apollos toegepast ter wille van u. U moet van ons leren: "Houd je aan de regels." U mag de ene apostel niet verheerlijken ten koste van een ander. ⁷Wie geeft aan u de voorkeur? Wat hebt u dat u niet gekregen hebt? En als u alles gekregen hebt, waarom dan zo groot doen alsof u alles van uzelf hebt?

⁸U hebt natuurlijk alles al! U bent al rijk! Zonder ons bent u koningen geworden! Was het maar zo, dan konden we in uw koningschap delen. ⁹Maar ik dacht dat God ons apostelen de achterste plaatsen heeft toegewezen. We zijn als ter dood veroordeelden in het amfiteater, een schouwspel voor heel de wereld, voor engelen en voor mensen. ¹⁰Wij zijn dwaas om Christus' wil, u bent verstandig in Christus! Wij zijn zwak, u sterk! U bent geëerd, wij veracht! ¹¹Tot op dit ogenblik lijden we honger en dorst en gaan we schamel gekleed; we krijgen slaag en hebben geen dak boven ons hoofd; ¹²we werken hard om in ons onderhoud te voorzien. Worden we uitgescholden, dan zegenen we; worden we vervolgd, dan verdragen

we het; ¹³beledigingen beantwoorden we met vriendelijkheid. We worden behandeld als het schuim van de wereld, als het uitvaagsel van de maatschappij, tot op dit moment.

¹⁴Dat schrijf ik u niet om u beschaamd te maken, maar om u als mijn dierbare kinderen tot rede te brengen. ¹⁵Want al zijn er duizend die u inwijden in Christus, u hebt maar één vader; ik ben in Christus Jezus uw vader geworden door u het evangelie te brengen. ¹⁶Daarom spoor ik u aan mijn voorbeeld te volgen. ¹⁷Daarvoor heb ik Timoteüs naar u toegestuurd. Hij is een geliefd kind van me, een trouw christen die met u de christelijke levensleer nog eens zal doornemen zoals ik die overal in elke gemeente voorleef en onderricht.

¹⁸In de veronderstelling dat ik toch niet zou komen, hebben sommigen een aanmatigende houding aangenomen. ¹⁹Maar als de Heer het wil, kom ik gauw, en dan kom ik er wel achter of de kracht van die opscheppers even groot is als hun woorden. ²⁰Want het koninkrijk van God is geen zaak van woorden maar van kracht. ²¹Wat wilt u? Moet ik met de roe in mijn hand naar u toekomen of met een liefdevol en zachtmoedig hart?

Ontucht in de gemeente

5 Er heerst ontucht bij u – men hoort er algemeen van spreken – een ontucht zo erg als zelfs bij de heidenen niet voorkomt: iemand houdt het namelijk met zijn stiefmoeder. ²U hebt wel reden om trots te zijn op uzelf! U had beter het boetekleed kunnen aantrekken, en de dader had uit uw midden moeten worden verwijderd! ³Wat mij betreft, ik ben wel niet in levenden lijve bij u, maar wel in de geest. En alsof ik aanwezig was, heb ik al een vonnis geveld over de man die zoiets heeft gedaan. ⁴Het luidt: U en ik, in de geest bijeen in de naam van de Heer Jezus, ⁵leveren met de hulp van diens kracht deze man uit aan Satan, tot ondergang van zijn zondig en aards bestaan, maar tot redding van zijn geest op de dag van de Heer.

⁶U kunt beter niet roemen. U weet toch dat een beetje gist door heel het deeg gaat. ⁷Doe het oude gist weg en wees als nieuw deeg, als ongegist paasbrood. Want ons paaslam is al geslacht: Christus zelf. ⁸We moeten dus niet feestvieren met oud gist, het gist van kwaad en ontucht, maar met het zuivere brood van reinheid en waarheid.

⁹In mijn vorige brief heb ik u geschreven niet om te gaan met immorele mensen. ¹⁰Natuurlijk bedoelde ik niet alle mensen die

onzedelijk leven, of de geldschrapers, uitbuiters en afgodendienaars in het algemeen. Want dan moest u uit deze wereld verdwijnen! ¹¹Nee, ik bedoelde dat u niet moest omgaan met iemand die zich een christen noemt en toch immoreel leeft of gierig is, afgoden dient of kwaadspreekt, een dronkaard is of een uitbuiter. Met zo iemand moet u zelfs niet eten.

¹²Is het soms mijn taak te oordelen over buitenstaanders? U oordeelt toch ook alleen hen die tot de gemeente behoren! ¹³Over de buitenstaanders zal God wel oordelen. Verwijder zelf die boosdoener uit uw midden.

Liever onrecht lijden dan onrecht doen

6 Hoe durft iemand die een kwestie met een ander heeft, zijn recht te zoeken bij heidense rechters in plaats van bij het volk van God? ²Weet u dan niet dat het volk van God de wereld zal oordelen? En als bij u het oordeel over de wereld berust, bent u dan onbekwaam voor de meest onbeduidende rechtszaken? ³Weet u niet dat wij over engelen zullen oordelen? Dan toch zeker ook over de gewoonste zaken! ⁴In de behandeling van dergelijke rechtszaken kunt u zelfs gemeenteleden die niet in tel zijn, betrekken! ⁵Schaam u! Er is bij u toch wel iemand zo verstandig dat hij uitspraken kan doen tussen twee gelovigen? ⁶Maar nee, de ene gelovige procedeert tegen een andere en zoekt zijn recht bij ongelovigen.

⁷Het feit dat u onderling in rechtszaken bent verwikkeld, is al erg genoeg. Waarom lijdt u niet liever onrecht? Waarom lijdt u niet liever nadeel? ⁸In plaats daarvan doet u zelf onrecht, berokkent u zelf nadeel, en nog wel aan medechristenen. ⁹Weet u niet dat zij die onrecht doen, niet in het bezit zullen komen van het koninkrijk van God? Maak u zelf niets wijs: hoerenlopers, afgodendienaars, echtbrekers, schandjongens, knapenschenders, ¹⁰dieven, gierigaards, dronkaards, lasteraars, uitbuiters, zij zullen geen van allen in bezit komen van het koninkrijk van God. ¹¹Sommigen van u zijn dat geweest; maar u bent schoon gewassen, u bent geheiligd, u bent bevrijd van uw schuld in de naam van de Heer Jezus Christus en door de Geest van onze God.

De heiligheid van het lichaam

¹²"Ik mag alles," zegt u. Zeker, maar niet alles is goed voor me. "Alles staat me vrij." Ja, maar ik laat me van niemand en niets de slaaf maken. ¹³"Het voedsel is er voor de buik, en de buik voor het voedsel." Best, maar God zal aan allebei een eind maken. Het

lichaam is er niet om ontucht mee te doen: het lichaam is er voor de Heer, en de Heer is er voor het lichaam. ¹⁴God heeft de Heer opgewekt uit de dood, en ook ons zal hij opwekken door zijn kracht.

¹⁵Weet u niet, dat uw lichaam deel uitmaakt van het lichaam van Christus? Zal ik dan een deel van Christus' lichaam gebruiken om het tot een deel te maken van het lichaam van een hoer? Dat nooit! ¹⁶Ik hoef u toch niet te zeggen dat wie omgang heeft met een hoer, lichamelijk één met haar wordt. Want de Schrift zegt: "Met hun tweeën worden ze één lichaam." ¹⁷Maar wie zich verenigt met de Heer, wordt geestelijk één met hem.

¹⁸Doe geen ontucht. Met elke andere zonde dan ontucht treft de mens zijn eigen lichaam niet. Maar door ontucht te doen zondigt hij tegen zijn eigen lichaam. ¹⁹Weet u niet dat uw lichaam een tempel is van de heilige Geest, die in u woont en die u van God hebt ontvangen? U behoort uzelf niet toe. ²⁰Want u bent gekocht en de prijs is betaald. Gebruik dus uw lichaam om God te verheerlijken.

Richtlijnen ten aanzien van het huwelijk

7 Nu de behandeling van de punten waarover u mij geschreven hebt. Er wordt gezegd: "Een man doet er goed aan zich te onthouden van omgang met een vrouw." ²Ja, maar om de vele gevallen van ontucht is het beter dat iedere man zijn eigen vrouw heeft, en iedere vrouw haar eigen man. ³En dan moeten man en vrouw elkaar geven waar ze recht op hebben. ⁴De vrouw heeft niet de beschikking over haar eigen lichaam, maar haar man. Zo heeft ook de man niet te beschikken over zijn eigen lichaam, maar zijn vrouw. ⁵Weiger elkaar de seksuele omgang niet, tenzij met onderling goedvinden en voor een bepaalde tijd om u te wijden aan het gebed. Kom daarna weer bij elkaar, anders maakt Satan van uw gebrek aan zelfbeheersing gebruik om u te verstrikken.

⁶Dat zeg ik om u tegemoet te komen, niet om u iets als verplichtend op te leggen. ⁷Persoonlijk zou ik willen dat alle mensen waren zoals ik. Maar iedereen heeft van God zijn eigen gave gekregen, de een deze, de ander die.

⁸Wat ongehuwden en weduwen betreft: ik zou zeggen dat ze er goed aan doen, alleen te blijven zoals ik. ⁹Maar als ze zich niet kunnen beheersen moeten ze trouwen. Want dat is beter dan van begeerte te branden.

¹⁰Voor gehuwden is er een gebod, niet van mijzelf maar van de Heer: een vrouw mag niet scheiden van haar man. ¹¹En als zij al gescheiden is, moet ze ongehuwd blijven of zich met haar man

verzoenen. Ook een man mag zijn vrouw niet verstoten.

[12]Tegen de overigen zeg ik en niet de Heer: als een christen een ongelovige vrouw heeft die erin toestemt bij hem te blijven, moet hij niet van haar scheiden. [13]En als een christen-vrouw een ongelovige man heeft die met haar wil blijven leven, moet zij niet van haar man scheiden. [14]Want door de band met zijn vrouw wordt de ongelovige man geheiligd, en de ongelovige vrouw wordt geheiligd door de band met haar christelijke echtgenoot. Als dit niet zo was, zouden uw kinderen heidenen zijn; maar in werkelijkheid zijn ze aan God gewijd. [15]Maar als de niet-gelovige partij wil scheiden, laat hem dan scheiden. In een dergelijk geval is de christelijke partner, man of vrouw, niet gebonden. God heeft u geroepen om in vrede te leven. [16]Bent u er zeker van, mevrouw, of u uw man tot het christelijk geloof zal brengen? En u, meneer, bent u er zeker van of u uw vrouw tot geloof zal brengen?

Christus heeft u vrijgekocht

[17]Overigens moet iedereen de maatschappelijke positie houden die de Heer hem gegeven heeft, en blijven wat hij was toen God hem riep. Zo schrijf ik het in alle gemeenten voor. [18]Wie besneden was, toen God hem riep, moet het niet laten verhelpen, en wie bij zijn roeping onbesneden was, moet onbesneden blijven. [19]Het gaat er niet om of iemand besneden is of onbesneden, maar of hij de geboden van God naleeft. [20]Laat iedereen in de status blijven die hij bij zijn roeping had. [21]Was u slaaf, toen God u riep? Zit er niet over in. Maar krijgt u de kans om vrij te komen, grijp die dan aan. [22]Want een christenslaaf is een vrij man omdat hij van de Heer is; en omgekeerd, wie een vrij man was toen hij geroepen werd, is nu een slaaf van Christus. [23]U bent vrijgekocht en de prijs is betaald; wordt dus geen slaven van mensen. [24]Laat iedereen tegenover God blijven wat hij was toen hij werd geroepen.

Richtlijnen voor ongehuwden en weduwen

[25]Voor ongehuwden heb ik geen bepaald gebod van de Heer. Ik geef dus mijn persoonlijke mening. Maar God heeft zich over mij ontfermd en ik ben dus betrouwbaar.

[26]Ongehuwd zijn lijkt mij in de huidige noodtoestand goed; men doet er goed aan zo te zijn. [27]Hebt u een vrouw? Ga dan niet scheiden. Bent u ongehuwd? Zoek dan geen vrouw. [28]Maar u doet geen kwaad als u toch trouwt, en een vrij meisje dat trouwt, doet ook niet verkeerd. Maar de dagelijkse zorgen die zulke mensen hebben,

zou ik u willen besparen.

²⁹Wat ik bedoel, is dit: we hebben nog maar kort tijd. Laten in de tijd die nog rest, de mannen leven als hadden ze geen vrouw; ³⁰wie huilen, als huilden ze niet; wie zich verheugen, als verheugden ze zich niet; wie iets kopen, als bezaten ze het niet; ³¹wie met aardse goederen omgaan, als gaan ze er niet in op. Want de wereld is in zijn huidige vorm aan het voorbijgaan.

³²Ik zou willen dat u geen zorgen had. Wie ongetrouwd is, wijdt zijn zorgen aan de zaak van de Heer, en wil de Heer aangenaam zijn. ³³Maar wie getrouwd is, heeft zorg voor aardse zaken en wil zijn vrouw behagen, ³⁴en zijn aandacht is verdeeld. De vrouw die geen man meer heeft en het vrije meisje wijden hun zorg aan de zaak van de Heer en willen hem toegewijd zijn naar ziel en lichaam. Maar de getrouwde vrouw heeft zorg voor aardse zaken en wil haar man behagen.

³⁵Ik zeg dat voor uw eigen bestwil, niet om uw vrijheid aan banden te leggen. Het gaat mij alleen om wat passend is en wat kan bijdragen aan een onverdeelde toewijding aan de Heer.

³⁶Als een ouder niet goed denkt te handelen jegens zijn verloofde dochter, omdat ze al wat ouder wordt, en als een huwelijk toch moet plaatsvinden, moet hij doen wat hij wil: hij doet er geen kwaad mee, als hij haar met haar verloofde laat trouwen. ³⁷Maar als hij vast staat in zijn overtuiging zonder dat iets hem dwingt, en hij vrij kan beschikken, handelt hij goed als hij besluit zijn dochter maagd te laten blijven. ³⁸Met andere woorden, wie zijn dochter uithuwelijkt, doet goed, maar wie haar niet laat trouwen, doet beter.

³⁹Een vrouw is aan haar man gebonden zolang hij leeft. Maar als haar man is gestorven, is zij vrij te trouwen met wie ze wil, maar het moet wel een christen zijn. ⁴⁰Toch valt ze met meer recht gelukkig te prijzen als ze ongehuwd blijft. Dat is mijn persoonlijke mening, maar ik geloof wel de Geest van God te bezitten.

De kwestie van het offervlees

8 Nu iets over het voedsel dat aan afgoden wordt geofferd. Het is waar: we bezitten allemaal de gave van de kennis, om uw woorden aan te halen. Maar kennis maakt verwaand; alleen de liefde bouwt op. ²Wie kennis van zaken denkt te hebben, heeft nog niet leren kennen in de ware zin van het woord. ³Maar wie God liefheeft, wordt door God gekend.

⁴Terugkomend op het offervlees: we weten dat er in heel de wereld geen afgod bestaat en dat niemand God is behalve één. ⁵Natuurlijk,

er zijn in de hemel en op aarde wel wezens die goden worden genoemd – en in die zin zijn er massa's goden en heren – ⁶maar voor ons is er maar één God: de Vader die van alles de bron is en van ons het einddoel; en voor ons is er maar één Heer: Jezus Christus door wie alles bestaat en door wie wij leven.

⁷Maar niet iedereen bezit die kennis. Er zijn er die zo gewend zijn aan de afgodendienst dat ze dat voedsel nog altijd zien als een offer aan de afgoden, en als zij ervan eten, wordt hun geweten dat zwak is, bezwaard. ⁸Nu brengt voedsel ons niet dichter bij God; we verliezen er niets bij als we niet eten, en als we wel eten, worden we er niet beter van.

⁹Er moet alleen op gelet worden dat juist die vrijheid waarmee u handelt, de zwakken niet ten val brengt. ¹⁰Want als iemand met zo'n angstvallig geweten u, een man van kennis, ziet deelnemen aan een maaltijd in een afgodstempel, zal hij dan niet, tegen zijn overtuiging in, offervlees gaan eten? ¹¹Door uw kennis gaat deze zwakkeling, een broeder voor wie Christus gestorven is, verloren. ¹²Door te zondigen tegen medechristenen en door hun angstvallig geweten te kwetsen, zondigt u tegen Christus. ¹³Als ik door iets bepaalds te eten, een medegelovige tot zonde breng, eet ik van mijn leven geen vlees meer; ik wil niet meewerken aan de ondergang van mijn broeder.

Rechten en plichten van een apostel

9 Ben ik geen vrij man? Ben ik geen apostel? Heb ik Jezus onze Heer niet gezien? Bent u niet mijn werk, met hulp van de Heer volbracht? ²Al ben ik voor anderen geen apostel, voor u toch zeker wel! Door uw geloof in de Heer bent u zelf het zegel op mijn apostelschap.

³Dit is mijn antwoord aan mijn kritici: ⁴hebben wij geen recht op eten en drinken? ⁵Hebben wij niet het recht om een christin als vrouw mee te nemen zoals de andere apostelen, de broers van de Heer en Kefas? ⁶Of zijn Barnabas en ik de enigen die moeten werken voor hun levensonderhoud? ⁷Wie heeft er ooit gehoord van een soldaat die zijn eigen soldij betaalt? Of van een wijnbouwer die niet van zijn druiven eet? Of van een herder die niet de melk van zijn kudde drinkt?

⁸Ik verkondig hier geen louter menselijke waarheden; de Schrift zegt hetzelfde. ⁹Want in de wet van Mozes staat: "Doe een dorsende os geen muilband aan." Houdt God zich soms bezig met ossen? ¹⁰Of zijn wij het eigenlijk die met deze tekst bedoeld zijn? Ja, met

het oog op ons staat er geschreven: Of je nu ploegt of dorst – ieder moet zijn werk doen in de hoop op een deel van de opbrengst. [11]Wij hebben onder u het christelijk geloof uitgezaaid. Is het dan teveel gevraagd als we van u wat materiële steun oogsten? [12]Als u anderen die rechten al toekent, hebben wij dan geen grotere rechten?

Maar wij hebben van dat recht geen gebruik gemaakt. Liever verduren we alles dan dat wij het evangelie van Christus ook maar iets in de weg leggen. [13]Ongetwijfeld weet u dat wie dienst doen in de tempel, leven op kosten van de tempel, en dat wie aan het altaar staan, hun deel krijgen van het offer. [14]Zo heeft de Heer ook bepaald dat de verkondigers van het evangelie mogen leven van hun prediking.

[15]Maar ik heb van deze rechten geen enkel gebruik gemaakt, en dat schrijf ik echt niet om er verandering in te brengen. Ik zou liever sterven dan me die roem laten ontnemen! [16]Dat ik het evangelie verkondig, is geen reden om me te beroemen. Ik doe het omdat ik ertoe gedreven word. Ik zou er ongelukkig aan toe zijn, als ik het grote nieuws niet zou verkondigen. [17]Deed ik het uit vrije wil, dan had ik recht op loon; maar het was niet mijn eigen keuze, het was een taak die mij werd opgelegd. [18]Wat is dan mijn loon? Wel, de voldoening het evangelie te verkondigen zonder kosten in rekening te brengen, met andere woorden, zonder gebruik te maken van de rechten die de prediking van het evangelie me geeft.

[19]Vrij als ik ben en van niemand afhankelijk, heb ik me toch als slaaf in dienst gesteld van alle mensen om zoveel mogelijk van hen voor Christus te winnen. [20]Werkend onder de Joden, leefde ik als een Jood om hen te winnen. Ik sta niet onder de wet van Mozes, maar toch heb ik mij eraan onderworpen om hen die wel onder deze wet vallen, te winnen. [21]En om de heidenen te winnen die buiten de wet van Mozes staan, werd ik als een heiden. Toch leefde ik niet buiten de wet van God, want ik stond onder de wet van Christus. [22]Voor de zwakken in het geloof ben ik zwak geworden om de zwakken te winnen. Voor alle mensen ben ik van alles geworden om op alle mogelijke manieren er enkelen te redden.

[23]Ik heb er alles voor over om te delen in de vruchten die het evangelie opbrengt. [24]Ik hoef u niet te zeggen dat van alle atleten die in het stadion hardlopen, er maar één de prijs behaalt. Loop dus zo dat u hem in de wacht sleept. [25]Sportlui moeten zich van alles ontzeggen. Zij doen het om een krans die verwelkt, maar wij om een die onvergankelijk is. [26]Ik loop dus niet zo maar in het

wilde weg; ik doe niet als een bokser die in de lucht slaat. ²⁷Ik train mijn lichaam en breng het onder kontrole. Anders roep ik anderen op tot de wedstrijd, maar word ik zelf uitgeschakeld.

Laat de geschiedenis van het Joodse volk een les zijn

10 U moet goed beseffen, broeders, wat er gebeurde met onze voorvaders die Mozes volgden. Ze stonden allemaal onder bescherming van de wolk en trokken allemaal veilig door de Rode Zee. ²In de wolk en in de zee werden ze gedoopt als volgelingen van Mozes. ³Ze aten allemaal hetzelfde geestelijke voedsel, ⁴en dronken allemaal dezelfde geestelijke drank. Want ze dronken water uit een geestelijke rots die overal met hen meetrok, en die rots was Christus. ⁵Ondanks dat vonden de meesten van hen geen genade in de ogen van God, want de woestijn lag bezaaid met hun lijken.

⁶Al die gebeurtenissen zijn een les voor ons, een waarschuwing dat we geen zondige dingen mogen verlangen zoals zij. ⁷Aanbid geen afgoden zoals sommigen van hen, over wie de Schrift zegt: "Het volk ging zitten om te eten en te drinken, en stond op om te dansen." ⁸En laten we geen ontucht doen zoals sommigen van hen. Het gevolg was dat er op één dag drieëntwintigduizend man de dood vonden. ⁹We moeten de Heer ook niet op de proef stellen zoals anderen van hen deden, met het gevolg dat ze door slangen omkwamen. ¹⁰Mopper ook niet op God zoals weer anderen – zij werden omgebracht door de engel van de dood.

¹¹Wat hun overkwam, diende tot voorbeeld, en het werd opgeschreven om ons die voor het einde der tijden staan, te waarschuwen.

¹²Wie dus denkt recht overeind te staan, moet oppassen dat hij niet komt te vallen. ¹³De beproeving die u hebt ondergaan, was voor mensen te dragen. U kunt op God vertrouwen; hij zal niet

toelaten dat u boven uw krachten beproefd wordt. En wanneer u beproefd wordt, zal hij ook voor uitkomst zorgen zodat u de beproeving te boven komt.

¹⁴Ga afgodendienst dus uit de weg, dierbare broeders. ¹⁵Ik spreek tegen verstandige mensen; vorm dus zelf een oordeel over wat ik zeggen ga. ¹⁶Geeft de beker waarbij wij God loven en danken, geen gemeenschap met het bloed van Christus? En is het brood dat we breken geen gemeenschap met het lichaam van Christus? ¹⁷Omdat er één brood is, vormen we één lichaam, met hoevelen we ook zijn. Want we hebben allemaal deel aan dat ene brood.

¹⁸Kijk maar naar het Joodse volk: zij die van de offers eten, nemen deel aan de altaardienst. ¹⁹Wat wil ik daarmee zeggen? Dat een afgod of voedsel dat aan een afgod geofferd wordt, iets te betekenen hebben? ²⁰Nee! Maar wel dat de heidenen hun offers brengen aan duivelse geesten en niet aan God, en ik wil niet dat u bondgenoten wordt van duivelse geesten. ²¹U kunt niet uit de beker van de Heer drinken èn uit de beker van de duivelse geesten; u kunt niet deelnemen aan de maaltijd van de Heer èn aan de maaltijd van de duivelse geesten. ²²Of willen we de Heer jaloers maken? Zijn we sterker dan hij?

²³"Alles mag," zegt u. Ja, maar niet alles is goed. "Alles mag." Ja, maar niet alles is opbouwend. ²⁴Niemand moet uit zijn op eigen belangen maar op die van anderen.

²⁵U kunt alles eten wat in de vleeshal wordt verkocht, zonder uit gewetensbezwaren vragen te stellen over de herkomst. ²⁶Want de aarde en al wat zij bevat, behoort aan de Heer.

²⁷Als een ongelovige u uitnodigt en u gaat op zijn uitnodiging in, dan kunt u alles eten wat u wordt voorgezet, zonder uit gewetensangst te informeren naar de herkomst. ²⁸Maar als iemand u vertelt: "Dat is vlees, afkomstig van een offerdienst," laat het dan staan, om hem die u erop wees, ter wille te zijn en om het geweten te ontzien – ²⁹dat wil zeggen, niet uw eigen geweten, maar dat van de ander. Want waarom zou mijn vrijheid van handelen beperkt worden door andermans geweten? ³⁰Als ik God dank voor het eten, hoe kan men dan kritiek op me hebben om iets waarvoor ik God dankzeg?

³¹Of u nu eet of drinkt of wat ook doet, doe alles ter ere van God. ³²Geef geen aanstoot aan Joden, aan Grieken, noch aan de kerk van God. ³³Doe als ik: ik maak het iedereen zoveel mogelijk naar de zin, door niet uit te zijn op eigen voordeel maar op het algemeen belang, met geen ander doel dan dat allen gered worden.

11 Neem een voorbeeld aan mij, zoals ik een voorbeeld neem aan Christus.

De verhouding tussen God, Christus, man en vrouw

²Ik vind het prijzenswaardig dat u in alle omstandigheden aan mij blijft denken en u houdt aan de overleveringen die ik u heb doorgegeven. ³Maar u moet wel weten dat er een bijzondere verhouding is tussen Christus en elke man, tussen elke man en zijn vrouw en tussen God en Christus. Die verhouding is uit te drukken met het woord: hoofd. Zo staat Christus boven elke man, de man boven zijn vrouw en God boven Christus. ⁴Als een man iets op zijn hoofd heeft wanneer hij bidt of uit naam van God spreekt, maakt hij Christus, zijn hoofd, te schande. ⁵Maar als een vrouw blootshoofds bidt of uit naam van God spreekt, maakt ze haar man te schande. Want dan staat ze gelijk met een vrouw die – wegens echtbreuk – is kaalgeschoren. ⁶Als dus een vrouw in de kerkdienst niets op haar hoofd wil zetten, kan ze evengoed haar haren laten afknippen. Maar vindt ze het een schande dat haar haar kortgeknipt of afgeschoren is, laat ze dan iets omdoen. ⁷Een man hoeft niets op te zetten, want hij is het beeld van God en een afstraling van zijn glorie. Maar de vrouw straalt de glorie van de man uit. ⁸Want de man is niet ontstaan uit de vrouw, maar de vrouw uit de man, ⁹en de man is niet geschapen om de vrouw, maar de vrouw om

de man. ¹⁰Daarom is de vrouw verplicht iets op haar hoofd te dragen, als teken dat ze het gezag van de man erkent, en met het oog op de engelen die dat aan God rapporteren. ¹¹In ons christelijk leven intussen is de vrouw even belangrijk voor de man als de man het is voor de vrouw. ¹²Want zoals de vrouw is uit de man, zo ontstaat de man door de vrouw, maar God is de oorsprong van alles.
¹³Beoordeelt u het zelf maar: is het fatsoenlijk dat een vrouw blootshoofds tot God bidt? ¹⁴Leert de natuur zelf niet dat lang haar voor de man een schande is, ¹⁵maar voor de vrouw juist een eer? Want lang haar is voor haar bedoeld als een sluier.
¹⁶Als iemand meent dat te moeten betwisten, antwoord ik dat wij die gewoonte niet kennen, en de gemeenten van God ook niet.

De maaltijd van de Heer

¹⁷Bij het geven van de volgende instrukties kan ik u moeilijk prijzen: uw bijeenkomsten doen namelijk meer kwaad dan goed. ¹⁸Om te beginnen hoor ik dat u bij uw kerkelijke bijeenkomsten in partijen uiteenvalt, en ik geloof dat ten dele. ¹⁹Want u schijnt te vinden dat verschil van mening nodig is, wil het duidelijk zijn wie van u de ware gelovigen zijn. ²⁰Maar bij samenkomsten zoals u die nu houdt, kan er geen sprake zijn van de maaltijd des Heren. ²¹Want iedereen eet haastig zijn eigen maal op, zodat sommigen honger lijden en anderen dronken zijn. ²²Hebt u soms geen eigen huis waar u kunt eten en drinken? Of kijkt u neer op de gemeente van God en wilt u de armen voor schut zetten? Wat verwacht u van me? Dat ik u zal prijzen? Op dat punt zeker niet!

²³De boodschap die ik ook aan u heb doorgegeven, heb ik van de Heer zelf; ze luidt: in de nacht waarin de Heer Jezus werd verraden, nam hij brood, ²⁴en na God gedankt te hebben, brak hij het in stukken en zei: "Dit is mijn lichaam voor u. Doe dat om mij te gedenken." ²⁵Zo nam hij na de maaltijd ook de beker en zei: "Deze beker is het nieuwe verbond dat bekrachtigd wordt door mijn bloed. Elke keer als u hem drinkt, doe het dan om mij te gedenken." ²⁶Want telkens als u dat brood eet en uit die beker drinkt, verkondigt u de dood van de Heer totdat hij komt.

²⁷Wie dus op onwaardige manier het brood van de Heer eet en van zijn beker drinkt, maakt zich schuldig aan een zonde tegen het lichaam en het bloed van de Heer. ²⁸Vóór we eten van het brood en drinken uit de beker, moeten we eerst onszelf onderzoeken. ²⁹Want wie eet en drinkt zonder te beseffen dat het gaat om het

lichaam van de Heer, vonnist al etend zichzelf. ³⁰Daarom zijn er bij u zoveel zieken en zwakken, en gaat een groot aantal dood. ³¹De Heer zou ons niet oordelen als we eerst onszelf onderzochten. ³²Maar nu worden wij door hem geoordeeld en bestraft om niet samen met de wereld veroordeeld te worden.

³³Wanneer u dus bij elkaar komt voor de maaltijd van de Heer, wacht dan op elkaar. ³⁴Heeft iemand honger, dan moet hij thuis eten; anders loopt uw bijeenkomst uit op een oordeel. De rest zal ik wel bij mijn komst regelen.

De gaven van de Geest

12 Over de gaven van de Geest wil ik u het volgende zeggen. ²Toen u nog heidenen was, werd u als door een blinde kracht in handen van de stomme afgoden gedreven. ³Daarom verklaar ik u: iemand die gedreven wordt door de Geest van God, kan nooit zeggen: "Vervloekt zij Jezus," en niemand kan belijden: "Jezus is de Heer," als hij niet gedreven wordt door de Geest.

⁴Er zijn verschillende gaven, maar de Geest die ze geeft, is één en dezelfde. ⁵Er zijn veel vormen van dienstverlening, maar de Heer die gediend wordt, is één en dezelfde. ⁶Er zijn allerlei resultaten, maar het is één en dezelfde God die alles in allen tot stand brengt. ⁷Iedereen manifesteert op een door God gewilde manier de Geest tot nut van de gemeenschap. ⁸De een krijgt van de Geest de gave, wijze raad te geven, een ander heeft dank zij de Geest de gave, kennis over te dragen, ⁹en een derde legt door de werking van diezelfde Geest een groot geloof aan de dag. Anderen krijgen door de ene Geest de kracht om zieken te genezen ¹⁰of wonderen te doen, weer anderen de gave om uit naam van God te spreken, goede geesten te onderscheiden van duivelse, zich te uiten in vreemde talen of de betekenis van die vreemde klanken uit te leggen. ¹¹Maar al die gaven zijn het werk van één en dezelfde Geest die er aan iedereen van uitdeelt zoals hij wil.

Een lichaam, veel ledematen

¹²Want Christus is als het menselijk lichaam. Zijn ledematen, hoevele ook, vormen samen toch een geheel. ¹³Op dezelfde manier zijn wij met ons allen door de doop één lichaam geworden in de kracht van de ene Geest, of we nu Joden of Grieken, slaven of vrije mensen zijn; allemaal zijn we doordrenkt met één Geest.

¹⁴Een lichaam bestaat nu eenmaal niet uit een enkel deel, maar uit veel delen. ¹⁵De voet kan wel zeggen: "Omdat ik de hand niet

ben, behoor ik niet tot het lichaam," maar hij hoort er toch bij. ¹⁶En het oor kan wel beweren: "Ik maak geen deel uit van het lichaam, omdat ik het oog niet ben," maar ondanks dat maakt het toch deel uit van het lichaam. ¹⁷Als het hele lichaam oog was, waarmee kon het dan horen? Of als het alleen maar oor was, hoe kon het dan ruiken? ¹⁸Maar in feite heeft God gezorgd voor verschillende organen die elk hun plaats hebben in het lichaam, zoals hij dat wilde. ¹⁹Als het geheel uit één orgaan bestond, waar bleef dan het lichaam? ²⁰Maar in werkelijkheid zijn er een groot aantal delen die echter één lichaam vormen.

²¹Het oog kan niet tegen de hand zeggen: "Ik heb je niet nodig." En het hoofd kan niet tegen de voet zeggen: "Ik heb je niet nodig." ²²Nog sterker, juist de lichaamsdelen die het zwakst lijken, zijn het minst te missen; ²³aan de delen die we minder belangrijk vinden, besteden we grotere aandacht, en onze organen die we niet zo vertonen, behandelen we met een beschroomdheid ²⁴die de andere lichaamsdelen niet nodig hebben. God heeft het lichaam zo samengesteld dat hij de delen die het nodig hebben, grotere eer verleende. ²⁵Daardoor heerst er in het lichaam geen verdeeldheid, maar geven de organen elkaar onderlinge steun. ²⁶Als één orgaan lijdt, lijden alle andere organen eronder, en als een orgaan wordt geëerd, delen alle andere in de vreugde.

²⁷Allemaal samen bent u het lichaam van Christus; afzonderlijk is ieder er een deel van. ²⁸In de kerk heeft God allerlei mensen een plaats gegeven: ten eerste zijn er apostelen, ten tweede profeten, ten derde leraars; vervolgens mensen die wonderen kunnen doen en personen die kracht hebben om zieken te genezen; er zijn anderen die hulp verlenen, weer anderen die leiding geven, en mensen die zich uiten in vreemde talen. ²⁹We zijn niet allemaal apostel, profeet of leraar. We kunnen niet allemaal wonderen doen ³⁰en we hebben niet allemaal de kracht om te genezen. Ook kunnen we ons niet allemaal uiten in vreemde talen of de betekenis daarvan uitleggen. ³¹Zet uw zinnen dus op de belangrijkere gaven.

Maar eerst wijs ik u de weg bij uitstek.

De liefde

13 Al spreek ik de talen van mensen en engelen: als ik de liefde niet heb, ben ik niet meer dan een galmende gong of een rinkelende bel. ²Al bezit ik de gave van de profetie, en ken ik al Gods geheimen en weet ik alles wat er te weten valt, en al heb ik het volmaakte geloof dat bergen verzet: als ik geen liefde heb,

ben ik niets. ³Al besteed ik mijn hele bezit aan eten voor de armen, en al geef ik mijn lichaam prijs aan de vuurdood: als ik geen liefde heb, helpt het me niets.

⁴De liefde is geduldig, vriendelijk en niet jaloers. De liefde vervalt niet in grootspraak en doet niet trots; ⁵is niet grof en egoïstisch, wordt niet geprikkeld en rekent het kwaad niet aan. ⁶De liefde verheugt zich niet over het onrecht, maar vindt haar vreugde in de waarheid. ⁷Zij geeft het nooit op: zij blijft geloven, hopen en verdragen.

⁸De liefde houdt nooit op te bestaan. Profetische boodschappen zullen verdwijnen, het spreken in vreemde talen zal verstommen, aan kennis komt een einde. ⁹Beperkt is ons kennen en beperkt is ons profeteren. ¹⁰Maar wanneer de volmaakte toestand komt, zal wat beperkt is verdwijnen.

¹¹Toen ik een kind was, sprak ik als een kind, dacht ik als een kind, redeneerde ik als een kind; eenmaal man geworden, legde ik mijn kinderlijke manier van doen af. ¹²Wat we nu zien, zijn de vage beelden in een spiegel, maar dan staan we oog in oog. Nu is mijn kennis beperkt, maar dan zal ik kennen zoals God mij kent.

¹³Intussen blijven deze drie bestaan: geloof, hoop en liefde. Maar daarvan is de liefde de grootste.

De profetie en het spreken in vreemde talen

14 Stel de liefde centraal, maar probeer ook de gaven van de Geest te verkrijgen, vooral die van de profetie. ²Want wie zich uit in vreemde talen, spreekt niet tegen mensen, maar tegen

God. Niemand verstaat hem, want door de Geest gedreven spreekt hij onbegrijpelijke taal. ³Maar wie een boodschap van God overbrengt, richt zich tot de mensen en spreekt woorden die van algemeen belang zijn en moed en troost geven. ⁴Wie spreekt in vreemde talen, bewijst zichzelf een dienst, maar wie een boodschap van God overbrengt, bewijst de gemeente een dienst.

⁵Ik zie graag dat u allemaal in vreemde talen spreekt, maar ik heb liever dat u een boodschap van God overbrengt. Want een profeet is belangrijker dan iemand die in vreemde talen spreekt – behalve als de laatste ook uitleg geeft, zodat de gemeente er haar voordeel mee kan doen. ⁶Stel dat ik bij u kom spreken in vreemde talen, wat schiet u er dan mee op? Niets, als ik u niet iets over God bekend maak, u kennis overdraag, u een goddelijke boodschap verkondig of u het een en ander leer.

⁷Het is net als bij de op zichzelf levenloze muziekinstrumenten zoals fluit en harp. Niemand kan horen wat er geblazen of getokkeld wordt, als de tonen niet verschillen. ⁸En als de trompetblazer een onduidelijk signaal geeft, maakt niemand zich klaar voor het gevecht. ⁹Zo zal ook niemand begrijpen wat u zegt, als u onverstaanbare taal uit. Uw woorden zouden in de lucht verdwijnen! ¹⁰Er zijn in de wereld allerlei talen die stuk voor stuk een eigen betekenis hebben. ¹¹Maar als ik de taal die gesproken wordt, niet ken, blijven de spreker en ik vreemdelingen voor elkaar. ¹²Omdat u zo op de gaven van de Geest gesteld bent, moet u vooral veelvuldiger gebruik proberen te maken van die waarmee de gemeente zijn voordeel kan doen.

¹³Wie zich uit in vreemde talen, moet God vragen dat hij ze ook kan uitleggen. ¹⁴Want als ik in vreemde talen bid, bid ik met mijn geest wel, maar mijn verstand heeft er geen deel aan. ¹⁵Wat moet ik dan doen? Wel, ik moet zowel met mijn geest als met mijn verstand bidden; ik moet niet alleen zingen met mijn geest maar ook met mijn verstand. ¹⁶Als u God in vreemde talen dankzegt, hoe kan een gewoon kerkganger uw dankzegging dan met "Amen" besluiten? Hij weet immers niet wat u zegt. ¹⁷Natuurlijk, het is mooi dat u God dankzegt, maar de ander heeft er geen geestelijk voordeel van.

¹⁸Ik kan mij, God zij dank, meer dan u allemaal uiten in vreemde talen. ¹⁹Maar tijdens een kerkdienst wil ik liever vijf verstaanbare woorden spreken om anderen iets bij te brengen dan duizenden woorden in een vreemde taal.

²⁰Broeders, oordeel niet als kinderen; wees onkundig van het

kwaad als pasgeboren kinderen, maar denk als volwassen mensen. ²¹In de Schrift staat:

"Ik zal tegen dit volk spreken, zegt de Heer,
in vreemde talen en door de mond van buitenlanders,
en zelfs dan zullen ze niet naar mij luisteren."

²²Het spreken in vreemde talen is dus een teken dat niet bedoeld is voor de gelovigen maar juist voor de ongelovigen. Een profetische boodschap daarentegen is bestemd voor de gelovigen, niet voor de ongelovigen.

²³Als de hele gemeente bijeen is en iedereen zich uit in onsamenhangende klanken, wat voor indruk zal dat dan maken op buitenstaanders of ongelovigen die binnenkomen? Zullen ze niet zeggen dat u waanzinnig bent? ²⁴Maar als zo iemand binnenkomt wanneer u iets namens God te zeggen hebt, hoort hij van iedereen iets dat hem van zijn zondigheid overtuigt en hem tot zelfonderzoek brengt. ²⁵Zijn verborgen gedachten komen aan het licht, en ter aarde gebogen, zal hij God aanbidden en uitroepen: "God is werkelijk in uw midden!"

Orde in de gemeente

²⁶Wat is de gang van zaken, broeders? Tijdens uw bijeenkomsten heeft iedereen een bijdrage: een lied, een wijze les, een boodschap namens God, woorden in een vreemde taal of de uitleg daarvan. Maar alles moet zo gebeuren dat de gemeente ermee gediend is. ²⁷Bij het spreken in vreemde talen mogen twee of hoogstens drie personen het woord voeren, ieder op zijn beurt, en er moet iemand zijn die uitleg geeft. ²⁸Is zo iemand er niet, dan moeten ze tijdens de kerkdienst zwijgen en hun woorden voor zichzelf houden en voor God. ²⁹Van hen die een profetische boodschap hebben, mogen twee of drie het woord voeren, en de anderen luisteren kritisch toe. ³⁰Maar als een ander die nog op zijn plaats zit, iets van God meegedeeld krijgt, moet de eerste zijn mond houden. ³¹U kunt ieder op uw beurt profeteren, zodat allen iets leren en getroost worden. ³²Profeten hebben hun profetische inspiratie onder kontrole, ³³want God is geen God van wanorde maar van vrede.

Zoals in alle gemeenten van Gods volk ³⁴moeten de vrouwen tijdens de bijeenkomsten zwijgen; het is hun niet toegestaan te spreken. Ze moeten ondergeschikt blijven, dat zegt de wet van Mozes ook. ³⁵Als ze iets willen weten, moeten ze het thuis aan hun man vragen. Want niets is zo erg als een vrouw die tijdens een kerkdienst spreekt.

³⁶Bent u soms het punt van waaruit Gods boodschap haar verspreiding vond? Of is de boodschap van God alleen tot u doorgedrongen? ³⁷Iemand die denkt profetische of andere geestelijke gaven te bezitten, moet inzien dat wat ik u schrijf, voorschrift van de Heer is. ³⁸Wie dat niet erkent, zal zelf ook niet worden erkend.

³⁹Om kort te gaan, zet uw zinnen dus op de gave van de profetie, maar verhinder ook het spreken in vreemde talen niet. ⁴⁰Maar alles moet keurig en ordelijk verlopen.

De opstanding van Christus

15 Ik herinner u, broeders, aan het grote nieuws dat ik u heb verkondigd en dat door u is aanvaard. Het vormt de grondslag waarop u staat ²en u bent erdoor gered. Als u het goed in u hebt opgenomen, zult u nog wel weten in welke bewoordingen ik het u gebracht heb. Of het moest zijn dat u zonder nadenken geloofd hebt.

³Het belangrijkste dat ik u heb doorgegeven en dat ik zelf van anderen heb vernomen, is dat Christus gestorven is voor onze zonden in overeenstemming met de Schrift; ⁴dat hij is begraven en op de derde dag opgewekt, alweer in overeenstemming met de Schrift, ⁵en dat hij verschenen is aan Kefas en daarna aan de twaalf apostelen. ⁶Toen is hij verschenen aan meer dan vijfhonderd van zijn volgelingen tegelijk; de meesten van hen zijn nog in leven, een paar zijn er overleden. ⁷Vervolgens is hij verschenen aan Jakobus, daarna aan alle apostelen.

⁸Het allerlaatste is hij ook verschenen aan mij, een misgeboorte. ⁹Want ik ben de minste van alle apostelen, ja ik ben het niet waard apostel genoemd te worden, omdat ik de kerk van God heb vervolgd. ¹⁰Wat ik ben, ben ik door de genade van God, en zijn genade heeft op mij haar uitwerking niet gemist. Ik heb harder gezwoegd dan alle anderen. (In werkelijkheid deed ik het niet, maar God die mij genadig is.) ¹¹Maar of anderen het nu zijn geweest of ik, zo luidt onze boodschap en zo bent u tot geloof gekomen.

Onze opstanding

¹²Als de boodschap inhoudt dat Christus uit de dood is opgewekt, hoe kunnen sommigen van u dan zeggen dat er geen opstanding is uit de dood? ¹³Als er geen opstanding is, is ook Christus niet opgewekt, ¹⁴en als Christus niet is opgewekt, is onze boodschap een holle klank en uw geloof van nul en gener waarde. ¹⁵Dan blijkt zelfs dat we over God een valse verklaring hebben afgelegd, doordat

we getuigd hebben dat hij Christus uit de dood heeft opgewekt, iets wat hij niet gedaan kàn hebben als er geen opstanding uit de dood bestaat. ¹⁶Want als de doden niet worden opgewekt, is ook Christus niet opgewekt. ¹⁷En als Christus niet is opgewekt, is uw geloof van geen enkele waarde en zit u nog in uw zonden gevangen. ¹⁸Dan zijn ook degenen verloren die in geloof in Christus zijn gestorven. ¹⁹Als Christus alleen voor dit leven onze hoop is, zijn we meer te beklagen dan alle andere mensen.

²⁰Maar de waarheid is dat Christus is opgewekt van de dood, de eerste vrucht die geoogst werd onder de doden. ²¹Want zoals we de dood aan een mens te wijten hebben, zo hebben we het aan een mens te danken dat er een opstanding uit de dood is. ²²Want zoals alle mensen door hun verbondenheid met Adam zullen sterven, zo zullen ook allen door hun verbondenheid met Christus herleven. ²³Maar ieder op zijn beurt; Christus als de eerste vrucht, en dan bij zijn komst al zijn volgelingen. ²⁴Daarna komt het einde; dan zal hij alles wat invloed heeft, gezag en macht, uitschakelen, en zal hij het koninkrijk overdragen aan God de Vader. ²⁵Want Christus moet als koning regeren totdat hij alle vijanden aan zich heeft onderworpen. ²⁶De laatste vijand die wordt uitgeschakeld is de dood. Want er staat geschreven dat God alles aan zijn macht heeft onderworpen. ²⁷Maar wanneer Christus zal zeggen: "Alles is onderworpen," dan geldt dat natuurlijk niet voor God zelf die alles aan Christus onderworpen heeft. ²⁸En wanneer alles aan hem is onderworpen, zal ook de Zoon zichzelf onderwerpen aan God

die alles aan de Zoon heeft onderworpen. Dan zal God alles in allen zijn.

²⁹En als er geen opstanding is, wat denken dan de mensen te bereiken die zich voor de doden laten dopen? Als die toch niet worden opgewekt, kunnen ze het evengoed laten! ³⁰En wij zelf, waarom zouden we elk uur levensgevaar lopen? ³¹Ja, ik sterf elke dag, zo waar als ik trots op u ben in Christus Jezus onze Heer. ³²Wat zou ik ermee opschieten als mijn gevecht met wilde dieren in Efeze alleen mijn eigen belang diende? Als de doden toch niet opstaan, laten we dan maar eten en drinken, want morgen gaan we dood.

³³Maak uzelf niets wijs: wie met pek omgaat, wordt ermee besmet. ³⁴Kom tot bezinning en zondig niet. Tot uw schande moet ik zeggen dat sommigen van u elk gevoel voor God missen.

Het verheerlijkte lichaam

³⁵Iemand zou kunnen vragen: "Maar hoe worden de doden opgewekt en wat voor lichaam krijgen ze?" ³⁶Een dwaze vraag! Zaad moet eerst sterven voordat het tot leven komt, ³⁷en wat u uitzaait, is nog maar een vormloze graankorrel of iets dergelijks, en niet de volgroeide plant. ³⁸Maar God is het die uit het zaad de plant laat groeien die hij wil, uit elk soort zaad een bepaald soort plant.

³⁹Ook alle vlees is niet hetzelfde: mensen, vee, vogels en vissen hebben een ander soort vlees.

⁴⁰Er zijn lichamen aan de hemel en lichamen op aarde, maar de schoonheid van hemellichamen is anders dan die van aardse lichamen. ⁴¹De zon heeft een andere gloed dan de maan; de sterren hebben weer een andere gloed, en ook onderling verschillen ze in helderheid.

⁴²Zo is het ook met de opstanding van de doden. Iets vergankelijks wordt gezaaid, en God laat iets onvergankelijks verrijzen; ⁴³het wordt gezaaid als het gering en zwak is, maar het verrijst in glorie en kracht. ⁴⁴Er wordt een sterfelijk lichaam van vlees en bloed gezaaid, maar een geestelijk lichaam wordt opgewekt. Is er een lichaam van vlees en bloed, dan is er ook een geestelijk lichaam. ⁴⁵In die zin staat er ook geschreven: "De eerste mens, de eerste Adam werd een levend wezen van vlees en bloed," maar de laatste Adam werd een levendmakende geest. ⁴⁶Het geestelijke lichaam komt het laatst; eerst is er het lichaam van vlees en bloed, daarna het geestelijke lichaam. ⁴⁷De eerste mens heeft een aardse oorsprong en is van stof; de tweede mens is van hemelse oorsprong. ⁴⁸De

mens die van stof is, is het model voor alle stoffelijke mensen. De hemelse mens is het model voor alle hemelse mensen. ⁴⁹En zoals wij de gestalte hadden van de stoffelijke mens, zo zullen we ook de gestalte hebben van de hemelse mens.

⁵⁰Met andere woorden: een mens van vlees en bloed kan geen deel krijgen aan het koninkrijk van God, en wat vergankelijk is, zal geen deel krijgen aan wat onvergankelijk is.

⁵¹Ik zal u een geheim vertellen: we zullen niet allemaal sterven, maar wel allemaal veranderd worden, ⁵²opeens, in een oogwenk, bij het laatste trompetgeschal. Want de trompet zal klinken en de doden zullen als onvergankelijke mensen worden opgewekt, en wij zullen van gestalte veranderd worden. ⁵³Want onze vergankelijke natuur moet bekleed worden met onvergankelijkheid, ons sterfelijk bestaan met onsterfelijkheid. ⁵⁴En wanneer onze vergankelijkheid gekleed is met onvergankelijkheid en onze sterfelijkheid met onsterfelijkheid, dan zal dit woord uit de Schrift in vervulling gaan:

"De dood is verslonden; de zege is behaald!

⁵⁵Dood, waar is je overwinning?

Dood, waar is je wapentuig?"

⁵⁶De dood heeft als wapen de zonde, en de zonde ontleent haar kracht aan de wet. ⁵⁷Maar gedankt zij God die ons de overwinning geeft door onze Heer Jezus Christus!

⁵⁸Daarom, mijn dierbare broeders, sta pal en houd stand, en zet u steeds volledig in voor het werk dat de Heer u opdraagt, in het besef dat onder zijn leiding uw inspanning niet voor niets is.

De kollekte voor de gelovigen in Judea

16 Nu de kwestie van de kollekte ten bate van Gods volk in Judea: volg de richtlijnen op die ik gegeven heb aan de gemeenten in Galatië. ²Elke zondag moet u thuis allemaal naar vermo-

gen iets opzij leggen en het opsparen. Dan hoeft er bij mijn komst niet meer gekollekteerd te worden. ³Eenmaal bij u, stuur ik degenen die u daarvoor geschikt acht, met introduktiebrieven naar Jeruzalem om uw gave over te brengen. ⁴Is het de moeite waard dat ik zelf ga, dan kunnen ze met me meereizen.

Paulus' plannen

⁵Ik kom, als ik Macedonië door ben, want mijn reis gaat door Macedonië. ⁶Ik denk wat langer bij u te blijven, misschien wel heel de winter. U kunt me dan helpen als ik verder ga. ⁷Ik wil me er niet met een kort bezoek van afmaken. Ik hoop echt enige tijd bij u door te brengen, als de Heer het toestaat.

⁸Tot Pinksteren blijf ik in Efeze. ⁹Want ik heb hier grote mogelijkheden om vruchtbaar werk te doen, hoewel er veel tegenstanders zijn.

¹⁰Mocht Timoteüs komen, zorg er dan voor dat hij zich op zijn gemak voelt. Want net als ik doet hij zijn werk in opdracht van de Heer. ¹¹Niemand mag op hem neerkijken. Zorg ervoor dat hij zijn reis zonder strubbelingen kan voortzetten, want ik en de broeders wachten hier op hem.

¹²Wat Apollos betreft, ik heb hem meer dan eens verzocht samen met de anderen naar u toe te gaan, maar hij voelde er niets voor, dat nu al te doen. Hij komt wel wanneer hij er gelegenheid voor heeft.

Besluit

¹³Wees waakzaam en sta vast in het geloof, gedraag u als mannen en handel krachtig. ¹⁴Doe alles met liefde.

¹⁵U weet dat Stefanas en zijn familie de eerste gelovigen van Achaje waren en dat zij zich in dienst hebben gesteld van de christenen. ¹⁶Ik verzoek u daarom hun leiding te aanvaarden en de leiding van iedereen die met hen samenwerkt en zich inspant.

¹⁷Ik ben blij dat Stefanas, Fortunatus en Achaïkus kwamen: zij maakten het goed dat ik u moet missen. ¹⁸Ze hebben mijn zorgen verlicht, maar ook die van u. Zulke mensen verdienen waardering.

¹⁹U moet de groeten hebben van de gemeenten in Asia; ook van Aquila en Prisca en van de gemeente bij hen aan huis de hartelijke groeten in de Heer. ²⁰Alle broeders laten u groeten. Groet elkaar met een heilige kus.

²¹Eigenhandig schrijf ik: de groeten van Paulus.
²²Wie de Heer niet liefheeft, hij zij vervloekt!

Maranatha – Kom, o Heer!
²³De Heer Jezus zij u genadig.
²⁴Mijn liefde vergezelt u allen in Christus Jezus.

De tweede brief aan de christenen van Korinte

1 Van Paulus, die door de wil van God apostel is van Christus Jezus, en van onze broeder Timoteüs:

aan de gemeente van God in Korinte, en ook aan alle christenen in de provincie Achaje.

²Ik wens u de goedgunstigheid en de vrede van God, onze Vader, en van de Heer Jezus Christus.

God, onze troost

³Dank aan hem die de God en Vader is van onze Heer Jezus Christus, de Vader die keer op keer barmhartig is, de God die in elke omstandigheid troost. ⁴Hij troost ons in welke moeilijkheid ook, en wil, dat we met de troost die wij van hem ontvangen, zelf anderen in al hun moeilijkheden troosten. ⁵Want het lijden van Christus komt wel in ruime mate over ons, maar niet minder valt ons door Christus ook Gods troost ten deel. ⁶Worden we door onheil getroffen, dan is het de prijs voor uw troost en behoud. Worden we getroost, dan is dat om u de troost en de kracht te geven standvastig het lijden te dragen dat ook wij moeten verduren. ⁷En in onze hoop zijn we niet te schokken, want we weten dat Gods troost u evengoed ten deel valt als het lijden.

⁸We willen dat u op de hoogte bent, broeders, van de verdrukking die we in de provincie Asia ondervonden. We kregen zo veel meer te dragen dan we konden, dat we zelfs wanhoopten aan ons leven. ⁹We hadden onszelf al ten dode opgeschreven. We moesten leren niet op onszelf te vertrouwen, maar op God die de doden opwekt.

¹⁰Op hem hebben we onze hoop gesteld en hij heeft ons uit een enorm doodsgevaar gered. En hij zal dat ook blijven doen, ¹¹als ook u meewerkt door voor ons te bidden. Dan zullen velen namens ons God voortdurend danken voor de uitkomst die hij ons zal geven.

De wijziging in Paulus' reisplan

¹²Er is één ding waarop we trots zijn: ons geweten verzekert ons dat ons gedrag in het algemeen en onze verhouding tot u in het bijzonder in de ogen van God oprecht en eerlijk zijn, en niet bepaald worden door wereldse wijsheid maar door de genade van God. ¹³In onze brieven staat niets wat u niet kunt lezen en begrijpen. ¹⁴U hebt ons al ten dele begrepen, maar ik hoop dat u eens ten volle zult begrijpen dat u op de dag van onze Heer Jezus Christus evenveel reden hebt om trots te zijn op ons als wij op u.

¹⁵Ik was daar zo zeker van dat ik u tweemaal met een bezoek wilde vereren. Het was mijn plan eerst naar u toe te gaan ¹⁶en via u naar Macedonië, vervolgens op mijn terugweg weer bij u langs te komen en dan met hulp van u mijn reis voort te zetten naar Judea. ¹⁷Was mijn plan soms onverantwoord? Of word ik bij mijn besluitvorming zo door zelfzuchtige motieven geleid, dat ik de ene keer ja en de andere keer nee zeg? ¹⁸God staat er voor in, dat ik tegen u geen ja en nee tegelijk zeg. ¹⁹Want Christus Jezus, de Zoon van God, die wij u verkondigd hebben, dat wil zeggen Silvanus, Timoteüs en ikzelf, is geen ja en nee tegelijk, maar bij hem is en blijft het "ja". ²⁰Want hij is de bevestiging van al Gods beloften. Daarom zeggen we ook door Jezus Christus "Amen", tot eer van God. ²¹Het is God die ons met u tot overtuigde deelgenoten van Christus heeft gemaakt. Hij heeft ook ons gezalfd, ²²zijn eigendomsmerk op ons gezet en bij wijze van voorschot de Geest in ons hart gelegd.

²³Ik roep God op, tegen mij te getuigen: alleen om u te sparen ben ik niet naar Korinte gegaan. ²⁴We proberen geen voogdij uit te oefenen over uw geloof, want daarin staat u sterk. We willen alleen maar meewerken aan uw geluk.

2 Ik had besloten dat een bezoek aan u niet opnieuw een pijnlijke aangelegenheid mocht worden. ²Want als ik u pijn doe, wie anders kan mij dan blij maken dan hij die door mij verdriet heeft? ³Daarom juist heb ik u die brief geschreven; als ik gekomen was, zou ik maar leed ondervonden hebben van hen die mij nu juist gelukkig moesten maken. Want ik ben er vast van overtuigd dat u allen alleen gelukkig bent als ik het ook ben. ⁴Toen ik schreef,

was mijn hart bedrukt en benauwd, en stonden de tranen in mijn ogen. Het was niet mijn bedoeling u pijn te doen, maar u te laten blijken, hoe ik u meer dan gewoon liefheb.

Vergeef de schuldige

⁵Als iemand leed veroorzaakt heeft, dan heeft hij mij geen pijn gedaan, maar tot op zekere hoogte – want ik wil hem niet al te zwaar treffen – u allemaal. ⁶De straf die de meerderheid aan de persoon in kwestie heeft opgelegd, is zwaar genoeg geweest. ⁷U kunt hem nu beter vergeving schenken en hem een hart onder de riem steken, anders wordt hij door al te grote smart verteerd. ⁸Daarom vraag ik u: laat hem nu blijken dat u hem liefhebt. ⁹Want het doel van mijn brief was ook, u op de proef te stellen en er achter te komen of u mijn gezag volledig erkent. ¹⁰Als u hem vergeeft, doe ik het ook. Wat mij betreft, gesteld dat ik iets te vergeven had, dan had ik dat al lang gedaan, ten behoeve van u en in aanwezigheid van Christus. ¹¹Want ik wil niet dat Satan de overhand op ons krijgt. We kennen zijn snode plannen maar al te goed.

Paulus' onrust in Troas

¹²Toen ik in Troas was aangekomen om er het evangelie van Christus te verkondigen, gaf de Heer mij grote mogelijkheden. ¹³Maar ik bleef innerlijk onrustig, omdat ik onze broeder Titus niet had aangetroffen. Daarom nam ik afscheid en vertrok naar Macedonië.

Triomferend door Christus

¹⁴Maar God zij gedankt! Hij neemt ons, verbonden als we zijn met Christus, altijd mee op zijn triomftocht en gebruikt ons om overal de kennis van Christus te verspreiden als een zoete geur. ¹⁵Want wij zijn de wierook die Christus brandt voor God, niet alleen onder de mensen die gered worden maar ook onder hen die verloren gaan. ¹⁶Voor de laatsten een kwalijke reuk die dodelijk is, maar voor de eersten een verfrissende geur die leven brengt. Wie is daarvoor geschikt? ¹⁷Wij zijn niet als zoveel anderen die van Gods boodschap een handeltje maken; nee, wij verkondigen haar met oprechte bedoelingen, in opdracht van God, ons bewust van zijn aanwezigheid, en in eenheid met Christus.

Dienaars van het nieuwe verbond

3 Beginnen we onszelf opnieuw aan te prijzen? Of hebben we, juist als sommige anderen, van u of voor u aanbevelingsbrieven

nodig? ²U bent zelf onze aanbeveling, geschreven in ons hart, voor iedereen te zien en te lezen. ³Een brief waaruit duidelijk blijkt dat hij van Christus komt, met onze hulp is opgesteld en niet geschreven is met inkt maar met de Geest van de levende God, niet op stenen platen maar in het hart van levende mensen.

⁴Dank zij Christus hebben wij het volste vertrouwen in God. ⁵Er is geen sprake van, dat we uit onszelf geschikt zijn en iets aan onszelf kunnen toeschrijven. De geschiktheid die we hebben komt van God. ⁶Hij heeft ons geschikt gemaakt om het nieuwe verbond te dienen, niet de letter van de wet, maar de Geest. Want de letter maakt dood, maar de Geest maakt levend.

⁷De wet stond in dienst van de dood en was gegrift in steen. Toch werd ze met zoveel schittering afgekondigd dat de Israëlieten hun ogen niet gericht konden houden op Mozes, zo heerlijk straalde zijn gezicht. En die stralengloed was nog wel gedoemd te verdwijnen! ⁸Zal dan de glorie waarmee het bestel van de Geest gepaard gaat, niet veel en veel groter zijn? ⁹Het bestel waaronder we veroordeeld werden, was al zo luisterrijk! Hoeveel heerlijker zal dan het bestel niet zijn waaronder we van schuld zijn vrijgesproken? ¹⁰Die glorie van toen zinkt eigenlijk in het niet bij de overgrote glorie van nu. ¹¹Want als zelfs wat voorbijgaat een moment van glorie kent, zal dan de glorie van wat blijvend is, niet veel en veel groter zijn?

¹²Onze hoop daarop is zo groot dat we frank en vrij spreken. ¹³We zijn Mozes niet die zijn gezicht met een sluier bedekte om de Israëlieten te verhinderen het verdwijnen van die tijdelijke luister te bemerken. ¹⁴Hun hart was geestelijk verblind en in feite blijven, tot op de dag van vandaag, de boeken van het oude verbond bij

de voorlezing in de synagoge met een sluier bedekt. Die sluier wordt niet opgelicht; hij verdwijnt alleen als men gelooft in Christus. ¹⁵Tot op heden ligt er bij elke voorlezing van de wet van Mozes een sluier over hun geest. ¹⁶Maar zodra iemand, zoals de Schrift zegt, zich keert naar de Heer, zal de sluier worden weggenomen. ¹⁷De Heer is hier de Geest, en waar de Geest van de Heer is, is vrijheid. ¹⁸Wij allen weerspiegelen de glorie van de Heer omdat ons gezicht ongesluierd is; we worden omgevormd in het beeld van Christus en komen tot steeds grotere glorie, tot een glorie zoals die afstraalt van de Heer die de Geest is.

Openlijke verkondiging van de waarheid

4 God heeft ons in zijn barmhartigheid met die dienst van het nieuwe verbond belast en daarom verliezen we de moed niet. ²Van daden die het daglicht niet kunnen zien en waarvoor we ons moeten schamen, hebben we ons altijd ver gehouden. Wij gaan niet sluw te werk en vervalsen de boodschap van God niet. Nee, door de waarheid openlijk te verkondigen bevelen we onszelf aan bij iedereen die een eerlijk geweten heeft in de ogen van God. ³Als er dan toch nog een sluier ligt over het evangelie dat we verkondigen, is dat alleen het geval voor hen die verloren gaan. ⁴Zij geloven niet omdat de god van deze voorbijgaande wereld hun geest heeft verblind. Daardoor kunnen zij de lichtstralen niet opvangen van het evangelie dat handelt over de glorie van Christus, het beeld van God. ⁵Niet onszelf maar Christus verkondigen we als de Heer, en onszelf als uw dienaars om Jezus' wil. ⁶Dezelfde God die gezegd heeft: "Uit de duisternis zal licht schijnen!" heeft geschenen in ons hart, om ons te verlichten met de kennis van zijn glorie die afstraalt op het gelaat van Christus.

⁷Maar deze schat dragen we mee in aarden potten, en zo wordt duidelijk dat die merkwaardig grote kracht van ons niet van onszelf komt maar van God. ⁸Van alle kanten worden we belaagd, toch zitten we niet in het nauw; we twijfelen, maar vertwijfelen niet; ⁹we worden vervolgd, maar niet aan ons lot overgelaten; we worden neergeslagen, maar komen niet om. ¹⁰Altijd dragen we het sterven van Jezus in ons lichaam mee, en daardoor zal ook het leven van Jezus in ons lichaam tot uitdrukking komen. ¹¹In ons aardse bestaan worden we om Jezus' wil voortdurend uitgeleverd aan de dood, om ook het leven van Jezus in ons sterfelijk lichaam aan het licht te laten komen. ¹²**De dood is dus aan het werk** in ons, maar het leven in u.

¹³Wij bezitten die geloofshouding waarover de Schrift zegt: "Ik heb gesproken omdat ik geloofd heb." Ook wij spreken omdat we geloven, ¹⁴in het besef dat hij die de Heer Jezus van de dood heeft opgewekt, ook ons zal opwekken met Jezus en ons samen met u voor zijn troon brengen. ¹⁵We doen dit allemaal ter wille van u. Want de genade van God moet steeds meer mensen bereiken. Dan zal God ook in toenemende mate dank en eer ontvangen.

Geloven, niet zien

¹⁶Daarom verliezen we de moed niet. Want onze uiterlijke gestalte vergaat wel, maar onze innerlijke mens vernieuwt zich van dag tot dag. ¹⁷De kleine moeilijkheden van dit huidige leven resulteren voor ons in een grote glorie die alles te boven gaat en onvergankelijk is. ¹⁸Onze blik is niet gericht op het zichtbare, maar op het onzichtbare. Want het zichtbare is maar tijdelijk, het onzichtbare is eeuwig.

5 Het aardse leven brengen we door in een tent die wordt afgebroken, maar we weten dat God voor ons in de hemel een woning heeft, een huis dat geen mensenwerk is en niet vergaat. ²In die aardse tent leven we zuchtend, en we verlangen ernaar, onze hemelse woning erover heen te trekken. ³Want eenmaal daarin, zullen we niet zonder kleren komen te staan. ⁴Zolang we in die aardse tent wonen, zuchten we onder een zware last, want we willen niet van ons aardse lichaam ontdaan worden, maar het hemelse erover heen trekken, zodat wat sterfelijk is wordt opgeslokt door het leven. ⁵Nu, daarop heeft God zelf ons voorbereid door ons de Geest als onderpand te geven.

⁶We houden dus altijd moed. We weten dat we door ons verblijf in het lichaam ver blijven van de Heer. ⁷Want we leven in een situatie van geloven, niet van zien. ⁸We zijn vol moed en zouden liever uit het lichaam wegtrekken en bij de Heer intrekken. ⁹Daarom hebben we ook maar één wens: doen wat hij graag heeft, of we nu in het lichaam huizen of er uitgetrokken zijn. ¹⁰Want voor de rechterstoel van Christus moeten we allemaal opening van zaken geven, en dan zal iedereen betaald krijgen overeenkomstig het goed of het kwaad dat hij tijdens zijn leven gedaan heeft.

Met God verzoend door Christus

¹¹Ervan doordrongen dat we God moeten vrezen, proberen we de mensen te overtuigen. Voor God zijn we een open boek, maar hopelijk ook voor u, als u een eerlijk geweten hebt. ¹²Niet dat we onszelf opnieuw bij u aanbevelen; nee, we geven u juist de gelegenheid

met recht en reden op ons te roemen. Dan kunt u hen van antwoord dienen die roemen op uiterlijkheden en niet op wat een mens innerlijk waard is. ¹³Zijn we in vervoering, dan is het voor God; zijn we bij ons volle verstand, dan is het voor u. ¹⁴Want we zijn in de greep van de liefde van Christus, en ons bewust dat één man gestorven is voor allen. Daaruit volgt dat het hele mensdom is gestorven. ¹⁵En hij stierf voor alle mensen met de bedoeling dat zij die leven, niet langer voor zichzelf leven maar voor hem die voor hen is gestorven en verrezen van de dood.

¹⁶Vandaar dat we van nu af aan niemand beoordelen naar menselijke maatstaven. Ook al hebben we vroeger Christus bezien vanuit menselijk standpunt, nu is dat niet meer het geval. ¹⁷Want wie één is geworden met Christus, is een nieuwe schepping. Het oude is voorbij, het nieuwe is gekomen. ¹⁸Dat alles is het werk van God. Hij heeft ons door Christus met zichzelf verzoend en ons bij dat verzoeningswerk ingezet. ¹⁹God heeft dus in Christus de wereld met zichzelf verzoend zonder de zonden van de mensen in rekening te brengen, en ons heeft hij belast met deze boodschap van verzoening.

²⁰We treden dus op als gezanten van Christus; het is alsof God u oproept door ons: in Christus' naam, we smeken u, verzoen u met God. ²¹Christus heeft van geen zonden geweten, maar om ons heeft God op hem de zondelast gelegd, om ons door onze eenheid met Christus te laten delen in zijn eigen rechtvaardigheid.

6 Als zijn medewerkers verzoeken wij u zijn genade niet onbenut te laten. ²Want zelf zegt hij:

"Ik heb u gehoor gegeven op een gunstig ogenblik,
 ik ben u te hulp gekomen op een dag van bevrijding."

Het is nu het gunstige ogenblik, het is nu de bevrijdingsdag!

³Om ons ambt niet in opspraak te brengen geven we niemand enige aanstoot. ⁴In alle omstandigheden laten we duidelijk uitkomen, dat we dienaars zijn van God door een groot geduld in tegenslagen, ontberingen en benarde situaties: ⁵slagen, gevangenschap, oproer, zwaar werk, tekort aan slaap, gebrek aan voedsel; ⁶door oprechte bedoelingen, kennis van zaken, geduld en vriendelijkheid; door de gaven van de heilige Geest en een zuivere liefde, ⁷door de verkondiging van de waarheid en door de kracht van God; door de gerechtigheid te hanteren als wapen om aan te vallen en te verdedigen; ⁸of we nu geëerd of gesmaad worden, of we nu een slechte of een goede naam hebben. We heten bedriegers en toch spreken we de waarheid. ⁹We zijn vreemden en toch bij iedereen bekend;

we zijn gestorven en toch leven we; we worden streng gestraft, maar niet ter dood gebracht; ^{10}we zijn diep bedroefd en toch altijd blij; arm, en toch maken we velen rijk; we bezitten niets en toch hebben we alles.

^{11}We hebben vrijuit met u gesproken, Korintiërs! Ons hart staat wijd voor u open. ^{12}Wij hebben alle begrip voor u, maar u bent zelf zo bekrompen. ^{13}Ik spreek u toe als mijn kinderen: blijf niet bij ons achter en open ook uw hart!

Waarschuwing tegen heidense invloeden

^{14}Loop niet in hetzelfde gareel als de ongelovigen. Wat heeft gerechtigheid te maken met wetteloosheid, of wat heeft licht uit te staan met duisternis? ^{15}Welke overeenstemming bestaat er tussen Christus en Satan, of wat heeft een gelovige gemeen met een ongelovige? ^{16}Bestaat er een overeenkomst tussen de tempel van God en de afgoden? Wij zijn de tempel van de levende God! Want hij heeft zelf gezegd:

"Ik zal bij hen wonen
en mij onder hen begeven.
Ik zal hun God zijn
en zij zullen mijn volk zijn."

^{17}Daarom zegt de Heer:

"Trek uit hun midden weg,

scheid u van hen af
en raak niets aan wat onrein is.
Dan zal ik u aannemen;
¹⁸ik zal uw vader zijn
en u zult mijn zonen en dochters wezen,
zegt de Heer die alles in zijn macht heeft."

7 In het bezit van zulke beloften moeten we ons, dierbare broeders, schoonwassen van alles wat ons naar ziel en lichaam bevuilt, en ons totaal wijden aan God in eerbied voor hem.

Paulus' blijheid

²Stel u voor ons open. We hebben niemand onrecht gedaan, niemand geruïneerd, niemand uitgebuit. ³Ik zeg dat niet om u ergens van te beschuldigen. Ik heb al eerder opgemerkt dat u ons zo na aan het hart ligt dat we voor mijn besef altijd samen zijn, in leven en in dood. ⁴Hoe vertrouwelijk kan ik met u spreken! Wat kan ik trots op u zijn! Ik ben vervuld van troost en overstelpt met blijdschap in al mijn moeilijkheden.

⁵Zelfs na onze aankomst in Macedonië vonden we geen rust. We werden van alle kanten belaagd: van buiten af door onenigheden, van binnen uit door momenten van angst. ⁶Maar God, troost van de zwakken, heeft ons getroost met de komst van Titus, ⁷niet alleen met zijn komst, maar ook met zijn verslag over de troost die hij van u ondervonden heeft, over uw verlangen, uw verdriet en uw ijver om het voor mij op te nemen. Dat heeft mij nog blijer gestemd.

⁸Ook al heb ik u met mijn brief pijn gedaan, toch heb ik er geen spijt van, dat ik hem geschreven heb. Misschien had ik er spijt van, toen ik merkte dat die brief u pijnlijk getroffen had, ook al was het maar even. ⁹Maar nu ben ik blij, niet om uw droefheid maar omdat uw droefheid geleid heeft tot een verandering in uw gedrag. Want u was bedroefd zoals God dat wilde, en daarom hebt u geen schade ondervonden van wat wij u aandeden. ¹⁰Want verdriet, geleden overeenkomstig Gods wil, resulteert in een heilzame ommekeer waarvan men geen spijt krijgt. Maar verdriet om wereldse motieven resulteert in de dood. ¹¹U hebt verdriet gehad overeenkomstig Gods wil, en zie eens waartoe dat geleid heeft: wat een ernst, wat een verontschuldigingen, wat een verontwaardiging, ontzag, verlangen, ijver en bestraffing. In elk opzicht hebt u bewezen dat u deze zaak in het reine hebt gebracht.

¹²En al heb ik u een strenge brief geschreven, dan heb ik dat toch niet gedaan om degene die onrecht heeft begaan of om hem die onrecht heeft geleden. Mijn bedoeling ermee was uzelf te laten ontdekken, hoe groot uw ijver voor ons is. ¹³Daarom zijn we zo getroost. Maar bij die troost kwam nog de veel grotere blijdschap over de vreugde van Titus die helemaal gerustgesteld van u terugkwam. ¹⁴Ik had hem verteld trots op u te wezen, en u hebt me niet beschaamd gemaakt. Zoals alles wat wij tegen u gezegd hebben, de waarheid is, zo is ook onze trots op u tegenover Titus waarheid gebleken. ¹⁵Zijn genegenheid voor u wordt alleen maar groter, als hij terugdenkt aan uw gehoorzaamheid en aan het diepe respect waarmee u hem ontvangen hebt. ¹⁶Ik ben blij dat ik volledig op u vertrouwen kan.

Geef naar het voorbeeld van Christus

8 Broeders, wij willen dat u op de hoogte bent van de gunst die God heeft gegeven aan de gemeenten in Macedonië. ²Verdrukkingen hebben hen zwaar beproefd, maar zij vloeiden over van vreugde en ondanks hun bittere armoede was hun vrijgevigheid overstelpend. ³Ik verzeker u, ze hebben gegeven zoveel als ze konden, ja meer dan dat. ⁴Spontaan en dringend smeekten ze ons om de gunst, deel te mogen nemen aan de ondersteuning van de christenen in Judea. ⁵Het was meer dan wij durfden hopen! Want eerst hebben zij zichzelf gegeven aan de Heer, en toen gaven ze zich met Gods wil aan ons, ⁶met het gevolg dat wij Titus hebben aangespoord, dat liefdewerk dat hij al eerder bij u begonnen was, nu ook tot een goed einde te brengen. ⁷U hebt alles in overvloed: geloof,

II KORINTIËRS 8

het voeren van het woord, kennis, ijver op allerlei gebied, onze liefde voor u. Laat zien dat u ook bij dit liefdewerk overvloedig weet te geven.

⁸Ik zeg dat niet bij wijze van bevel; ik wil alleen de oprechtheid van uw liefde toetsen aan de ijver die anderen aan de dag hebben gelegd. ⁹U weet hoe goedgunstig onze Heer Jezus Christus is geweest: rijk als hij was, is hij om u arm geworden om door zijn armoede u rijk te maken.

¹⁰Ik zou u in deze kwestie een goede raad willen geven. Daarmee kunt u uw voordeel doen. U bent niet alleen als eersten met de uitvoering begonnen; u bent ook de eersten geweest die vorig jaar dat plan hebben opgevat. ¹¹Maak dat werk dan af met dezelfde bereidheid als waarmee u het begonnen bent, en met de middelen waarover u kunt beschikken. ¹²Want als iemand wil geven, verwacht men dat hij geeft naar wat hij heeft, en niet naar wat hij niet heeft.

¹³Het is niet de bedoeling dat u door anderen uitkomst te bieden zelf in moeilijkheden geraakt. Er moet evenwicht zijn. ¹⁴Op het ogenblik lenigt u met uw overvloed hun nood, zodat zij later met hun overvloed uw noden kunnen lenigen. Zo ontstaat er evenwicht ¹⁵in overeenstemming met het woord uit de Schrift:

"Hij die veel had verzameld,
had niet te veel,
en hij die weinig had verzameld,
kwam niet te kort."

¹⁶Dank aan God die Titus bezield heeft met een even grote ijver als ik voor u heb. ¹⁷Hij heeft ons verzoek niet alleen gewillig aanvaard, maar is in zijn grote ijver uit eigen beweging naar u vertrokken. ¹⁸Met hem hebben we de broeder meegestuurd die in alle gemeenten wordt geprezen om zijn werk voor het evangelie. ¹⁹Bovendien is hij door de gemeenten aangewezen om ons op onze reis te vergezellen, en ons te helpen bij het liefdewerk dat we op ons hebben genomen ter ere van de Heer en als bewijs van onze bereidheid. ²⁰Daarmee hopen we te voorkomen, dat ons beheer van dat enorme bedrag verdacht wordt gemaakt. ²¹Want we willen niet alleen op God maar ook op de mensen een goede indruk maken.

²²Samen met hen hebben we nog een van onze broeders meegestuurd. Meer dan eens en in allerlei omstandigheden hebben wij zijn ijver kunnen vaststellen, en die is nu groter dan ooit, omdat hij zoveel vertrouwen in u stelt. ²³Wat Titus aangaat, hij is mijn kollega; hij werkt met mij samen voor u. En wat de andere broeders

betreft: zij zijn de vertegenwoordigers van de gemeenten en dienen de glorie van Christus. ²⁴Laat hun zien dat u hen liefhebt en dat wij trots op u kunnen zijn; bewijs het ten aanschouwen van alle gemeenten.

De hulpverlening aan de christenen in Judea

9 Het is eigenlijk overbodig u te schrijven over de hulpverlening aan de christenen in Judea. ²Ik weet dat u bereid bent te helpen en ik heb er bij de Macedoniërs met trots over gesproken. "De broeders in Achaje," zei ik, "staan al sinds vorig jaar klaar." En uw ijver heeft het merendeel van hen tot navolging geprikkeld. ³Ik stuur u de broeders, omdat ik niet het risico wil lopen in deze kwestie ten onrechte op u geroemd te hebben. Ik wil dat u inderdaad klaarstaat, zoals ik beweerd heb. ⁴Want als er enkele broeders uit Macedonië met me meekomen en merken dat u niet gereed bent, wat zullen wij dan beschaamd staan, terwijl we zo zeker waren – om maar te zwijgen van u! ⁵Ik vond het daarom nodig de broeders te vragen naar u vooruit te reizen en het zo te regelen dat de door u toegezegde gift voor mijn komst klaar ligt, zodat het inderdaad een gift is en niet iets wat ik bij elkaar moet schrapen.

⁶Denk eraan: wie karig zaait, zal karig oogsten; wie overvloedig zaait, zal overvloedig oogsten. ⁷Laat iedereen geven waartoe hij in zijn hart heeft besloten, zonder gevoelens van spijt of dwang. Want God houdt van een blijmoedige gever. ⁸Hij heeft de macht u te overladen met allerlei gaven. Daardoor hebt u altijd en in alle opzichten van alles ruim voldoende en houdt u nog over om allerlei goed werk te doen. ⁹Daarom zegt de Schrift:

"Hij deelt zijn gaven uit aan de armen,
hij blijft voor altijd en eeuwig vrijgevig."

¹⁰Hij zorgt voor zaad om te zaaien en voor brood om te eten. Hij zal ook u zaad verschaffen en ervoor zorgen, dat het zich vermenigvuldigt en dat uw vrijgevigheid een rijke oogst opbrengt. ¹¹U wordt van alles rijk voorzien om allerlei liefdadigheid te beoefenen en door onze bemiddeling resulteert dat in een dankgebed aan God. ¹²Want deze dienstverlening betekent niet alleen de leniging van de noden van Gods volk in Judea, maar ook een overvloed van dankbetuigingen aan God. ¹³Dank zij het bewijs van uw dienstvaardigheid zullen de christenen in Judea God verheerlijken om uw loyale gehoorzaamheid aan het evangelie van Christus en om de edelmoedigheid waarmee u met hen en alle anderen wilt delen. ¹⁴Zij bidden voor u, en hun hart gaat naar u uit vanwege de buitengewone gunst

die God u verleend heeft. ¹⁵God zij dank voor zijn onuitsprekelijke gave!

Paulus' zelfverdediging

10 Ik, Paulus, doe een persoonlijk beroep op u, ik die me bij u zo bedeesd gedraag, maar, eenmaal weg, zo flink tegen u doe. Bij de eenvoud en de vriendelijkheid van Christus, ²ik smeek u: spaar me ervoor, u flink te moeten aanpakken als ik bij u ben. Want ik denk vol zelfvertrouwen op te treden tegen hen die denken dat wij uit wereldse motieven handelen. ³Mensen van vlees en bloed als we zijn, voeren we onze strijd toch niet met menselijke middelen. ⁴De wapens waarmee we strijden, zijn niet van aardse makelij, maar in de ogen van God machtig genoeg om obstakels uit de weg te ruimen. We schuiven redeneringen terzijde ⁵en alles wat hoogmoedig wordt opgeworpen tegen de kennis van God; we nemen elke gedachte gevangen om haar te onderwerpen aan Christus. ⁶Zodra u zich helemaal aan hem hebt onderworpen, staan we klaar om elke opstandigheid te straffen.

⁷Zie de feiten onder ogen. Als iemand er zo van overtuigd is dat hij Christus toebehoort, laat hij zichzelf dan nog eens onderzoeken en bedenken, dat wij Christus evengoed toebehoren als hij. ⁸Zelfs al zou ik wat hoog opgeven van de bevoegdheden die de Heer mij gegeven heeft – bevoegdheden overigens om op te bouwen en niet om af te breken – dan nog zou het niet zonder reden zijn. ⁹Ik wil niet de indruk wekken dat ik u met mijn brieven wil bang maken. ¹⁰"Zijn brieven," zo wordt er beweerd, "spreken wel mannelijke en krachtige taal, maar zijn persoonlijk optreden is zwak en zijn woorden hebben weinig te betekenen." ¹¹Wie zoiets beweert, moet bedenken dat we, eenmaal bij u, zullen handelen naar de woorden die wij u geschreven hebben.

¹²Natuurlijk durven we ons niet op één lijn te stellen of onszelf maar te vergelijken met bepaalde lieden die zichzelf aanprijzen. Hoe dom van hen om zichzelf tot maatstaf te nemen en zich met zichzelf te vergelijken! ¹³Wij zullen met ons roemen niet over de schreef gaan, nee, we blijven binnen de grenzen die God ons heeft gesteld en die zich ook tot u uitstrekken. ¹⁴Het is niet zo dat u buiten ons bereik valt en wij onze bevoegdheid te buiten gaan; met het evangelie van Christus zijn we ook tot u doorgedrongen. ¹⁵Wij gaan dus niet over de schreef door ons te beroemen op werk dat door anderen is verzet. Wel hopen we door de groei van uw geloof nog grotere roem bij u te verwerven, natuurlijk met inachtneming van

de grenzen die God ons heeft gesteld. ¹⁶Want als uw geloof groeit, kunnen wij het evangelie ook in verder weg gelegen gebieden verkondigen, zonder ons te beroemen op de resultaten die anderen op hun terrein hebben behaald.

¹⁷Als iemand wil roemen, laat hij dan roemen op de Heer. ¹⁸Niet wie zichzelf aanbeveelt, doorstaat de proef maar alleen hij die door God wordt aanbevolen.

Valse apostelen

11 Verdroeg u maar dat ik een klein beetje dwaas doe! Ja, verdraag me. ²Want ik jaag achter u aan als God zelf. Ik heb u uitgehuwelijkt aan één man, en ik wil u als een kuise maagd bij hem brengen, en die man is Christus. ³Zoals de sluwe slang Eva heeft bedrogen, zo bent ook u wellicht, vrees ik, bedorven en zijn uw gedachten afgeleid van de oprechte toewijding aan Christus. ⁴Als iemand u een andere Jezus verkondigt dan wij gedaan hebben of u een andere Geest en een ander evangelie komt brengen dan u van ons hebt aangenomen, laat u hem rustig zijn gang gaan. ⁵Toch meen ik niet onder te doen voor die superapostelen. ⁶Spreken is mijn vak wel niet, maar kennis bezit ik, en die hebben we u altijd en overal overgebracht.

⁷Heb ik er verkeerd aan gedaan, u te verheffen door mezelf te vernederen en u het evangelie van God kosteloos te verkondigen? ⁸Ik heb andere gemeenten zware belastingen opgelegd om voor het geld dat zij afdroegen, bij u mijn ambtswerk te doen. ⁹En toen ik bij u was en in geldnood kwam, heb ik bij niemand om steun aangeklopt. De broeders uit Macedonië hebben voorzien in al mijn noden: ik heb mij ervoor gewacht u ooit tot last te zijn, en dat zal zo blijven. ¹⁰Zo zeker als ik de waarheid van Christus bezit; in de streken van Achaje zal niemand me deze roem kunnen ontnemen! ¹¹Waarom niet? Omdat ik u niet liefheb? God weet wel beter! ¹²In die handelwijze zal ik geen verandering brengen. Daarmee wil ik elke kans ontnemen aan hen die er zich bij elke gelegenheid op beroemen, dat ze niet anders doen dan wij. ¹³Schijnapostelen zijn het, die oneerlijk te werk gaan en zich voordoen als apostelen van Christus. ¹⁴Geen wonder! Zelfs Satan vermomt zich als een engel van het licht. ¹⁵Het is dus niets bijzonders, als ook zijn dienaars zich voordoen als dienaars van de gerechtigheid. Maar zo hun daden, zo hun einde.

De lasten van het apostelambt

¹⁶Ik herhaal: laat niemand denken dat ik een dwaas ben. Doet u het toch, laat me dan ook als een dwaas mijn gang gaan en laat me een beetje roemen. ¹⁷Wat ik nu ga zeggen, is niet in de geest van de Heer; ik spreek als een dwaas die vertrouwt op dat soort roem. ¹⁸Als er zoveel mensen zijn die ergens prat op gaan, dan mag ik het ook. ¹⁹U die verstandig bent, verdraagt natuurlijk glimlachend de dwaasheid van anderen. ²⁰Want u duldt het ook dat men u knecht, uitbuit en berooft, dat men u van uit de hoogte behandelt en u in het gezicht slaat. ²¹Ik moet het tot mijn schande erkennen: wij waren daar te zwak voor.

Maar wat een ander durft – en nu spreekt de waarheid – durf ik ook. ²²Zijn zij Hebreeërs? Ik ook. Zijn ze Israëlieten? Ik ook. Stammen zij af van Abraham? Ik ook. ²³Dienen zij Christus? Het klinkt waanzinnig, maar ik nog meer. Ik heb harder gezwoegd, vaker gevangen gezeten, veel meer slagen gekregen en vaker oog in oog gestaan met de dood. ²⁴Van de Joden kreeg ik vijfmaal de straf van veertig-min-een stokslagen. ²⁵Drie keer ben ik gegeseld, eenmaal gestenigd, driemaal heb ik schipbreuk geleden en één keer zwalkte ik een etmaal lang op zee rond. ²⁶Dikwijls op reis en overal gevaren: gevaren van rivieren en rovers, gevaren van de kant van Joden en niet-Joden, gevaren in steden en woestijnen, gevaren op zee, gevaren te midden van valse broeders. ²⁷Het was zwoegen en ploeteren, met veel slapeloze nachten, honger en dorst, dagen zonder eten, in kou en met onvoldoende kleding. ²⁸En afgezien van de rest, er was iets dat mij dagelijks drukte: de zorg voor al de gemeenten. ²⁹Wie is zwak zonder dat ik het ook ben? Wie komt ten val zonder dat ik in vuur geraak?

³⁰Als ik moet roemen, zal ik het doen op mijn zwakheden. ³¹De God en Vader van de Heer Jezus – gezegend zij hij in eeuwigheid! – weet dat ik niet lieg. ³²Toen ik in Damascus was, liet de goeverneur van koning Aretas de stad bewaken om mij te grijpen, ³³maar men liet mij door een opening in de stadsmuur in een mand naar beneden en zo ontsnapte ik aan zijn handen.

Paulus roemt op zijn zwakheden

12 Het heeft wel geen zin, maar als er dan geroemd moet worden, mogen nu de visioenen en onthullingen van de Heer aan de beurt komen. ²Ik ken een christen die veertien jaar geleden werd weggerukt naar de derde hemel, in of buiten zijn lichaam, ik weet het niet – God weet het. ³En ik weet dat deze man werd weggerukt naar het paradijs, met of zonder lichaam, dat weet ik niet – God weet het. ⁴Daar heeft hij woorden gehoord, die geen mens kan of mag uitspreken. ⁵Op die man zal ik roemen, maar niet op mezelf; nee, tenzij op mijn zwakheden. ⁶Als ik zou willen roemen, zou het toch niet dwaas zijn, want ik zou de waarheid zeggen. Maar ik zie ervan af; ik wil dat iemand mij alleen toeschrijft wat hij mij ziet doen of mij hoort zeggen, en niets meer.

⁷Maar om te verhinderen dat ik me zou verheffen op het buitengewone karakter van die onthullingen, werd mij een doorn in het vlees gestoken: een engel van Satan om mij te treffen. ⁸Drie keer heb ik de Heer erover aangesproken en hem gesmeekt dat die engel van Satan van mij zou weggaan. ⁹Maar hij antwoordde: "Je hebt genoeg aan mijn genade. Want kracht wordt juist ontplooid in zwakheid." Het allerliefst roem ik dus op mijn zwakheden, dan zal de kracht van Christus op mij neerdalen. ¹⁰Om Christus vind ik het heerlijk, zwak te zijn, beledigd te worden, in nood te verkeren, vervolgd te worden en in benarde situaties te zitten. Want juist als ik zwak sta, ben ik sterk.

Paulus heeft alles voor de Korintiërs over

¹¹Ik heb me gedragen als een dwaas, maar u hebt me ertoe gedwongen. U had mij moeten aanbevelen. Want al ben ik niets, toch doe

ik geenszins onder voor die superapostelen van u. ¹²Wat kenmerkend is voor een apostel, was aanwezig: de volharding waarmee ik alles verduurde, de wonderen en machtige daden die onder u werden verricht. ¹³Waarin bent u nu achtergesteld bij de andere gemeenten behalve dan dat ik u niet tot last ben geweest? Wat onrechtvaardig van me! Vergeef het me!

¹⁴Ik sta klaar om voor de derde maal naar u toe te gaan, en weer zal ik u niet tot last zijn, want ik jaag niet uw geld na maar uzelf. Kinderen hoeven niet te sparen voor hun ouders maar de ouders wel voor hun kinderen. ¹⁵Ik voor mij wil niets liever dan alles wat ik heb, voor u verteren, en ook zelf verteerd worden ten bate van u. Als ik meer van u houd dan van anderen, krijg ik dan minder liefde terug?

¹⁶Ja, zelf ben ik u niet tot last geweest, maar sluw als ik ben, heb ik u toch te pakken genomen. ¹⁷Heb ik me soms verrijkt door een van de mannen die ik u gestuurd heb? ¹⁸Zeker, ik heb Titus gevraagd te gaan en die andere broeder met hem meegestuurd. Maar heeft Titus zich soms aan u verrijkt? Hebben wij niet in dezelfde geest gehandeld en niet dezelfde wegen bewandeld?

¹⁹U denkt natuurlijk al lang dat we onszelf aan het verdedigen zijn. Nee! Wij spreken in aanwezigheid van God in eenheid met Christus. Alles, dierbare broeders, doe ik om u vooruit te helpen. ²⁰Ik ben werkelijk bang, dat het bij mijn komst tussen u en mij wel eens anders kan uitpakken dan u en ik graag zien. Ik ben bang voor wrijving en afgunst, voor uitbarstingen van woede en ruzies, voor venijnig gepraat en geroddel, voor hoogmoedig gedrag en wanordelijkheden. ²¹Ik ben bang dat God mij bij aankomst opnieuw tegenover u zal vernederen en dat ik pijnlijk getroffen zal worden door velen die al geruime tijd een zondig leven leiden en geen berouw hebben van hun ontucht, hoererij en losbandigheid.

Laatste raadgevingen, en groeten

13 Het is nu de derde maal dat ik naar u toe ga. Volgens de Schrift heeft elke bewering in een rechtszaak de bevestiging van twee of drie getuigen nodig. ²Degenen die verkeerd gedaan hebben en alle anderen heb ik bij mijn tweede bezoek gewaarschuwd, en nu ik er niet ben, waarschuw ik hen opnieuw: als ik nog eens kom, zal ik niemand sparen. ³U wilt het bewijs dat Christus in mij spreekt: hij treedt niet zwak tegen u op, maar pakt u krachtig aan. ⁴Want hij werd gekruisigd ten gevolge van zijn zwakke menszijn, maar nu leeft hij uit kracht van God. Ook wij zijn zwakke

mensen als hij, maar wij zullen met hem leven uit kracht van God, en dat zult u merken.

⁵Stel uzelf op de proef en onderzoek of u het geloof nog aanhangt. U weet van uzelf toch wel dat Jezus Christus in u aanwezig is? Of het moet zijn dat u te licht bevonden bent! ⁶Maar ik hoop dat u goed zult beseffen dat wij niet te licht bevonden zijn. ⁷We bidden God, dat u niets verkeerds doet. Dat niet om te bewijzen dat wij voor onze taak berekend zijn; het gaat er ons slechts om dat u het goede doet, ook al zou het erop lijken dat wij te licht bevonden worden. ⁸Want tegen de waarheid kunnen we niets, vóór de waarheid alles doen. ⁹Wij zijn blij met onze zwakheid, als u maar sterk bent, en daarom bidden we ook dat het met u in orde komt. ¹⁰Ik schrijf u dus nog, vóór ik kom, want ik wil voorkomen, dat ik bij mijn komst hard zal moeten optreden krachtens de bevoegdheid die de Heer me gegeven heeft: niet om af te breken maar om op te bouwen.

¹¹Tot slot, broeders: wees blij, zorg dat alles in orde komt, wees getroost, word het met elkaar eens en leef in vrede, en de God van de liefde en vrede zal met u zijn.

¹²Groet elkaar met een heilige kus.

Alle christenen groeten u.

¹³ De genadige goedheid van de Heer Jezus Christus, de liefde van God en de gemeenschap van de heilige Geest mogen u aller ten deel vallen.

De brief aan de christenen van Galatië

1 Van Paulus. Dat ik apostel ben, dank ik niet aan mensen. Ik ben niet door een mens aangesteld maar door Jezus Christus, en door God, de Vader, die Jezus uit de dood heeft doen opstaan. ²Ik en al mijn medechristenen hier groeten de gemeenten in Galatië.

³Ik wens u de goedgunstigheid en de vrede van God, onze Vader, en van de Heer Jezus Christus.

⁴Christus heeft zichzelf als losprijs gegeven voor onze zonden, om ons te onttrekken aan dat verdorven bestel van tegenwoordig. Daarmee deed hij de wil van onze God en Vader. ⁵Aan hem de eer voor altijd en eeuwig! Amen.

Het ene evangelie

⁶Ik sta er verbaasd over zo snel als u God de rug toekeert: hij heeft u in zijn gunst geroepen en u gaat over naar een ander evangelie! ⁷Er bestaat geen ander. Er zijn alleen maar lieden die u in verwarring brengen en het evangelie van Christus willen verdraaien. ⁸Maar ook al zouden wijzelf of een engel uit de hemel u een evangelie verkondigen dat afwijkt van wat wij u vroeger verkondigd hebben, hij zij vervloekt! ⁹We hebben het al eerder gezegd en ik herhaal het nu nog eens: als iemand u een evangelie verkondigt dat verschilt van wat u geleerd hebt, hij zij vervloekt!

¹⁰Laat ik me nu meer aan mensen gelegen liggen dan aan God? Of probeer ik bij mensen in de gunst te komen? Als ik dat nog probeerde, zou ik geen dienaar van Christus meer zijn.

Hoe Paulus apostel werd

¹¹U dient het volgende goed te weten, broeders: het evangelie dat ik verkondigd heb, is geen zaak waarover mensen beslissen. ¹²Het is me ook niet doorgegeven of geleerd door een mens, nee, het is me onthuld door Jezus Christus.

¹³Men heeft u natuurlijk verteld hoe ik vroeger als Jood geleefd heb en hoe ik de kerk van God verwoed vervolgd en uitgeroeid heb. ¹⁴Mijn klasgenoten was ik ver vooruit in de Joodse leer en ik was overijverig waar het ging om de overleveringen van het voorgeslacht.

¹⁵Maar God had al van mijn geboorte af op mij zijn keuze laten

vallen en mij in zijn goedheid geroepen. Hij besloot ¹⁶aan mij zijn Zoon bekend te maken, want ik zou hem onder de niet-Joden moeten verkondigen. Ik ben toen geen mens raad gaan vragen. ¹⁷Ook ben ik niet naar Jeruzalem gereisd om degenen op te zoeken die eerder apostel waren dan ik. Nee, ik ben rechtstreeks naar Arabië vertrokken en vandaar teruggekeerd naar Damascus. ¹⁸Drie jaar later ben ik naar Jeruzalem gegaan om inlichtingen in te winnen bij Petrus. Twee weken ben ik bij hem gebleven. ¹⁹Van de andere apostelen heb ik alleen Jakobus ontmoet, de broeder van de Heer.

²⁰Wat ik schrijf is de zuivere waarheid. Bij God, ik lieg niet.

²¹Toen ben ik naar het kustgebied van Syrië en Cilicië gegaan, ²²zonder dat de christengemeenten in Judea mij persoonlijk hadden leren kennen. ²³Ze kregen alleen te horen: "De man die ons vroeger heeft vervolgd, verkondigt nu het geloof dat hij eerst heeft willen uitroeien." ²⁴En ze prezen God om mij.

Paulus en de andere apostelen

2 Veertien jaar later ben ik weer naar Jeruzalem gegaan, samen met Barnabas. Titus had ik ook meegenomen. ²God had mij in een openbaring laten weten, dat ik moest gaan. Ik heb toen in een privé-onderhoud het evangelie zoals ik dat verkondig onder de volken, aan hen voorgelegd, dat wil zeggen aan de belangrijkste figuren. Ik wilde er zeker van zijn, dat ik niet op een verkeerd spoor zat of had gezeten. ³Maar zelfs mijn metgezel Titus, die toch een Griek is, werd niet gedwongen zich te laten besnijden. ⁴Het ging om wat een stel schijnchristenen wilden, onderkruipers, binnengeslopen om de vrijheid die we in Christus hebben, te bespieden. Zij wilden ons weer slaven maken. ⁵Wij hebben echter geen moment voor hen een stap terug gedaan; het ging erom, de waarheid van het evangelie voor u veilig te stellen.

⁶Maar degenen die voor de belangrijkste figuren doorgingen – hoe belangrijk ze vroeger waren, interesseert me niet; God kijkt niet naar posities – die belangrijkste figuren dus legden mij tenslotte niets op. ⁷Integendeel, zij zagen, dat ik belast was met de verkondiging van het evangelie onder de niet-Joden, zoals Petrus met de prediking onder de Joden. ⁸Want hij die Petrus kracht heeft gegeven om apostel te zijn voor de Joden, heeft mij door zijn kracht apostel gemaakt voor de niet-Joden. ⁹Jakobus, Kefas en Johannes dus, die bekend stonden als de pijlers, waren doordrongen van het voorrecht dat mij verleend was. Ze hebben mij en Barnabas de hand gedrukt ten teken dat we het eens waren: voor ons het werk onder de heide-

nen, voor hen dat onder de Joden. ¹⁰Het enige wat ze van ons verlangden, was dat we de armen onder hen niet zouden vergeten. Daar heb ik dan ook ijverig werk van gemaakt.

Paulus' verzet tegen Petrus

¹¹Maar toen Kefas in Antiochië was gekomen, heb ik me openlijk tegen hem verzet. Hij handelde tegenstrijdig. ¹²Want hij had altijd samen aan tafel gezeten met niet-Joden. Maar toen er een paar mensen van Jakobus aangekomen waren, krabbelde hij terug en ging apart zitten, uit angst voor die kampioenen van de besnijdenis. ¹³Ook de andere Joodse christenen deden met deze schijnvertoning mee, en zelfs Barnabas liet zich overhalen hun valse spel mee te spelen. ¹⁴Maar toen ik bemerkte, dat zij bezig waren af te dwalen van de evangelische waarheid, heb ik in het bijzijn van allen tegen Kefas gezegd: "Als een Jood als jij leeft naar heidense gewoonten en niet naar de Joodse gebruiken, hoe kun je dan niet-Joden dwingen als Jood te leven?"

Joden en niet-Joden worden gered door geloof in Christus

¹⁵Wij zijn geboren Joden en geen heidense zondaars. ¹⁶Toch weten we, dat een mens nooit van schuld wordt vrijgesproken door zich te houden aan de wet, maar alleen door te geloven in Christus Jezus. Ook wij zijn in Christus Jezus gaan geloven om gerechtvaardigd te worden door ons geloof in Christus en niet door onze naleving van de wet. Geen mens immers vindt rechtvaardiging door het naleven van de wet. ¹⁷Maar dat we proberen met God in het reine te komen door onze eenheid met Christus, wijst uit, dat wijzelf ook zondaars zijn. Wil ik daarmee zeggen dat Christus in dienst van de zonde staat? Dat in geen geval! ¹⁸Maar als ik weer ga opbouwen wat ik had afgebroken, bewijs ik zelf in overtreding te zijn. ¹⁹Overigens, ik ben, vallend onder een wet, voor wetten gestorven om te leven voor God. Want ik ben met Christus gekruisigd. ²⁰Ik leef niet meer, maar Christus leeft in mij. Mijn huidig aardse bestaan leid ik in geloof aan de Zoon van God, die mij heeft liefgehad en zich voor mij heeft prijsgegeven. ²¹Alleen zo doe ik de genade van God alle recht. Want als een wet ons kon rechtvaardigen, zou Christus vergeefs gestorven zijn.

Wet of geloof

3 Dwaze Galaten! Wie heeft u betoverd? Ik heb Jezus Christus toch duidelijk als de gekruisigde voor u uitgetekend. ²Ik wil

alleen dit van u weten: hebt u de Geest ontvangen door een wet na te leven of door te geloven in de verkondiging? ³Hoe kunt u zo dom zijn te beginnen met de Geest en te eindigen met puur menselijke middelen? ⁴Is al uw lijden dan voor niets geweest? Dat zal toch wel niet. ⁵God kent u de Geest toe en brengt wonderen onder u tot stand. Doet hij dat omdat u de wet naleeft of omdat u in de verkondiging gelooft?

⁶Kijk naar Abraham. Hij heeft God geloofd, en God heeft dat op zijn tegoed geboekt en hem gerechtvaardigd. ⁷Besef dus goed: kinderen van Abraham zijn zij, die het geloof als uitgangspunt hebben. ⁸De Schrift heeft van tevoren geweten, dat God de niet-Joden door het geloof zou rechtvaardigen. Daarom heeft ze aan Abraham al meteen het grote nieuws bekendgemaakt: "In u zullen alle volken op aarde worden gezegend." ⁹Wie het op het geloof laten aankomen, delen dus samen met de gelovige Abraham in de zegen.

¹⁰Allen die hun heil verwachten van de naleving van de wet, zijn het voorwerp van een vervloeking. Want de Schrift zegt: "Vervloekt is iedereen die zich niet metterdaad houdt aan alles wat in de wet staat." ¹¹Maar dat niemand zich met behulp van de wet tegenover God kan rechtvaardigen, is duidelijk door de uitspraak: "De rechtvaardige zal leven door het geloof." ¹²Bij de wet komt het niet op geloven aan maar op doen, want, zo staat er: "Wie doet wat in de wet staat, zal leven."

¹³Maar Christus heeft ons van de vloek van de wet bevrijd door voor ons een vervloekte te worden. Want er staat geschreven: "Vervloekt is iedereen die aan een paal is opgehangen." ¹⁴De bedoeling daarvan was dat de niet-Joden door Jezus Christus zouden delen in de zegen van Abraham, en dat wij door te geloven de beloofde Geest zouden ontvangen.

De wet en de belofte

¹⁵Broeders, een voorbeeld uit het dagelijkse leven: geen mens kan een rechtsgeldig testament verbreken of er iets aan toevoegen. ¹⁶Nu heeft God zijn belofte gedaan aan Abraham en aan zijn nakomeling. Het staat er niet in het meervoud: "aan nakomelingen", maar in het enkelvoud: "en aan uw nakomeling", en die nakomeling is Christus. ¹⁷Ik bedoel dit: God heeft een testament gemaakt. Het is onmogelijk dat een vierhonderddertig jaar later afgekondigde wet dat testament ongedaan maakt zodat die belofte niet langer zou gelden. ¹⁸Als de erfenis afhankelijk was van de wet, zou ze het niet langer zijn van de belofte. Maar God heeft juist door een belofte

te doen zijn gunst aan Abraham bewezen.

¹⁹Waarvoor dient dan de wet? De wet is naderhand ingevoerd om de overtredingen wettelijk strafbaar te maken, en bedoeld als een tijdelijke maatregel tot de komst van de nakomeling aan wie de belofte gedaan was. De wet werd afgekondigd door engelen door tussenkomst van een bemiddelaar. ²⁰Maar voor een bemiddelaar is geen plaats als het om één partij gaat, en God is één.

Het doel van de wet

²¹Druist de wet dan in tegen Gods beloften? Geen sprake van. Als God een wet gemaakt had die de macht bezat om leven te geven, zouden de mensen zich inderdaad op grond van een wet kunnen rechtvaardigen. ²²Maar de Schrift heeft heel de mensheid opgesloten in de gevangenis van de zonde, met de bedoeling dat God aan hen die het laten aankomen op het geloof in Jezus Christus, de belofte zou kunnen geven.

²³In de tijd die aan het geloof voorafging, zaten wij opgesloten, bewaakt door de wet, in afwachting van het geloof dat nog geopenbaard moest worden. ²⁴De wet is voor ons dus een soort begeleider geweest totdat Christus kwam en wij door het geloof zouden worden gerechtvaardigd. ²⁵Maar nu het geloof is gekomen, staan we niet langer onder geleide.

²⁶U bent allemaal zonen van God door het geloof in Christus Jezus. ²⁷De doop heeft u allen met Christus verenigd; u hebt Christus aangetrokken als een kleed. ²⁸Er bestaat niet meer zoiets als Joden en Grieken, slaven en vrijen, mannen en vrouwen. Want samen vormt u een eenheid in Christus Jezus. ²⁹Als u Christus toebehoort, bent u nakomelingen van Abraham en deelt u in de beloofde erfenis.

4 Ik merk nog op dat een erfgenaam niet beter af is dan een slaaf, zolang hij minderjarig is, ook al is het hele bezit zijn eigendom. ²Hij staat onder voogdij en anderen beheren zijn zaken tot de dag die zijn vader heeft vastgesteld. ³Zo waren ook wij tijdens onze minderjarigheid slaven van de natuurkrachten. ⁴Maar toen de tijd ervoor rijp geworden was, heeft God zijn Zoon gezonden. Geboren uit een vrouw en onderworpen aan een wet, ⁵moest hij ons die onder de wet stonden, vrijkopen om ons de status van zonen te geven.

⁶En om te bewijzen, dat u zijn zonen bent, heeft God de Geest van zijn Zoon in ons hart gezonden en die Geest roept: "Vader, mijn Vader." ⁷U bent dus niet langer slaven maar zonen, en als zonen bent u ook erfgenamen. En dat hebt u aan God te danken.

Paulus' bezorgdheid voor de Galaten

⁸Eens was er een tijd dat u van God niets afwist en goden hebt gediend die dat in feite niet waren. ⁹Maar nu hebt u God leren kennen, of liever, nu bent u door hem gekend. Hoe kunt u dan weer uw toevlucht nemen tot de onbetekenende en armzalige na

tuurkrachten? Wilt u opnieuw hun slaven worden? [10]U viert bepaalde dagen en maanden, seizoenen en jaren! [11]Ik ben bang dat al mijn moeite voor u vergeefs is geweest.

[12]Word zoals ik, broeders, ik smeek u erom. Want ik ben aan u gelijk geworden. Nog nooit hebt u mij verdriet gedaan. [13]U weet toch, dat ziekte de reden was dat ik u de eerste keer het evangelie heb verkondigd. [14]En hoewel de verleiding groot was, mij om mijn ziekte met afkeer en minachting te behandelen, hebt u dat toch niet gedaan. Integendeel, u hebt mij als een bode van God ontvangen, als Christus Jezus zelf. [15]U prees uzelf gelukkig. Wat is daarvan over? Ik kan in uw voordeel verklaren: als het mogelijk was geweest, had u voor mij uw ogen uitgerukt en ze mij gegeven! [16]Ben ik nu uw vijand geworden door u de waarheid te vertellen?

[17]De lieden over wie ik het had, sloven zich voor u uit, maar zonder goede bedoelingen. Ze willen u buitensluiten en dan kunt u zich uitsloven voor hen. [18]Het is mooi, als men zich uitslooft, maar dan ook altijd met goede bedoelingen en niet alleen als ik bij u ben. [19]Mijn kinderen, voor u doorsta ik opnieuw barensweeën totdat Christus in u gestalte heeft gekregen. [20]Wat zou ik nu graag bij u zijn; dan kon ik een andere toon tegen u aanslaan. Ik maak me werkelijk zorgen over u.

De symboliek van Hagar en Sara

[21]U staat zo graag onder een wet! Vertel mij dan eens: luistert u niet naar wat de wet zegt? [22]Er staat geschreven dat Abraham twee zonen had, de een van een slavin van hem, de ander van zijn vrijgeboren vrouw. [23]Het kind van de slavin werd geboren volgens de loop van de natuur, maar dat van de vrije vrouw uit kracht van Gods belofte. [24]Daarin ligt een diepere zin. Die twee vrouwen belichamen twee verbonden: het ene is dat van de berg Sinaï, het andere dat van het hemelse Jeruzalem. Het eerste brengt slaven voort en wordt voorgesteld door Hagar. – [25]De Sinaï is een berg in Arabië en Hagar het symbool van het huidige Jeruzalem, dat immers met haar kinderen in slavernij verkeert. – [26]Maar het tweede, het hemelse Jeruzalem, brengt vrijheid, het is onze moeder. [27]Want de Schrift zegt:

"Verheug u, onvruchtbare die niet gebaard heeft!
Jubel het uit van vreugde, u die geen weeën hebt gekend!
Want de kinderen van de vrouw die verlaten is,
zullen talrijker zijn dan de kinderen
van haar die de man heeft."

²⁸Evenals Isaak, broeders, bent u kinderen van Gods belofte. ²⁹De zoon die geboren werd volgens de loop van de natuur, vervolgde toen al de zoon die geboren was krachtens de werking van Gods Geest. Het is nu niet anders. ³⁰Maar wat zegt de Schrift? "Verjaag de slavin met haar kind. Want de zoon van de slavin zal de erfenis niet delen met de zoon van de vrijgeboren vrouw." ³¹Wij zijn dus geen kinderen van een slavin, maar van een vrije vrouw.

Vrijheid in dienstbaarheid

5 Christus heeft ons bevrijd om ons vrije mensen te maken. Houd dus stand en buig u niet opnieuw onder het juk van de slavernij.

²Luister naar wat ik, Paulus, u te zeggen heb: als u zich laat besnijden, zal Christus al zijn waarde voor u verliezen. ³En ik verzeker iedereen die besneden wordt, dat hij verplicht is de hele wet na te leven. ⁴Als u zich door middel van de wet probeert te rechtvaardigen, hebt u de banden met Christus verbroken en Gods gunst verbeurd. ⁵Wij voor ons hopen onze rechtvaardiging te verkrijgen door de Geest op grond van het geloof. ⁶Want als we één zijn met Christus Jezus, dan maakt besneden-zijn of niet-besneden-zijn geen verschil. Van belang is alleen geloof dat, gedreven door liefde, tot daden overgaat.

⁷U was zo goed op weg! Wie heeft u verhinderd de waarheid te blijven volgen? ⁸Wie u ook tot andere gedachten heeft mogen brengen, in ieder geval niet God, die u roept. ⁹Een klein beetje gist volstaat om het hele deeg te doen rijzen. ¹⁰Onze eenheid in de Heer geeft mij het vertrouwen dat u er net zo over denkt. Maar degene die u in verwarring brengt, zal door God gestraft worden, wie hij ook is.

¹¹Als ik nog altijd de besnijdenis verkondig, broeders, waarom word ik dan nog vervolgd? Dan is het obstakel van het kruis toch uit de weg geruimd. ¹²Zij moeten zich maar kastreren, die agitators!

¹³U bent geroepen om vrij te zijn. Maar gebruik die vrijheid niet als dekmantel voor zondige praktijken. Nee, wees elkaar juist dienstbaar in een geest van liefde. ¹⁴Want de hele wet is vervat in dit ene gebod: "Houd van je naaste als van jezelf." ¹⁵Maar als u elkaar als dieren bijt en verscheurt, valt te vrezen, dat u elkaar verslindt.

De Geest en onze zondige natuur

¹⁶Ik bedoel dit: als u zich in uw levenswandel laat inspireren door de Geest, zult u geen gevolg geven aan wat uw zondige aard verlangt.

¹⁷Want wat onze zondige aard verlangt, is strijdig met hetgeen de Geest verlangt, en omgekeerd. Ze zijn elkaars vijanden met het gevolg dat u niet kunt doen wat u zou willen. ¹⁸Maar als u zich laat leiden door de Geest, bent u niet aan de wet onderworpen.

¹⁹Het is duidelijk wat onze zondige natuur allemaal uitwerkt: ontucht, zedeloosheid en losbandigheid, ²⁰afgoderij en magie, haatgevoelens, ruzie, afgunst, uitbarstingen van woede, gekonkel, geschillen, splitsingen, ²¹gevoelens van jaloezie, drinkgelagen, uitspattingen en meer van dergelijke dingen. Evenals vroeger waarschuw ik u ook nu: wie dergelijke dingen doen, krijgen geen deel aan het koninkrijk van God.

²²Maar wat de Geest doet groeien en rijpen, is liefde, vreugde en vrede, geduld, vriendelijkheid, goedheid en vertrouwen, ²³bescheidenheid en zelfbeheersing. Daar heeft de wet niets op tegen. ²⁴Wie Christus toebehoren, hebben hun zondige aard met zijn passies en verlangens aan het kruis geslagen. ²⁵Als we leven door de Geest, moeten we ook in het spoor van de Geest verder gaan. ²⁶Laten we niet verwaand doen, en elkaar niet prikkelen en benijden.

Verlicht elkaars lasten

6 Broeders, zelfs al is iemand op heterdaad betrapt, dan nog moet u die een geestelijk leven leidt, hem weer op het rechte pad brengen in een geest van zachtmoedigheid. En kijk naar uzelf: ook u kunt voor beproevingen komen te staan. ²Verlicht elkaars lasten

en geef zo uitvoering aan de wet van Christus. ³Wie denkt iets te betekenen zonder iets te zijn, houdt zichzelf voor de gek. ⁴Ieder moet zijn eigen doen en laten aan een onderzoek onderwerpen. Valt dat goed uit, dan kan hij zich beroemen, zonder zich met anderen vergeleken te hebben. ⁵Want iedereen heeft aan zijn eigen vrachtje genoeg.

⁶Wie in de christelijke boodschap is onderricht, moet zijn leermeester laten delen in al het goede dat hij bezit.
⁷Maak u niets wijs: God laat niet met zich spotten. Een mens oogst wat hij zaait. ⁸Is de akker waarop u zaait uw zelfzucht, dan zult u er dood en verderf van oogsten. Maar is de grond waarin u uitzaait de Geest, dan zal hij u als oogst het eeuwige leven opleveren. ⁹Het mag ons nooit teveel worden goed te doen. Want als we niet verslappen zullen we te zijner tijd de oogst binnenhalen. ¹⁰Zolang we de kans hebben, moeten we voor iedereen goed zijn, maar vooral voor onze geloofsgenoten.

Laatste waarschuwing en slot

¹¹Ziet u die grote letters? Ik heb ze eigenhandig geschreven! ¹²Wat zijn dat voor lieden die u dwingen u te laten besnijden? Allemaal mensen die naar buiten een goede indruk willen maken, alleen maar om te ontkomen aan vervolging om het kruis van Christus. ¹³Zelf leven die aanhangers van de besnijdenis de wet niet na, maar ze willen wel dat u zich laat besnijden. Dan kunnen ze zich beroemen op de uiterlijke ceremonie die u hebt ondergaan. ¹⁴Maar ik voor mij wens me alleen te beroemen op het kruis van Jezus Christus, waardoor de wereld voor mij is gekruisigd en ik voor de wereld. ¹⁵Het doet er niets toe, of men besneden is of niet. Als men maar een nieuw schepsel is! ¹⁶Vrede en barmhartigheid voor allen die naar dat beginsel leven en voor Israël dat God toebehoort!

¹⁷Spaar me voortaan uw moeilijkheden. Want ik heb al de merktekens van Jezus in mijn lichaam te dragen.

¹⁸Broeders, onze Heer Jezus Christus zij u en uw geest genadig. Amen.

De brief aan de christenen van Efeze

1 Van Paulus, die door de wil van God apostel is van Christus Jezus:
aan de christengemeente van God te Efeze, aan hen die trouwe aanhangers zijn van Christus Jezus.
²Ik wens u de goedgunstigheid en de vrede van God, onze Vader, en van de Heer Jezus Christus.

Lofzang op Gods goedheid

³Laten wij God, de Vader van onze Heer Jezus Christus, dank brengen! Want hij heeft ons, in onze verbondenheid met Christus, vanuit de hemel gezegend met elke geestelijke gave. ⁴Vóór de wereld gemaakt werd heeft hij ons immers in Christus uitgekozen om zijn heilig volk te zijn en zonder schuld voor hem te staan. ⁵In zijn liefde had hij al van tevoren beslist dat hij ons in Jezus Christus als zijn zonen zou aannemen. Zo wenste hij het in zijn soevereine besluit. ⁶Laten wij God prijzen om het schitterende geschenk dat hij ons heeft gegeven in zijn beminde Zoon.

⁷Door zijn bloed zijn we bevrijd van onze schuld en zijn onze zonden vergeven. Overvloedig is de genade ⁸die God ons heeft ge-

schonken in allerlei vormen van wijsheid en inzicht. ⁹Hij heeft ons het geheime besluit bekendgemaakt dat hij naar eigen goeddunken genomen heeft in Christus, ¹⁰en dat hij ten uitvoer zal brengen wanneer de tijd er rijp voor is. Volgens dat besluit zal hij alles wat in de hemel en op aarde bestaat onder één hoofd plaatsen: Christus.

¹¹In hem hebben wij ons erfdeel ontvangen. Zo is het vastgelegd in het plan van God, die alles uitvoert zoals hij het wil. ¹²Laten wij de grootheid van God prijzen, wij die al zo lang onze hoop stelden op Christus.

¹³Door uw eenheid met Christus geldt dat ook voor u. Ook u bent tot geloof gekomen, toen u van de boodschap der waarheid, het grote nieuws van uw redding, gehoord had. U bent gemerkt als eigendom van God met het stempel van de heilige Geest die God beloofd had. ¹⁴De Geest is het onderpand van ons erfdeel, waarborg voor de verlossing van het volk van God. Laten wij zijn grootheid prijzen!

Paulus' gebed tot God

¹⁵Ik heb gehoord van uw geloof in de Heer Jezus en van uw liefde voor allen die God toebehoren. ¹⁶Daarom dank ik God onophoudelijk voor u. Ik gedenk u in mijn gebeden ¹⁷en smeek de God van onze Heer Jezus Christus, de Vader aan wie alle eer toekomt, u de gave van wijsheid en inzicht te geven, zodat u hem leert kennen. ¹⁸En ik vraag hem uw hart te verlichten. Dan zult u inzien wat u mag verwachten nu hij u geroepen heeft, en zult u begrijpen hoe rijk en heerlijk de erfenis is die hij onder zijn volk zal verdelen, ¹⁹en hoe allesovertreffend zijn macht is in ons die geloven. Die macht in ons is dezelfde sterke kracht ²⁰die hij heeft ontplooid in Christus. Hem heeft hij opgewekt uit de dood en hem in de hemel de ereplaats gegeven aan zijn rechterzijde, ²¹hoog boven alle vorsten, machthebbers, autoriteiten en heersers, en boven alles wat in tel is, zowel in dit tijdperk als in de komende tijd. ²²God heeft alles aan hem onderworpen, hem boven alles verheven en hem aan het hoofd gesteld van de kerk. ²³En de kerk is Christus' lichaam, de volheid van hem die het ganse heelal vervult.

Herboren tot een nieuw leven

2 Ook u was dood door uw dwalingen en zonden. ²U richtte u naar deze slechte wereld en liet u leiden door het hoofd van de onzichtbare boze machten. Door deze kwade geest worden ook de mensen geregeerd die zich nu tegen God verzetten. ³Zo verging

het ons vroeger allemaal: ook wij volgden onze slechte neigingen en deden wat er maar aan slechte ideeën in ons hart en hoofd opkwam; net zo goed als de anderen waren wij uit onszelf het voorwerp van Gods toorn.

⁴Maar God die rijk is aan barmhartigheid, had ons intens lief. Gedreven door die liefde, ⁵heeft hij ons, die dood waren door onze dwalingen, samen met Christus het leven gegeven. Aan de genade van God hebt u uw redding te danken! ⁶Door onze eenheid met Christus Jezus heeft hij ons samen met hem opgewekt en ons samen met hem een plaats gegeven in de hemel. ⁷Daarmee heeft hij ons voor altijd willen laten zien dat de rijkdom van zijn genade, dat wil zeggen zijn goedheid voor ons in Christus Jezus, alles overtreft. ⁸De redding, die het geloof u bracht, hebt u te danken aan zijn genade, niet aan uzelf; het is een geschenk van God ⁹en niet het resultaat van uw prestaties. Er is dus geen enkele reden om u op iets te laten voorstaan. ¹⁰We zijn het werkstuk van God, zijn schepping in Christus Jezus, en het is ons doel het goede werk te doen dat God heeft voorbereid.

Joden en niet-Joden één in Christus

¹¹Eens was u heidenen, "onbesnedenen" zoals de Joden zeggen die lichamelijk besneden worden. ¹²Bedenk dat u toen los stond van Christus, uitgesloten was van de gemeenschap Israël en geen deel had aan de verbonden die God met Israël gesloten had en aan de belofte die daarmee samenhing. U leefde in een wereld zonder hoop en zonder God. ¹³Maar nu bent u één met Christus Jezus. Vroeger was u buitenstaander, maar nu bent u dichterbij gekomen door de dood van Christus. ¹⁴Hij is onze vrede, hij die Joden en niet-Joden tot één volk heeft gemaakt en de vijandschap die als een muur tussen hen in stond, heeft afgebroken. ¹⁵Met zijn eigen lichaam heeft hij de wet en de daarbij behorende geboden en voorschriften buiten werking gesteld. Tussen Jood en heiden bracht hij vrede, door in zichzelf die twee om te vormen tot één nieuwe mens. ¹⁶Door zijn dood aan het kruis heeft hij beiden in één lichaam met God verzoend; zo heeft hij aan de vijandschap een eind gemaakt. ¹⁷Hij is een boodschap van vrede komen brengen zowel aan u die buitenstaander was als aan hen die dichtbij hem waren. ¹⁸Dank zij hem zijn wij allemaal, Joden èn niet-Joden, verbonden in één Geest, en hebben we vrije toegang tot de Vader.

¹⁹U bent dus niet langer vreemdelingen die geen rechten hebben, maar medeburgers van het volk van God, leden van zijn familie.

²⁰U staat gebouwd op de fundering die gelegd is door de apostelen en de profeten; de sluitsteen is Christus Jezus zelf. ²¹Aan hem dankt het hele gebouw zijn hechte konstruktie en door hem groeit het uit tot een heilige tempel. ²²In eenheid met hem wordt ook u mee opgebouwd tot een geestelijk verblijf voor God.

Paulus' werk voor de niet-Joden

3 Daarom ben ik, Paulus, ter wille van u, niet-Joden, de gevangene van Christus Jezus. ²U hebt toch zeker gehoord dat God in zijn genade mij dit werk heeft opgedragen voor uw bestwil. ³Hij openbaarde mij zijn geheime plan zoals ik dat zojuist in het kort heb beschreven. ⁴Wanneer u dit leest, kunt u zich een denkbeeld vormen van mijn inzicht in het geheim van Christus. ⁵Nooit eerder in de geschiedenis heeft God dat geheim aan de mensheid bekendgemaakt. Maar in deze tijd heeft hij door de Geest aan zijn heilige apostelen en profeten laten weten, ⁶dat de heidenen door hun eenheid met Christus Jezus samen met de Joden delen in de erfenis, met hen deel uitmaken van hetzelfde lichaam en met hen deelhebben aan de beloften door middel van het evangelie.

⁷Van dat evangelie ben ik de dienaar geworden, een voorrecht dat God mij onverdiend verleend heeft door zijn kracht die in mij werkt. ⁸Aan mij, de minste van allen die hem toebehoren, heeft hij het voorrecht verleend de niet-Joden het grote nieuws te verkondigen van de onpeilbare rijkdom van Christus, ⁹en in het licht te stellen hoe het geheime plan verwerkelijkt moet worden, dat God, de Schepper van het heelal, door alle eeuwen heen verborgen heeft gehouden. ¹⁰Door de kerk moet nu de wijsheid van God in al haar vormen worden bekendgemaakt aan de bovenaardse vorsten en heersers. ¹¹Dat stemt overeen met het eeuwenoude plan dat hij heeft uitgevoerd in Christus Jezus onze Heer. ¹²Door onze verbondenheid met hem kunnen wij God frank en vrij tegemoet treden, vol vertrouwen als wij zijn door ons geloof in hem. ¹³Ik vraag u dus: verlies de moed niet, nu ik om wille van u in een benarde toestand verkeer. U moet er juist trots op zijn.

De liefde van Christus

¹⁴Daarom buig ik mijn knieën voor de Vader, ¹⁵van wie elke gemeenschap in de hemel en op aarde haar naam ontvangt. ¹⁶Ik vraag God dat hij u door de Geest uit de rijkdom van zijn glorie de kracht geeft om innerlijk sterk te zijn. ¹⁷Dan kan uw hart door het geloof de blijvende woning zijn van Christus. Ook bid ik dat u geworteld

en verankerd mag zijn in de liefde, [18]en dat u met heel Gods volk in staat zult zijn te bevatten, hoe breed en hoe lang, hoe hoog en hoe diep Christus' liefde is, [19]en te begrijpen dat die liefde elk besef te boven gaat. Moge u geheel vervuld worden van de volheid van God!

[20]Aan hem die blijkens de kracht die in ons werkt, in staat is oneindig veel meer te doen dan alles wat wij kunnen vragen of bedenken: [21]aan hem komt de eer toe binnen de kerk in eenheid met Christus Jezus, voor altijd en eeuwig, door alle generaties heen! Amen.

De eenheid van het lichaam

4 Ik die gevangen zit, omdat ik de Heer dien, verzoek u dringend: leid een leven dat in overeenstemming is met uw roeping. [2]Wees altijd bescheiden, minzaam en geduldig, en verdraag elkaar liefdevol. [3]Span u in, de eenheid die van de Geest komt, te bewaren door met elkaar in vrede samen te leven. [4]Er is één lichaam en één Geest, zoals u ook één hoop hebt op grond van uw roeping. [5]Er is één Heer, één geloof en één doop. [6]Er is één God die de Vader is van alle mensen, en die boven allen staat, door allen werkt en in allen aanwezig is.

[7]Ieder van ons is begenadigd naar de maat waarmee Christus heeft gegeven. [8]Daarom zegt de Schrift:

"Hij steeg op naar omhoog,
hij voerde gevangenen mee
en verdeelde gaven onder de mensen."

[9]De woorden "Hij steeg op" kunnen niets anders betekenen dan dat hij ook afdaalde naar wat lager ligt: de aarde. [10]Hij die is afgedaald, is dezelfde als die is opgestegen hoog boven alle hemelruimten om het heelal met zijn aanwezigheid te vullen. [11]Dit zijn zijn gaven: sommigen zijn apostel, anderen profeet, evangelist, herder of leraar. [12]Zo wordt het volk van God uitgerust voor de dienst van God en voor de opbouw van het lichaam van Christus. [13]Zo komen we allen tot eenheid in het geloof en in de kennis van de Zoon van God, en bereiken we het niveau van de volmaakte Man, de volle omvang van de volmaaktheid van Christus. [14]Dan zullen we niet langer onmondige kinderen zijn die als golven op en neer deinen en heen en weer bewogen worden door elke wind, dat wil zeggen: door de leer van sluwe mensen die ons met hun valse wijsheden op dwaalwegen proberen te brengen. [15]Door ons aan de waarheid te houden zullen wij in liefde volledig toegroeien naar hem die het

hoofd is: Christus. ¹⁶Aan hem ontleent het hele lichaam zijn samenhang en onderling verband. Het groeit door de juiste werkzaamheid van ieder lichaamsdeel en het bouwt zichzelf op door de liefde.

Het nieuwe leven in Christus

¹⁷In naam van de Heer zeg ik u nadrukkelijk: leef niet langer als de heidenen met hun dwaze ideeën. ¹⁸Hun verstand is in duisternis gehuld; ze zijn vervreemd van het leven dat God geeft, en volharden in hun onwetendheid. ¹⁹Ze hebben alle schaamtegevoel verloren en zich overgegeven aan een losbandig leven, en ze slaan winst uit hun immorele praktijken.

²⁰Maar daarvoor hebt u Christus niet leren kennen! ²¹U hebt immers van hem gehoord, bent zijn volgelingen geworden en hebt geleerd wat de waarheid van Jezus is. ²²Laat daarom uw vroegere manier van leven varen en leg uw oude "ik" af. Anders gaat u, geleid door uw bedrieglijke verlangens, de ondergang tegemoet. ²³Vernieuw ook uw denken. ²⁴Doe de nieuwe mens aan die naar het model van God geschapen is in ware gerechtigheid en heiligheid.

²⁵Ontdoe u daarom van de leugen en spreek de waarheid tegen elkaar, want we zijn allemaal ledematen van hetzelfde lichaam.

²⁶Als u kwaad wordt, bega dan geen fouten; eindig de dag niet verbitterd, ²⁷en geef de duivel geen kans. ²⁸Wie een dief is, moet ophouden met stelen. Laat hij liever zijn handen uit de mouwen steken en eerlijk werk doen; dan kan hij ook de armen helpen. ²⁹Spreek geen slechte taal, maar zeg, waar het nodig is, iets opbou-

wends, iets dat de mensen die u horen, goed doet. ³⁰Stel Gods heilige Geest niet teleur; met zijn stempel bent u gemerkt voor de dag van de bevrijding. ³¹Laat alle gevoelens van wrok, wraak en woede varen. Schreeuw en vloek niet en vermijd iedere vorm van slecht gedrag. ³²Wees goed en hartelijk voor elkaar en vergeef elkaar zoals God u heeft vergeven in Christus.

Het licht van Christus

5 U bent de geliefde kinderen van God. Probeer daarom te zijn zoals hij. ²Leef in liefde naar het voorbeeld van Christus. Uit liefde heeft hij zijn leven voor u gegeven. Hij was een brandoffer dat God aangenaam was.

³Omdat u God toebehoort, mag er bij u geen sprake zijn van ontucht en van welke vorm van onzedelijkheid of hebzucht ook. ⁴Grove, oppervlakkige of dubbelzinnige taal: ook dat past niet. Breng liever dank aan God! ⁵Want u moet goed beseffen, dat iemand die ontucht doet, immoreel leeft of hebzuchtig is – ook hebzucht is een vorm van afgodendienst – in het koninkrijk van Christus en van God geen deel zal krijgen van de erfenis.

⁶Laat u niet door mooie woorden ompraten; daardoor wordt God vertoornd op de mensen die niet willen gehoorzamen. ⁷Laat u niet met hen in. ⁸Vroeger was u duisternis, maar nu bent u licht door uw gemeenschap met de Heer. Leef als mensen die de lichtzijde

houden. ⁹Want alleen in het licht rijpen goedheid, gerechtigheid en waarheid. ¹⁰Probeer te ontdekken wat de Heer aangenaam is. ¹¹Doe niet mee met de onvruchtbare praktijken, die de duisternis toebehoren; meer nog: breng ze aan het licht. ¹²Want wat zij heimelijk uitvoeren, is zo schandelijk dat er geen woorden voor zijn. ¹³Maar wanneer al die dingen aan de kaak worden gesteld, komen ze aan het licht. ¹⁴En alles wat aan het licht komt, is zelf licht. Daarom zingen we:

"Ontwaak, slaper,
sta op uit de dood,
en het licht van Christus
zal over u schijnen."

¹⁵Let dus goed op dat u zich gedraagt als verstandige mensen en niet als dwazen. ¹⁶Grijp de gunstige gelegenheid aan, want we leven in een slechte tijd. ¹⁷Wees dus niet ondoordacht, maar probeer te begrijpen wat de Heer wil.

¹⁸Bedrink u niet, want dat leidt tot bandeloosheid, maar wees helemaal vervuld van de Geest. ¹⁹Zing elkaar toe met psalmen, hymnen en geestelijke gezangen. ²⁰Breng God, de Vader, altijd voor alles dank in de naam van onze Heer Jezus Christus.

Man en vrouw

²¹Onderwerp u aan elkaar uit eerbied voor Christus.

²²Vrouwen, onderwerp u aan uw man als aan de Heer. ²³Want de man is het hoofd van de vrouw zoals Christus het hoofd is van de kerk. Hij is ook de redder van zijn lichaam, de kerk. ²⁴Maar zoals de kerk onderdanig is aan Christus, zo moeten ook de vrouwen hun man in alles onderdanig zijn.

²⁵Mannen, heb uw vrouw lief, zoals Christus zijn kerk heeft liefgehad: hij heeft zijn leven voor haar gegeven. ²⁶Dat deed hij om haar aan God toe te wijden; hij waste de kerk schoon door het waterbad en het woord, ²⁷om haar stralend naast zich te plaatsen zonder vlek of rimpel of iets dergelijks, maar heilig en onberispelijk. ²⁸Zo moeten ook de mannen hun vrouw liefhebben als hun eigen lichaam. Wie van zijn vrouw houdt, houdt van zichzelf. ²⁹Niemand heeft ooit zijn eigen lichaam gehaat. Integendeel, hij voedt en verzorgt het; zo doet ook Christus met de kerk, ³⁰omdat het zijn lichaam is waarvan wij de ledematen zijn. ³¹"Daarom zal een man zijn vader en moeder verlaten, en zich verenigen met zijn vrouw, en die twee zullen één lichaam vormen." ³²Dit mysterie heeft een diepe zin. Ik persoonlijk betrek het op Christus en de kerk. ³³Maar

hoe het ook zij, voor elke man afzonderlijk geldt dat hij zijn vrouw moet liefhebben als zichzelf, en de vrouw moet haar man respekteren.

De kinderen en hun ouders

6 Kinderen, gehoorzaam je ouders in de geest van Christus: dat is jullie plicht. ²"Eer uw vader en uw moeder" is het eerste gebod. En daar is een belofte aan verbonden die luidt: ³"Dan zal het u goed gaan en zult u lang leven op aarde."

⁴Ouders, jaag uw kinderen niet tegen u in het harnas, maar breng ze groot met christelijke tucht en vorming.

De slaven en hun meesters

⁵Slaven, gehoorzaam uw aardse meesters met eerbied en ontzag en met een oprecht hart alsof het Christus zelf gold. ⁶Dus niet als ogendienaars die bij mensen in de gunst willen komen, maar als slaven van Christus die van harte doen wat God verlangt. ⁷Doe opgewekt uw werk alsof u de Heer dient en geen mensen. ⁸U weet dat iedereen, of hij nu slaaf is of vrij man, het goede dat hij heeft gedaan, van de Heer zal terugkrijgen.

⁹Meesters, behandel uw slaven op dezelfde manier. Laat dreigementen achterwege. Besef dat hun Heer en uw Heer dezelfde is in de hemel, en dat voor hem alle mensen gelijk zijn.

De christelijke wapenrusting

¹⁰Tenslotte nog dit: zoek uw kracht in de Heer, in zijn sterke macht. ¹¹Rust u uit met de komplete bewapening van God, om daarmee stand te houden tegen de krijgslisten van de duivel. ¹²Want onze strijd gaat niet tegen mensen van vlees en bloed, maar tegen de vorsten, de machthebbers en de heersers van deze duistere wereld, tegen de geestelijke en bovenaardse machten van het kwaad. ¹³Grijp daarom naar al de wapens die God u geeft, om weerstand te kunnen bieden op de dag waarop het kwaad aanvalt. Dan zult u staande blijven en alles tot een goed einde brengen.

¹⁴Stel u zo op: doe de waarheid om als gordel en doe de gerechtigheid aan als borstpantser. ¹⁵Bind onder uw voeten de bereidheid om de vredesboodschap te brengen. ¹⁶Draag daarbij het schild van het geloof: daarmee kunt u alle brandende pijlen van de duivel doven. ¹⁷Zet de helm van het heil op en pak het zwaard van de Geest, dat wil zeggen het woord van God.

¹⁸Bid en smeek voortdurend en bij elke gelegenheid in de kracht

van de Geest. Daartoe moet u waakzaam zijn en zonder ophouden God smeken voor heel zijn volk. ¹⁹Bid ook voor mij, bid dat God mij de juiste woorden in de mond legt en dat ik frank en vrij het geheim bekend mag maken van het evangelie, ²⁰waarvoor ik een gezant ben, zij het in boeien. Bid dat ik er vrijuit over kan spreken zoals mijn plicht is.

Besluit

²¹Ook u zult willen weten in welke omstandigheden ik verkeer en hoe ik het maak: Tychikus, onze dierbare broeder en trouwe hulp in de dienst van de Heer, zal u alles vertellen. ²²Ik stuur hem naar u toe om u op de hoogte te brengen van onze situatie en om u een hart onder de riem te steken.

²³Ik smeek dat God, de Vader, en de Heer Jezus Christus u, broeders, vrede, liefde en geloof zullen geven.

²⁴God zij allen genadig die onze Heer Jezus Christus onveranderlijk liefhebben.

De brief aan de christenen van Filippi

1 Van Paulus en Timoteüs, dienaars van Christus Jezus: aan allen in Filippi die God toebehoren in eenheid met Christus Jezus, samen met hun kerkelijke leiders en assistenten.
²Ik wens u de goedgunstigheid en de vrede van God, onze Vader, en van de Heer Jezus Christus.

Paulus bidt voor zijn lezers

³Ik dank mijn God iedere keer dat ik aan u denk; ⁴en telkens als ik voor u bid, doe ik het met blijdschap, ⁵vanwege uw aandeel in de verbreiding van het evangelie van de eerste dag af tot nu toe. ⁶Van één ding ben ik zeker: hij die dit goede werk door u begonnen is, zal het ook tot een goed einde brengen op de dag van Christus Jezus. ⁷Het spreekt ook vanzelf, dat ik zoveel voor u voel, want ik draag u allen een warm hart toe. U deelt immers allen in mijn bevoorrechting door God: nu, in mijn gevangenschap, en straks, wanneer ik voor de rechter zal verschijnen om het evangelie te verdedigen en zeker te stellen. ⁸God is mijn getuige: hij weet dat ik naar u allen verlang met de liefde van Christus Jezus zelf.

⁹Ik vraag in mijn gebed, dat uw liefde almaar groter wordt en gepaard mag gaan met kennis en een volledig inzicht, ¹⁰zodat u kunt beoordelen waar het op aankomt. Dan zult u op de dag van Christus zuiver en zonder blaam zijn, ¹¹en beladen met de vruchten van de gerechtigheid die u dankt aan Jezus Christus, tot lof en eer van God.

Leven is Christus

¹²U moet weten, broeders, dat mijn situatie eigenlijk veel heeft bijgedragen tot de verbreiding van het evangelie. ¹³Het hele keizerlijke hof en alle anderen is het nu duidelijk geworden, dat ik gevangen zit om mijn geloof in Christus. ¹⁴En het merendeel van mijn broeders heeft vertrouwen gekregen in de Heer en uit mijn gevangenschap de moed geput om onbevreesd de boodschap van God te verkondigen.

¹⁵Natuurlijk, er zijn er die Christus verkondigen uit jaloezie en rivaliteit, maar er zijn er ook die het met eerlijke bedoelingen doen. ¹⁶Die doen het uit liefde, omdat ze weten dat het mijn taak is het

evangelie te verdedigen. [17]Maar die anderen maken Christus bekend met onzuivere bedoelingen, om zichzelf op de voorgrond te plaatsen; ze hopen daardoor mijn gevangenschap te verzwaren.

[18]Maar wat geeft het? Want of het nu uit eerlijke of oneerlijke motieven gebeurt, in beide gevallen wordt Christus bekendgemaakt, en daar ben ik blij om. En dat zal ik ook blijven, [19]want ik weet, dat dit alles mijn redding betekent, omdat u voor mij bidt en de Geest van Jezus Christus mij bijstaat. [20]Het is mijn stellige verwachting dat ik niets zal doen waarvoor ik mij moet schamen. Ik zal frank en vrij spreken, en zoals altijd, maar nu in het bijzonder, met mijn hele wezen Christus eren, al zou mij dat het leven kosten. [21]Want wat is leven? Voor mij is het Christus, en sterven is winst. [22]Maar als ik nu in mijn aards bestaan vruchtbaar werk kan doen, wat dan? Ik kan niet zeggen wat ik dan zou kiezen. [23]Ik word naar twee kanten getrokken: enerzijds verlang ik heen te gaan en bij Christus te zijn, wat verreweg het beste is, [24]anderzijds is het voor u wenselijker dat ik in leven blijf. [25]En omdat ik hiervan overtuigd ben, weet ik, dat ik voor u allen behouden zal blijven om uw geloof groter en blijer te maken. [26]Dan hebt u, wanneer ik weer bij u kom, een reden te meer om u op mij te beroemen in Christus Jezus.

[27]Op het ogenblik is het alleen van belang, dat uw levenswandel in overeenstemming is met het evangelie van Christus. Dan zal ik bij mijn komst met eigen ogen zien, of bij verhindering in ieder geval horen, dat u sterk staat en eensgezind strijdt voor trouw aan het evangelie. [28]Daarbij moet u zich niet in het minst laten afschrikken door de tegenstanders. Voor hen is dat een bewijs dat hun zaak verloren is, maar voor u is het een bewijs dat God u redt. [29]Want u hebt het voorrecht gekregen, niet alleen in Christus te geloven, maar ook voor hem te lijden. [30]U en ik strijden voor hetzelfde; vroeger hebt u al gezien hoe ik gestreden heb, en nu hoort u, dat ik nòg te strijden heb.

Het voorbeeld van Christus

2 Als ik u in naam van Christus mag vermanen en liefdevol aanmoedigen, als gemeenschap van Geest en gevoelens van genegenheid en meeleven u iets zeggen, [2]maak mij dan volmaakt blij door eensgezind te zijn. Leef in dezelfde liefde, wees gelijkgezind en streef naar eenheid. [3]Doe niets uit rivaliteit of ijdelheid maar wees bescheiden en heb van anderen een hogere dunk dan van uzelf. [4]Heb niet alleen de belangen van uzelf in het oog, maar ook die

van anderen. ⁵Laat u leiden door het voorbeeld van Christus: ⁶hij had de gestalte van God maar heeft zich niet angstvallig aan zijn gelijkheid met God vastgeklampt. ⁷Hij heeft zijn grootheid opgegeven door een slavenbestaan te aanvaarden en aan mensen gelijk te worden. Hij leefde als een mens ⁸en hij vernederde zich door gehoorzaam te worden tot in de dood, de dood aan het kruis. ⁹Daarom heeft God hem tot de hoogste eer verheven en hem de allerhoogste titel geschonken, ¹⁰zodat iedereen in de hemel, op aarde en in het dodenrijk, de knieën zou buigen voor hem die Jezus heet ¹¹en allen openlijk zullen uitroepen: "Jezus Christus is de Heer," tot eer van God, de Vader.

Wees gehoorzaam en blij

¹²Dierbare broeders, u bent altijd gehoorzaam geweest. Wees het niet alleen wanneer ik aanwezig ben, maar ook en des te meer nu ik afwezig ben. Werk aan uw heil in diep ontzag voor God, ¹³want hij is het, die in u werkzaam is en u in staat stelt datgene te willen en te doen wat volgens zijn plan is.

¹⁴Doe wat u doen moet zonder gemopper en ruzie. ¹⁵Zorg ervoor dat u boven elke verdenking staat en onkreukbaar bent, echte kinderen van God. Laat er niets op u zijn aan te merken. U moet als de sterren aan de hemel schitteren te midden van gewetenloze en ontaarde mensen. ¹⁶Houd daarbij vast aan de boodschap die leven brengt. Dan heb ik reden om trots te zijn wanneer de dag van Christus is aangebroken, omdat ik niet voor niets zo hard heb gewerkt en mij zo heb ingespannen. ¹⁷En ook al zou mijn bloed vloeien bij de offerdienst van uw geloof, dan nog ben ik blij en laat ik u allen in mijn blijdschap delen. ¹⁸Zo moet ook u blij zijn en mij in uw blijdschap laten delen.

Timoteüs en Epafroditus

¹⁹In vertrouwen op de Heer Jezus hoop ik Timoteüs spoedig naar u toe te sturen; het zal mij goed doen te horen hoe het met u gaat. ²⁰Ik heb niemand die zo met me meevoelt en die zo oprecht belang stelt in uw omstandigheden als hij. ²¹Iedereen jaagt zijn eigen belangen na, in plaats van zich te richten op Christus Jezus. ²²U weet hoe betrouwbaar Timoteüs is; hij heeft samen met mij, als een kind naast zijn vader, de zaak van het evangelie gediend. ²³Ik hoop hem dus naar u toe te sturen, zo gauw ik weet hoe mijn zaken ervoor staan. ²⁴In vertrouwen op de Heer hoop ik ook zelf gauw te kunnen komen.

²⁵Het lijkt mij wel nodig Epafroditus terug te sturen, mijn vriend, medewerker en strijdmakker, die u gezonden hebt om mij bij te staan in mijn nood. ²⁶Hij verlangt naar u terug; hij maakt zich zorgen, omdat u van zijn ziekte hebt gehoord. ²⁷Hij is inderdaad doodziek geweest, maar God heeft medelijden met hem gehad; niet alleen met hem, maar ook met mij, door mij te sparen voor een nog groter leed. ²⁸Ik stuur hem met de grootste spoed: zijn weerzien zal u verblijden en ik zal niet langer in zorgen zitten. ²⁹Ontvang hem dus met open armen, als een broeder in de Heer, en houd

zulke mannen als hij in ere. ³⁰Door zijn werk voor Christus heeft hij oog in oog gestaan met de dood. Zijn leven heeft hij gewaagd om mij de hulp te bieden die u niet kon geven.

De ware gerechtigheid

3 Voor het overige, mijn broeders, wees gelukkig in uw verbondenheid met de Heer. Herhalen wat ik al geschreven heb, is mij niet te veel en u geeft het zekerheid. ²Pas op voor die honden met hun ondermijnende praktijken, pas op voor de versnedenen! ³Want wij zijn de ware besnedenen, onze eredienst is geestelijk, wij beroemen ons op Christus Jezus en vertrouwen niet op uiterlijke ceremonies. ⁴Ik heb zelf overigens alle reden om op dat soort voorrechten te vertrouwen, ja meer dan wie ook: ⁵ik werd besneden toen ik een week oud was, ik ben een geboren Israëliet uit de stam van Benjamin, een rasechte Hebreeër, in wetsopvatting een Farizeeër; ⁶in mijn ijver ging ik zover, dat ik de kerk vervolgde, en als het gaat om het stipt naleven van de wet, viel er op mij niets aan te merken. ⁷Maar wat vroeger een voorrecht voor mij betekende, ben

ik nu als een nadeel gaan zien omwille van Christus. ⁸Ja, sterker nog: alles beschouw ik als verlies, omdat het kennen van Christus Jezus, mijn Heer, alles te boven gaat. Om hem heb ik alles prijsgegeven; voor mij is alles vuilnis, omdat het mij erom gaat Christus te winnen ⁹en met hem één te zijn. Ik ben gerechtvaardigd, niet door de wet na te leven maar door te geloven in Christus, ik ben gerechtvaardigd door God op grond van het geloof. ¹⁰Al wat ik wens is hem te kennen en de kracht te ondervinden van zijn opstanding; te delen in zijn lijden en aan hem gelijk te worden in zijn dood, ¹¹in de hoop zelf de opstanding uit de dood te bereiken.

Recht op het doel af

¹²Ik beweer niet, dat ik al geslaagd of al volmaakt ben. Maar ik zet wel door om eens te grijpen waarvoor Christus Jezus mij gegrepen heeft. ¹³Nee, broeders, ik verbeeld me niet, er al te zijn. Alleen dit: ik vergeet wat achter mij ligt en doe mijn best om te bereiken wat voor mij ligt; ¹⁴ik ga recht op mijn doel af om de hemelse prijs te behalen waartoe God mij geroepen heeft in Christus Jezus.

¹⁵Dat moet de houding zijn van ons allen die geestelijk rijp zijn. En mocht iemand van u er iets anders over denken, dan zal God u ook dat wel duidelijk maken. ¹⁶Laten we in ieder geval op de ingeslagen weg voortgaan.

¹⁷Volg mij na, vrienden, en kijk naar hen die leven naar het voorbeeld dat ik u gegeven heb. ¹⁸Want er zijn er velen met een andere levenswandel: vaak heb ik hen – en ik herhaal het nu voor u met

tranen in mijn ogen – vaak heb ik hen de vijanden van het kruis van Christus genoemd. ¹⁹De ondergang zal hun einde zijn, hun

buik is hun god, hun eer stellen zij in hun schande en hun zinnen zijn gericht op het aardse. ²⁰Maar ons vaderland is de hemel, vanwaar wij ook de Heer Jezus Christus als onze redder verwachten. ²¹Hij zal ons armzalig lichaam herscheppen en het gelijkvormig maken aan zijn verheerlijkt lichaam, met de kracht die hem in staat stelt het universum aan zich te onderwerpen.

Raadgevingen

4 Dierbare vrienden, naar wie ik zo verlang, mijn vreugde en mijn kroon, dat is dus de manier waarop u pal moet staan en vasthouden aan de Heer, mijn beminden.

²Euodia en Syntyche, ik smeek u, word het met elkaar eens als zusters in de Heer. ³En u, mijn trouwe kollega, vraag ik: help deze vrouwen. Want zij hebben mij bijgestaan in de strijd voor het evangelie, evenals Clemens en mijn overige medewerkers van wie de namen staan geschreven op de lijst van de levenden.

⁴Wees altijd gelukkig in de Heer. Nog eens: wees gelukkig!

⁵Wees iedereen welgezind. De Heer is dichtbij. ⁶Maak u geen zorgen, maar laat aan God in al uw bidden en smeken dankbaar weten wat uw wensen zijn. ⁷En God zal met zijn vrede die alle begrip te boven gaat, waken over uw hart en uw gedachten, in Christus Jezus.

⁸Tenslotte, broeders, overweeg steeds wat waar en verheven is, rechtvaardig en heilig, beminnelijk en eervol, alles wat goed is en lof verdient. ⁹Breng in praktijk wat ik u geleerd en overgeleverd heb door mijn woorden en mijn daden. Dan zal God die de vrede geeft, met u zijn.

Dank voor de verleende hulp

¹⁰Ik ben er bijzonder blij om, dat u uw zorg voor mij nu eindelijk hebt kunnen tonen. U was altijd al bezorgd voor me, maar u kreeg nooit de kans dat te uiten. ¹¹Ik zeg dat niet, omdat ik gebrek geleden heb, want ik heb intussen wel geleerd mezelf te bedruipen. ¹²Ik weet wat het is om sober te leven, maar ook om overvloed te hebben. Geen enkele levensomstandigheid is mij vreemd: verzadigd zijn en honger lijden, overvloed hebben en gebrek lijden. ¹³Al deze situaties kan ik aan, dank zij hem die mij kracht geeft.

¹⁴Toch hebt u er goed aan gedaan mij bij te staan in mijn moeilijkheden. ¹⁵U in Filippi weet zelf ook dat bij mijn vertrek uit Macedonië, in het begin van mijn verkondiging van het evangelie, u de enige gemeente was waarbij ik een rekening had lopen. ¹⁶Al in Tessalonica hebt u mij tot tweemaal toe de hulp gestuurd die ik nodig had. ¹⁷Denk niet, dat ik iets van u wil krijgen, ik wil alleen maar dat het saldo op uw rekening toeneemt! ¹⁸Al wat u mij schuldig was, heb ik ontvangen en nog veel meer. Ik heb volop, nu Epafroditus mij al uw gaven heeft overhandigd. Ze zijn voor God een heerlijke geur, een aangenaam en welgevallig offer. ¹⁹Mijn God zal vanuit zijn rijkdom aan heerlijkheid volop in al uw noden voorzien in Christus Jezus. ²⁰Aan God, die onze Vader is, de eer voor altijd en eeuwig. Amen.

Groeten

²¹Groet iedere volgeling van Christus Jezus. Ook de broeders hier bij me doen u de groeten. ²²Alle medechristenen, in het bijzonder die in dienst zijn bij de keizer, groeten u.

²³De Heer Jezus Christus zij u genadig.

De brief aan de christenen van Kolosse

1 Van Paulus die door de wil van God apostel is van Christus Jezus, en van onze broeder Timoteüs:
²aan de christengemeente van God te Kolosse, aan onze trouwe broeders in Christus.
Ik wens u de goedgunstigheid en de vrede van God, onze Vader.

Dankzegging aan God

³In onze gebeden brengen wij God, de Vader van onze Heer Jezus Christus, altijd dank voor u. ⁴Want we hebben gehoord van uw geloof in Christus Jezus en van uw liefde voor allen die God toebehoren. ⁵Uw geloof en uw liefde steunen op de hoop die voor u is weggelegd in de hemel. Van die hoop hebt u het eerst gehoord toen het ware evangelie bij u verkondigd werd. ⁶Zoals het zich in de hele wereld aan het verbreiden is en zijn vruchten begint af te werpen, zo is dat ook het geval bij u sinds u hoorde van Gods genade en die onvervalst hebt leren kennen. ⁷U bent onderricht door onze dierbare medewerker Epafras, die zich als een trouw dienaar van Christus voor u inzet. ⁸Hij is het ook die ons op de hoogte heeft gebracht van uw liefde, waarvan de Geest de bron is.

⁹Sinds de dag dat dit ons ter ore is gekomen, houden we dan ook niet op voor u te bidden. We vragen, dat u, om Gods wil geheel te leren kennen, vervuld wordt met grote wijsheid en geestelijk inzicht. ¹⁰Dan kunt u leven zoals de Heer het wil en altijd doen wat hij verlangt. Zo kunt u op elk terrein goed en vruchtbaar werk doen en groeien in de kennis van God. ¹¹Ook vragen we dat u door zijn heerlijke kracht gesterkt mag worden om alles te doorstaan en alles te verdragen. ¹²Breng met blijdschap dank aan de Vader die u geschikt heeft gemaakt om te delen in de erfenis die het volk van God te wachten staat in het rijk van het licht. ¹³Hij heeft ons onttrokken aan de machtssfeer van de duisternis en ons veilig overgebracht naar het koninkrijk van zijn geliefde Zoon. ¹⁴In hem weten wij onze bevrijding verzekerd en onze zonden vergeven.

Lofzang op Christus

¹⁵Christus is het beeld van de onzichtbare God, hij is verheven

boven de hele schepping. ¹⁶Want God heeft door hem alles geschapen in de hemel en op aarde, de zichtbare en ook de onzichtbare

wezens, of het nu geestelijke machten of heersers zijn, vorsten of kosmische machthebbers. Alles is door hem en voor hem geschapen. ¹⁷Hij is de voornaamste van allen en alles bestaat dank zij hem. ¹⁸Hij is ook het hoofd van het lichaam, de kerk. Hij is haar oorsprong, de eerste die van de dood is opgestaan, zodat hij in alle opzichten de eerste in rangorde is. ¹⁹Want God wilde bij hem volledig zijn intrek nemen, ²⁰en door hem verzoening brengen tussen het universum en zichzelf. Hij heeft door hem, door zijn bloedige kruisdood, vrede gesloten met alle wezens in de hemel en op aarde.

De situatie van vroeger en nu

²¹Ook u was vroeger van God vervreemd; u was hem zelfs vijandig gezind, zoals bleek uit uw slechte leven. ²²Maar nu heeft hij door de dood van Christus' sterfelijk lichaam u met zichzelf verzoend, met het doel dat u heilig, onberispelijk en onschuldig voor hem zult verschijnen. ²³Dat kan alleen als u stevig gefundeerd blijft in het geloof en u niet laat afbrengen van de hoop waarover u in het evangelie gehoord hebt. Van dat evangelie dat aan alle schepselen onder de hemel is verkondigd, ben ik, Paulus, de dienaar geworden.

Paulus' lijden voor de kerk

²⁴Op het ogenblik ben ik blij dat ik voor u lijd. Christus heeft in mijn sterfelijk lichaam nog te weinig geleden. Ik ben blij dat ik

dat tekort nu kan aanvullen ten bate van zijn lichaam, de kerk. ²⁵Ik ben in haar dienst gesteld krachtens de opdracht die ik van God gekregen heb om u zijn boodschap volledig mee te delen. ²⁶Deze boodschap betreft het mysterie dat God door alle eeuwen heen voor het hele mensdom verborgen heeft gehouden, maar dat hij nu onthuld heeft aan zijn volk. ²⁷Aan hen heeft hij bekend willen maken hoe rijk en heerlijk dit geheim is dat onder de heidenen wordt verspreid en dat luidt: Christus woont bij u; hij is uw hoop op de eeuwige glorie. ²⁸Christus is het die wij bekendmaken, en daarbij waarschuwen en leren we iedereen zonder uitzondering met al de wijsheid die ons gegeven is, want wij willen iedereen tot volmaaktheid brengen in Christus. ²⁹Dat is het doel van al mijn zwoegen en strijden, met hulp van hem die met zijn kracht in mij werkzaam is.

2 U zou namelijk eens moeten weten hoe ik mij voor u, voor de mensen in Laodicea en voor zoveel anderen die mij nooit in levende lijve gezien hebben, met alle kracht inspan. ²Ik doe dat om hen te bemoedigen en in liefde bijeen te brengen, zodat ze komen tot de volle rijkdom van begrip en kennis van Gods heilsmysterie, dat wil zeggen van Christus. ³In hem liggen alle schatten van wijsheid en kennis verborgen.

⁴Ik zeg dat, om te voorkomen dat u zich laat bedriegen door mooie praatjes. ⁵Lijfelijk ben ik wel niet aanwezig, maar in de geest ben ik bij u, en ik ben blij te zien dat uw geloof in Christus hecht en sterk is.

De triomf van het kruis

⁶U hebt Christus Jezus aanvaard als de Heer; leef dan in eenheid met hem. ⁷Wees in hem geworteld, sta stevig in hem, houd onwankelbaar vast aan het geloof zoals men u dat onderwezen heeft, en vloei over van dankbaarheid.

⁸Let op, dat niemand u meesleept door de holle en misleidende wijsheden die steunen op menselijke tradities en onder invloed staan van de geestelijke machten van de kosmos, maar die niet steunen op Christus. ⁹In hem is de goddelijke werkelijkheid ten volle belichaamd, ¹⁰en in hem bezit u dus de volheid van leven. Hij staat boven elke kosmische macht en iedere geestelijke heerschappij. ¹¹In eenheid met hem bent u besneden, niet door een fysieke ingreep, maar door de besnijdenis van Christus waardoor u bent ontdaan van uw zondige zelfzucht. ¹²In de doop bent u met hem begraven, zoals u ook met hem ten leven bent opgewekt door uw geloof in

de kracht van God die hem uit de dood heeft opgewekt. ¹³Vroeger was u dood door uw dwalingen en uw heidense levenswijze. Maar nu heeft God u samen met Christus levend gemaakt. Al onze zonden heeft hij vergeven, ¹⁴en hij heeft een streep gehaald door onze schuldbekentenis die met al haar bepalingen in ons nadeel was en tegen ons getuigde. Ja, hij heeft onze schuldbekentenis vernietigd door haar aan het kruis te slaan. ¹⁵Hij heeft zich ontdaan van de kosmische heerschappijen en machthebbers, hen in het openbaar te kijk gezet en over hen getriomfeerd op het kruis.

¹⁶Trek u dus niets aan van kritiek als het gaat om eten en drinken, het vieren van jaarlijkse feesten of om de viering van nieuwe maan of sabbat. ¹⁷Dergelijke zaken zijn niet meer dan een schaduw van de dingen die moeten komen; de werkelijkheid zelf is Christus. ¹⁸Trek u er ook niets van aan als u veroordeeld wordt door iemand die zich laat voorstaan op een nederige houding, op verering van engelen en op bijzondere visioenen. Zo iemand gaat groot op zijn menselijke manier van denken, maar daar is geen enkele reden voor; ¹⁹hij houdt zich niet aan Christus, het hoofd, van waaruit heel het lichaam, gesteund en bijeengehouden door gewrichten en spieren, groeit zoals God dat wil.

Met Christus gestorven en verrezen

²⁰Als u door uw dood met Christus bevrijd bent van de geestelijke machten van de kosmos, waarom leeft u dan alsof u deze wereld nog toebehoort, en laat u zich de wet voorschrijven door uitspraken als: ²¹"Raak niet aan," "Proef niet" en "Blijf af"? ²²Dat betreft allemaal dingen die door het gebruik vergaan. Waarom richt u zich dus naar menselijke voorschriften en leerstellingen? ²³Dat alles heeft samen met een gezochte engelendienst, een nederige houding en lichaamskastijding alleen maar de schijn van wijsheid. In feite is het van geen enkele waarde en geeft het slechts toe aan onze zondige verlangens.

3 Als u met Christus bent opgewekt ten leven, zet uw zinnen dan ook op de dingen van boven, waar Christus gezeten is aan de rechterzijde van God. ²Laat uw gedachten uitgaan naar hemelse zaken en niet naar aardse. ³U bent gestorven, en uw leven is met Christus verborgen in God. ⁴Maar wanneer Christus die ons leven is, in de openbaarheid zal verschijnen, zult ook u met hem in het openbaar verschijnen en delen in zijn glorie.

De oude en de nieuwe mens

⁵Maak dus een einde aan aardse praktijken als ontucht, onzedelijkheid, hartstocht, slechte verlangens en hebzucht. – Hebzucht is een vorm van afgodendienst. – ⁶Al deze dingen roepen Gods toorn af. ⁷Ook u hebt vroeger het pad van de ondeugd bewandeld, ⁸maar nu moet u dat alles vaarwel zeggen: weg met toorn, drift en boosaardigheid, gevloek en schandelijke taal. ⁹Lieg ook niet tegen elkaar. ¹⁰U hebt uw oude "ik" met zijn praktijken afgelegd en de nieuwe mens aangedaan, die op weg is naar waarachtige kennis en zich verjongt naar het beeld van zijn Schepper. ¹¹Zo is er geen sprake meer van Grieken en Joden, besnedenen en onbesnedenen, buitenlanders en vreemdelingen, slaven en vrijen; Christus is alles en in allen.

¹²U bent Gods uitverkoren en geliefde volk: bekleed u dus met medeleven, hartelijkheid, bescheidenheid, vriendelijkheid en geduld. ¹³Verdraag elkaar en vergeef elkaar, als iemand over een ander te klagen heeft. Vergeef zoals de Heer u vergeven heeft. ¹⁴De kroon op dat alles moet de liefde zijn. Zij bindt allen samen tot volmaakte eenheid. ¹⁵Laat de vrede van Christus heersen in uw hart. Daartoe bent u geroepen als leden van het ene lichaam. Wees dankbaar, ¹⁶en laat uw hart een woning zijn waar de boodschap van Christus in volle rijkdom kan verblijven. Leer en vermaan elkaar met alle wijsheid. Zing voor God met een dankbaar hart psalmen, hymnen en geestelijke gezangen. ¹⁷Laat alles wat u zegt of doet, gebeuren in de naam van de Heer Jezus, en dank God, de Vader, door hem.

Praktische richtlijnen

¹⁸Vrouwen, wees uw man onderdanig, want dat is uw christelijke plicht.

¹⁹Mannen, heb uw vrouw lief en wees niet hard tegen haar.

²⁰Kinderen, gehoorzaam uw ouders in alles, want dat ziet de Heer graag.

²¹Ouders, bekritiseer uw kinderen niet, anders raken ze ontmoedigd.

²²Slaven, gehoorzaam uw aardse meesters in elk opzicht, niet als ogendienaars die in de gunst willen staan, maar in eenvoud van hart en uit ontzag voor de Heer. ²³Doe uw werk met plezier als was het voor de Heer en niet voor mensen; ²⁴besef dat de Heer u zal belonen en u van hem het erfdeel zult ontvangen. Want de echte Meester die u dient, is Christus. ²⁵Wie kwaad doet, zal voor

dat kwaad moeten boeten, want God behandelt iedereen gelijk.

4 Meesters, wees rechtvaardig en billijk tegenover uw slaven, in het besef dat ook u een Meester hebt in de hemel.

²Volhard in gebed en blijf daarbij waakzaam, in dank aan God. ³Bid ook voor mij, bid dat God mij de mogelijkheid biedt om de boodschap te verkondigen, het mysterie van Christus, waarvoor ik gevangen zit. ⁴Bid dat ik er openlijk over mag spreken zoals het moet.

⁵Gedraag u verstandig tegenover niet-gelovigen en benut de tijd die u gegeven is, goed. ⁶Wees in uw gesprekken altijd vriendelijk en gevat, zodat u iedereen het juiste antwoord kunt geven.

Groeten

⁷Onze dierbare broeder Tychikus, een trouwe hulp en medewerker bij het werk van de Heer, zal u van al mijn omstandigheden op de hoogte brengen. ⁸Ik stuur hem naar u toe om u te laten weten hoe het met me gaat en om u een hart onder de riem te steken. ⁹Met hem komt ook Onesimus, onze trouwe en dierbare broeder, die één der uwen is. Zij zullen u van alle gebeurtenissen hier in kennis stellen.

¹⁰U moet de groeten hebben van Aristarchus die met mij gevangen zit, en van Marcus, de neef van Barnabas. Wat hem aangaat, u hebt al instruktie gekregen hem goed te ontvangen, als hij mocht komen. ¹¹Ook de groeten van Jezus, bijgenaamd Justus. Zij zijn de enigen van de Joodse christenen die met mij meewerken aan het koninkrijk van God; ze zijn een grote troost voor me geweest.

¹²De groeten van Epafras, dienaar van Christus Jezus en één der uwen. In zijn gebeden strijdt hij altijd voor u, God vragend dat u standhoudt en met volle overtuiging aan zijn wil gehoorzaamt. ¹³Ik kan persoonlijk getuigen hoeveel werk hij voor u verzet, en voor de gelovigen in Laodicea en Hiërapolis. ¹⁴Ook mijn vriend Lucas, de arts, en Demas laten u groeten.

¹⁵Breng onze groeten over aan de broeders in Laodicea, en aan Nymfa en de gemeente die bij haar aan huis samenkomt. ¹⁶Als deze brief bij u is voorgelezen, zorg dan dat hij ook wordt voorgelezen in de gemeente van Laodicea, en dat u de brief van Laodicea te lezen krijgt. ¹⁷Zeg aan Archippus: "Kwijt u van de taak die u in dienst van de Heer op u genomen hebt."

¹⁸Eigenhandig schrijf ik: de groeten van Paulus. Vergeet niet dat ik gevangen zit!

God zij u genadig.

De eerste brief aan de christenen van Tessalonica

1 Van Paulus, Silvanus en Timoteüs:
aan de christengemeente van Tessalonica, die toebehoort aan God, de Vader, en aan de Heer Jezus Christus.
Ik wens u hun goedgunstigheid en vrede.

Het voorbeeldige geloof van de Tessalonicenzen

²Wij danken God altijd voor u allen, wanneer we u in onze gebeden gedenken. ³Onze gedachten gaan voortdurend uit naar uw aktief geloof, uw onvermoeibare liefde en uw onwrikbare hoop op onze Heer Jezus Christus ten overstaan van onze God en Vader. ⁴Wij weten, broeders, dat God u in zijn liefde heeft uitverkoren. ⁵Want de boodschap die wij u brachten, bestond niet uit louter woorden, nee, ze was geladen met de kracht van de heilige Geest en gebaseerd op een vaste overtuiging. Trouwens u weet zelf, hoe wij bij u optraden en hoe we uw belang op het oog hadden. ⁶U bent in het voetspoor getreden van ons en van de Heer, en hoewel u daarbij veel tegenwerking ondervond, hebt u de boodschap aanvaard met een vreugde die afkomstig is van de heilige Geest. ⁷Zo bent u een voorbeeld geworden voor alle gelovigen in Macedonië en Achaje. ⁸Van u uit plantte de boodschap van de Heer zich voort; niet alleen in Macedonië en Achaje, nee, overal is uw geloof in God de mensen ter ore gekomen. Woorden van mijn kant zijn overbodig. ⁹De men-

sen beginnen er zelf over, hoe wij bij u ontvangen zijn. Ze vertellen, dat u zich van de afgoden gekeerd hebt naar God, en hoe u nu de levende en ware God dient ¹⁰en uitziet naar de terugkomst uit de hemel van zijn Zoon, Jezus, die hij uit de dood heeft opgewekt, Jezus, die ons voor zijn dreigende toorn behoedt.

Paulus' werk in Tessalonica

2 Broeders, u weet zelf wel, dat ons bezoek aan u geen mislukking is geworden. ²Integendeel! Na de schandelijke mishandeling in Filippi – u weet ervan – hebben we met de hulp van onze God de moed gevonden om u zijn boodschap te verkondigen, ondanks zware tegenstand. ³Onze oproep kwam niet voort uit dwaling of onoprechtheid. We hadden er ook geen bijbedoelingen mee. ⁴Nee, we spreken alleen omdat God ons geschikt heeft bevonden en ons het evangelie heeft toevertrouwd. We zoeken niet de gunst van mensen; we willen alleen maar behagen aan God, die onze beweegredenen doorziet.

⁵Met vleierij hadden onze woorden niets van doen, dat weet ú. Ook waren ze geen dekmantel voor hebzucht, daarvan is Gód getuige. ⁶We waren niet uit op eer van mensen, van u niet en van anderen niet. ⁷Toch hadden we ons als apostelen van Christus kunnen laten gelden. Maar als een moeder die haar kinderen voedt en verzorgt, zo teder zijn wij met u omgegaan. ⁸We waren zo op u gesteld, dat we u behalve het evangelie van God ook graag ons eigen leven schonken; zo na lag u ons aan het hart. ⁹Denk eens terug aan ons zwoegen en ploeteren. Dag en nacht hebben we gearbeid om in ons onderhoud te voorzien, zodat we bij de verkondiging van Gods boodschap niemand van u ten laste hoefden te zijn. ¹⁰Met God kunt u getuigen hoe oprecht, hoe eerlijk en hoe onberispelijk wij ons hebben gedragen tegenover u die nu gelooft. ¹¹Hebben we u niet ieder persoonlijk aangespoord en bemoedigd zoals een vader dat zijn kinderen doet? ¹²En hebben we u niet op het hart gedrukt, een leven te leiden dat de goedkeuring heeft van God, die u roept om zijn heerlijk koninkrijk binnen te gaan?

¹³We zijn God dan ook onophoudelijk dankbaar. Want de boodschap die u van ons te horen kreeg, hebt u aanvaard in de overtuiging dat het hier niet ging om een boodschap van mensen maar om het woord van God. Dat het dit inderdaad is, bewijst wel de werking die het op u, gelovigen, heeft. ¹⁴En u bent lotgenoten geworden van de gemeenten van God in Judea, van hen die Christus Jezus toebehoren. Want u hebt van uw eigen landgenoten hetzelfde te

lijden gehad als zij van de Joden. ¹⁵Zij zijn het ook die de Heer Jezus en de profeten hebben gedood en ons hebben verjaagd. Ze behagen God niet en maken zich gehaat bij alle mensen ¹⁶door ons te verhinderen aan de heidenvolken bekend te maken hoe ze gered kunnen worden. Zo maken ze steeds weer de maat van hun zonden vol. Maar nu is het uit: Gods toorn is tegen hen losgebarsten.

Paulus' verlangen de Tessalonicenzen opnieuw te bezoeken

¹⁷We moesten u een tijdlang als wezen achterlaten, broeders. U was uit het oog, maar niet uit het hart. We hebben erg veel moeite gedaan om u weer te zien, zo vurig verlangden we naar u terug. ¹⁸Wij, of liever ik, Paulus, stond tot twee keer toe op het punt naar u toe te gaan, maar Satan heeft ons de voet dwars gezet. ¹⁹Wie anders dan u is onze hoop en onze vreugde, de roemrijke kroon op ons werk wanneer we moeten verschijnen voor onze Heer Jezus bij zijn komst? ²⁰Ja, onze eer en vreugde, dat bent u.

3 Omdat we het niet langer uithielden, besloten we alleen in Athene achter te blijven, ²en Timoteüs te sturen, onze broeder en Gods medewerker bij de verkondiging van Christus. Hij kreeg de opdracht u te sterken en aan te moedigen in uw geloof, ³zodat niemand zich door die tegenslagen aan het wankelen zou laten brengen. Vervolgingen om ons geloof staan ons nu eenmaal te wachten, dat weet u. ⁴Want toen we nog bij u waren, hebben we u er van tevoren op gewezen: vervolgingen zijn ons lot, en dat is ook uitgekomen, zoals u weet. ⁵Ik hield het dus niet meer uit en liet daarom naar uw geloof informeren. Satan kon u hebben verleid en al onze moeite zou vergeefs zijn geweest.

⁶Timoteüs is nu weer bij ons terug. Hij had niet anders dan goede berichten over uw geloof en uw liefde. Hij vertelde, dat u veel gelukkige herinneringen aan ons hebt en ons even vurig verlangt terug te zien als wij u. ⁷Daarom is uw geloof een grote troost voor ons in onze benarde en netelige omstandigheden. ⁸Want, nu blijkt dat u pal staat in de Heer, leven wij weer op. ⁹Hoe kunnen we God genoeg bedanken voor al de vreugde die u ons bezorgt in zijn ogen? ¹⁰Dag en nacht bidden we met grote vurigheid, om u weer te zien en de tekorten in uw geloof aan te vullen.

¹¹Wij smeken onze God en Vader en onze Heer Jezus, de weg naar u voor ons vrij te maken. ¹²En we vragen de Heer dat hij uw liefde voor elkaar en voor allen steeds groter maakt, even groot als onze liefde voor u. ¹³Hij zal u in uw overtuiging sterken, zodat

u heilig en onberispelijk zult staan voor onze God en Vader bij de komst van onze Heer Jezus met allen die hem toebehoren.

Leef zoals God het wil

4 En nu het volgende, broeders. U hebt van ons geleerd hoe u moet leven als u God wilt behagen. Zo leeft u ook inderdaad, maar in naam van de Heer vragen wij u dringend, dit nog meer te doen. ²U kent de voorschriften die we u op gezag van de Heer Jezus hebben gegeven. ³God wil dat u een leven leidt dat hem is toegewijd. Ga ontucht uit de weg. ⁴Ieder van u moet met zijn eigen vrouw omgaan met toewijding en respekt. ⁵Laat u niet leiden door uw driften zoals de heidenen die God niet kennen. ⁶Benadeel en bedrieg uw medemens op dit gebied niet. We hebben u er vroeger al nadrukkelijk op gewezen dat de Heer al dat soort praktijken straft. ⁷God heeft ons niet tot losbandigheid geroepen maar tot een leven dat hem is toegewijd. ⁸Wie deze voorschriften naast zich neerlegt, wijst dus niet een mens af, maar God, dezelfde die u zijn heilige Geest geeft.

⁹Ik hoef u niet te schrijven over de onderlinge liefde. God zelf heeft u geleerd elkaar lief te hebben. ¹⁰Die liefde brengt u ook in praktijk tegenover alle gelovigen in heel Macedonië. Maar wij drukken u op het hart, broeders, nog edelmoediger te zijn. ¹¹Stel er een eer in, kalm te blijven, uw eigen zaken af te doen en door handenarbeid in uw levensonderhoud te voorzien, zoals we u hebben gezegd. ¹²Dan wint u het respekt van de niet-gelovige mensen en hoeft u bij niemand om steun aan te kloppen.

Het lot van de doden

¹³Over het lot van de overledenen willen we u niet in het onzekere laten. Er is geen reden voor ons om te treuren, zoals voor de rest van de mensen. Want die hebben geen hoop. ¹⁴Wij geloven toch dat Jezus gestorven en uit de dood opgestaan is? Dan geloven we ook dat God degenen die als christenen zijn gestorven, samen met Jezus naar zich toe zal halen.
¹⁵We houden ons aan een woord van de Heer als we u zeggen: Wij die nog in leven blijven tot de komst van de Heer, hebben geen voorrang op de gestorvenen. ¹⁶Want wanneer het teken wordt gegeven, de aartsengel zijn stem verheft en de bazuin van God klinkt, zal de Heer zelf afdalen uit de hemel. Eerst staan dan de gestorven christenen op; ¹⁷daarna worden wij die nog in leven zijn, samen met de verrezenen weggevoerd op de wolken in de lucht om de Heer te ontmoeten. Dan zullen we voor altijd bij de Heer zijn. ¹⁸Troost elkaar dus hiermee.

Bereid u voor op de komst van de Heer

5 Het heeft geen zin u te schrijven over het precieze tijdstip waarop de dag van de Heer zal plaatsvinden. ²U weet zelf maar al te goed dat die dag komt als een dief in de nacht. ³Wanneer de mensen zeggen: "Alles is rustig en veilig," juist dan overvalt hun plotseling de ondergang, zoals de weeën een zwangere vrouw, en is er voor hen geen ontkomen meer aan. ⁴Maar u loopt niet in het donker, zodat die dag u zou overvallen als een dief. ⁵Want u behoort allen tot het licht van de dag. We hebben niets van doen met het duister van de nacht. ⁶We moeten dan ook niet slapen zoals de rest van de mensen, maar waken en nuchter blijven. ⁷Want wie slaapt doet dat 's nachts, en wie zich bedrinkt evenzo. ⁸Maar laten wij, die behoren tot de dag, nuchter zijn. We moeten ons met het geloof en de liefde uitrusten als met een pantser, en met de hoop op redding als met een helm. ⁹We zijn door God niet bestemd om veroordeeld, maar om gered te worden, dank zij onze Heer Jezus Christus. ¹⁰Hij is voor ons gestorven om ons in staat te stellen samen met hem te leven, ongeacht of we nog in deze wereld verkeren of al gestorven zijn. ¹¹Troost en steun elkaar hiermee. Dat doet u trouwens al.

Laatste instrukties

¹²Wij vragen u waardering te hebben voor degenen onder u die zich voor u inzetten en u uit naam van de Heer leiding geven en

terechtwijzen. ¹³Om het werk dat zij doen moet u hun meer dan gewone liefde toedragen. Leef met elkaar in vrede.

¹⁴Wij dringen er bij u op aan: waarschuw de tragen, moedig de angstvalligen aan, neem het op voor de zwakken, wees met iedereen geduldig. ¹⁵Laat niemand kwaad met kwaad vergelden, maar wees steeds uit op wat goed is voor ieder van u en voor alle anderen.

¹⁶Wees altijd blij. ¹⁷Bid zonder ophouden. ¹⁸Wees onder alle omstandigheden dankbaar; dat wil God van u in Christus Jezus.

¹⁹Doof het vuur van de Geest niet. ²⁰Minacht profetische woorden niet. ²¹Onderzoek alles op zijn waarde en houd vast wat goed is. ²²Ga elk soort kwaad uit de weg.

²³Wij vragen dat God, die een God van vrede is, u in alle opzichten heiligt, en dat heel uw persoon, naar geest, ziel en lichaam, gaaf bewaard blijft tot de komst van onze Heer Jezus Christus. ²⁴Hij die u roept, is trouw. Hij houdt zijn woord.

²⁵Broeders, bid ook voor mij.

²⁶Groet alle broeders met de vredeskus.

²⁷In 's Heren naam: laat deze brief voorlezen aan alle broeders.

²⁸Onze Heer Jezus Christus zij u genadig.

De tweede brief aan de christenen van Tessalonica

1 Van Paulus, Silvanus en Timoteüs: aan de christengemeente van Tessalonica, die toebehoort aan God, onze Vader, en aan de Heer Jezus Christus.
²Ik wens u de goedgunstigheid en de vrede van God, de Vader, en van de Heer Jezus Christus.

Het oordeel bij de komst van Christus

³Broeders, wij moeten God altijd voor u danken. Daar is alle reden toe. Want uw geloof groeit krachtig en de liefde die u elkaar zonder uitzondering toedraagt, wordt steeds groter. ⁴In de gemeenten van God geven we dan ook hoog op van uw volharding en geloof bij alle vervolgingen en verdrukkingen. ⁵Dat is een bewijs van Gods rechtvaardig oordeel, want hierdoor zult u geschikt bevonden worden voor zijn koninkrijk, en daarvoor hebt u nu te lijden. ⁶Het is alleen maar rechtvaardig van God, dat hij degenen die u nu verdrukken, zal laten lijden, ⁷en u die nu lijdt, samen met ons rust zal geven.

Dat zal gebeuren wanneer de Heer uit de hemel in een laaiend vuur te voorschijn treedt met zijn machtige engelen. ⁸Dan zal hij afrekenen met degenen die God niet hebben willen kennen en die de boodschap van onze Heer Jezus hebben afgewezen. ⁹Hun straf zal bestaan in een eeuwige verwerping, in een verwijdering uit de tegenwoordigheid van de Heer, ver van zijn machtige heerlijkheid.

¹⁰Het zal gebeuren op die grote dag, wanneer hij komt om de hulde van zijn volk in ontvangst te nemen en de eerbewijzen van allen die het geloof hebben aanvaard. Daar hoort u ook bij, want u hebt ons getuigenis aangenomen.

¹¹Met het oog hierop bidden we voortdurend, dat onze God u waardig keurt voor het leven waartoe hij u roept. Moge hij door zijn macht ervoor zorgen dat u al uw goede voornemens kunt uitvoeren en dat uw gelovige inspanning resultaat heeft. ¹²Dan zal de naam van onze Heer Jezus door u worden geëerd en zult u eer ontvangen van hem, dank zij de genade van onze God en van de Heer Jezus Christus.

Waarom de dag van de Heer uitblijft

2 In verband met de komst van onze Heer Jezus Christus en onze hereniging met hem vraag ik u: ²verlies niet zo snel uw bezinning en raak niet meteen in opwinding als men op grond van een profetie, een bepaalde leer of een brief die van mij afkomstig zou zijn, beweert dat de dag van de Heer is gekomen. ³Laat u door niemand iets wijs maken. Want eerst zal er een grote afvalligheid plaatsvinden en zal de mens verschijnen die de wetteloosheid in persoon is, de verderver. ⁴Hij verzet zich tegen alles wat God heet of vereerd wordt. Hij stelt zich er zelfs boven door plaats te nemen in de tempel van God en zich tot God uit te roepen.

⁵Herinnert u zich niet dat ik u dit al vertelde toen ik nog bij u was? ⁶U weet dus al wat hem tegenhoudt. Hij zal zich pas manifesteren als het zijn tijd is. ⁷De wetteloosheid is in het geheim al aan het werk; het wachten is alleen op de verdwijning van de kracht die de Wetteloze nog tegenhoudt. ⁸Op dat moment zal de Wetteloze zelf te voorschijn komen, maar als de Heer Jezus komt, zal die hem doden met de adem uit zijn mond en hem vernietigen door zijn verschijning.

⁹De Wetteloze zal komen met de macht van Satan en zijn verschijning zal vergezeld gaan van allerlei machtsvertoon, bedriegelijke tekens en wonderen, en van allerlei misdadig bedrog. ¹⁰Zij die verloren gaan, worden erdoor misleid, want zij hebben zich niet opengesteld voor de liefde tot de waarheid, wat hen had kunnen redden. ¹¹Daarom slaat God hen met verblinding, zodat zij geloof hechten aan de leugen. ¹²Zo zullen allen worden veroordeeld die niet geloofd hebben in de waarheid maar gekozen hebben voor het onrecht.

Dank aan God

¹³Broeders, geliefden van de Heer, wij voelen ons verplicht God altijd voor u te danken. Want hij heeft u uitgekozen om u als eersten te redden door de heiligende kracht van de Geest en door uw geloof in de waarheid. ¹⁴Hij heeft u door onze evangelieprediking geroepen tot deelgenoten van de glorie van onze Heer Jezus Christus. ¹⁵Wees dus standvastig en houd u aan de leer die wij u mondeling of per brief hebben doorgegeven.

¹⁶⁻¹⁷Wij wensen dat u bij al het goede dat u doet in woord en werk, bemoedigd en gesterkt wordt door onze Heer Jezus Christus en God, onze Vader. Hij heeft ons zijn liefde getoond en ons in zijn goedheid oneindige troost en goede hoop gegeven.

Bid voor ons

3 Bid ook voor ons, broeders. Bid dat de boodschap voortgang maakt en zegeviert, juist zoals bij u. ²Vraag dat wij verlost worden van bepaalde vijandige en kwaadwillige lieden. Want niet iedereen gelooft.
³Maar de Heer is te vertrouwen. Hij zal u sterken en u behoeden tegen de duivel. ⁴Vertrouwend op de Heer, verwachten wij van u dat u doet en blijft doen al wat wij u bevelen. ⁵Ik smeek de Heer uw hart ontvankelijk te maken voor de liefde van God en voor de volharding van Christus.

De plicht om te werken

⁶Broeders, in naam van de Heer Jezus Christus bevelen we u, iedere christen uit de weg te gaan die niet werken wil en die handelt in strijd met de instrukties die u van ons gekregen hebt. ⁷U weet zelf dat u aan ons een voorbeeld kunt nemen: wij hebben bij u niet met de handen over elkaar gezeten, ⁸en ook niet op andermans zak geleefd. Nee, dag en nacht hebben we gesloofd en geslaafd om maar niemand van u ten laste te komen. ⁹Niet dat we geen aanspraak konden maken op uw ondersteuning; alleen, we wilden onszelf aan u ten voorbeeld stellen. ¹⁰En toen we bij u waren, hielden we u deze stelregel voor: wie niet wil werken, moet ook maar niet eten.

¹¹Dit naar aanleiding van enkelen onder u die niet willen werken en die niets doen behalve zich met andermans zaken bemoeien. ¹²Op gezag van onze Heer Jezus Christus bevelen wij dergelijke lieden nadrukkelijk, als ieder ander aan het werk te gaan en hun eigen brood te verdienen.

¹³En u, broeders, word niet moe het goede te doen. ¹⁴Volgt iemand de instrukties die wij u in deze brief geven, niet op, houd hem dan in het oog en ga niet langer met hem om. Dan zal hij zich beschaamd voelen. ¹⁵Maar behandel hem nooit als een vijand: wijs hem terecht als een broeder.

Slot

¹⁶De Heer van wie de vrede komt, geve u altijd en op alle manieren vrede. De Heer zij met u allen.

¹⁷Een eigenhandige groet van mij, Paulus. Zo teken ik elke brief. Dit is mijn handschrift.

¹⁸Onze Heer Jezus Christus zij u allen genadig.

De eerste brief aan Timoteüs

1 Van Paulus, apostel van Christus Jezus in opdracht van God, onze redder, en van Christus Jezus, onze hoop:
²aan Timoteüs, mijn wettig kind door het geloof.

Ik wens je de goedgunstigheid, de barmhartigheid en de vrede van God, de Vader, en van Christus Jezus, onze Heer.

De valse en de ware leer

³Ik zou graag zien, dat je in Efeze bleef, zoals ik je ook al bij mijn vertrek naar Macedonië gevraagd heb. Je moet bepaalde lieden daar verbieden een afwijkende mening te verkondigen ⁴en zich bezig te houden met myten en eindeloze geslachtslijsten. Dergelijke dingen bevorderen alleen maar diskussies. Ze dienen niet het plan van God, dat gekend wordt door het geloof. ⁵Het doel van deze opdracht is de liefde die voortkomt uit een goed hart, een zuiver geweten en een oprecht geloof. ⁶Door hiervan af te wijken zijn sommigen verzeild geraakt in dwaze diskussies. ⁷Zij willen onderricht geven in de wet van God, maar begrijpen noch hun eigen woorden, noch de zaken waarover zij zulke stellige uitspraken doen.

⁸De wet, zo weten we, is een goede zaak, als we hem op de juiste wijze gebruiken. ⁹We moeten wel bedenken dat een wet er niet is voor goede mensen, maar voor misdadigers, opstandigen, goddelozen en zondaars, voor hen die al wat heilig is verachten en ontwijden, voor hen die hun vader of moeder doden, voor moordenaars, ¹⁰bedrijvers van ontucht, knapenschenders, slavenhandelaars, leugenaars en voor hen die zich schuldig maken aan meineed of aan iets anders dat indruist tegen de gezonde leer. ¹¹Deze gezonde leer vinden we in het evangelie, dat mij is toevertrouwd en dat getuigt van de grootheid van de goede God.

Dank aan God voor zijn ontferming

¹²Ik breng dank aan Christus Jezus, onze Heer, die mij kracht heeft gegeven. Ik dank hem, omdat hij vertrouwen in mij heeft gesteld en mij in dienst heeft genomen, ¹³ondanks het feit dat ik hem vroeger heb gelasterd, vervolgd en beledigd. Maar hij heeft zich over mij ontfermd, omdat ik in mijn ongeloof niet wist wat ik deed. ¹⁴Onze Heer heeft mij overstroomd met zijn genade, en met geloof

en liefde, waarvan Christus Jezus de bron is. ¹⁵De uitspraak dat Christus Jezus in de wereld is gekomen om zondaars te redden, is geloofwaardig en verdient volledige instemming. Ik ben de grootste zondaar. ¹⁶Maar juist daarom heeft God zich over mij ontfermd; tegenover mij heeft Jezus Christus zijn grote geduld getoond, zodat ik een voorbeeld kon zijn voor allen die later in hem zouden geloven in de hoop op eeuwig leven. ¹⁷Aan de Koning van alle tijden, aan de onsterfelijke, onzichtbare, enige God de eer en de glorie voor altijd en eeuwig! Amen.

¹⁸Timoteüs, mijn kind, ik vertrouw je deze opdracht toe overeenkomstig de profetische woorden die vroeger over je zijn uitgesproken. ¹⁹Hierdoor gesteund moet je, uitgerust met geloof en een goed geweten, de goede strijd voeren. Omdat sommigen hun geweten onderdrukt hebben, heeft hun geloof schipbreuk geleden. ²⁰Tot hen behoren Hymeneüs en Alexander. Ik heb hen uitgeleverd aan Satan. Dan zullen ze het lasteren van God wel afleren.

Hoe de gemeente hoort te bidden

2 Allereerst vraag ik je, in je gebeden te bidden, te smeken en te danken voor alle mensen, ²voor koningen en alle andere gezagsdragers. Vraag dat wij ongestoord en rustig een godsdienstig en waardig leven kunnen leiden. ³Dat is goed en waardevol in de ogen van God, onze redder. ⁴Hij wil dat alle mensen gered worden en de waarheid leren kennen. ⁵Want er is één God, en tussen hem en de mensen is er één bemiddelaar, de mens Christus Jezus. ⁶Hij heeft zichzelf opgeofferd om alle mensen te bevrijden; op de juiste tijd heeft hij het bewijs geleverd dat God de mensen wil redden. ⁷Ik ben als apostel en leraar aangesteld om de heidenvolken deze boodschap van geloof en waarheid bekend te maken. Dit is de waarheid; ik vergis me niet.

⁸Ik wil dat de mannen overal de gebeden uitspreken, mannen die God zijn toegewijd en die bij het gebed hun handen kunnen heffen zonder aan wraak of onenigheid te denken.

⁹Zo wil ik dat de vrouwen daarbij passend gekleed zijn en zich bescheiden en met mate opmaken. Laten ze niet willen opvallen door hun haardracht, gouden sieraden, juwelen of dure kleren ¹⁰maar door goede werken, zoals dat hoort bij vrouwen die willen uitkomen voor hun godsdienstigheid. ¹¹Een vrouw moet zich rustig en gehoorzaam laten onderrichten. ¹²Ik sta niet toe dat ze onderricht geeft of gezag uitoefent over de man. Nee, ze moet rustig luisteren. ¹³Adam is het eerst geschapen, daarna Eva. ¹⁴En Adam

werd niet misleid; het was de vrouw, die zich liet bedriegen en de wet van God overtrad. ¹⁵Maar haar redding ligt in het moederschap, als ze volhardt in geloof, liefde en een heilig leven en daarbij bescheiden blijft.

De kerkelijke leiders

3 Er wordt terecht gezegd: Wie naar het leiderschap dingt, streeft naar een uitstekende taak. ²Op een kerkelijke leider mag dus niets zijn aan te merken. Hij moet trouw zijn aan zijn vrouw en matig wezen, verstandig, beschaafd, gastvrij en een goed leraar; ³niet aan de drank verslaafd, niet opvliegend, maar vriendelijk, vredelievend en onthecht aan geld. ⁴Hij moet zijn eigen gezin goed weten te leiden en op waardige manier gezag kunnen uitoefenen over zijn kinderen. ⁵Want als iemand zijn eigen huisgezin niet weet te besturen, hoe kan hij dan de zorg op zich nemen voor de gemeente van God? ⁶Het mag niet iemand zijn die pas christen is; anders wordt hij misschien verwaand en treft hem hetzelfde vonnis als de duivel. ⁷Ook moet hij goed bekend staan bij de niet-christenen, zodat hij niet in opspraak komt en verstrikt wordt door de duivel.

De kerkelijke assistenten

⁸Ook kerkelijke assistenten moeten fatsoenlijke en eerlijke mensen zijn. Ze mogen niet te veel drinken of belust zijn op winst. ⁹Aan het geloofsmysterie moeten ze vasthouden met een zuiver geweten. ¹⁰Ook zij moeten eerst een proeftijd doormaken. En als er niets op hen valt aan te merken, mogen zij hun ambt uitoefenen. ¹¹Ook hun vrouwen moeten respekt afdwingen en geen kwaadspreeksters zijn; ze moeten matig wezen en in alle opzichten betrouwbaar. ¹²Een kerkelijk assistent moet trouw zijn aan zijn vrouw, en zijn kinderen en huisgezin goed weten te leiden. ¹³Want assistenten die hun taak goed vervullen, bezorgen zichzelf een goede positie en zijn in staat vrij te spreken over het geloof in Christus Jezus.

Het grote geheim

¹⁴Ik hoop je spoedig op te zoeken, maar ik schrijf dit ¹⁵voor het geval ik mocht worden opgehouden. Dan weet je hoe men zich behoort te gedragen in het huisgezin van God, dat wil zeggen in de gemeente van de levende God, de pijler en de grondslag van de waarheid. ¹⁶Groot is het geheim van onze godsdienst; dat is boven alle twijfel verheven.

Hij heeft zich vertoond in menselijke gestalte,

hem is recht gedaan door de Geest,
en hij is verschenen aan de engelen.
Hij is verkondigd onder de volken,
er werd in hem geloofd over de hele wereld
en hij werd opgenomen in heerlijkheid.

Dwaalleraars

4 De Geest zegt uitdrukkelijk dat in latere tijden sommigen het geloof zullen opgeven door te luisteren naar dwaalgeesten en door leerlingen van demonen te worden. ²Zij worden hiertoe gebracht door de schijnheilige leugentaal van lieden die hun geweten voorgoed hebben afgestompt, ³en het huwelijk en het gebruik van bepaalde spijzen verbieden. En dat zijn toch zaken die God heeft geschapen en waarvan de gelovigen, die de waarheid hebben leren kennen, een dankbaar gebruik mogen maken. ⁴Want alles wat God heeft geschapen, is goed. Niets is verwerpelijk als het in dank wordt aanvaard; ⁵het wordt immers geheiligd door het woord van God en door gebed.

Wees een goed dienaar van Christus

⁶Door dit voor te houden aan de medechristenen zul je een goed dienaar zijn van Christus Jezus. Voed jezelf met de woorden van het geloof en de goede leer, waarvan je een aanhanger bent. ⁷Laat je niet in met het gebeuzel van die onzalige myten. Oefen jezelf liever in een godsdienstig leven. ⁸Training van het lichaam heeft slechts beperkte waarde, maar een godsdienstig leven is in alle opzichten waardevol, omdat het beloften inhoudt zowel voor het huidige als voor het toekomstige leven. ⁹Een waar woord dat alle instemming verdient! ¹⁰Dat is het doel van al ons zwoegen en strijden, want we hebben onze hoop gesteld op de levende God, de redder van alle mensen, in het bijzonder van hen die geloven.

¹¹Leg dit de mensen op en breng het hun bij. ¹²Niemand mag op je neerkijken, omdat je zo jong bent. Wees een voorbeeld voor de gelovigen door je woorden en je gedrag, door je liefde, je geloof en je onschuld. ¹³Leg je in afwachting van mijn komst toe op de voorlezing van de Schrift, en op het aansporen en het onderrichten van de medegelovigen. ¹⁴De gave die je bezit, mag je niet verwaarlozen. Je hebt die gekregen krachtens een profetisch woord, waarbij de gezamenlijke leiders van de gemeente je de handen oplegden. ¹⁵Breng dit in praktijk en zet je ervoor in. Dan zal iedereen zien hoe je vorderingen maakt. ¹⁶Draag zorg voor jezelf en voor het

onderricht, en volhard daarin. Door dat te doen red je jezelf en je toehoorders.

Verhouding tot de gemeenteleden

5 Pak een oudere man niet hard aan, maar spreek hem toe als was hij je vader. Behandel jongemannen als je broers, ²oudere vrouwen als moeders, jonge vrouwen als zusters; houd de verhoudingen zuiver.

³Ondersteun de weduwen die echt weduwen zijn. ⁴Als een weduwe kinderen of kleinkinderen heeft, moeten die beseffen dat zij allereerst verplichtingen hebben tegenover hun eigen familie; ze moeten iets terug kunnen geven voor wat zij van hun ouders ontvingen. Dat ziet God graag. ⁵De echte weduwe, dat wil zeggen, zij die helemaal alleen staat, heeft haar hoop op God gesteld. Zonder ophouden bidt en smeekt ze dag en nacht. ⁶Maar de weduwe die er maar op los leeft, is levend dood. ⁷Zeg, dat ze zich ook hieraan houden; dan zal er op hun gedrag niets zijn aan te merken. ⁸Maar wie niet zorgt voor zijn familie, in het bijzonder niet voor zijn eigen gezin, heeft het geloof verloochend en is erger dan een ongelovige.

⁹Een vrouw kan als weduwe worden ingeschreven, als ze de zestig heeft bereikt en trouw was aan haar man. ¹⁰Ze moet bekend staan om goede werken: het grootbrengen van kinderen, het verlenen van gastvrijheid, het wassen van de voeten van de gelovigen, het ondersteunen van hen die het moeilijk hebben, kortom de toewijding aan elk goed werk.

¹¹Weduwen die jonger zijn, moet je niet inschrijven. Want een nieuwe liefde zal ze gemakkelijk van het werk van Christus afhouden. Ze willen trouwen, ¹²en men zal het ze kwalijk nemen, dat ze hun vroegere belofte aan hem hebben gebroken. ¹³Bovendien, door overal op visite te gaan, maken ze het zich tot gewoonte hun tijd te verdoen. En dat niet alleen, het worden kletskousen en bemoeiallen, die praten over zaken die geen pas geven. ¹⁴Daarom wil ik dat jonge weduwen hertrouwen, kinderen krijgen, hun huishouden doen en onze tegenstanders geen aanleiding geven kwaad van ons te spreken. ¹⁵Want sommigen zijn al van de goede weg afgeweken en in het voetspoor van Satan getreden. ¹⁶Als een christenvrouw weduwen in haar familie heeft, moet ze die bijstaan. De gemeente moet die last niet dragen: die moet zorgen voor de weduwen die echt alleen staan.

¹⁷Kerkelijke bestuurders die goed leiding geven, verdienen een dubbele beloning, vooral zij die zich alle moeite geven voor de predi-

king en het onderricht. ¹⁸De Schrift zegt: "Leg een dorsende os geen muilband aan," en: "Een arbeider heeft recht op zijn loon."

¹⁹Wijs een beschuldiging tegen een leider van de gemeente van de hand, tenzij die bevestigd wordt door twee of drie getuigen. ²⁰Stel degenen die verkeerd doen, openlijk aan de kaak, dan worden de anderen afgeschrikt.

²¹Ik bezweer je voor God en voor Christus Jezus en zijn uitverkoren engelen: zorg voor de naleving hiervan, wees zonder vooroordeel en handel volstrekt onpartijdig. ²²Leg niemand overhaast de handen op en maak je niet medeplichtig aan de zonden van anderen. Zorg dat je onkreukbaar blijft.

²³Drink niet langer louter water; gebruik ook wat wijn, dat is goed voor je maag en je herhaalde kwalen.

²⁴Sommige mensen doen zo openlijk verkeerd, dat hun zonden hun naar de rechtbank vooruitlopen; bij anderen komen ze pas later aan het licht. ²⁵Niet anders is het met goede daden. Ze zijn voor iedereen te zien, en als ze het niet zijn, kunnen ze toch niet verborgen blijven.

6 Wie het slavenjuk te dragen hebben, moeten hun meesters met alle respekt bejegenen. Anders komen de naam van God en de christelijke leer in opspraak. ²Slaven die een christen als meester hebben, mogen hem niet minder achten, omdat ze broeders van elkaar zijn. Integendeel, ze moeten hen zelfs ijveriger dienen, omdat degenen die van hun diensten profiteren, één met hen zijn in geloof en liefde.

De ware godsdienst is een grote rijkdom

Dit moet je de mensen leren en voorhouden. ³Wie een afwijkende leer verkondigt en niet instemt met de gezonde uitspraken van onze Heer Jezus Christus en met de leer van onze godsdienst, ⁴is een verwaand man zonder kennis van zaken, maar met een ziekelijke belangstelling voor strijdvragen en twisten over woorden. Dat is een bron van afgunst, ruzie, lasterpraatjes, verdachtmakingen ⁵en eindeloze diskussies tussen warhoofden die de waarheid niet meer bezitten en de godsdienst zien als een middel om er rijker van te worden.

⁶Nu is de godsdienst inderdaad een grote rijkdom, als men maar tevreden is met wat men heeft. ⁷Want wij hebben in deze wereld niets meegebracht, en we kunnen er ook niets uit meenemen. ⁸Het moet ons voldoende zijn als we ons kunnen voeden en kleden. ⁹Want wie rijk willen worden, komen in verleiding en raken verstrikt in veel dwaze en schadelijke verlangens, die de mensen in verderf en ondergang storten. ¹⁰Want geldzucht is de wortel van alle kwaad. Sommigen die achter geld aanjagen, zijn van het geloof afgedwaald en hebben op veel manieren hun geweten geweld aangedaan.

Laatste instrukties

¹¹Maar jij, man van God, moet dat alles uit de weg gaan. Streef naar gerechtigheid, vroomheid, geloof, liefde, volharding en vriendelijkheid. ¹²Span je in voor de goede wedloop van het geloof en behaal de prijs van het eeuwige leven. Daartoe ben je geroepen, toen je in het bijzijn van veel getuigen geloofsbelijdenis deed. ¹³Voor het aanschijn van God, die aan alles leven geeft, en van Jezus Christus die tegenover Pontius Pilatus zo'n goed getuigenis aflegde, beveel ik je: ¹⁴volg deze instruktie stipt en onberispelijk op tot de dag waarop onze Heer Jezus Christus zal verschijnen. ¹⁵Zijn verschijning zal op de juiste tijd plaatsvinden op bevel van God, de goede en enige heerser, de hoogste koning en de opperste Heer, ¹⁶de enige die onsterfelijk is en woont in een ontoegankelijk licht, en die geen mens aanschouwd heeft of kan aanschouwen. Aan hem eer en eeuwige macht! Amen.

¹⁷Degenen, die het in dit aardse bestel rijk hebben, moet je op het hart drukken, niet hoogmoedig te zijn en hun hoop niet te stellen op zoiets onzekers als rijkdom, maar op God die ons alles rijkelijk te genieten geeft. ¹⁸Zeg hun wèl te doen, rijk te worden door goede werken, vrijgevig te zijn en milddadig. ¹⁹Zo verzekeren ze zich een

goede belegging voor de toekomst, die hun in staat stelt in het bezit te raken van het leven dat echt leven is.

²⁰Timoteüs, bewaar wat je is toevertrouwd en keer je af van die onzalige beuzelarijen en tegenwerpingen, van wat met een valse naam kennis heet. ²¹Bepaalde lieden die deze kennis aanhangen, zijn het spoor van het geloof bijster geraakt.

God zij u allen genadig.

De tweede brief aan Timoteüs

1 Van Paulus, apostel van Christus Jezus door de wil van God, en gezonden om de belofte bekend te maken aangaande het leven dat verborgen ligt in Christus Jezus:
²aan Timoteüs, mijn geliefd kind.
Ik wens je de goedgunstigheid, de barmhartigheid en de vrede van God, de Vader, en van Christus Jezus, onze Heer.

Schaam je niet voor het evangelie

³Ik breng dank aan God, die ik evenals mijn voorouders met een zuiver geweten dien. Ik dank hem als ik in mijn gebeden voortdurend aan je moet denken, dag en nacht. ⁴Als ik denk aan je tranen, verlang ik je terug te zien om weer helemaal gelukkig te zijn. ⁵Mijn gedachten gaan uit naar je oprecht geloof. Vóór jou leefde dat geloof in je grootmoeder Loïs en in je moeder Eunike, en, daar ben ik van overtuigd, nu ook in jou. ⁶Daarom herinner ik je eraan, het vuur aan te wakkeren van de gave die God je geschonken heeft, toen ik je de handen oplegde. ⁷Want God heeft ons niet bezield met lafhartigheid maar met kracht, liefde en zelfbeheersing.

⁸Schaam je niet om van onze Heer te getuigen, schaam je ook niet voor mij die om hem gevangen zit. Maar draag je deel in het lijden voor de zaak van het evangelie met de kracht die God je geeft. ⁹Hij heeft ons gered en ons geroepen om ons aan hem toe te wijden, niet omdat wij iets gepresteerd hadden, maar omdat het zijn eigen besluit was ons genadig te zijn. Die genade heeft hij voor het begin van de wereld voor ons weggelegd in Christus Jezus. ¹⁰Maar nu heeft hij die openbaar gemaakt door de verschijning van onze redder, Christus Jezus. Deze heeft aan de macht van de dood een einde gemaakt en door het evangelie de weg geopend naar een onvergankelijk leven.

¹¹Ik ben in dienst gesteld van dat evangelie als heraut, apostel en leraar. ¹²Dat is ook de reden waarom ik dit alles moet verduren. Maar ik ben niet moedeloos. Want ik weet aan wie ik mij heb toevertrouwd, en ik ben er zeker van dat hij in staat is, wat hij bij mij in bewaring heeft gegeven, veilig te behouden tot de grote dag aanbreekt. ¹³Neem als leidraad de gezonde beginselen die ik je geleerd heb, leef in het geloof en de liefde, waarvan Christus Jezus de bron

is, ¹⁴en bewaar de schat die je is toevertrouwd veilig, met de hulp van de heilige Geest die in ons woont.

¹⁵Zoals je weet, heeft iedereen uit Asia mij in de steek gelaten, ook Fygelus en Hermogenes. ¹⁶Maar het is mijn wens dat de Heer zijn goedheid bewijst aan Onesiforus en zijn gezin. Want hij is mij herhaalde malen komen opbeuren en heeft zich er niet voor geschaamd dat ik in de gevangenis zat. ¹⁷Integendeel, bij zijn aankomst in Rome heeft hij net zo lang geïnformeerd tot hij me vond. ¹⁸Ik bid de Heer dat Onesiforus genade vindt in zijn ogen op de dag van het oordeel. En welke diensten hij mij bewezen heeft in Efeze, dat weet je zelf heel goed.

Een goed dienaar van Christus Jezus

2 En jij, mijn kind, sta sterk door de genade die ons deel is door onze eenheid met Christus Jezus. ²Geef het onderricht, dat je mij hebt horen geven in het bijzijn van veel getuigen door aan mannen op wie je aan kunt en die bekwaam zijn ook anderen te onderrichten.

³Draag je deel van de ontberingen als een goed soldaat van Christus Jezus. ⁴Een soldaat in aktieve dienst laat zich niet in met zaken van het burgerleven, als hij de bevelvoerende officier tevreden wil stellen. ⁵En een atleet wint alleen de prijs als hij zich houdt aan de spelregels. ⁶De boer die het zware werk doet, heeft het eerst recht op de oogst. ⁷Denk eens over mijn woorden na; de Heer zal je alles helpen begrijpen.

⁸Houd voor ogen dat Jezus Christus, een nakomeling van David, opgewekt is uit de dood. Dat is de inhoud van mijn evangelie. ⁹Omdat ik dit evangelie verkondig, moet ik lijden, moet ik zelfs als een misdadiger gevangen zitten. Maar het woord van God laat zich niet in boeien slaan. ¹⁰Daarom verdraag ik alles ten bate van hen die God zich heeft uitgekozen. Dan zullen ook zij in Christus Jezus redding en eeuwig geluk vinden. Dit is een waar woord:

¹¹"Als we met hem gestorven zijn,
zullen we ook met hem leven;
¹²als we volharden,
zullen we ook met hem heersen;
als we hem verloochenen,
zal hij ons verloochenen;
¹³worden wij ontrouw, hij blijft trouw:
zichzelf verloochenen kan hij immers niet."

Laat je niet in met dwaze diskussies

¹⁴Blijf dit de gelovigen voorhouden, en bezweer hun bij God, op te houden met twisten over woorden. Het leidt tot niets; het kan alleen de toehoorders schade doen. ¹⁵Zorg ervoor dat God je werk goedkeurt. Wees als een arbeider die zich niet hoeft te schamen voor zijn werk, en schipper niet met de boodschap van de waarheid. ¹⁶Ga dat onzalig en leeg gepraat uit de weg. Wie zich ermee bezighouden, zullen de mensen steeds verder van God verwijderen, ¹⁷en hun leer zal zich als een kankergezwel uitzaaien. Tot hen behoren Hymeneüs en Filetus. ¹⁸Zij zijn van de waarheid afgeweken door te beweren dat de opstanding al heeft plaatsgehad. Daarmee brengen zij sommige gelovigen aan het wankelen. ¹⁹Maar de fundering die God heeft gelegd, valt niet te verwrikken. Er staan de volgende woorden ingebeiteld: "De Heer kent wie hem toebehoren," en: "Ieder die zegt dat hij de Heer toebehoort, moet het kwaad uit de weg blijven."

²⁰In een groot huis heb je niet alleen voorwerpen van goud en zilver, maar ook van hout en aardewerk. De eerste zijn voor feestelijke gelegenheden, de laatste voor alledaags gebruik. ²¹Wie zich van dat kwaad heeft schoongewassen, zal ingezet worden voor een verheven doel; hij zal een toegewijd medewerker zijn, een geschikt instrument dat de eigenaar voor elk goed doel kan gebruiken. ²²Ga de passies van de jeugd uit de weg, en streef naar recht, trouw, liefde en vrede, samen met allen die oprecht de hulp van de Heer inroepen. ²³Laat je niet in met die dwaze en onredelijke diskussies.

Je weet dat er alleen maar ruzies van komen. ²⁴Een dienstknecht van de Heer mag geen ruzie maken. Hij moet tegenover iedereen vriendelijk wezen, en een goede en geduldige leraar zijn, ²⁵die zijn opponenten zacht terechtwijst. Misschien geeft God hun de kans, tot inkeer te komen en de waarheid te kennen. ²⁶Dan zullen ze zich bezinnen en zich losmaken uit de strikken van de duivel, die hen gevangen houdt en in zijn macht heeft.

Zware tijden breken aan

3 Onthoud het volgende goed: wanneer de laatste dagen van deze wereld aanbreken, komen er zware tijden. ²De mensen zullen egoïstisch zijn en op geld belust, verwaand en hoogmoedig, godslasterlijke taal spreken en gehoorzaamheid weigeren aan hun ouders; ze zullen ondankbaar zijn, godverlaten ³en liefdeloos, onvermurwbare kwaadsprekers, die zichzelf niet beheersen en wreed en onmenselijk zijn tegenover anderen; ⁴verraderlijk, roekeloos en opgeblazen, meer gehecht aan genot dan aan God; ⁵ze houden zich aan de uiterlijke vorm van onze godsdienst, maar ze verwerpen de kern ervan. Houd dergelijke lieden op een afstand. ⁶Sommigen van hen dringen in bepaalde kringen binnen en krijgen goedgelovige vrouwen in hun macht die, gebukt onder hun zondig verleden en gedreven door allerlei passies, ⁷altijd onderricht willen worden maar nooit in staat zijn de waarheid te leren kennen. ⁸Zoals Jannes en Jambres tegen Mozes in opstand kwamen, zo verzetten ook zij zich tegen de waarheid, wargeesten als ze zijn en mislukkelingen in het geloof. ⁹Maar ze zullen maar kort sukses hebben, want hun onverstand zal al spoedig iedereen duidelijk worden, zoals dat ook het geval was bij Jannes en Jambres.

Laatste instrukties

¹⁰Maar jij bent me steeds gevolgd in mijn leer, mijn manier van leven en mijn streven; in mijn geloof, geduld, liefde en volharding, ¹¹in vervolgingen en ontberingen, en in alles wat mij is overkomen in Antiochië, Ikonium en Lystra. Wat voor vervolgingen heb ik al niet moeten verduren! Maar de Heer heeft mij uit alle moeilijke situaties gered. ¹²Overigens, allen die godvruchtig en christelijk willen leven, zullen vervolgd worden. ¹³Maar schurken en oplichters vervallen van kwaad tot erger, door niet alleen anderen maar ook zichzelf te misleiden. ¹⁴Wat jou aangaat, blijf bij de waarheid die je als vaststaand hebt aangenomen. Je weet wie je leraars waren. ¹⁵Van jongs af ben je vertrouwd met de heilige Schrift, waaruit

je wijsheid kunt putten en die je redding kan brengen door het geloof in Christus Jezus. ¹⁶Alles wat hierin staat, is door God geïnspireerd en bruikbaar voor het onderrichten van de waarheid, het weerleggen van dwalingen, het herstellen van fouten en voor de opvoeding tot een rechtschapen leven. ¹⁷Zo zal de man die God dient, berekend zijn voor zijn taak en toegerust voor elk goed werk.

4 Ik bezweer je voor God en voor Christus Jezus, die levenden en doden zal oordelen, ik bezweer je bij zijn komst en zijn koninkrijk: ²verkondig de boodschap, dring aan, of het nu gelegen komt of niet, overtuig, berisp, moedig aan, onderricht in alle geduld. ³Want er komt een tijd dat de mensen niet langer luisteren naar de gezonde leer, maar hun eigen invallen volgen en een aantal leraars om zich heen verzamelen die zeggen wat ze graag horen. ⁴Ze zullen voor de waarheid hun oren sluiten en alleen maar aan de myten aandacht schenken. ⁵Blijf jij echter in alle omstandigheden nuchter; draag het lijden, doe je werk als evangelist en volbreng je taak.

⁶Wat mij aangaat, mijn bloed vloeit al, het uur van mijn heengaan is aangebroken. ⁷Ik heb de wedloop tot een goed einde gebracht, de afstand afgelegd, het geloof bewaard. ⁸Wat mij nog wacht, is de prijs, de krans van de gerechtigheid die de Heer, de rechtvaardige rechter, mij zal omhangen op de grote dag, en niet alleen mij, maar ook allen die verlangend hebben uitgezien naar zijn komst.

De Heer redt mij

⁹Probeer zo gauw mogelijk bij me te komen. ¹⁰De liefde van Demas ging uit naar deze wereld: hij heeft me in de steek gelaten en is vertrokken naar Tessalonica. Crescens is naar Galatië gegaan en Titus naar Dalmatië. ¹¹Alleen Lucas is bij me. Haal Marcus op en neem hem met je mee; hij is een bruikbare kracht voor me. ¹²Ik heb Tychikus naar Efeze gestuurd. ¹³Als je komt, breng dan mijn cape mee die ik in Troas bij Karpus heb laten liggen, en ook de boeken, vooral de perkamenten.

¹⁴Alexander, de koperslager, heeft mij veel kwaad gedaan. De Heer zal hem zijn verdiende loon geven. ¹⁵Wees voor hem op je hoede. Hij heeft onze woorden hevig bestreden.

¹⁶Toen ik de eerste keer moest voorkomen, heeft niemand mij bijgestaan; iedereen heeft me in de steek gelaten. Moge God het hun niet aanrekenen! ¹⁷Maar de Heer heeft mij ter zijde gestaan en mij kracht gegeven. Daardoor kon ik de verkondiging tot een goed einde brengen, met als resultaat dat alle volken van de boodschap hebben gehoord. En ik ben gered uit de muil van de leeuw. ¹⁸Ja, de Heer zal mij redden uit elke benarde situatie en mij veilig overbrengen naar zijn hemels koninkrijk. Aan hem de eer, voor altijd en eeuwig! Amen.

Groeten

¹⁹Doe de groeten aan Prisca en Aquila, en aan Onesiforus en zijn gezin. ²⁰Erastus is in Korinte gebleven. Trofimus heb ik in Milete ziek moeten achterlaten. ²¹Probeer nog voor de winter te komen.

Eubulus, Pudens, Linus, Claudia en alle christenen hier groeten je.

²²De Heer sta je bij.
Hij zij jullie genadig.

De brief aan Titus

1 Van Paulus, dienaar van God en apostel van Jezus Christus. Ik heb de opdracht hen die God heeft uitgekozen, te sterken in het geloof en ze te onderrichten in de waarheid van onze godsdienst, ²die hoop geeft op eeuwig leven. God, die niet liegt, heeft ons lang geleden dat leven beloofd. ³Maar nu heeft hij de tijd rijp bevonden, zijn boodschap openbaar te maken door de verkondiging. En die is mij toevertrouwd in opdracht van God, onze redder.

⁴Aan Titus, mijn wettig kind in het geloof dat ons gemeenschappelijk is.

Ik wens je de goedgunstigheid en de vrede van God, de Vader, en van Christus Jezus, onze redder.

Titus' werk op Kreta

⁵Ik heb je op Kreta achtergelaten om de resterende zaken te regelen en in elke stad kerkelijke leiders aan te stellen. Houd je aan mijn richtlijnen. ⁶Het moeten mannen zijn op wie niets valt aan te merken; ze moeten trouw zijn aan hun vrouw, en hun kinderen moeten gelovig zijn en niet beschuldigd kunnen worden van een losbandig leven of opstandigheid. ⁷Een kerkelijk bestuurder is de zaakwaarnemer van God. Daarom mag er op hem niets zijn aan te merken: hij mag niet zelfingenomen wezen, niet driftig, niet aan wijn verslaafd, niet opvliegend, niet op winst belust, ⁸maar gastvrij, goedwillend, verstandig, rechtvaardig, onkreukbaar en gematigd. ⁹Hij moet vasthouden aan de ware leer, waarin hij is onderricht. Alleen dan zal hij in staat zijn om met de gezonde leer de mensen aan te moedigen en de opposanten te weerleggen.

¹⁰Want er zijn, vooral onder de Joodse christenen, nogal wat opstandige lieden, die met hun dwaze diskussies anderen misleiden. ¹¹Men moet hun de mond snoeren, want ze richten hele gezinnen te gronde door uit verwerpelijk winstbejag dingen te leren die geen pas geven. ¹²Iemand uit Kreta, een profeet nog wel, heeft gezegd: "Kretenzen zijn altijd leugenaars geweest, gemene beesten, luie vreters." ¹³Wat hij zei, is waar. Daarom moet je hen streng terechtwijzen: het gaat erom hun geloof gezond te maken. ¹⁴Ze moeten zich niet bezighouden met Joodse fabels en met voorschriften, uitgedacht door mensen die de waarheid vaarwel hebben gezegd. ¹⁵Voor wie

rein zijn, is alles rein, maar voor wie besmet zijn met ongeloof, is niets rein, omdat hun verstand en hun geweten bedorven zijn. ¹⁶Zij beweren God te kennen, maar hun daden spreken dat tegen. Het zijn afschuwelijke, weerspannige mensen die voor niets deugen.

De gezonde leer

2 Het is jouw taak te verkondigen wat met de gezonde leer in overeenstemming is. ²Mannen op leeftijd moeten matig zijn, waardig en beheerst, en gezond naar geloof, liefde en geduld. ³Zo moeten ook de oudere vrouwen zich waardig gedragen. Ze mogen niet kwaadspreken of verslaafd zijn aan de drank. Ze moeten wijze raad weten te geven, ⁴en de jonge vrouwen leren hun man en kinderen lief te hebben, ⁵verstandig en kuis te zijn, en goede huisvrouwen, die hun mannen gehoorzamen. Dan komt de boodschap van God niet in opspraak.

⁶Spoor de jongemannen aan tot verstandig gedrag. ⁷Geef hun een goed voorbeeld. Wees bij je onderricht eerlijk en ernstig, ⁸en bezig gezonde taal die niet blootstaat aan kritiek. Elke tegenstander zal dan beschaamd staan en niets kwaads van ons kunnen zeggen.

⁹Slaven moeten hun meesters in alle omstandigheden gehoorzamen, het hun naar de zin maken, niet tegenspreken ¹⁰en niets achteroverdrukken, maar zich strikt betrouwbaar tonen; dan zullen zij in alles wat ze doen, het aanzien verhogen van de leer van God, onze redder.

¹¹Want Gods genade, die heilzaam is voor alle mensen, is verschenen. ¹²Ze voedt ons op en leert ons dat we ons moeten afkeren van ons goddeloos leven en onze wereldse verlangens en dat we bezonnen, rechtvaardig en vroom moeten leven in deze wereld, ¹³in afwachting van het geluk waar we op hopen: de manifestatie van de heerlijkheid van onze grote God en redder, Christus Jezus. ¹⁴Hij heeft zichzelf voor ons opgeofferd om ons vrij te maken van elke ongerechtigheid en om ons te vormen tot een volk, dat gereinigd is van zonde, hem alleen toebehoort en zich inzet voor het goede.

¹⁵Spreek hierover, en gebruik al je gezag als je aanmoedigt en uitleg geeft. Geef niemand gelegenheid op je neer te kijken.

Gods liefde voor de mensen

3 Wijs allen op de plicht van onderwerping aan overheid en gezag. Ze moeten hun gehoorzamen en bereid zijn alles te doen wat goed is. ²Zeg dat ze van niemand kwaadspreken en met niemand ruzie zoeken, maar tegen alle mensen vriendelijk zijn en hartelijk.

³Want ook wij waren vroeger zonder inzicht, ongehoorzaam aan God, op de verkeerde weg, en slaven van allerlei verlangens en genoegens. We leefden in een sfeer van gemeenheid en afgunst; we waren gehaat en we haatten elkaar. ⁴Maar de goedheid en de mensenliefde van God, onze redder, is toen verschenen, ⁵en hij heeft ons bevrijd, niet omdat wij iets goeds gepresteerd hadden, maar omdat hij zo barmhartig is. Hij heeft dat gedaan door het waterbad van de wedergeboorte en door de vernieuwende kracht van de heilige Geest. ⁶En die Geest heeft hij overvloedig over ons uitgestort door Jezus Christus, onze redder. ⁷Zo zijn we door zijn genade gerechtvaardigd, en erfgenamen geworden van het eeuwige leven waar we op hopen. ⁸Dat zijn ware woorden.

Ik wil dat je deze zaken bijzonder benadrukt, zodat zij die in God geloven, zich ijverig toeleggen op goede werken. Dat is goed, en de mensen hebben er baat bij. ⁹Maar laat je niet in met strijdvragen over stambomen, en met meningsverschillen en twisten over de wet. Dat alles is nutteloos en dwaas. ¹⁰Iemand die tweespalt veroorzaakt, moet je na een eerste en tweede waarschuwing links laten liggen. ¹¹Je weet dat zo iemand op de verkeerde weg is en met zijn zonden zichzelf veroordeelt.

Laatste instrukties

¹²Zodra ik Artemas of Tychikus naar je heb gestuurd, moet je zo vlug mogelijk bij me komen in Nikopolis. Ik heb namelijk besloten daar de winter door te brengen. ¹³Bereid de reis van Zenas, de rechtsgeleerde, en van Apollos zo goed mogelijk voor: ze moeten van alles zijn voorzien. ¹⁴Ook onze mensen moeten leren zich bezig te houden met eerlijke arbeid. Daarmee voorzien ze in de noodzakelijke levensbehoeften en maken ze zich produktief.

¹⁵De groeten van allen die bij me zijn. Groet onze vrienden in het geloof.

God zij u allen genadig.

De brief aan Filemon

¹Van Paulus, die voor Christus Jezus gevangen zit, en van onze broeder Timoteüs:
    aan onze vriend en medewerker Filemon, ²onze zuster Apfia, onze strijdmakker Archippus en ook aan de gemeente die bij u thuis samenkomt.
    ³Ik wens u de goedgunstigheid en de vrede van God, onze Vader, en van de Heer Jezus Christus.

Filemons liefde en geloof

⁴Ik dank mijn God, iedere keer dat ik u in mijn gebeden vermeld. ⁵Want ik hoor van de liefde en de trouw die u de Heer Jezus en het hele volk van God bewijst. ⁶En dan bid ik, dat het geloof dat u en ik delen, u een dieper inzicht geeft in al het goede dat wij voor Christus kunnen doen. ⁷Uw liefde, broeder, waarmee u de harten van de gelovigen hebt verkwikt, bezorgde mij veel vreugde en troost.

Pleidooi voor Onesimus

⁸Als uw broeder in Christus heb ik het volste recht u op uw plicht te wijzen. ⁹Toch geef ik om reden van uw liefde de voorkeur aan een verzoek. Dat doe ik, Paulus, als een oud man, die nu ook nog gevangen zit om Christus Jezus. ¹⁰Ik pleit voor mijn kind, voor Onesimus, van wie ik hier in de gevangenis de geestelijke vader geworden ben. ¹¹Van nut is hij u indertijd niet geweest, maar nu is hij een bruikbare kracht, voor u en voor mij.
¹²Ik stuur hem, mijn oogappel nog wel, naar u terug. ¹³Ik had hem graag bij me gehouden. Dan had hij mij namens u kunnen verzorgen, nu ik om het evangelie gevangen zit. ¹⁴Maar ik heb niets buiten u om willen doen: als u goed doet, moet dat niet uit dwang maar uit vrije wil gebeuren.
    ¹⁵Misschien hebt u hem juist een tijdlang moeten missen om hem voorgoed terug te krijgen. ¹⁶En nu niet meer als slaaf, maar als iets veel meer dan dat, als een geliefde broeder. Voor mij is hij dat al; hoeveel meer dan voor u, als mens en als christen!
    ¹⁷Als u zich dus met mij verbonden voelt, ontvang hem dan zoals u het mij zou doen. ¹⁸Mocht hij u benadeeld hebben of u iets schul-

dig zijn, breng het mij dan in rekening. ¹⁹Hier hebt u mijn handtekening: ik, Paulus, zal het u betalen. Ik ga er dan maar aan voorbij dat u mij uw eigen leven schuldig bent! ²⁰Kom, broeder, in 's Heren naam, wees nu mij eens van nut. Stel mijn hart gerust om Christus' wil.

²¹Ik schrijf u in vertrouwen op uw bereidwilligheid; ik weet dat u nog meer zult doen dan ik vraag. ²²Breng tegelijk ook voor mij een kamer in gereedheid. Want ik heb alle hoop dat God mij, dank zij uw gebeden, aan u zal terug geven.

Slot en groet

²³Epafras die met mij gevangen zit om ons geloof in Christus, doet u de groeten; ²⁴zo ook Marcus, Aristarchus, Demas en Lucas, medewerkers van me.

²⁵De Heer Jezus Christus zij u genadig.

De brief aan de Hebreeërs

God heeft gesproken door zijn Zoon

1 In het verleden heeft God vaak en op veel manieren tot onze voorvaders gesproken door de profeten; ²nu, op het einde der tijden, heeft hij tot ons gesproken door zijn Zoon. Hem heeft hij alles in bezit gegeven; door hem ook heeft hij hemel en aarde geschapen. ³De Zoon is de afstraling van Gods heerlijkheid en de afdruk van zijn wezen. Door zijn machtig woord houdt hij alles in stand. Hij heeft de mensheid gereinigd van haar zonden en daarna heeft hij plaats genomen aan de rechterzijde van Gods majesteit in de hemel.

De Zoon is boven de engelen verheven

⁴Hij is hoog boven de engelen verheven, zoals blijkt uit de veel verhevener titel die hij ontvangen heeft. ⁵Want God heeft nooit tegen een van zijn engelen gezegd:
 "Jij bent mijn Zoon;
 ik heb je vandaag verwekt."
Of:
 "Ik zal zijn Vader zijn
 en hij mijn Zoon."
⁶En wanneer hij zijn eerstgeborene weer de wereld binnenleidt, zegt hij:
 "Alle engelen van God moeten hem hulde brengen."
⁷Over de engelen zegt hij:
 "Hij maakt van zijn engelen stormwinden
 en van zijn dienaars vlammen van vuur."
⁸Over zijn Zoon echter:
 "Uw troon, o God, zal in eeuwigheid niet wankelen
 en over uw koninkrijk heerst u rechtvaardig.
 ⁹U hebt gerechtigheid lief en haat het onrecht.
 Daarom, o God, heeft uw God u uitgekozen
 en u een veel grotere eer gegeven dan aan uw vrienden."
¹⁰En elders:
 "In het begin, o Heer, hebt u de aarde gebouwd
 en de hemel met eigen handen gemaakt.

¹¹Zij zullen verdwijnen, maar u blijft.
Zij zullen verslijten als kleren.
¹²U zult ze opvouwen als een kleed,
als kleren zullen ze verwisseld worden.
U echter blijft dezelfde en uw jaren raken niet op."
¹³Maar tegen geen van zijn engelen heeft hij ooit gezegd:
"Ga hier rechts van mij zitten,
totdat ik uw vijanden aan uw voeten heb gelegd."
¹⁴Wat zijn de engelen anders dan geesten die God dienen en die worden uitgestuurd om hen te helpen voor wie het heil is weggelegd?

De boodschap van het heil

2 We moeten dus meer dan gewone aandacht hebben voor wat we horen. Anders raken we uit de koers. ²De boodschap die door tussenkomst van engelen is bekendgemaakt, was van een zo grote waarde dat iedereen die zich niets van haar aantrok en niet naar haar luisterde, zijn verdiende straf kreeg. ³Zullen wij er dan zonder straf afkomen, als wij geen acht slaan op de heilsboodschap die het eerst door de Heer zelf is bekendgemaakt? Degenen die deze boodschap gehoord hebben, gaven haar getrouw aan ons door, ⁴en God liet zijn instemming blijken door tekenen, wonderen en allerlei machtige daden. Bovendien deelde hij de heilige Geest uit zoals hij dat wilde.

Jezus, de broeder van de mensen

⁵God heeft de woonstad van de toekomst, waar we het hier over hebben, niet onder het gezag van engelen geplaatst. ⁶Integendeel, er staat ergens in de Schrift:
"Wat is de mens dat u aan hem denkt,
het mensenkind dat u naar hem omziet?
⁷Slechts voor kort hebt u hem bij engelen achtergesteld.
Met luister en eer hebt u hem gekroond,
⁸hem alles onderworpen en aan zijn voeten gelegd."
Dat God alles aan hem onderworpen heeft, houdt in, dat niets is uitgezonderd. Nu zien we nog niet, dat alles aan hem is onderworpen. ⁹Maar wel zien we hoe Jezus voor een korte tijd bij de engelen is achtergesteld om door de goedheid van God voor alle mensen te sterven. Om de dood die hij heeft ondergaan, heeft God hem met luister en eer gekroond. ¹⁰Want God, de schepper en het einddoel van alle dingen, wilde Jezus, als wegbereider van het heil, door lijden heen tot volmaaktheid brengen, om zo veel van zijn kinderen

de hemelse heerlijkheid binnen te leiden.

¹¹Hij die de mensen aan God wijdt, en al degenen die door hem aan God gewijd zijn, hebben dezelfde Vader. Daarom schaamt hij zich er ook niet voor hen zijn broers te noemen. Zo zegt hij:

¹²"Ik zal over u, o God, spreken tot mijn broeders,
uw lof zingen in het midden van de gemeente."

¹³Ook zegt hij nog: "Ik zal mijn vertrouwen op God stellen." En: "Hier ben ik met de kinderen die God me heeft gegeven."

¹⁴Nu zijn die kinderen kinderen van vlees en bloed. Daarom heeft hij dat bestaan willen delen om door zijn dood de duivel, die de dood onder zijn macht heeft, te vernietigen, ¹⁵en om al degenen die heel hun leven lang onder de angst voor de dood gebukt gingen, te verlossen van de slavernij. ¹⁶Het is duidelijk dat hij niet de engelen, maar de afstammelingen van Abraham te hulp is gekomen. ¹⁷Vandaar dat hij zijn broers in alles gelijk moest worden. Dat gaf hem de gelegenheid om in zijn dienst aan God als een medelijdend en getrouw hogepriester boete te doen voor de zonden van het volk. ¹⁸Omdat hij zelf beproevingen heeft ondergaan, kan hij allen die beproefd worden, bijstaan.

Jezus groter dan Mozes

3 Broeders, u die door God geroepen bent en hem toebehoort: richt uw ogen op Jezus die God gezonden heeft als de hogepriester van onze godsdienst. ²Hij was trouw aan God die hem heeft aangesteld, zoals ook Mozes trouw geweest is in zijn werk in het hele huis van God. ³Maar Jezus is een grotere eer waardig dan Mozes, omdat de bouwer van het huis meer eer verdient dan het huis zelf. ⁴Elk huis is door iemand gebouwd, maar het heelal is gebouwd door God. ⁵Mozes nam binnen het geheel van het huis van God de vertrouwenspost van een dienaar in: hij had de taak te getuigen van de woorden die God zou spreken. ⁶Maar Christus is trouw als een zoon die aangesteld is over het huis van zijn vader. In dit huis zijn wij thuis, als we tenminste moedig en fier volharden tot het einde en vasthouden aan wat we hopen.

De rust, die God zijn volk heeft toegedacht

⁷Luister dus naar hetgeen de heilige Geest u te zeggen heeft:
"Als u vandaag zijn stem hoort,
⁸sluit dan niet uw hart,
zoals die keer toen u tegen God opstond
tijdens de beproeving in de woestijn.

⁹Daar hebben uw voorouders mij getergd en uitgedaagd,
   hoewel ze veertig jaar lang zagen wat ik deed.
¹⁰Daarom was ik op die mensen vertoornd.
   Ik zei: 'Altijd dwaalt hun hart,
   mijn wegen hebben ze niet leren kennen.'
¹¹En in mijn toorn heb ik gezworen:
   'Ze zullen mijn rustplaats niet binnengaan.'"

¹²Zorg er dus voor dat niemand van u door een verkeerde gezindheid ontrouw wordt aan de levende God en hem de rug toekeert. ¹³Nee, moedig elkaar elke dag aan, zolang dat "vandaag" nog klinkt; niemand van u mag zich door de zonde ertoe laten verleiden zijn hart te sluiten. ¹⁴Als we huisgenoten zijn van Christus, moeten we aan onze aanvankelijke overtuiging vasthouden en tot het einde toe pal staan.

¹⁵De Schrift zegt:
   "Als u vandaag zijn stem hoort,
   sluit dan niet uw hart,
   zoals die keer toen u tegen God opstond."

¹⁶Wie waren het dan die zijn stem hoorden en toch in opstand kwamen? Allen die door Mozes Egypte uit gebracht waren. ¹⁷Op wie was God veertig jaar lang vertoornd? Op hen die gezondigd hadden en dood in de woestijn waren neergevallen. ¹⁸Aan wie heeft hij onder ede de toegang tot zijn rustplaats ontzegd? Waren zij dat niet die hem gehoorzaamheid weigerden? ¹⁹Ze konden er niet

binnen, omdat ze niet geloofden, dat is duidelijk.

4 Nu geldt Gods toezegging dat we mogen binnenkomen om te delen in zijn rust, nog steeds. We moeten er dus voor oppassen, dat achteraf niet blijkt dat iemand van u is achtergebleven. ²Zowel zij als wij hebben het grote nieuws gehoord. Nu hebben zij van de boodschap die ze vernamen, geen voordeel gehad: ze hoorden zonder te geloven. ³Maar wij, die wel geloofd hebben, gaan naar binnen om met hem te rusten. In de Schrift staat hierover:

"In mijn toorn heb ik gezworen:
'Zij zullen mijn rustplaats niet binnengaan.'"

Dit zegt God hoewel hij zijn werk al sinds de schepping van de wereld beëindigd heeft. ⁴Van de zevende dag wordt immers gezegd: "God rustte op de zevende dag uit van al zijn werk." ⁵En toch lezen we: "Nooit zullen ze binnenkomen om met mij te rusten." ⁶Het feit blijft dus dat er een rustplaats is waarin sommige mensen binnengaan, maar zij die het eerst het grote nieuws gehoord hebben, zijn er niet binnengekomen, omdat zij weigerden te gehoorzamen. ⁷Daarom stelde God, zoals we al gezien hebben, een andere dag vast, dat "vandaag", waarover hij vele jaren later David liet zeggen:

"Als u vandaag zijn stem hoort,
sluit dan niet uw hart."

⁸Als Jozua het volk de rustplaats van God had binnengebracht, zou God daarna niet meer over een andere dag gesproken hebben. ⁹Het volk van God staat de echte sabbatsrust dus nog te wachten. ¹⁰Want ieder die de rustplaats van God binnengaat, rust uit van zijn werk, zoals God van het zijne. ¹¹We moeten ons dus inspannen die rustplaats binnen te gaan en ervoor oppassen dat we niet door ongehoorzaamheid in dezelfde fout vervallen als zij.

¹²Want het woord van God is levend en krachtig. Het snijdt scherper dan een tweesnijdend zwaard. Het dringt door tot het punt waar ziel en geest, merg en been elkaar raken. Het ontleedt de verlangens en de gedachten van de mens. ¹³Geen schepsel is voor hem verborgen; alles ligt open en bloot voor zijn ogen. Hem moeten we rekenschap afleggen.

Jezus, de hogepriester

¹⁴Laten we vasthouden aan het geloof dat we belijden. Want we hebben een verheven hogepriester die de hemel is binnengegaan – Jezus, de Zoon van God. ¹⁵Onze hogepriester kan volledig meevoelen met onze zwakheden. Hij heeft alle beproevingen net zo ondergaan als wij. Alleen, gezondigd heeft hij niet. ¹⁶We kunnen

dus vol vertrouwen verschijnen voor de troon van de genadige God. Daar zullen we barmhartig worden behandeld en genade vinden nu het nog tijd is.

5 Een mens wordt altijd als hogepriester gekozen om zijn medemensen bij God te vertegenwoordigen en om gaven en offers te brengen voor hun zonden. ²Doordat hij ook zelf zwakheden kent, is hij in staat geduld te hebben met onwetenden en dwalenden. ³Om reden van diezelfde zwakheden moet hij de offers die hij voor de zonden van zijn volk opdraagt, evengoed voor zijn eigen zonden brengen. ⁴Ook kan niemand zichzelf die waardigheid aanmatigen. Men moet worden geroepen door God, zoals Aäron.

⁵Ook Christus heeft niet zichzelf de eer van het hogepriesterschap toegekend. Dat heeft God gedaan die tegen hem zei:
 "Jij bent mijn Zoon,
 ik heb je vandaag verwekt."
⁶En op een andere plaats:
 "Jij bent priester voor eeuwig,
 net als Melchisedek."
⁷Tijdens zijn aardse leven heeft hij God, die hem van de dood kon redden, gebeden en gesmeekt onder luid geroep en geween. En hij werd verhoord om zijn nederige overgave aan God. ⁸Ofschoon hij de Zoon van God was, heeft hij in de school van het lijden gehoorzaamheid geleerd, ⁹en toen hij de volmaaktheid had bereikt, is hij oorzaak van eeuwig heil geworden voor wie hem gehoorzamen, ¹⁰en heeft God hem uitgeroepen tot hogepriester zoals Melchisedek.

Waarschuwing tegen terugkeer naar de zonde

¹¹Hierover hebben we veel te zeggen. Het is moeilijk duidelijk te zijn, nu u zo traag van begrip bent. ¹²U die onderhand volleerd moest zijn, hebt weer onderricht nodig in de eerste beginselen van de goddelijke boodschap. In plaats van aan stevig voedsel hebt u behoefte aan melk. ¹³Wie zich met melk voedt, is een zuigeling, die geen weet heeft van goed en kwaad. ¹⁴Maar volwassenen gebruiken vast voedsel. Zij hebben door het gebruik van hun zinnen geleerd, onderscheid te maken tussen goed en kwaad.

6 Laten we daarom niet meer praten over de eerste beginselen van de christelijke boodschap. Laten we overgaan tot de volwassen leer en niet nog eens de grondslagen leggen, zoals het berouw over daden die ons de dood brengen, het geloof in God, ²het onderricht over doopgebruiken, de handoplegging, de opstanding van de doden en het eeuwige oordeel. ³Wij zullen dat doen, als God

het tenminste toestaat.

⁴Want degenen die zijn afgevallen, kunnen niet opnieuw tot inkeer worden gebracht. Zij zijn eens verlicht geweest. Zij hebben genoten van de hemelse gaven en hun deel ontvangen van de heilige Geest. ⁵Zij hebben de goedheid van Gods woord en de kracht van de toekomstige wereld ondervonden. ⁶En toen zijn zij afgevallen. Het is onmogelijk hen opnieuw tot inkeer en een nieuw leven te brengen. Zij hebben immers de Zoon van God opnieuw gekruisigd en openlijk te schande gemaakt.

⁷Land dat voortdurend de regen opneemt en voor de boeren die het bewerken goede gewassen voortbrengt, wordt door God gezegend. ⁸Land dat echter doorns en distels oplevert, is onbruikbaar. De tijd dat het door God vervloekt wordt, is niet ver meer, en tenslotte zal het worden afgebrand.

⁹Maar deze ernstige woorden, dierbare broeders, doen niets af aan onze overtuiging dat voor u het beste is weggelegd: het heil. ¹⁰God is immers rechtvaardig. Hij kan niet vergeten wat u, uit liefde voor hem, voor uw medechristenen hebt gedaan en nog doet. ¹¹Maar het is onze wens dat ieder van u even ijverig blijft als vroeger, tot het moment dat de dingen waar u op hoopt, uiteindelijk volledig werkelijkheid zijn geworden. ¹²U mag niet traag worden, nee, u moet hen navolgen die door geloof en geduld in het bezit komen van wat God heeft beloofd.

Het anker van de hoop

¹³Toen God aan Abraham zijn belofte deed, zwoer hij bij zichzelf, omdat hij niemand boven zich had om bij te zweren. ¹⁴Hij zei: "Ik beloof dat ik u zal zegenen en u een groot nageslacht zal geven." ¹⁵Door geduldig te wachten heeft Abraham gekregen wat hem be-

loofd was. ¹⁶Mensen zweren altijd bij een hogere instantie en de eed betekent voor hen een bekrachtiging die aan alle tegenspraak een eind maakt. ¹⁷Nu heeft God degenen voor wie de belofte bestemd is, nog eens extra de onwrikbaarheid van zijn besluit willen tonen door zijn belofte met een eed te bekrachtigen. ¹⁸Deze twee daden zijn onherroepelijk en maken het God onmogelijk ons te bedriegen. Voor ons die bij hem onze toevlucht zoeken, zijn ze dan ook een krachtige aansporing ons vast te klampen aan de hoop op wat voor ons ligt. ¹⁹Die hoop is een vast en veilig anker voor ons leven. Ze reikt tot voorbij het tempelgordijn. ²⁰Jezus, onze voorloper, is daar al binnengegaan. Hij is voor altijd hogepriester geworden, juist als Melchisedek.

Melchisedek

7 Deze Melchisedek was koning van Salem en priester van God, de allerhoogste. Toen Abraham terugkeerde van zijn overwinning op de koningen, kwam Melchisedek hem tegemoet en zegende hem, ²en Abraham gaf hem een tiende deel van de buit. Vooreerst betekent de naam Melchisedek "koning van gerechtigheid". Verder is hij ook nog koning van Salem, dat betekent "koning van vrede". ³Zijn vader, zijn moeder, zijn gehele afstamming zijn onbekend; we weten niets van het begin of het einde van zijn leven. Hij lijkt op de Zoon van God: hij blijft voor altijd priester.

⁴Hoe voornaam hij was, kunt u zien aan het feit dat aartsvader Abraham hem een tiende deel van de buit gaf. ⁵De nakomelingen van Levi die priester zijn, moeten in opdracht van de wet tienden van het inkomen van het volk als belasting heffen, van hun eigen volksgenoten dus, ook al stammen die zoals zij van Abraham af. Maar Melchisedek, die niet tot het geslacht van Levi behoort, heeft deze belasting geheven van Abraham zelf en hij heeft Abraham die de beloften van God had ontvangen, gezegend. ⁷Nu kan niemand ontkennen, dat wie zegent, groter is dan wie gezegend wordt. ⁸De priesters die tienden heffen, zijn bovendien sterfelijke mensen, maar van Melchisedek getuigt de Schrift dat hij leeft. ⁹Men kan zelfs zeggen dat Levi, die het recht heeft de tienden te heffen, zelf al belasting betaald heeft aan Melchisedek, namelijk door Abraham. ¹⁰Want Levi bestond nog wel niet, maar was toch in het lichaam van zijn voorvader toen Melchisedek Abraham tegemoet ging.

¹¹Het volk van Israël heeft de wet gekregen in samenhang met het Levitische priesterschap. Maar als het werk van de Levitische

priesters volmaakt was geweest, waarom moest er dan nog een andere priester worden aangesteld, een priester als Melchisedek en niet een opvolger van Aäron? ¹²Uit een verandering van priesterschap volgt noodzakelijkerwijs ook een andere wet. ¹³Onze Heer, van wie hier sprake is, behoorde tot een andere stam. Van zijn stam heeft nooit iemand de dienst aan het altaar verricht. ¹⁴Want we weten allemaal dat hij is voortgekomen uit Juda, een stam die Mozes in zijn bepalingen over de priesters niet vermeldt.

Een andere Melchisedek

¹⁵Het wordt allemaal nog duidelijker als we zien dat er een andere priester verscheen die – evenals Melchisedek – ¹⁶geen priester geworden is door menselijke wetten en bepalingen maar uit kracht van een onvergankelijk leven. ¹⁷Van hem wordt er verklaard: "Jij bent voor eeuwig priester zoals Melchisedek." ¹⁸Het bestaande voorschrift werd afgeschaft, omdat het onmachtig en nutteloos was. – ¹⁹Volmaaktheid heeft de wet van Mozes immers niet gebracht. – Maar een hoop op iets beters is ervoor in de plaats gekomen en die hoop brengt ons dichter tot God.

²⁰Daar komt ook nog Gods plechtige eed bij. Die anderen werden priester zonder dat God een eed zwoer. ²¹Maar toen hij priester werd, legde God een eed af: "De Heer heeft het gezworen en hij zal het niet herroepen: jij bent priester voor altijd." ²²Dit verschil maakt dat Jezus borg staat voor een verbond dat veel beter is.

²³Er is nog een verschil. In het Levitische priesterschap moesten telkens anderen priester worden, doordat de dood hun verhinderde aan te blijven. ²⁴Maar doordat Jezus eeuwig blijft leven, gaat zijn priesterschap op geen ander over. ²⁵Wie door zijn bemiddeling tot God naderen, kunnen door hem dan ook volledig worden gered: hij leeft altijd om voor hen te pleiten.

²⁶Zo'n hogepriester hadden we nu juist nodig: een die heilig, onschuldig en smetteloos is, iemand die onbereikbaar voor de zondaars leeft in de nabijheid van God. ²⁷De andere hogepriesters moesten elke dag opnieuw offers brengen voor hun eigen zonden en daarna voor die van het volk. Dat hoeft hij niet. Want hij heeft dat eens voor al gedaan toen hij zichzelf offerde. ²⁸De wet stelt als hogepriester mensen aan die met zwakheid zijn behept. Maar door de eed die God naderhand aflegde, werd de Zoon aangesteld als de eeuwige en volmaakte hogepriester.

Jezus onze hogepriester

8 De kern van ons betoog is: we hebben iemand als hogepriester die gezeten is aan de rechterzijde van de troon van de goddelijke majesteit in de hemel. ²Hij dient in het enige echte heiligdom, in de tent die niet door mensen is opgezet, maar door de Heer.

³Nu is iedere hogepriester aangesteld om gaven en offers te brengen. Ook onze hogepriester moet iets hebben om op te dragen. ⁴Was hij op aarde, dan zou hij helemaal geen priester zijn: daar zijn immers al priesters die gaven brengen zoals de wet dat voorschrijft. ⁵Maar hun dienstwerk is slechts een kopie en een schaduw van het hemelse. Dit was namelijk wat Mozes van God te horen kreeg toen hij het heiligdom ging bouwen: "Zorg ervoor dat je alles maakt volgens het model dat je op de berg te zien hebt gekregen." ⁶Maar het priesterlijke werk dat Jezus is toegewezen, is veel verhevener, zoals ook het verbond dat door zijn bemiddeling gesloten werd, beter is, omdat het op betere beloften berust.

⁷Als het eerste verbond geen tekorten had gekend, zou een tweede overbodig zijn geweest. ⁸Maar God hekelt zijn volk met deze woorden:

"Er komen tijden, zegt de Heer,
dat ik met het volk van Israël en dat van Juda
een nieuw verbond zal sluiten.
⁹Het zal anders zijn dan het verbond
dat ik indertijd met hun voorouders sloot
toen ik hen bij de hand nam en Egypte uitbracht.
Want zij hebben zich niet aan mijn verbond gehouden
en ik heb niet naar hen omgekeken, zegt de Heer.
¹⁰Dit is het verbond dat ik later
met het volk van Israël zal sluiten:
ik prent hun mijn wetten in
en ik druk ze hun op het hart.
Ik zal hun God zijn
en zij zullen mijn volk zijn.
¹¹Men hoeft dan niet meer zijn medeburgers te onderrichten.
Niemand hoeft dan nog tegen een ander te zeggen:
leer de Heer kennen.
Want iedereen zal mij kennen,
van de kleinste tot de grootste.
¹²Ik zal hun overtredingen door de vingers zien
en niet langer aan hun zonden denken."

¹³Door te spreken van een nieuw verbond, verklaarde hij het eerste verouderd. En alles wat oud en aftands wordt, zal spoedig verdwijnen.

De aardse en de hemelse eredienst

9 Ook het eerste verbond had liturgische voorschriften en een eigen heiligdom op aarde. ²Er was een tent opgezet waarvan het voorste gedeelte "het Heilige" heette. Daar stonden de kandelaar en de tafel met de offerbroden. ³Achter het tweede gordijn kwam het gedeelte dat men het "Allerheiligste" noemde. ⁴Daar bevonden zich het gouden reukofferaltaar en de kist van het verbond, die geheel met goud was overtrokken. In de kist waren de gouden vaas met het manna, de staf van Aäron die gebloeid had, en de stenen platen waarop de tekst van het verbond stond. ⁵Boven de verbondskist verhieven zich de schitterende cherubs die met hun vleugels de plek overschaduwden waar God om verzoening werd gesmeekt. We kunnen daar nu niet verder op ingaan.

⁶Zo was dus het heiligdom ingericht. De priesters gaan geregeld de eerste ruimte binnen om hun dienst te verrichten. ⁷Alleen de hogepriester betreedt eenmaal in het jaar het tweede gedeelte, en dan neemt hij bloed mee dat hij God offert voor zichzelf en voor de zonden die het volk in zijn onwetendheid heeft bedreven. ⁸De heilige Geest maakt hiermee duidelijk, dat de toegang tot het heiligdom niet vrij is zolang de eerste tent nog dienst doet. ⁹Dat oude heiligdom is een zinnebeeld van de huidige tijd. Er worden daar gaven en offers gebracht die de offeraar innerlijk niet zuiveren. ¹⁰Het gaat er om spijzen, dranken en allerlei rituele reinigingen, om uiterlijke voorschriften die slechts gelden tot de tijd dat God alles herstelt.

¹¹Maar Christus is gekomen als de hogepriester van alle goede dingen die zijn komst vergezellen. De tent waarin hij dient, is groter en volmaakter; ze is niet door mensenhanden gemaakt, dat wil zeggen: ze behoort niet tot deze wereld. ¹²Hij is eens en voor altijd het heiligdom binnengegaan, niet met het bloed van bokken en kalveren, maar met zijn eigen bloed, en daarmee verkreeg hij voor ons een blijvende verlossing. ¹³Als het bloed van bokken en stieren en de besprenkeling met de as van een jonge koe mensen die onrein zijn, al kunnen heiligen, zodat ze volgens de wet rein zijn, ¹⁴hoeveel te meer dan het bloed van Christus! Door de eeuwige Geest heeft hij zichzelf als een smetteloos offer aan God opgedragen. Zijn bloed zal ons geweten bevrijden van een levenswijze die tot de dood leidt.

Zo kunnen we de levende God dienen.

¹⁵Door zijn bemiddeling is er een nieuw verbond, waardoor zij die door God zijn geroepen, het beloofde eeuwige erfdeel kunnen ontvangen. Zijn dood heeft immers de mensen bevrijd van de zonden die onder het eerste verbond bedreven waren.

¹⁶Waar een testament is, moet de dood van de erflater worden aangetoond. ¹⁷Een testament is pas geldig na de dood; zolang de erflater leeft, heeft het nog geen rechtskracht. ¹⁸Daarom ook is het eerste verbond niet zonder bloed ingewijd. ¹⁹Eerst las Mozes alle artikelen van de wet aan het hele volk voor. Toen nam hij het bloed van kalveren en bokken, water en dieprode wol en met hysoptakken besprenkelde hij het boek en het hele volk. ²⁰Hij zei: "Dit is het bloed waarmee het verbond dat God met u gesloten heeft, wordt bekrachtigd." ²¹Ook de tent en al de voorwerpen die tijdens de eredienst worden gebruikt, besprenkelde hij met bloed. ²²Volgens de wet wordt bijna alles met bloed gereinigd; zonder het vergieten van bloed is er geen vergeving.

Het offer van Christus neemt de zonden weg

²³Als dus die aardse kopieën door offers moesten worden gereinigd, dan vereisen de hemelse originelen veel betere offers. ²⁴Want Christus is niet een heiligdom binnengegaan dat door mensenhanden gemaakt is en een kopie is van het echte. Nee, hij is de hemel zelf binnengegaan, waar hij nu voor God is verschenen om onze zaak te behartigen. ²⁵Daar hoeft hij zich niet telkens opnieuw te offeren, zoals de hogepriester die jaarlijks het heiligdom binnengaat met bloed dat niet het zijne is. ²⁶Anders had hij vanaf de schepping

van de wereld meermalen moeten lijden. Maar nu is hij slechts eenmaal, op het hoogtepunt van de geschiedenis, verschenen om door het offer van zichzelf de zonden weg te nemen. ²⁷Eenmaal moet de mens sterven en dan volgt het oordeel. ²⁸Zo heeft ook Christus eenmaal het offer van zijn leven gebracht en de zonden van allen op zich genomen. Een tweede maal zal hij, bevrijd van de zondelast, verschijnen aan allen die naar hem uitzien, en hun verlossing brengen.

10 De Joodse wet is maar een schaduw van de komende weldaden; ze geeft hiervan geen juist beeld. Door het jaarlijks opdragen van steeds weer dezelfde offers kan ze nooit de deelnemers aan deze cultus tot volmaaktheid brengen. ²Anders zou men met het brengen van offers opgehouden zijn. De deelnemers aan de offerdienst zouden zich na één keer voorgoed gereinigd en vrij van zonden weten. ³Maar die offers dienen juist om het volk ieder jaar opnieuw te herinneren aan hun zonden. ⁴Want het bloed van stieren en bokken kan onmogelijk zonden wegnemen. ⁵Daarom zegt Christus bij zijn komst in de wereld:

"U wenste offerdier noch gave,
maar u bezorgde mij een lichaam.
⁶Brand- en verzoeningsoffers konden u niet behagen.
⁷Toen zei ik: 'Hier ben ik, o God, om uw wil te doen,
zoals van mij geschreven staat in de boekrol.'"

⁸Eerst zegt hij: "Offerdieren, gaven, brand- en verzoeningsoffers hebt u niet gewild; ze konden u niet behagen," terwijl deze offers toch door de wet worden voorgeschreven. ⁹En dan: "Hier ben ik om uw wil te doen." Hij heft de oude offers op om er een nieuw offer voor in de plaats te stellen. ¹⁰Dank zij Gods wil zijn we eens voor al geheiligd doordat Jezus Christus zijn lichaam offerde.

¹¹Ook verricht iedere Joodse priester dagelijks staande zijn dienst en draagt hij veelvuldig dezelfde offers op. Maar die kunnen de zonden nooit wegnemen. ¹²Christus heeft echter één offer voor de zonden gebracht en heeft daarna voor altijd plaatsgenomen aan de rechterzijde van God. ¹³Hij wacht nu af tot God zijn vijanden aan zijn voeten legt. ¹⁴Door één enkel offer heeft hij degenen die hij aan God heeft gewijd, voor altijd tot volmaaktheid gebracht.
¹⁵Ook de heilige Geest verklaart ons dat. Eerst zegt hij:
¹⁶"Dit is het verbond dat ik later
met hen zal sluiten, zegt de Heer.
Ik prent hun mijn wetten in,
ik druk ze hun op het hart."

¹⁷En dan:

"Aan hun zonden en slechte daden zal ik niet langer denken." ¹⁸Nu die vergeven zijn, is er dus geen offer voor de zonde meer nodig.

Nader tot God

¹⁹Door het bloed van Jezus Christus, mijn broeders, hebben we dus vrij toegang tot het heiligdom. ²⁰Hij opende voor ons een nieuwe, levende weg door het tempelgordijn heen, dat wil zeggen de weg van zijn lichaam. ²¹We hebben een grote priester die aan het hoofd staat van Gods huis. ²²Laten we God naderen met een oprecht hart en een rotsvast geloof, met een hart dat gereinigd is van een slecht geweten en met een lichaam dat met zuiver water is gewassen. ²³We moeten aan wat we hopen en belijden stevig vasthouden, want we kunnen God die ons die beloften deed, vertrouwen. ²⁴Laten we op elkaar letten en elkaar aansporen tot liefde en goede daden. ²⁵We moeten er geen gewoonte van maken onze bijeenkomsten te verzuimen, zoals sommigen doen. We moeten elkaar juist aanmoedigen, en dat des te meer, naarmate u de dag van de Heer naderbij ziet komen.

²⁶Als we kennis genomen hebben van de waarheid en toch willens en wetens doorgaan met zondigen, is er geen enkel offer meer dat onze zonden kan wegnemen. ²⁷Men kan alleen maar in bange afwachting zijn van het oordeel en van de vuurgloed die de tegenstanders van God zal vernietigen. ²⁸Wie de wet van Mozes naast zich

neerlegde, werd, wanneer hij schuldig werd geacht, op de aanwijzing van twee of drie getuigen, zonder pardon ter dood gebracht. ²⁹Wat staat dan hem te wachten, die de Zoon van God veracht, het bloed van het verbond, waardoor hij aan God is gewijd, onteert en de Geest, die genade geeft, smaadt? Denkt u niet dat hij een veel zwaardere straf zal oplopen? ³⁰We weten toch wie gezegd heeft: "Ik zal wraak nemen, ik zal vergelden." En ook: "De Heer zal rechtspreken over zijn volk." ³¹Het is iets verschrikkelijks te vallen in de handen van de levende God!

³²Denk eens terug aan vroeger, toen u pas verlicht was en zoveel te lijden had. Maar u hebt toen de strijd doorstaan. ³³Soms werd u zelf openlijk gesmaad en verdrukt, soms waren het anderen die zo behandeld werden en was u met hun lot begaan. ³⁴U leefde mee met wie gevangen waren genomen en u verdroeg het blijmoedig, wanneer men uw bezittingen roofde. U wist dat u iets beters en bestendigers bezat. ³⁵Geef uw vertrouwen dus niet op, want het zal rijk beloond worden. ³⁶Om de wil van God te doen en om te krijgen wat hij belooft, hebt u geduld nodig. ³⁷Want de Schrift zegt:

"Nog een korte, korte tijd,
en hij die komen moet, zal komen
en niet langer wachten.
³⁸Mijn rechtvaardig volk
zal leven als het op mij vertrouwt.
Maar als een van hen daarvoor terugschrikt,
kan hij mij niet langer behagen."

³⁹Maar wij behoren niet tot hen die de aftocht blazen en verloren gaan, maar tot hen die geloven en daardoor hun leven redden.

Geloofsgetuigen

11 Geloven is zeker zijn van de dingen waar je op hoopt, ervan overtuigd zijn dat wat je niet ziet, toch bestaat. ²Om hun geloof werden de mannen uit oude tijden met ere vermeld.

³Uit ons geloof weten wij dat het heelal gemaakt is door het woord van God en dat het zichtbare ontstaan is uit het onzichtbare.

⁴Door zijn geloof heeft Abel God een offer gebracht dat beter was dan dat van Kaïn. Om zijn geloof verklaarde God hem rechtvaardig en aanvaardde hij zijn gaven. Door zijn geloof blijft Abel spreken, ook na zijn dood.

⁵Door geloof verdween Henoch van de aarde zonder te sterven. Hij werd niet teruggevonden, omdat God hem had weggenomen.

De Schrift getuigt dat hij, voor hij werd weggenomen, leefde zoals God het graag ziet. ⁶Maar zonder geloof is dat onmogelijk. Wie bij God wil komen moet geloven, dat hij bestaat en dat hij beloont wie hem zoeken.

⁷Door zijn geloof begreep Noach Gods waarschuwing voor gebeurtenissen die nog niet te voorzien waren. Gehoorzaam bouwde hij een ark waarin hij en zijn gezin werden gered. Hierdoor heeft hij de wereld veroordeeld en zelf de gerechtigheid verkregen die voortkomt uit het geloof.

⁸Dank zij zijn geloof gaf Abraham gehoor aan de oproep van God, en trok hij weg naar een land dat God voor hem en zijn nageslacht bestemd had. Hij trok weg zonder te weten waarheen. ⁹Geloof stelde hem in staat als vreemdeling te leven in het land dat hem beloofd was. Hij woonde er in tenten, evenals Isaak en Jakob, die dezelfde belofte gekregen hadden. ¹⁰Want hij zag uit naar de stad met de hechte fundamenten, de stad waarvan God de ontwerper en de bouwmeester is. ¹¹Door zijn geloof heeft hij van God de kracht gekregen om ook bij Sara zelf een kind te verwekken ondanks haar hoge leeftijd. Hij geloofde dat God zijn woord zou houden. ¹²Daarom ook is één man, en nog wel iemand wiens levenskrachten waren uitgeblust, de vader van een nageslacht geworden dat zo talrijk is als de sterren aan de hemel en zo ontelbaar als de zandkorrels aan het strand van de zee.

¹³In geloof zijn zij allen gestorven, zonder te krijgen wat God hun beloofd had. Maar uit de verte hebben ze het gezien en begroet. Ze zijn ervoor uitgekomen, dat ze op aarde vreemdelingen en tijdelij-

ke bewoners waren. ¹⁴Wie zo spreken, geven duidelijk te kennen, dat ze op zoek zijn naar een vaderland. ¹⁵Als zij heimwee gekregen hadden naar het land dat ze verlaten hadden, hadden ze gemakkelijk kunnen terugkeren. ¹⁶Maar ze verlangden naar een beter vaderland, het hemelse. Daarom schaamt God zich niet hun God genoemd te worden; voor hen heeft hij immers een stad gebouwd.

¹⁷Uit geloof heeft Abraham, toen God hem op de proef stelde, Isaak opgedragen. Ondanks de belofte van een nageslacht offerde hij zijn enige zoon. ¹⁸God had tegen hem gezegd: "Alleen afstammelingen van Isaak zal men als uw nageslacht beschouwen." ¹⁹Maar Abraham overwoog dat God de macht bezat Isaak uit de dood op te wekken, en hij heeft hem, bij wijze van spreken, ook uit de dood teruggekregen.

²⁰Uit geloof heeft Isaak aan Jakob en Esau zijn zegen gegeven, ook voor de toekomst.

²¹Uit geloof heeft Jakob op zijn sterfbed de beide zonen van Jozef gezegend. En leunend op zijn staf heeft hij God aanbeden.

²²Vanuit zijn geloof heeft Jozef vlak voor zijn dood gesproken over de uittocht van de Israëlieten uit Egypte en vastgesteld wat er met zijn gebeente moest gebeuren.

²³Uit geloof hebben de ouders van Mozes hem na zijn geboorte drie maanden lang weten te verbergen. Ze zagen dat het een mooi kind was en waren niet bang voor het bevel van de koning.

²⁴Uit geloof heeft Mozes, toen hij volwassen was geworden, geweigerd door te gaan voor een zoon van de dochter van Farao. ²⁵Hij heeft liever het lijden van het volk van God willen delen dan tijdelijk genieten van de zonde. ²⁶Voor hem betekende de smaad die Christus moest ondergaan, een grotere rijkdom dan de schatten van Egypte. Zijn blik hield hij gericht op de toekomstige vergelding.

²⁷Uit geloof heeft hij Egypte verlaten; hij was niet bang voor de woede van de koning. Het was alsof hij de onzichtbare God zag, en daarom zette hij door. ²⁸Uit geloof heeft hij het paasfeest ingesteld en het bloed op de deurposten laten aanbrengen, zodat de engel van de dood de oudste zonen uit de gezinnen van Israël niet zou treffen.

²⁹Uit geloof zijn de Israëlieten door de Rode Zee getrokken als over droog land. Toen de Egyptenaren het probeerden, verdronken ze.

³⁰Door het geloof van de Israëlieten zijn de muren van Jericho ingestort. Dat gebeurde toen ze er zevenmaal omheen getrokken waren, elke dag een keer.

³¹ Door geloof is de hoer Rachab ontsnapt aan het lot van de ongelovigen. Want ze had de spionnen vriendelijk ontvangen. ³² Moet ik nog doorgaan? De tijd ontbreekt me om te vertellen over Gideon, Barak, Simson, Jefta, David, Samuël en de profeten. ³³ Door rechtvaardig te handelen kregen ze wat God hun had beloofd. Met hun geloof hebben ze koninkrijken bedwongen, leeuwemuilen gesloten, ³⁴ laaiend vuur gedoofd en zijn ze ontsnapt aan de dood door het zwaard. Ze groeiden uit boven hun zwakheid; ze werden sterk in de strijd en dwongen vijandelijke legers tot de terugtocht. ³⁵ Vrouwen kregen hun mannen terug, opgestaan uit de dood. Anderen werden doodgemarteld; ze wezen vrijlating af om te kunnen opstaan tot een beter leven. ³⁶ Weer anderen werden bespot en geslagen, ook nog geboeid en opgesloten. ³⁷ Ze werden gestenigd, op de pijnbank gelegd, doormidden gezaagd en met het zwaard onthoofd. Ze zwierven rond in schapevachten en geitevellen, berooid, vervolgd en mishandeld. ³⁸ Ze waren te goed voor deze wereld! Ze dwaalden door woestijnen en in de bergen, en leefden in spelonken en holen.

³⁹ Zonder uitzondering hebben deze mensen hun bekendheid aan hun geloof te danken. Toch heeft geen van hen gekregen wat God had beloofd. ⁴⁰ Hij had met ons iets beters voor en wilde niet dat zij zonder ons de voleinding zouden bereiken.

God straft zijn kinderen voor hun bestwil

12 Te midden van zoveel geloofsgetuigen moeten we dan ook elke zondelast, die ons zo gemakkelijk hindert, afleggen en vastberaden de renbaan aflopen die voor ons ligt. ² Laten we het oog gericht houden op Jezus, op wie ons geloof van het begin tot het einde steunt. In plaats van de vreugde die voor hem in het verschiet lag, heeft hij het kruis op zich genomen en de schande niet geteld. Nu is hij gezeten aan de rechterzijde van de troon van God.

³ Denk aan hem die zoveel tegenwerking van zondaars heeft verduurd. Dat zal u helpen de moed niet te verliezen en de strijd niet op te geven. ⁴ Uw strijd tegen de zonde heeft u nog geen druppel bloed gekost. ⁵ U bent de vermanende woorden vergeten die God tot u als tot zijn kinderen richt:

"Mijn kind, denk er niet te licht over als de Heer je straft,
en verlies niet de moed als hij je terechtwijst.
⁶ Want de Heer straft wie hij liefheeft,
en slaat ieder die hij als kind aanneemt."

⁷ Dat behoort bij uw opvoeding. Verdraag het dus. God behandelt

u als zijn kinderen en ieder kind wordt wel eens door zijn vader gestraft. ⁸Krijgt u nooit straf zoals al Gods andere kinderen, dan bent u bastaards en geen echte kinderen. ⁹Voor onze aardse vaders die ons straften hadden we al respekt. Des te meer moeten we ons onderwerpen aan God die in hogere zin onze Vader is. We zullen er het leven door bereiken. ¹⁰Want onze aardse vaders voedden ons op naar eigen inzicht en maar voor korte tijd, maar God doet het voor ons eigen bestwil, om ons te laten delen in zijn heiligheid. ¹¹Geen mens vindt straf prettig; op het moment van de straf zelf ben je altijd bedroefd. Maar wie zich er door hebben laten vormen, plukken er later de vruchten van, de vrede die voortkomt uit een rechtvaardig leven.

Aansporingen en waarschuwingen

¹²Hef dus uw slappe handen op en strek uw knikkende knieën. ¹³Bewandel rechte wegen. Wat kreupel is mag niet uit het lid raken, maar moet kunnen genezen.

¹⁴Streef de vrede na met alle mensen en probeer heilig te leven. Wie dat niet doet, zal nooit de Heer zien. ¹⁵Let erop, dat niemand de genade van God verspeelt. De verbittering mag niet als onkruid opkomen, onrust veroorzaken en de gemeente aantasten. ¹⁶Laat niemand zo immoreel of onverschillig zijn als Esau die voor één enkele maaltijd zijn rechten van oudste zoon prijsgaf. ¹⁷Later wilde hij toch de zegen van zijn vader krijgen, maar toen werd hij afgewezen, zoals u weet. Hij kreeg geen kans meer om berouw te tonen, hoewel hij er huilend naar zocht.

¹⁸U bent niet zoals het volk van Israël tot iets tastbaars genaderd, u hebt niet het laaiende vuur van de berg Sinaï gezien, u bent niet door diepe duisternis en stormwinden gegaan, ¹⁹u hebt geen trompetten horen schallen en u hebt niet de stem van God gehoord. De mensen die die stem hoorden, smeekten, dat zij geen woord meer zouden hoeven horen. ²⁰Ze konden het bevel niet verdragen dat luidde: "Zelfs een dier dat de berg aanraakt, moet gestenigd worden." ²¹En wat ze zagen, was zo verschrikkelijk, dat Mozes uitriep: "Ik sidder van angst."

²²Nee, u bent genaderd tot de berg Sion en tot de stad van de levende God, het hemelse Jeruzalem met zijn duizenden engelen. ²³U bent gekomen naar de feestelijke bijeenkomst van Gods oudste kinderen die staan ingeschreven in de hemel, naar God, die de rechter is van alle mensen, naar de geesten van de rechtvaardigen die de volmaaktheid bereikt hebben, ²⁴en naar Jezus door wiens bemid-

deling een nieuw verbond is gesloten en wiens vergoten bloed krachtiger spreekt dan dat van Abel.

²⁵Weiger niet naar zijn stem te luisteren! Want toen zij de boodschap afwezen die God hun op aarde bracht, zijn ze niet ontkomen. Des te minder kans voor ons, als wij ons van hem afwenden, nu hij vanuit de hemel tot ons spreekt! ²⁶Zijn stem heeft de aarde toen doen schudden, maar nu heeft hij beloofd: "Nog eenmaal zal ik niet alleen de aarde doen beven maar ook de hemel." ²⁷Die woorden "nog eenmaal" maken duidelijk dat wat geschapen is, zal wankelen en verdwijnen, maar dat wat niet kan wankelen, zal blijven.

²⁸Daarom moeten we dankbaar zijn dat we een koninkrijk krijgen dat niet kan wankelen. Laten we God dienen zoals hij het graag heeft, met eerbied en ontzag. ²⁹Want onze God is een verterend vuur.

Laatste instruktie

13 Blijf uw medechristenen liefhebben. ²Wees gastvrij voor vreemdelingen. Daardoor hebben sommigen, ongeweten, engelen onderdak verleend. ³Denk aan de gevangenen alsof u met ze gevangen zat, en aan hen die mishandeld worden, want hetzelfde kan u overkomen.

⁴Laat iedereen het huwelijk in ere houden en de huwelijkstrouw ongeschonden bewaren. Wie naar de hoeren gaan en wie overspel plegen, zullen door God veroordeeld worden.

⁵Geld mag niet het belangrijkste zijn in uw leven. Wees tevreden met wat u hebt. God heeft zelf gezegd: "Ik laat u niet in de steek, ik zal u niet verlaten." ⁶Daarom kunnen we vol goede moed zeggen:

"De Heer is mijn helper,
ik heb niets te vrezen.
Wat kan een mens mij aandoen?"

⁷Vergeet uw leiders niet die u de boodschap van God hebben verkondigd. Kijk hoe ze geleefd hebben en gestorven zijn, en neem een voorbeeld aan hun geloof. ⁸Jezus Christus is dezelfde, gisteren, vandaag en altijd. ⁹Laat u niet op een zijspoor brengen door allerlei zonderlinge teorieën. Terecht steunt ons hart op Gods genade, en niet op spijswetten. Wie daarnaar hebben geleefd, hebben er geen baat bij gevonden.

¹⁰Wij hebben een altaar waarvan de priesters van het Joodse heiligdom niet mogen eten. ¹¹De hogepriester bracht het bloed van de offerdieren het heiligdom binnen om de zonden uit te wissen, maar hun lichamen werden buiten het tentenkamp verbrand. ¹²Daarom heeft ook Jezus buiten de stadspoort geleden, om het volk te heiligen met zijn eigen bloed. ¹³Laten we dan onze woonplaats verlaten en naar hem toegaan om zijn smaad te delen. ¹⁴Want we hebben hier geen vaste woonplaats, maar zijn op zoek naar de toekomstige. ¹⁵Laat onze lofprijzing het offer zijn dat we God door Jezus altijd brengen, laten we hem openlijk huldigen. ¹⁶Vergeet ook niet om goed te doen en elkaar te helpen. Dat zijn de offers die God graag ziet.

¹⁷Gehoorzaam uw leiders en volg hun aanwijzingen op. Zij waken over u, en moeten zich daarvoor verantwoorden. Zorg ervoor dat ze hun werk met plezier kunnen doen en geen reden tot klagen hebben, want dat zou voor u nadelig zijn.

¹⁸Bid voor ons. Wij vertrouwen erop dat we een goed geweten hebben, want we proberen ons altijd en overal goed te gedragen.

¹⁹Ik vraag uw gebed vooral hierom, dat God mij des te eerder naar u zal terugsturen.

Gebed

²⁰God heeft onze Heer Jezus uit de dood teruggehaald, de grote herder van de schapen, door wiens bloed het eeuwig verbond is bekrachtigd. ²¹Mijn wens is dat God van wie de vrede komt, u uitrust met alle goeds, zodat u zijn wil kunt volbrengen, en dat hij in ons uitvoert wat hem welgevallig is door Jezus Christus. Aan hem de eer voor altijd en eeuwig. Amen.

Slot

²²Ik verzoek u, broeders, mijn bemoedigende woorden ter harte te nemen. Ik heb u maar kort geschreven. ²³Weet u al dat onze broeder Timoteüs in vrijheid is gesteld? Als hij voortmaakt, kan hij met me mee om u te bezoeken.

²⁴Groet al uw leiders en alle christenen. De broeders uit Italië groeten u.

²⁵God zij u allen genadig!

De brief van Jakobus

1 Jakobus, dienaar van God en van de Heer Jezus Christus, groet de twaalf stammen die over de hele wereld verspreid zijn.

Geloof en wijsheid

²Mijn broeders, beschouw het als een groot geluk, wanneer allerlei beproevingen u overkomen. ³Want u weet: doorstaat uw geloof de beproeving, dan is standvastigheid het resultaat. ⁴En standvastigheid op haar beurt moet resulteren in volmaaktheid. Het gaat erom dat u volmaakte en integere mensen wordt die in niets te kort schieten. ⁵Als iemand van u wijsheid te kort komt, moet hij God erom bidden, en dan zal hij wijsheid ontvangen, want God geeft aan iedereen zonder voorbehoud en verwijt. ⁶Maar als u bidt, moet u vertrouwen en niet twijfelen. Iemand die twijfelt, lijkt op de golven van de zee, die door de wind heen en weer worden bewogen. ⁷Zo iemand moet niet denken ook maar iets van de Heer te krijgen, ⁸onzeker als hij is en besluiteloos in al zijn doen en laten.

Arm en rijk

⁹De arme moet er trots op zijn dat God hem verheft, ¹⁰de rijke dat God hem vernedert. Want hij zal vergaan als een bloem in het gras. ¹¹De zon komt op met zijn verzengende hitte en verschroeit het gras; de bloem valt af en zijn schoonheid is verdwenen. Zo zal ook de rijke midden in zijn ondernemingen wegkwijnen.

Beproeving en verleiding

¹²Gelukkig te prijzen is de man die overeind blijft in de beproeving. Heeft hij de proef doorstaan, dan ontvangt hij het leven, de prijs die God beloofd heeft aan wie hem liefhebben.

¹³Als iemand op de proef wordt gesteld, moet hij niet zeggen: "Die beproeving komt van God." Want God, die niet door het kwaad wordt beproefd, beproeft zelf niemand. ¹⁴Wordt iemand op de proef gesteld, dan is het steeds zijn eigen begeerte die hem lokt en meetrekt. ¹⁵De begeerte nu waaraan wordt toegegeven, brengt zonde voort, en als de zonde volgroeid is, baart ze de dood.

¹⁶Laat u niet misleiden, mijn dierbare broeders! ¹⁷Elke goede gave, ieder volmaakt geschenk komt van boven, van de Vader, de

schepper van de sterren aan de hemel. Hij verandert niet en vertoont geen schaduwzijde. ¹⁸Uit vrije wil heeft hij ons het leven geschonken door het woord van de waarheid, en zo zullen we in zekere zin de eerste plaats innemen tussen al zijn schepselen.

Horen en doen

¹⁹Onthoud dit goed, mijn vrienden: aarzel nooit om te luisteren, maar wacht met spreken en kwaad worden. ²⁰Want wie zich boos maakt, volbrengt de wil van God niet. ²¹Ontdoe u dus van slecht gedrag en kwade gewoonten, en aanvaard nederig de boodschap die in uw hart is uitgezaaid en die u kan redden.

²²Houd uzelf niet voor de gek door alleen naar de boodschap te luisteren; breng haar ook in praktijk. ²³Want wie het woord van God hoort, maar er geen uitvoering aan geeft, lijkt op een man die zijn gezicht in een spiegel bekijkt. ²⁴Heeft hij zichzelf bekeken, dan gaat hij weg, en meteen is hij vergeten hoe hij er uitziet. ²⁵Maar wie zich verdiept in de volmaakte wet die bevrijding geeft, en dat blijft doen, wie niet vergeet wat hij hoort, maar het in praktijk brengt – die zal gelukkig zijn in wat hij doet.

²⁶Als iemand denkt dat hij godsdienstig is, maar zijn tong niet in bedwang heeft, misleidt hij zichzelf. Zijn godsdienstigheid stelt niets voor. ²⁷Voor God, de Vader, is echte zuivere godsdienst: weduwen en wezen helpen in hun nood en zichzelf niet door het pek van de wereld laten besmeuren.

Geen discriminatie

2 Nu u gelooft in Jezus Christus, onze Heer die in glorie regeert, moet u niemand beoordelen naar zijn uiterlijk. ²Stel dat u samen

bijeen bent. Er komt iemand binnen, rijk gekleed en met een gouden ring aan zijn vinger, en gelijk met hem een arme in sjofele kleren. ³U ziet op tegen de rijk geklede man en biedt hem een ereplaats aan. Maar tegen de arme zegt u: "Blijf daar maar staan of ga hier bij mijn voeten op de grond zitten." ⁴Maakt u dan geen onderscheid en oordeelt u zo niet op grond van verkeerde overwegingen?

⁵Luister, dierbare vrienden! Zijn de mensen die in de ogen van de wereld arm zijn, niet door God uitgekozen om rijk te zijn in het geloof en om het koninkrijk te bezitten dat hij beloofd heeft aan wie hem liefhebben? ⁶Maar u hebt die arme met minachting behandeld. En het zijn juist de rijken die u onderdrukken en voor de rechter slepen! ⁷En lasteren zij ook niet de goede naam die God u heeft gegeven?

⁸U handelt uitstekend als u dit koninklijk gebod uit de Schrift volbrengt: "Heb uw naaste lief als uzelf." ⁹Maar als u oordeelt naar het uiterlijk, zondigt u en veroordeelt de wet u als overtreder. ¹⁰Iemand die heel de wet in acht neemt maar op één punt struikelt, overtreedt alle wetten. ¹¹Want hij die gezegd heeft: "Pleeg geen overspel," zei ook: "Bega geen moord." Als u geen overspel pleegt maar wel een moord begaat, overtreedt u toch de wet. ¹²Spreek en handel als mensen die geoordeeld zullen worden door de wet die vrij maakt. ¹³Dat oordeel zal onbarmhartig zijn voor degene die nooit barmhartigheid heeft bewezen. Maar barmhartigheid triomfeert over het oordeel.

Geloven en doen

¹⁴Iemand kan dan wel beweren dat hij gelooft, maar toont hij het niet door zijn daden, dan helpt het hem niets. Zal een dergelijk

geloof hem soms redden? ¹⁵Veronderstel dat een man of vrouw in de gemeente geen kleren heeft en dagelijks honger lijdt. ¹⁶Wat helpt het dan als u tegen hen zegt: "Het beste ermee! Kleed je warm en eet maar goed," maar hun niet verschaft wat ze zo hard nodig hebben? ¹⁷Zo is het ook met het geloof: als het niet resulteert in daden, is het op zichzelf genomen dood.

¹⁸Men kan zeggen: u hebt geloof en ik stel de daden. Bewijs me dat u kunt geloven zonder daden te stellen! Dan zal ik u in mijn daden mijn geloof tonen. ¹⁹U gelooft dat er één God is? Uitstekend! Maar dat geloven de duivelse geesten ook, en die sidderen van angst! ²⁰Waar zit uw verstand? Wilt u het bewijs dat geloven zonder daden waardeloos is? ²¹Waarom werd onze voorvader Abraham door God rechtvaardig verklaard? Was dat niet vanwege de daad die hij stelde, toen hij zijn zoon Isaak op het altaar offerde? ²²U ziet dus dat zijn geloof samenging met de daad; zijn geloof maakte hij kompleet door zijn daden. ²³Zo ging het woord uit de Schrift in vervulling: "Abraham geloofde God, en God rekende hem tot de rechtvaardigen." En God noemde hem zijn vriend. ²⁴Het is duidelijk dat een mens op grond van daden rechtvaardig wordt verklaard en niet op grond van het geloof alleen.

²⁵Met de hoer Rachab was het niet anders. Ook zij werd gerechtvaardigd om wat ze deed: ze liet de verkenners binnen en hielp hen langs een andere weg ontkomen. ²⁶Als het lichaam niet meer ademt, is het dood; zo is het ook met het geloof: als het niet in praktijk wordt gebracht, is het een dood geloof.

Bedwing uw tong

3 Maar weinigen moeten naar het ambt van leraar dingen, mijn broeders. Besef dat ons, leraars, een strenger oordeel te wachten staat. ²We maken allemaal een hoop fouten. Wie nooit iets fout zegt, is een volmaakt mens, die zichzelf helemaal in bedwang heeft. ³Paarden doen we een bit in de mond; dan gehoorzamen ze ons en hebben we ze geheel onder controle. ⁴Met schepen is het net zo: ook al zijn ze groot en is de wind die ze voortdrijft, hard, toch houdt een heel klein roer ze in de koers die de stuurman wil varen. ⁵Met de tong is het niet anders: ze is maar een klein lichaamsdeel, maar ze roemt op grote dingen.

Een klein vlammetje zet een groot bos in brand. ⁶Een van onze ledematen, de tong, is ook zo'n vlam, een wereld van venijn; ze besmet het hele lichaam, zet het rad van ons bestaan in brand en is aangestoken door het vuur van de hel. ⁷Wilde beesten, vogels,

reptielen en vissen, kortom elk diersoort wordt of is al bedwongen door het mensenras. ⁸Maar geen mens kan de tong in bedwang krijgen. Ze is een rusteloos kwaad, vol dodelijk gif. ⁹De tong gebruiken we om onze Heer en Vader te prijzen en om de mensen, die naar het beeld van God zijn geschapen, te vervloeken. ¹⁰Zegen en vervloeking komen uit een en dezelfde mond. En dat mag niet, mijn broeders! ¹¹Komt uit een en dezelfde bron soms zoet en bitter water tegelijk? ¹²Een vijgeboom draagt toch geen olijven en een wijnstok geen vijgen, beste vrienden! Evenmin levert een zoutbron zoet water.

De wijsheid die van God komt

¹³Wilt u voor wijs en verstandig doorgaan? Bewijs het maar door een deugdzaam leven en door daden die getuigen van eenvoud en wijsheid. ¹⁴Als uw hart verbitterd is door naijver en ruzie, schep dan niet op en doe de waarheid geen geweld aan. ¹⁵Dat soort wijsheid komt niet van boven; integendeel, ze is aards, kleinmenselijk, ja duivels. ¹⁶Waar naijver en afgunst heersen, komt men tot wanorde en allerlei kwaad. ¹⁷Maar de wijsheid van boven is vóór alles zuiver, maar ook vredelievend, vriendelijk en inschikkelijk. Ze is vol medelijden en rijk aan goede vruchten, onpartijdig en oprecht. ¹⁸Gerechtigheid groeit waar vrede is, en wie vrede zaait, zal gerechtigheid oogsten.

Vriendschap met de wereld

4 Waar komt toch al die strijd en onenigheid bij u vandaan? Is het niet van al die hartstochten, die u niet met rust laten? ²U zet ergens uw zinnen op, maar u krijgt het niet en doet er een moord voor. U wilt iets hebben maar kunt het niet bemachtigen. En dan wordt het vechten en oorlog voeren. Toch krijgt u het niet, omdat

u er niet om bidt. ³En als u erom bidt, krijgt u het nog niet, want u bidt verkeerd; u wilt alleen maar uw begeerte bevredigen. ⁴Ontrouw volk! Weet u niet dat vriendschap met de wereld vijandschap met God betekent? Wie met de wereld goede vrienden wil zijn, maakt zichzelf tot vijand van God. ⁵Denk niet dat de Schrift zonder reden zegt: "De geest die hij in ons liet wonen, eist hij geheel voor zichzelf op." ⁶Maar de genade die hij geeft, is sterker. Daarom staat er: "God keert zich tegen de hoogmoedigen maar is de nederigen genadig." ⁷Onderwerp u dus aan God, en verzet u tegen de duivel, dan zal hij voor u vluchten. ⁸Ga dichter naar God toe, dan komt hij dichter bij u. Was uw handen, zondaars! Zuiver uw hart, weifelaars! ⁹Jammer, treur en huil! Laat uw lachen in rouw, uw vreugde in droefheid verkeren. ¹⁰Buig u neer voor God en hij zal u oprichten.

Oordeel niet

¹¹Spreek geen kwaad van elkaar, broeders. Wie van zijn naaste kwaad spreekt of hem veroordeelt, spreekt kwaad van de wet en veroordeelt die. En als u dat doet, houdt u zich niet aan de wet, maar werpt u zich op als haar rechter. ¹²Er is maar één wetgever en rechter: hij die ons kan redden en ons kan laten omkomen. Wie bent u dus dat u oordeelt over uw medemens?

Waarschuwing tegen grootspraak

¹³Zeker, u zegt: "Vandaag of morgen gaan we naar die en die stad. Daar zullen we een jaar lang blijven om zaken te doen en winst te maken." ¹⁴Maar u weet niet eens wat de dag van morgen zal brengen! Uw leven is maar een nevel die even verschijnt en dan verdwijnt. ¹⁵Dit moet u zeggen: "Als God het wil, blijven we in leven en zullen we dit of dat doen." ¹⁶Maar nu bluft en snoeft u; al die grootspraak is uit den boze. ¹⁷Wie weet hoe het moet, maar nalaat het goed te doen, maakt zich dus aan zonde schuldig.

Wee de rijken

5 En nu u rijken! Huil en jammer over de rampen die u zullen treffen. ²Uw rijkdom is tot stof vergaan en uw kleding is aangevreten door de mot. ³Uw goud en zilver zijn door roest aangetast, en die roest zal tegen u getuigen, en u wegvreten en verteren als een vuur. U hebt schatten opgestapeld, en dat terwijl het de laatste dagen zijn! ⁴Hoor het geroep om loon dat u niet hebt uitbetaald aan de mannen die uw velden maaiden! En het geschreeuw van

degenen die uw oogst binnenhaalden, is doorgedrongen tot de almachtige Heer! ⁵U hebt op aarde overdadig en luxueus geleefd en uzelf vetgemest voor de slachttijd. ⁶U hebt onschuldigen veroordeeld en vermoord; zij bieden geen verzet.

Geduld en gebed

⁷Blijf dus geduldig wachten, broeders, tot de Heer komt. Een boer die uitziet naar de waardevolle opbrengst van zijn land, wacht geduldig de regens van winter en voorjaar af. ⁸Ook u moet geduldig afwachten. Houd moed, want de komst van de Heer is niet ver meer.

⁹Maak elkaar geen verwijten, als u niet zelf veroordeeld wil worden: de rechter staat al voor de deur! ¹⁰Neem een voorbeeld aan de profeten die gesproken hebben op gezag van de Heer. Hoeveel hadden die niet te lijden en wat hebben ze een geduld getoond! ¹¹We prijzen hen gelukkig, omdat ze hebben volgehouden. U hebt gehoord hoe Job volhield en u weet hoe de Heer hem tenslotte behandeld heeft. De Heer is immers rijk aan barmhartigheid en ontferming.

¹²Zweer vooral niet, bij de hemel noch bij de aarde, nergens bij. Als u ja zegt, moet het ja zijn, en als u nee zegt, moet het nee zijn. U treft dan geen schuld.

¹³Zit iemand van u in moeilijkheden, dan moet hij bidden. Is iemand opgewekt? Laat hij dan een loflied zingen. ¹⁴Als iemand van u ziek is, moet hij de leiders van de gemeente laten roepen. Zij moeten voor hem bidden en hem met olie zalven in de naam van de Heer. ¹⁵Dit gelovig gebed zal de zieke redden: de Heer zal hem herstellen en hem, als hij gezondigd heeft, vergeven. ¹⁶Beken dus aan elkaar uw zonden en bid voor elkaar. Dan zult u genezen. Want het gebed van iemand die de wil van God doet, bezit een krachtige uitwerking. ¹⁷Elia was iemand als wij. Hij bad vurig dat het niet zou regenen en drie-en-een-half jaar lang viel er geen regen op het land. ¹⁸Toen bad hij opnieuw en de hemel gaf regen en het land werd weer vruchtbaar.

¹⁹Stel, mijn broeders, dat iemand van u afdwaalt van de waarheid en een ander hem tot inkeer brengt, ²⁰weet dan dit: wie een zondaar van zijn dwaalweg terugbrengt, zal hem van de dood redden en tal van zonden bedekken.

De eerste brief van Petrus

1 Van Petrus, apostel van Jezus Christus:
aan de christenen die tijdelijk verblijven op verschillende plaatsen in Pontus, Galatië, Kappadocië, Asia en Bitynië. ²U bent door God, de Vader, voorbestemd om, geheiligd door de Geest, te gehoorzamen aan Jezus Christus en u schoon te laten wassen in zijn bloed.

Ik wens u genade en vrede in overvloed.

Christus, onze hoop

³Dank aan God, de Vader van onze Heer Jezus Christus. Hij heeft ons in zijn grote barmhartigheid doen herboren worden tot een leven vol hoop. Hij heeft dat gedaan door Jezus Christus uit de dood op te wekken. ⁴Daardoor staat u in de hemel een erfenis te wachten die niet vergaan en u niet ontgaan zal. ⁵Want God heeft u onder zijn machtige bescherming genomen. Hij wil u langs de weg van het geloof brengen naar het heil, dat klaar ligt om aan het einde van de tijd te worden onthuld.

⁶Wat zult u dan van vreugde juichen! Zeker, in dit kortstondig heden overkomen u tot uw verdriet allerlei beproevingen. ⁷Maar goud, dat vergaat, moet al een vuurproef ondergaan. Hoeveel te meer moet dan uw geloof, dat zoveel kostbaarder is, op zijn deugdelijkheid beproefd worden! Maar het zal u tot eer en roem strekken, wanneer Jezus Christus zich zal manifesteren. ⁸U hebt hem lief zonder hem ooit te hebben gezien; u gelooft in hem zonder hem nu te aanschouwen. Maar u zult juichen van onuitsprekelijke, hemelse vreugde, ⁹wanneer u wordt gered. Dat is immers het doel van uw geloof.

¹⁰Aan deze redding hebben de profeten heel wat onderzoek en studie besteed. Ze voorspelden dat deze gunst u te beurt zou vallen. ¹¹Want de Geest van Christus, die in hen werkte, lichtte hen van tevoren in over het lijden van Christus en de verheerlijking die daarop zou volgen. Ze onderzochten wanneer en in welke omstandigheden dat zou gebeuren. ¹²En het werd hun duidelijk gemaakt dat deze boodschap niet voor henzelf was bestemd maar voor u. Nu dan is de heilige Geest uit de hemel gezonden, en uit zijn kracht hebben de evangeliepredikers u dingen

verkondigd waar de engelen graag in zouden willen doordringen.

De eisen van het nieuwe leven

[13] Wees dus paraat, houd uw hoofd koel en beheers u. Stel uw hoop volledig op de genade die u bij de verschijning van Jezus Christus ten deel zal vallen. [14] Wees gehoorzame kinderen en laat u niet meeslepen door uw zondige verlangens van vroeger, toen u niet beter wist. [15] God, die u heeft geroepen, is heilig. Leid dan ook zelf een heilig leven. [16] Er staat immers geschreven: "Wees heilig, omdat ik heilig ben."

[17] U roept God aan als uw Vader. Hij is onpartijdig en oordeelt iedereen op grond van zijn daden. Vrees hem dus zolang u hier als vreemdelingen woont. [18] U weet het: uit dit zinloze bestaan, dat u van uw voorouders hebt gekregen, bent u niet vrijgekocht met iets dat vergaat, zilver of goud bijvoorbeeld, [19] maar met het kostbare bloed van Christus, het Lam zonder smet of gebrek. [20] Al vóór de schepping van de wereld was hij uitverkoren, maar eerst nu, aan het einde van de tijd, is hij verschenen omwille van u. [21] En door hem gelooft u in God, die hem uit de dood heeft doen opstaan en hem heeft verheerlijkt. Dat betekent dat uw geloof in God tevens hoop op God is.

[22] Door aan de waarheid gehoor te geven hebt u uw hart gereinigd en is oprechte onderlinge liefde mogelijk geworden. Heb elkaar dan ook met hart en ziel lief, [23] als mensen die door het levende en eeuwige woord van God zijn herboren, niet krachtens een vergankelijke maar krachtens een onvergankelijke afstamming. [24] Want:

"De mens is als gras
en zijn heerlijkheid als een bloem in het veld.
Het gras verdort en de bloem valt af.
[25] Maar het woord van de Heer blijft eeuwig."

Dat woord is het evangelie dat u werd verkondigd.

De levende steen en het heilige volk

2 Weg dus met elke vorm van slechtheid en bedrog, huichelarij, afgunst en laster. [2] Verlang als pasgeboren kinderen naar pure, geestelijke melk. U zult erdoor groeien en worden gered, [3] als u tenminste geproefd hebt hoe goed de Heer is.

[4] Sluit u aan bij hem. Hij is de levende steen, afgekeurd door de mensen, maar voor God zo waardevol dat hij hem uitkoos. [5] U moet zelf de levende stenen zijn waarmee de geestelijke tempel wordt gebouwd. Vorm een heilig priesterschap dat geestelijke offers brengt

die God aangenaam zijn door Jezus Christus. ⁶Daarom staat er in de Schrift:

"Ik heb een waardevolle steen uitgekozen
die ik tot de belangrijkste maak in Sion.
Wie gelovig op hem bouwt,
zal niet bedrogen uitkomen."

⁷Voor u, die gelooft, is hij waardevol. Maar voor wie niet geloven geldt:

"De steen die de bouwlieden onbruikbaar vonden,
is de belangrijkste geworden,
⁸een steen waaraan ze zich stoten,
een rotsblok waarover ze struikelen."

Ze struikelen door de boodschap niet te aanvaarden. Het is hun lot.

⁹Maar u bent een uitverkoren geslacht, een koninklijk priesterschap, een heilige natie, Gods eigen volk, gekozen om de heilsdaden te verkondigen van hem die u uit de duisternis geroepen heeft naar zijn wonderbaar licht. ¹⁰Vroeger was u Gods volk niet, nu wel; vroeger was u van Gods genade uitgesloten, nu bent u begenadigd.

Leid een voorbeeldig leven

¹¹Mijn vrienden, u bent hier niet-ingezetenen, vreemden. Daarom druk ik u op het hart: geef niet toe aan uw zondige verlangens. Ze belagen uw geestelijk leven. ¹²Leid temidden van de heidenen een voorbeeldig leven. Ze mogen u dan al voor misdadigers uitmaken; als ze letten op uw goede daden, zullen ze reden hebben om God te prijzen op de dag dat hij zich over ons ontfermt.

¹³Onderwerp u, omwille van de Heer, aan het bestuur van mensen: aan de keizer omdat hij het hoogste gezag is; ¹⁴aan de goeverneurs, omdat zij door hem zijn aangesteld om de misdaad te straffen en de weldaad te prijzen. ¹⁵God wil dat u door uw goed gedrag het zwijgen oplegt aan de domme praat van onwetende lieden. ¹⁶Leef als vrije mensen, zonder de vrijheid te misbruiken als dekmantel voor zondige praktijken. Met uw vrijheid moet u God dienen. ¹⁷Respekteer alle mensen, heb de gemeenteleden lief, vrees God, eer de keizer.

Lijden is uw roeping

¹⁸Slaven, eerbiedig en gehoorzaam uw meesters, niet alleen als ze goed en vriendelijk, maar ook als ze lastig zijn. ¹⁹Het is een gave van God als u, met hem voor ogen, onverdiend leed weet te verdu-

ren. ²⁰Verkeerd doen en dan straf ondergaan is bepaald niet eervol. Maar moet u lijden voor het goede dat u doet, dan staat u bij God in de gunst. ²¹Lijden is uw roeping. Christus zelf heeft voor u geleden en u daarmee een voorbeeld nagelaten. Volg dus zijn voetspoor. ²²Een zonde heeft hij nooit begaan, op geen leugen is hij ooit betrapt. ²³Schold men hem uit, dan schold hij niet terug. Deed men hem leed, dan uitte hij geen verwensingen, maar vestigde hij zijn hoop op God die rechtvaardig oordeelt. ²⁴Hij heeft onze zonden op zijn schouders genomen en naar het kruis gedragen. Daardoor zijn wij afgestorven aan de zonden en mogen we leven in een goede verstandhouding met God. Door zijn wonden bent u genezen. ²⁵Eens dwaalde u als schapen, maar nu bent u teruggekeerd naar de herder en behoeder van uw leven.

Het echtelijke leven

3 Zo moet u, vrouwen, uw man gehoorzamen. Sommigen van u hebben misschien echtgenoten die het woord van God niet aanvaarden. ²Maar als zij bemerken hoe rein en godvrezend het gedrag van hun vrouw is, zullen ze erdoor gewonnen worden, zonder dat er een woord aan te pas is gekomen. ³Daarbij zit het hem niet in uw uiterlijke verzorging, uw kapsel, uw gouden sieraden, uw modieuze kleren, ⁴maar in de innerlijke schoonheid die blijft: een zacht en kalm gemoed. Dat is in de ogen van God een kostbaar sieraad. ⁵Daarmee sierden zich vroeger ook de heilige vrouwen, die hun hoop vestigden op God en hun man onderdanig waren. ⁶Neem als voorbeeld Sara. Ze was gehoorzaam aan Abraham en noemde hem haar heer. U bent haar dochters, als u goed leeft en geen enkel gevaar vreest.

⁷Van uw kant moet u, mannen, respekt opbrengen voor uw vrouw. Zij behoort tot het zwakke geslacht en zal met u delen in de gave van het leven. Het huwelijk mag uw gebedsleven niet in de weg staan.

Beter onrecht lijden dan onrecht doen

⁸Om kort te gaan: wees allen eensgezind, leef met elkaar mee, bemin elkaar als broers en zusters, wees vriendelijk en bescheiden. ⁹Vergeld geen kwaad met kwaad, geen verwensing met verwensing. Nee, wens de mensen liever het goede; dan zult u zelf het goede ontvangen dat God u heeft toebedacht. ¹⁰Want:

"Wie van het leven houdt
en het goed wil hebben,

moet zijn tong beletten kwaad te spreken
en zijn lippen leugens te vertellen.
¹¹Laat hij het kwade mijden
en het goede doen,
vrede zoeken en najagen.
¹²Want de Heer let op hen
die zijn wegen gaan,
en hoort hun gebed,
maar keert zich tegen ieder
die kwaad doet."

¹³Wie zal u kwaad doen, als u zich inzet voor het goede? ¹⁴Maar ook al zou u moeten lijden, omdat u de wil van God doet, dan bent u toch gelukkig te prijzen. Wees niet bang voor hun bedreigingen en raak niet in verwarring. ¹⁵Houd liever in uw hart een heilig ontzag voor de Heer, voor Christus. Wees steeds bereid iedereen van antwoord te dienen die tekst en uitleg vraagt van de hoop die in u leeft. ¹⁶Maar doe het bescheiden, met respect en vanuit een zuiver geweten. Dan zullen degenen die uw christelijke levenswandel hekelen, beschaamd afdruipen met hun lasterpraatjes. ¹⁷Als God dat wil, is het beter te lijden voor het goede dat men doet, dan gestraft te worden voor bedreven kwaad. ¹⁸Ook Christus is eens voor al gestorven voor de zonden; de onschuldige ter wille van de schuldigen om u bij God te brengen. Hij is gestorven als mens van vlees en bloed, maar tot leven gewekt in de kracht van de Geest. ¹⁹Zo is hij zijn overwinning gaan bekendmaken aan de zielen die in de onderwereld gevangen zaten. ²⁰Zij hadden destijds gehoorzaamheid geweigerd aan God; dat was ten tijde van Noach, toen God een groot geduld aan de dag legde en de ark werd gebouwd. Enkele mensen, in totaal acht, gingen de ark binnen en vonden redding uit het water, ²¹wat een zwakke afbeelding is van de doop waardoor u nu wordt gered. Deze doop wast niet het vuil van het

lichaam, maar is een verzoek aan God om een zuiver geweten. De doop redt u dank zij de opstanding van Christus, ²²die engelen, machten en geestelijke heersers aan zich heeft onderworpen en de hemel is binnengegaan. Daar is hij nu gezeten aan de rechterhand van God.

Een nieuw leven is vereist

4 Christus heeft in zijn aards bestaan geleden. Daarin ligt een gedachte, waarmee u zich moet sterken. Het is deze: wie lichamelijk geleden heeft, heeft afgerekend met de zonde. ²In de hem nog resterende levenstijd moet hij zich niet langer laten leiden door menselijke verlangens maar door de wil van God. ³Er is al genoeg tijd verspild aan daden die u door een heidense omgeving zijn opgedrongen: losbandigheid, zingenot, dronkenschap, zwelgpartijen, drinkgelagen en verwerpelijke afgodische praktijken. ⁴De ongelovigen vinden het vreemd dat u niet meer met deze uitspattingen meedoet en hekelen u. ⁵Maar ze zullen zich moeten verantwoorden voor hem die zich gereed houdt om recht te spreken over levenden en doden. ⁶Met dat doel is het evangelie ook aan de doden verkondigd. Want naar het inzicht van de mensen is over hun aards bestaan het vonnis al geveld, maar voor God mogen zij leven door de Geest.

Maak een goed gebruik van uw gaven

⁷Alles loopt op zijn eind. Bezin u dus en leid een sober leven om vrij te zijn voor gebed. ⁸In de eerste plaats moet u elkaar met hart en ziel liefhebben. De liefde bedekt immers tal van zonden. ⁹Open uw huizen voor elkaar, zonder tegenzin. ¹⁰Stel uw gaven, zoals ieder die gekregen heeft, in elkaars dienst. Zo toont u zich goede beheerders van de vele soorten genadegaven van God. ¹¹Voert iemand het woord, laat God het dan zijn die door hem spreekt. Bewijst iemand een dienst, laat het zijn uit de kracht die God hem daartoe geeft. Dan zal in alles God worden verheerlijkt door Jezus Christus. Aan hem de eer en de macht voor altijd en eeuwig! Amen.

Lijden met Christus

¹²Dierbare vrienden, sta niet verbaasd over de vuurproef die u ondergaat. Wat u overkomt, is niets uitzonderlijks. ¹³Hoe meer u deel hebt aan het lijden van Christus, des te blijer moet u zijn. Want u zult van vreugde juichen op de dag dat hij zijn glorie openbaart. ¹⁴Als men u beledigt omdat u Christus volgt, prijs u dan gelukkig. Want het betekent dat de Geest van de glorie, de Geest

van God, op u rust. ¹⁵Zorg ervoor dat u niet hoeft te lijden, omdat u een moordenaar of een dief, een boef of een verrader bent. ¹⁶Als u moet lijden laat het dan zijn omdat u christen bent. In dat geval hoeft u zich niet te schamen. U mag die naam dragen tot eer van God.

¹⁷De tijd van het oordeel is aangebroken; het huisgezin van God is het eerst aan de beurt. Maar als het bij ons begint, hoe zal het dan aflopen met hen die het evangelie van God weigeren te aanvaarden? ¹⁸De rechtvaardige wordt al amper gered; waar blijft dan de mens die zich stoort aan God noch gebod? ¹⁹Maar de Schepper is trouw. Daarom moeten zij die door Gods wil te lijden hebben, hun leven in zijn hand leggen en het goede blijven doen.

De kudde van God

5 Op de leiders onder u doe ik, hun ambtgenoot, een beroep. Ik ben een ooggetuige van het lijden van Christus, maar heb ook deel aan de glorie die geopenbaard zal worden. Ik vraag u dus: ²hoed de kudde die God u heeft toevertrouwd, zoals hij het graag ziet: niet gedwongen, maar vrijwillig, niet uit winstbejag, maar van harte. ³Overheers degenen niet voor wie u te zorgen hebt, maar wees een voorbeeld voor uw kudde. ⁴Dan zult u bij het verschijnen van de grote herder de altijd-groene krans van de glorie ontvangen.

⁵De jongeren van hun kant moeten het gezag van de ouderen aanvaarden. Trouwens, in de omgang met elkaar siert een bescheiden houding u allemaal. "Want God keert zich tegen de hoogmoedigen, maar aan wie bescheiden zijn, schenkt hij zijn genade." ⁶Maak u dus klein onder de machtige hand van God. Dan zal hij u te zijner tijd verheffen. ⁷Werp al uw zorgen op hem. Hij zorgt voor u.

⁸Wees nuchter en waakzaam! Uw vijand, de duivel, loopt rond als een brullende leeuw, op zoek naar iemand die hij kan verslinden. ⁹Door een sterk geloof kunt u zich tegen hem verdedigen. Vergeet niet dat uw broeders over de hele wereld met dezelfde moeilijkheden te kampen hebben. ¹⁰Maar God, de bron van alle genade, heeft u geroepen om door eenheid met Christus te delen in zijn eeuwige glorie. Na het lijden, dat maar van korte duur is, zal hij uw krachten herstellen en u onwankelbaar oprichten. ¹¹Van hem is de macht voor altijd en eeuwig! Amen.

Groeten

¹²Met de hulp van Silvanus, die ik een betrouwbaar christen acht,

heb ik deze korte brief geschreven. Ik wil u er een hart mee onder de riem steken, en u ervan overtuigen dat dit de ware genade van God is. Blijf daarin leven.

¹³De groeten van de christengemeente in Babylon. Ook mijn zoon Marcus groet u. ¹⁴Groet elkaar liefdevol met een kus.

Vrede voor u allen die Christus toebehoort.

De tweede brief van Petrus

1 Van Simeon Petrus, apostel in dienst van Jezus Christus: aan hen die door de rechtvaardigheid van onze God en redder, Jezus Christus, hetzelfde kostbare geloof hebben gekregen als wij.
²Ik wens u een overvloed van genade en vrede, door de kennis van God en Jezus, onze Heer.

Door God geroepen en uitgekozen

³Zijn goddelijke macht heeft ons alles gegeven wat nodig is om godsdienstig te leven: kennis namelijk van hem die ons heeft geroepen om te delen in zijn eigen glorie en macht. ⁴Hij heeft ons grote en waardevolle beloften gedaan. Daardoor bent u ontsnapt aan de verderfelijke invloed van de wereld en hebben we deel aan Gods eigen wezen.

⁵Doe daarom al uw best uw geloof te ondersteunen met deugdzaamheid, deugdzaamheid met kennis, ⁶kennis met zelfbeheersing, zelfbeheersing met volharding, volharding met godsdienstigheid, ⁷godsdienstigheid met onderlinge vriendschap, vriendschap met liefde. ⁸Als u deze gaven overvloedig bezit, zullen ze uw kennis van onze Heer Jezus Christus werkzaam en vruchtbaar maken. ⁹Wie ze mist, is kortzichtig, ja blind; hij is vergeten dat hij van zijn zonden van vroeger is gereinigd.

¹⁰Span u des te meer in om uw roeping en uw uitverkiezing veilig te stellen. Als u dat doet, zult u niet komen te vallen. ¹¹U zal vrije toegang verleend worden tot het eeuwige koninkrijk van onze Heer en redder, Jezus Christus.

¹²Daarom blijf ik u hieraan herinneren, ook al bent u op de hoogte en vast overtuigd van de waarheid, die u hebt aanvaard. ¹³Zolang ik woon in de tent van mijn lichaam, vind ik het mijn plicht u dat steeds onder de aandacht te brengen. ¹⁴Want ik weet dat mijn tent binnenkort wordt afgebroken; dat heeft onze Heer Jezus Christus me duidelijk gemaakt. ¹⁵Ik zal me dus alle moeite geven om te zorgen dat u ook na mijn heengaan zich deze zaken blijft herinneren.

Ooggetuigen van de glorie van Christus

¹⁶Toen we u de machtige komst van onze Heer Jezus Christus be-

kendmaakten, waren we niet afhankelijk van gefantaseerde verhalen. Nee, met eigen ogen hebben we zijn majesteit gezien. ¹⁷Want wij waren erbij toen God, de Vader, hem eerde en roemde en een stem vanuit de hoge heerlijkheid tot hem sprak: "Dit is mijn enige Zoon, de man naar mijn hart." ¹⁸Die stem hebben wij zelf uit de hemel horen klinken, toen we met hem op de heilige berg waren. ¹⁹Daardoor heeft de boodschap van de profeten voor ons nog meer gezag. U doet er goed aan daarop uw oog te richten als op een lamp die een donker vertrek verlicht totdat het dag wordt en de morgenster opgaat in uw hart.

²⁰Vergeet vooral dit niet: geen enkele profetie uit de Schrift kan door iemand eigenmachtig worden verklaard. ²¹Een profetische boodschap is nooit ontstaan omdat mensen het wilden. Mensen die namens God spraken, werden altijd gedreven door de heilige Geest.

Dwaalleraars

2 Vroeger zijn er onder het volk valse profeten opgetreden; ook onder u zullen er dwaalleraars verschijnen. Ze zullen verderfelijke ketterijen invoeren en hun Meester die hen vrijkocht, loochenen. Daardoor bespoedigen ze hun eigen ondergang. ²Velen zullen hen volgen in hun bandeloos gedrag en de weg van de waarheid in opspraak brengen. ³Gedreven door hebzucht, proberen ze u uit te buiten door u verzinsels te vertellen. Maar hun vonnis is al lang geveld, hun ondergang zal niet op zich laten wachten.

⁴Want God heeft ook de engelen die zondigden, niet gespaard, maar hen laten opsluiten in de donkere holen van het dodenrijk, waar ze op hun vonnis moeten wachten. ⁵Evenmin ontzag hij de mensen van de oertijd. Noach, de prediker van recht en gerechtigheid, stelde hij met zeven anderen in veiligheid, maar over de wereld van de goddelozen liet hij de watervloed komen. ⁶De steden Sodom en Gomorra legde hij in de as. Hij veroordeelde ze tot de totale vernietiging om een voorbeeld te stellen voor allen die zonder God willen leven. ⁷Maar Lot heeft hij gered. Dat was een rechtvaardig man, die diep gebukt ging onder het losbandige gedrag van die immorele mensen. ⁸Hij woonde midden tussen hen in, en voor een rechtgeaard man als hij was het een dagelijkse kwelling hun wangedrag te zien en van hun misdaden te horen. ⁹De Heer weet de mensen die deugdzaam leven, uit de nood te redden; hij weet ook de goddelozen te straffen en hen gevangen te houden tot de dag van het oordeel. ¹⁰In het bijzonder straft hij degenen die toegeven aan hun

zelfzuchtige, lichamelijke verlangens en het gezag van de Heer verachten.

Deze dwaalleraars zijn zo verwaand dat ze er niet voor terugdeinzen de hemelse machten te beledigen. ¹¹Zelfs de engelen, toch hun meerderen in kracht en macht, durven hen niet bij de Heer aan te klagen. ¹²Maar deze lieden zijn, net als redeloze dieren, bestemd om gevangen en gedood te worden. Ze smalen op wat ze niet kennen, en in het kwaad dat ze stichten, zullen ze zelf omkomen. ¹³Het onrecht dat ze deden, zal hun worden betaald gezet. Het is hun lust en hun leven op klaarlichte dag in genot te zwelgen. Wanneer ze met u aan tafel zitten, zijn ze een smet op uw gezelschap, omdat ze vermaak scheppen in hun dwaalwegen. ¹⁴In hun ogen staat de begeerte naar overspel te lezen en de zonde worden ze nooit moe. Ze verleiden zwakkelingen en het zijn volleerde geldwolven. Gods vloek rust op hen! ¹⁵Ze zijn op het verkeerde spoor geraakt door het voorbeeld te volgen van Bileam, de zoon van Beor, die uit was op het geld dat hij met een misdaad kon verdienen. ¹⁶Maar voor zijn slechte handelwijze kreeg hij een afstraffing: een stomme ezel begon als een mens te spreken en maakte een eind aan het onzinnige optreden van de profeet.

¹⁷Deze lieden zijn uitgedroogde bronnen, wolken voortgejaagd door de storm. De diepste duisternis staat hun te wachten. ¹⁸Ze slaan hoogmoedige en dwaze taal uit en met hun zinnelijk en losbandig gedrag verlokken ze degenen die nog maar pas aan de verkeerde invloed van hun omgeving ontsnapt zijn. ¹⁹Vrijheid spiegelen ze hun voor, maar zelf zijn ze slaven, in dienst van de ondergang. Want een mens is de slaaf van wat hem in zijn macht heeft. ²⁰Als iemand ontkomen is aan het slijk van de wereld doordat hij de Heer en redder, Jezus Christus, heeft leren kennen, maar er toch weer in terechtkomt en er zich aan gewonnen geeft, is hij er aan het eind erger aan toe dan in het begin. ²¹Hadden ze de juiste weg maar niet geweten! Dat was beter geweest dan de weg wel te kennen en toch af te wijken van het heilige gebod dat hun is doorgegeven. ²²Op hen is bepaald dit spreekwoord van toepassing: "Een hond keert terug naar zijn braaksel." En ook dit: "Een schoongewassen zeug wentelt zich opnieuw in de modder."

De komst van de Heer

3 Ik schrijf u nu voor de tweede maal, mijn vrienden. In beide brieven probeer ik u tot heldere gedachten te brengen, ²door u te herinneren aan wat de heilige profeten vroeger al hebben gezegd,

en aan het gebod van de Heer en redder, dat de apostelen u hebben doorgegeven. ³Vergeet vooral dit niet: aan het einde der dagen zullen er mensen komen die hun passies de vrije loop laten, ⁴en u spottend vragen: "Hij heeft toch beloofd te komen? Waar blijft hij nu? Onze voorouders zijn overleden maar alles is nog bij het oude gebleven. Sinds het begin van de schepping is er niets veranderd!" ⁵Ze gaan doelbewust voorbij aan het feit dat er lang geleden al eens een hemel geweest is, en een aarde, die op bevel van God ontstaan was uit en door water. ⁶Eveneens door water is de eerste wereld overstroomd en ten onder gegaan. ⁷Maar de tegenwoordige hemel en aarde worden, ook op bevel van God, als brandstof opgeslagen voor het vuur, en bewaard voor de dag dat de goddelozen worden geoordeeld en ten onder gaan.

⁸Verlies één ding niet uit het oog: voor de Heer is één dag als duizend jaar en duizend jaar als één dag. ⁹De Heer stelt wat hij heeft beloofd, niet uit, zoals sommigen denken. Hij heeft alleen maar geduld met u. Hij wil niet dat er ook maar iemand verloren gaat maar dat allen tot inkeer komen.

¹⁰Maar de dag van de Heer zal komen als een dief. Dan zullen de hemelruimten met een dof gedreun vergaan en de elementen in vlammen opgaan, en van de aarde met al haar werken zal niets overblijven. ¹¹Als dat allemaal zo verdwijnt, hoe heilig en vroom moet u dan niet leven! ¹²Zie gespannen uit naar de dag van de Heer en bespoedig zijn komst – die dag waarop de hemelruimten in vlammen zullen opgaan en de elementen wegsmelten door de hitte. ¹³Maar hij heeft ons een nieuwe hemel en een nieuwe aarde beloofd, waar gerechtigheid zal heersen, en daar zien we verlangend naar uit.

¹⁴In afwachting daarvan moet u uw best doen, in zijn ogen vlekkeloos en onberispelijk te zijn en in vrede met God te leven. ¹⁵Bedenk dat het geduld dat de Heer met ons heeft, onze redding is. Gebruik makend van het inzicht dat hem gegeven is, heeft ook onze geliefde broeder Paulus u in die trant geschreven. ¹⁶Trouwens, zo doet hij in al zijn brieven waarin hij over dit onderwerp spreekt. Zijn brieven bevatten een aantal moeilijke dingen. Mensen die niet onderlegd zijn en geen houvast hebben, geven er tot hun eigen ongeluk een verkeerde uitleg aan. Hetzelfde doen ze trouwens met de andere boeken van de Schrift.

¹⁷U bent dus gewaarschuwd, mijn vrienden. Hoed u ervoor dat deze beginselloze lieden u meeslepen op hun dwaalwegen en laat u niet afbrengen van uw goede standpunt. ¹⁸Neem toe in genade

en kennis van onze Heer en redder, Jezus Christus. Aan hem de eer, nu en altijd!

De eerste brief van Johannes

Het woord dat leven geeft

1 Het was er van het begin af aan. We hebben het gehoord en met eigen ogen gezien, we hebben het aanschouwd en met onze handen aangeraakt. We bedoelen: het Woord dat leven geeft.

²Het leven is verschenen. Dat eeuwige leven, dat bij de Vader was en aan ons is verschenen, hebben wij gezien. Wij getuigen ervan en maken het u bekend.

³Wat we hebben gezien en gehoord, maken we u bekend, om u met ons te laten delen in de gemeenschap die wij hebben met de Vader en met zijn Zoon Jezus Christus. ⁴Wij schrijven u dat, om onze vreugde kompleet te maken.

God is licht

⁵De boodschap die wij van hem gehoord hebben en aan u overbrengen, luidt: God is licht en er is in hem geen spoor van duisternis. ⁶We kunnen niet zeggen dat we met hem leven, en tegelijk duistere wegen bewandelen. Dan liegen we en handelen we in strijd met de waarheid. ⁷Gaan we echter in het licht, zoals hij in het licht staat, dan vormen we met elkaar één gemeenschap en zal het bloed van zijn Zoon Jezus ons schoonwassen van elke zonde.

⁸Als we beweren zonder zonde te zijn, bedriegen we onzelf en woont de waarheid niet in ons. ⁹Maar als wij onze zonden bekennen, mogen we op hem vertrouwen, want hij is rechtvaardig en zal onze zonden vergeven en ons schoonwassen van alles wat we verkeerd hebben gedaan. ¹⁰Zeggen we echter dat we geen zonde bedreven hebben, dan maken we hem tot een leugenaar en woont zijn woord niet in ons.

Christus pleit voor ons

2 Mijn kinderen, ik schrijf dit, om u te helpen niet te zondigen. Mocht één van u toch zondigen, weet dan dat we bij de Vader iemand hebben die voor ons pleit en die rechtvaardig is: Jezus Christus. ²Hij heeft geboet voor onze zonden, en niet alleen voor die van ons, maar voor die van de hele wereld.

³Waardoor weten we dat we hem kennen? Doordat we ons aan

zijn geboden houden. ⁴Wie beweert hem te kennen en zijn geboden niet naleeft, is een leugenaar en de waarheid woont niet in hem. ⁵Maar in degene die zich houdt aan Gods woord, is de liefde voor God echt volgroeid. ⁶Hieraan kunnen we zeker weten of we bij hem horen: wie zegt dat hij met God verbonden is, moet leven zoals Christus heeft geleefd.

Het nieuwe gebod

⁷Mijn dierbare vrienden, ik kondig voor u in deze brief geen nieuw gebod af, maar een oud. Oud, omdat het de boodschap is die u van het begin af hebt gehoord. ⁸Toch is het ook weer een nieuw gebod, want de duisternis wijkt en het ware licht breekt al door. Dit is werkelijkheid geworden in Christus en het gaat ook op voor u.

⁹Wie zegt: "Ik sta in het licht," en zijn broeder haat, leeft nog altijd in de duisternis. ¹⁰Wie zijn broeder liefheeft, verkeert in het licht en veroorzaakt geen kwaad. ¹¹Maar wie zijn naaste haat, staat in de duisternis en tast in het donker rond. Hij weet niet in welke richting hij gaat, omdat de duisternis hem verhindert iets te zien.

¹²Kinderen, ik schrijf u: ter wille van hem wiens naam u draagt, zijn uw zonden vergeven. ¹³Vaders, u schrijf ik: u kent hem die er van het begin af is. Jongemannen, u schrijf ik: u hebt de duivel overwonnen.

¹⁴Kinderen, ik herhaal het: u kent de Vader. Vaders, ik zeg nog eens: u kent hem die er van het begin af is. Jongemannen, nogmaals: u bent sterk, de boodschap heeft in uw hart een blijvende plaats en u hebt de duivel overwonnen.

¹⁵Verlies uw hart niet aan de wereld of aan iets dat werelds is. Als iemand zijn hart verliest aan de wereld, is er in hem geen plaats

voor de liefde voor de Vader. ¹⁶Want al het wereldse, alles waarop we onze zinnen zetten, alles wat het oog lokt en alle aardse zaken waar we zo trots op zijn, dat alles komt niet uit de Vader voort maar uit de wereld. ¹⁷Die wereld met al haar verlokkingen gaat voorbij, maar wie de wil van God doet, blijft eeuwig leven.

De vijand van Christus

¹⁸Kinderen, de eindtijd is gekomen. Er is u verteld, dat de vijand van Christus zou komen. Weet dan dat er al veel vijanden van Christus zijn opgestaan. Daaraan weten we dat de eindtijd er al is. ¹⁹Deze mensen zijn uit ons midden voortgekomen maar zij hebben eigenlijk nooit echt bij ons gehoord. Hadden ze bij ons behoord, dan waren ze wel bij ons gebleven. Maar het ging erom, dat duidelijk werd dat ze geen van allen bij ons hoorden.

²⁰Maar u bent door Christus gesterkt en allemaal bezit u kennis. ²¹Ik schrijf u niet, omdat u de waarheid niet kent, maar juist omdat u haar wel kent en omdat geen enkele leugen uit de waarheid voortkomt.

²²Als er iémand een leugenaar is, dan toch zeker hij die loochent dat Jezus de Christus is. Vijand van Christus is hij die de Vader en de Zoon niet erkent. ²³Iedereen die de Zoon afwijst, verwerpt ook de Vader, maar wie de Zoon aanvaardt, erkent de Vader.

²⁴Zorg ervoor, dat de boodschap die u van het begin af gehoord hebt, in u levend blijft. Als dat het geval is, zult u één blijven met de Zoon en de Vader. ²⁵En dit is wat hij ons beloofd heeft: het eeuwige leven.

²⁶Dat was het wat ik u wilde schrijven over de dwaalleraars. ²⁷Maar u bent door hem gesterkt en zijn Geest blijft bij u; niemand hoeft u verder te onderrichten. Want zijn Geest onderricht u op elk gebied. En wat hij zegt is waar en vrij van bedrog. Houd vast aan wat hij u geleerd heeft, en blijf met hem verbonden.

²⁸Ja, mijn kinderen, blijf met hem verbonden. Dan kunnen we de verschijning van Christus vol vertrouwen tegemoet zien en behoeven we ons bij zijn komst niet voor hem te schamen. ²⁹U weet dat hij rechtvaardig is; bedenk dat iedereen die rechtvaardig leeft, een kind van God is.

Kinderen van God

3 Hoe groot is de liefde die de Vader ons heeft bewezen! We worden kinderen van God genoemd en we zijn het ook. Dat de wereld ons niet kent, komt omdat ze hem niet heeft erkend. ²Mijn

dierbare vrienden, we zijn nu al kinderen van God. Wat we zullen zijn, is nog niet onthuld. Wel weten we, dat we na zijn verschijning aan hem gelijk zullen zijn. We zullen hem zien zoals hij is. ³Al wie dit verwacht in vertrouwen op hem, moet zich van de zonde vrij houden. Ook Christus is zondeloos.

⁴Wie zondigt, maakt inbreuk op de wet van God. Want de zonde is breken met God. ⁵U weet dat Christus is verschenen om de zonden weg te nemen en dat er in hem geen spoor van zonde is. ⁶Wie met hem verbonden blijft, zondigt niet. Wie zondigt, heeft hem niet gezien en kent hem niet.

⁷Kinderen, laat u niet misleiden. Wie rechtvaardig handelt, is rechtvaardig zoals hij. ⁸Wie zondigt, is een kind van de duivel, want de duivel heeft vanaf het begin gezondigd. De Zoon van God is verschenen om de werken van de duivel ongedaan te maken.

⁹Wie een kind van God is, zondigt niet, omdat hij Gods levenskracht in zich draagt; hij kan zelfs niet zondigen, omdat hij uit God is geboren. ¹⁰Hieraan kunt u de kinderen van God en de kinderen van de duivel onderscheiden: wie niet rechtvaardig handelt en zijn broeder niet liefheeft, is geen kind van God.

Heb elkaar lief

¹¹Van het begin af aan is u verkondigd, dat we elkaar moeten liefhebben. ¹²We mogen niet zijn als Kaïn, die een kind van de duivel was en zijn eigen broer vermoordde. Waarom deed hij dat? Omdat zijn eigen daden slecht waren, en de daden van zijn broer rechtvaardig.

¹³Wees dus niet verwonderd, broeders, als de wereld u haat. ¹⁴Wij weten dat wij van de dood naar het leven zijn overgegaan; we weten dat, omdat we onze broeders liefhebben. Wie niet liefheeft, is morsdood. ¹⁵Wie zijn broeder haat, is een moordenaar, en u weet dat een moordenaar geen eeuwig leven in zich draagt. ¹⁶Van Christus weten we wat liefde is: hij heeft zijn leven voor ons gegeven. Ook wij zijn verplicht ons leven te geven voor onze broeders. ¹⁷Als iemand over voldoende middelen beschikt, maar zijn hart sluit voor zijn naaste die hij gebrek ziet lijden, hoe kan hij dan beweren dat hij in zijn hart liefde voor God heeft? ¹⁸Kinderen, we moeten niet liefhebben met mooie woorden, maar metterdaad en waarachtig. ¹⁹Dat is de maatstaf; daaraan kunnen we zien of we de waarheid toebehoren en met een gerust hart voor God kunnen staan, ²⁰ook al klaagt ons hart ons aan. Want God is groter dan ons hart: hij weet alles.

²¹Mijn vrienden, als ons geweten ons niet aanklaagt, kunnen we ons met vertrouwen tot God wenden. ²²We verkrijgen van hem wat we maar vragen, omdat we zijn geboden naleven en doen wat hij graag wil. ²³Dit is zijn gebod: oprecht geloven in zijn Zoon Jezus Christus en elkaar liefhebben zoals Christus ons dat heeft opgedragen. ²⁴Wie zijn geboden in acht neemt, leeft in God en God in hem. En dat hij in ons leeft, weten we door de Geest die hij ons gegeven heeft.

De ware en de valse geest

4 Mijn dierbare vrienden, de valse profeten die over de wereld rondgaan, zijn talrijk. Geloof niet iedereen, maar onderzoek of iemand door de Geest van God bezield wordt. ²Of het de Geest van God is, ziet u hieraan: iedereen die belijdt dat Jezus Christus een mens van vlees en bloed is geworden, wordt door de Geest van God geleid. ³Wie dat ontkent, niet. Zo iemand wordt bezield door de geest van de vijand van Christus. U hebt gehoord dat die zou komen, maar hij is nu al in de wereld aanwezig.

⁴Maar u, mijn kinderen, behoort God toe en u hebt de leugenprofeten overwonnen. Want hij die in u leeft, is machtiger dan hij die de wereld bezielt. ⁵De leugenprofeten spreken de taal van de wereld en de wereld luistert naar hen, omdat zij horen bij de wereld. ⁶Maar wij zijn van God. Wie God kent, luistert naar ons. Wie God niet toebehoort, doet dat niet. Zo kennen we het verschil tussen de geest van de waarheid en de geest van de dwaling.

God is liefde

⁷Dierbare vrienden, laten we elkaar liefhebben, want de liefde komt van God. Iedereen die liefheeft, is een kind van God en kent God. ⁸Wie niet liefheeft, heeft God niet leren kennen; God is immers liefde. ⁹Gods liefde voor ons is hieraan duidelijk geworden: hij heeft zijn enige Zoon in de wereld gezonden om ons door hem het leven te geven. ¹⁰Liefde betekent niet, dat wij God hebben liefgehad maar hij ons en dat hij zijn Zoon heeft gezonden om onze zonden goed te maken.

¹¹Als God ons zo heeft liefgehad, mijn dierbaren, moeten ook wij elkaar liefhebben. ¹²Nooit heeft iemand God gezien, maar als we elkaar liefhebben, woont God in ons en is zijn liefde in ons tot volle ontplooiing gekomen.

¹³Dat wij in hem wonen en hij in ons, weten we doordat hij ons heeft laten delen in zijn Geest. ¹⁴Wij zijn ooggetuigen geweest

en wij verklaren dat de Vader zijn Zoon heeft gezonden als redder van de wereld. ¹⁵Als iemand belijdt, dat Jezus de Zoon is van God, dan zijn God en hij blijvend met elkaar verbonden. ¹⁶Wij hebben de liefde leren kennen die God voor ons heeft, en wij geloven erin.

God is liefde, en wie leeft vanuit de liefde, leeft vanuit God en God leeft in hem. ¹⁷Onze liefde is volmaakt als we vol vertrouwen de dag van het oordeel tegemoet kunnen zien, en wel omdat we in deze wereld leven zoals Christus. ¹⁸In de liefde is geen plaats voor angst. Echte liefde sluit angst uit. Angst hangt samen met straf en wie angst heeft, heeft dus onvolmaakt lief.

¹⁹Wij hebben lief, omdat God ons het eerst heeft liefgehad. ²⁰Beweert iemand dat hij God liefheeft, maar haat hij zijn naaste, dan is hij een leugenaar. Want hij kan God, die hij nooit gezien heeft, onmogelijk liefhebben, als hij zijn naaste niet liefheeft die hij wel ziet. ²¹We hebben van hem dan ook dit gebod gekregen: wie God liefheeft, moet ook zijn naaste liefhebben.

De overwinning op de wereld

5 Wie gelooft dat Jezus de Christus is, is een kind van God. Wie zijn vader liefheeft, heeft ook diens kinderen lief. ²We weten dat we de kinderen van God liefhebben, wanneer we God liefhebben en zijn geboden naleven. ³Want God liefhebben betekent zijn geboden in acht nemen. En zijn geboden zijn geen zware last voor ons, ⁴omdat elk kind van God de wereld overwint. En de overwinning op de wereld behalen we met ons geloof. ⁵Iemand kan de wereld alleen overwinnen, als hij gelooft dat Jezus de Zoon van God is.

Het getuigenis van God over zijn Zoon

⁶Jezus Christus, hij is door het water van de doop en het bloed van de dood gegaan: niet alleen door het water, maar ook door het bloed. En de Geest is er om daarvan te getuigen, want de Geest is de waarheid. ⁷Er zijn dus drie getuigen: ⁸de Geest, het water en het bloed, en deze drie getuigen stemmen met elkaar overeen. ⁹Aanvaarden wij al de verklaringen van mensen, dan toch zeker het getuigenis van God dat veel meer bewijskracht heeft. En hier gaat het om de verklaring die God heeft afgelegd over zijn Zoon. ¹⁰Wie gelooft in de Zoon van God, draagt dit getuigenis in zijn hart. Wie God niet gelooft, maakt hem tot een leugenaar, omdat hij geen geloof hecht aan de verklaring die God heeft afgelegd over zijn Zoon. ¹¹De kern van dat getuigenis is: God heeft ons eeuwig leven geschonken en dat leven vinden we in zijn Zoon. ¹²Wie de

Zoon heeft, heeft het leven; wie de Zoon van God niet heeft, heeft het leven niet.

Eeuwig leven

¹³In deze brief wil ik u verzekeren dat u eeuwig leven hebt, omdat u gelooft in de Zoon van God. ¹⁴Wij kunnen ons vol vertrouwen tot God wenden, in de zekerheid dat hij ons verhoort als we maar vragen wat in overeenstemming is met zijn wil. ¹⁵We weten dat hij ons verhoort als we hem om iets vragen; dan weten we ook, dat we gekregen hebben wat we hem in onze gebeden hebben gevraagd.

¹⁶Als iemand zijn naaste een zonde ziet begaan die niet van dodelijke aard is, moet hij voor hem bidden en dan zal God hem leven geven. Dat geldt voor allen die zondigen zonder in de dood terug te vallen. Er bestaat namelijk een zonde die tot de dood leidt. Daarvoor geldt mijn aansporing om te bidden dus niet. ¹⁷Elke verkeerde daad is zonde, maar niet elke zonde voert tot de dood.

¹⁸Wij weten dat een kind van God niet zondigt, want de Zoon van God waakt over hem en de duivel heeft geen vat op hem.

¹⁹We weten dat wij God toebehoren, en dat de hele wereld in de macht van de duivel is.

²⁰We weten, dat de Zoon van God gekomen is en ons inzicht heeft gegeven om de ware God te kennen. Wij leven in de Waarachtige, in zijn Zoon Jezus Christus. Dit is de ware God, dit is eeuwig leven.

²¹Kinderen, wees op uw hoede voor de valse goden.

De tweede brief van Johannes

¹Van de oudste:
aan de uitverkoren vrouw en haar kinderen.
Ik heb u oprecht lief, en ik niet alleen, maar ook allen die de waarheid hebben leren kennen. ²Want de waarheid woont in ons en zal altijd bij ons blijven.
³Bij ons blijven ook de goedgunstigheid, de barmhartigheid en de vrede, afkomstig van God, de Vader, en van Jezus Christus, de Zoon van de Vader; mogen we in oprechte liefde met hen verbonden blijven.

Waarheid en liefde

⁴Ik ben erg blij dat ik kinderen van u ben tegengekomen die zich in hun leven houden aan de waarheid, zoals de Vader ons geboden heeft. ⁵Ik verzoek u nu: laten we elkaar liefhebben. Het is geen nieuw gebod dat ik u geef; we hebben dat gebod al van het begin af. ⁶De liefde bestaat hierin dat we leven volgens zijn geboden. Deze opdracht, die u van het begin af gehoord hebt, moet het richtsnoer zijn van uw leven.

⁷Talrijk zijn de dwaalleraars die over de wereld zijn uitgezwermd. Zij loochenen dat Jezus Christus gekomen is als een mens van vlees en bloed. Op zulke mensen zijn de woorden "misleider" en "vijand van Christus" van toepassing. ⁸Let op uzelf! Zorg ervoor dat u niet verspeelt waar wij voor gewerkt hebben, maar dat u het volle loon krijgt.

⁹Iedereen die zo doorholt dat hij afwijkt van de leer van Christus, maakt zich los van God. Wie zich er wel aan houdt, leeft in verbondenheid met de Vader en de Zoon. ¹⁰Als er iemand bij u komt die een andere leer uitdraagt, ontvang hem dan niet. Groet hem niet eens. ¹¹Want wie zo iemand groet, is medeplichtig aan zijn kwalijke praktijken.

Slotwoorden

¹²Ik heb u nog veel te schrijven, maar ik zet het liever niet zwart op wit. Ik hoop namelijk bij u te komen en er persoonlijk met u over te praten. Wij zullen dan helemaal blij zijn.
¹³De kinderen van uw dierbare zuster groeten u.

De derde brief van Johannes

¹Van de oudste:
 aan mijn dierbare Gajus die ik oprecht liefheb.
 ²Mijn beste vriend, ik bid dat alles goed met u gaat, ook met uw gezondheid. Ja, ik weet dat het met u goed gaat. ³Tot mijn grote vreugde vertelden broeders mij bij hun komst, hoe u de waarheid trouw blijft en de weg van de waarheid bewandelt. ⁴Niets bezorgt mij groter vreugde dan te horen dat mijn kinderen de weg van de waarheid gaan.

Gajus wordt geprezen

⁵Dierbare vriend, uw trouw blijkt uit alles wat u doet voor de broeders, zelfs als ze u onbekend zijn. ⁶In de gemeente hier hebben zij gesproken over uw liefde. Wees u bewust van uw verantwoording aan God en help hun ook de reis voort te zetten. ⁷Want ze hebben hun tocht ondernomen in dienst van Christus, zonder hulp te aanvaarden van de ongelovigen. ⁸We zijn verplicht zulke mannen te ondersteunen en zo mee te werken aan de verkondiging van de waarheid.

Diotrefes en Demetrius

⁹Ik heb de gemeente een brief geschreven, maar Diotrefes die hun leider wil zijn, erkent ons gezag niet. ¹⁰Bij mijn komst zal ik zijn praktijken en de lasterpraatjes die hij over ons rondstrooit, openbaar maken. Liet hij het daar maar bij, maar de broeders ontvangt hij ook niet, en wie ze wel willen ontvangen, zet hij de voet dwars en gooit hij uit de gemeente.
 ¹¹Mijn beste vriend, spiegel u niet aan het kwade maar aan het goede. Wie goed doet, hoort bij God; wie verkeerd doet, hij heeft God niet gezien.
 ¹²Iedereen spreekt gunstig over Demetrius; ook de waarheid zelf doet dat. En ook wij getuigen voor hem, en u weet dat u op ons getuigenis aankunt.

Slotwoorden

¹³Ik heb u nog veel te schrijven, maar ik zet het liever niet zwart op wit. ¹⁴Ik hoop u spoedig te ontmoeten voor een persoonlijk

gesprek.
¹⁵Ik wens u vrede.
Uw vrienden groeten u. Groet al onze vrienden persoonlijk.

De brief van Judas

¹Van Judas, dienaar van Jezus Christus en broer van Jakobus:
aan hen die geroepen zijn door God, aan hen die de Vader liefheeft en die Jezus Christus beschermt.
²Ik wens u een overvloed van barmhartigheid, vrede en liefde.

Het voorbeeld van de dwaalleraars

³Vrienden, toen ik het plan maakte u te schrijven over de bevrijding die u en ons is ten deel gevallen, zag ik de noodzaak u op te roepen tot de strijd voor het geloof dat God zijn volk eens voor al heeft toevertrouwd. ⁴Want bepaalde lieden, van wie het vonnis al lang vaststaat, zijn ongemerkt bij ons binnengedrongen; goddeloze mensen die de genade van onze God gebruiken als dekmantel voor hun losbandig leven en die onze enige Heer en meester, Jezus Christus, loochenen.

⁵Van alles wat hier volgt, bent u op de hoogte, maar ik wil u er nog eens aan herinneren. De Heer heeft zijn volk uit Egypte bevrijd; maar later liet hij allen die ongelovig bleven, omkomen. ⁶Denk ook eens aan de engelen die niet tevreden waren met hun rang en de hun toegewezen plaats verlieten: God houdt ze ononderbroken gevangen in de duisternis in afwachting van de grote oordeelsdag. ⁷Denk ook aan Sodom en Gomorra en naburige steden. Evenals de engelen bedreven ze ontucht en lieten ze zich in met perversiteiten: als waarschuwend voorbeeld ondergaan ze nu de straf van het eeuwige vuur.

⁸Zo ook deze lieden met hun droomgezichten: ze misbruiken hun eigen lichaam, verwerpen het gezag van God en beledigen de hemelse machten. ⁹Zelfs de aartsengel Michaël heeft, toen hij met de duivel twistte over het lichaam van Mozes, het niet aangedurfd, een smadelijk oordeel tegen de duivel uit te spreken. Hij zei slechts: "De Heer zal u bestraffen." ¹⁰Maar deze mensen smalen op alles wat ze niet kennen. Net als redeloze dieren kennen ze alleen hun instinkt en daaraan gaan ze te gronde. ¹¹Het loopt verkeerd met hen af. Ze zijn de weg van Kaïn gegaan. Net als Bileam hebben zij zich voor geld in het bedrog gestort, en evenals Korach komen ze om door hun opstandigheid. ¹²Zij maken uw gemeenschappelijke maaltijden te schande door zich schaamteloos vol te stoppen en

alleen aan zichzelf te denken. Wolken zijn het die voorbijgedreven worden door de wind en geen druppel water geven; bomen die zelfs in het late najaar nog geen vrucht dragen, morsdood en ontworteld; ¹³woeste golven die het schuim van hun schande opwerpen; dwaalsterren wier lot een plaats is in de diepste duisternis.

¹⁴Henoch, de zevende in de lijn van Adam, heeft ook over hen profetische woorden gesproken: "Daar komt de Heer met zijn tienduizenden heilige engelen ¹⁵om over allen het vonnis uit te spreken. Hij zal alle goddeloze zondaars straffen voor de goddeloze praktijken die ze hebben bedreven en voor de vermetele woorden die ze tegen hem gesproken hebben." ¹⁶Zij grommen en morren over hun lot; ze leven zoals ze zelf graag willen, slaan een hoge toon aan en hemelen mensen op om er zelf beter van te worden.

Waarschuwingen

¹⁷Vergeet niet, mijn vrienden, wat de apostelen van onze Heer Jezus Christus u vroeger hebben gezegd: ¹⁸"Aan het einde van de tijd zullen er spotters zijn die hun goddeloze passies de vrije loop laten." ¹⁹Het zijn mensen die verdeeldheid zaaien, in de wereld opgaan en de Geest niet bezitten. ²⁰Maar u, dierbare vrienden: blijf staan op de fundering van uw allerheiligst geloof, bid in de kracht van de heilige Geest, ²¹vertrouw uzelf toe aan de liefde van God, in afwachting van onze Heer Jezus Christus die u in zijn goedheid het eeuwige leven zal geven.

²²Ontferm u over hen die in onzekerheid leven, ²³red hen door hen te ontrukken aan het vuur. Maar wees tegenover anderen met uw goedheid voorzichtig; ontloop hen, want zelfs hun kleren zijn door hun zondige lusten besmet!

Lofprijzing

²⁴Aan hem die in staat is u voor struikelen te behoeden en u op te stellen voor zijn luisterrijke troon, onberispelijk en juichend van vreugde – ²⁵aan de enige God, die ons redt door Jezus Christus, onze Heer, komt heerlijkheid toe en majesteit, macht en gezag, vóór de aanvang der tijden, nu, en voor altijd en eeuwig. Amen.

De openbaring van Johannes

1 De openbaring van Jezus Christus.
Christus heeft die van God gekregen om zijn dienaars te laten zien wat er binnenkort gebeuren moet. Hij heeft deze gebeurtenissen aan zijn dienaar Johannes bekendgemaakt door hem zijn engel te sturen. ²En Johannes heeft getuigd van alles wat hij gezien heeft. Hier volgt wat hij te zeggen heeft over de boodschap van God en het getuigenis van Jezus Christus.

³Gelukkig te prijzen is hij die deze profetische boodschap voorleest, en gelukkig zijn zij die ernaar luisteren en zich aan de inhoud ervan houden. Want de tijd dringt.

Johannes groet de zeven gemeenten in Asia

⁴Johannes aan de zeven gemeenten in Asia:

Ik wens u genade en vrede van hem die is en die was en die komt, van de zeven geesten die voor zijn troon staan, ⁵en van Jezus Christus, de betrouwbare getuige, de eerste die uit de dood is opgestaan, de opperheer van de koningen der aarde.

Uit liefde voor ons heeft hij ons door zijn dood bevrijd van onze zonden ⁶en ons koningen gemaakt, priesters voor God, zijn Vader: aan hem de eer en de kracht voor altijd en eeuwig! Amen.

⁷Let op, hij komt met de wolken! Iedereen zal hem met eigen ogen zien, ook zij die hem doorboord hebben, en alle volken der aarde zullen om hem rouwen. Amen.

⁸"Ik ben de alfa en de omega," zegt de Heer, de almachtige God, die is, die was en die komt.

Het visioen op het eiland Patmos

⁹Ik, Johannes, ben uw broeder en lotgenoot; ook ik word verdrukt, en net als u heb ik deel aan het koninkrijk en blijf ik volharden in verbondenheid met Jezus. Ik zat verbannen op het eiland Patmos, omdat ik Gods boodschap en het getuigenis van Jezus had verkondigd. ¹⁰Op de dag des Heren raakte ik in extase. Ik hoorde achter me een stem zo luid als een trompet: ¹¹"Schrijf wat je ziet in een boek op en stuur het naar de zeven kerkgemeenten, naar Efeze, Smyrna, Pergamum, Tyatira, Sardes, Filadelfia en Laodicea."

¹²Ik draaide me om, om te zien wie tegen me sprak. Ik zag zeven

gouden kandelaars ¹³en tussen de kandelaars iemand die de gestalte had van een mens. Hij had een gewaad aan dat tot op zijn voeten afhing en om zijn borst droeg hij een gouden band. ¹⁴Zijn hoofdhaar was wit als wol, blank als sneeuw, zijn ogen vlamden als vuur, ¹⁵zijn voeten gloeiden als koper in een smeltoven en zijn stem klonk als een machtige waterval. ¹⁶In zijn rechterhand hield hij zeven sterren; een scherp tweesnijdend zwaard stak uit zijn mond en zijn gezicht straalde als de middagzon. ¹⁷Toen ik hem zag, viel ik als dood aan zijn voeten. Maar hij legde zijn rechterhand op mij en zei: "Wees niet bang! Ik ben de eerste en de laatste. ¹⁸Ik ben de levende! Ik was dood, maar nu leef ik voor altijd en eeuwig. De dood en het dodenrijk zijn in mijn macht. ¹⁹Schrijf op wat je ziet, zowel de gebeurtenissen van nu als die van later. ²⁰De zeven sterren die je in mijn rechterhand ziet, en de zeven gouden kandelaars hebben een diepe zin: de zeven sterren zijn de engelen van de zeven gemeenten, en de zeven kandelaars de zeven gemeenten zelf."

De boodschap voor Efeze

2 "Schrijf dit aan de engel van de gemeente in Efeze:
"Hij die de zeven sterren in zijn rechterhand houdt en tussen de zeven gouden kandelaars loopt, zegt: ²Ik ken uw werken, uw inspanning en uw standvastigheid. Ik weet dat u slechte mensen niet kunt velen. Degenen die zich voor apostelen uitgaven en het niet waren, hebt u aan een onderzoek onderworpen: ze bleken leugenaars te zijn. ³U bent standvastig, en voor de druk die u om mij hebt ondergaan, bent u niet bezweken. ⁴Toch heb ik iets tegen u: u hebt me niet meer zo lief als eerst. ⁵Bedenk van hoe hoog u bent gevallen. Begin een nieuw leven en doe zoals vroeger. Anders kom ik naar u toe en neem ik uw kandelaar van zijn plaats. ⁶Het pleit overigens voor u, dat u evenals ik de praktijken van de Nikolaïeten haat.

⁷"Wie oren heeft, moet luisteren naar wat de Geest aan de gemeenten te zeggen heeft.

"Wie overwint, geef ik te eten van de levensboom die in de tuin van God staat."

De boodschap voor Smyrna

⁸"Schrijf dit aan de engel van de gemeente in Smyrna:
"Hij die de eerste en de laatste is, die dood was en weer leeft, zegt: ⁹Ik ken uw moeilijkheden; ik weet dat u het arm hebt, maar in feite bent u rijk. Degenen die zich Joden noemen, spreken kwaad

van u: maar het zijn geen Joden, het zijn aanhangers van Satan. ¹⁰Vrees het lijden dat u te wachten staat, niet. De duivel zal sommigen van u gevangen zetten, om u op de proef te stellen. Tien dagen lang zult u het moeilijk hebben. Maar wees trouw tot in de dood, dan zal ik u kronen met het leven.

¹¹"Wie oren heeft, moet luisteren naar wat de Geest aan de gemeenten te zeggen heeft.

"Wie overwint, zal van de tweede dood geen nadeel ondervinden."

De boodschap voor Pergamum

¹²"Schrijf dit aan de engel van de gemeente in Pergamum:

"Hij die het scherpe tweesnijdende zwaard heeft, zegt: ¹³Ik weet waar u woont: daar waar Satan zetelt. U houdt mijn naam in ere en bent in mij blijven geloven, zelfs toen mijn trouwe getuige Antipas in de woonplaats van Satan vermoord werd. ¹⁴Toch zijn er een paar dingen in uw nadeel: sommigen onder u volgen de leer van Bileam. Bileam leerde Balak, hóe de Israëlieten ten val te brengen: hij moest ze aanzetten tot het eten van afgodenoffers en tot het plegen van ontucht. ¹⁵Zo zijn er anderen onder u die het met de Nikolaïeten houden. ¹⁶Verander dus uw houding. Anders kom ik snel naar u toe om hen te bestrijden met het zwaard uit mijn mond.

¹⁷"Wie oren heeft, moet luisteren naar wat de Geest aan de gemeenten te zeggen heeft.

"Aan wie overwint zal ik van het verborgen manna geven. En

ik zal hem een witte steen schenken waarin een nieuwe naam staat gegrift, een naam die alleen de ontvanger kent."

De boodschap voor Tyatira

¹⁸"Schrijf dit aan de engel van de gemeente in Tyatira:
"De Zoon van God, wiens ogen vlammen als vuur en wiens voeten gloeien als brons, zegt: ¹⁹Ik ken uw werken, uw liefde, geloof, hulpvaardigheid en standvastigheid, en ik weet dat u nu nog meer doet dan eerst. ²⁰Maar ik heb iets tegen u: u laat die vrouw, Izebel, haar gang gaan. Ze geeft zich uit voor profetes en brengt mijn dienaars op een dwaalspoor door hun te leren ontucht te bedrijven en afgodenoffers te eten. ²¹Ik heb haar de tijd gegeven om een nieuw leven te beginnen, maar ze wil zich niet van haar ontucht bekeren. ²²Ik zal haar op het ziekbed werpen en groot onheil brengen over degenen die ontucht met haar bedrijven – tenzij ze zich van haar en haar daden afkeren. ²³Ook haar kinderen zal ik doden, en alle gemeenten zullen weten dat ik hart en nieren doorgrond en ieder van u zal vergelden naar zijn daden.

²⁴"Maar tegen alle anderen in Tyatira, die deze leer niet aanhangen en de zogenaamde diepe geheimen van Satan niet hebben leren kennen, tegen hen zeg ik: Ik zal u geen andere last opleggen. ²⁵Houd allen vast aan wat u hebt, totdat ik kom. ²⁶Ik zal aan wie overwint en mijn opdrachten tot het einde toe uitvoert, macht over de heidenen geven: ²⁷hij zal hen weiden met een ijzeren staf en hen als aardewerk in stukken slaan. ²⁸Eenzelfde macht heb ook ik van mijn Vader gekregen. Ook zal ik hem de morgenster geven.

²⁹"Wie oren heeft, moet luisteren naar wat de Geest aan de gemeenten te zeggen heeft."

De boodschap voor Sardes

3 "Schrijf dit aan de engel van de gemeente in Sardes:
"Hij die de zeven geesten van God en de zeven sterren heeft, zegt: Ik ken uw werken. Ik weet het, u staat als levend bekend, maar u bent dood. ²Word wakker en herstel wat nog te herstellen valt en wat dreigt te sterven. Want het is mij gebleken dat uw daden niet volmaakt zijn in de ogen van mijn God. ³Breng u in herinnering, hoe u de boodschap ontvangen en gehoord hebt; leef ernaar en kom tot inkeer. Als u niet wakker wordt, zal ik u overvallen als een dief, zonder dat u weet wanneer. ⁴Maar enkelen van u in Sardes hebben hun kleren niet bevlekt. Zij zijn het waard in het wit gekleed te gaan en mij te begeleiden. ⁵Wie overwint, zal aldus in het wit

gestoken worden. Ik zal zijn naam niet schrappen uit het boek, waarin de levenden staan opgetekend. Integendeel, tegenover mijn Vader en zijn engelen zal ik verklaren dat hij bij mij hoort.

⁶"Wie oren heeft, moet luisteren naar wat de Geest aan de gemeenten te zeggen heeft."

De boodschap voor Filadelfia

⁷"Schrijf dit aan de engel van de gemeente in Filadelfia:

"Hij die heilig is en betrouwbaar, die de sleutel van David bezit, die opent zonder dat iemand kan sluiten, en sluit zonder dat iemand kan openen, hij zegt: ⁸Ik ken uw werken. Ik heb voor u een deur geopend die niemand kan sluiten. Uw kracht mag dan klein zijn, maar u hebt u gehouden aan mijn woord en mij niet verloochend. ⁹Ik zal ervoor zorgen dat die aanhangers van Satan, die leugenaars – die zich Joden noemen maar het niet zijn – ik zal ervoor zorgen dat ze zich voor uw voeten komen neerwerpen en erkennen dat ik u heb liefgehad. ¹⁰U hebt u gehouden aan mijn opdracht om standvastig te zijn. Daarom zal ik op mijn beurt u bewaren in het uur van de beproeving dat voor de hele aarde en haar bewoners zal aanbreken. ¹¹Ik kom spoedig! Houd vast wat u hebt en laat u door niemand van uw overwinningskrans beroven. ¹²Ik zal hem die overwint maken tot een zuil in de tempel van mijn God, en ervoor zorgen dat hij daaruit niet meer verdwijnt. Ik grif in hem de naam van mijn God en de naam van de stad van mijn God, het nieuwe Jeruzalem, dat uit de hemel neerdaalt en waarvan God de stichter is. Ook grif ik in hem de nieuwe naam die ik draag.

¹³"Wie oren heeft, moet luisteren naar wat de Geest aan de gemeenten te zeggen heeft."

De boodschap voor Laodicea

¹⁴"Schrijf dit aan de engel van de gemeente in Laodicea:

"Amen, de trouwe en waarachtige getuige, het begin van Gods schepping, zegt: ¹⁵Ik ken uw werken; ik weet dat u koud noch warm bent. Was u maar het een of het ander! ¹⁶Maar u bent lauw, en daarom zal ik u uitbraken. ¹⁷U beweert: 'Ik ben rijk, ik heb me van alles voorzien, ik heb niets nodig.' Maar u beseft niet dat u een armzalige, miserabele, blinde en naakte bedelaar bent. ¹⁸Ik raad u aan van mij goud te kopen dat in het vuur is gezuiverd. Dan wordt u rijk. Koop ook witte kleren om u te kleden en uw schandelijke naaktheid te bedekken, en zalf om op uw ogen te smeren en weer te zien. ¹⁹Ik straf en tuchtig iedereen die ik liefheb.

Wees dus vurig en kom tot inkeer. ²⁰Ik sta voor de deur en klop. Als iemand mij hoort en opendoet, zal ik bij hem binnenkomen en we zullen samen eten. ²¹Ik zal ervoor zorgen dat wie overwint, bij mij op mijn troon komt te zitten. Ook ik heb overwonnen en ben bij mijn Vader op zijn troon gezeten.

²²"Wie oren heeft, moet luisteren naar wat de Geest aan de gemeenten te zeggen heeft."

De hemelse eredienst

4 Toen kreeg ik een ander visioen. Een deur in de hemel stond open, en de stem die al eerder tot mij had gesproken en die klonk als een trompet, zei: "Kom hier naar boven, dan zal ik u laten zien wat hierna gebeuren moet." ²Meteen raakte ik in extase. In de hemel stond een troon. Daar was iemand op gezeten, ³wiens aanblik was als jaspis en kornalijn. Over zijn troon stond de regenboog, schitterend als smaragd, ⁴en in een cirkel er omheen stonden vierentwintig andere tronen waarop vierentwintig oudsten zaten, gehuld in witte kleren en met gouden kronen op het hoofd. ⁵Uit de troon kwamen lichtflitsen, gerommel en donderslagen; vóór de troon brandden zeven vurige fakkels – de zeven geesten van God – ⁶en strekte zich iets uit dat leek op een zee van glas, helder als kristal.

In het midden van de vier zijden van de troon waren vier levende wezens, van voren en van achteren vol ogen. ⁷Het eerste wezen leek op een leeuw, het tweede op een jonge stier, het derde had het voorkomen van een mens en het vierde leek op een vliegende arend. ⁸Elk van hen had zes vleugels, en ze waren overdekt met ogen, zowel van binnen als van buiten. Zonder te rusten zeiden ze dag en nacht:

"Heilig, heilig, heilig,
Heer, God almachtig,
die was, die is en die komt."

⁹En iedere keer als de vier levende wezens lof, eer en dank brengen aan hem die op de troon is gezeten en voor eeuwig en altijd leeft, ¹⁰vallen de vierentwintig oudsten op hun knieën neer voor hem die op de troon zit, en aanbidden ze hem die voor eeuwig en altijd leeft. Zij werpen hun kronen voor de troon neer en zeggen:

¹¹"Heer, onze God, u bent waardig
lof, eer en macht te ontvangen.
Want u hebt alles geschapen.
Aan uw wil hebben ze bestaan en leven te danken."

De boekrol en het Lam

5 Ik zag dat hij die op de troon was gezeten, in zijn rechterhand een boekrol had, van binnen en van buiten beschreven en verzegeld met zeven zegels. ²Ook zag ik een machtige engel. Hij riep luid: "Wie is waardig de zegels te verbreken en de boekrol te openen?" ³Maar niemand in de hemel, op aarde of in de onderwereld kon de boekrol openen en lezen. ⁴Ik brak in tranen uit, omdat niemand daartoe in staat bleek. ⁵Maar een van de oudsten zei tegen me: "Huil niet! De leeuw uit de stam Juda, de nazaat van David, heeft overwonnen: hij kan de zeven zegels verbreken en de boekrol openen."

⁶Toen zag ik midden voor de troon en omgeven door de vier wezens en de oudsten een Lam staan. Het Lam leek geslacht. Het had zeven hoorns en zeven ogen, dat zijn de zeven geesten van God die over de hele wereld zijn uitgestuurd. ⁷Het Lam kwam naar voren en nam de boekrol uit de rechterhand van hem die op de troon was gezeten. ⁸Toen het dat gedaan had, vielen de vier wezens en de vierentwintig oudsten voor hem neer. De oudsten hadden ieder een harp en een gouden schaal vol reukwerk, dat zijn de gebeden van de gelovigen. ⁹En ze zongen een nieuw lied:

"U bent waardig de boekrol te nemen
en haar zegels te verbreken.
Want u bent geslacht en met uw bloed
hebt u voor God mensen gekocht
uit elke stam en taal, uit elk volk en ras.
¹⁰U hebt hen gemaakt tot een koninkrijk van priesters

die onze God dienen en die zullen heersen op aarde."

¹¹Toen ik weer keek, hoorde ik duizenden en duizenden engelen. Ze stonden rondom de troon, de vier wezens en de oudsten, ¹²en zeiden luid:

"Het Lam dat geslacht werd,
is waardig om de macht te krijgen,
en rijkdom, wijsheid en kracht,
eer, glorie en lof."

¹³En ik hoorde elk schepsel in de hemel en op de aarde, in de onderwereld en in de zee, ja alle wezens in het heelal zingen:

"Aan hem die op de troon is gezeten
en aan het Lam
komen lof en eer, glorie en kracht toe
voor altijd en eeuwig!"

¹⁴En de vier levende wezens antwoordden: "Amen!" en de oudsten vielen in aanbidding neer.

De zegels

6 Ik zag dat het Lam het eerste van de zeven zegels verbrak en ik hoorde het eerste van de vier levende wezens zo luid als de donder zeggen: "Kom!" ²Er verscheen een wit paard; zijn berijder had een boog. Hij ontving een zegekrans en reed als overwinnaar weg.

³Toen het Lam het tweede zegel verbrak, hoorde ik het tweede wezen roepen: "Kom!" ⁴Er verscheen een ander paard, een rood. Zijn berijder kreeg toestemming, de vrede van de aarde weg te ne-

men, zodat de mensen elkaar zouden uitmoorden. Er werd hem een groot zwaard gegeven.

⁵Toen het Lam het derde zegel verbrak, hoorde ik het derde wezen roepen: "Kom!" Ik zag een zwart paard verschijnen; zijn berijder had een weegschaal in zijn hand. ⁶Ik hoorde wat klonk als een stem, midden uit de vier wezens zeggen: "Eén maat tarwe voor een zilverstuk en drie maten gerst voor een zilverstuk, maar breng geen schade toe aan olijfboom en wijnstok."

⁷Toen het Lam het vierde zegel verbrak, hoorde ik het vierde wezen roepen: "Kom!" ⁸Ik zag een paard verschijnen, dat bleekgroen was. Zijn berijder heette de Dood en het schimmenrijk kwam achter hem aan. Hij kreeg de macht om een vierde deel van de aarde om te brengen door het zwaard en door hongersnood, pest en wilde dieren.

⁹Toen het Lam het vijfde zegel verbrak, zag ik onder het altaar de zielen van hen die vermoord waren, omdat ze getuigenis hadden afgelegd van de boodschap van God. ¹⁰Ze riepen luid: "Heilige en ware Heerser! Hoelang zal het nog duren voordat u de bewoners van de aarde oordeelt en ons bloed op hen wreekt?" ¹¹Ieder van hen kreeg een wit gewaad, en er werd hun gezegd nog even te blijven rusten, totdat het totale aantal is bereikt van medechristenen die evenals zij in dienst van God gedood moeten worden.

¹²Ik zag het Lam het zesde zegel verbreken. Er volgde een hevige aardbeving; de zon werd zwart als een rouwkleed en de maan werd helemaal rood als bloed. ¹³De sterren van de hemel vielen op aarde neer als vijgen die door een stormwind van de boom worden geschud. ¹⁴Het uitspansel verdween als een stuk papier dat wordt opgerold, en alle bergen en eilanden werden van hun plaats gehaald. ¹⁵Koningen der aarde, edelen, legeraanvoerders, rijken en machtigen, en alle andere mensen, slaven en vrije burgers, verborgen zich in holen en onder bergrotsen. ¹⁶En ze riepen tot de bergen en de rotsen: "Val op ons neer en verberg ons voor de blik van hem die op de troon is gezeten en voor de toorn van het Lam! ¹⁷Want de grote dag van hun wraak is aangebroken, en wie kan dan standhouden?"

De honderdvierenveertigduizend

7 Daarna zag ik aan de vier hoeken van de aarde vier engelen staan. Ze hielden de vier winden van de aarde in bedwang, zodat land en zee windvrij waren en het overal bladstil was. ²Een andere engel zag ik uit het oosten opstijgen met het zegel van de levende

God. Tegen de engelen die de macht hadden gekregen om schade toe te brengen aan het land en de zee, riep hij luid: ³"Breng geen schade toe aan land, zee en bomen, voordat wij de dienaars van onze God op het voorhoofd gemerkt hebben." ⁴En ik hoorde dat het aantal gemerkten honderdvierenveertigduizend bedroeg en dat ze uit alle stammen van het volk Israël kwamen. ⁵Twaalfduizend uit de stam Juda, twaalfduizend uit de stam Ruben, twaalfduizend uit de stam Gad, ⁶twaalfduizend uit de stam Aser, twaalfduizend uit de stam Naftali, twaalfduizend uit de stam Manasse, ⁷twaalfduizend uit de stam Simeon, twaalfduizend uit de stam Levi, twaalfduizend uit de stam Issakar, ⁸twaalfduizend uit de stam Zebulon, twaalfduizend uit de stam Jozef en twaalfduizend uit de stam Benjamin, die gemerkt waren.

De grote menigte

⁹Daarna zag ik een grote menigte; niemand kon haar tellen. Ze kwamen uit alle rassen, stammen, volken en talen en stonden opgesteld voor de troon en voor het Lam, gehuld in witte gewaden en met palmtakken in de hand. ¹⁰Ze riepen luid: "Het heil komt van onze God die op de troon is gezeten, en van het Lam!" ¹¹Alle engelen stonden samen met de oudsten en de vier levende wezens rondom de troon. Ze wierpen zich languit voor de troon neer en aanbaden God met de woorden: ¹²"Amen! Lof, glorie en wijsheid, dank en eer, macht en sterkte komen onze God toe voor altijd en eeuwig. Amen!"

¹³Een van de oudsten vroeg mij: "Wie zijn dat in die witte kleren en waar komen ze vandaan?" ¹⁴Ik antwoordde: "Dat zult u beter weten dan ik." Toen zei hij: "Dat zijn de mensen die de grote vervolging zijn doorgekomen en in het bloed van het Lam hun kleren hebben wit gewassen. ¹⁵Daarom staan zij voor de troon van God en dienen ze hem dag en nacht in zijn tempel. Hij die op de troon is gezeten, zal bij hen wonen. ¹⁶Nooit meer zullen ze honger of dorst lijden, en voor de gloed van de zon en elke andere hitte zullen ze gevrijwaard zijn, ¹⁷want het Lam op de troon zal hun herder zijn en hen naar de bronnen van levend water brengen, en God zal al hun tranen drogen."

Het zevende zegel

8 Toen het Lam het zevende zegel had verbroken, viel er in de hemel een diepe stilte, die een half uur duurde. ²Ik zag dat de zeven engelen die voor God stonden, zeven trompetten kregen.

³Een andere engel ging met een gouden wierookvat bij het altaar staan. Hij kreeg veel reukwerk, dat hij samen met de gebeden van alle gelovigen moest offeren op het gouden altaar voor de troon. ⁴De rook van het reukwerk steeg met de gebeden van de gelovigen omhoog voor God. ⁵De engel nam het wierookvat, deed het vol met vuur van het altaar en gooide het op aarde. Er volgden donderslagen en gerommel, het bliksemde en de aarde beefde.

De trompetten

⁶De zeven engelen met de zeven trompetten maakten zich op om de trompet te steken.

⁷Toen de eerste engel blies, kwam er hagel en vuur, met bloed gemengd, op aarde neer. Een derde deel van de aarde en een derde deel van de bomen gingen in vlammen op, en ook al het gras.

⁸Toen de tweede blies, werd iets als een grote berg, waar de vlammen uitsloegen, in zee gegooid. Een derde deel van de zee veranderde in bloed, ⁹een derde deel van alle zeedieren ging dood, en een derde deel van de schepen verging.

¹⁰Toen de derde engel de trompet blies, viel er uit de hemel een grote ster die brandde als een fakkel. Hij kwam neer op een derde deel van de rivieren en op de waterbronnen. ¹¹Deze ster heet de Bittere. Een derde deel van het water werd bitter, en veel mensen gingen eraan dood omdat het ondrinkbaar was geworden.

¹²Toen de vierde engel de trompet stak, werd een derde deel van de zon, een derde deel van de maan en een derde deel van de sterren getroffen. Daardoor verloren ze een derde deel van hun glans zodat het licht bij dag met een derde verminderde, en zo ook het licht bij nacht.

¹³Ik zag hoog aan de hemel een arend vliegen en hoorde hem schreeuwen: "Wee, wee! Wee de bewoners van de aarde wanneer de trompetten klinken van de drie engelen die nog moeten komen!"

9 Toen de vijfde engel op de trompet blies, zag ik dat er uit de hemel een ster op aarde was gevallen. Die ster kreeg de sleutel van de schacht naar de afgrond. ²Toen hij die daarmee opende, steeg er rook uit op, zo dicht als de rook van een grote oven; de zon en de lucht werden erdoor verduisterd. ³Uit de rook kwamen sprinkhanen op de aarde af die evenveel macht kregen als schorpioenen. ⁴Hun werd gezegd geen schade toe te brengen aan al het groen op aarde, het gras en de bomen, maar alleen aan de mensen die niet het merkteken van God op hun voorhoofd droegen. ⁵Ze mochten hen niet doden, wel hen vijf maanden lang pijn doen. En de pijn die ze veroorzaakten was even erg als de pijn die het gevolg is van de steek van een schorpioen. ⁶In die tijd zullen de mensen de dood zoeken maar hem niet vinden; ze zullen willen sterven, maar de dood ontloopt hen.

⁷De sprinkhanen leken op paarden die klaar staan voor de strijd. Op hun koppen droegen ze zoiets als gouden kronen. Ze hadden het gezicht van een mens, ⁸de haren van een vrouw en de tanden van een leeuw. ⁹Hun borstschilden waren als ijzer, het gedruis van hun vleugels als dat van strijdwagens met veel paarden ervoor. ¹⁰Ze hadden een staart en een angel als die van een schorpioen, en in hun staart zat de kracht om de mensen vijf maanden lang kwaad te doen. ¹¹Aan hun hoofd stond een koning, de engel van de afgrond. In het Hebreeuws heet hij Abaddon, in het Grieks Apollyon, "Verderver".

¹²Het eerste "wee" is voorbij, maar er volgen er nog twee.

¹³Toen de zesde engel zijn trompet blies, hoorde ik uit de vier

hoeken van het altaar dat voor God staat, een stem [14]tegen de zesde engel met zijn trompet zeggen: "Laat de vier engelen los die vastzitten bij de grote rivier de Eufraat." [15]De engelen werden losgelaten; ze waren gereedgehouden om op het uur van een zekere dag in een bepaalde maand en in een bepaald jaar een derde deel van de mensheid te doden. [16]Ik hoorde het aantal bereden troepen noemen; het bedroeg tweehonderd miljoen. [17]In mijn visioen zag ik de paarden en hun berijders: ze droegen harnassen die vuurrood, hyacintblauw en zwavelgeel waren. De koppen van hun paarden leken op die van leeuwen en uit hun bekken kwamen vuur, rook en zwavel. [18]Door deze drie plagen: het vuur, de rook en de zwavel die uit hun bek kwamen, vond een derde deel van de mensen de dood. [19]De kracht van de paarden zit in hun bek en ook in hun staart. Hun staarten lijken slangen met koppen, en ze gebruiken die om er kwaad mee te doen.

[20]Maar de mensen die deze plagen overleefden, keerden zich niet af van hun maaksels. Ze bleven de afgoden aanbidden en de gouden, zilveren, bronzen, stenen en houten afgodsbeelden, die niet kunnen zien, horen en gaan. [21]Ook keerden ze zich niet af van hun moorden en toverkunsten, hun ontucht en diefstallen.

De engel en de kleine boekrol

10 Toen zag ik een andere sterke engel afdalen van de hemel. Hij was gekleed in een wolk en droeg op zijn hoofd de regenboog; zijn gezicht straalde als de zon en zijn voeten leken zuilen van vuur. [2]In zijn hand hield hij een kleine boekrol die open was. Hij zette zijn rechtervoet op de zee, zijn linkervoet op het land [3]en gaf een schreeuw, zo hard als het gebrul van een leeuw. Op zijn schreeuw volgden als antwoord de zeven donderslagen. [4]Toen ze geklonken hadden, wilde ik gaan schrijven, maar ik hoorde een stem uit de hemel: "Houd geheim wat de zeven donderslagen gezegd hebben; schrijf het niet op!"

[5]De engel die ik op de zee en het land zag staan, hief zijn rechterhand op naar de hemel [6]en zwoer bij hem die voor altijd en eeuwig leeft en die hemel, aarde en zee met al hun bewoners gemaakt heeft. Hij zei: "Er wordt geen uitstel meer gegeven! [7]Maar als de zevende engel aan de beurt is om op zijn trompet te blazen, dan zal God zijn geheime raadsbesluit uitvoeren, juist zoals hij dat zijn dienaars, de profeten, had aangekondigd."

[8]Toen nam de stem die ik uit de hemel gehoord had, weer het woord. Hij zei tegen mij: "Pak het boek dat openligt in de hand

van de engel die op het land en de zee staat." ⁹Ik ging op de engel toe en vroeg hem mij het boekje te geven. "Pak het en eet het op," zei hij. "Het zal je zwaar op de maag liggen, maar in je mond zal het zoet zijn als honing." ¹⁰Ik pakte het boekje uit zijn hand en at het op. In mijn mond smaakte het zoet als honing, maar toen ik het had doorgeslikt, lag het zwaar op mijn maag.

¹¹Toen werd mij gezegd: "Je zult nogmaals moeten profeteren over talrijke volken, rassen, talen en koningen."

De twee getuigen

11 Ik kreeg een rietstengel als meetlat. "Meet de tempel van God en het altaar op," werd mij gezegd, "en tel degenen die hem daar aanbidden. ²Maar sla het plein vóór de tempel over; meet het niet op, want het is uitgeleverd aan de heidenen die de heilige stad tweeënveertig maanden lang onder de voet zullen lopen. ³Mijn twee getuigen zal ik opdracht geven het boetekleed aan te trekken en twaalfhonderdzestig dagen lang mijn boodschap te verkondigen."

⁴Deze twee getuigen zijn de twee olijfbomen en de twee lampen die voor de Heer der aarde staan. ⁵Als iemand hun kwaad wil doen, komt er uit hun mond vuur dat hun vijanden verteert. Zo zal iedereen gedood worden die hun kwaad wil doen. ⁶Ze bezitten de macht de hemel te sluiten, zodat er geen regen valt in de tijd dat ze hun boodschap verkondigen. Ook bezitten ze de macht om, zo dikwijls ze het willen, de watermassa's in bloed te veranderen en de aarde met allerlei plagen te treffen.

⁷Wanneer ze hun taak als getuigen hebben volbracht, zal het beest uit de afgrond de strijd met hen aanbinden. Het zal hen overwinnen en doden. ⁸Hun lijken zullen op het plein liggen van de grote stad waar ook hun Heer is gekruisigd. De symbolische naam van die stad is Sodom of Egypte. ⁹Mensen uit alle volken, stammen, talen en rassen komen drie en een halve dag naar hun lijken kijken. En men zal beletten dat ze worden begraven. ¹⁰De bewoners van de aarde zijn blij over hun dood. Ze vieren feest en sturen elkaar geschenken, want deze twee profeten waren hun een kwelling. ¹¹Maar na die drie-en-een-halve dag kregen zij van God hun levensadem terug; ze stonden op en allen die hen zagen, werden verschrikkelijk bang. ¹²Uit de hemel hoorden de twee profeten luid tegen zich zeggen: "Kom hierheen!" En voor de ogen van hun vijanden stegen ze in een wolk op naar de hemel. ¹³Op dat moment was er een grote aardbeving; een tiende deel van de stad stortte in en

zevenduizend mensen vonden door de aardbeving de dood. De overlevenden werden bang en gaven eer aan de God van de hemel.

¹⁴Het tweede "wee" is voorbij. Het derde komt nu gauw.

De zevende trompet

¹⁵Toen de zevende engel op zijn trompet blies, klonken er in de hemel luid stemmen op: "De macht om over de wereld te regeren is nu in handen van onze Heer en zijn Christus; hij zal regeren voor altijd en eeuwig!" ¹⁶De vierentwintig oudsten, die tegenover God op hun tronen gezeten waren, vielen in aanbidding voor hem neer ¹⁷en zeiden:

"Heer, almachtige God, die is en die was,
wij danken u dat u uw grote macht hebt aanvaard
en het bestuur in handen hebt genomen!
¹⁸De heidenen zijn in razernij onstoken,
maar ook het uur van uw wraak heeft geslagen.
Het moment is aangebroken
dat de doden zullen worden geoordeeld
en dat loon naar werken zal worden gegeven
aan uw dienaars, de profeten,
en aan allen die u toebehoren en u vrezen,
groten en kleinen.
Het is tijd hen te vernietigen
die de aarde vernietigen!"

¹⁹De tempel van God, die in de hemel staat, ging open en men kon in de tempel de verbondskist zien staan. Er volgden lichtflitsen en donderslagen, een aardbeving en een zware hagelbui.

De vrouw en de draak

12 Er verscheen in de hemel een groot teken: een vrouw gehuld in de zon, onder haar voeten de maan en op haar hoofd een kroon van twaalf sterren. ²Ze stond op het punt een kind te baren, en de barensweeën deden haar schreeuwen van pijn.

³Er verscheen nog een ander teken in de hemel: een grote vuurrode draak, met zeven koppen en tien hoorns, en een kroon op iedere kop. ⁴Met zijn staart veegde hij een derde deel van de sterren aan de hemel weg, en hij gooide ze op aarde. Hij stelde zich tegenover de vrouw op, om haar kind te verslinden zodra het er zou zijn. ⁵Ze baarde een zoon die alle volkeren met ijzeren staf zal weiden. Maar haar kind werd van haar weggehaald en voor de troon van God gebracht. ⁶De vrouw vluchtte de woestijn in; God had

daar gezorgd voor een plek waar ze twaalfhonderdzestig dagen verzorgd zou worden.

⁷Toen ontbrandde er in de hemel een strijd. Michaël en zijn engelen vochten tegen de draak, die met zijn engelen terugvocht. ⁸Maar de draak werd verslagen, en hij en zijn engelen mochten niet langer in de hemel blijven. ⁹De grote draak werd er uitgegooid, de oude slang, die ook wel de duivel of Satan wordt genoemd en die de hele wereld misleidt. Samen met zijn engelen werd hij op aarde gegooid.

¹⁰Ik hoorde een stem in de hemel luid zeggen: "Het heil, de macht en het koninkrijk van onze God en de heerschappij van zijn Christus zijn nu gekomen. De aanklager van onze broeders, degene die hen dag en nacht bij God beschuldigt, is uit de hemel gegooid. ¹¹Onze broeders hebben hem overwonnen dank zij het bloed van het Lam en dank zij de boodschap waarvan zij hebben getuigd. Ze waren niet gehecht aan hun leven, maar gaven het prijs aan de dood. ¹²Hemel en allen die er wonen, wees dus blij! Maar wee jullie, aarde en zee! Want de duivel is naar jullie afgedaald en hij is woedend; hij weet dat hij maar weinig tijd heeft."

¹³Toen de duivel besefte dat hij op aarde was neergegooid, begon hij de vrouw die de jongen gebaard had, te vervolgen. ¹⁴Maar God gaf haar de vleugels van de grote arend om naar haar plek in de woestijn te vluchten. Daar werd ze drie-en-een-half jaar verzorgd en vond ze bescherming tegen de slang. ¹⁵De slang spoog de vrouw een hoeveelheid water achterna zo groot als een rivier: het water moest haar meesleuren. ¹⁶Maar de aarde kwam haar te hulp; ze

opende haar mond en slokte het water op dat de draak had uitgebraakt. ¹⁷De draak was razend op de vrouw en ging weg om de rest van haar kroost te bevechten, dat wil zeggen, degenen die de geboden van God in acht nemen en trouw blijven aan het getuigenis van Jezus. ¹⁸De draak stelde zich op aan het strand van de zee.

De twee beesten

13 Ik zag uit de zee een beest het land opkomen. Het had tien hoorns en zeven koppen; op elke hoorn stond een kroon, en op zijn koppen waren godslasterlijke namen geschreven. ²Het beest dat ik zag, leek op een luipaard. Zijn poten waren als van een beer en zijn muil leek op die van een leeuw. De draak gaf aan het beest zijn kracht, zijn troon en zijn grote macht. ³Het zag er naar uit, dat een van zijn koppen dodelijk was getroffen, maar de dodelijke wond was hersteld. De hele aarde liep verbaasd achter het beest aan ⁴en aanbad de draak, omdat hij het beest de macht had gegeven. Ook het beest zelf aanbaden ze en ze riepen uit: "Wie valt er met het beest te vergelijken en wie kan de strijd met hem aanbinden?"

⁵Het beest kreeg gelegenheid hoogmoedige en godslasterlijke taal uit te slaan en tweeënveertig maanden lang macht uit te oefenen. ⁶Het begon God te vervloeken en zijn naam, zijn heiligdom en de bewoners van de hemel te beledigen. ⁷Ook werd hem gelegenheid gegeven het volk van God te bevechten en het te overwinnen; bovendien werd hem de macht verleend over elke stam en taal, over elk volk en ras. ⁸En alle bewoners van de aarde aanbaden hem, dat wil zeggen, al degenen die niet vanaf het begin van de wereld staan opgeschreven in het levensboek van het Lam dat geslacht is.

⁹"Wie oren heeft, moet luisteren! ¹⁰Wie bestemd is voor gevangenschap, zal zeker gevangen genomen worden, en wie iemand doodt met een zwaard, zal zeker door het zwaard omkomen. Dat vraagt van Gods volk standvastigheid en geloof."

¹¹Toen zag ik een tweede beest. Dat beest steeg op uit de aarde. Het had twee hoorns als van een ram en het sprak als een draak. ¹²Het nam alle macht van het eerste beest over; het bracht de aarde met haar bewoners tot aanbidding van het eerste beest, dat van zijn dodelijke wond was genezen. ¹³Het tweede beest deed grote wonderen; onder andere zagen de mensen vuur uit de hemel neerkomen. ¹⁴Door de wonderen die het in aanwezigheid van het eerste beest kon doen, bracht het de bewoners van de aarde de verkeerde

weg op. Het zei hun, een beeld op te richten voor het beest dat door het zwaard was getroffen maar het overleefd had. ¹⁵Het tweede beest kreeg de macht dit beeld leven in te blazen, zodat het kon spreken en iedereen ombrengen die het niet wilde aanbidden. ¹⁶Het beest dwong alle mensen, groot en klein, rijk en arm, vrijen en slaven, op hun rechterhand en op hun voorhoofd een merkteken te dragen. ¹⁷Daardoor kon iemand alleen iets kopen of verkopen als hij dat merkteken droeg, dat wil zeggen: de naam van het beest of het getal dat het symbool van die naam is.

¹⁸Daar is wijsheid voor nodig. Iemand met inzicht kan het geheim van het getal van het beest ontraadselen; met het getal is namelijk een mens bedoeld en het getal is zeshonderdzesenzestig.

Het lied van de verlosten

14 Ik zag het Lam op de berg Sion staan; bij hem waren honderdvierenveertigduizend mensen. Op hun voorhoofd stonden zijn naam en de naam van zijn Vader geschreven. ²Ik hoorde ook een geluid uit de hemel; het leek op het geruis van een grote waterval, op een zware donderslag, en op de muziek van harpspelers. ³De honderdvierenveertigduizend stonden voor de troon, de vier wezens en de oudsten, en zongen een nieuw lied, een lied dat niemand kon leren behalve de honderdvierenveertigduizend zelf die van de aarde zijn verlost. ⁴Zij zijn het die zich rein gehouden hebben door niet om te gaan met vrouwen; ze zijn ongehuwd. Ze volgen het Lam overal waar het gaat; ze zijn losgekocht van de mensen, ze zijn de eerste opbrengst voor God en het Lam. ⁵Geen leugen komt over hun lippen; ze zijn vlekkeloos.

De drie engelen

⁶Toen zag ik een engel hoog in de lucht vliegen. Hij had de bewoners van de aarde, iedere stam en taal, elk volk en ras, een boodschap te brengen, groot nieuws voor eeuwig. ⁷Luid zei hij: "Vrees God en prijs zijn grootheid! Want het uur is gekomen waarop hij gaat rechtspreken. Buig u in aanbidding neer voor hem die hemel en aarde, zee en waterbronnen gemaakt heeft!"

⁸Deze engel werd gevolgd door een tweede die zei: "Het grote Babylon is definitief gevallen! Het gaf alle volken de koppige wijn van zijn ontucht te drinken."

⁹Op deze twee volgde een derde engel. Luid riep hij: "Wie het beest aanbidt en op zijn voorhoofd of op zijn hand het merkteken krijgt, ¹⁰zal de wijn van Gods toorn drinken, een wijn die onversne-

den is uitgegoten in de beker van zijn wraak! Ze zullen in tegenwoordigheid van de heilige engelen en van het Lam gepijnigd worden in vuur en zwavel. ¹¹Boven het vuur dat hen pijnigt, stijgt de rook voor altijd en eeuwig op. En de mensen die het beest en zijn beeld aanbidden, krijgen overdag en 's nachts geen moment rust; degenen die het merkteken van zijn naam dragen, evenmin.

¹²Dat vraagt van Gods volk standvastigheid, van hen die zijn geboden in acht nemen en Jezus trouw blijven.

¹³Toen hoorde ik een stem uit de hemel: "Schrijf op: Gelukkig te prijzen zijn zij die van nu af sterven in eenheid met de Heer!" "Zeker," bevestigt de Geest. "Ze zullen uitrusten van hun zware arbeid; het goede dat ze hebben gedaan, volgt hun op de voet."

De aarde wordt geoogst

¹⁴Toen zag ik een witte wolk. Op de wolk zat iemand die de gestalte had van een mens. Op zijn hoofd droeg hij een gouden kroon en in zijn hand had hij een scherpe sikkel. ¹⁵Uit de tempel kwam een engel. Tegen degene die op de wolk zat, riep hij luid: "Zwaai uw sikkel en haal de oogst binnen; het is er de tijd voor, de aarde is rijp voor de oogst!" ¹⁶En hij die op de wolk zat, sloeg zijn sikkel over de aarde en de aarde werd geoogst.

¹⁷Uit de tempel in de hemel zag ik een andere engel komen. Ook hij had een scherpe sikkel.

¹⁸Een derde engel, die belast was met de zorg voor het vuur, kwam het altaar af. Tegen de engel met de sikkel riep hij luid: "Zwaai uw scherpe sikkel en snij de druiventrossen van de wijnstokken op aarde, want ze zijn rijp." ¹⁹En de engel sloeg zijn sikkel over de aarde, sneed de druiventrossen van de wijnstokken af en gooide ze in de grote wijnpers van Gods toorn. ²⁰De druiven werden buiten de stad uitgeperst en uit de wijnpers vloeide een stroom bloed die de paarden tot de bek reikte en driehonderd kilometer lang was.

De engelen met de laatste plagen

15 Ik zag nog een ander teken in de hemel, groots en indrukwekkend: zeven engelen met zeven plagen. Het waren de laatste plagen; ze betekenden het einde van Gods toorn.

²Toen zag ik iets dat leek op een glazen zee die met vuur vermengd was. Ook zag ik degenen die de overwinning hadden behaald op het beest en zijn beeld en op hen die het getal van zijn naam droegen. Ze stonden op de glazen zee en hadden harpen die God hun gegeven had. ³Ze zongen het lied van Mozes, Gods dienaar, en het lied van het Lam:

"Heer, almachtige God,
groots en indrukwekkend zijn uw daden!
Koning van de volken,
uw wegen zijn rechtvaardig en betrouwbaar!
⁴Wie zou u niet vrezen, Heer?
Wie zou weigeren uw naam te prijzen?
Want u alleen bent heilig.
Alle volken zullen zich in aanbidding
voor u komen neerbuigen,
want uw gerechte daden zijn openbaar geworden."

⁵Daarna zag ik in de hemel de tempel opengaan, de tent van Gods aanwezigheid, ⁶en de zeven engelen met de zeven plagen daaruit komen. Ze hadden helwitte kleren aan en om hun borst droegen ze een band van goud. ⁷Een van de vier levende wezens gaf aan deze zeven engelen zeven gouden schalen die gevuld waren met de toorn van de eeuwig levende God. ⁸De tempel kwam vol rook te staan, afkomstig van de glorie en macht van God. Niemand kon de tempel binnenkomen. Eerst moesten de zeven engelen de zeven plagen voltrokken hebben.

De schalen, gevuld met Gods toorn

16 Ik hoorde een stem die vanuit de hemel kwam, luid tegen de zeven engelen zeggen: "Ga en stort de zeven schalen die gevuld zijn met de toorn van God, over de aarde uit."

²De eerste engel vertrok en gooide zijn schaal op de aarde leeg. De mensen die het merkteken van het beest droegen en die zijn beeld aanbaden, werden met akelige en pijnlijke zweren overdekt.

³De tweede engel leegde zijn schaal in de zee. Het water veranderde in bloed, in het bloed van een dode, en al wat in de zee leefde, stierf.

⁴Toen de derde engel zijn schaal leegde in de rivieren en de waterbronnen, veranderden ook die in bloed. ⁵De engel, die verantwoordelijk was voor de watermassa's, hoorde ik zeggen: "Het is rechtvaardig van u, heilige God, die is en die was, dat u zulke oordelen hebt geveld! ⁶Ze hebben het bloed van uw volk en van de profeten vergoten, maar u hebt bloed aan de moordenaars te drinken gegeven. Dat was hun verdiende straf!" ⁷En uit de richting van het altaar hoorde ik iemand zeggen: "Zeker, uw oordelen, Heer, almachtige God, zijn juist en rechtvaardig!"

⁸De vierde engel goot zijn schaal leeg op de zon. Daardoor kreeg die de gelegenheid de mensen met vuur te verzengen. ⁹De mensen verbrandden door de grote hitte en vervloekten de naam van God die over deze plagen beschikte. Toch wilden ze geen nieuw leven beginnen en zijn grootheid niet prijzen.

¹⁰De vijfde engel leegde zijn schaal op de troon van het beest. Duisternis viel over het koninkrijk van het beest. De mensen beten van pijn op hun tong ¹¹en vervloekten God in de hemel om hun pijnen en zweren. Maar ze keerden zich niet af van hun slechte daden.

¹²De zesde engel goot zijn schaal leeg in de rivier de Eufraat. Het water droogde op en maakte de weg vrij voor de koningen uit het oosten. ¹³Toen zag ik uit de bek van de draak, uit de muil van het beest en uit de mond van de valse profeet drie onreine geesten komen. Het leken wel kikvorsen. ¹⁴Het waren duivelse geesten die tot wonderen in staat waren. Ze gingen naar alle koningen der aarde en verzamelden hen voor de strijd op de grote dag van de almachtige God.

¹⁵"Luister! Ik kom als een dief. Gelukkig te prijzen is hij die waakt en zijn kleren aanhoudt, zodat hij niet naakt hoeft rond te lopen, voor iedereen te kijk!"

¹⁶De drie geesten brachten de koningen bijeen op een plaats die in het Hebreeuws "Harmagedon" heet.

¹⁷De zevende engel stortte zijn schaal uit in de lucht. Uit de tempel, uit de richting van de troon, klonk luid een stem: "Het is gebeurd!" ¹⁸Er volgden bliksemflitsen, gerommel en donderslagen en een geweldige aardbeving. Sinds er mensen op aarde leven, was geen aardbeving zo zwaar geweest. ¹⁹De grote stad werd in drieën gespleten en de steden van alle landen werden verwoest. God was het grote Babylon niet vergeten en liet het de beker drinken die gevuld was met de wijn van zijn hevige wraak. ²⁰Alle eilanden verdwenen en bergen waren niet meer te zien. ²¹Grote hagelstenen

met een gewicht van veertig kilo vielen uit de hemel op de mensen neer. De hagel was zo'n verschrikkelijke plaag, dat de mensen God erom vervloekten.

De grote hoer

17 Een van de zeven engelen met de zeven schalen kwam naderbij en zei tegen me: "Ik zal je de bestraffing laten zien van de grote hoer, die grote stad gelegen aan grote waterstromen. ²De koningen der aarde hebben zich met haar afgegeven en de bewoners der aarde hebben zich bedronken aan de wijn van haar ontucht."

³De engel bracht me in de geest naar een woestijn. Daar zag ik een vrouw zitten op een rood beest dat overdekt was met godslasterlijke namen en dat zeven koppen had met tien hoorns. ⁴De vrouw droeg purperen en scharlaken kleren en was behangen met gouden sieraden, edelstenen en parels. In haar hand hield ze een gouden beker, gevuld met schunnige en vuile dingen, de gevolgen van haar overspelig gedrag. ⁵Op haar voorhoofd stond een naam geschreven met een geheime betekenis: "Het grote Babylon, de moeder van alle hoeren en van alle schanddaden op aarde." ⁶Ik zag dat de vrouw dronken was van het bloed van Gods volk en van het bloed van hen die Jezus trouw gezworen hadden.

Toen ik haar zag, was ik geweldig verbaasd. ⁷"Waarom kijk je zo verbaasd?" vroeg de engel me. "Ik zal je de geheime betekenis verklaren van de vrouw en van het beest dat haar draagt en dat zeven koppen heeft met tien hoorns. ⁸Het beest dat je zag, heeft geleefd, maar bestaat niet meer. Eens zal het uit de afgrond omhoog komen en weer zijn eigen ondergang tegemoet gaan. De bewoners van de aarde, die sinds het begin van de wereld niet staan opgetekend in het levensboek, zullen zich verbazen, als ze het beest weer zien verschijnen. Want het heeft vroeger bestaan, maar nu is het er niet meer.

⁹"Dit vereist wijsheid en inzicht. De zeven koppen verbeelden zeven heuvels, de heuvels waar de vrouw op gezeten is. Ze verbeelden ook zeven koningen: ¹⁰vijf van hen zijn gevallen, de zesde is nog aan de macht, de zevende moet nog komen. Wanneer die aan de macht komt, is het maar voor kort. ¹¹Het beest zelf, dat eens geleefd heeft, maar nu niet meer, betekent een achtste koning. Hij behoort tot die groep van zeven en ook hij gaat zijn ondergang tegemoet.

¹²"De tien hoorns die je zag, zijn tien koningen. Ze regeren nog niet, maar zullen samen met het beest één uur lang de koninklijke

macht ontvangen. ¹³Alle tien hebben ze maar één bedoeling: hun macht en gezag in handen te geven van het beest. ¹⁴Ze zullen oorlog voeren tegen het Lam, maar dat zal hen overwinnen. Want het Lam is de opperste Heer en koning. Ook zullen alle mensen overwinnen die met hem geroepen en uitverkoren zijn en hem trouw blijven."

¹⁵Verder zei de engel tegen me: "De waterstromen die je zag en waar de vrouw op gezeten is, stellen volken en naties, rassen en talen voor. ¹⁶De tien hoorns en het beest zullen de hoer haten: ze zullen haar alles wat ze bezit afnemen en haar ontbloten; haar vlees zullen ze eten en haar geraamte in het vuur verbranden. ¹⁷Want God heeft hun ingegeven, zijn doelstelling te verwezenlijken: namelijk eensgezind te handelen en hun koningschap over te dragen aan het beest, totdat de uitspraken van God zijn bewaarheid.

¹⁸"De vrouw die je zag, stelt de grote stad voor die de macht uitoefent over de koningen der aarde."

De val van Babylon

18 Daarna zag ik een andere engel van de hemel afdalen. Hij bezat grote macht en zijn glans verlichtte de aarde. ²Luid riep hij: "Babylon, de grote stad, is voorgoed gevallen! Ze is nu een verblijfplaats van demonen, een toevluchtsoord voor allerlei duivelse geesten, een nest van alle soorten onreine en verachtelijke vogels. ³Alle volken hebben gedronken van de koppige wijn van haar ontucht, de koningen der aarde hebben zich met haar afgegeven en de kooplui zijn rijk geworden aan haar ongebreidelde weelde."

⁴Toen hoorde ik een andere stem uit de hemel: "Trek er weg, mijn volk, om niet betrokken te worden in haar zonden en om gespaard te blijven voor de slagen waarmee zij getroffen wordt. ⁵Want haar zonden hebben zich hemelhoog opgestapeld en God is haar slechte daden niet vergeten. ⁶Betaal haar met gelijke munt, ja doe haar tweemaal zoveel terug als ze u heeft aangedaan. Vul haar beker met een wijn die dubbel zo sterk is als de wijn die zij u geschonken heeft. ⁷Bezorg haar leed en verdriet in een maat die even groot is als de pracht en de praal waarmee ze zich heeft omgeven en als de weelde waarin ze heeft gebaad. Want ze zegt bij zichzelf: 'Ik zetel als een koningin! Ik ben geen weduwe, rouw zal ik niet kennen!' ⁸Daarom zullen op één dag alle plagen haar treffen: dood, rouw en honger, en zal ze in het vuur verbranden. Want God, de Heer, die haar oordeelt, is machtig."

⁹De koningen der aarde die zich met haar hebben afgegeven en in haar weelde hebben gedeeld, zullen huilen en jammeren, wanneer ze haar in brand zien staan en de rook boven haar zien opstijgen. ¹⁰Ze houden zich op een afstand, omdat ze bang zijn voor de bestraffing die ze ondergaat, en ze roepen: "Vreselijk, wat vreselijk! Babylon, grote en machtige stad, in één uur ben je gestraft!"

¹¹Ook de kooplui van de aarde zullen om haar huilen en rouwen, omdat niemand meer handel met haar drijft. ¹²Geen mens koopt meer haar goud, zilver, edelstenen en parels; haar linnen, purperen, zijden en scharlaken stoffen; al haar geurige houtsoorten en de vele voorwerpen van ivoor, kostbaar hout, brons, ijzer en marmer; ¹³kaneel, specerijen, reukwerken, mirre en wierook; wijn, olie, meel en tarwe; groot en klein vee, paarden en wagens, slaven en mensenlevens. ¹⁴Al de produkten die je zo vurig begeerde, zijn verdwenen, alle weelde en schittering zijn voor je verloren gegaan; je zult ze nooit meer terugzien! ¹⁵Diezelfde kooplui die aan haar rijk geworden zijn, zullen zich dan op een afstand houden, omdat ze bang zijn voor de straf die ze ondergaat. Ze zullen huilen en jammeren: ¹⁶"Vreselijk, wat vreselijk voor de grote stad die gekleed ging in linnen, purperen en scharlaken kleren en zich tooide met gouden sieraden, edelstenen en parels! ¹⁷In één uur heeft ze al die rijkdom verloren!"

Ook alle kapiteins, zeelui en matrozen, en allen die op zee hun kost verdienen, stonden op een afstand ¹⁸te schreeuwen, toen ze de stad in brand zagen staan en de rook boven haar zagen opstijgen. Ze zeiden: "Deze grote stad kende haar gelijke niet!" ¹⁹Ze gooiden stof over hun hoofd onder het slaken van jammerkreten, en ze huilden en jammerden: "Vreselijk, wat vreselijk voor de grote stad! Alle reders zijn rijk geworden door haar overvloed, en nu heeft ze in één uur alles verloren!"

²⁰Hemel, verheug u over haar samen met Gods volk, de apostelen en de profeten! Want God heeft haar gestraft om wat ze u heeft aangedaan.

²¹Een engel pakte een kei op, zo groot als een molensteen. Hij wierp die in zee en zei: "Op dezelfde manier zal Babylon, de grote stad, worden neergegooid, en men zal haar niet meer terugvinden. ²²Muzikanten en spelers op harp, fluit en trompet, zal men niet meer in je horen. Geen werkman zal meer in je te vinden zijn, geen geluid van een molensteen in je te horen! ²³Het licht van een lamp zul je nooit meer zien schijnen, de stemmen van een bruidspaar nooit meer horen. Je kooplui waren eens de machtigste van de aarde,

en door je magische praktijken had je alle volken op een dwaalspoor gebracht!"

²⁴Babylon is schuldig bevonden aan het bloed van de profeten en van Gods volk, ja van allen die op aarde vermoord zijn.

19 Toen hoorde ik iets dat klonk als de luide stemmen van een grote menigte in de hemel: "Prijs God! Het heil, de eer en de macht komen onze God toe! ²Zijn oordelen zijn rechtvaardig en juist. Hij heeft de grote hoer, die de aarde door haar ontucht tot ondergang leidde, veroordeeld. Hij heeft haar gestraft voor het bloed van zijn dienaars die door haar hand zijn omgekomen." ³Nogmaals riepen ze: "Prijs God! De stad staat in brand en de rook stijgt voor altijd en eeuwig op." ⁴De vierentwintig oudsten en de vier levende wezens vielen in aanbidding neer voor God die op de troon was gezeten, en ze zeiden: "Amen! Prijs God!"

De bruiloft van het Lam

⁵Uit de richting van de troon klonk de stem van iemand die zei: "Prijs onze God, u allen die hem dient en vreest, groot en klein!" ⁶Toen hoorde ik iets dat klonk als de stemmen van een grote menigte, als het geruis van een machtige waterval, als zware donderslagen. Ik hoorde zeggen: "Prijs God! Want de Heer, onze almachtige God, is koning. ⁷Laten we blij zijn en juichen en hem de eer geven. Want de tijd voor de bruiloft van het Lam is aangebroken; zijn bruid heeft zich al klaargemaakt. ⁸Ze heeft toestemming gekregen zich te kleden in blinkend wit linnen." (Linnen stelt de gerechte daden van Gods volk voor.)

⁹Toen zei de engel tegen me: "Schrijf op: Gelukkig te prijzen zijn degenen die zijn uitgenodigd voor het bruiloftsmaal van het Lam." En hij voegde eraan toe: "Deze woorden komen van God en zijn betrouwbaar." ¹⁰Ik viel aan zijn voeten neer om hem te aanbidden, maar hij zei: "Laat dat! Ik ben een dienaar, net als u en uw broeders die in het bezit zijn van het getuigenis van Jezus. Aanbid God!"

Want het getuigenis dat Jezus aflegt, is de inspiratiebron van de profeten.

De ruiter op het witte paard

¹¹Ik zag de hemel openstaan. Er verscheen een wit paard, bereden door hem die de Trouwe en Waarachtige heet en die rechtvaardig oordeelt en strijdt. ¹²Zijn ogen vlamden als vuur; op zijn hoofd droeg hij veel kronen en er stond een naam op geschreven die nie-

mand kende dan hij alleen. ¹³Het gewaad dat hij droeg, was gedrenkt in bloed. Zijn naam luidt: "Het woord van God". ¹⁴De hemelse legers volgden hem; ze zaten op witte paarden en droegen zuiver witte kleren van linnen. ¹⁵Uit zijn mond stak een scherp zwaard waarmee hij de ongelovige volken ging neerslaan. Met ijzeren staf zal hij ze weiden en als druiven zal hij ze vertreden in de wijnpers van de verschrikkelijke toorn van de almachtige God. ¹⁶Op zijn gewaad en op zijn dij stond deze naam geschreven: "De grootste koning en de opperste Heer".

¹⁷Toen zag ik een engel in de zon staan. Luid riep hij tegen alle vogels die hoog aan de hemel vlogen: "Kom allemaal naar Gods grote feestmaal! ¹⁸Kom het vlees eten van koningen, legeraanvoerders en soldaten, het vlees van paarden en hun berijders, het vlees van alle mensen, slaven en vrijen, groten en kleinen!"

¹⁹Daarna zag ik dat het beest, de koningen der aarde en hun legers zich verzamelden om de strijd aan te binden tegen hem die op het paard zat, en tegen zijn leger. ²⁰Het beest werd gevangengenomen, evenals de valse profeet die voor hem wonderen had verricht. (Door die wonderen had hij de mensen misleid, die het merkteken van het beest droegen en zijn beeld hadden aanbeden.) Het beest en de valse profeet werden levend in het meer gegooid dat in vuur en vlam staat door de zwavel. ²¹Hun aanhang werd gedood door het zwaard dat uit de mond stak van hem die het paard bereed, en alle vogels vraten zich vol aan hun vlees.

De duizend jaar

20 Daarna zag ik uit de hemel een engel komen die in zijn hand de sleutel van de afgrond en een grote ketting droeg. ²Hij

greep de draak, de oude slang, dat wil zeggen de duivel of Satan, en ketende hem voor duizend jaar. ³Toen gooide hij hem in de afgrond, en hij sloot en verzegelde die, zodat de draak de volken de komende duizend jaar niet kon misleiden. Na afloop daarvan zal hij voor korte tijd worden vrijgelaten.

⁴Toen zag ik tronen: degenen die erop zaten, kregen de bevoegdheid, recht te spreken. Ook zag ik de zielen van hen die onthoofd waren om hun trouw aan het getuigenis van Jezus en aan de boodschap van God. Ze hadden het beest noch zijn beeld aanbeden, en op hun voorhoofd en op hun hand droegen ze niet diens merkteken. Ze keerden in het leven terug en regeerden duizend jaar als koningen samen met Christus. ⁵(De rest van de doden keerde pas na afloop van die duizend jaar in het leven terug.) Dit is de eerste opstanding. ⁶Gelukkig te prijzen en heilig zijn degenen die aan deze eerste opstanding deel hebben. De tweede dood heeft over hen geen macht; ze zullen priesters zijn van God en van Christus, en zullen duizend jaar met hem regeren.

De nederlaag van Satan

⁷Na afloop van die duizend jaar zal Satan uit de gevangenis worden vrijgelaten. ⁸Hij zal erop uitgaan om de volken die aan de vier uithoeken van de aarde leven, dat wil zeggen Gog en Magog, te misleiden, en om hen samen te trekken voor de strijd. Hun aantal is zo groot als de zandkorrels aan het strand van de zee. ⁹Ze rukken over de volle breedte van het land op en belegeren het kamp van Gods volk, de stad die hij liefheeft. Maar vuur zal van de hemel neerkomen en hen verteren, ¹⁰en de duivel die hen heeft misleid, zal in de zee van vuur en zwavel worden gegooid. Daar bevinden zich ook al het beest en de valse profeet, en zij zullen dag en nacht gekweld worden, voor altijd en eeuwig.

Het laatste oordeel

¹¹Toen zag ik een grote witte troon en degene die erop gezeten was. Aarde en hemel waren voor hem gevlucht en men zag ze niet meer terug. ¹²Vervolgens zag ik de doden, groten en kleinen, vóór de troon staan. Er lagen boeken open. Er werd nog een ander boek opengeslagen, het levensboek. De doden werden geoordeeld op grond van hun daden, zoals die in de boeken stonden opgeschreven. ¹³De zee gaf de doden die ze borg weer terug, en hetzelfde deden de dood en het schimmenrijk met hun doden, en iedereen werd beoordeeld naar zijn daden. ¹⁴Ook de dood en het schimmenrijk

werden in de vuurzee gegooid. (Die vuurzee is de tweede dood.) ¹⁵Iedereen, die niet in het levensboek stond opgetekend, werd in de vuurzee geworpen.

De nieuwe hemel en de nieuwe aarde

21 Toen zag ik een nieuwe hemel en een nieuwe aarde. De hemel en de aarde van vroeger waren verdwenen; ook de zee bestond niet meer. ²Ik zag dat God de heilige stad, een nieuw Jeruzalem, uit de hemel liet neerdalen. Ze was getooid als een bruid die zich voor haar man heeft mooi gemaakt. ³Uit de richting van de troon hoorde ik iemand luid zeggen: "Nu heeft God zijn tent onder de mensen opgeslagen! Hij zal bij hen wonen en zij zullen zijn volk zijn. God zelf zal met hen zijn. ⁴Elke traan in hun ogen zal hij drogen. De dood zal er niet meer zijn; rouw, jammer en pijn zullen niet langer voorkomen. De dingen van vroeger zijn voorbij."

⁵Hij die op de troon was gezeten, zei: "Ik maak alles nieuw." Tegen mij vervolgde hij: "Schrijf dit op, want deze woorden zijn waar en betrouwbaar." ⁶En hij voegde eraan toe: "Het is gebeurd! Ik ben de alfa en de omega, het begin en het einde. Wie dorst heeft, krijgt van mij gratis te drinken uit de waterbron van het leven. ⁷Dit zal het deel zijn van wie overwint: ik zal zijn God zijn en hij mijn zoon. ⁸Maar kleingelovige, ontrouwe en slechte mensen, moordenaars en ontuchtigen, zij die magie bedrijven en beelden aanbidden, en alle leugenaars: hun plaats zal het meer zijn, dat brandt van vuur en zwavel, dat wil zeggen de tweede dood."

Het nieuwe Jeruzalem

⁹Eén van de zéven engelen die in het bezit waren van de zeven schalen gevuld met de zeven laatste plagen, kwam mij zeggen: "Kom, ik zal u de bruid laten zien, de echtgenote van het Lam." ¹⁰In de geest bracht hij mij op de top van een zeer hoge berg. Hij liet me Jeruzalem zien, de heilige stad die God liet neerdalen van de hemel. ¹¹Ze droeg de glorie van God en schitterde als een edelsteen, als een kristalheldere jaspis. ¹²Een grote hoge muur met twaalf poorten omgaf haar en bij elke poort stond een engel. Op de poorten waren de namen geschreven van de twaalf stammen van Israël. ¹³De stad had aan iedere zijde drie poorten: drie aan de oostkant, drie aan de zuidkant, drie aan de noordkant en drie aan de westkant. ¹⁴De stadsmuur rustte op twaalf funderingen, waarin de namen stonden van de twaalf apostelen van het Lam.

¹⁵De engel die met mij sprak, had een gouden meetlat, waarmee

hij de maat wilde opnemen van de stad, haar poorten en haar muur. ¹⁶De stad vormde een vierkant: ze was even lang als breed. Toen de engel de lengte van de stad opnam, kwam hij uit op twaalfduizend stadie; haar lengte, breedte en hoogte bleken even groot. ¹⁷De muur van de stad was honderdvierenveertig el hoog, gemeten met de menselijke maat die de engel gebruikte. ¹⁸De muur was gemaakt van jaspis, de stad zelf van zuiver, glashelder goud. ¹⁹De funderingen waarop de stadsmuur rustte, waren met allerlei kostbare stenen versierd. De eerste fundering was van jaspis, de tweede van saffier, de derde van agaat, de vierde van smaragd, ²⁰de vijfde van onyx, de zesde van bloedsteen, de zevende van krysoliet, de achtste van akwamarijn, de negende van topaas, de tiende van krysopraas, de elfde van turkoois, de twaalfde van ametist. ²¹De twaalf poorten waren twaalf parels; elke poort vormde één parel. De straat van de stad was van zuiver goud, dat doorzichtig was als glas.

²²In de stad zag ik geen tempel, omdat de Heer, de almachtige God en het Lam haar tempel zijn. ²³Het licht van zon en maan heeft ze niet nodig, want de glorie van God verlicht haar en het Lam is haar lamp. ²⁴De volken zullen, aangetrokken door haar licht, naar haar toekomen, en de koningen der aarde zullen er hun rijkdommen binnen brengen. ²⁵De poorten van de stad zullen de hele dag openstaan en niet meer worden gesloten, omdat er geen nacht meer heerst. ²⁶De volken zullen er hun pracht en hun praal binnenbrengen. ²⁷Maar alles wat onrein is, zal de stad niet binnenkomen, en wie verwerpelijke dingen doet of leugens vertelt evenmin. Alleen

degenen die opgetekend staan in het levensboek van het Lam, komen erin.

22 De engel liet me ook de rivier zien waarin het water stroomt dat leven geeft. De rivier was helder als kristal; hij ontsprong uit de troon van God en het Lam, ²en stroomde midden door de straat van de stad. Aan weerskanten van de rivier stond een levensboom, die twaalf keer per jaar vrucht droeg, elke maand één keer. Hun bladeren brachten de volken genezing. ³Niets waarop Gods vloek rust, zal in de stad worden aangetroffen.

In de stad zullen God en het Lam hun troon hebben, en de dienaars van God zullen hem aanbidden. ⁴Ze zullen zijn gezicht zien en op hun voorhoofd zal zijn naam geschreven staan. ⁵Nacht zal er niet meer heersen, en de bewoners hebben het licht van een lamp of van de zon niet langer nodig, want God zal over hen schijnen, en ze zullen voor altijd en eeuwig regeren.

De komst van Jezus

⁶De engel zei tegen mij: "Deze woorden zijn waar en betrouwbaar. God, de Heer, die de profeten bezielt, heeft zijn engel gestuurd om zijn dienaars te laten zien wat er binnenkort staat te gebeuren."

⁷"Luister!" zegt Jezus. "Ik kom spoedig. Zalig degenen die de profetische woorden van dit boek in acht nemen!"

⁸Ik, Johannes, heb dit allemaal zelf gehoord en gezien. Na afloop viel ik in aanbidding neer voor de voeten van de engel die mij alles had laten zien. ⁹Maar hij zei tegen mij: "Laat dat! Ik ben een dienaar net als u en uw medeprofeten en als degenen die de woorden van

dit boek in acht nemen. Aanbid God!" [10]En hij vervolgde: "Houd de profetische woorden van dit boek niet geheim, want de tijd dringt. [11]Wie verkeerd doet, moet maar verkeerd blijven doen, en wie vuil is, moet maar vuil blijven; maar wie goed doet, moet goed blijven doen, en wie heilig is, moet heilig blijven."

[12]"Luister!" zegt Jezus. "Ik kom gauw. Wat ik beloofd heb, heb ik bij me; ik zal iedereen loon naar werken geven. [13]Ik ben de alfa en de omega, de eerste en de laatste, het begin en het einde."

[14]Gelukkig te prijzen zijn zij die hun kleren wassen en daardoor het recht hebben de vrucht van de levensboom te eten en door de poorten de stad binnen te gaan. [15]Maar erbuiten blijven de vuile honden, zoals mensen die magie en ontucht bedrijven, moordenaars, afgodendienaars en allen die de leugen aanhangen in woord en daad.

[16]"Ik, Jezus, heb u mijn engel gestuurd om hiervan in de kerkgemeenten te getuigen. Ik ben de telg uit het geslacht van David; ik ben de stralende morgenster."

[17]De Geest en de bruid zeggen: "Kom!"

Ook wie dit hoort, moet zeggen: "Kom!"

Laat wie dorst heeft, komen; laat wie wil, voor niets het water nemen dat leven geeft.

Besluit

[18]Iedereen die de profetische woorden van dit boek hoort, geef ik deze waarschuwing: als hij iets aan dit boek toevoegt, zal God hem straffen met de plagen die erin beschreven staan; [19]en als hij uit dit profetische boek iets weglaat, zal God hem het vruchtgebruik van de levensboom en de toegang tot de heilige stad ontzeggen. In dit boek staan deze dingen beschreven.

[20]Hij die voor de waarheid van dit alles instaat, zegt: "Zeker, ik kom spoedig!"

Ja, kom Heer Jezus!

[21]De Heer Jezus zij u allen genadig.

Woordenlijst

A

Aäron De broer van Mozes, door God gekozen tot hogepriester in Israël (Exodus 28:1–30:10).

Aartsvaders De stamvaders van het Joodse volk, met name Abraham, Isaak en Jakob, met wie God verbonden sloot.

Achaje Een Romeinse provincie die Midden- en Zuid-Griekenland omvatte (het noordelijke gedeelte van het huidige Griekenland stond als Macedonië bekend). De hoofdstad van de provincie Achaje was Korinte. Andere steden in Achaje, door het nieuwe testament vermeld, zijn: Kenchreeën, Athene en Nikopolis.

Afgrond Een hol, diep in de aarde, waar volgens Joodse overlevering de duivelse geesten zaten opgesloten, in afwachting van hun veroordeling.

Agaat Een edelsteen in veel variëteiten en kleuren.

Agrippa Herodes Agrippa II, achterkleinzoon van Herodes de Grote, was koning van Chalkis, een stad ten noorden van Palestina, en bestuurder van omliggende gebieden. Tegenover hem en zijn zuster Bernice verdedigde Paulus zich (Handelingen 25:13–26:32).

Akwamarijn Een edelsteen van zeegroene kleur.

Alfa De eerste letter van het Griekse alfabet. De uitdrukking: "Ik ben de alfa en de omega" (Openbaring 1:8; 21:6; 22:13) betekent: "Ik ben de eerste en de laatste."

Aloë Een zoetgeurende specerij die de Joden op de doeken deden waarin de overledene vóór zijn begrafenis gehuld werd.

Altaar Een rotsblok of een uit aarde of stenen gemaakte verhoging, in de vorm van een tafel, waarop aan God offers werden gebracht.

Amen Een aan het Hebreeuws ontleend woord, dat de grondbetekenis "vast" heeft en, liturgisch gebruikt, "het is zo" of "het zij zo" betekent. Het kan ook vertaald worden met "zeker," "waarlijk," "ja." In Openbaring 3:14 wordt het gebezigd als titel van Christus.

Ametist Een meestal violetkleurige edelsteen.

Apostel Een van de twaalf mannen die Jezus uitkoos als zijn leerlingen en helpers. Het woord betekent "gezondene", "boodschapper", en wordt in het nieuwe testament ook gebruikt voor Paulus en andere verkondigers.

Areopagus De heuvel van Ares in Athene, waarop het gerechtshof bijeenkwam. Om die reden werd het gerechtshof zelf Areopagus genoemd, ook al hield het later op deze heuvel geen zitting meer.

Aretas Koning van Nabatea, een gebied dat zich ten oosten en ten zuiden van Palestina uitstrekte.

Ark Het door Noach gebouwde schip, waarin hij, zijn familie en de door hem meegenomen dieren de watervloed overleefden (Genesis 6:9–8:19).

WOORDENLIJST

Artemis De Griekse benaming van een moederlijke natuurgodin, die bijzonder in Klein-Azië vereerd werd.

Asia Een Romeinse provincie in het westen van het huidige Klein-Azië. Ze omvatte de kustgebieden Mysië, Lydië en Frygië en de eilanden voor de kust. Behalve de zeven steden, opgesomd in Openbaring 1:11, vermeldt het nieuwe testament nog enkele andere zoals Kolosse, Hiërapolis en Milete. De hoofdstad van Asia was Efeze.

Augustus Een van de titels van Gajus Octavius, Romeins keizer van 27 voor Christus tot 14 na Christus.

B

Baäl Naam van een godheid die door de Kanaänieten werd vereerd.

Babylon Hoofdstad van het oude Babylonische Rijk, gelegen aan de rivier de Eufraat. In de eerste brief van Petrus (5:13) en in de Openbaring van Johannes slaat de naam Babylon waarschijnlijk op de stad Rome.

Balak Koning van Moab, een gebied ten zuidoosten van de Dode Zee. Hij verleidde Israël tot afgodendienst en ontucht (Numeri 22:1-25:3; Openbaring 2:14).

Beëlzebul Met deze naam wordt het hoofd van de duivelse geesten aangeduid.

Bernice Zuster van koning Agrippa II (Handelingen 25:13-26:32).

Besnijdenis Verwijdering van de voorhuid van het mannelijk lid. Dit gebeurde bij Joodse jongetjes op hun achtste levensdag, als teken van het verbond dat God met Israël gesloten had (Genesis 17:9-14).

Bileam Een heidens ziener uit Petor, waarvan de ligging onzeker is. Balak, koning van Moab, vroeg aan Bileam het optrekkende Israël te vervloeken. In plaats daarvan moest Bileam God gehoorzamen en over Israël een zegenspreuk uitspreken (Numeri 22:1-24:25; Deuteronomium 23:3-6; Jozua 13:22).

C

Caesar Titel van de Romeinse keizers. Hiervan komt ons woord "keizer".

Cherubs Twee beelden die op of bij de verbondskist stonden en die ervoor moesten waken dat onbevoegden God naderden. Ook leefde de voorstelling dat God door de cherubs werd gedragen.

Christus De Griekse vertaling van het Hebreeuwse woord Messias, dat "gezalfde" betekent. Zie verder Messias en Zalving.

Claudius Romeins keizer van 41-54 na Christus (Handelingen 11:28; 18:2).

D

Draak Een fabelachtig monster, voorgesteld als een geschubd dier met twee of vier klauwen en een lange staart of als een vuurspuwende slang. In het nieuwe testament verschijnt de draak als beeld van de duivel (Openbaring 12:3-13:4; 20:2-3).

Demonen Duivelse geesten die een slechte invloed hebben op de mensen.

Drusilla Zuster van koning Agrippa II en vrouw van de Romeinse goeverneur Felix (Handelingen 24:24).

E

Elia Profeet uit het oude testament. Men verwachtte dat hij vóór de komst van de Messias zou terugkeren (Maleachi 4:5-6).

Engelen Wezens die God als zijn hofhouding en legermacht omringen, hem loven, hem dienen bij het bestuur van de wereld, en door hem als boden tot de mensen worden gezonden. In het nieuwe testament worden met name Gabriël en Michaël vermeld.

Epikureeërs Volgelingen van Epikurus (342-270 voor Christus) die leerde dat geluk het hoogste goed van de mens is.

Eunuch Een man die gekastreerd is.

F

Farao Titel van de koningen van het oude Egypte. Twee worden er in het nieuwe testament vermeld: een die ten tijde van Jozef, de zoon van Jakob, regeerde (Handelingen 7:10-13; Genesis 40:1-50:26), en een ander die ten tijde van Mozes aan de macht was (Handelingen 7:18, 21; Romeinen 9:17; Hebreeërs 11:24; Exodus 1:8-14:31).

Farizeeërs Een invloedrijke Joodse groepering. De Farizeeërs onderscheidden zich door hun nauwkeurige bestudering van de wet van Mozes en van de overleveringen die later aan de geschreven wet zijn toegevoegd.

Felix Romeins goeverneur van Judea (52-60 na Christus), tegenover wie Paulus zich verdedigde (Handelingen 23:24-24:27).

Festus Romeins goeverneur van Judea (60-62 na Christus), tegenover wie Paulus zich verdedigde en bij wie hij zich beriep op de keizer (Handelingen 25:1-26:32).

G

Gabriël Een engel die in opdracht van God Zacharias de geboorte van Johannes de Doper (Lucas 1:11-20) en Maria de geboorte van Jezus aankondigt (Lucas 1:26-38).

Galatië Streek in centraal Klein-Azië, waar Paulus op zijn reizen verschillende malen doorheen trok en waarin onder andere de steden Antiochië in Pisidië, Ikonium, Lystra en Derbe lagen.

Gallio Romeins goeverneur van Griekenland van 51-52 na Christus (Handelingen 18:12-17).

Gamaliël Een bekende rabbijn, lid van de Hoge Raad (Handelingen 5:34-40) en leermeester van Paulus (Handelingen 22:3).

Gelijkenis Een verhaal waarin Jezus met behulp van beeldspraak zijn gedachten aanschouwelijk maakt.

Gennesaret, Meer van Een andere naam voor het Meer van Galilea (Lucas 5:1).

Gog Aanvoerder van de volkeren, die op het einde der tijden de aanval op Jeruzalem leidt (zie ook Magog).

Gomorra Een stad aan de Dode Zee, door vuur verwoest vanwege de goddeloosheid van de inwoners (Genesis 19:24-28).

H

Harmagedon Plaats van de eindstrijd tussen God en diens tegenstanders (Openbaring 16:16). De afleiding is onzeker.

Heidenen In het bijbelse spraakgebruik de niet-Joden, degenen dus die niet tot het uitverkoren volk behoren en buiten het heil staan.

Hermes Een Griekse god, die optreedt als bode en woordvoerder van de goden.

Herodes 1. Herodes de Grote (Matteüs 2:1-22; Lucas 1:5) was koning over het hele Joodse land van 37-4 voor Christus. Hij liet in Betlehem na de geboorte van Jezus de jongetjes van twee jaar en jonger doden.
2. Herodes Antipas bestuurde Galilea van 4 voor Christus tot 39 na Christus (Matteüs 14:1-10; Marcus 6:14-27; Lucas 3:1, 19-20; 9:7-9; 13:31; 23:6-12; Handelingen 4:27; 13:1). Hij was een zoon van Herodes de Grote, en hoewel koning genoemd (Marcus 6:14), was hij dit in feite niet. Hij liet Johannes de Doper onthoofden.
3. Herodes Agrippa I bestuurde het hele land der Joden en droeg de koningstitel van 41-44 na Christus (Handelingen 12:1-23). Hij was een kleinzoon van Herodes de Grote en broer van Herodias. Om de Joden een plezier te doen liet hij Jakobus doden en Petrus gevangen nemen.

Herodianen Aanhangers van een politieke Joodse groepering die de afstammelingen van Herodes de Grote steunden tegen de goeverneur van Rome.

Herodias De vrouw van Herodes Antipas, bestuurder van Galilea. Voor zij Herodes trouwde, was zij gehuwd geweest met diens halfbroer Filippus (Matteüs 14:3-12; Marcus 6:17-28; Lucas 3:19).

Hogepriester De priester die de hoogste funktie in het Joodse priesterdom bekleedde en die de Hoge Raad van de Joden voorzat. Eenmaal in het jaar – op de Grote Verzoendag – mocht hij het heiligste gedeelte van de tempel betreden om voor zichzelf en voor de zonden van het volk aan God een offer te brengen.

Hoge Raad Joodse rechterlijke en uitvoerende macht in Jeruzalem. De Raad bestond uit 71 leden, onder voorzitterschap van de hogepriester. Tot de leden behoorden de opperpriesters, de hoofden van de voornaamste families en de schriftgeleerden.

Hosanna Een Hebreeuws woord dat "Help toch" betekent. In de loop van de tijd werd het een liturgische uitroep, een bede om heil.

Hysop Een aromatische plant die bij het reinigingsoffer en voor besprenkeling werd gebruikt.

I

Isaï De vader van koning David, een van Jezus' voorvaders (Matteüs 1:5-6; Handelingen 13:22; Romeinen 15:12).

J

Jaspis Een edelsteen met verschillende kleuren, in de bijbel hoogstwaarschijnlijk groen.

Juk Een houten blok dat over de nekken van een koppel ossen of andere trekdieren gelegd werd en dat diende om ze voor een ploeg of een wagen te spannen. In figuurlijke zin de last die iemand te dragen heeft, een toestand van drukkende dienstbaarheid of beproeving.

K

Kornalijn Een bloedrode edelsteen.
Krisoliet Een edelsteen met goudgele kleur.
Krisopraas Een groen gekleurde agaatsteen.

L

Leden van de Raad Hoofden van de voornaamste families die samen met de opperpriesters en de schriftgeleerden zitting hadden in de Hoge Raad. Zie Oudsten.

Leerling Aanhanger en volgeling van een profeet of een wijze. In het nieuwe testament wordt het gebruikt voor de volgelingen van Johannes de Doper en Paulus, maar vooral voor die van Jezus, en in het bijzonder voor de twaalf apostelen.

Leviet Een lid van de priesterlijke stam Levi. Hij had het voorrecht te helpen bij de diensten in de tempel (Numeri 3:1-13).

Loofhuttenfeest Een acht dagen durend Joods feest dat in de tijd van het nieuwe testament herdacht hoe de Joden tijdens hun tocht door de woestijn in loofhutten (tenten) woonden. In oudere feestkalenders staat het bekend als "feest van de inzameling", een oogstfeest dus (Exodus 23:16; Leviticus 23:33-43). Het feest duurde van de 15de tot de 22ste van de zevende maand (oktober).

Lot De neef van Abraham. Met zijn dochters wist hij te ontkomen aan de verwoesting van Sodom. Lots vrouw ontsnapte niet (Genesis 19:12-29; Lucas 17:28-32; 2 Petrus 2:6-8).

M

Macedonië Een Romeinse provincie die het noordelijke gedeelte van het huidige Griekenland besloeg. De hoofdstad was Tessalonica. Andere steden in Macedonië, door het nieuwe testament vermeld, zijn: Neapolis, Filippi, Amfipolis, Apollonia en Berea.

Magdalena Maria Magdalena, een volgelinge van Jezus. Zij was een van degenen aan wie Jezus na zijn opstanding uit de dood verscheen (Marcus 15:40-47; Lucas 8:2; Johannes 20:1-18). Haar naam geeft aan dat haar geboorteplaats Magdala was, een stad, gelegen aan de noordwestelijke oever van het Meer van Galilea.

Magog Oorspronkelijk een volk zuidoostelijk van de Zwarte Zee. In de Joodse traditie naast Gog (zie daar) een vijand uit het noorden in de eindtijd.

WOORDENLIJST

Manna Het "brood uit de hemel" dat de Israëlieten tijdens de woestijntocht aten. Het zag er rond en klein uit als de rijp op de aarde (Exodus 16:14-21; Numeri 11:7-9). Waarschijnlijk is het afkomstig van de tamariskplant die zijn overtollig sap afscheidt in druppeltjes die kristalliseren en op de grond vallen.

Melaatse Iemand die lijdt aan melaatsheid of lepra. Waarschijnlijk heeft het woord melaatsheid in de bijbel een wijdere strekking dan nu en sloeg het op allerlei soorten huidziekten. Een melaatse werd als onrein beschouwd en buiten de maatschappij geplaatst (zie Onrein).

Messias Met dit Hebreeuwse woord, dat "gezalfde" betekent, duidde men op de beloofde redder van Israël en de mensheid. Zie verder Christus en Zalving.

Michaël Een van de voornaamste engelen (Judas 9; Openbaring 12:7).

Mirre Balsem, gemaakt uit het sap van een altijd groene boom. Om zijn aangename geur werd het bij begrafenissen gebruikt (Johannes 19:39-40) en als bedwelmend middel soms aan terechtgestelden gegeven (Marcus 15:23). Ook kon het dienen als gave om iemand te huldigen (Matteüs 2:11).

Moloch Een bij de Kanaänieten verbreide godentitel. In het nieuwe testament wordt aan de generatie van de woestijntocht een verering van Moloch toegeschreven.

Mosterd Een ongeveer 1,5 à 3 meter hoge plant met grote takken, die uit een zaadje van $\pm$ 1 millimeter opgroeit. Het mosterdzaad werd gebruikt bij de inmaak van groenten en voor medische doeleinden.

N

Nardus Een plant waaruit de kostbare nardusolie wordt gewonnen.

Nazoreeër Iemand die afkomstig is van de stad Nazaret. Jezus wordt ermee aangeduid en ook de eerste christenen (Handelingen 24:5).

Nikolaïeten Een sekte waarvan een ons onbekende Nikolaüs als grondlegger geldt en waarvan de leer de christengemeente van Pergamum bedreigde. Waarschijnlijk rechtvaardigde Nikolaüs een ontuchtig leven en het eten van offervlees voor de afgoden.

Nineve De hoofdstad van het oude Assyrische rijk, gelegen aan de oostelijke oever van de rivier de Tigris. De profeet Jona riep Nineve op zich te bekeren (Jona 3:1-10; Lucas 11:30-32).

Noach Een voorvader uit het oude testament, die de ark bouwde waarin hij, zijn familie en de door hem meegenomen dieren gespaard bleven voor de watervloed (Genesis 6:5-9:29).

O

Omega De laatste letter van het Griekse alfabet. De uitdrukking "Ik ben de alfa en de omega" (Openbaring 1:8; 21:6; 22:13) betekent: "Ik ben de eerste en de laatste."

Ongegist Brood, feest van Een zeven dagen durend Joods feest, ter herinnering aan de overhaaste uittocht uit Egypte, toen er geen tijd was gist in het brood te doen (Exodus 12:14-20). Het begin ervan viel samen met het slachten van het paaslam en het feest werd gevierd van de 15de tot de 22ste van de maand Nisan (ongeveer de eerste week van april).

Onrein De begrippen "rein" en "onrein" betekenen niet "schoon" en "vuil", maar hebben een zuiver godsdienstige betekenis: geschikt of ongeschikt zijn om tot God te naderen (in gebed of in de eredienst). Reinheid is dus nauw verbonden met heiligheid, onreinheid met zondigheid. De cultische reinheid kon men verliezen door het eten van bepaalde spijzen en het aanraken van lijken, door bloedvloeiingen en melaatsheid, door het omgaan met heidenen, tollenaars en zondaars. Er bestonden uitgebreide reinheidswetten. Jezus legde de nadruk op de reinheid van hart en verklaarde dat wat onrein is, niet van buitenaf komt, maar van binnen uit.

Onyx Een afwisselend donker- en lichtgestreepte edelsteen.

Oudsten In het nieuwe testament worden drie groepen met "oudsten" aangeduid: 1. In de evangelies zijn de oudsten de hoofden van de voornaamste Joodse families. Sommigen van hen waren lid van de Hoge Raad. 2. In Handelingen 11-21 en in de brieven zijn de oudsten personen die in de christengemeente een leidende funktie bekleedden. 3. In het boek van de Openbaring zijn de oudsten een groep van 24 personen die deel uitmaken van het hemelse hof en waarschijnlijk het volk van God vertegenwoordigen.

P

Paradijs Een naam voor de hemelse gelukzaligheid (Lucas 23:43; 2 Korintiërs 12:3).

Partij van Herodes Zie Herodianen.

Pasen Het Joodse feest dat de bevrijding van de Joden uit Egypte herdacht. Op de voorbereidingsdag, de 14de van de maand Nisan (rond 1 april) werd het paaslam geslacht en op de 15de Nisan de maaltijd gevierd, waarbij ongegist brood en bittere kruiden werden gegeten. Evenals Pinksteren en het Loofhuttenfeest was Pasen een bedevaartfeest (Lucas 2:41-51).

Pilatus Pontius Pilatus was Romeins goeverneur van Judea, Samaria en Idumea van 26-36 na Christus (Marcus 15:1-15; Lucas 3:1; Handelingen 3:13; 1 Timoteüs 6:13).

Pinksteren Het feest van de tarweoogst en van de eerste veldvruchten in het algemeen, op de zesde dag van de maand Siwan (rond 20 mei). Pinksteren betekent "vijftigste"; het feest werd namelijk op de vijftigste dag na Pasen gevierd.

Profeet Iemand die spreekt in opdracht van God. 1. Het woord slaat meestal op de oudtestamentische profeten (Matteüs 5:12, 17; 13:17), zoals Jesaja (Matteüs 3:3), Jeremia (Matteüs 2:17), Jona (Matteüs 12:39), Daniël (Matteüs 24:15), en Joël (Handelingen 2:16). 2. Het slaat ook op de profeten in de christengemeenten (Handelingen 13:1;

1 Korintiërs 12:28-29; Efeziërs 4:11). 3. Ook Johannes de Doper (Matteüs 11:9; 14:5; Lucas 1:76) en Jezus (Matteüs 21:11, 46; Lucas 7:16; 24:19; Johannes 9:17) worden profeten genoemd. 4. Het Joodse volk zag uit naar de komst van "de profeet" die door Mozes beloofd was (Deuteronomium 18:15, 18; Johannes 6:14; 7:40; Handelingen 3:22-23).

R

Rabbi Een Hebreeuws woord dat "mijn meester" betekent. Ons woord "rabbijn" komt er vandaan.
Rein Zie Onrein.
Reukwerk Mengsel van geurige stoffen (balsem, mirre, wierook e.a.) dat verbrand werd om een aangename geur te verspreiden.
Rite Een tot in details voorgeschreven heilige handeling, vooral met betrekking tot het brengen van offers en de reinigingsceremoniën.
Romfa Een heidense godheid, vereerd als de bestuurder van de planeet Saturnus.

S

Sabbat De zevende en laatste dag van de Joodse week. Op deze dag was alle arbeid verboden. De sabbat begint op vrijdagavond na zonsondergang en eindigt op zaterdagavond na zonsondergang. Naast een maatschappelijk belang (rust na arbeid) heeft de sabbat ook een bijzondere religieuze betekenis: teken van het verbond dat God met de Joden heeft gesloten.
Sadduceeërs Een Joodse religieuze partij waarvan de leden voornamelijk uit de kringen der priesters en welgestelden voortkwamen. De Pentateuch (de eerste vijf boeken van het oude testament) was hun enige autoriteit en de tradities van de Farizeeërs wezen zij van de hand.
Saffier Een fonkelende edelsteen met een gewoonlijk blauwe kleur.
Samaritanen Bewoners van Samaria, een gebied gelegen tussen Judea en Galilea. De Joden beschouwden de Samaritanen vanwege hun gemengde bevolking als onrein en hun eredienst in Sichem als onwettig.
Schorpioen Een spinachtig dier waarvan het achterlijf een staart met een gifstekel heeft. In het boek der Openbaring ziet Johannes de machten van de onderwereld aanrukken als sprinkhanen en strijdrossen met angels van schorpioenen.
Schrift In het nieuwe testament slaat deze term op de verzameling van de heilige boeken der Joden, ons bekend als het oude testament. De Schrift bestaat uit drie delen: de wet of de Wet van Mozes, de profeten en de geschriften, waarvan het boek der psalmen het bekendste is.
Schriftgeleerden Personen die zich bezighielden met de bestudering en de uitleg van de Schrift, in het bijzonder van de wet. Zij vormden geen aparte partij, maar in Jezus' tijd waren de meesten van hen Farizeeërs.
Sikkel Een werktuig met een korte steel en halvemaanvormig metalen lemmet, waarmee men koren en andere gewassen snijdt in de oogsttijd.

Sion De naam van een heuvel in Jeruzalem, en vandaar Jeruzalem zelf.

Slang Een andere benaming van de draak die in het boek van de Openbaring een beeld is van de duivel (12:3-18; 20:2-3).

Smaragd Een groene edelsteen.

Sodom Een stad dicht bij de Dode Zee, door God verwoest vanwege de slechtheid van de bevolking (Genesis 19:24-28).

Sprinkhaan Grote gevleugelde insekten met lange sterke achterpoten. Ze kunnen in grote zwermen optreden en door hun vraatzucht veel schade aanrichten aan de gewassen. Voor de nomaden en de armen dienden ze als voedsel (Matteüs 3:4; Marcus 1:6).

Stoïcijnen Volgelingen van de wijsgeer Zeno (± 300 voor Christus), die leerde dat het geluk van de mens bestaat in het zich niet laten beïnvloeden door hartstochten, pijn en leed.

T

Tempel Gebouw, dat in de regel gold als de woonplaats van een godheid en dat gewijd was aan de uitoefening van de godsdienst. De tempel in Jeruzalem bestond uit drie delen: de voorhal, het Heilige en het Allerheiligste. In het jaar 19 voor Christus begon Herodes de Grote met de herbouw van de tempel, die in 9 voor Christus werd ingewijd en in 64 na Christus definitief gereedkwam. In het jaar 70 werd de tempel door Titus verwoest.

Tempelwijding, feest van Een acht dagen durend Joods feest, ter gedachtenis aan het herstel en de herinwijding van de tempel door Judas Makkabeüs in 164 voor Christus. Het feest begon op de 25ste van de maand Kislew (rond 10 december).

Tiberias, Meer van Een andere naam voor het Meer van Galilea (Johannes 6:1; 21:1). De stad Tiberias (Johannes 6:23) was gelegen aan de westkust van het Meer van Galilea.

Tiberius Romeins keizer van 14 tot 37 na Christus. In het 15de jaar van zijn regering (ongeveer in het jaar 29) begon Johannes de Doper met zijn prediking (Lucas 3:1).

Tollenaar Voor het gebruik van de wegen hieven de Romeinen op verschillende punten in het land tol. Zij deden dat niet met behulp van betaalde ambtenaren, maar zij lieten dit over aan personen (tollenaars), aan wie zij het recht om tolgelden te innen verpachtten. Omdat de tollenaars zoveel mogelijk winst probeerden te maken, waren zij door iedereen gehaat. Bovendien golden zij als "onrein", omdat zij in dienst waren van de heidense machthebbers.

Topaas Een meestal vuurgele edelsteen.

Turkoois Een steen met een blauwgroene of hemelsblauwe kleur.

V

Vasten Zich gedurende een bepaalde tijd gedeeltelijk of geheel onthouden van spijs en drank als een godsdienstige verplichting.

Verbondskist Een houten kist met een gouden deksel, geplaatst in dat deel van de tempel dat men het Allerheiligste noemde. De kist bevatte de twee stenen platen waarin de tien geboden stonden gegrift. Er bevonden zich ook nog andere godsdienstige voorwerpen in (Exodus 25:10-22; Hebreeërs 9:4-5). De kist werd ook beschouwd als de troon van God.

Verbondstent Een groots opgezette tent, waarin God onder zijn volk woonde. De konstruktie ervan is in Exodus 26 tot in details beschreven.

Verschrikking der verwoesting Een aan het boek Daniël ontleende uitdrukking, die een toespeling is op de ontwijding van de tempel door Antiochus Epifanes ($\pm$ 170 v.C.), die een beeld van of een altaar voor Zeus in de tempel liet plaatsen. In Matteüs 24:15 en Marcus 13:14 gebruikt Jezus deze term om aan te duiden dat in de eindtijd de tegenstander van God, de Antichrist, zijn troon zal oprichten op de heilige plaats.

Verzoendag Joodse feestdag op de tiende van de maand Tisri (rond 1 oktober). Alleen op deze dag mocht de hogepriester als enige het Allerheiligste in de tempel binnengaan om er voor de zonden van het volk van Israël een offer te brengen (Leviticus 16:29-34).

Voorbereidingsdag Dag waarop de Joden zich voorbereidden op de sabbat of op een grote feestdag, vooral op Pasen. Deze voorbereidingen bestonden onder andere uit het bereiden van de sabbatsspijzen, het wassen en aantrekken van de feestkleding en het ontsteken van de lampen.

W

Wet De Joodse Tora, dat wil zeggen: de eerste vijf boeken van het oude testament, ook de boeken van Mozes genoemd. Soms wordt er ook het hele oude testament mee bedoeld.

Wetgeleerden Zie Schriftgeleerden.

Wierook Een gomhars dat als reukoffer gebrand wordt ter ere van een godheid. In overdrachtelijke zin worden gebeden vergeleken met het reukwerk waarvan de rook tot God opstijgt.

Z

Zalving Het inwrijven of begieten met olie of zalf ten teken van verkiezing voor een bijzondere taak. In het oude testament worden vooral koningen en priesters gezalfd. In het nieuwe testament wordt Jezus "de gezalfde" (= de Christus) genoemd, omdat hij door God is uitgekozen en gezonden als redder van Israël en de mensheid.

Zeus Naam van de opperste godheid der Grieken.

Zwavel Een lichtgele snel ontvlambare stof die bij verbranding een onaangename geur verspreidt. Zwavel komt in de bijbel vaak voor als symbool van verwoesting.

Register

A

Aäron 133, 281, 474, 477, 479
Abel 65, 171, 483, 488
Abraham 9, 13, 183–184, 232–233, 338–339, 410–411, 484–485, 494
Achaje 308, 309, 310, 387, 389, 400, 440
Adam 340, 384, 385, 451
Afgoden 281–282, 306, 371–372, 374–375, 396, 441
Agabus 292, 315
Agrippa zie Herodes Agrippa
Ananias
  van Damascus 286–287, 318
  de hogepriester 319, 321
  Ananias en Saffira 276
Andreas 14, 118, 212, 222, 242
Annas 141, 254, 274
Antiochië
  in Pisidië 295–298
  in Syrië 292, 295, 300, 302
Apollos 309, 365, 366, 387
Apostelen 28, 89, 150, 267–268, 522, 550
Aquila 307, 309, 359, 387, 463
Areopagus 306
Arm, armen, armoede 15, 31, 55, 71, 109, 118, 151, 178, 183–184, 188, 358, 396, 398, 399, 491, 493, 524
Artemis 311
Athene 306–307, 442
Augustus 137

B

Babylon 505, 540, 543, 544, 545–547
Barabbas 76–77, 127, 203, 256
Barjezus 295
Barmhartigheid, medelijden, ontferming
  van God 135, 137, 151, 347, 352, 419, 450, 451, 466, 498
  van Christus 27, 28, 44, 49, 57, 471
Barnabas 275–276, 292, 295–302, 372, 408–409, 439
Bartimeüs 111
Bartolomeüs 28, 89, 150, 268
Beëlzebul 34–35, 89, 168 (zie ook Duivel, Satan)
Begrafenis
  van Jezus 79, 129–130, 206, 260–261
  van anderen 41, 276, 283
  in geestelijke zin 341, 436
Belasting 50, 62, 115, 194, 354
Berea 306
Bergrede 15–23, 150–153
Bernice 324
Besnijdenis
  lichamelijk 136, 139, 227, 280, 300, 303, 335–336, 338, 370, 414, 416, 430
  geestelijk 430, 436
Betanië
  bij Jeruzalem 59, 71, 120, 238, 239, 241
  aan de overzijde van de Jordaan 211
Betesda 220
Betfage 57, 111, 190
Betlehem 10, 12, 138
Betsaïda 32, 99, 104, 161, 212
Bezeten 15, 24, 233 (zie ook Demonen, Duivelse geesten)
Brood
  in materiële zin 13, 45, 46, 98, 99, 208, 265
  in geestelijke zin 224–225
  altaarbrood (aan God geofferd) 33, 87, 149, 479
  de maaltijd van de Heer 72, 122, 199, 377–378

C

Caesar zie Keizer
Caesarea 285, 288, 289, 291, 294, 315, 321, 323, 324
Caesarea Filippi 46, 104
Cilicië 279, 302, 317, 408
Cornelius 288, 290
Cyprus 276, 292, 295, 302, 314
Cyrene 78, 128, 204, 292

D

Dag van het oordeel 29, 32, 35, 70–71, 198, 224–225, 244, 334, 335, 444, 458, 462, 482, 509, 516, 549–550
Damascus 286, 287, 318, 325, 326,

404, 408
David 9, 63, 116, 117, 195, 270–271, 282, 296, 297, 332, 338, 460, 527, 529, 553
Demas 439, 463, 468
Demonen 453, 545 (zie ook Bezeten, Duivelse geesten)
Derbe 298, 300, 302
Dood 384–385, 444
  Ananias en Saffira 276
  Antipas 525
  christelijke martelaren 531, 544, 549
  Herodes Agrippa 294
  Jakobus 293
  Johannes de Doper 40, 41, 97, 98
  Lazarus 238–240
  profeten 65, 171, 486
  Simon Petrus 265
  Stefanus 282–283
  geestelijk 341–342, 343, 491, 497, 514, 517
  Christus 78–79, 129, 205, 259, 383, 395, 429, 435, 470, 471, 502
Doop
  Johannes de Doper 12–13, 82, 141, 142, 211, 216, 296, 309
  Jezus 13, 82, 142
  christelijke 81, 271, 285, 291, 341, 378, 412, 436, 502–503
  met de heilige Geest 13, 82, 142, 267, 292
Dorkas 288
Draak 537–539, 543, 549
Drusilla 323
Duisternis
  letterlijk 78, 129, 487
  geestelijk 14, 201, 210, 216, 243, 244, 393, 423, 434, 511, 512
Duivel 13–14, 143–144, 244, 425, 452, 471, 504, 514, 521, 538, 549 (zie ook Beëlzebul, Satan)
Duivelse geesten 28, 34–35, 94, 101, 168, 375, 543, 545 (zie ook Bezeten, Demonen)
Duizend jaar 509, 548–549

E

Echtgenoten 369–370, 424, 438, 501
Echtscheiding 17, 53–54, 108, 183, 369–370
Efeze 309–311, 313, 385, 387, 417, 450, 524
Egypte, Vlucht naar 11
Elia 32, 48–49, 78, 133, 145, 211, 350, 497
Elisabet 133–136
Emmaüs 207
Eneas 288
Epafras 434, 439, 468
Ethiopiër 285
Eunike 458
Eutychus 313
Eva 402, 451

F

Farizeeërs 12, 26, 33, 34, 43, 46, 53, 54, 61, 62, 63–65, 80, 154, 155, 183, 187, 215, 228, 229, 300, 319–320, 325
Febe 358
Feesten
  grote verzoendag 327
  Loofhuttenfeest 226
  nieuwe maan 437
  Ongegiste Brood 72, 120, 198, 293
  Pasen 71, 72, 121, 140, 198–199, 214, 215, 222, 241, 242, 244, 257, 293, 312, 367, 485
  Pinksteren 268, 313, 387
  Tempelwijding 237
  niet met name genoemd 220, 437
Felix 321–323
Festus 323–326
Filadelfia 527
Filippi 303–305, 312, 427, 441
Filippus
  apostel 28, 212, 222, 242, 247
  goeverneur 141
  verkondiger 279, 284–285, 315
  eerste echtgenoot van Herodias 41, 97

G

Gabriël 134
Galatië 303, 309, 407, 498
Galilea
  meer 14, 24–25, 36, 42, 45, 83, 86, 89, 90, 93, 94, 99, 146, 222, 223, 224, 263
  landstreek 14, 15, 53, 81, 82, 83, 84, 140, 144, 212, 219, 220, 226, 288, 290, 296
Gallio 308

Gamaliël 278, 318
Gebed
  door Jezus voorgeschreven 18,
    19-20, 167-168, 186-187
  in Jezus' leven 42, 73-74, 84, 99,
    123, 142, 147, 150, 161, 162, 167,
    200, 252-253, 474
  in de Handelingen 268, 271, 279,
    284, 286, 288, 293, 294, 304, 318, 330
  in de brieven 345, 369, 381,
    425-426, 432, 439, 445, 451, 497,
    501, 503
Gelijkenissen
  doel en gebruik 37, 39, 91, 156
  door Jezus verteld
    arbeiders in de wijngaard 55-56
    bruiloftsfeest 61
    bruiloftsgasten 26, 87, 149
    dienaar die niet vergaf 52-53
    drie dienaars 69-70
    Farizeeër en tollenaar 187
    feestmaal 178-179
    gist 38-39, 176
    goede Samaritaan 166-167
    goudstukken 189-190
    groeiende zaad 92
    huisvader 40
    knecht 184-185
    koning die ten oorlog trekt 179
    de lamp onder de korenmaat 92,
      157, 169
    lastige vriend 167-168
    man die een toren bouwt 179
    mosterdzaadje 38, 92-93, 176
    oneerlijke rentmeester 182-183
    onkruid 38
    onvruchtbare vijgeboom 175
    pachters van de wijngaard 60,
      114-115, 193-194
    parel 39-40
    plaatsen aan tafel 178
    rijke dwaas 172
    rijke man en Lazarus 183-184
    spelende kinderen 32, 154-155
    tien bruidsmeisjes 68-69
    trouwe dienaar 68, 173-174
    twee bouwers van een huis 23,
      152-153
    twee debiteurs 155
    twee zoons 59-60
    verborgen schat 39

    verloren geldstuk 180
    verloren schaap 51-52, 180
    verloren zoon 180-181
    verstellap 26, 87, 149
    vijgeboom 67, 119-120, 197
    visnet 40
    waakzame huisvader 68, 173
    waakzame knechts 120, 173
    weduwe en rechter 186-187
    wijn en wijnzakken 26, 87, 149
    zaaier 36-37, 90-91, 156
Geloof
  algemeen 25, 49, 59, 184, 333, 337,
    338-339, 394, 411-412, 483,
    493-494
  in God 243-246, 338-339, 410,
    483-486
  in Christus 27, 85, 96, 106, 210,
    216, 224, 235-236, 239, 263, 273,
    305, 337, 349, 410, 515, 516-517
Gemeente 52, 360, 381, 382, 452,
  497, 523
Genezingen en wonderen
  algemene vindplaatsen 15, 24, 28,
    34, 42, 45, 53, 58, 84, 89, 96, 100,
    146, 147, 150, 154, 161, 215, 222,
    243, 263, 290
  uitdrijven van duivelse geesten
    blinde en stomme man 34
    dochter van een vrouw uit Tyrus
      44-45, 101-102
    jongetje, lijdend aan vallende
      ziekte 49, 106, 162-163
    mannen uit het gebied van de
      Gadarenen 25, 94-95,
      158-159
    man uit Kafarnaüm 83-84, 145
    Maria Magdalena 131, 156
    stomme man 28, 168
    vrouw in een synagoge 175
  andere genezingen
    blinde Bartimeüs 111, 188-189
    blinde in Betsaïda 104
    blinde bedelaar in Jeruzalem
      233-234
    twee blinde mannen 27, 57
    doofstomme man 104
    knecht van hogepriester 201
    knecht van officier 23-24, 153
    man met verlamde hand 34,
      87-88, 150

man met waterzucht 177-178
melaatse 23, 84-85, 147
schoonmoeder van Petrus 24, 84, 145-146
tien melaatsen 185
verlamde in Jeruzalem 220
verlamde in Kafarnaüm 25, 85-86, 147-148
vrouw, lijdend aan bloedingen 27, 95-96, 159
zoon van beambte 219-220
opwekken van doden
dochter van Jaïrus 26-27, 95-96, 159-160
Lazarus 238-240
zoon van weduwe uit Naïn 153
andere wonderen
bedaren van de storm 24-25, 93-94, 157-158
grote visvangst 146-147
andere visvangst 263-264
lopen over water 42, 99, 223
vervloeking van de vijgeboom 59, 112
voeding van de vierduizend 45-46, 102
voeding van de vijfduizend 42, 98-99, 161, 222-223
zilverstuk in de bek van een vis 50
Genezingen en wonderen door anderen
apostelen 28, 97, 160, 276
de tweeënzeventig 164, 165
Filippus 284
Paulus 295, 298, 299, 303-304, 310, 405
Petrus 272, 288
Getsemane 73, 123
Geweten 335, 347, 354, 372, 376, 465, 479, 502
Golgota 78, 128, 258
Gomorra 29, 348, 507, 521

H

Hagar 413
Hanna 140
Heilige Geest
in Jezus' leven en onderricht 9-10, 13, 35, 82, 135, 143, 144, 165, 212, 217, 248, 249, 250-251, 262, 267
in de jonge christengemeente 268-269, 275, 284, 288, 291, 295, 309-310
in de brieven van Paulus 344-346, 378, 414-415
Hemelvaart 131, 209, 267
Herodes
de Grote 10, 11, 12, 133
Antipas 40-41, 97-98, 103, 141, 142, 160, 177, 203, 275, 295
Agrippa I 293, 294
Agrippa II 324-326
Herodias 40-41, 97-98, 142
Het Onze Vader 19-20, 167
Hogepriester
Joodse 71, 74, 75, 125, 201, 240-241, 254-255, 274, 277, 279, 319, 321, 477, 478, 479, 480, 489
Christus 471, 473-474, 477-478, 479

I

Ikonium 298, 300, 303, 461
Immanuël 10
Isaak 9, 24, 280, 347, 414, 485, 494
Isaï 9, 296, 357
Israël 28, 44, 78, 136, 139, 207, 267, 278, 296, 347-352, 478, 532, 550

J

Ja 18, 390, 497
Jaïrus 159-160
Jakob 9, 24, 135, 217, 218, 280, 347, 485
Jakobus
zoon van Zebedeüs 14, 47, 83, 96, 105, 118, 123, 146, 164, 293
zoon van Alfeüs 28, 89, 150, 268
zoon van Maria 79, 129, 130, 207
broer van Jezus 40, 96, 294, 301, 315, 408
vader van Judas 150, 267
broer van Judas 521
auteur van brief 491
Jericho 57, 111, 166, 188, 189, 485
Jeruzalem 10, 56, 57, 58, 65, 110, 111, 112, 114, 139, 140, 177, 190, 191, 197, 214, 215, 220, 242, 267, 300
het hemelse Jeruzalem 413, 487, 527, 550-552
Jesaja 12, 14, 24, 34, 37, 43, 82, 141, 144, 211, 243, 285, 331, 348, 349, 350, 357

REGISTER

Jezus
naam 10, 135, 139
stamboom 9, 143
geboorte en kinderjaren 9–12, 134–135, 137–141
doop en beproeving 13–14, 82, 142, 143–144
werk in Galilea 14–53, 83–108, 144–163
  bergrede 15–23, 150–152
  getuigenis in Caesarea Filippi 46–47, 104, 161
  gedaanteverandering 47–49, 105, 162
laatste dagen in Jeruzalem 57–80, 111–130, 190–206, 242–260
  intocht in Jeruzalem 57–58, 111–112, 190–191, 242
  in de tempel 58–61, 112–113, 192–193
  eschatologische rede 65–71, 118–120, 196–198
  avondmaal 72–73, 122, 199, 244–253, 377
  Getsemane 73–74, 123–124, 200
  arrestatie, proces, kruisiging, dood, begrafenis 74–80, 124–130, 200–206, 253–261
  opstanding, verschijningen, hemelvaart 80–81, 130–131, 206–209, 261–265, 267
Jona 35–36, 46, 169
Johannes
de Doper 12–13, 31–32, 40–41, 59, 82, 97–98, 114, 133–134, 136–137, 141–142, 154, 210–212, 216
zoon van Zebedeüs 14, 96, 105, 107, 110, 118, 163, 198, 272–275, 408
Johannes Marcus 294, 295, 302, 439, 463, 468, 505
vader van Simon Petrus 47, 212, 265
auteur van boek Openbaring 523, 552
lid van de familie van de hogepriester 274
Joppe 288, 289, 290, 291
Jordaan 13, 82, 108, 141, 211, 238
Jozef
man van Maria 9–12, 138, 139, 145, 212, 225
broer van Jezus 40, ook

Joses genoemd 96
broer van de jongere Jakobus 79, ook Joses genoemd 129, 130
van Arimatea 79, 129–130, 206, 260–261
een van de voorvaders 217, 280
Barnabas 275
Barsabbas 268
Judas
Iskariot 28, 72, 74, 76, 121, 124, 150, 198, 201, 226, 241, 244, 245–246, 253, 268
broer van Jezus 40, 96
apostel 247
de Galileeër 278
van Damascus 286
Barsabbas 301, 302
Judea 10, 12, 53, 66, 136, 146, 216, 226, 238, 315, 358, 408, 441
Juk 33, 414, 455

K

Kafarnaüm 14, 23, 32, 50, 83, 214, 223, 224, 225
Kaïn 483, 514, 521
Kajafas 75, 141, 240, 255, 274
Kana 213, 214, 219
Keizer 62, 115, 137, 141, 194, 257–258, 292, 307, 323–324, 433, 500
Kenchreeën 309, 358
Kerk 47, 288, 313, 379, 424
Kleopas 207
Klopas 259
Komst (verschijning) van Christus 47, 67, 75, 119, 173–174, 186, 197, 246, 248, 267, 432, 444, 446–447, 481, 508–510, 513, 514, 552–553
Koning
God 18, 451, 542
Christus 70–71, 191, 242, 256, 545, 548
Koning van de Joden 10, 76, 78, 126, 127, 128, 204, 256, 258
Koning van Israël 78, 129, 213, 242
Korinte 307, 309, 361, 389
Krans 77, 128, 257, 462, 504, 530, (kroon) 470, 525, 541
Kreta 327
Kroon zie Krans
Kruis
van Christus 78, 128, 204,

258–259, 362, 363, 416, 419, 429, 432, 435, 437, 486
van wie Christus volgen 30, 47, 105, 162, 179, 341, 409, 416

L

Lam
paasfeest 121, 198
beeld of titel van Christus 211, 212, 367, 499, 529–532, 538, 545, 547, 551–552
Laodicea 436, 439, 523
Lazarus
van de gelijkenis 183–184
van Betanië 238–240, 241
Levi (ook Matteüs genoemd) 86–87, 148–149
Licht 14, 16, 139, 210, 216, 231, 233, 243, 244, 297, 326, 354, 423–424, 444, 500, 511, 512
Liefde (liefhebben)
van God 216, 247, 248, 251, 339, 346–347, 417, 419, 513, 515
van Christus 238, 244, 246, 248–249, 346, 395, 409, 421, 423, 523
Loofhuttenfeest zie Feesten
Lucas 439, 463, 468
Lydia 303, 305
Lysias, Claudius 321, 322
Lystra 299, 302, 461

M

Maaltijd van de Heer 72–73, 122, 199, 377–378
Macedonië 303, 310, 312, 387, 397, 398, 433, 440, 450
Manna 224, 225, 479, 525
Marcus zie Johannes
Maria
moeder van Jezus 9–10, 11, 40, 96, 134–136, 138–141, 213–214, 259, 268
Magdalena 79, 80, 129, 130, 131, 156, 207, 259, 261–262
zuster van Marta 167, 238–241
moeder van Johannes Marcus 294
vrouw van Klopas, moeder van Jakobus en Joses 79, 80, 129, 130, 207, 259
Marta 167, 238–241
Matteüs 26, 89, 150 (zie ook Levi)

Mattias 268
Medelijden zie Barmhartigheid
Melchisedek 474, 476–477
Mensenzoon, zie Zoon
Michaël 521, 538

N

Naïn 153
Natanaël 212–213, 263
Nazaret 12, 40, 58, 82, 134, 138, 140, 144–145, 212
Nazoreeër
titel van Jezus 12
naam van gelovigen 322
Nikodemus 215–216, 229, 260
Nikolaïeten 524, 525
Nineve 36, 169
Noach 68, 186, 484, 502, 507

O

Olijfberg 57, 66, 73, 111, 118, 122, 190, 191, 198, 200, 229, 267
Onesimus 439, 467–468
Ongegist Brood, feest van zie Feesten
Ontferming zie Barmhartigheid
Opperpriester 10, 58, 76, 77, 126–127, 129, 194, 228, 257, 258, 277, 287, 323
Opstanding
van Christus 270–271, 278, 290, 296–297, 332, 341, 383–385
van mensen 221, 224, 319–320, 384–386
dochtertje van Jaïrus 26–27, 95–96, 159–160
zoon van weduwe uit Naïn 153
Lazarus 238–240
Dorkas 288

P

Pamfylië 295, 300, 302, 327
Paradijs 205, 404
Pasen zie Feesten
Patmos 523
Paulus
vroegere leven
geboren in Tarsus 317
zuster 320
studie in Jeruzalem 317–318
tentenmaker 307
getuige van Stefanus' dood 283, 319

vervolger van de christenen 283,
  318, 325, 383, 407, 430, 450
bekering 286–287, 318, 325–326
eerste optreden
  Arabië 408
  Damascus 287, 326, 404, 408
  Jeruzalem 287–288, 326, 408
  Tarsus 288
  Antiochië 292, 295
zendingsreizen
  eerste reis 295–300
  vergadering in Jeruzalem
    300–302, 408
  tweede reis 302–309
  derde reis 309–314
  terugkeer naar Jeruzalem
    314–316
arrestatie en gevangenschap
  arrestatie in Jeruzalem 316–320
  proces in Caesarea 320–326
  naar Rome 327–330
  werk in Rome 330–331
Pergamum 525–526
Petrus
  roeping tot leerling 14, 83, 146–147,
    212
  verklaring over Jezus 46–47, 104,
    161, 226
  op de berg van de gedaantever-
    andering 47–48, 105, 162, 507
  in Getsemane 73–74, 123–124, 254
  verloochening 75–76, 125–126,
    201–202, 254, 255
  aanschouwing van de verrezen
    Heer 208, 263–265, 383
  rede op de Pinksterdag 269–271
  arbeid in Jeruzalem en elders
    272–277, 284, 288–294, 301
  onenigheid met Paulus 409
  voorzegging van zijn dood 265
Pilatus 76–77, 79, 126–127, 141, 175,
  202–203, 255–259, 260, 273, 275,
  296, 456
Pinksteren zie Feesten
Priscilla (Prisca) 307, 309, 359, 387,
  463
Profeet
  oude testament 12, 14, 16, 22, 32,
    65, 66, 177, 269, 273, 285, 332,
    469, 498
  nieuwe testament 295, 379, 421, 535,
    546, 552
  Agabus 292
  Hanna 140
  Judas en Silas 302
  Johannes de Doper 31–32, 41, 59,
    114, 137, 154, 193
  Jezus 40, 58–61, 97, 153, 155, 177,
    207, 218, 219, 235
  "De profeet" 211, 223, 228

Q

Quirinius 138

R

Rechter (oordelen)
  Christus als rechter 221, 231, 236,
    244, 291, 394
  God als rechter 21, 152, 216,
    334–335, 355, 483, 487, 496,
    540, 549–550
  dag van het oordeel 29, 32, 36,
    165, 169, 323, 507, 509, 516
Redder
  God 135, 450, 451, 453, 466, 522
  Christus 138, 219, 278, 424, 432,
    458, 465, 506, 509, 516
Rijk, rijken, rijkdom 20, 38, 47, 54–55,
  109, 118, 136, 151, 172, 173, 178,
  183–184, 187–188, 195, 456–457,
  491, 493, 496–497, 527
Rome 307, 310, 320, 330, 332, 459
Roosje 294

S

Sadduceeërs 12, 46, 62, 115–116,
  194–195, 273, 277, 319
Saffira 276
Salome 129
Salomo 9, 21, 36, 169, 173, 282
Salomo, poort van 237, 272, 276
Samaria 185, 217–219, 267, 284, 300
Samaritanen
  die Jezus niet wilden ontvangen
    163–164
  gelijkenis van de goede
    Samaritaan 166–167
  Samaritaanse lepralijder 185
  Samaritaanse vrouw 217–219
Sardes 526–527
Saron 288
Satan 14, 35, 47, 82, 89–90, 91, 104,

165, 168, 176, 198, 200, 245, 276,
360, 367, 369, 403, 447, 451,
525, 526, 527, 538, 549
(zie ook Beëlzebul, Duivel)
Sergius Paulus 295
Sidon 32, 44, 102, 145, 165, 294, 327
Silas 301, 302, 304-306, 308; ook
Silvanus genoemd 390, 440, 446, 504
Siloam 175, 234
Simeon 139
Simeon Petrus zie Petrus
Simon
Petrus zie Petrus
de verzetsman 28, 89, 150, 268
broer van Jezus 40, 96
de Melaatse 71, 120
van Cyrene 78, 128, 203-204
de Farizeeër 155-156
vader van Judas Iskariot 226, 244, 245
de magiër van Samaria 284
de leerbewerker van Joppe 289, 290
Sion 57, 242, 349, 352, 540
Smyrna 524-525
Sodom 29, 32, 165, 186, 348, 507, 521, 536
Stamboom 9, 143
Stefanus 279-283, 319
Straf van God 197, 333, 334, 336, 338, 339, 348, 353 (zie ook Toorn, Wraak van God)
Stoïcijnen 306
Syrië 15, 138, 302, 309, 312, 314, 408

T

Tabita 288
Taddeüs 28, 89
Tarsus 288, 292, 317
Tempel
in Jeruzalem 13, 58, 59, 65-66, 75, 76, 78, 112, 118, 129, 133-134, 139-140, 192-193, 196, 209, 214-215, 227, 228, 231, 237, 272, 277, 316
in geestelijke zin 215, 365, 396, 420
Tempelwijding, feest van zie Feesten
Tent 282, 394, 478, 479, 480, 542
Tertius 360
Tertullus 321
Tessalonica 305-306, 433, 440, 446
Tiberias
meer 222, 263
stad 224
Tiberius 141
Timoteüs 302-303, 306, 308, 311, 312, 360, 367, 387, 389, 390, 427, 429, 434, 440, 442, 446, 450, 458, 467, 490
Titus 391, 397, 398, 399, 405, 408, 463, 464
Tollenaar (belastinginner) 26, 32, 60, 86-87, 142, 148-149, 154, 180, 187, 189
Tomas 28, 89, 150, 238, 246, 263, 268
Toorn van God 217, 419, 423, 438, 441, 442, 472, 531, 548 (zie ook Straf, Wraak van God)
Troas 303, 312, 391, 463
Tyatira 303, 526
Tychikus 312, 426, 439, 463, 466
Tyrus 32, 44, 89, 150, 165, 294, 314

V

Vader (titel van God) 18-21, 32-33, 64, 123, 140, 173, 204, 221, 237-238, 246-249, 252-253, 345, 412, 487, 513
Vals
christussen 67, 119
profeten 22, 67, 119, 507-508, 515, 548, 549
Vasten
in Jezus' leer 20, 26, 87, 149
Joodse 87, 140, 187
christelijke 295, 301
Verbond
oude 273, 280, 392, 419, 479
nieuwe 72-73, 122, 199, 377, 392, 477, 478-479, 480, 483, 488, 490
Vergeving 20, 25, 35, 52-53, 90, 155-156, 184, 262, 391, 423, 437, 511
Vrede
van God 139, 339, 358, 382, 406, 432
van Christus 248, 252, 419, 438, 449

W

Weduwe 117, 118, 153, 186-187, 195-196, 278, 288, 369, 454
Wereld 16, 47, 131, 210, 216, 219, 223, 231, 239, 243, 247-248, 249, 252, 256, 336, 337, 340, 351, 362, 364, 366, 368, 378, 395, 416, 451, 456, 481, 486, 492, 496,

512–513, 515, 516, 517
Wijn
  letterlijk 26, 73, 78, 87, 122, 128, 133, 149, 154, 166, 199, 213–214, 356, 455
  figuurlijk 540, 543, 544, 545
Wijngaard 55–56, 60, 114–115, 193
Wijnstok 248
Wraak van God 12, 142, 531, 537, 541, 543 (zie ook Straf, Toorn van God)

Z

Zacharias 133–137
Zacheüs 189

Zebedeüs 14, 56, 79, 83, 110, 146, 263
Zoon: titels van Jezus
  Mensenzoon 24, 25, 29, 32, 34, 35, 39, 46, 47, 49, 55, 56, 57, 67–68, 70, 71, 72, 74, 75, 187, 213, 216, 221, 224, 225, 232, 235, 242, 243, 246, 282
  Zoon van God 13, 25, 43, 47, 75, 78, 82, 129, 135, 213, 216, 221, 237, 239, 257, 263, 287, 297, 332, 340, 344, 346, 390, 409, 412, 421, 441, 469, 473, 475, 483, 514, 516
  Zoon van David 27, 34, 44, 57, 58, 59

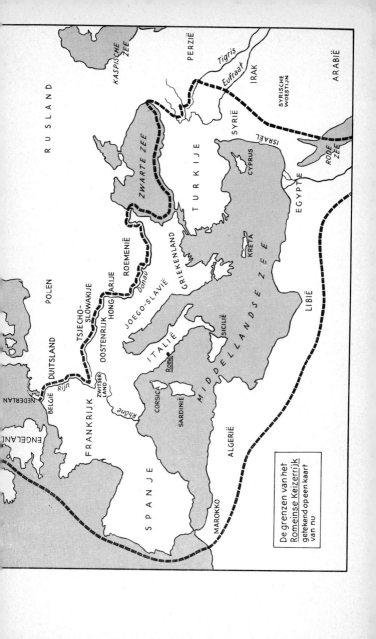

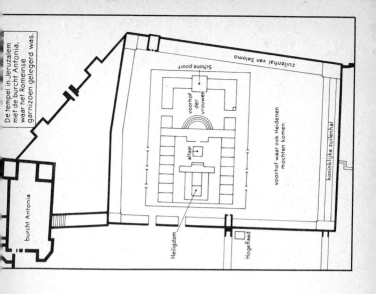

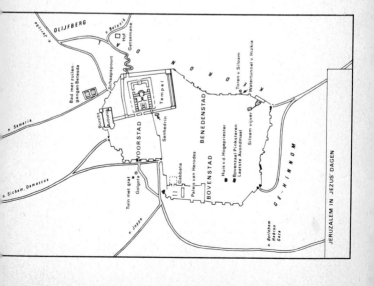

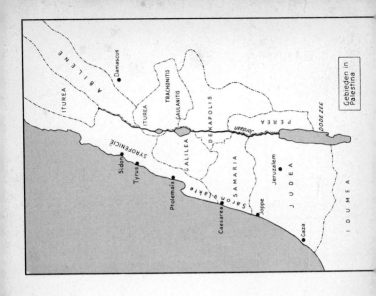

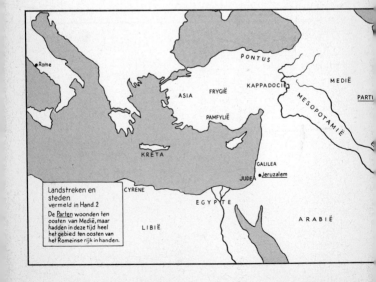